KB127033

자본

세계를 뒤흔든 위대한 책

I-상

자본

세계를 뒤흔든 마흔아홉 권

I-상

독일어판 직역

–

Karl Marx 지음

황선길 옮김

라움

1809년 6월 21일 타나우에서 출생하여

1864년 5월 9일 유배지인 맨체스터에서 사망한

나의 잊을 수 없는 벗이며,

프롤레타리아 계급의 용감하고 충실하며

숭고한 선구자인

빌헬름 볼프Wilhelm Wolff[1]에게

이 책을 바친다.

---

1) 볼프는 맑스와 엥엘스의 오랜 벗이었으며, 이 둘과 함께 최초의 국제사회주의자 결합체인 '코뮌주의자 연맹'을 창립했다. 망명지인 맨체스터에서 가정교사로 근근이 살아가던 그는 뇌졸중으로 쓰러진다. - 옮긴이

번역에 관해 일러두기

이 책은 구동독의 맑스-레닌주의 연구소에서 편집한 《맑스-엥엘스 전집Marx Engels Werke》 23권인 《Das Kapital, Kritik der politischen Ökonomie》, Dietzverlag, Berlin, 1986의 번역본이다. 이 판의 탄생에 관해서는 엥엘스의 '4판에 부쳐' 부분을 읽으면 충분히 알 수 있기 때문에 생략하겠다.

우선 번역 방식에 대해 몇 가지 밝히고자 한다.

여러 나라 언어에 능통한 맑스가 쓴 만연체인 글을, 맑스를 알고자 하는 사람이라면 누구든 쉽게 이해할 수 있도록 최대한 쉬운 글로 풀어서 번역하고자 노력하였다. 어쩔 수 없는 경우나 그편이 낫다 판단되는 경우에는 의역을 하였으며, 필요한 경우 요즘 세대의 언어를 사용하여 청년층의 이해를 돕고자 하였다. 부득이한 경우에는 한자표기를 병행하였다. 그리고 여러 번의 윤문을 거쳐 매끄러운 한국말로 바꾸어내었다.

독일어 판 편집자가 붙인 후주는 번역하지 않고 필요한 경우에 요약하여 '편집자 주석'이라 밝혔고, 옮긴이의 긴 부연 설명은 주석으로 처리하였으며, 간단한 내용은 괄호를 사용하였다.

일부 외래어는 1986년 '외래어 표기법(문교부 고시 제85-1호)'을 따르지 않기도 했는데, 이 경우 원음에 가깝게 표기했다. 국가 이름이나 사건은 원문에 따라 번역했다. 특히 맑스가 주석에서 스스로 밝히고 있듯이 보통의 경우 잉글랜드에는 웨일스가 포함되며, 그레이트브리튼은 잉글랜드, 웨일스 그리고 스코틀랜드를 아울러 이르는 말이다. 그리고 영국은 이 세 나라에 아일랜드가 포함된다.

엄청난 집중력이 필요했던 어려운 작업이었다. 번역할 때마다 와 닿는 사실이지만 완벽하게 구조화된 언어인 독일어를 적절한 한글로 오역 없이 표현하는 작업은 그리 단순하지 않다. 내용이 워낙 까다로운 글이기에 어떤 부분은 여러 번에 걸쳐 정독할 필요가 있을 것이다. 맑스가 초판 서문에서 밝혔듯이 특히 '상품' 부분을 완전하게 이해하는 데 상당한 어려움이 따를 수도 있다. 이 부분은 이 분야 전문가도 오랜 기간에 걸쳐 학습해야 한다. 그러나 일반 독자도 서너 번 읽으면 이해할 수 있을 정도로 쉽게 번역했다는 자부심을 가지고 있다.

이 책이 나오기까지 여러 분의 도움을 받았다. 늘 비판과 충고를 해준 인생선배 안장미님, 그밖에 초벌을 함께 읽으면서 도와주신 노진호님, 박세영님, 윤희찬님, 정상천님 그리고 채훈병님 등 세미나팀과 독일어와 꼼꼼히 비교하면서 살펴본 오승민님, 여러 번에 걸친 윤문을 통해 책의 완성도를 높여준 한광주님과 김수영님, 그리고 항상 옆에서 용기를 준 벗인 원용기에게 이 자리를 빌어 깊은 감사를 드린다.

끝으로 번역상의 오류는 모두 본인의 책임이라는 사실을 밝혀둔다.

2019년 1월 일산에서

황 선 길

옮긴이 서문 | 번역에 관해 일러두기 · 7

서문
1판 서문 · 15
2판 후기 · 21
프랑스어 판 서문 및 후기 · 35
독자들에게 · 37
3판에 부쳐 · 38
영어판 서문 · 42
4판에 부쳐 · 48

1편 상품과 화폐

1장 상품 ··· 59
1절 상품의 두 가지 요소: 사용가치와 가치(가치실체, 가치크기) · 59
2절 상품에 나타나 있는 노동의 이중성 · 69
3절 가치형태 또는 교환가치 · 78
4절 상품의 물신성(fetischer Charakter)과 그 비밀 · 115

2장 교환과정 ·· 132

3장 화폐 또는 상품유통 ··· 144
1절 가치의 척도 · 144
2절 유통수단 · 157
3절 화폐 · 192

2편 화폐의 자본화

4장 화폐의 자본화 ·· 215
1절 자본의 일반 공식 · 215
2절 일반 공식의 모순 · 229
3절 노동력의 구매와 판매 · 245

3편 절대적 잉여가치의 생산

5장 노동과정과 가치증식 과정 ·· 261
　1절 노동과정 · 261
　2절 가치증식 과정 · 274

6장 불변자본과 가변자본 ·· 292

7장 잉여가치율 ··· 309
　1절 노동력의 착취도 · 309
　2절 생산물을 구성하는 비율에 따른 생산물 가치의 표시 · 321
　3절 시니어의 '마지막 한 시간' · 326
　4절 잉여생산물 · 334

8장 노동일 ··· 336
　1절 노동일의 한계 · 336
　2절 잉여노동을 향한 갈망. 공장주와 보야르(봉건대지주) · 343
　3절 착취에 대한 법적 제한이 없는 잉글랜드 산업부분들 · 356
　4절 주간노동과 야간노동 -교대제 · 376
　5절 표준노동일을 위한 투쟁. 14세기 중엽부터 17세기 말까지 노동일의 연장을
　　　위한 강제법 · 387
　6절 표준노동일을 위한 투쟁. 법률에 의해 강제된 노동시간 제한. 1833-1864년
　　　잉글랜드의 공장입법 · 406
　7절 표준노동일을 위한 투쟁. 잉글랜드의 공장입법이 다른 나라에 끼친 영향 · 437

9장 잉여가치율과 잉여가치량 ·· 444

4편 상대적 잉여가치의 생산

10장 상대적 잉여가치의 개념 ·· 459

11장 협업 ··· 472

12장 분업과 매뉴팩처 ·· **491**

　1절 매뉴팩처의 두 가지 기원 · **491**

　2절 부분노동자와 그의 도구 · **496**

　3절 매뉴팩처의 두 가지 기본형태-이질적 매뉴팩처와 유기적 매뉴팩처 · **500**

　4절 매뉴팩처 내에서의 분업과 사회 내에서의 분업 · **512**

　5절 매뉴팩처의 자본주의적 성격 · **523**

　청년이 읽은 《자본》 | 《자본》, 모두의 더 나은 삶을 위한 방법 · **536**

[하권 차례]

13장 기계장치와 대공업

　1절 기계장치의 발달

　2절 기계장치에서 생산물로의 가치 이전

　3절 기계제 생산이 노동자에게 미치는 직접적 영향

　4절 공장

　5절 노동자와 기계의 투쟁

　6절 기계장치에 의해 쫓겨난 노동자에 관한 보상이론

　7절 기계제 생산의 발전에 따른 노동자들의 축출과 흡수 - 면공업의 공황

　8절 대공업에 의한 매뉴팩처, 수공업 그리고 가내노동의 혁명

　9절 공장법의 제정(위생 조항과 교육 조항) - 잉글랜드에서의 보급

　10절 대공업과 농업

5편 절대적 그리고 상대적 잉여가치의 생산

14장 절대적 그리고 상대적 잉여가치

15장 노동력의 가격 및 잉여가치의 크기 변화

16장 여러 가지 잉여가치율 공식들

6편 임금

17장 노동력의 가치 또는 노동력의 가격이 임금으로 변화

18장 시간제 임금(시간급)

19장 개수임금

20장 임금의 국가별 차이

7편 자본의 축적과정

21장 단순재생산

22장 잉여가치의 자본화
1절 확대된 규모에서의 자본주의적 생산과정: 상품생산 소유 법칙에서 자본주의적 취득 법칙으로 급속한 변화
2절 확대재생산에 관한 정치경제학상의 잘못된 견해
3절 잉여가치의 자본과 수입으로의 분할 - 금욕설
4절 잉여가치가 자본과 수입으로 분할되는 비율과 상관없이 축적의 규모를 결정하는 요인들: 노동력의 착취도, 노동생산력, 사용되는 자본과 소비되는 자본 사이의 차액의 증가, 투하 자본의 크기
5절 이른바 노동기금

23장 자본주의적 축적의 일반법칙
1절 자본구성이 불변인 경우, 축적에 따른 노동력의 수요증가
2절 축적과 그와 더불어 발생하는 집적의 진행과정에서 나타나는 가변자본 부분의 상대적 감소
3절 상대적 과잉인구 또는 산업예비군의 누진적 생산
4절 과잉인구의 다양한 존재형태 - 자본주의적 축적의 일반법칙
5절 자본주의적 축적의 일반법칙에 대한 예증

24장 이른바 본원적 축적

1절 본원적 축적의 비밀
2절 농촌 주민의 토지 수탈
3절 15세기 이후 토지를 강제로 수탈당한 자에 대한 피의 입법 -임금 인하를 위한
　　법률
4절 자본주의적 차지농장주의 기원
5절 농업혁명이 공업에 미친 영향 -산업자본을 위한 국내 시장의 형성
6절 산업자본가의 발생
7절 자본주의적 축적의 역사적 경향

25장 근대식민이론

주요 참고문헌

1판 서문

독자에게 넘기는 이 책은 1859년에 출간한 《정치경제학 비판을 위해》의 속편이다. 이 속편이 출간되기까지 오랜 시간이 걸린 이유는 여러 해 동안 병을 앓느라 작업이 거듭해서 중단되었기 때문이다.

이 책의 1장에는 이전 저서인 《정치경제학 비판을 위해》 내용을 요약하여 실었다. 이는 두 저서 사이의 맥락을 이어 완벽을 기하기 위해서만은 아니다. 이전 저서에서는 암시만 했던 여러 내용을 사정이 허락하는 한 상세하게 설명하기도 하고, 이전에 상세하게 다룬 점들은 단지 암시만 하는 등 서술방식이 개선되었기 때문이다. 가치이론과 가격이론의 역사에 대한 부분은 이 책에서 완전히 삭제했다. 그러나 이전 저서를 읽은 독자는 이 책 1장의 주석을 통해 이 부분에 관한 새로운 출처를 알 수 있다.

무슨 일이든 그 시작이란 어렵기 마련, 이는 학문에도 해당된다. 이 책 또한 마찬가지다. 1장, 상품에 대한 분석이 포함되어 있는 절節을 이해하는 데 독자들은 어려움을 겪을 것이다. 이를 감안하여 좀 더 상세하게 말하자면, 이해를 돕기 위해 가치실체와 가치크기를 다루는 부분을 가능한 한 평이하게 설명했다.[2] '가치형태'는 그 완성된 형태가 화폐형태로, 사실

---

2) 다음과 같은 사실 때문에 더욱 필요한 일이다. 슐체-델리츠(Schulze-Delitzsch)를 반박한 라쌀레(F. Lassalle)의 저술의 한 부분에서 그는 이 주제에 대한 내 연구의 '지적 진수'를 제공하겠다고 밝히고 있지만, 여기에 중대한 오류가 있다. 말이 나온 김에 덧붙이자면, 라

별 내용도 없고 단순하다. 그럼에도 인간의 지적 능력은 이천 년 이상이나 이 단순한 가치형태를 해명하려고 애썼지만 실패했다. 그 반면에 훨씬 더 풍부한 내용과 복잡한 형태들에 대한 분석은 어느 정도 성공했다. 왜 그런가? 이는 마치 성장을 마친 신체가 신체세포보다 연구하기에 더 쉬운 것과도 같다. 경제적 형태를 분석하는 경우에는 현미경도 분석용 화학약품도 아무런 도움이 되지 못한다. 여기서 필요한 것은 추상력이다. 부르주아 사회에서는 노동생산물의 상품형태 또는 상품의 가치형태가 경제적 세포형태이다. 무지한 사람에게는 이 세포형태에 대한 분석이 궤변을 늘어놓는 것처럼 보일 수 있다. 사실 그렇다. 이는 마치 미생물을 해부하여 세포를 다루는 것과 마찬가지이다.

가치형태에 관한 부분을 제외하면 이 책이 어렵다고 비난 받을 이유가 없다. 물론 새로운 것을 배우려 하며 스스로 생각하려는 독자들을 두고 하는 말이다.

물리학자는 가장 명확한 형태의 자연과정을 최대한 교란 받지 않는 곳에서 관찰하거나, 또한 가능하다면 과정의 순수한 진행이 보장되는 조건에서 실험을 한다. 이 책의 연구대상은 '자본주의적 생산방식'과 그에 상응하는 '생산관계'와 '교환관계'이다. 그것들이 전형적으로 나타나고 있는 곳

쌀레(Ferdinand Lassalle)는 그의 경제학 저서에서 일반적이고 이론적인 명제를 다루고 있는 모든 부분에서, 예를 들면 자본의 역사적 성격, 생산관계와 생산방식의 관계 등의 명제들부터 내가 만든 용어에 이르기까지, 나의 책 내용을 출처도 밝히지 않고 거의 글자 그대로 인용하고 있는데, 아마도 선전 목적 때문에 그렇게 한 것 같다. 물론 나는 그가 한 일의 자세한 내용이나 내 글을 어떻게 응용했는가에 대해 말하지 않겠다. 나와는 전혀 상관없는 일이기 때문이다.

이 지금까지는 잉글랜드이다. 이러한 이유로 잉글랜드는 나의 이론 전개의 주요한 사례가 된다. 그러나 독일의 독자가 잉글랜드의 공업노동자와 농업노동자의 상태에 대해 위선적인 경멸을 표시하거나, 독일에서는 사태가 아직 전혀 나쁘지 않으며 앞으로도 잘될 것이라고 안심한다면, 나는 그에게 잉글랜드의 상태가 '당신에게 꼭 들어맞는 이야기!'라고 외칠 수밖에 없다.

엄밀하게 따지면 문제는 자본주의적 생산의 자연법칙에서 기인하는 사회적 적대관계의 발전 정도가 아니라 이 법칙 자체이며, 거역할 수 없는 법칙이 필연적으로 작용하여 관철되는 경향이다. 산업이 더 발전한 나라는 덜 발전한 나라에 그들의 미래를 보여줄 뿐이다.

그러나 이 문제는 다루지 않도록 하겠다. 독일에서 자본주의적 생산이 완전히 뿌리내린 곳, 예를 들어 말 그대로 진짜 공장의 상황은 잉글랜드보다 훨씬 더 나쁘다. 공장법이라는 대항거리가 없기 때문이다. 나머지 서부유럽 대륙과 마찬가지로, 기타 모든 다른 분야들에서도 자본주의적 생산의 발전뿐만 아니라 그것의 결핍이 우리에게 고통을 주고 있다. 최근의 위기 상황과 더불어 과거로부터 전해 내려오는 수많은 위기 상황이 우리를 억누르고 있는데, 후자는 잔재하는 낡은 생산방식이 시대를 역행하는 사회적 정치적 관계라는 결과와 함께 존속하기 때문에 발생한다.

잉글랜드와 비교하면 독일과 기타 서부 유럽 대륙의 통계는 빈약하다. 그러나 이 통계는 수많은 충격적인 사실Medusenhaupt을 알아차릴 수 있는 비밀을 폭로하기에는 충분하다. 독일 정부와 의회가 잉글랜드처럼 정기적으로 경제상황에 대한 조사위원을 임명하고, 이들이 진상 조사를 할 수 있는 전권을 가지고 있다면, 그리고 이 목적을 위해 잉글랜드의 공장감독관, '공중위생'에 관한 보고서를 작성하는 의사, 여성과 아동에 관한 착취 정도와 주거·영양상태 등을 조사하는 위원처럼 공명정대한 전문가를 발견할 수 있다면, 우리는 독일의 상태에 경악할 것이다. 페르세우스Perseus는 괴물의 뒤를 쫓기 위해 몸을 보이지 않게 하는 하데스의 투구Nebelkappe를 필요로 했다. 그런데 우리는 괴물의 존재 자체를 부정하기 위해 그 투구를 가지고 우리의 눈과 귀를 막고 있다.

착각해서는 안 된다. 18세기의 아메리카 독립전쟁이 유럽의 중간계급에게 경종을 울렸듯이, 19세기의 아메리카 내전(남북전쟁 - 옮긴이)은 유럽 노동자계급에게 경종을 울렸다. 잉글랜드의 변혁 과정은 명백한 사실이다. 그것이 일정한 수준에 도달하면 유럽 대륙의 상황에 갑작스러운 변화가 올 것이다. 유럽 대륙에서는 이러한 변혁 과정이 잉글랜드에서보다 더 야만적이거나 혹은 더 인간적으로 진행될 수 있는데, 이는 노동자계급 자체의 발전 정도에 달려있다. 따라서 더 큰 동기는 제쳐두고라도 노동자계급의 발전을 막는, 법으로 통제 가능한 모든 장애물을 제거하는 것이 현재의 지배계급에게는 이익이 된다. 그런 이유로 잉글랜드 공장법의 역사와 내용, 그 결과에 이 책의 충분한 지면을 할애했다. 한 나라는 다른 나라에서 배워야 하며 또한 배울 수 있다. 한 사회가 자신의 운동에 대한 자연법칙의 실마리를 찾았다 하더라도 -근대사회의 경제적 운동법칙을 밝히는 것이 이 책의 최종 목적이다- 어쩔 수 없이 거쳐야 하는 발전 단계들을 건너뛸 수도, 법령으로 제거할 수도 없다. 그러나 산고를 단축하거나 완화할 수는 있다.

혹시나 있을 오해를 피하기 위해 한마디 하겠다. 나는 자본가와 지주의 모습을 장밋빛으로 그리지는 않겠다. 그들이 인격화된 경제적 범주, 특정한 계급과 이해관계를 맺고 있는 당사자인 경우에 한하여만 이 책에서 문제삼을 것이다. 경제적 사회구성체의 발전을 어느 누구보다도 자연사적 과정으로 파악하는 나의 입장에서는, 개인이 주관적으로 아무리 이러한 관계에서 벗어나 있다 하더라도 사회적으로는 여전히 이러한 관계의 피조물이기에, 개인에게 이에 대한 책임을 묻지 않겠다.

정치경제학 분야에서, 자유로운 과학적 연구 과정에서 맞닥뜨릴 수 있는 적은, 다른 어떤 학문 분야에서 만나는 적과 동일하지 않다. 정치경제학이 다루는 주제의 특성 때문에 사람의 마음에서 가장 격심하고 가장 편협하며 가장 악의에 찬 감정인 '사적 이해관계'라는 복수의 여신이, 자유로운 과학적 연구를 가로막고자 전쟁터로 불려나온다. 잉글랜드 고교회파High Church는 차라리 그들의 신앙조항 39개 가운데 38개를 침해하는 것은 용서할지언정 그들의 현금 수입의 39분의 1이 침해당하는 것은 용서하지 않을 것이다. 오늘날에는 신의 존재를 부정하는 것도 전통적 소유관계에 대한 비판에 비하면 가벼운 죄다. 그러나 여기에서도 진보가 이루어지고 있다는 사실은 분명하다. 그 한 가지 예로 최근 몇 주 전에 발표된 잉글랜드 의회보고서인《공업문제와 노동조합에 관한 여왕 폐하의 해외사절단의 통신문》을 지적하고자 한다. 잉글랜드 국왕의 해외사절단은 이 통신문에서 독일, 프랑스 등 유럽 대륙의 모든 문명국에서도 잉글랜드와 마찬가지로 자본과 노동 간의 기존 관계의 변화가 감지되며 또한 피할 수 없다는 점을 기탄없이 말하고 있다. 동시에 대서양 건너편에서는 북아메리카 연방Die Vereinigte Staaten von Nordamerlka의 부통령 웨이드Wade가 노예제도 폐지 후 자본

관계와 토지 소유관계가 현안 문제라고 공개석상에서 밝히고 있다! 이는 이 시대의 징표로, 추기경의 자주색 망토나 수도사의 검은 옷으로도(그 어떤 권세와 계급도 -옮긴이) 가릴 수가 없다. 물론 이것이 당장 내일이라도 기적이 일어난다는 것을 의미하지 않는다. 그러나 이것은 오늘날의 사회가 굳어버린 결정체가 아니라 끊임없는 변화 과정에 있는 유기체라는 것을 지배계급 내에서도 어렴풋이나마 알아채고 있다는 사실을 보여준다.

이 책의 2권은 자본의 유통 과정(2부)과 자본의 총 과정의 형태(3부), 마지막으로 3권(4부)은 학설사를 다룰 것이다.

과학적 비판에서 나온 모든 의견을 환영한다. 그러나 내가 한 번도 양보한 적이 없는 이른바 여론이라는 편견에 대해서는 저 위대한 피렌체 사람(단테)의 좌우명이 여전히 나에게도 유효하다.

누가 뭐라고 하든지 너의 길을 가라!

1867년 7월 25일, 런던

맑스

2판 후기

우선 초판의 독자에게 2판에서 변경한 내용을 보여주겠다. 이 책의 내용이 눈에 확 들어오도록 차례를 더 일목요연하게 정리했다. 추가된 주석은 모두 2판의 주석으로 표시했다. 본문의 변경사항 가운데 중요한 점은 다음과 같다.

1장 1절에서는 교환가치를 나타내는 방정식의 분석을 통해 가치를 도출하는 과정이 과학적으로 더 엄밀하게 실행되었으며, 또한 초판에서 간략하게 언급되었던 가치실체와 사회적 필요노동시간에 의해 결정되는 가치크기 간의 관계도 확실하게 강조했다. 1장 3절(가치형태)은 초판에서 중복 서술되었기 때문에 완전히 다시 고쳐 썼다. 덧붙여 말하자면, 하노버에 사는 나의 벗 쿠겔만$_{L. Kuglmann}$[3] 박사가 중복된 서술을 하게끔 유도했다. 1867년 봄 내가 그를 방문했을 때 함부르크에서 교정판이 도착했는데, 그때 그는 대다수의 독자들을 위해 가치형태에 대한 좀더 체계적인 추가설명이 필요하다고 나를 설득했다. 1장의 마지막 절인 '상품의 물신성' 등은 대부분 다시 작성했다. 3장 1절(가치척도)은 꼼꼼하게 수정했는데, 초판에서는《정치경제학 비판》(베를린, 1859)의 설명을 참조하게 했을 뿐 이 부분이

---

3) 루이스 쿠겔만(Louis Kugelmann, 1828-1902), 독일 출신의 산부인과 의사이자 활동가. 코뮌주의자 연맹의 회원이었으며, 1862년부터 맑스가 사망한 1883년까지 맑스와 편지를 주고받았으며, 맑스의《자본》을 널리 퍼트리는 데 지대한 기여를 했다. 그가 사망한 1902년에 맑스와 주고받은 편지의 대부분이 독일사회민주당 기관지인《신시대, Die Neue Zeit》에 게재되었다. - 옮긴이

소홀하게 다루어졌기 때문이다. 7장, 특히 2절은 많이 고쳐 썼다.

　본문의 다른 여러 부분도 고쳐 썼는데, 대부분이 그저 문체만 수정한 것이기 때문에 자세한 지적은 불필요한 일이다. 이러한 수정은 책 전체에 걸쳐서 이루어졌다. 그럼에도 지금 파리에서 발간될 프랑스어 판을 교열하면서 독일어 원본 가운데 많은 부분이, 어느 곳은 더 철저하게 다시 써야 하고, 또 다른 곳에서는 문체를 많이 뜯어 고치거나 당시 우연한 실수를 꼼꼼하게 바로 잡을 필요가 있음을 발견했다. 그러나 책이 매진되어 2판의 인쇄가 1872년 1월에 시작되어야 한다는 연락을 1871년 가을에서야 받았다. 뿐만 아니라 다른 급한 일로 시간도 부족했다.

　《자본》이 독일 노동자계급의 광범위한 층에서 빠르게 인정받게 된 것은 나의 작업에 대한 최고의 보상이다. 경제적으로 부르주아 입장에 있는 빈의 공장주 마이어Mayer는 보불전쟁 기간에 출간된 소책자에서 '독일의 유산이라고 간주되던 탁월한 이론적 재능이 이른바 독일의 식자층에서는 완전히 없어진 반면에 독일의 노동자계급에서는 다시 생겨나고 있다'고 적절하게 지적한다.

　독일에서 정치경제학은 지금 이 순간까지도 외래 학문으로 머물러 있다. 구스타브 폰 퀼리히Gustav von Gülich는 특히 1830년 출간된 자신의 저서 《상공업 등에 관한 역사적 서술》[4] 1권과 2권에서 독일의 자본주의적 생산

---

4) 원제는 《주요 무역국가의 농업, 상업, 공업에 관한 역사적 서술, Geschichtliche Darstellung des Handels, der Gewerbe und des Ackerbaus der bedeutendsten handeltreibenden Staaten》이다. Ludwig Gustav von Gülich(1791-1847)는 독일의 정치경제학자이며 독일의 종이산

방식, 즉 근대 부르주아사회의 형성을 저해한 역사적 사정의 대부분을 이미 상세하게 설명했다. 따라서 독일에서는 정치경제학이 발전할 수 있는 기반이 없었다. 정치경제학은 잉글랜드와 프랑스에서 완제품으로 수입되었고, 독일의 정치경제학 교수들은 항상 학생으로 머물러 있었다. 이들은 외국의 현실에 대한 이론적인 표현을 그들의 소시민적 세계관으로 곡해하여 도그마 모음집으로 만들어버렸다. 그들은 문헌사적인 학식으로 치레하거나 희망에 찬[5] 독일의 관료지망생이 견뎌내야 하는 연옥에서의 시련과도 같은 지식덩어리, 소위 중상주의 정치경제학Kameralwissenschaft[6]에서 빌려온 낯선 자료들을 마구 뒤섞어놓아 벗어나기 어려운 학문적 무력감과 사실상 낯선 분야에서 선생 티를 내야만 한다는 양심의 가책을 숨기려 했다.

1848년 이후 독일에서는 자본주의적 생산이 급속히 발전했으며, 오늘날에는 이미 엄청난 성과를 거두고 있다. 그러나 운명은 여전히 독일의 전문가들을 외면했다. 그들이 정치경제학을 아무런 편견 없이 연구할 수 있었을 때 독일에는 근대적인 경제 관계가 존재하지 않았다. 그러나 막상 이 관계가 나타났을 때는, 그들의 편견 없는 연구를 부르주아적 시각에서 더이상 허용할 수 없는 사정이 이미 발생한 상태였다. 정치경제학이 편협한 부르주아 시각에 머물러, 자본주의적 질서를 역사적으로 잠시 거처가는 사회적 생산의 발전 단계가 아닌 절대적이고 최종적인 사회적 생산형태로

업에 상당한 기여를 한 기업가이다. - 옮긴이

5) 3판과 4판에서는 '절망적인'

6) Kameralwissenschaft는 18-19세기의 독일 절대국가에서 재정을 다루던 관료들에게 필요한 지식의 총체를 의미한다. 프랑스 중상주의 정치경제학과 유사한 개념으로 간주된다. - 옮긴이

파악하는 한, 그것은 잠재적이거나 산발적인 형태의 계급투쟁 시기에만 과학으로 유지될 수 있다.

잉글랜드를 예로 들어보자. 잉글랜드의 고전파 정치경제학은 계급투쟁이 발전하지 않은 시기에 나타났다. 이 고전파 정치경제학의 마지막 위대한 대변자인 리카도D. Ricardo는 마침내 임금과 이윤, 이윤과 지대 사이의 계급 이해의 적대성을 의도적으로 연구의 주안점으로 삼았지만, 순진하게도 이 절대성을 어쩔 수 없는 사회법칙으로 파악했다. 부르주아 경제학은 넘을 수 없는 한계에 도달했다. 리카도가 살아있을 때 그와 대립하는 시스몽디J. Sismondi라는 인물에 의해 부르주아 경제학에 대한 비판은 이미 제기되었다.[7]

뒤이은 1820-1830년에는 잉글랜드에서 정치경제학 분야의 학문적 활기가 두드러지는 시기였다. 이 시기는 리카도 이론이 통속화되어 확산된 시기였으며, 그에 따라 리카도 이론이 기존학파의 이론과 투쟁한 시기였다. 이들 사이에서 죽고 죽이는 불꽃 튀는 논쟁이 벌어졌다. 이 당시에 벌어진 논쟁은 유럽 대륙에는 거의 알려지지 않았는데, 논쟁의 대부분이 잡지의 기고문, 임시간행물 그리고 소책자 등으로 분산되어 벌어졌기 때문이다. 이 논쟁이 어떤 편견에 사로잡히지 않은 공정한 성격을 띠는 이유는 -물론 리카도의 이론이 이미 예외적으로 부르주아 경제를 공격하는 무기로 사용되고 있었지만- 당시의 시대적 상황에 의해 설명된다. 즉, 한편으로 1825년의 경제공황(이하 '공황'으로 표기)으로 비로소 대공업이 새로운 일생

---

7) 나의 저서《정치경제학 비판을 위해》, 39쪽을 보라.

의 주기적 순환을 시작했다는 사실을 통해, 대공업 자체가 이제 막 유년기를 벗어났음이 증명된다. 다른 한편으로는 자본과 노동 간의 계급투쟁이, 정치적으로는 신성동맹을 중심으로 뭉친 정부 및 봉건귀족들과 부르주아 계급이 주도하던 인민대중 간의 갈등에 의해, 경제적으로는 프랑스의 분할지소유와 대토지소유 간의 적대성에 의해 은폐되어 있었으며, 잉글랜드에서의 곡물법 이후 공개적으로 터져 나온 산업자본과 귀족의 토지소유 사이의 다툼으로 인해 뒷전으로 밀려나 있었다는 상황에 의해 설명된다. 이 기간 동안의 잉글랜드의 정치경제학 문헌은 마치 케네F. Quesnay 박사가 사망한 이후의 프랑스의 질풍노도와 같은 시기를 연상시키지만, 시대착오일 뿐이었다. 1830년에 이르자 결정적인 위기가 시작되었다.

프랑스와 잉글랜드에서 부르주아 계급이 정치권력을 획득했다. 그 이후 계급투쟁은, 실천적으로나 이론적으로나 점점 더 뚜렷하고 위협적인 형식을 취했다. 그리고 계급투쟁은 과학적 부르주아 경제학에 죽음의 종을 울렸다. 이제 더이상 어떤 명제가 맞고 틀리냐가 아니라, 자본에게 이로운가 해로운가, 자본에게 편리한가 불편한가, 정해진 규칙을 어겼는가 어기지 않았는가가 문제되었다. 사욕 없는 연구 대신에 돈벌이 논쟁이, 편견 없는 과학적 연구 대신에 비양심적이고 악의에 찬 변론이 나타났다. 심지어는 공장주 코브던과 브라이트가 앞장선 반곡물법동맹이 세상에 내놓은 뻔뻔스러운 소책자도 학문적인 흥밋거리는 아닐지라도 토지소유 귀족을 반박했다는 점에서 역사적인 흥밋거리를 제공했다. 로버트 필Robert Peel[8] 이래

---

8) 로버트 필(1788-1850)은 잉글랜드 휘그당 소속의 보수정치가. 내무부 장관과 두 번의 수상을 역임했다. 수상 재임 당시에 관세 인하를 단행했으며 은행법을 개정했다. 또한 그가 수상으로 있던 1846년 토지귀족의 이해에 반하여 곡물법이 폐지되어 곡물법을 지지하

자유무역 입법은 통속경제학에서 이 마지막 자극조차 제거해 버렸다.

1848년 유럽 대륙의 혁명은 잉글랜드에도 영향을 미쳤다. 그때까지도 학문적 가치를 추구하며 지배계급의 단순한 궤변가 및 아첨꾼에 머물지 않고 그 이상이기를 원했던 인물들은 자본의 정치경제학을 이제는 더 이상 무시할 수 없는 프롤레타리아 계급의 요구와 일치시키려고 했다. 이로부터 존 스튜어트 밀로 대표되는, 독창적인 것이라고는 전혀 없는 혼합이론[9]이 탄생했다. 그것은 '부르주아' 경제학의 파산 선언이었는데, 이에 대해서는 이미 위대한 러시아의 학자이자 평론가인 체르니세프스키N. Tschernyschewski[10]가 자신의 저서 《밀의 입장에서 본 정치경제학 요강》에서 탁월하게 해명했다.

이와 같이 프랑스와 잉글랜드에서 그 적대성이 역사적인 투쟁을 통해 소란스럽게 그 모습을 드러낸 후에야 비로소 독일에서는 자본주의적 생산방식이 성숙해진 데 반해, 이미 독일 프롤레타리아 계급은 부르주아 계급보다 훨씬 단호한 이론적 계급의식을 갖고 있었다. 이 때문에 부르주아 학문으로서의 정치경제학이 독일에서 자리매김할 수 있을 것처럼 보였지

는 다른 보수파들에 의해 수상에서 물러났다. - 옮긴이

9) 1848년 출간된 존 스튜어트 밀의 《정치경제학 원리》는 독창적인 내용을 거의 포함하고 있지는 않으나 이전의 이론들을 일목요연하게 정리한 까닭에 최초의 정치경제학 교과서로 불리기도 한다. - 옮긴이

10) 체르니세프스키(Nikolai Gawrilowitsch Tschernyschewski, 1828-1889)는 러시아의 작가, 비평가이자 혁명가이다. 맑스는 그에게 감동하여 그의 러시아 원전을 여러 권 소장하고 있었던 것으로 알려지며, 그의 소설 《무엇을 할 것인가?》는 당시 러시아 지식인에게 지대한 영향을 주었다. 특히 도스토예프스키의 수많은 소설에 영향을 주었으며, 레닌의 소책자인 《무엇을 할 것인가?》는 이 소설의 제목을 그대로 이어받은 것이다. - 옮긴이

만, 곧바로 불가능하게 되었다.

이러한 사정으로 독일 부르주아 정치경제학의 대변자들은 두 대열로 분열되었다. 그 가운데 한 대열은, 통속경제학의 옹호자들 가운데 학문적 깊이가 가장 낮고 바로 그 때문에 가장 성공한 바스티아C. Bastia[11]의 깃발 아래 모여들었는데, 약삭빠르고 돈벌이를 좋아하며 실리를 추구하는 사람들이었다. 또 다른 대열은 학문적 위신을 거들먹거리면서 화해할 수 없는 것을 화해시키기 위해 존 스튜어트 밀J. St. Mill을 추종하는 교수들이었다. 독일 사람들은 전형적인 부르주아 경제학 시대에서와 마찬가지로 그 몰락의 시대에도 여전히 학생, 맹신자, 모방자, 외국 도매점의 소행상인으로만 머물러 있었다.

독일 사회 특유의 역사적 발전은 독일 '부르주아' 경제학의 그 어떤 독창적인 발전도 불가능하게 만들었지만, 이에 대한 비판은 예외였다. 이러한 비판이 어떤 하나의 계급을 대변하고 있는 한, 그것은 자본주의적 생산방식의 변혁과 계급의 궁극적인 철폐를 유일한 역사적 사명으로 삼고 있는 프롤레타리아 계급을 대변할 수 있다.

독일 부르주아 계급의 대변자는 그가 학자이든 아니든 간에 나의 이전 저서에서처럼 《자본》을 묵살하려고 했다. 이러한 술책이 더이상 시대 상황에 맞지 않게 되자, 그들은 나의 책을 비판한다는 핑계를 대고 '부르주아적 의식을 진정시키기 위한' 처방전을 썼다. 이 대변자들은 노동자신문

---

11) 바스티아(1801-1850)는 사유재산권, 자유시장, 그리고 작은 정부를 옹호했던 프랑스의 정치경제학자이다. - 옮긴이

에서 -예를 들어 《폴크스슈타트(인민국가)》에 실린 요셉 디츠겐J. Dietzgen[12]의 논문을 보라- 뛰어난 전사들을 발견했지만 이들에 대한 답변을 지금까지 하지 않고 있다.[13]

탁월하게 번역된 《자본》의 러시아어 판은 1872년 봄에 출간되었다. 삼천 부를 찍어낸 이 판은 이미 거의 매진되었다. 이전에 키에프 대학의 정치경제학 교수인 지베르N. Sieber[14]는 1871년 그의 저서 《리카도의 가치이론과 자본이론》에서 나의 가치, 화폐, 자본에 대한 이론이 기본적으로는 스미스와 리카도 학설의 필연적인 발전이라는 것을 증명했다. 서부 유럽인이 그의 이 알찬 책을 읽어본다면 순수한 이론적 입장이 처음부터 끝까지 유지되고 있다는 사실에 놀랄 것이다.

---

12) 디츠겐(1828-1888)은 독일의 철학자이자 사회주의 이론가이다. 맑스, 엥엘스와 독립적으로 변증법적 유물론의 체계를 세웠으며, 독일당국의 억압을 피해 미국으로 망명하여 뉴욕과 시카고에서 독일 이민자들의 노동자운동에 기여했다. - 옮긴이

13) 둘러대기를 좋아하는 독일 통속경제학의 떠버리들은 내 책의 문체와 서술방식을 욕해댄다. 그러나 나 자신보다 《자본》의 문장의 결함을 더 엄격하게 판단할 사람은 아무도 없다. 그럼에도 나는 이 양반들과 그들의 독자에게 편의와 기쁨을 주기 위해 여기에서 잉글랜드인과 러시아인의 평가를 하나씩 인용하고자 한다. 나의 견해에 대해 매우 적대적인 《세터데이 리뷰(Saterday Review)》는 독일어 초판에 대한 서평에서, 그 서술방식이 "무미건조한 경제적인 문제에도 독특한 매력을 주고 있다"고 말하고 있다. 또한 1872년 4월 20일자 《상트페테르부르크》는 특히 다음과 같이 지적하고 있다. "몇몇 전문적인 부분을 제외하면 이 책의 서술방식은 평이하고 명료하며, 다루는 대상의 학문적 수준이 상당한데도 매우 생동적이라는 특징을 보여주고 있다. 이 점에 있어서 저자는 … 보통 인간의 골치를 아프게 하는 모호하고 무미건조한 언어로 책을 쓰는 … 수많은 독일학자들과는 전혀 다르다." 그러나 최근의 민족주의적이고 자유주의적인 독일교수들의 문헌은 독자에게 전혀 다른 고통을 안기고 있다.

14) 1844년에 태어나 1888년에 사망한 니콜라이 지베르는 러시아의 맑스주의 기초를 닦은 학자로 평가된다. 1881년 런던에서 맑스와 개인적인 친분을 쌓는다. - 옮긴이

《자본》에서 사용한 방법이 거의 이해되지 않고 있는데, 이는 이에 대한 견해가 서로 다르기 때문이다.

파리의《실증주의 평론Revue Positiviste》은, 한편으로는 내가 경제학을 형이상학적으로 다루고 있으며, 다른 한편으로는 -한번 알아맞혀 봐라!- 내가 주어진 사실에 대해 비판적인 분석만 늘어놓을 뿐 미래의 무료 급식소를 위한 요리법(콩테치즈로 만드는 요리법?)은 처방하지 않았다고 비난하고 있다. 형이상학적이라는 비난에 대해 지베르 교수는 다음과 같이 말하고 있다.

"이론 자체를 문제삼는 한, 맑스의 방법은 잉글랜드 모든 학파가 사용하는 연역적인 방법인데, 이 방법의 결점과 장점은 가장 뛰어난 이론경제학자 모두에게 공통적으로 해당된다."

블로크M. Block[15]는 1872년 7월호와 8월호의《이코노미스트 저널Journal des Économistes》에 실린《독일의 사회주의 이론가들》에서 나의 방법이 분석적임을 발견하고 특히 다음과 같이 말하고 있다.

"이 저작으로 맑스는 가장 뛰어난 분석사상가의 반열에 올랐다."

물론 독일의 평론가들은 내 저작이 헤겔식 궤변이라고 떠들고 있다. 페테르부르크의《유럽통신》은《자본》의 방법만을 취급한 논문(1872년 5월

---

15) 블로크(1816-1901)은 독일 태생의 프랑스 이론가이다. 독일에서 박사학위를 받은 후 파리로 이주하여 주로 통계 분야에서 일하다가 그곳에서 생애를 마쳤다. - 옮긴이

호, 427-436쪽)에서 나의 연구방법이 엄격히 실재론을 따르고 있지만, 서술 방식은 불행하게도 독일식 변증법을 따르고 있다는 사실을 발견했다. 이 논문의 저자인 카우프만I. I. Kaufman은 다음과 같이 말하고 있다.

"겉으로 드러난 서술방식으로 판단한다면, 얼핏 보아도 맑스는 위대한 관념철학자이다. 그것도 독일적 의미로 나쁜 의미의 관념철학자이다. 그러나 실제로 맑스는 경제학을 비판한 다른 어떤 선행자보다 독보적인 리얼리스트이다. … 그를 결코 관념주의자로 부를 수 없다."

나는 카우프만의 비판 논문에서 몇 부분을 발췌하는 것 이상의 더 좋은 답변을 할 수는 없다. 게다가 이들 발췌문은 러시아 원문을 접할 수 없는 많은 나의 독자들에게 흥미를 불러일으킬지도 모른다.

카우프만은 나의 방법의 유물론적 토대를 상세하게 설명한《정치경제학 비판을 위해》(베를린, 1859) 의 서문 IV-VII쪽에서 한 문장을 인용한 후에 다음과 같이 계속 말하고 있다.

"맑스에게는 그가 연구하고 있는 현상의 법칙을 발견하는 것만이 중요하다. 그리고 그에게 있어서 중요한 것은, 하나의 완성된 형태를 가지고 있는 현상과 일정한 시기에 관찰한 현상이, 일정한 관계에 있을 때에 한하여 지배하는 법칙만이 아니다. 그에게 무엇보다도 중요한 것은 이들 현상에 대한 변화의 법칙, 발전의 법칙, 즉 한 형태로부터 다른 형태로의, 이 현상이 관계하고 있는 하나의 질서로부터 다른 질서로의 이행의 법칙이다. 일단 이 법칙을 발견한 후, 그는 이것이 사회 생활에서 나타내는 결과를 상세하게 연구한다. … 따라서 맑스는 단 하나를 위해 애쓰는데, 그것은 정밀한 과학적 연구를 통해 사회관계가 이루어지는 일정한 질서의 필연성을 증명하고, 출발점과 근거로 삼을 수 있는 사실을 가능한 한 흠잡을 데 없이 확인하는 일이다. 이 일을 위해 맑스는 사람들이 믿든 안 믿든 그들이 의식하든 말든 현존하는 질서의 필연성, 즉 하나의 질서에서 다른 질서로의 어쩔 수 없는 이행을 증명하는 것만으로 충분하다. 맑스는 사회운동을 인간의 의지, 의식 그리고 의도와는 무관할 뿐만 아니라, 오히려 그 반대로 법칙에 의해 인간의 의지, 의식 그리고 의도가 이끌리는 하나의 자연사적 과정으로 간주했다. 의식적 요소가 문화사에서 이처럼 종속적인 역할을 수행한다면, 문화 자체를 대상으로 하는 비판은 그 어떤 다른 비판보다도 의식의 어떤 형태나 결과를 그 토대로 삼을 수 없다는 것은 자명하다. 비판의 출발점이 될 수 있는 것은 의식한 내용이 아니라 그 겉모습일 뿐이다. 비판은 하나의 사실에 대해 의식한 내용이 아니라 단지 다른 사실과의 비교와 대조에 국한될 것이다. 이러한 비판에서는 두 가지 사실이 가능한 한 정확하게 연구되어야 한다는 것과 하나의 사실이 다른 사실에 대해 다양한 발전 계기를 만들어 준다는 것만이 중요하다. 특히 중요한 것은 질서의 연속, 즉 발전 단계가 나타나는 순서와 연결을 그에 못지않게 정확하게 연구해야 한다는 점이다. 그러나 혹자는 경제생활의 일반적 법칙은 하나뿐이며, 그것을 현재에 적용하든 과거에 적용하든 마찬가지라고 말할 것이다. 바로 이 점을 맑스는 부정한다. 맑스에 의하면 이러한 추상적인 법칙은 존재하지 않는다. … 그의 의견에 따르면 그 반대로 각각의 역사적 시대는 그 나름의 법칙을 가지고 있다. … 생명체Leben는 일정한 발달 시기를 경과하여 일정한 단계에서 다른 단계에 들어가자마자 새로운 법칙에 의해 이끌리기 시작한다. 한 마디로, 경제적 삶은 생물학이라는 다른 분야에서의 발생사와 유사한 현상을 우리에게 보여준다. … 과거의 경제학자들은 경제법칙을 물리학이나 화학의 법칙과 비교하여 그 본질을 잘못 이해했다. … 현상을 좀 더 심오하게 분석하면, 사회적 유기체도 식물이나 동물과 마찬가지로 그들 사이에 근본적인 차이가 있다는 점이 증명된다. … 그렇다. 하나의 동일한 현상도 각 유기체의 서로 다른 전체 구조, 각 기관의 차이 그리고 각 기관이 기능하는 조건의 차이 등으로 인해 전혀 다른 법칙의 지배를 받는다. 맑스는 인구법칙이 시대와 장소를 초월하여 동일하다는 주장을 부인한다. 반대로 그는 각 발전 단계가 그 고유한 인구법칙을 가지고 있다고 잘라 말한다. … 생산력의 상이한 발전에 따라 관계와 그 관계를 규제하는 법칙도 달라진다. 맑스는 이러한 관점으로부터 자본주의적 경제 질서를 연구하고 밝히고자 하는 목표를 세움으로써, 경제적 삶에 대한 정확한 연구가 가져야만 하는 목표를 과학적으로 엄밀하게 작성했을 뿐이다. … 이러한 연구의 과학적 가치는 어떤 주어진 사회적 유기체의 발생, 생존, 발전과 죽음을 규제하고 그리고 더 발전된 사회적 유기체가 그것을 대체하는 것을 규제하는 특별한 법칙을 해명하는 데 있다. 그리고 맑스의 책은 실제로 이러한 가치를 가지고 있다."

저자 카우프만은 내가 실재적 방법이라고 부른 것을 매우 적절하게 묘사했고, 또 내가 개인적으로 이 방법을 내 책에 적용한 경우에도 이를 매우 호의적으로 묘사했는데, 그가 묘사한 이것이 다름 아닌 변증법적 방법이 아니고 무엇이란 말인가?

물론 형식적으로 서술방식은 연구방법과 구분되어야 한다. 연구는 연굿거리를 섭렵하여 그것의 다양한 발전 형태를 분석하고 그 내적 연관성을 찾아내야 한다. 이러한 작업이 완성된 후에야 비로소 그에 따른 실제 운동을 서술할 수 있다. 이것이 성공하여 그 연굿거리라는 실체Leben에 의식된 내용이 반영되면, 이는 마치 이것이 선험적 구조와 관계되는 것처럼 보일 수도 있다.

나의 변증법적 방법은 근본적으로 헤겔의 그것과 다를 뿐만 아니라, 오히려 정반대이다. 헤겔에게는 이념Idee이라는 이름하에 자립적 주체로까지 변화시킨 사유 과정이 현실세계의 창시자이다. 즉 현실세계는 이 사유 과정의 겉모습에 지나지 않는다. 이와 반대로 나에게 의식한 내용das Ideelle은 인간의 두뇌에서 변화되고 변형된 물적인 것에 지나지 않는다.

거의 30년 전 나는 이미 그 당시 유행하던 헤겔 변증법이 사람을 현혹시킨다는 점에서 비판한 적이 있다. 그러나 내가 《자본》 1권을 마무리한 바로 지금, 독일의 지식인 사이에서 대화를 주도하고 있는 짜증나고 건방지고 별 볼 일 없으며, 독창성이라고는 없고 모방이나 하는 양반들이, 레씽 시대에 용감한 멘델스존이 스피노자를 취급했던 것처럼,[16] 헤겔G. W. Friedrich Hegel을 '죽은 개' 취급하면서 우쭐대고 있다. 따라서 나는 이 위대한 사상가의 제자라는 것을 공개적으로 인정하고 가치론에 관한 장의 이곳저곳에서 헤겔 특유의 표현방식을 쓰면서까지 아양을 떨었다. 변증법이 헤겔의 손에

---

16) 계몽주의 철학자인 멘델스존(Moses Mendelssohn, 1729-1786)은 신분이 낮은 유대인이었으며 또 다른 독일의 계몽주의 작가였던 동갑내기 레씽(Gotthold Ephraim Lessing, 1729-1781)은 독일복음주의교회의 부주교 집안 출신인데, 이들 동갑내기의 출신과 신분을 뛰어넘는 우정은 오늘날까지 인구에 회자될 정도로 유명하다. 스피노자의 범신론을 둘러싸고 벌어진 레씽과 야코비의 논쟁에서 멘델스존은 처음에는 레씽의 범신론을 지지했지만 마지막에는 일신론으로 입장을 바꾸어 스피노자를 비난한다. - 옮긴이

서 겪은 신비화로 인해, 변증법의 일반적인 운동형태가 포괄적이고 의도적인 방식으로 서술되었다는 사실을 절대로 부정할 수 없다. 헤겔의 변증법은 뒤집어져 있다. 우리는 신비한 껍데기에 감춰진 합리적인 알맹이를 찾아내기 위해 그것을 뒤집어야 한다.

이 신비화된 형태의 변증법은 독일에서 유행했다. 그것은 현존하는 것을 이상적인 것으로 보이게 했기 때문이다. 합리적인 형태에서의 변증법은 부르주아 계급과 그들의 굳은 믿음을 대변하는 자들에게는 분노와 공포일 뿐이다. 변증법은 현존하는 것에 대한 긍정적인 이해 속에 그것의 부정과 필연적인 몰락도 포함하고 있기 때문이며, 모든 생성된 형태를 운동의 흐름으로 순간적인(덧없이 사라질 운명 - 옮긴이) 측면에서 파악하기 때문이다. 또한 변증법은 그 어떤 것에 의해서도 위압되지 않으며 본질적으로 비판적이고 혁명적이기 때문이다.

자본주의 사회의 모순적인 운동은 근대산업이 거치는 주기적 순환의 국면 전환에서 실천적인 부르주아 계급에게 가장 절실하게 느껴지는데, 이 국면 전환의 절정이 일반적 위기이다. 이 일반적 위기는 아직은 초기단계에 있지만 다시 진행중이며, 거의 모든 영역에 미치는 그 강력한 영향으로 신성 프로이센 독일제국의 벼락부자에게까지도 변증법이 주입될 것이다.

1873년 1월 24일, 런던
맑스

프랑스어 판 서문 및 후기

1872년 3월 18일, 런던

모리스 라 샤트르Maurice La Châtre[17] 귀하

친애하는 귀하!

《자본》의 번역본을 분책으로 만들어 정기적으로 발간한다는 귀하의 생각을 환영합니다. 책을 순서대로 나누어 출간하면 노동자계급에게 한층 더 다가가기 쉬워질 것이고, 이러한 당신의 헤아림이 저에게는 다른 무엇보다 중요합니다.

이것이 이 책을 분책으로 만들겠다는 생각의 좋은 점입니다. 그러나 단점도 있습니다. 경제적 문제에는 아직 적용하지 않았지만 내가 사용한 연구방법은 처음 몇 장을 읽는 데 상당한 어려움을 줄 것입니다. 그래서 늘 성급하게 결론에 도달하려 하고, 일반적 원칙과 눈앞에서 진행되고 있는 문제와의 연관성을 알고자하는 호기심으로 가득 찬 프랑스 독자들이 계속해서 빠르게 읽어나가지 못해 그만두지 않을까 하는 점이 염려됩니다.

---

17) 라 샤르트(1814-1900)는 프랑스의 저널리스트, 출판업자, 사전 편집자이다.

이것이 하나의 단점입니다. 그리고 저는 진리를 탐구하려는 독자들에게 이러한 어려움을 미리 지적하고 각오를 다지게 하는 것 외에는 달리 할 것이 없습니다. 학문에는 평탄한 길이 없습니다. 가파른 좁은 길을 끝까지 올라가는 노고를 두려워하지 않는 사람만이 학문의 빛나는 정상에 도달할 수 있는 희망을 가질 수 있습니다.

마르크스

독자들에게

    루아J. Roy 씨는 가능한 한 정확하고 거의 직역에 가까운 번역본을 만들고자 했으며, 이 과제를 주도면밀하게 완수했다. 그러나 바로 이러한 지나친 정확성 때문에 나는 독자가 접근하기 쉽도록 원고를 수정하지 않을 수 없었다. 이러한 수정 작업이 책이 순서대로 나누어 출간될 때마다 이루어졌기 때문에, 그 세밀함에 차이가 있으며 표현법도 통일되지 못했다.

    이 수정 작업에 착수하고 나자 그 원본에 해당하는 독일어 판(2판)도 수정 작업을 하기에 이르렀다. 몇몇 논의는 간단하게 바꾸었으며 다른 몇몇 논의는 더 완벽하게 보충했고, 사료나 통계 자료를 보완했으며 비판적인 언급을 추가했다. 이 프랑스어 판은 문장상의 결함이 있다고 하더라도 원본과는 다른 독자적인 학문적 가치를 가지고 있으며, 독일어에 능통한 독자도 들여다볼 필요가 있을 것이다.

    나는 독일어 2판의 후기 가운데 독일에서의 정치경제학 발전과 이 책에 사용한 방법을 다루고 있는 부분을 아래에 첨부하겠다.

1875년 4월 28일, 런던

맑스

3판에 부쳐

맑스는 이 3판을 직접 교정할 수 없었다. 위대함에 적들까지 고개를 숙이는 이 뛰어난 사상가는 1883년 3월 14일에 세상을 떠났다.

나는 가장 훌륭하고 가장 믿음직한 40년 지기이자 말로 표현할 수 없을 만큼 많은 빚을 진 벗을 잃었으며, 이 3판과 수고로 남겨진 2권을 출간해야 할 임무를 맡았다. 내가 어떻게 이 첫 번째 임무를 완수했는지에 대해 독자에게 해명할 의무가 있다.

맑스는 처음에 1권의 본문을 대부분 고쳐 쓰고, 많은 이론적인 부분을 더 명확하게 표현하고, 새로운 부분을 추가하고, 최근까지의 사료와 통계 자료를 보충할 계획이었다. 그러나 그의 병세와 2권을 마무리해야 한다는 절박감으로 이러한 계획을 포기하였다. 꼭 필요한 부분만 수정했으며, 그 사이에 출간된 프랑스어 판《Le Capital》. Par Karl Marx, Paris, LaChâtre, 1873에 이미 추가된 부분만이 첨가되었을 뿐이다.

실제로 맑스의 유물 가운데는 프랑스어 판을 참조하라고 지적해 둔 군데군데 수정된 독일어 판 한 권과, 그가 독일어 판에 지적해 둔 것을 이용해야 할 곳을 정확하게 표시해 둔 프랑스어 판이 한 권 있었다. 이렇게 수정되고 첨가된 부분은 몇 군데를 제외하고는 이 책의 마지막 부분인 '자본의 축적 과정'을 다루고 있는 편篇에 한정되어 있다. 이 편의 앞부분은 철저하게 수정된 반면 본문은 여전히 원래의 초고를 그대로 따르고 있다. 따라서 이 편의 문체는 더 생생하고 더 일관되게 쓰이기는 했지만, 앞부분에 비해 대충 써졌으며 영어 특유의 어법과 혼용되어 군데군데가 명확하지 못했다. 몇몇 중요한 부분이 단지 암시하는 데만 머물러 있었기 때문에 논리적 전개 과정에는 여기저기 빈틈이 보였다.

문체와 관련해서 맑스는 직접 여러 절을 철저하게 수정했으며, 이 부분을 참조하여 그가 내게 수정할 것이라고 구두로 자주 암시한 부분의 영어식 술어와 기타 영어 특유의 어법을 내가 어느 정도까지 제거할 것인가에 대한 기준을 정할 수 있었다. 물론 맑스가 살아있었다면 이 추가되고 보충된 부분을 수정하고, 매끄러운 프랑스어를 자신의 간결한 독일어로 바꾸어놓았을 것이다. 그러나 나는 프랑스어를 원문에 가장 적합하게 번역하는 것으로 만족할 수밖에 없다.

따라서 3판에서는 저자 자신이 수정하려 한 것임을 확실하게 확인할 수 없는 부분은 수정하지 않았다. 나는 독일 경제학자들이 흔히 사용하는 알아듣기 힘든 복합어들, 예를 들어 현금을 지불하는 대신 다른 사람에게 일자리를 제공하도록 하는 사람을 '일자리 제공자Arbeitgeber=Arebit+Geber'라 부르고, 자신의 노동을 일자리 제공자에게 임금 대신 넘겨주는 사람을 '일자리를 받는 사람Arbeitnehmer=Arbeit+Nehmer'이라고 부르는 항간에 돌아다니는 은어를 《자본》에 가져오는 것은 생각할 수도 없다. 프랑스에서도 노동Travail이라는 단어가 일상적으로는 '일'이라는 의미로 사용된다. 그러나 프랑스 사람은 자본가를 일자리 제공자로 노동자를 일자리를 받는 사람으로 부르려는 경제학자를 당연히 제정신이 아니라고 생각할 것이다.

본문에서 처음부터 끝까지 사용되고 있는 잉글랜드의 화폐 단위와 도량형을 새로 도입된 독일단위로 환산하는 것은 불가능하다고 생각한다. 《자본》1판이 발간되었을 당시에는 독일에는 일 년 날짜 수만큼이나 되는 도량형이 있었다. 게다가 두 종류의 마르크(당시에 제국 마르크는 1830년 대에 그것을 고안한 쉐뜨베르Adolf Soetbeer[18]의 머릿속에서나 유통되었다), 두 종류의 굴덴, 최소한 세 종류의 탈러가 있었는데, 탈러 가운데 하나는 그 단위가 '노이에 쯔바이드리텔Neue Zweidrittel(새로운 3분의 2 - 옮긴이)'이었다. 그러나 자연과학에서는 미터법이 널리 사용되고 있었으며, 세계 시장에서는 잉글랜드의 도량형이 지배적이었다. 이러한 상황에서, 실례를 거의 잉글랜드의 산업 상황에서만 가져와야 했던 이 책에서 잉글랜드의 도량 단위를 사용하는 것은 당연한 일이었다. 마지막으로 든 이유는 오늘날에도 여전히 결정적이다. 이러한 상황이 세계 시장에서 거의 그대로 유지되고 있었으며, 특히 핵심적인 산업-철과 면화-에서는 현재도 거의 전적으로 잉글랜드의 도량형만이 사용되고 있기에 더욱 더 그러하다.

마지막으로 이해하기 어려운 맑스의 인용 방식에 대해 한마디 해두고자 한다. 그저 사실만을 보여주거나 늘어놓는 경우, 예컨대 잉글랜드 의 회보고서에서 인용한 부분은 당연히 단순한 증거로 사용된다. 그러나 다른 경제학자의 이론적인 견해를 인용하는 경우에는 사정이 다르다. 이 경우에 인용문은 전개 과정에서 나타나는 경제사상이 어디에서, 언제 그리고 누구에 의해 맨 처음 명확하게 언급되었는가를 확인하는 정도여야 한다. 이 경

---

18) 쉐뜨베르(1814-1892): 독일의 정치경제학자. 금 본위제를 토대로 한 독일 전체에서의 화폐개혁을 구상했다. - 옮긴이

우에 인용된 경제학적 견해가 학문의 역사에서 의미를 가지고 있어야 한다는 점과, 또 그것이 그 당시의 경제적 상황을 어느 정도까지 이론적으로 적절하게 표현하고 있는가 하는 점만이 문제될 뿐이다. 그러나 이러한 생각이 저자의 입장에서 상대적 혹은 절대적인 가치를 가지고 있는지, 또는 이미 역사 속으로 사라졌는지는 전혀 문제가 되지 않는다. 따라서 이러한 인용문들은 본문에 대한 경제학의 역사에서 빌려온 현재의 주석에 불과할 뿐이며, 몇몇 중요한 경제학적 이론의 진보가 언제 누구에 의해 이루어졌는지를 확인시켜 줄 뿐이다. 그리고 이 경제학이라는 학문에서는 이러한 일이 꼭 필요하다. 경제학사 저술가들은 지금까지 의도적이고, 거의 야심만을 추구하는 무지한 언행에서만 뛰어난 능력을 보여주었기 때문이다. 독자들은 이제 2판의 후기에서 그랬던 것처럼, 왜 맑스가 예외적으로만 독일의 경제학자를 인용했는지를 이해할 수 있을 것이다.

《자본》 2권은 1884년 중에는 출간할 수 있을 것 같다.

1883년 11월 7일, 런던

프리드리히 엥엘스

영어판 서문

《자본》의 영어판 출간에 대해서는 해명할 필요가 없다. 오히려 몇 년 전부터 이 책에서 주장하는 이론이 잉글랜드와 아메리카의 정기간행물과 최근의 문헌에서 공격당하거나 지지받기도 하고, 설명되거나 오해받는 등 끊임없이 언급되었다는 이유로 왜 영어판이 지금까지 미루어졌는지에 대한 설명을 기다릴 수도 있을 것이다.

1883년에 맑스가 세상을 뜨자마자 이 책의 영어판이 정말로 필요하다는 것이 분명해졌을 때, 맑스와 나의 오랜 벗이자 어느 누구보다도 이 책을 잘 알고 있을 샤뮤엘 무어Samuel Moore, 1830-1912(잉글랜드의 판사 - 옮긴이)가 맑스 유고에 대한 -유언집행자들이 발간되기를 그렇게 바라던- 번역을 맡을 준비가 되었다고 밝혔다. 나는 영어 원고를 독일어 원본과 대조해 수정이 필요하다고 생각하는 부분을 제안하기로 했다. 그런데 무어가 직업상의 일 때문에 우리 모두가 바라던 것처럼 번역을 빠르게 완성할 수 없다는 사실이 점점 분명해졌을 때, 이 작업의 일부를 떠맡겠다는 에이블링Edward Bibbins Aveling, 1849-1898(잉글랜드의 사회학자. 1884년부터 엘리너 맑스의 남편 - 옮긴이) 박사의 제안을 우리는 흔쾌히 받아들였다. 이와 함께 맑스의 막내딸인 에이블링 부인이 인용문을 검사하고, 맑스가 잉글랜드의 저자와 의회보고서에서 골라내어 독일어로 번역한 수많은 부분을 원문대로 복원하는 일을 하겠다고 자청했다. 이 작업은 어쩔 수 없는 경우를 제외하고는 일관성 있게 수행되었다.

이 책의 다음 부분은 에이블링 박사가 번역했다. ①10장(노동일)과 11장(잉여가치의 비율과 양), ②6편(임금, 19장-22장), ③24장의 4절(온갖 사정들)부터 이 책의 끝부분까지, ④원저자인 맑스가 쓴 두 개의 서문. 그 나머지 부분은 모두 무어가 번역했다. 따라서 각 번역자는 자신이 작업한 부분에 대해서만 책임이 있으며, 전체에 대한 총책임은 나에게 있다.

처음부터 끝까지 우리 작업의 원본으로 쓰인 독일어 3판은 맑스가 남긴 메모의 도움을 받아서 1883년에 내가 준비했다. 이 메모에는 1873년에 출간된 프랑스어 판에 표시된 구절로 바꾸어 써야 할 2판의 구절이 명시되어 있었다.[19] 이렇게 2판의 본문에 이루어진 수정은 10년 전에 아메리카에서 계획했다가 무엇보다 재능 있는 적당한 번역자를 찾지 못해 포기했던 영어 판을 위해 맑스가 자필로 표시해 두었던 일련의 지시 사항과 대체로 일치한다. 뉴저지의 호보켄에 사는 우리의 오랜 벗인 조르게F. A. Sorge가 우리에게 넘겨준 원고에는 프랑스어 판에서 몇 가지를 더 삽입하라고 표시되어 있었다. 그러나 이 원고는 독일어 3판을 위한 마지막 지시 사항보다 훨씬 오래된 것이어서 어려움을 극복하는 데 도움이 되는 예외적인 특별한 경우에만 사용하면 좋다고 생각했다. 이와 마찬가지로 프랑스어 판도 가장 어려운 구절에서만 참조했는데, 그것도 원문의 전체 의미 가운데 번역에서 뺄 부분이 있는 경우에, 맑스 자신이라면 어떤 구절을 뺄 것인가 하는 것을 알아내기 위한 근거로 참조했다.

---

19) 《자본, 맑스(Le Capital. Par Karl Marx)》, 루아 옮김, 저자에 의해 완전히 교열됨, 파리, 라 샤르트. 이 번역본은, 특히 책의 마지막 부분에 독일어 2판의 본문에 대한 상당한 수정과 보완을 포함하고 있다.

그럼에도 독자에게 덜어줄 수 없는 한 가지 어려움이 있다. 일정한 용어가 일상 생활에서 사용하는 의미뿐만 아니라 보통 정치경제학에서의 의미와도 다르게 사용되었다는 점이다. 그러나 어쩔 수 없었다. 모든 과학에서 새로운 생각은 전문 용어의 혁명을 포함한다. 이러한 사실은 화학에서 가장 잘 나타난다. 화학에서는 대략 20년마다 전문 용어 전체가 완전히 바뀌고 38유기화합물의 경우에는 여러 번 다른 용어로 변화를 거쳐 오지 않은 단어는 거의 찾아볼 수 없다. 정치경제학은 일반적으로 상공업계에서 사용하는 용어를 있는 그대로 받아들이는 데 만족했다. 그렇게 함으로써 정치경제학은 스스로가 그것들이 표현하고 있는 편협한 생각에 갇혀 있었다는 사실을 전혀 깨닫지 못했다. 즉, 고전학파 경제학조차도, 이윤과 지대가 노동자가 기업가(기업가는 이 부분에 대한 최초의 취득자이지만, 유일한 마지막 소유자는 아니다)에게 제공해야 하는 생산물 가운데 미지불된 부분의 한 조각에 불과하다는 것을 완전히 의식하고 있었지만, 이윤과 지대의 통상적인 개념을 넘어서지 못했으며, 생산물 가운데 이 미지불된 부분(맑스가 잉여생산물이라고 부른)을 총괄하여 하나의 전체로서 연구한 적이 한 번도 없었다. 그런 까닭에 고전파 경제학은 이 미지불된 부분의 원천과 본질뿐만 아니라 그 가치의 사후적인 분배를 규제하는 법칙을 전혀 이해하지 못했다. 이와 유사하게 농업과 수공업을 제외한 모든 공업을 매뉴팩처라는 용어로 아무런 구분도 없이 통합했기 때문에, 경제사적으로 전혀 다른 두 개의 커다란 시기, 즉 육체노동의 분업에 토대를 둔 말 그대로의 진짜 매뉴팩처와 기계 장치에 토대를 둔 근대공업 사이의 구분이 사라져버렸다. 따라서 근대 자본주의적 생산을 인류 경제사에서 그저 지나치는 하나의 발전 단계로만 보는 이론에서는, 이 생산방식을 절대로 사라지지 않는 최종적인 것으로 간주하는 저술가들이 일상적으로 사용하는 용어와는 다른 용어를 사용해야 한다는 것은 당연하다.

맑스의 인용방식에 대해 한마디 하는 것이 적절하다고 생각한다. 대부분의 경우에서 인용문은 보통 본문에 제기된 주장을 옹호하는 증거 자료로 사용된다. 그러나 많은 경우에는 어떤 일정한 생각이 언제, 어디서 그리고 누구에 의해서 처음으로 명확하게 표명되었는지를 보여주기 위해, 경제적인 문제를 다루는 저술가의 문구가 인용되기도 한다. 인용된 의견이 일정한 시기에 지배적이던 사회적 생산과 교환의 조건을 적절하게 표현하는, 어느 정도 중요한 경우에 이러한 방식의 인용이 이루어졌다. 맑스가 그 의견을 인정했는가 인정하지 않았는가, 또는 그 의견이 보편타당성을 가지고 있는가 그렇지 않은가는 전혀 문제가 되지 않는다. 따라서 인용문은 경제학의 역사에서 발췌한 일련의 주석으로 본문을 보충해 주는 역할을 하고 있다.

우리는 《자본》의 1권만을 번역했다. 그러나 1권은 그 자체로서 충분히 하나의 온전한 체계를 이루고 있으며, 20년 동안 독립된 저작으로 인정받았던 저서다. 1885년에 내가 독일어로 출간한 2권은, 1887년 말 이전까지 출간될 3권 없이는 절대로 완벽하지 않다. 따라서 2권과 3권의 영어판을 준비하는 일은 3권이 독일어 원문으로 출간된 후에 생각해도 늦지 않을 것이다.

《자본》은 유럽 대륙에서는 흔히 '노동자계급의 성서'로 불린다. 이 저서에서 얻어진 결론들이 독일과 스위스뿐만 아니라 프랑스, 홀란드와 벨기에, 아메리카, 이탈리아와 스페인에서도 나날이 위대한 노동자계급 운동의 기본원칙이 되고 있다는 것, 이 모든 곳에서 점점 이 결론들이 노동자계급의 상태와 열망을 가장 적절하게 표현한 저서로 인정받는다는 것을 이 운동에 정통한 사람이라면 어느 누구도 부정할 수 없다. 그리고 잉글랜드에서도 맑스의 이론은 바로 이 순간에도 노동자계급은 물론 '지식인 계층' 사이에서도 확산되고 있는 사회주의운동에 강력한 영향을 미치고 있다. 그러나 이것이 전부가 아니다. 잉글랜드의 경제 상황에 대한 국가 차원의 연구가 어쩔 수 없이 이루어져야 하는 시간이 빠르게 다가오고 있다. 생산의 급속하고 끊임없는 확장과 이에 따른 시장의 확장 없이는 불가능한 잉글랜드 산업체계의 운동이 제자리걸음을 하고 있다. 자유무역은 그 바닥을 드러내었고, 맨체스터도 이 왕권의 경제적 복음에 대해 의심을 품고 있다.[20] 급속히 발전하고 있는 외국 산업은 도처에서, 보호관세에 의해 보호되고 있는 지역뿐만 아니라 중립시장에서 그리고 해협의 이쪽에서도 잉글랜드의 생산을 위협하고 있다. 생산력은 기하급수적으로 증가하고 있는데, 시장은 기껏해야 산술급수적으로 확장되고 있다. 1825년부터 1867년까지 반복된 10년 주기의 정체, 호황, 과잉생산과 위기라는 순환은 이제 끝난 것처럼 보인다. 그러나 그것은 우리를 장기적이고 만성적인 불황이라는 절망의 구렁텅이에 빠뜨리기 위한 것으로 보인다. 기다리는 호황기는 오지 않을 것이다. 호황기를 알리는 징후가 보인다고 생각할 때마다 그것은 언제나 흔

---

20) 오늘 오후에 개최된 맨체스터 상공회의소 4분기 회의에서는 자유무역 문제에 대한 열띤 논쟁이 벌어졌는데, 다음과 같은 취지의 결의문이 제출되었다. "지난 40년 동안 잉글랜드는 헛되이 다른 나라들이 잉글랜드가 보여준 자유무역을 뒤따를 것이라고 기대했다. 이제 상공회의소는 이러한 입장을 바꾸어야 할 시간이 되었다고 생각한다." 이 결의문은 단 한 표의 차이로 부결되었다. 21표가 찬성하고 22표가 반대했다.(《이브닝 스탠다드(Evening Standard)》, 1886년 11월 1일자)

적도 없이 사라질 것이다. 이러니저러니 하는 동안에도 겨울이 닥쳐올 때마다 '실업자는 어떻게 할 것인가?'라는 문제는 계속 제기될 것이다. 실업자의 수가 늘어나고 있어도 이 문제에 답을 줄 수 있는 사람은 아무도 없다. 그리고 우리는 실업자들이 자신들의 상황을 더이상 참지 않고 자신들의 운명을 스스로 결정할 시점을 대략 예상할 수 있다. 바로 이 때 우리는 잉글랜드의 경제 상태와 경제사에 대한 연구의 결과가 자신의 모든 이론이며, 이러한 연구로부터 적어도 유럽에서는 잉글랜드만이 필연적인 사회혁명을 전적으로 평화적이고 합법적인 수단을 통해 수행할 수 있다는 결론을 이끌어 낸 맑스의 목소리에 귀를 기울여야 한다. 물론 그는 잉글랜드의 지배계급이 '노예제도 폐지에 반대하는 반란' 없이 이러한 평화적이고 합법적인 혁명에 굴복한다는 것은 거의 기대할 수 없다고 덧붙이는 것 또한 잊지 않았다.

1886년 11월 5일
프리드리히 엥엘스

4판에 부쳐

4판에서 본문과 주석을 가능한 한 최종적으로 확정해야만 했다. 어떻게 이 요구사항을 수행했는지에 관해 간단히 말해두고자 한다.

프랑스어 판과 맑스의 친필 메모를 다시 한 번 대조한 다음, 프랑스어 판에서 몇몇 구절을 독일어 본문에 추가했다. 이 구절은 80쪽(3판, 88쪽), 458-460쪽(3판, 509-510쪽), 547-551쪽(3판, 600쪽), 591-593쪽(3판, 644쪽) 그리고 596쪽(3판, 648쪽)의 주석 79번에서 볼 수 있다. 마찬가지로 프랑스어 판과 영어 판의 선례에 따라 광산노동자에 대한 다소 긴 주석을 본문(4판, 461-467쪽)에 추가했다. 다른 사소한 수정은 그야말로 기술적인 요소들이다.

변화된 역사적 상황 때문에 특별히 필요하다고 생각되는 부분에는 몇몇 해설적인 주석을 추가했다. 이 추가된 주석들은 모두 괄호 안에 넣어 내 이름의 약자나 'D. H.'_{Der Herausgeber}(편집자 - 옮긴이)로 표시해 두었다.

그 사이에 출간된 영어 판으로 인해 많은 인용문에 대한 완벽한 수정이 필요하게 되었다. 이를 위해 맑스의 막내딸인 엘리너가 모든 인용문을 원문과 대조하는 수고를 해주어, 영어 판에는 영어로 쓰인 출처에서 가져온 대부분의 인용문이 독일어의 영어 재번역이 아닌 영어 원문이 그대로 실려 있다. 따라서 나는 4판에서는 영어 원문을 참조하는 데 몰두할 수밖에 없었다. 이 작업 중 이런저런 사소한 오류들을 발견했다. 인용문의 올바르지 않은 페이지 지적은 노트에서 잘못 옮겨 적은 경우와 3판까지 찍어내면서 쌓인 인쇄 오류 때문이다. 틀리게 매겨진 인용부호나 생략 표시도 있었는데, 이는 발췌한 노트에서 대량으로 인용할 경우에 어쩔 수 없이 발생했다. 번역 용어를 잘못 선택한 경우도 곳곳에 있었다. 몇몇 구절은 맑스가 아직 영어를 이해하지 못해서 잉글랜드 경제학사를 프랑스 번역판으로 읽었을 때인 1843-45년, 맑스가 파리에서 작성한 낡은 노트에서 인용되었다. 따라서 이중번역으로 인한 사소한 어투의 변화가 있었는데, 스튜어트Steuart 와 유어Ure 등의 경우엔 영어 본문을 직접 인용할 수밖에 없었다. 그리고 그와 같은 사소한 오류와 부주의했던 부분이 더 있다. 4판을 이전의 판과 비교해 본다면, 이러한 힘든 수정 과정이 책에 아무런 변화도 가져오지 않았고 그것에 대해 말할 가치도 없다는 것을 확인하게 될 것이다. 다만 단 하나의 인용문, 리처드 존스Richard Jones의 출처만을 찾을 수 없었다. (4판, 562쪽, 주석47) 맑스가 책의 제목을 잘못 쓴 것 같다. 이것을 제외한 모든 인용문은 충분히 증명할 수 있으며 현재와 같은 정확한 형태에서 더 확실하게 증명된다.

여기서 옛날이야기 하나를 들려 줄 필요가 있다.

내가 알기로, 맑스의 인용문의 진위가 의심을 받은 적이 딱 한 번 있었다. 이러한 의심이 맑스가 죽은 후에도 여전히 이야깃거리가 되고 있어 그냥 지나칠 수 없었다.

1872년 3월 7일 발간된 독일 공장주연맹의 기관지인 베를린의 《콘코르디아》에 〈맑스는 어떻게 인용하는가?〉라는 익명의 글이 실렸다. 이 글은 분노로 점철된 예의 바르지 못한 온갖 표현을 한층 더 써가면서, 1863년 4

월 16일 '글래드스턴의 예산 연설'(1864년 국제노동자연맹 창립선언문에 인용되었으며, 《자본》1권의 3판과 4판에도 반복 인용되었다.)에서 맑스가 인용한 문장이 날조되었다고 주장했다. 즉 "이러한 감격적인 부와 권력의 증가는 … 전적으로 유산계급에만 한정되어 있다."라는 문장은 의회의사록의 (준공식적인)속기록에는 한 마디도 나오지 않는다는 얘기다. "그러나 이 문장은 글래드스턴의 연설 어디에도 없다. 오히려 글래드스턴은 정반대로 말하고 있다." (굵은 활자로) **"맑스는 이 문장을 그 형식뿐만 아니라 자료까지 위조하여 덧붙였다!"**

그 해 5월 이 글이 실린 《콘코르디아》를 받아 본 맑스는 6월 1일자 《폴크스슈타트》에서 그 익명의 저자에게 응수했다. 맑스는 자신이 어느 신문보도를 인용했는지를 기억하지 못했기 때문에, 같은 의미를 가진 두 개의 영어로 쓰인 간행물을 먼저 알려준 후에 《타임스》의 보도만을 인용했다. 이에 따르면 글래드스턴은 다음과 같이 말하고 있다.

"바로 이러한 상태가 이 나라의 부에 관한 실정이다. 이 감격적인 부의 증가가 오로지 부유한 계급에만 한정되었다고 확신한다면, 나로서는 그것을 불안하고 고통스럽게 바라보아야 한다고 말할 수밖에 없다. 이러한 부의 증가는 노동자 인구의 상태를 전혀 고려하지 않는다. 정확한 보고에 근거한다고 알고 있는 이러한 부와 권력의 증가는 전적으로 유산계급에만 한정되었다."

만약 그렇다면, 글래드스턴을 유감스럽게 만드는 그러한 일은 사실이다. 그렇다. 이 감격스러운 부와 권력의 증가는 전적으로 유산계급에만 한정되어 있다고 말하고 있다. 그리고 준공식적인 의회의사록에 관해서 맑스는 다음과 같이 계속 말한다.

"잉글랜드 재무장관의 입을 빌리자면, 글래드스턴은 영리하게도 제때에 서투르게 고쳐 쓴 그의 연설에서 틀림없이 자신의 체면을 깎아버릴 부분을 삭제했다. 그런데 이것은 잉글랜드 의회의 오랜 관례이지, 베벨A. Bebel에 반대해 꼬마 라스커E. Lasker가 날조한 내용과는 전혀 다르다."

익명의 인물은 더 화를 냈다. 7월 4일자《콘코르디아》의 답변에서 그는 2차 자료는 제쳐두고 조심스럽게 다음과 같이 암시하고 있다. 즉 의회 연설은 속기록으로부터의 인용이 '관례'이며,《타임스》의 보도(여기에는 '허위로 추가된' 문장이 있다)와 의회의사록(여기에는 이 문장이 없다)은 '그 내용상 완전히 일치하며', 또한《타임스》의 보도는 '창립선언문의 저 악명 높은 구절과는 정반대되는 내용'을 포함하고 있다. 그런데 이 인간은 그《타임스》의 보도가 이른바 이 '반대되는 내용'과 더불어 '저 악명 높은 구절' 또한 분명하게 포함하고 있다는 사실을 치밀하게 숨기고 있다! 그럼에도 그는 자신이 꼼짝없이 걸려들었으며 새로운 핑계만이 그를 구제할 수 있다고 느꼈다. 따라서 그는 바로 위에서 보여준 것처럼 '뻔뻔스러운 거짓'으로 가득 차 있는 자신의 논문에 '악의', '정직하지 못함', '허위 진술', '이 날조된 인용문', '뻔뻔스러운 거짓', '완전히 날조된 인용문', '이러한 날조', '비열할 뿐' 등과 같은 지긋지긋한 욕설을 퍼부으면서도, 논쟁점을 다른 분야로 넘길 필요가 있다는 것을 알아차리고는, '두 번째 논문에서는 글래드스턴의 말에 우리('거짓말쟁이'가 아닌 익명의 인물)가 어떤 의미를 부여할 것인가를 논하겠다고' 약속했다. 이 하찮은 사건이 이 문제와 조금이라도 관계가 있는 것처럼! 약속한 두 번째 논문은 7월 11일자 《콘코르디아》에 게재되었다.

맑스는 이 논문에 대해 8월 7일자 《폴크스슈타트》에서 다시 한번 응수했는데, 이번에는 이에 해당하는 보도를 1863년 4월 17일자 《모닝 스타》와 《모닝 에드버타이저》에서 가져왔다. 두 신문의 보도에 따르면, 글래드스턴이 이 감격스러운 부와 권력의 증가가 진짜로 부유한 계급에만 한정되어 있다고 생각한다면, 그는 이 증가를 걱정스럽게 … 봤을지도 모른다. 그러나 이 증가는 전적으로 유산계급에만 한정되어 있다. 따라서 이 두 신문은 '허위로 추가된' 문장을 그대로 보도하고 있다. 더 나아가 맑스는 다음날 아침 발행된 서로 다른 세 개의 신문에서 같은 보도 내용을 통해 실제로 발언한 것으로 확인된 문장이 '관례'에 따라 교정된 의회의사록에는 빠져있다는 사실을 《타임스》와 의회의사록의 원문을 비교함으로써 다시 한번 확인했다. 맑스의 말을 빌리자면, 글래드스턴이 이 문장을 '나중에 슬쩍 훔쳐버렸다.'는 것이다. 마지막으로 맑스는 이 익명의 인물과 더 상대하고 있을 시간이 없다고 밝혔다. 이 인간도 그것으로 만족한 듯 보였고, 최소한 더 이상의 《콘코르디아》는 맑스에게 전달되지 않았다.

이것으로 사건은 마무리되고 묻혀버린 것처럼 보였다. 물론 그 뒤에도 한두 번인가 케임브리지 대학과 교류가 있는 사람들이 맑스가 《자본》에서 문서를 위조하는 말도 안 되는 범죄를 저질렀다는 은밀한 소문을 우리에게 전해주었다. 그러나 아무리 조사를 해보아도 전해들은 것 이상의 더 확실한 내용은 절대 알 수가 없었다. 그런데 맑스가 죽은 지 8개월 후인 1883년 11월 29일에 간행된 《타임스》에 케임브리지의 트리니티 컬리지 Trinity College에서 보낸 한 통의 편지가 실렸다. 이 편지는 세들리 테일러Sedley

Taylor[21]가 서명했는데, 매우 온건한 협동조합 활동을 하는 이 소인배는 이 편지에서 뜻밖에도 케임브리지의 소문뿐만 아니라 《콘코르디아》의 익명의 인물에 대해서도 진상을 규명해 주었다. 그는 다음과 같이 말하고 있다.

"참으로 이상하게 보이는 것은 글래드스턴의 연설에 사용된 인용문을 (창립)선언문에 넣으라는 지시한 악의를 폭로한 일이 … 브렌타노[22](당시에는 브레슬라우에 있었고 지금은 스트라스부르에 있다) 교수의 몫이었다는 사실이다. 이 인용문을 … 변호하려고 했던 맑스는 브렌타노의 능숙한 공격으로 이내 궁지에 몰리게 되자 완전히 입장을 바꾸어(deadly shifts), 글래드스턴이 1863년 4월 17일자 《타임스》에 자신의 연설의 보도 내용을 의회의 사록으로 발간되기 전에 잉글랜드 재무부장관으로서 체면을 깎아버릴 수 있는 부분을 영리하게도 삭제했다고 대담하게 주장했다. 브렌타노가 철저하게 대조해 봄으로써, 맑스가 교활하게도 필요한 부분만 떼어 낸 글래드스턴 인용문의 의미가 《타임스》의 보도 내용과 의회의사록의 원본에 포함되어 있지 않다는 점에서 일치한다는 사실을 증명했을 때 맑스는 시간이 없다는 핑계를 대고 물러났다!"

이것이 바로 사건의 진상이었다! 그리고 《콘코르디아》에서 벌였던 브렌타노의 익명의 캠페인은 케임브리지 생산협동조합 활동을 하고 있는

---

21) 세들리 테일러(1834-1920)는 잉글랜드 케임브리지 트리니티 컬리지의 교수였으며, 《음향과 음악》이라는 저서와 이윤 분배에 대한 저서를 남겼다. - 옮긴이

22) 브렌타노(Lujo Brentano, 1844-1931)는 독일의 정치경제학자이며 소위 강단사회주의자 중 한 명이다. 독일의 '사회적 시장경제'와 자유주의 정치에 상당한 영향을 주었다. 1948년 창당된 독일자유민주당(FDP, Freie Demokratische Partei)의 창립자인 테오도어 호이스는 그의 제자이다. - 옮긴이

세들리 테일러의 환상에 찬란하게 반영되었다! 독일 공장주연맹의 성 게오르크(브렌타노)[23]는 '능숙한 공격' 자세로 칼을 휘둘렀으며, 지옥의 용 맑스는 '이내 완전히 입장을 바꾸고' 그의 발 아래에서 목을 꼬르륵거리며 죽어버렸다!

그러나 이 모든 광란ariostisch의 무용담은 우리의 성 게오르크의 간계를 은폐하는 핑계일 뿐이다. 이제 문제가 되는 것은 이미 '허위로 추가했다거나', '날조'가 아니라, '교활하게도 필요한 부분만 떼어낸 인용'이다. 이제 문제는 완전히 혼란에 빠졌으며, 성 게오르크와 그의 케임브리지 방패막이는 왜 그런지 확실하게 알고 있었다.

《타임스》가 게재를 거절했기 때문에 엘리너 맑스는 월간지 《투데이 To-Day》의 1884년 2월호에서 세들리 테일러에게 응수했다. 그는 이 논쟁의 본론을 문제가 되었던 유일한 쟁점, 즉 맑스가 문제가 된 문장을 '허위로 추가했는가, 아닌가'로 되돌렸다. 이에 대해 세들리 테일러는 다음과 같이 응답했다. 그가 보기에 맑스와 브렌타노 사이의 논쟁에서는,

"글래드스턴의 연설 가운데 일정한 문장이 있었느냐 없었느냐 하는 문제는, 그 인용문이 글래드스턴이 말하고자 한 바를 그대로 살리려고 했느냐 아니면 의도적으로 왜곡시키려고 했느냐에 비하면 별로 중요하지 않았다."

---

23) 13세기에 발간된 황금전설(Legenda aurea)에서 12세기에 용을 처단한 것으로 알려진 성인 - 옮긴이

그런 다음 그는 《타임스》의 보도가 '실제로 말에 모순을 포함하고 있다'는 점을 인정했다. 여하튼 그는, 나머지 연관성을 올바르게, 즉 자유주의자인 글래드스턴의 의미로 해석한다면, 글래드스턴이 말하려고 했던 바를 보여주고 있다고 말하고 있다.(《투데이》, 1884년 3월호) 여기에서 가장 우스꽝스러운 것은 우리의 케임브리지 소인배가 이제는 연설문을, 익명의 브렌타노에 의하면 '관례'인 의회의사록이 아니라, 그가 '당연히 엉터리'라고 지적한 《타임스》의 보도를 인용해야 한다고 주장하고 있다는 사실이다. 물론 의회의사록에는 이 저주받을 문장이 없는데도 말이다!

엘리너 맑스가 이와 같은 주장을 같은 호의 《투데이》에서 분쇄하는 것은 쉬운 일이었다. 둘 중 하나다. 테일러가 1872년의 논쟁을 읽었다면, 그는 지금 '추가했을'뿐만 아니라 '삭제'하여 '속이고' 있으며, 그가 논쟁을 읽지 않았다면 입을 다물었어야 했다. 그 어떤 경우든 테일러는 맑스가 '허위로 추가했다는' 친구 브렌타노의 고발을 한순간도 감히 고집하지 않았다는 점은 확실하다. 그 반대로, 그는 이제 맑스가 문장을 허위로 추가한 것이 아니라 중요한 문장 하나를 은폐했다고 주장했다. 그러나 그 문장은 창립선언문 5쪽에, 이른바 '허위로 추가되었다'는 문장 몇 줄 앞에 인용되어 있다. 글래드스턴의 연설에서의 '모순'에 관해서 말한다면, 《자본》 618쪽(3판, 주석 105)에서 '1863년과 1864년의 글래드스턴의 예산 연설에 연이어 드러난 매우 심각한 모순'에 대해 얘기한 것이 바로 맑스가 아닌가! 맑스는 다만 이 모순을 세들리 테일러처럼 마음 내키는 대로 자유롭게 해소하지 않았을 뿐이다. 엘리너 맑스가 한 답변의 결론을 요약하면 다음과 같다.

"그 반대로 맑스는 인용할 가치가 있는 문장은 숨기지 않았고 그 어떤 것도 허위로 추가하지 않았다. 오히려 그는 글래드스턴의 연설에서 분명히 언급되었지만, 이런저런 이유로 의회의사록에서 삭제된 어떤 한 문장을 다시 되살려내 잊히지 않게 했다."

이것으로 세들리 테일러도 충분히 만족했다. 그리고 이 두 큰 나라의 교수 양반들이 20년에 걸쳐 꾸민 음모의 전반적인 성과는 이제는 더이상 아무도 맑스의 글쓰기에 대해서는 감히 그 정직함을 건드리지 않게 되었고, 그 이후로 세들리 테일러가 브렌타노의 문헌상의 논쟁보고서를 믿지 않게 된 것과 마찬가지로 브렌타노 역시 의회의사록의 완벽성을 필요 이상으로 믿지 않게 되었다는 사실이다.

1890년 6월 25일, 런던
프리드리히 엥엘스

1편

상품과 화폐

1장 | 상품

1절
상품의 두 가지 요소: 사용가치와 가치(가치실체, 가치크기)

자본주의적 생산방식이 지배하는 사회의 부는 하나의 '거대한 상품더미'[24]로 나타난다. 이 상품더미를 구성하는 각각의 상품은 이러한 부의 기본형태로 나타난다. 따라서 우리의 연구는 상품에 대한 분석으로 시작한다.

우선 상품은 외적 대상으로, 그것이 가지고 있는 고유한 성질을 통해 어떤 종류의 인간의 욕망을 충족시키는 물건이다. 이 성질이 위장 또는 환상 그 어디에서 생겨났는가는 아무런 상관이 없다.[25] 또한 그 물건이 식료품, 즉 먹을거리로 직접적으로 또는 생산수단으로서 우회적으로 인간의 욕

---

24) 맑스, 《정치경제학 비판을 위해》, 베를린, 1859, 3쪽 (MEW, 13권, 15쪽).

25) "욕구(Verlangen)는 욕망(Bedürfnis)을 포함한다. 즉 욕망은 정신적인 갈망이며, 육체의 배고픔처럼 자연스러운 것이다. 대부분의 물건은 정신의 욕망을 충족시켜 주기 때문에 가치를 갖는다."(니콜라우스 바본, 《새 화폐를 가볍게 주조하는 것에 관한 논문. 로크의 고찰에 대한 대답》, 런던, 1696, 2-3쪽)

망을 충족시키는가는 문제가 되지 않는다.

철, 종이 등과 같은 모든 쓸모 있는 물건은 질과 양이라는 두 가지 관점에서 살펴볼 수 있다. 이들 각각의 물건은 수많은 속성을 가진 완전체이며, 따라서 다양한 방면에서 유용할 수 있다. 이 다양한 방면, 즉 물건의 다양한 사용법을 발견하는 것은 역사적 행위이다.[26] 그러기에 유용한 물건의 양을 측정하기 위한 사회적 척도를 발견하는 것 또한 역사적 행위이다. 이러한 상품척도의 다양성은 측정되는 대상의 다양한 성질과 관습에서 기인한다.

어떤 물건의 유용성이 그것을 사용가치로 만든다.[27] 그런데 이 유용성은 확실한 형태를 가지고 있다. 유용성은 상품체Warenkörper가 가지고 있는 고유한 성질에 의해 제약 받기에, 상품체 없이 유용성은 존재하지 않는다. 따라서 철, 밀 그리고 다이아몬드 등의 상품체 자체는 하나의 사용가치이거나 유용한 물건Gut(독일어로 재화 - 옮긴이)이다. 상품체의 이러한 성질은 그 유용성을 얻기 위해 인간이 얼마나 많은 노동을 했는가에 달려 있지 않

---

26) "철을 끌어당기는 자석의 특성처럼, 물건은 어디에서나 똑같은 내재적 속성(intrinsick vertue, 바본에게는 사용가치가 내재적 속성이라는 독특한 명칭으로 나타난다)을 가지고 있다."(바본, 같은 책, 6쪽) 철을 끌어당기는 자석의 특성은 그 특성을 통해 자석의 극성이 발견되고 나서야 비로소 쓸모 있게 되었다.

27) "모든 물건의 자연적 가치는 인간이 살아가는 데 필요한 욕망을 충족시키거나 인간 생활에 편의를 제공하는 데 적합하다는 점에 있다."(존 로크, 《이자율 인하의 결과에 관한 몇 가지 고찰》, 1961, 《저작집》, 2권, 런던, 1777, 28쪽) 17세기 잉글랜드의 저술가들이 'Worth'를 사용가치로 그리고 'Value'를 교환가치로 사용한 것을 자주 발견하는데, 이는 직접적인 것은 게르만어로, 반영된 것은 로만어로 표현하기를 좋아하는 영어라는 언어의 정신(맑스는 모든 언어마다 고유한 정신이 깃들어 있다고 생각한 빌헬름 폰 훔볼트의 개념을 인용한 것으로 추정된다 - 옮긴이)에 완벽하게 어울린다.

다. 사용가치를 살펴보는 경우에는, 한 다스의 시계, 몇 엘레(독일의 옛 치수로 약 55-85cm - 옮긴이)의 아마포, 몇 톤의 철과 같이 항상 일정한 양적 크기가 전제된다. 상품의 사용가치는 상품학이라는 독특한 분야에 연구거리를 제공한다.[28] 사용가치는 오직 사용되거나 소비됨으로써 실현된다. 사용가치는 부의 사회적 형태에 상관없이 부의 물적 내용을 형성한다. 또한 사용가치는 우리가 살펴보게 될 사회 형태에서 교환가치를 가지고 있는 물건이 된다.

교환가치는 우선 어떤 사용가치가 다른 사용가치와 교환되는 비율인 양적 관계로 나타나며[29], 이 비율은 시간과 장소에 따라 끊임없이 변한다. 이런 까닭에 교환가치는 우연적이고 순전히 상대적인 것처럼 보인다. 따라서 상품에 내재하는 교환가치, 즉 내재적 가치는 용어상 모순처럼 보인다.[30] 이 문제를 좀 더 자세하게 살펴보자.

어떤 하나의 상품인 1쿼터의 밀은 x량의 구두약, y량의 비단, z량의 금 등 다른 상품과 다양한 비율로 교환된다. 따라서 밀은 단 하나의 교환가치가 아닌 다양한 교환가치를 가진다. 그런데 x량의 구두약, y량의 비단 그리고 z량의 금 등은 1쿼터의 밀의 교환가치를 나타내기 때문에 서로 대체

---

28) 부르주아 사회에서는 모든 사람이 상품구매자로서 상품에 관한 해박한 지식을 소유하고 있다는 법적 가설(fictio juris)이 지배하고 있다.

29) "가치는 어떤 물건과 다른 물건, 어떤 생산물의 일정한 양과 어떤 다른 생산물의 일정한 양 사이에 존재하는 교환비율이다."(르 트론, 《사회적 이해관계에 대해》, 《중농학파》, 데르 엮음, 파리, 1846, 889쪽)

30) "어떤 무엇도 내재적인 가치를 가질 수 없다."(바본, 앞의 책, 6쪽) 또는 버틀러가 (《휴디브라스》에서 편집자) 말하는 것처럼, "어떤 물건의 가치는 그 물건이 벌어다 주는 것과 똑같은 크기이다."

될 수 있거나 크기가 같은 교환가치이어야 한다. 이 사실로부터 하나의 동일한 상품에 적용되는 교환가치들은 어떤 동일한 것을 나타내고 있는 반면에, 교환가치는 그것과 구별될 수 있는 어떤 형체Gehalt의 '겉모습' 또는 그것의 표현방식일 뿐이라는 결론을 이끌어 낼 수 있다.

이제 밀과 철이라는 두 가지 상품을 예로 들어 보자. 이 두 상품의 교환비율이 얼마이건 간에, 이는 항상 주어진 양의 밀이 일정한 양의 철과 동일시되는 방정식인 (1쿼터의 밀)=(a첸트너Zentner(비공인 중량단위로 약 50Kg - 옮긴이))의 철로 표시될 수 있다. 이 방정식은 무엇을 의미하는가? 두 가지의 상이한 물건, 즉 (1쿼터의 밀)과 (a첸트너의 철)에는 같은 크기의 공통된 무엇인가가 존재한다는 것을 의미한다. 따라서 이들 두 물건은 그 자체로는 둘 중에 어느 것도 아닌 제3의 물건과 같다. 따라서 그것이 교환가치를 갖는다면, 둘 중 어느 하나는 제3의 물건으로 환원될 수 있어야 한다.

기하학의 간단한 실례 하나로 이 사실을 구체적으로 설명할 수 있다. 모든 다각형의 면적을 구하고 비교하기 위해 우리는 그것을 여러 개의 삼각형으로 쪼갠다. 우리는 이 삼각형 자체를 겉으로 보이는 형체와는 전혀 다른 표식으로, 즉 (밑변×높이×½)로 환산한다. 마찬가지로 상품의 교환가치도 어떤 공통적인 것으로 환원되어야 한다. 그리고 이 공통적인 것을 통해 교환가치는 적거나 많은 것으로 표시된다.

이 공통적인 것은 상품의 기하학적, 물리학적, 화학적 특성이나 이 상품에 고유한 성질일 수 없다. 상품의 고유한 물적 특성은 그 상품 자체를 사용가치로 유용하게 만드는 경우에만 고려된다. 반면에 상품의 교환관계의 특성을 명확하게 보여주고자 한다면 상품의 사용가치를 일단 무시하면 된다. 즉 동일한 교환관계 내에서 하나의 사용가치는, 적절한 비율이 존재하기만 한다면, 다른 모든 사용가치와 동일한 것으로 인정된다. 또는 이전의 바본N. Barbon, 1640-1698(잉글랜드의 의학자이며 경제학자이다 - 옮긴이)이 말하고 있는 바와 같이,

"교환가치의 크기가 같다면 두 가지 종류의 상품은 차이가 없다. 같은 크기의 교환가치를 가지는 물건들 사이에는 차이나 구별이 존재하지 않는다."[31]

상품은 사용가치로서는 무엇보다도 질적으로 상이하지만, 교환가치로서의 상품은 양적으로만 구별될 수 있으며, 따라서 사용가치를 전혀 포함하지 않는다.

그런데 상품체에서 사용가치를 무시한다면 노동생산물이라는 하나의 특성만 남게 된다. 하지만 노동생산물도 이미 분명하게 변했다. 우리가 노동생산물의 사용가치를 무시한다면, 이 노동생산물을 사용가치로 만든 물적 구성요소들과 형태들 또한 무시하게 된다. 노동생산물은 더이상 책상이나 집이나 실, 또는 그 외의 쓸모있는 물건이 아니다. 지각할 수 있는 노동생산물의 모든 성질이 사라진다. 그것은 더이상 가구공의 노동이나 집짓기나 실잣기, 또는 기타 특정한 생산적 노동의 생산물이 아니게 된다. 노동생산물의 유용성과 동시에 노동생산물에 구체화된 노동의 유용성 역시 사라진다. 따라서 이들 서로 다른 노동의 구체적인 형태도 사라진다. 이들 노동은 이제 더이상 서로 구별되지 않고, 모두 동일한 인간노동으로, 추상적 인간노동으로 환원된다.

---

31) "… 100£의 가치를 갖는 납이나 철은 100£의 가치를 가지고 있는 은과 금과 똑같은 교환가치를 갖는다."(바본, 앞의 책, 53쪽과 7쪽)

이제 노동생산물에 무엇이 남아있는지 살펴보자. 형체가 없는 물질화된 동일한 노동, 차이가 없는 인간노동의 단순한 응고물, 즉 그 형태와 무관하게 소모된 인간노동력의 단순한 응고물만이 남아있을 뿐이다. 이 모든 물건은 단지 그것의 생산에 인간노동력이 소모되었고, 인간노동이 축적되어 있음을 말해주고 있다. 이런 공통된 사회적 실체의 결정체로서 물건은 상품가치이다.

교환관계 자체에서는 상품의 교환가치는 사용가치와 전혀 관계없이 나타난다. 이제 노동 생산물의 사용가치를 실제로 무시한다면, 바로 앞에서 규정했던 것과 같은 가치가 된다. 따라서 상품의 교환관계나 교환가치에 나타나는 공통된 것은 상품의 가치이다. 연구가 진행됨에 따라 다시 가치의 필연적인 표현방식 또는 가치의 겉모습으로서의 교환가치로 돌아가게 되지만 우리는 일단 이 겉모습과는 무관하게 가치를 살펴보아야 한다.

사용가치 또는 유용한 물건이 가치를 가지고 있는 유일한 이유는 그것에 추상적인 인간노동이 포함되어 있거나 물질화되어 담겨있기 때문이다. 그렇다면 물건의 가치는 그 크기를 어떻게 측정하는가? 가치의 크기는 그것에 포함되어 있는 '가치를 형성하는 실체'인 노동의 양으로 측정된다. 노동의 양 자체는 노동이 지속된 시간에 의해 측정되며, 노동시간은 다시 일정한 기간인 시간, 일 등의 기준을 갖는다.

어떤 상품의 가치가 그 상품을 생산하는 동안 소모된 노동의 양에 의해 결정된다면, 더 게으르고 덜 숙련될수록 어떤 사람이 그 상품을 완성하는 데 더 많은 시간이 필요하기 때문에, 그가 생산한 상품이 더 가치가 있는 것처럼 보일 수 있다. 하지만 가치의 실체를 이루고 있는 노동은 동일한 인간노동, 동일한 인간노동력의 소모이다. 상품세계의 가치에 나타나는 사회의 전체 노동력은, 비록 수많은 개별노동력으로 구성되어 있기는 하지만, 여기에서는 모두 하나의 동일한 인간노동력으로 간주된다. 이 개별노동력 각각이 사회적 평균노동력의 성격을 가지고 또 그 자체로 사회적 평균노동력으로 작용하는 한, 즉 어떤 상품의 생산에 평균적으로 필요한 노동시간이나 사회적으로 필요한 노동시간이 드는 한, 다른 노동력과 마찬가지로 동일한 인간노동력이다. 사회적 평균 노동시간은 주어진 사회의 일반적인 노동조건과 사회적 평균수준의 노동숙련도와 노동 강도에서 어떤 사용가치를 생산하는 데 필요한 노동시간이다. 예를 들면, 잉글랜드에서는 증기로 작동하는 직기가 도입된 후, 일정한 양의 실로 천을 짜는 노동시간은 이전보다 약 절반으로 줄었다. 실로 천을 짜는 잉글랜드 수공업자는 이러한 변화 후에도 여전히 이전과 동일한 노동시간이 필요했다. 그러나 이제 한 수공업자의 1시간 노동은 ½시간의 사회적 노동만을 나타내며, 따라서 그 생산물의 가치는 이전의 절반으로 하락했다.

이와 같이 어떤 사용가치의 가치크기를 결정하는 것은 오직 사회적으로 필요한 노동량 또는 어떤 사용가치의 생산에 사회적으로 필요한 노동시간뿐이다.[32] 이 경우 개개의 상품은 일반적으로 그것이 속한 종류의 표본

32) 2판의 주석: "The value of them (the necessaries of life) when they are exchagend the one for another, is regulated by the quantity of labour necessarily required, and commonly taken in producing them." (생필품이 서로 교환될 때, 그것들의 가치는 생산에 필수적으로 필요하고 통상적으로 사용되는 노동의 양에 의해 결정된다.)《금리 일반, 특히 공채이자에 관한 몇 가지 고찰, 런던》, 36, 37쪽) 18세기의 이 기억할 만한 익명의 저서에

의 평균치로 간주된다.[33] 따라서 동일한 크기의 노동량을 포함하고 있거나 동일한 노동시간에 생산될 수 있는 상품들은 동일한 크기의 가치를 갖는다. 어떤 상품의 가치와 다른 상품의 가치 사이의 비율은 전자의 생산에 필요한 노동시간과 후자의 생산에 필요한 노동시간 사이의 비율과 같다.

"가치로서의 모든 상품은 일정한 양의 응고된 노동시간일 뿐이다."[34]

어떤 상품의 생산에 필요한 노동시간이 고정되어 있다면, 그 상품의 가치크기도 변하지 않을 것이다. 그러나 노동시간은 노동생산력이 변할 때마다 변한다. 노동생산력은 여러 가지 사정, 특히 노동자의 평균 숙련 수준, 과학의 발전 단계와 이의 기술적 응용가능성, 생산과정의 사회적 결합, 생산수단의 규모와 효율성 그리고 자연조건에 의해 결정된다. 예를 들면 동일한 양의 노동은 풍년에는 8부셸Bushel(1부셸은 약 36리터 - 옮긴이)의 밀로 나타나며, 흉년에는 단지 5부셸의 밀로 나타난다. 동일한 양의 노동은 매장이 빈약한 광산에서보다 풍부한 광산에서 더 많은 금속을 산출한다. 다이아몬드는 지각에는 거의 매장되어 있지 않기 때문에, 그것을 발견하는 데 평균적으로 많은 노동시간을 필요로 한다. 그러므로 적은 양의 다이아몬드라 해도 많은 노동이 포함되어 있다. 제이콥W. Jacob은, '금이 일찍이 그 가치를 제대로 지불받은 적이 있는가?'에 대한 의문을 제기했다. 이 의문은

<hr />

서는 간행 연월일이 적혀 있지 않다. 하지만 그 내용으로 미루어보아 이 저서는 대략 조지 2세 치하인 1739년이나 1740년경에 간행된 것으로 보인다.

33) "같은 종류의 생산물 전체는 본래 그 가격이 개별적인 조건과는 무관하게 일반적으로 결정되는 하나의 집단이다."(르 트론, 앞의 책, 893쪽)

34) 맑스, 앞의 책, 6쪽.

다이아몬드의 경우에 더욱 잘 들어맞는다. 에슈베게W. Ludwig von Eschwege, 1777-1855(독일의 지질학자 - 옮긴이)에 따르면, 1823년을 기준으로 브라질의 다이아몬드 광산에서 채굴한 지난 80년간의 총 산출액은, 이후 산출한 다이아몬드에 비해 훨씬 많은 노동이 들어가 더 많은 가치를 가지고 있어야 함에도, 브라질의 사탕농장이나 커피농장에서 1년 반 동안 생산한 평균생산물 가격에도 미치지 못했다. 더 풍부한 광산일수록 동일한 노동이 더 많은 다이아몬드로 나타날 것이며, 다이아몬드의 가치는 하락한다. 아주 적은 노동으로 석탄을 다이아몬드로 바꿀 수 있다면, 다이아몬드의 가치는 벽돌의 가치 이하로 떨어질 수 있다. 노동생산력이 높으면 높을수록, 어떤 품목의 생산에 필요한 노동시간이 줄어들고, 그 품목에 응고되어 있는 노동의 양도 그만큼 적어지며, 이 품목의 가치도 그만큼 적어진다. 이와 반대로, 노동생산력이 낮으면 낮을수록, 어떤 품목의 생산에 필요한 노동시간은 그만큼 길어지며, 이 품목의 가치도 그만큼 커진다. 따라서 어떤 상품의 가치크기는 그 상품에 실현된 노동의 양에 정비례하고, 그 생산력에는 반비례하여 변한다.[35]

어떤 물건은 가치가 아니면서 사용가치로 존재할 수 있다. 인간에 대한 그 물건의 효용이 인간의 노동을 통하지 않는 경우가 이에 해당한다. 공기, 천연지, 천연 목초지나 야생하는 삼림 등이 그러하다. 어떤 물건은 상품이 아니지만 유용하고 또한 인간노동의 산물일 수 있다. 자신의 생산물

---

35) 초판에는 아래와 같은 문구가 계속된다. "이제 우리는 가치의 실체를 알았다. 그것은 노동이다. 우리는 가치크기의 척도를 알았다. 그것은 노동시간이다. 가치를 다름 아닌 교환-가치로서의 성격을 부여하는 가치의 형태를 분석하지 않으면 안 된다. 그러나 분석하기 전에 이미 발견된 가치정의를 조금 더 상세하게 설명해야 한다. -편집자

로 자신의 욕망을 충족시키는 누군가는 사용가치를 만들긴 했지만 상품을 만든 것은 아니다. 상품을 생산하기 위해서 그는 사용가치뿐만 아니라, 다른 사람들을 위한 사용가치, 즉 사회적 사용가치 또한 생산해야 한다. (다른 사람들을 위해 생산하는 것이라고 해서 다 상품이 되는 것은 아니다. 중세의 농민들은 영주를 위해 세곡을 그리고 성직자를 위해 십일조 곡식을 생산했다. 세곡과 십일조 곡식은 다른 사람들을 위해 생산되었지만, 상품이 되지 못했다. 상품이 되기 위해서 생산물은 교환을 통해서 사용가치로 사용할 사람에게 이전되어야 하기 때문이다.)[36] 마지막으로 어떤 물건은 그것이 사용대상이 아니라면 가치로 존재할 수 없다. 어떤 물건이 유용하지 않다면 그 물건에 포함된 노동 역시 쓸모없어져 노동으로 인정되지 않으며, 따라서 아무런 가치도 만들지 못한다.

---

36) 4판의 주석: 내가 괄호 안의 문구를 삽입한 이유는 이 문구가 없는 까닭에 맑스가 생산자 이외의 사람들이 소비하는 생산물을 무엇이든지 간에 상품으로 간주했다는 오해가 매주 자주 발생하기 때문이다. -프리드리히 엥엘스

2절
상품에 나타나 있는 노동의 이중성

처음에 상품은 우리에게 사용가치와 교환가치라는 이중적인 것으로 나타났다. 그 후에 노동이 가치로 표현되는 한, 노동 역시 더이상 사용가치의 창조자라는 특징을 가질 수 없다. 상품에 포함되어 있는 노동의 이중성은 나에 의해 최초로 비판적으로 증명되었다.[37] 바로 이 점이 정치경제학을 이해하는 데 결정적인 도약점이기에, 이 부분은 여기에서 좀 더 자세하게 설명하고자 한다.

두 가지 상품, 예컨대 한 장의 윗도리와 10엘레의 아마포를 예로 들어보자. 그리고 전자는 후자보다 두 배의 가치를 지니고 있다고 하자. 따라서 (10엘레의 아마포)=W라면, (1장의 윗도리)=2W이다.

윗도리는 특별한 욕망을 충족시키는 사용가치이다. 그것을 생산하기 위해서는 일정한 종류의 생산적 활동이 필요하다. 이 활동은 그 목적, 작업방식, 대상, 수단 그리고 결과에 의해 결정된다. 이처럼 그것의 유용성이 그 생산물의 사용가치로 나타나거나 그 생산물이 사용가치인 노동을 우리는 간단히 '유용노동'이라 부른다. 이런 관점에서 노동은 언제나 그 효율성과 관련해서 고려된다.

---

37) 맑스, 앞의 책, 12-13쪽 이하

윗도리와 아마포가 질적으로 다른 사용가치이듯, 실물Dasein로서의 윗
도리와 아마포를 매개하는 노동 역시 질적으로 다른 바느질과 길쌈이다.
이것들이 질적으로 서로 다른 사용가치가 아니고, 따라서 질적으로 서로
다른 유용노동의 생산물이 아니라면, 그것들은 결코 상품으로 대면하지 못
한다. 윗도리는 윗도리와 교환되지 않으며, 사용가치는 동일한 사용가치와
교환되지 않는다.

다양한 종류의 사용가치 또는 상품체에는 속, 종, 과, 아종, 변종에 따
라 분류되는 상이한 유용노동, 즉 사회적 분업이 모두 나타난다. 이 사회적
분업은 상품 생산을 가능하게 하는 조건이다. 그러나 그 반대로 상품생산
은 사회적 분업을 가능하게 하는 조건이 아니다. 고대 인도의 공동체에서
는 생산물이 상품이 되지 않고도 사회적 분업이 존재했다. 또는 조금 더 최
근의 예를 들면, 모든 공장에서 노동은 체계적으로 분화되어 있지만, 이 분
화는 노동자가 그들 각각의 생산물을 교환하는 방식으로 서로 연결되어 있
지는 않다. 단지 서로 독립적이고 자립된 사적노동의 생산물만이 상품으로
대면할 뿐이다.

우리는 이와 같이 모든 상품의 사용가치에는 정해진 목적에 맞는 생
산적 활동이나 유용노동이 들어 있다는 것을 보았다. 각각의 사용가치에
질적으로 상이한 유용노동이 들어있지 않다면, 그것들은 상품으로 대면할
수 없다. 생산물이 일반적으로 상품의 형태를 취하는 사회에는, 말하자면
상품생산자의 사회에서, 독립된 생산자의 개인사업으로 상호 독립적으로
수행되는 이러한 유용노동의 질적인 차이는 수많은 가지를 가진 하나의 체

계, 즉 사회적 분업으로 발전한다.

그런데 윗도리는 재단사가 입든 재단사의 손님이 입든 아무런 상관이 없다. 양쪽의 경우에서 윗도리는 사용가치로 작용한다. 마찬가지로 윗도리와 그것을 생산하는 노동의 관계는 바느질이 특수한 직업이 되어 사회적 분업의 자립적인 한 부분이 된다고 해도 변하지 않는다. 옷을 입어야 하는 곳에서는, 누군가 재단사가 되기 전에도 인간은 이미 수천 년 동안 옷을 만들어 왔다. 하지만 윗도리와 아마포 같이 천연적으로 존재하지 않으면서 물적 부를 이루는 요소들은 언제나 특별한 천연소재를 특별한 인간 욕망에 맞추려는 목적에 맞는 별개의 생산적 활동을 통해 연결되어야 했다. 따라서 사용가치의 창조자로서의 노동, 유용노동으로서의 노동은 그 어떤 사회 형태와도 관련 없는 인간의 생존 조건이며, 인간과 자연과의 물질대사를 매개하며, 따라서 인간의 삶을 매개하기 위해 영원히 그리고 절대적으로 필요하다.

윗도리와 아마포 등의 사용가치, 간단히 말하면 상품체는 천연소재와 노동이라는 두 요소의 결합물이다. 윗도리와 아마포 등에 들어 있는 다양한 유용노동을 모두 제거한다면, 언제나 인간의 힘을 빌리지 않은 천연적으로 존재하는 물적 토대만이 남게 된다. 생산에 있어서 인간은 오로지 자연 자체가 하는 것과 같은 방식으로만 활동할 수 있다. 즉 소재의 형태만을 바꿀 수 있다.[38] 그뿐만이 아니다. 형태를 바꾸는 노동에 있어서도 인간

---

38) 삼라만상의 모든 현상은 그것들이 인간의 손에 의해 일어나든 일반적인 자연(Physik)의 법칙에 의해 일어나든 실제로 창조된 것이 아니라, 단지 물질의 변형에 지나지 않는다. 결합과 분리는 인간정신이 재생산의 이미지를 분석할 때에 반복적으로 발견하는 유일한

은 끊임없이 자연력의 도움을 받는다. 따라서 노동은 노동에 의해 생산된 사용가치, 즉 물적 부의 유일한 원천이 아니다. 윌리엄 페티William Petty, 1623-1687(잉글랜드 정치경제학의 아버지로 불림. - 옮긴이)가 언급한 것처럼, 노동은 물적 부의 아버지이고, 대지는 그 어머니이다.

이제 사용대상을 두고 보았을 때 상품에서 상품-가치(상품의 가치)로 넘어가 보자.

우리의 가정에 따르면 윗도리는 아마포의 두 배의 가치를 가지고 있다. 이는 단지 양적인 차이일 뿐이며, 이 차이에는 아직 관심이 없다. 따라서 윗도리 한 장의 가치가 10엘레 아마포 가치의 두 배라고 하면, 20엘레 아마포가 윗도리 한 장과 같은 크기의 가치를 가지고 있다. 가치로서의 윗도리와 아마포는 동일한 실체를 가진 물건이며, 동일한 노동이 물질objektiv 로 표현된 것이다. 하지만 바느질과 길쌈은 다른 노동이다. 그러나 한 사람이 번갈아가면서 바느질과 길쌈을 하는, 이 두 가지 서로 다른 노동방식이 한 개인의 노동의 변형일 뿐이며, 서로 다른 개인에게 별개의 노동으로 고정되지 않은 사회 상황도 있다. 이러한 상황은 한 재단사가 오늘은 윗도리를 내일은 바지를 만드는 노동을 하는 것처럼, 단지 동일한 개인노동의 변형을 전제로 하는 것과 마찬가지이다. 게다가 우리 자본주의 사회에서는,

---

요소(Element)이다. 그리고 이것은 가치(비록 Verri가 중농주의자들과 논쟁에서 자신이 어떤 종류의 가치에 대해 언급하고 있는지 자신도 모르지만 그것은 사용가치를 말한다.)와 부를 재생산하는 경우에도 마찬가지이다. 즉 흙과 공기 그리고 물이 밭에서 곡식으로 변하는 경우 또는 어떤 곤충의 배설물이 인간의 손에 의해 비단으로 변하는 경우 또는 몇 개의 금속조각을 리피터(Repetieruhr, 시간을 알리는 회중시계를 개조하여 먼저 친 시간에서 15분이 경과할 때마다 되풀이하여 종을 쳐서 어두운 곳에서도 시간을 알리게 고안된 시계 - 옮긴이)로 조립하든 마찬가지이다. (Piero Verri, 《정치경제학 고찰》, 1771년 초판 인쇄, Custo 엮음, 《이탈리아 경제학 고전 전집》, 근세편, 15권, 21과 22쪽)

노동에 대한 수요의 방향이 변함에 따라 인간노동 가운데 일정한 부분이 바느질의 형태나 길쌈의 형태로 번갈아가면서 공급된다. 이러한 노동의 형태 변화는 마찰 없이 진행될 수는 없겠지만, 어쨌든 일어날 수밖에 없는 상황이다. 이 생산적 활동의 확실한 성격, 즉 노동의 유용성을 무시한다면, 이러한 생산적 활동에는 그것이 인간 노동력의 소모라는 사실만이 남게 된다. 바느질과 길쌈은 질적으로 상이한 생산적 활동이지만, 양쪽 모두 인간의 두뇌, 근육, 신경, 손 등을 생산적으로 소모하며, 이러한 의미에서 인간노동이라 할 수 있다. 두 노동은 단지 인간 노동력을 소모하는 형태만 서로 다를 뿐이다. 물론 인간 노동력이 이런저런 형태로 소모되려면 인간 노동력 자체가 어느 정도 발달되어 있어야 한다. 그러나 상품의 가치 자체는 단지 인간의 일반적 노동이 얼마나 소모되었는가를 나타낸다. 부르주아 사회에서 장군이나 은행가는 커다란 역할을 하는 데 반해, 그렇지 않은 인간은 매우 초라한 역할을 하는 것처럼,[39] 인간노동 또한 그러하다. 특별하게 발달하지 않은 평범한 인간에게 인간노동은 자신의 신체기관이 평균적으로 소유하고 있는 단순한 노동력의 소모이다. 단순한 평균노동 자체는 나라가 다르고 문화 발전 단계가 달라짐에 따라 그 성격이 변하지만, 어떤 현존하는 사회에서는 일정하게 주어져 있는 요소다. 복잡한 노동은 그저 '강화된' 단순노동이거나 '배가된' 단순노동으로 간주될 뿐이다. 따라서 적은 양의 복잡노동은 더 많은 양의 단순노동과 같다. 이러한 환산은 끊임없이 이루어지고 있다. 어떤 상품이 복잡한 노동의 생산물이라 해도, 이 상품의 가치는 단순노동의 생산물과 동일시되며, 따라서 복잡한 노동 생산물의 가치

---

39) 헤겔, 《법철학》, 베를린, 1840, 250쪽, 190절을 참조하라.

자체는 단순한 노동의 일정한 양을 나타낼 뿐이다.[40] 다양한 종류의 노동을 그 측량 단위인 단순노동으로 환산하는 이러한 다양한 비율은 사회적 과정에 의해 생산자의 배후에서 결정되며, 따라서 그들에게는 관습에 의해 주어진 것처럼 보인다. 이를 쉽게 처리하기 위해 지금부터는 모든 종류의 노동력을 단순노동으로 간주할 것이며, 이는 환산하는 수고를 덜기 위해서일 뿐이다.

따라서 가치로서의 윗도리와 아마포에서 그 사용가치의 차이가 무시되었듯이, 이러한 가치로 나타나는 노동에서도 그 유용한 형태인 바느질과 길쌈 사이의 차이 역시 무시된다. 윗도리와 아마포는 목적이 정해진 생산적 활동과 천 또는 실이 결합된 물건이다. 이에 반하여 윗도리와 아마포의 가치는 동질의 노동의 응고물일 뿐이며, 따라서 이러한 가치에 포함되어 있는 노동도 천과 실에 대한 생산적 활동이 아니라, 인간노동력의 소모로서만 간주된다. 바느질과 길쌈은 바로 그것들의 질이 서로 다르기 때문에 윗도리와 아마포의 사용가치를 구성한다. 바느질과 길쌈 각각의 개별적인 질이 무시되고 양자가 인간노동이라는 동일한 질을 가진다면, 바느질과 길쌈은 윗도리와 아마포의 실체가 된다.

하지만 윗도리와 아마포는 가치 일반일 뿐만 아니라, 일정한 크기의 가치이기도 하다. 그리고 우리의 가정에 따르면, 한 장의 윗도리는 10엘레 아마포에 비해 두 배의 가치를 갖는다. 이러한 가치의 차이는 어디에서 기

---

40) 독자는 여기서는 노동자가 대략 하루의 노동에 대해 받는 임금이나 가치가 아니라, 그의 하루 노동일이 표현된 상품가치를 말한다는 것을 주의해야 한다. 현재의 서술 단계에서 임금이라는 범주는 아직 존재하지 않는다.

인하는가? 이 차이는 아마포가 윗도리에 포함되어 있는 노동의 절반만을 가지고 있으며, 이런 이유로 윗도리를 생산하는 데는 아마포를 생산하는 데 필요한 노동력보다 두 배의 시간이 더 들어야 한다는 사실에 있다.

따라서 사용가치와 관련해서 상품에 포함되어 있는 가치는 질적으로만 인정된다. 그리고 가치크기와 관련해서 상품에 포함되어 있는 가치는, 이미 더이상 질의 구분이 없는 인간노동으로 환원된 후에는 양적으로만 인정된다. 전자에서는 노동이 어떻게 무엇Wie und Was을 만드느냐가 문제가 되며, 후자에서는 단지 노동의 양Wieviel, 즉 노동시간의 길이가 문제가 된다. 어떤 상품의 가치크기는 그 상품에 포함된 노동의 양만을 나타내고 있기 때문에, 상품들은 일정한 비율에서는 언제나 같은 크기의 가치이어야 한다.

한 장의 윗도리를 생산하는 데 필요한 모든 유용 노동의 생산력이 변하지 않는다면, 윗도리의 가치크기는 윗도리 양이 많아짐에 따라 증가한다. 한 장의 윗도리가 ×노동일로 표현된다면, 두 장의 윗도리는 2×노동일로 표현된다. 그런데 한 장의 윗도리를 생산하는 데 필요한 노동시간이 두 배 증가하거나 절반으로 줄어든 경우를 생각해보자. 전자의 경우 한 장의 윗도리는 이전에 두 장의 윗도리가 가지고 있던 가치만큼의 크기이며, 후자의 경우에는 두 장의 윗도리가 이전에 한 장의 윗도리가 가지고 있던 가치만큼의 크기다. 두 경우 모두에서 윗도리의 쓸모는 여전히 동일하며, 그것에 포함되어 있는 유용노동 역시 여전히 동일한 질을 가지고 있어도 그러하다. 하지만 윗도리의 생산에 소모된 노동의 양은 변했다.

더 커다란 양의 사용가치는 그 자체로 더 커다란 물적 부를 형성한다. 두 장의 윗도리는 한 장의 윗도리보다 더 큰 물적 부이다. 두 장의 윗도리는 두 사람이 입을 수 있지만, 한 장의 윗도리는 한 사람만이 입을 수 있다. 그러나 물적 부의 양이 증가함에 따라 동시에 그 가치크기는 하락할 수 있다. 이렇게 서로 반대되는 운동은 노동의 이중성에서 비롯된다. 물론 생산력은 언제나 구체적인 유용노동의 생산력을 의미하며, 이것은 실제로 주어진 시간에 주어진 목표를 얼마나 잘 달성하는가를 말해준다. 이런 까닭에 유용노동은 그 생산력의 상승이나 저하에 비례하여 더 풍부하거나 더 부족한 생산물의 원천이 된다. 이에 반해 생산력의 변화는 가치로 표현되는 노동 그 자체에는 전혀 영향을 주지 않는다. 생산력은 구체적이고 유용한 노동형태에 속하기 때문에, 이 노동형태를 무시하게 되면, 생산력은 당연히 더이상 노동에 관여하지 않게 된다. 따라서 동일한 노동은 생산력이 변해도 여전히 동일한 기간에 항상 동일한 가치크기를 산출한다. 하지만 노동은 동일한 기간에 상이한 양의 사용가치를 만들어 내는데, 생산력이 증가하면 더 많은 사용가치를, 생산력이 하락하면 더 적은 사용가치를 생산한다. 노동의 유용성을 증가시키고 이에 따라 노동이 생산하는 사용가치의 양을 증가시키는 동일한 생산력의 변화가, 이 사용가치의 생산에 필요한 총 노동시간을 단축한다면, 이 증대된 사용가치 총량의 가치크기는 감소한다. 그 반대의 경우에는 역시 반대가 된다.

모든 노동은 한편으로 생리적인 의미에서의 인간 노동력의 소모이며, 이 동일한 인간노동 또는 추상적 인간노동이라는 특성으로 인해 노동은 상품의 가치를 형성한다. 다른 한편으로 모든 노동은 특정한 목적이 정해진 형태의 인간 노동력의 소모이며, 이러한 구체적이고 유용한 노동이라

는 특성에서 그것은 사용가치를 생산한다.[41]

41) 2판의 주석: '노동만이 유일하게 어느 시대에도 모든 상품의 가치를 측정하고 비교할 수 있는 궁극적이고 진정한 척도'라는 것을 증명하기 위해 아담 스미스는 다음과 같이 말했다. "같은 양의 노동은 모든 시기에 모든 곳에서 노동자 자신에게도 동일한 가치를 가져야 한다. 노동자의 건강, 체력 그리고 활동이 정상 상태이고, 그가 가지고 있는 숙련도가 평균 수준이라면, 그는 언제나 이와 동일한 부분만큼의 휴식과, 자유 그리고 행복을 희생해야 한다."(아담 스미스,《국부론》, 1편, 5장, 104-105쪽) 앞의 언급에서 스미스는 (모든 곳에서는 아니지만) 한편으로는 상품의 생산에 소모된 노동량에 의해 가치가 규정되는 것을 노동의 가치에 의해 상품의 가치가 규정된다는 것과 혼동했다. 이런 까닭에 스미스는 동일한 양의 노동이 언제나 동일한 가치를 갖는다는 사실을 증명하고자 했다. 다른 한편으로 그는, 노동이 상품의 가치로 나타나는 한 노동이 노동력의 소모로 간주될 뿐이라는 것을 어렴풋이 알고 있었지만, 이 소모를 단지 휴식, 자유 그리고 행복의 희생으로만 파악했지, 정상적인 생명 활동으로 파악하지 않았다. 물론 그는 근대 임금노동자를 생각하고 있었다. -주석9에 인용된 익명의 스미스의 전임자는 훨씬 적절하게 아래와 같이 말하고 있다. "어떤 사람이 생필품을 생산하는 데 일주일을 사용했다. … 그리고 그와의 교환에서 어떤 다른 물건을 제공하려는 사람이 실제로 무엇이 동일한 가치를 가지고 있는지 올바르게 측정할 수 있는 방법은 생필품을 생산한 사람과 똑같은 노동과 시간을 소모한 물건으로 계산하는 것이다. 이는 실제로는 어떤 사람이 일정한 시간 동안 어떤 물건에 사용한 노동과 이와 동일한 노동시간 동안 다른 물건에 사용된 다른 사람의 노동을 교환하는 것을 의미한다.(《금리 일반, 특히 공채이자에 관한 몇 가지 고찰》, 39쪽) 4판의 주석: 영어는 노동의 상이한 두 측면에 대해 다른 단어를 갖는다는 장점이 있다. 사용가치를 창출하고 양적으로 규정되는 노동은 'labour'와 대립되는 'work'로, 가치를 창출하며 양적으로 측정되는 노동은 'work'와 대립되는 'labour'라고 부른다. 영어판 14쪽의 주석을 보라. - 프리드리히 엥엘스

3절
가치형태 또는 교환가치

상품은 철, 아마포, 밀 등과 같은 사용가치의 형태나 상품체의 형태로 세상에 나타난다. 이것은 상품의 평범한 현물형태이다. 그것들은 사용대상인 동시에 가치를 보유한 물건이라는 이중성을 가지고 있을 때에만 상품이 된다. 따라서 현물형태와 가치형태라는 이중형태를 취할 때만 상품으로 나타나거나 상품의 형태를 취한다.

상품의 물질화된 가치의 성질Wertgegenständlichkeit der Waren은 우리가 그것을 어디서 포착할 수 있는지 알 수 없다는 점에서 퀴클리 부인[42]과는 다르다. 촉감이 거친 상품체라는 물건의 성질과는 정반대로 가치로서의 상품에는 티끌만큼의 천연소재도 들어 있지 않다. 이런 까닭에 상품을 하나씩 아무리 돌리고 뒤집어도, 그것을 가치를 지닌 물건Wertding로서 포착할 수 없다. 동일한 사회적 단위인 인간노동의 표현일 경우에만 상품은 가치로서의 성질을 가진다는 사실, 따라서 상품의 가치가 순전히 사회적인 것이라는 사실을 기억한다면, 가치로서의 상품은 오직 상품과 상품 사이의 사회적 관계에서만 나타날 수 있다는 사실 또한 분명해진다. 실제로 우리는 상품의 교환가치 또는 교환관계에서 시작해 상품 속에 은폐된 가치의 실마리

---

42) 셰익스피어의《헨리 4세》에 나오는 수다스러운 싸구려 술집 주인. 이에 해당하는 대사는 "물고기도 네 발 달린 짐승도 아니어서 남자로서 그를 무엇으로 봐야 할지 모른다."는 폴스타프의 험담에 퀴클리 부인이 "뭘 몰라, 당신도 알고 모든 남자들이 다 안다."고 대꾸하면서 말싸움을 하는 장면이다. - 옮긴이

를 찾아왔다. 이제 우리는 이러한 가치의 겉모습으로 되돌아가야 한다.

다른 것은 몰라도, 상품은 그 사용가치의 다양한 현물형태와 매우 뚜렷이 대조되는 하나의 공통된 가치형태인 화폐형태를 가지고 있다는 사실을 누구나 알고 있다. 그러나 여기서 부르주아 경제학이 한 번도 해보지 않은 일, 즉 화폐형태의 발생사를 밝히는 일을 수행할 필요가 있다. 즉 상품의 가치관계에 포함되어 있는 가치표현의 발전을 가장 단순하고 가장 불분명한 형태로부터 눈부신 화폐형태로까지 추적하는 일이다. 그렇게 하면 화폐의 비밀도 밝혀진다.

가장 단순한 가치관계는 분명히 한 상품과 다른 종류의 단 하나의 상품 -그것이 어떤 상품이든 간에- 과의 가치관계이다. 그러므로 두 상품 사이의 가치관계는 어떤 상품의 가장 단순한 가치표현을 보여준다.

A. 단순한, 개별적인 또는 우연한 가치형태

(x량의 상품 A) = (y량의 상품 B)

또는

x량의 상품 A는 y량의 상품 B와 가치가 같다.

(20엘레 아마포 = 한 장의 윗도리,

또는

20엘레의 아마포는 한 장의 윗도리 가치와 같다.)

1. 가치표현의 양극: 상대적 가치형태와 등가형태

모든 가치형태의 비밀은 이 단순한 가치형태 속에 숨어있다. 따라서 이 단순한 가치형태의 분석은 근본적으로 어려움을 준다.

이 가치형태에서는 종류가 다른 두 가지 상품 A와 B, 우리의 예에서는 아마포와 윗도리가 분명한 두 가지 다른 역할을 한다. 아마포는 그 가치를 윗도리로 표현하며, 윗도리는 이러한 가치표현의 재료이다. 전자는 능동적인 역할을 하고 후자는 수동적인 역할을 한다. 첫 번째 상품의 가치는 상대적인 가치로 표현된다. 두 번째 상품은 등가물로 기능한다. 즉 첫 번째 상품의 가치는 상대적 가치형태에 있으며, 두 번째 상품의 가치는 등가형태에 있다.

상대적 가치형태와 등가형태는 서로의 일부를 이루며, 상호 의존하여 떼어놓을 수 없는 존재이지만, 동시에 상호 배타적이거나 대립하는 극단, 즉 동일한 가치를 표현하는 양극이다. 이 양극은 언제나 가치표현을 통해 서로 관계를 맺는 서로 다른 상품으로 나누어진다. 예를 들면, 나는 아마포의 가치를 아마포로 표현할 수 없다. (20엘레 아마포)=(20엘레 아마포)는 가치표현이 아니다. 이 방정식은 오히려 그 반대를 말하고 있다. 20엘레 아마포는 단지 20엘레의 아마포, 일정한 양의 사용대상인 아마포에 지나지 않는다는 것이다. 따라서 아마포의 가치는 오직 상대적으로, 다른 상품을 통해서만 표현될 수 있다. 이러한 이유로 아마포의 상대적 가치형태는 어떤 다른 상품이 아마포에 대해 등가형태에 있다는 것을 전제로 한다. 반면에 등가물 역할을 하는 다른 상품은 동시에 상대적 가치형태에 있을 수 없다. 이 상품은 자신의 가치를 표현하는 것이 아니라, 다른 상품의 가치표현에 재료를 제공하고 있을 뿐이다.

물론 '20엘레 아마포 = 한 장의 윗도리' 또는 '20엘레의 아마포가 한 장의 윗도리의 가치가 있다'는 표현은 그 역관계인 '한 장의 윗도리 = 20엘레 아마포' 또는 '한 장의 윗도리가 20엘레의 가치를 갖는다'는 사실을 포함한다. 만일 윗도리의 가치를 상대적으로 표현하려면, 등식을 거꾸로 놓아야 한다. 그렇게 하자마자, 윗도리 대신에 아마포가 등가물이 된다. 따라서 같은 상품이 동일한 가치표현에서 상대적 가치형태이면서 등가형태일 수는 없다. 이 두 형태는 오히려 서로를 양극으로 밀어낸다.

이제 어떤 상품이 상대적 가치형태에 있는가 또는 이에 대립하는 등가형태에 있는가는 언제나 가치표현에서 차지하는 그때마다의 위치에 달려있을 뿐이다. 말하자면, 그것이 자신의 가치를 표현하는 상품인지 또는 다른 상품의 가치를 표현해주는 상품인지에 달려있다.

2. 상대적 가치형태

a) 상대적 가치형태의 내용

어떤 상품의 단순한 가치표현이 두 상품의 가치관계에 어떻게 숨어 있는지를 찾아내려면, 우선 양적인 측면이 완전히 무시된 상품관계를 살펴보아야 한다. 그런데 사람들은 대개 이와 정반대의 방식을 취하며, 가치관계에서 두 상품의 일정한 양이 서로 등치되는 비율만을 본다. 서로 다른 물건의 크기는 일단 그것들을 동일한 단위로 환산한 다음에야 비로소 양적으로 비교할 수 있다는 사실을 간과하고 있다. 동일한 단위로 표현해야만 그

것들은 동일한 이름의 크기, 따라서 서로 비교할 수 있는 크기이다.[43]

(20엘레 아마포)=(한 장의 윗도리), 또는 '20엘레의 아마포가 20개의 윗도리', 또는 (20엘레 아마포)=(X개의 윗도리)이든지 간에, 즉 일정하게 주어진 양의 아마포가 얼마만큼의 윗도리의 가치이든 간에, 이들 비율 모두는 아마포와 윗도리가 가치크기로서는 동일한 단위의 표현이며, 동일한 성질의 물건이라는 사실을 언제나 포함하고 있다. '아마포=윗도리'가 이 방정식의 기초이다.

하지만 질적으로 동일시되는 이 두 상품은 같은 역할을 하지 않는다. 아마포의 가치만이 표현될 뿐이다. 어떻게 표현되는가? 아마포가 자신의 '등가물', 또는 자신과 '교환될 수 있는 것'으로서 윗도리와 맺는 관계를 통해서 표현된다. 이 관계에서 윗도리는 가치의 존재형태인 가치를 지닌 물건Wertding(가치물)으로 간주된다. 윗도리는 가치물로서만 아마포와 동일하기 때문이다. 다른 한편 오직 이 관계에서만 아마포는 자신의 가치로서의 존재Wertsein를 나타내거나 독자적인 표현을 얻는다. 가치로서 만의 아마포는 동일한 가치를 갖는 물건으로 또는 자신과 교환 가능한 것으로서의 윗도리와 관계를 맺기 때문이다. 화학에서 부티르산Buttersäure은 포름산프로필Propylformat과 다른 물체이다. 그러나 이 둘은 동일한 화학물질인 탄소(C), 수소(H) 그리고 산소(O)로 구성되며, 이들의 구성 비율은 C4H8O2이다. 부티

---

43) 베일리(S. Bailey)와 같이 가치형태의 분석에 몰두한 몇 안 되는 경제학자들이 아무런 성과도 올리지 못했던 이유는, 첫째, 가치형태와 가치를 혼동했기 때문이며, 둘째, 그들이 실무에 종사하는 부르주아의 조잡한 영향을 받아 처음부터 전적으로 양적 규정성에만 몰두했기 때문이다. "양에 대한 규정이 … 가치를 만든다."(베일리 《화폐와 그 가치변동》, 런던, 1837년, 11쪽)

르산과 포름산프로필을 동일시한다면, 이 관계에서는 첫째, C4H8O2는 단지 포름산프로필의 존재형태로만 간주되며, 둘째, 부티르산 역시 C4H8O2로 구성되어 있다고 말해야 한다. 이와 같이 포름산프로필을 부티르산과 동일시함으로서 이 두 화학 물질은 그 물체 형태와는 다르게 표현된다.

상품을 가치로서는 인간노동의 단순한 응고물이라고 말한다면, 우리의 분석은 상품을 추상화된 가치로 환원해야 하지만, 그렇다고 상품에 그 현물형태와는 다른 가치형태를 부여하는 것은 아니다. 그러나 한 상품의 다른 상품과의 가치관계에서는 이와 다르다. 가치관계에서 한 상품의 가치 성질은 그 상품이 다른 상품과 맺는 특유한 관계에서 드러난다.

예를 들어 윗도리가 가치물로서 아마포와 동일시되면, 윗도리에 포함된 노동은 아마포에 포함된 노동과 동일하다. 윗도리를 만드는 바느질과 아마포를 만드는 길쌈은 서로 종류가 다른 구체적 노동이다. 그러나 길쌈과 동일시됨으로써 바느질은 사실상 두 노동 모두에 존재하는 성질, 즉 이들의 공통된 성질인 인간노동으로 환원된다. 이런 우회적 방법으로 길쌈이 가치를 짜냄으로써 바느질과 똑같은 특징을 가진 것, 즉 추상적 인간노동이라고 말할 수 있다. 가치를 형성하는 노동의 독특한 성격은 서로 다른 종류의 상품을 등가로 표현할 때만 드러난다. 이 등가표현이 다른 종류의 상품에 포함되어 있는 서로 다른 종류의 노동을 실제로 이들 상품에 공통으로 존재하는 것, 즉 인간노동 일반으로 환원하기 때문이다.[44]

---

44) 2판의 주석: 윌리엄 페티(W. Petty) 이후, 가치의 성질을 간파한 경제학자 가운데 한 사람으로 유명한 프랭클린(Franklin)은 다음과 같이 언급하고 있다. "상업은 일반적으로 한 노동을 다른 노동과 교환하는 것에 불과하기 때문에, 모든 물건의 가치는 노동에 의해

그러나 아마포의 가치를 구성하는 노동의 독특한 성질을 표현하는 것만으로는 충분하지 않다. 유동상태에 있는 인간의 노동력, 즉 인간노동은 가치를 형성하지만 그 자체가 가치는 아니다. 인간노동은 응고된 상태, 즉 물적 형태에서 가치가 된다. 인간노동의 응고물로 표현되기 위한 아마포의 가치는 아마포 자체와는 물적으로 다르며, 동시에 아마포와 그 밖의 다른 상품과 공통된 '성질을 가지고 있는 하나의 대상_{Gegenständlichkeit}'으로 표현되어야 한다. 이 문제는 이미 해결되었다.

　윗도리가 가치이기 때문에 아마포와의 가치관계에서 아마포와 질적으로 동일한 것, 즉 같은 성질의 물건으로 간주된다. 따라서 아마포와의 가치관계에서 윗도리는 가치를 드러내거나 또는 윗도리라는 구체적인 분명한 현물형태에서 가치를 표현하는 물건이다. 그런데 윗도리라는 상품체는 그저 사용가치일 뿐이다. 한 장의 윗도리는 그 어떤 한 조각의 아마포와 마찬가지로 가치를 표현하지는 않는다. 이 사실은 윗도리가 아마포와의 가치관계 외부에 있을 때보다 내부에 있을 때 더 중요한 의미를 가진다는 것을 증명할 뿐이다. 이는 마치 상당한 수의 사람들이 가죽 끈으로 장식된 윗도리(계급을 나타내는 제복 - 옮긴이)를 입었을 때에 그것을 입지 않았을 때보다 더 중요하게 취급되는 것과 같다.

가장 올바르게 측정된다."(《프랭클린 저작집》, 스팍스 엮음, 보스턴, 1836년, 2권, 26쪽) 프랭클린은 모든 물건의 가치를 '노동'으로 측정하면서도, 교환되는 노동 사이의 다른 점을 무시했으며, 그렇게 함으로써 이 노동을 동일한 인간노동으로 환원하고 있다는 사실을 알아차리지 못했다. 그는 그가 의식하지 못하고 있는 바로 그 사실을 말하고 있다. 그는 처음에는 '한 노동'에 대해 말하고, 그 다음에는 '다른 노동에 대해' 말하고 있으며, 마지막에는 아무런 수식어 없이 모든 물건의 가치 실체로서의 '노동'에 대해 말하고 있다.

윗도리의 생산에서 인간의 노동력은 실제로 바느질이라는 형태로 소모되었다. 따라서 윗도리에는 인간노동이 쌓여있다. 이런 측면에서 보면, 윗도리의 고유한 성질은 윗도리가 거의 닳아 헤어져 들여다보이지 않음에도, 윗도리는 여전히 '가치의 보유자'이다. 따라서 윗도리는 인간노동이 쌓여있다는 측면에서 본 아마포와 관계에서, 즉 형태를 가진 물질화된 가치로서만 가치체로 간주된다. 냉담한 윗도리의 모습에서도 아마포는 윗도리에서 동족의 아름다운 가치의 영혼을 알아차린다. 그러나 윗도리가 아마포를 상대로 가치를 나타내려면, 아마포의 가치는 윗도리의 형태를 취해야만 한다. 이는 마치 A라는 사람이 B라는 사람을 왕으로 받들려면, A에게 왕은 B라는 용모를 가지고 있으며, 왕이 교체될 때마다 얼굴 생김새와 머리카락 그리고 다른 것도 함께 바뀌어야 한다는 사실과 같다.

윗도리가 아마포의 등가물이 되는 가치관계에서 윗도리 형태는 가치형태로 간주된다. 이런 까닭에 상품 아마포의 가치는 윗도리라는 상품체로, 즉 어떤 상품의 가치는 다른 상품의 사용가치로 표현된다. 사용가치로서 아마포는 윗도리와는 감각적으로 다른 물건이며, 가치로서의 아마포는 '윗도리와 동일한 것'이며, 따라서 윗도리와 꼭 같은 것으로 보인다. 이처럼 아마포는 그 현물형태와 다른 가치형태를 가지게 된다. 가치로서 아마포의 존재는 윗도리와의 동질성에서 나타나는데, 이는 마치 그리스도 교도에게 양의 성질이 하느님의 어린 양(보통 예수 그리스도를 칭함 - 옮긴이)과 같아 보이는 것과 마찬가지이다.

아마포가 다른 상품인 윗도리와 관계를 맺자마자, 이전에 상품가치에 대한 분석이 우리에게 말해 준 모든 것을 아마포 자신이 우리에게 이야기해 주고 있다. 다만, 아마포는 자신에게 익숙한 언어인 상품 언어로 자신의 생각을 드러낸다. 노동이 인간노동이라는 추상적인 특성에서 아마포 자신의 가치를 형성한다는 것을 말하기 위해, 아마포는 윗도리가 자신과 동등한 경우에만 자신과 동일한 노동으로 이루어진 가치라고 말한다. 자신에게 물질화된 가치로서의 숭고한 성질은 자신의 뻣뻣한 물체와는 다르다는 것을 말하기 위해, 아마포는 윗도리의 형태로 자신의 가치를 표현하며, 따라서 가치물로서 자신은 윗도리와 꼭 같다고 말한다. 덧붙이자면, 상품 언어에는 히브리어 외에도 그 정확도에서 차이는 나지만 많은 방언이 있다. 예를 들어 독일어 '가치가 있다Wertsein'는 라틴어 계통의 동사인 valere, valer, valori 등보다는 덜하지만, 상품 B를 상품 A와 등치시키는 것이 상품 A 자신의 가치표현이라는 것을 적절하게 표현하고 있다. 파리Paris는 확실히 미사 한 번의 가치가 있다![45]

가치관계를 통해 상품 B의 현물형태는 상품 A의 가치형태가 된다. 다른 말로 하면, 상품 B의 물체는 상품 A의 가치의 거울이 된다.[46] 상품 A는 가치체이며 또한 인간노동이 실체화된 물건Materiatur으로서의 상품 B와 관계를 맺음으로써, 사용가치 B를 자신의 가치 표현의 재료로 삼는다. 따

---

45) 1593년 프랑스의 앙리 4세가 국가의 정치적 이익을 위해 가톨릭으로 개종하면서 한 말이다. (편집자 주)

46) 어떤 경우에는 인간도 상품과 같다. 인간은 거울을 가지고 태어나지도 않고 피히테주의 철학자로서 '나는 나다'라고 외치면서 태어나지도 않기 때문이다. 인간은 우선 다른 사람이라는 거울에 자신을 비춰본다. 베드로라는 인간은 자기와 같은 인간인 바울과 관계함으로써 비로소 인간으로서의 자기 자신과 관계하게 된다. 그리고 그렇게 됨으로써 베드로에게 바울은 바울이라는, 온전한 육체를 가진 인간이라는 종의 겉모습 그대로 인정된다.

라서 상품 B의 사용가치에 표현되어 있는 상품 A의 가치는 상대적 가치형태를 취한다.

b) 상대적 가치형태의 양적 명확성

그 가치를 표현해야 하는 모든 상품은 15쉐펠Scheffel(옛 독일의 부피 단위. 지방마다 다르며 약 17-310리터를 나타냄 - 옮긴이)의 밀, 100파운드의 커피 등과 같이 일정한 양의 사용대상이다. 이 주어진 양의 상품은 일정한 양의 인간노동을 포함하고 있다. 따라서 가치형태는 가치 일반뿐만 아니라, 양으로 정해진 가치, 즉 가치크기도 표현해야 한다. 따라서 상품 B에 대한 상품 A의 가치관계, 윗도리에 대한 아마포의 가치관계에서 윗도리라는 상품은 가치체 일반으로서 아마포와 질적으로 동일시될 뿐만 아니라, 일정한 양의 아마포가, 예를 들면 20엘레의 아마포가 일정한 양의 가치체 또는 등가물, 예를 들면 한 장의 윗도리와 동일시된다.

'20엘레의 아마포가 한 장의 윗도리 가치를 가진다'거나 (20엘레 아마포)=(한 장의 윗도리)라는 방정식은 한 장의 윗도리에 20엘레의 아마포에 들어 있는 것과 같은 양의 가치실체를 포함하고 있다는 것, 따라서 두 상품의 양에는 동일한 양의 노동이나 동일한 크기의 노동시간을 필요로 한다는 사실을 전제로 한다. 그러나 20엘레의 아마포나 한 장의 윗도리의 생산에 필요한 노동시간은 바느질이나 길쌈의 생산력이 변할 때마다 변한다. 우리는 이러한 변화가 가치크기의 상대적 표현에 미치는 영향을 좀 더 상세하게 연구해야 한다.

1. 윗도리의 가치는 그대로 유지되는데 아마포의 가치가 변하는 경우.[47]

아마포를 재배하는 토지의 비옥도가 점차로 나빠져 아마포의 생산에 필요한 노동시간이 두 배가 된다면, 아마포의 가치 역시 두 배로 될 것이다. 이제 20엘레=(1장의 윗도리) 대신에 (20엘레)=(두 장의 윗도리)로 된다. 한 장의 윗도리는 이제 20엘레의 아마포에 포함되어 있는 노동시간의 절반밖에 가지고 있지 않기 때문이다. 반대로 방직기가 개량되어 아마포를 짜는 데 필요한 노동시간이 절반으로 줄어든다면, 아마포의 가치는 절반으로 줄어든다. 이제 (20엘레의 아마포)=(반 장의 윗도리)가 된다. 상품 A의 상대적 가치, 즉 상품 B로 표현되는 상품 A의 가치는, 상품 B의 가치가 변하지 않더라도, 상품 A의 가치에 정비례하여 증가하거나 하락한다.

2. 윗도리의 가치가 변하는 반면에 아마포의 가치는 그대로 유지되는 경우.

이런 상황에서는 윗도리의 생산에 필요한 노동시간이, 예를 들어 양털수확이 좋지 않아서 두 배가 된다면, (20엘레 아마포)=(1장의 윗도리) 대신에, 이제 (20엘레의 아마포)=(반 장의 윗도리)가 된다. 이와 반대로, 윗도리의 가치가 절반으로 줄어든다면, (20엘레 아마포)=(두 장의 윗도리)가 된다. 따라서 상품 A의 가치가 변하지 않는 경우에도, 상품 B로 표현되는 상품 A의 상대적 가치는 B의 가치변화에 반비례하여 증가하거나 하락한다. 1과 2의 상이한 경우를 비교해보면, 동일한 크기의 상대적 가치의 변화가 정반대의 원인으로 인해 발생할 수 있다는 결과가 나온다. 따라서 (20엘레 아마포)=(한 장의 윗도리)는 (1)아마포의 가치가 두 배로 증가하거나 윗도리의 가치가 절반으로 줄어들기 때문에 (20엘레 아마포)=(두 장의

---

47) 앞에서 이미 여러 곳에서 덧붙였듯이, 여기에서 '가치'라는 표현은 양적으로 규정된 가치, 따라서 가치크기라는 의미로 사용되었다.

윗도리)로 변한다. 그리고 (20엘레 아마포)=(한 장의 윗도리)는 (2)아마포
의 가치가 절반으로 줄어들거나 윗도리의 가치가 두 배로 증가하기 때문에
(20엘레의 아마포)=(반 장의 윗도리)로 된다.

3. 아마포와 윗도리의 생산에 필요한 노동량이 동시에 동일한 방향이나 동
   일한 비율로 변하는 경우
     이 경우 아마포와 윗도리의 가치가 아무리 변하여도 이들의 상대적
   가치는 변하지 않는다. 이들 상품의 가치변화는 가치가 변하지 않는 제3의
   상품과 비교할 때 드러난다. 그리고 모든 상품의 가치가 동시에 같은 비율
   로 증가하거나 감소한다면, 이들의 상대적 가치는 그대로 유지된다. 이들
   의 실제적인 가치변화는 동일한 노동시간에 생산되는 상품의 양이 일반적
   으로 이전보다 더 많은지 혹은 적은지에 따라 알 수 있다.

4. 아마포와 윗도리 각각의 생산에 필요한 노동시간, 따라서 그들의 가치
   가 동시에 동일한 방향이지만, 서로 상이한 정도로 변하거나 반대 방향
   으로 변하는 경우 등.
     이러한 종류의 모든 가능한 조합이 한 상품의 상대적 가치에 미치는
   영향은 1, 2, 3의 경우를 응용함으로써 간단하게 알아낼 수 있다.

     따라서 가치크기의 실제 변화는 가치크기의 상대적 표현이나 상대적
   가치크기에 분명하고 완전하게 반영되지 않는다. 한 상품의 상대적 가치는
   그것의 가치가 변하지 않음에도 불구하고 변할 수 있다. 또한 그 상품의 상
   대적 가치는 그 가치가 변함에도 변하지 않을 수 있다. 마지막으로 그 상품
   의 가치크기와 이러한 가치크기의 상대적 표현에, 동시에 일어나는 변화가

반드시 일치할 필요는 없다.[48]

3. 등가형태

우리는 앞부분에서 어떤 상품 A(아마포)는 그 가치를 다른 종류의 상품 B(윗도리)의 사용가치에 표현함으로써 상품 B 자체에 하나의 독특한 가치형태, 즉 등가물이라는 가치형태를 부여한다는 사실을 보았다. 아마포라는 상품은 윗도리가 자신의 물체형태와 다른 가치형태를 취하지 않으면서 아마포와 동일한 가치가 있다는 사실을 통해 자신의 가치존재를 드러낸다. 따라서 아마포는 윗도리가 아마포와 직접 교환가능하다는 사실을 통해 실제 자신의 가치존재를 표현한다. 그러므로 어떤 상품의 등가형태는 그 상품이 다른 상품과 직접 교환될 수 있는 형태이다.

---

48) 2판의 주석: 통속경제학은 이러한 가치크기와 그 상대적 표현 사이의 불일치를 나름대로의 통찰력을 가지고 악용했다. 예를 들어, "시간이 지남에 따라 A에 소비되는 노동이 줄어들지 않는데도, A와 교환되는 B가 상승하기 때문에 A가 하락한다는 사실을 일단 인정한다면, 당신들의 일반적 가치원리는 붕괴된다. … A의 B에 대한 상대적 가치가 상승하여 B의 A에 대한 상대적 가치가 하락한다는 사실을 인정한다면, 리카도가 세운 중대한 명제, 즉 '한 상품의 가치는 언제나 그 상품에 합체된 노동의 양에 의해 규정된다'는 명제는 그 근거를 뿌리째 상실하게 된다. A의 비용 변동이 A와 교환되는 B에 대한 A 자체의 가치를 변화시킬 뿐만 아니라, B의 생산에 필요한 노동량에는 아무런 변동이 발생하지 않았는데도, A의 가치에 대한 B의 상대적 가치 또한 변화시킨다면, 어떤 품목에 소비된 노동량이 그 가치를 규제한다는 학설뿐만 아니라, 어떤 품목의 생산비가 그 가치를 규제한다는 학설까지도 무너지기 때문이다."(브로드허스트,《정치경제학》, 런던, 1842, 11, 14쪽) 그는 마찬가지로 다음과 같이 말할 수도 있다. 10/20, 10/50, 10/100 등의 분수를 보라. 10이라는 수는 변하지 않지만, 그 비례적인 크기, 즉 분모 20, 50, 100에 대한 10의 상대적 크기는 계속 감소한다. 따라서 10과 같은 어떤 정수의 크기는 예컨대 10에 포함된 1이라는 단위 수에 의해 '규제'를 받는다는 중대한 원칙이 무너진다.

윗도리와 같은 하나의 상품 종류가 아마포 같은 다른 종류의 상품에 대해 등가물의 역할을 하여, 윗도리가 아마포와 직접 교환될 수 있는 형태적 특성을 획득한다고 해도, 윗도리와 아마포가 교환될 수 있는 비율이 주어지는 것은 결코 아니다. 이 비율은 아마포의 가치크기가 이미 주어져 있을 때에는 윗도리의 가치크기에 달려있다. 윗도리가 등가물로 그리고 아마포가 상대적 가치로 표현되거나, 또는 그 반대로 아마포가 등가물로 그리고 윗도리가 상대적 가치로 표현되든 간에, 윗도리의 가치크기는 여전히 윗도리의 생산에 필요한 노동시간에 의해 결정된다. 즉 윗도리의 가치크기는 윗도리의 가치형태와는 관계없이 결정된다. 그러나 윗도리라는 상품 종류가 가치표현에서 등가물의 위치를 차지하자마자, 그것의 가치크기는 그 어떤 가치크기도 표현하지 못한다. 오히려 윗도리라는 상품 종류는 가치방정식에서 어떤 물건의 일정한 양을 나타내는 역할만을 할 뿐이다.

예를 들면, 40엘레 아마포는 '가치'가 있는가, 얼마나? 윗도리 두 장의 가치가 있다. 이 경우 윗도리라는 상품 종류는 등가물로서의 역할을 하고, 사용가치로서의 윗도리는 아마포에 대해 가치체로서 간주되기 때문에, 일정한 가치양의 아마포를 표현하는 데는 일정한 양의 윗도리로도 충분하다. 즉 두 장의 윗도리는 40엘레의 아마포를 나타낼 수 있지만, 절대로 자기 자신의 가치크기, 즉 윗도리의 가치크기를 표현할 수는 없다. 가치방정식에서 등가물이 언제나 어떤 물건일 뿐이라는, 즉 사용가치의 단순한 양의 형태만을 가지고 있다는 피상적인 견해가 베일리와 그의 많은 선행자와 후계자로 하여금 가치표현에서 단지 양적 관계만을 보게 하는 잘못된 길로 이끌었다. 그러나 어떤 상품의 등가형태는 오히려 가치에 대한 양적 규정을 전혀 포함하고 있지 않다.

등가형태의 경우에 주목을 끄는 첫 번째 특징은 사용가치가 자신의 대립물인 가치의 겉모습이 된다는 사실이다.

상품의 현물형태가 가치형태가 된다. 그러나 현물형태인 상품 B(윗도리, 밀 또는 철 등)의 가치형태로의 전환은 임의의 다른 상품 A(아마포 등)가 상품 B와 가치관계를 맺음으로써, 즉 이러한 관계 내에서만 발생한다는 사실에 주의해야 한다. 어떤 상품도 자기 자신과는 등가물로 관계를 맺을 수 없기 때문이다. 즉 어떤 상품도 자신의 현물형태로 자신의 가치를 표현할 수 없기 때문에, 그 상품은 등가물의 역할을 하는 다른 상품과 관계를 맺어야 하거나 어떤 다른 상품의 현물형태를 자신의 가치형태로 삼아야만 한다.

이러한 사실은 상품체로서, 즉 사용가치로서의 상품체를 측정하는 데 사용되는 척도 하나를 예로 들면 분명해진다. 각설탕은 물체인 까닭에 무거우며 따라서 중량을 가지고 있다. 그러나 우리는 각설탕의 중량을 보거나 만질 수는 없다. 그러므로 이제 이미 중량이 정해져 있는 다양한 쇳조각을 가져와 보자. 쇠의 물체형태는 그 자체로 보면 각설탕의 물체형태와 마찬가지로 중량이 외부에 나타난 형태는 아니다. 그럼에도 각설탕을 무게로 표현하기 위해서 우리는 각설탕과 쇠의 무게에 일정한 비율을 정한다. 이 비율에서 쇠는 무게로만 표시되는 물체로 간주된다. 따라서 일정한 양의 쇠는 각설탕의 중량을 재는 척도의 역할을 하며, 각설탕이라는 물체에 대해 단지 무게의 형체, 즉 무게를 나타내는 겉모습이 된다. 쇠는 무게가 밝혀져야 할 각설탕 또는 어떤 다른 종류의 물체가 쇠와 맺는 관계의 내에서만 이러한 역할을 한다. 두 가지 물체가 무게를 가지고 있지 않아 이러한 관계를 맺을 수 없다면, 둘 가운데 한 물체가 다른 물체의 무게를 표현하는 역할을 하지 못할 것이다. 우리가 두 물체를 저울에 올려 잰다면, 두 물체가 무게라는 점에서는 동일하며, 따라서 일정한 비율에서는 동일한 중량을 갖는다는 사실을 실제로 확인할 수 있다. 무게를 재는 척도로서 쇠라는 물체는 각설탕 대신에 그저 무게의 역할을 하고 있는 것처럼, 우리의 가치표현에서 윗도리라는 물체는 아마포 대신에 가치의 역할을 하고 있을 뿐이다.

더이상의 유추는 하지 않겠다. 각설탕의 중량을 대신 표현함에 있어서 쇠는 두 물체에 공통된 자연적 특성인 무게의 역할을 하는 반면에, 윗도리는 아마포의 가치를 대신 표현함에 있어서 두 물건의 초자연적인 특성인 순전히 사회적인 어떤 것, 그들의 가치로서의 역할을 하고 있다.

아마포라는 상품의 상대적 가치형태는 그 가치로서의 존재를 아마포라는 물체 및 그 특성과는 전혀 다른 것, 예를 들어 윗도리 같은 것을 통해 표현한다. 따라서 이 표현은 그 자체에 어떤 사회적 관계가 은폐되어 있다는 사실을 암시하고 있다. 등가형태는 이와 반대이다. 그렇다. 등가형태는 윗도리와 같은 상품체가 있는 그대로의 가치를 표현하고 있으며, 따라서 애당초부터 가치형태를 가지고 있다. 물론 이러한 사실은 아마포라는 상품이 등가물로서 윗도리라는 상품과 관계를 맺고 있는 가치관계 내에서만 적용된다.[49] 하지만 어떤 물건의 특성은 그 물건과 다른 물건의 관계에서 처음 생기는 것이 아니라, 오히려 그 관계에서 분명해질 뿐이다. 따라서 윗도

---

49) 이런 식의 되비침을 통해 서로를 규정하는 것은 일반적으로 특이한 일이다. 예를 들어 왕은 단지 다른 사람들이 신하로서의 태도를 취하기 때문에 왕이다. 반대로 사람들은 그가 왕이기 때문에 자신들이 신하라고 믿는다.

리 역시 무게가 나간다든지 따뜻함을 유지한다든지 하는 특성과 같이, 자신의 등가형태, 즉 직접 교환가능하다는 특성을 애초부터 가지고 있는 것처럼 보인다. 이러한 사실 때문에 등가형태는 풀기 어려운 수수께끼이며, 이 형태가 완성되어 정치경제학자 앞에 화폐로 나타난 후에야 비로소 이 수수께끼는 경제학자의 조잡한 부르주아적 시각을 자극한다. 그 후 그는 금과 은의 신비성을 설명하기 위해 그것들을 보다 하찮은 상품들과 비교하고, 언제인가 한번 등가물의 역할을 한 모든 평범한 상품 목록을 늘어놓는다. 그는 (20엘레 아마포)=(한 장의 윗도리)라는 가장 단순한 가치표현이 이미 우리가 풀어야 할 등가형태의 수수께끼를 제시하고 있다는 사실을 알아차리지 못한다.

등가물의 역할을 하는 상품체는 언제나 물질화된 추상적인 인간노동으로 간주되며 언제나 일정하고 유용한, 구체적인 노동의 생산물이다. 따라서 이 구체적 노동은 추상적 인간노동을 표현하게 된다. 예를 들어, 윗도리가 단순히 추상적 노동을 실현한 것으로 간주된다면, 그것에 실제로 실현되어 있는 바느질은 추상적 인간노동의 실현형태로만 간주될 뿐이다. 아마포의 가치표현에서 바느질의 유용성은 그것이 옷을 만들어 그 옷을 입는 특정한 부류의 사람들까지 만드는 데 있지 않고, 우리가 가치라고 간주하는 어떤 물체, 즉 아마포의 가치에 물질화되어 있는 노동과 전혀 구별되지 않는 노동의 응고물을 만드는 데 있다. 이런 가치의 거울로 만들기 위해, 바느질 자체는 인간노동이라는 추상적 특성 이외에는 그 어느 것도 반영해서는 안 된다.

바느질 형태에서와 마찬가지로 길쌈 형태에서도 인간의 노동력이 소모된다. 그러므로 이 두 형태는 인간노동이라는 일반적 특성을 가진다. 이런 까닭에 예를 들어 가치생산과 같은 특정한 경우 이 두 형태는 인간노동의 일반적 특성이라는 관점에서만 고찰될 수 있다. 이 모든 것은 이상한 일이 아니다. 그러나 상품의 가치표현에서는 사정이 완전히 달라진다. 예를 들어, 길쌈이 길쌈이라는 구체적 형태가 아니라 인간노동이라는 일반적 특성으로 아마포의 가치를 형성한다는 사실을 표현하기 위해서, 아마포의 등가물을 생산하는 구체적 노동인 바느질은 추상적 인간노동의 구체적 실현형태로서 길쌈과 대립하고 있다.

따라서 구체적 노동이 그 대립물인 추상적 인간노동의 겉모습이 된다는 사실이 등가형태의 두 번째 특징이다.

그러나 바느질이라는 구체적 노동이 차별 없는 인간노동의 단순한 표현으로 간주됨으로써, 그것은 다른 노동, 즉 아마포에 담겨있는 노동과 동일한 형태를 가지며, 이런 까닭에 바느질은 상품을 생산하는 다른 모든 노동과 마찬가지로 사적노동이면서도 직접적으로 사회적 형태를 가지는 노동이다. 바로 이러한 이유로 바느질은 다른 상품과 직접 교환 가능한 생산물로 표현된다. 따라서 등가형태의 세 번째 특징은 사적노동이 그 대립물의 형태, 즉 직접적인 사회적 형태의 노동으로의 변화다.

마지막에 전개된 등가형태의 두 가지 특성은, 다른 많은 사유형태, 사회 형태 그리고 자연형태와 마찬가지로 가치형태를 맨 처음 분석한 위대한 학자에게 되돌아가면 더 쉽게 이해된다. 그는 바로 아리스토텔레스이다.

아리스토텔레스는 우선 상품의 화폐형태가 단지 단순한 가치형태가 더 발전된 모습일 뿐이라는 것, 다시 말해 어떤 상품의 가치를 임의의 다른 상품으로 표현한 것에 지나지 않는다는 사실을 분명히 밝히고 있다. 그는 아래와 같이 말하고 있기 때문이다.

> "다섯 개의(이오니아 건축물의 - 옮긴이)받침돌 = 한 채의 집"은
> "다섯 개의 받침돌 = 이러이러한 크기의 화폐"와
> "구별되지 않는다."

게다가 그는 이러한 가치표현에 담겨져 있는 가치관계는 그 자체만으로도 집이 받침대와 질적으로 동일시된다는 것을 전제로 한다는 점과 감각적으로 서로 다른 물건이 이러한 본질적인 동일성 없이는 같은 단위로 잴 수 있는 크기로 비교 가능하지 않다는 사실을 뻔히 알고 있었다. 아리스토텔레스는 '교환은 동일성 없이는 존재할 수 없으며, 또한 동일성은 같은 단위로 잴 수 있는 가능성 없이는 존재할 수 없다'고 말하고 있다. 그러나 그는 여기서 주춤하며 가치형태에 대한 더이상의 분석을 중단한다. 아리스토텔레스는 '그러나 이처럼 서로 다른 종류의 물건을 같은 단위로 잴 수 있다는 것', 즉 질적으로 동일하다는 것은 '사실상 불가능하다'고 말한다. 이러한 동일시는 물건의 본바탕에는 없으며 단지 '실용적인 필요에 따른 미봉책'에 불과하다고 주장한다.[50]

이처럼 아리스토텔레스는 그가 더이상의 분석에 실패한 이유가 가치 개념의 결여에 있었다는 사실을 스스로 밝히고 있다. 이 동일한 것은 무엇인가? 즉 집으로 받침돌의 가치를 표현함에 있어서 집과 받침돌에 공통된

---

50) 편집자 주석: 맑스는 1837년 옥스퍼드에서 임마누엘 베케러가 엮은 《아리스토텔레스 전집》 9권에 있는 《니코마코스 윤리학》, 99-100쪽에서 이 구절을 인용하고 있다.

실체는 무엇인가? 아리스토텔레스는 이러한 것은 '사실상 존재할 수 없다.' 고 주장한다. 도대체 왜? 집이 집과 받침돌 모두에게 실제로 동일한 것을 나타낸다는 점에서 집은 받침돌에 대해 어떤 동일한 것을 표현한다. 그리고 이 동일한 것은 바로 인간노동이다.

그러나 상품가치의 형태에서 모든 노동이 동일한 인간노동, 따라서 동일한 것으로 표현된다는 사실을 아리스토텔레스는 가치형태 그 자체로부터 읽어낼 수 없었다. 그리스 사회는 노예노동에 기반하고 있었으며, 이러한 이유로 인간과 인간노동력의 불일치를 자연적 토대로 삼고 있었기 때문이다. 가치표현의 비밀, 즉 모든 노동이 인간노동 일반이기 때문에 그리고 그럴 경우에만 모든 노동이 동일하며, 동일한 것으로 인정되는 바로 그 가치표현의 비밀은 대중의 생각 속에 모든 인간이 평등하다는 사실이 확고히 자리 잡았을 때 풀 수 있다. 이러한 상황은 상품형태가 노동생산물의 형태가 되어, 상품소유자로서 인간 상호 간의 관계가 지배적인 사회관계로 될 때야 비로소 가능하다. 아리스토텔레스의 천재성은 그가 상품의 가치표현에서 동등한 관계를 발견했다는 사실에서 이미 두각을 보이고 있다. 다만 그가 살던 사회의 역사적 한계 때문에 이 동등한 관계가 '사실상' 무엇인지를 알아내기 어려웠을 뿐이다.

4. 단순한 가치형태의 총체

어떤 상품의 단순한 가치형태는 그것과 종류가 다른 어떤 상품과의 가치관계, 즉 그것과 종류가 다른 어떤 상품과의 교환관계에 포함되어 있다. 상품 A의 가치는 질적으로 상품 B가 상품 A와 직접 교환이 가능하다는 사실을 통해 표현된다. 그리고 양적으로는 상품 A의 가치는 일정한 양의 상품 B가 주어진 양의 상품 A와 교환 가능하다는 사실을 통해 표현된다. 다른 말로 하면, 어떤 상품의 가치는 그 상품이 '교환가치'로 표시됨으로써 독립적으로 표현된다. 이 장章의 도입부에서 우리는 상품은 사용가치이며 교환가치라고 말했지만 정확히는 틀린 말이다. 상품은 사용가치, 즉 사용 대상이며 '가치'이다. 상품은 그 가치가 자신의 현물형태와는 다른 독특한 겉모습, 즉 교환가치라는 겉모습을 가질 때 비로소 원래의 이중성을 드러낸다. 그리고 상품은 하나만을 따로 떼어 살펴보면 이런 교환가치 형태를 결코 취할 수 없으며, 종류가 다른 제2의 상품과의 가치관계나 교환관계에서만 이러한 형태를 취할 수 있다. 일단 이 사실을 알게 되면, 앞에서 말한 방식(상품은 사용가치이며 교환가치)은 해가 되지 않으며, 오히려 문장을 줄이는 데 도움이 된다.

우리의 분석은 가치형태 또는 상품의 가치표현은 상품가치의 성질에서 나온다는 점, 가치와 가치크기는 교환가치로서 상품의 표현방식에서 나오는 것이 아니라는 사실을 증명했다. 그러나 가치와 가치크기가 교환가치로서의 상품의 표현방식에서 나온다는 생각은 중상주의자들과 최근 그들의 주장을 다시 꺼내든 페리에, 가닐 등이[51] 지녔던 망상이었으며, 이들과 정반대의 입장을 취했던 바스티아와 그 일파와 같은 자유무역주의 세일즈맨의 망상이기도 하다. 중상주의자들은 가치표현의 질적인 측면, 즉 화폐에서 그 완성된 형태를 취하는 상품의 등가형태에 중점을 두고 있다. 이와

---

51) 2판의 주석: 페리에(F. L. Ferrier: 세관 부검사관),《상업과의 관계에서 정부에 관한 고찰》, 파리, 1805, 샤를 가닐(Charles Ganilh),《정치경제학의 체계》, 2판, 파리, 1821.

반대로 어떤 가격으로도 상품을 판매해야 하는 자유무역주의 세일즈맨들은 상대적 가치형태의 양적인 측면에 중점을 두고 있다. 이러한 이유로 그들에게 상품의 가치와 가치크기는 교환관계를 통한 표현, 즉 날마다의 가격표에서만 존재한다. 롬바르드가(중세무역의 중심지였던 이태리 롬바르드 지방을 본떠 지어진 런던의 금융 중심지 - 옮긴이)의 매우 혼란스러운 생각에 어떻게든 현학적인 장식을 붙이는 것을 그 직분으로 삼고 있는 스코틀랜드 사람 매클라우드[52]는 미신에 사로잡힌 중상주의자들과 계몽된 자유무역 세일즈맨들 사이에서 이들의 생각을 통합해내는 데 성공했다.

상품 B와의 가치관계에 포함되어 있는 상품 A의 가치표현에 대한 더 상세한 고찰은, 이 관계 내에서는 상품 A의 현물형태는 사용가치의 모습으로만 간주되며, 상품 B의 현물형태는 가치형태 또는 가치의 모습으로만 간주된다는 사실을 보여주었다. 따라서 상품을 감싸고 있는 사용가치와 가치의 내적 대립은 하나의 외적 대립을 통해 나타난다. 말하자면 자신의 가치를 표현해야 할 한쪽 상품은 직접적으로는 단지 사용가치로만 간주되는 반면에, 그 가치가 표현되는 다른 쪽 상품은 직접적으로는 사용가치로만 간주되는 두 상품의 관계를 통해 외부로 나타난다. 따라서 어떤 상품의 단순한 가치형태는 그 상품에 포함되어 있는 사용가치와 가치의 대립이 겉으로 드러난 형태일 뿐이다.

노동생산물은 그 어떠한 사회적 상황에서도 사용대상이다. 그러나

---

52) 매클라우드(Alasdair Ban MacLeod, 1788-1854)는 스코틀랜드의 의사, 엔지니어 겸 경제학자였다. 인프라의 중요성을 인식하여 외딴 섬 등으로의 도로의 확장을 주장했다. 당시 닥터 밴이라 불렸으며 스코틀랜드의 '국민영웅'으로 칭송되었다. - 옮긴이

이 물건의 생산에 소모된 노동이 그 물건의 '객관적' 특성으로, 즉 그것의 가치로 나타나는 일정한 역사적 단계에서 노동생산물은 상품이 된다. 따라서 상품의 단순한 가치형태는 동시에 노동생산물의 단순한 상품형태이며, 이런 까닭에 상품형태의 발전은 가치형태의 발전과 일치한다.

단순한 가치형태가 불충분하다는 것은 첫눈에 드러난다. 그것은 일련의 형태 변환을 거친 후에야 비로소 가격형태로 성숙해가는 맹아형태이다.

상품 A의 가치를 어떤 다른 상품 B로 표시하는 것은 상품 A의 가치를 자신의 사용가치와 구별하는 행위일 뿐이다. 따라서 이 표현은 상품 A와 다른 모든 상품과의 질적 동일성과 양적 비율을 나타내는 것이 아니라 단지 상품 A를 자신과 다른 어떤 하나의 상품 종류와 교환관계에 놓는 것일 뿐이다. 어떤 상품의 단순한 상대적 가치형태에 어떤 다른 상품의 개별적인 등가형태가 대응한다. 따라서 아마포의 상대적 가치표현에서 윗도리는 아마포라는 하나의 상품 종류에 대해서만 등가형태 또는 직접 교환 가능한 형태를 취한다.

그러나 이 개별적인 가치형태는 스스로 보다 완전한 형태로 차츰 변해간다. 개별적인 가치형태에 의해서는 어떤 상품 A의 가치는 다른 종류의 상품으로 표현될 뿐이다. 그러나 이 두 번 째 상품은 어떤 종류이든, 윗도리나 쇠나 밀이나 기타 무엇이든지 간에 전혀 상관이 없다. 따라서 상품 A가 이런저런 다른 상품 종류와 가치관계를 맺게 되면 동일한 상품 하나의 갖가지 단순한 가치표현이 생긴다.[53] 상품 A의 가능한 가치표현의 수는 단지 상품 A와 다른 상품 종류의 수에 의해서만 제한될 뿐이다. 이러한 이유로 상품 A의 개별적인 가치표현은 계속 연장 가능한 일련의 서로 다른 단순한 가치표현들로 변한다.

B. 완전한 가치형태 또는 전개된 가치형태

z량의 상품 A=u량의 상품 B   20미터 아마포=한 장의 윗도리

또는 =v량의 상품 C   또는 =10파운드의 차

또는 =w량의 상품 D   또는 =40파운드의 커피

또는 =x량의 상품 E   또는 =1쿼터의 밀

또는 =기타 등등   또는 =2온스의 금

                           또는 =½톤의 쇠

                           또는 =기타 등등

1. 전개된 상대적 가치형태

어떤 상품, 예를 들어 아마포의 가치는 이제는 상품세계를 구성하는 수많은 다른 상품으로 표현된다. 다른 상품체는 어떤 것이든 아마포 가치

---

53) 2판의 주석: 예를 들어 호머(Homer)에게는 어떤 물건의 가치가 일련의 다른 물건으로 표현되어 있다.

의 거울이 된다.[54] 그리하여 이 아마포의 가치 자체가 동일한 인간노동의 응고물로서 자신의 참된 모습을 드러낸다. 아마포의 가치를 형성하는 노동이 이제는 다른 어떤 인간노동이 그 어떤 현물형태를 가지고 있든, 즉 윗도리나 밀 그리고 쇠나 금 등 그 어느 것으로 물질화되어 있든 간에 그것과 동일한 노동으로 분명하게 표현되어 있기 때문이다. 따라서 이제 아마포는 그 가치형태를 통해 더이상 단 한 종류의 상품과 관계를 맺지 않고, 상품세계와 사회적 관계를 맺는다. 상품으로서의 아마포는 이러한 상품세계를 구성하는 하나의 상품이다. 동시에 아마포의 가치표현이 끝없이 나열될 수 있기에, 상품가치는 자신이 모습을 드러내는 사용가치의 개별적인 형태와는 전혀 관계가 없게 된다.

제1형태인 (20엘레 아마포)=(한 장의 윗도리)에서 이 두 상품은 일정한 양적 비율로 우연히 교환될 수 있다. 이에 반하여 제2형태에서는 이러한 우연한 현상과 본질적으로 다르며, 이 현상을 규정하고 있는 배경이 곧바로 드러난다. 아마포의 가치는 윗도리나 커피 그리고 쇠 등과 같은, 서로 다른 수많은 소유자에게 속하는 수많은 다른 상품으로 표시되어도 그 크기

---

54) 이런 까닭에 사람들은 아마포의 가치를 윗도리로 나타내는 경우에는 '아마포의 윗도리 가치'라고 말하며, 곡식으로 나타내는 경우에는 '아마포의 곡식가치'라고 말한다. 등등. 이러한 표현은 아마포의 가치가 윗도리, 곡식 등의 사용가치에 나타나는 것을 의미한다. "각 상품의 가치는 교환에서 그것의 관계를 표시하기 때문에, 우리는 그 상품과 비교되는 상품에 따라 그것의 가치를 곡식가치, 직물가치로 표시할 수 있다. 따라서 존재하는 상품의 수만큼 상이한 종류의 가치가 있으며, 그들 모두는 동일하게 실질적이고 명목적이다."(《가치의 본질, 척도와 원인에 관한 비판적 논문; 주로 리카도 및 그의 추종자들의 저작에 관련하여》, 《견해의 형성 등에 관한 에세이》의 저자, 런던, 1825, 39쪽) 당시 잉글랜드에서 커다란 소동을 일으킨 이 익명의 저서의 저자인 베일리는 동일한 상품가치의 잡다한 상대적 표현을 제시함으로써 가치에 관한 모든 개념규정을 파기했다고 착각하고 있었다. 덧붙이자면 편협하긴 했지만 그가 리카도의 오점을 신중하게 살펴보았다는 사실은, 예를 들어 리카도학파가 《웨스트민스터 리뷰》에서 그를 공격할 때의 격분이 이를 증명하고 있다.

는 항상 동일하다. 두 상품소유자간의 개인으로서 우연한 관계는 소멸된다. 교환이 상품의 가치크기를 규제하는 것이 아니라, 그 반대로 상품의 가치크기가 그 교환상황을 규제한다는 것이 분명해진다.

2. 개별적 등가형태

아마포의 가치표현에서 윗도리, 차, 밀 그리고 쇠 등의 상품은 어느 것이든 등가물인 가치체로 간주된다. 이들 각 상품의 일정한 현물형태는 이제 다른 수많은 상품과 나란히 하나의 개별적 등가형태가 된다. 이와 마찬가지로 서로 다른 상품체에 포함되어 있는 다양한 종류의 일정하고 구체적인 유용노동 역시 이제는 그만큼 많은 개별적인 인간노동의 실행형태 또는 겉모습으로 간주될 뿐이다.

3. 완전한 가치형태 또는 전개된 가치형태의 결함

첫째, 상품의 상대적 가치표현을 나타내는 대열이 결코 끝나지 않기 때문에, 이 가치표현은 완성되지 않는다. 새로운 가치표현의 재료를 제공하는 상품 종류가 새롭게 등장하는 하나의 가치방정식을 다른 가치방정식과 연결하는 사슬을 계속 이어나가게 만든다. 둘째, 이 사슬은 산산조각 나 있는 다양한 종류의 가치표현을 뒤섞어 모아놓았다. 마지막으로, 당연히 그리될 수밖에 없는데, 각 상품의 상대적 가치가 이러한 전개된 형태로 표현된다면, 어떤 상품의 상대적 가치형태는 자신과는 다른 모든 상품의 상대적 가치형태와 상이한 가치표현의 끝없는 대열 가운데 하나이다. 전개된 가치형태의 결함은 그것에 상응하는 등가형태에도 반영된다. 여기에서 각각의 상품 종류의 현물형태는 수많은 다른 개별적 등가형태와 마찬가지로 하나의 개별적 등가형태이기 때문에, 일반적으로는 각 등가형태가 다른 등가형태를 배제하는 제한된 등가형태만이 존재할 뿐이다. 이와 마찬가지로 특별한 등가물상품에 포함되어 있는 일정한 종류의 구체적인 유용노동 역시 인간노동을 겉으로 나타낸다는 점에서는 특별하지만 그래도 완전하지 못한 모습일 뿐이다. 인간노동은 이러한 특별한 겉모습 전체에서 자신의 완성된 또는 완전한 형태를 취한다. 그렇다고 해도 인간노동은 하나의 통일된 겉모습을 가지고 있지는 않다.

그러나 전개된 상대적 가치형태는 오직 단순한 상대적 가치 표현 또는 제1형태의 방정식들의 합으로만 구성된다. 예를 들어,

$$20엘레\ 아마포 = 1장의\ 윗도리$$
$$20엘레\ 아마포 = 10파운드의\ 차$$

등의 합으로 구성된다.

이 방정식을 좌우를 바꾸어 놓은 동일한 방정식도 이에 포함된다.

$$1장의\ 윗도리 = 20엘레\ 아마포$$
$$10파운드의\ 차 = 20엘레\ 아마포$$

사실 어떤 사람이 자신의 아마포를 다른 수많은 상품과 교환하고, 따라서 그 가치를 일련의 다른 상품으로 표현한다면, 수많은 다른 상품소유자들도 어쩔 수 없이 그들의 상품을 아마포와 교환해야 하며, 따라서 그들의 상이한 상품의 가치는 동일한 제3의 상품인 아마포로 표현되어야 한다. 따라서 (20엘레 아마포)=(1장의 윗도리)=(10파운드의 차)=(기타 등등)이라는 대열을 뒤집어 놓는다면, 다시 말해 사실상 이 대열에 이미 포함되어 있는 역관계를 표현해보면, 다음과 같은 형태를 얻게 된다.

C. 일반적 가치형태

한 장의 윗도리
10파운드의 차
40파운드의 커피
1쿼터의 밀   = 20엘레의 아마포
2온스의 금
½톤의 쇠
x량의 상품 A
기타 등등의 상품

1. 가치형태의 변화된 성격

이제 상품들은 그들의 가치를 하나의 유일한 상품에 표시하기 때문

에 ①단순하게 표현한다. 그리고 동일한 상품에 표시하기 때문에 ②통일적으로 표현한다. 상품들의 가치형태는 단순하고 공통적이며 따라서 일반적이다.

제1형태와 제2형태는 어떤 상품의 가치를 그것 자체의 사용가치나 상품체와는 다른 어떤 것으로 표현하기만 했다.

제1형태는 (1장의 윗도리)=(20엘레 아마포), (10파운드의 차)=(½톤의 쇠) 등과 같은 가치방정식을 만들어냈다. 윗도리의 가치는 아마포와 동일한 것으로, 차의 가치는 쇠와 동일한 것 등으로 표현되었지만, 아마포와 동일한 것 그리고 쇠와 동일한 것으로 나타나는 윗도리와 차의 가치표현은 아마포와 쇠가 서로 다른 것과 마찬가지로 서로 다르다. 이러한 형태는 노동생산물이 우연하고 산발적인 교환을 통해 상품으로 변하던 초기 역사적 단계에만 실제로 존재했다.

제2형태는 제1형태보다 어떤 상품의 가치를 그 사용가치로부터 더 완벽하게 구별한다. 윗도리를 예로 들면, 제2형태에서 윗도리의 가치는 가능한 모든 형태와, 즉 아마포와 동일한 것, 쇠와 동일한 것 그리고 차와 동일한 것으로, 단지 윗도리와 동일한 것이 아닌 모든 가능한 것으로 자신의 현물형태와 대립하고 있기 때문이다. 다른 한편 제2형태에서 모든 상품의 공통된 가치표현은 직접적으로 배제된다. 이제는 각 상품의 가치표현에서 다른 모든 상품이 등가물의 형태로만 나타나기 때문이다. 이렇게 전개된 가치형태는 어떤 노동생산물, 예를 들어 가축이 더이상 예외 없이 온갖 다른 상품과 교환이 당연시 될 때에서야 비로소 실제가 되어 나타난다.

새로이 얻어진 일반적 가치형태는 상품세계에서 분리된 하나의 동일한 상품 종류, 예를 들어 아마포를 통해 상품세계의 가치를 표현하며, 그렇게 함으로써 모든 상품의 가치를 아마포와의 동등성을 통해 표현한다. 아마포와 동등한 것으로서 각 상품의 가치는 이제 자신의 사용가치로부터만 구별되지 않고, 모든 사용가치로부터 구별된다. 바로 그렇게 상품의 가치는 모든 상품에 공통된 아마포로 표현된다. 이러한 이유로 오직 이 형태가 비로소 상품들을 가치로서 서로 연결하거나 그것들을 서로 교환가치로 나타나게 한다.

앞의 두 가치형태는 각 상품의 가치를 하나의 유일한 다른 종류의 상품으로 표현하거나 그 상품과는 다른 수많은 일련의 상품으로 표현한다. 두 경우에서 개별상품이 하나의 가치형태로 행동하는 것은 소위 그것의 사적인 일이라고 말할 수 있으며, 개별상품은 다른 상품의 도움 없이 이 일을 완성한다. 다른 상품은 그 개별상품에 대해 등가물이라는 수동적인 역할만을 한다. 이와 반대로 일반적 가치형태는 상품세계의 공동 작업으로만 생성된다. 어떤 상품이 일반적 가치표현을 획득하는 것은, 모든 다른 상품이 동시에 자신들의 가치를 동일한 등가물로 표현하기 때문이며, 새로이 등장하는 상품 종류도 반드시 이를 따라야 하기 때문이다. 그리하여 상품의 물질화된 가치의 성질은 순전히 이 물건들의 '사회적 존재'에 지나지 않기 때문에, 이 성질은 상품들의 전면적인 사회적 관계를 통해서만 표현될 수 있으며, 따라서 상품들의 가치형태는 사회적으로 인정되는 형태여야 한다는 사실이 분명해진다.

아마포와 동일하게 되는 형태에서 이제 모든 상품은 질적으로 동일한 것, 즉 가치일반일 뿐만 아니라 동시에 양적으로 비교 가능한 가치크기로 나타난다. 모든 상품이 자신들의 가치크기를 하나의 동일한 재료인 아마포에 재현함으로써, 이들의 가치크기가 서로 간에 반영되기 때문이다. 예를 들어 (10파운드의 차)=(20엘레의 아마포), (40파운드의 커피)=(20엘레의 아마포)라고 하면, (10파운드의 차)=(40파운드의 커피)가 된다. 또는 1파운드의 커피에 1파운드 차의 1/4만큼의 가치실체인 노동이 들어있다.

상품세계의 일반적인 상대적 가치형태는 상품세계에서 배제된 등가물상품인 아마포에 일반적 등가물의 성격을 부여한다. 아마포의 특유한 현물형태는 상품세계의 공통된 가치의 모습이 되며, 따라서 아마포는 모든 다른 상품과 직접 교환이 가능하다. 아마포의 실물형태는 모든 인간노동이 구체적인 모습으로 변한 것으로, 즉 모든 인간노동이 일반적이고 사회적인 형태로 탈바꿈한 것으로 간주된다. 아마포를 생산하는 길쌈은 사적노동인 동시에 일반적인 사회적 형태로, 즉 다른 모든 노동과 동등한 형태이다. 일반적 가치형태를 구성하는 셀 수 없이 많은 방정식은 아마포에 실현된 노동을 다른 상품에 포함되어 있는 각 노동에 순차적으로 동일시하며, 그렇게 함으로써 길쌈을 인간노동 일반에 공통된 겉모습으로 만든다. 이와 같이 상품가치에 물질화된 노동은 실제 노동의 구체적이고 유용한 특성이 모두 무시된 노동으로 소극적으로 표현될 뿐만 아니라, 이제 자신의 적극적 성질도 분명하게 드러낸다. 즉 상품가치에 물질화된 노동은 모든 실제노동을 그것들에 공통된 성질인 인간노동, 즉 인간노동력의 소비로 환원한다.

노동생산물을 차별 없는 인간노동의 단순한 응고물로 표현하는 일반적 가치형태는 그 자체의 구조를 통해 그것이 상품세계의 사회적 표현임을 보여준다. 따라서 일반적 가치형태는 노동의 일반적이며 인간적인 성질이 상품세계 내에서는 노동 특유의 사회적 성질을 형성한다는 점을 분명하게 보여준다.

2. 상대적 가치형태의 발전과 등가형태의 발전 사이의 관계

등가형태의 발전 정도는 상대적 가치형태의 발전 정도에 상응한다. 그러나 등가형태의 발전은 단지 상대적 가치형태의 발전의 표현이자 그 결과에 지나지 않는다는 점에 주의해야 한다.

어떤 상품의 단순하거나 개별적인 상대적 가치형태는 다른 상품 하나를 개별적인 등가물로 만든다. 상대적 가치의 전개된 형태, 즉 어떤 상품의 가치를 다른 모든 상품으로 표현하는 행위는 이 상품들에게 상이한 종류의 개별적인 등가물의 형태를 부여한다. 결국 하나의 특별한 상품 종류는 일반적 등가형태를 획득한다. 모든 다른 상품이 이 특별한 상품을 자신들의 일반적 가치형태의 유일한 재료로 삼기 때문이다.

그러나 가치형태 자체가 발전함에 따라 그 양극인 상대적 가치형태와 등가형태 사이의 대립 또한 발전한다.
제1형태인 (20엘레의 아마포)=(1장의 윗도리)는 이미 이러한 대립을 포함하고 있지만, 이 대립을 고정하지는 않는다. 동일한 방정식을 어느 방향에서 읽느냐에 따라, 아마포와 윗도리라는 양 극의 상품은 때로는 상대적 가치형태에, 때로는 등가형태에 있다. 제1형태에서 양극의 대립을 확인하기 위해서는 더 많은 노력이 필요하다.

제2형태에서는 언제나 한 가지 종류의 상품만이 차례차례로 그것의 상대적 가치를 완전히 전개할 수 있다. 또는 그 한 가지 상품 자체가 전개된 가치형태를 갖는데, 왜냐하면, 그리고 그런 경우에 한해서, 모든 상품이 그 한 가지 상품에 대해 등가형태에 있기 때문이다. 이러한 제2형태에서는, 가치방정식의 전체 성격을 변화시키지 않고서는, 즉 완전한 가치형태를 일반적 가치형태로 바꾸지 않고서는, (20엘레의 아마포)=(1장의 윗도리)=(10파운드의 차)=(40파운드의 커피) 등으로 표시되는 가치방정식의 양변을 더이상 바꾸어 놓을 수 없다.

마지막 형태인 제3형태는 마침내 상품세계에 일반적이고 사회적인 상대적 가치형태를 제공한다. 그 이유는 하나의 유일한 예외를 제외하고는 상품세계에 속하는 모든 상품이 일반적 등가형태로부터 배제되기 때문이며, 또한 그런 경우에 한에서이다. 이러한 이유로 아마포라는 한 상품은 모든 다른 상품과 직접적으로 교환 가능한 형태 또는 직접적인 사회적 형태에 있다. 모든 다른 상품이 이러한 형태에 있지 않기 때문이며, 또한 그러한 경우에 한에서이다.[55]

---

55) 사실상 사람들은 일반적이고 직접적으로 교환 가능한 형태에서는, 그것이 하나의 대립적인 형태라는 사실을 결코 알지 못한다. 즉 자석의 양극과 음극이 서로 분리될 수 없는 것처럼, 일반적이고 직접적으로 교환 가능한 형태는 직접적으로 교환 가능하지 않은 형태와 서로 분리될 수 없다는 사실을 전혀 알아차리지 못한다. 따라서 사람들은 모든 상품을 한꺼번에 직접적으로 교환 가능한 형태로 낙인찍을 수 있다는 엉뚱한 생각을 할 수 있는데, 이는 가톨릭 신자 모두를 교황으로 만들 수 있다고 생각하는 것과 마찬가지이다. 상품생산에서 인간의 자유와 개인의 자립성의 절정을 보는 소부르주아에게는, 이 형태와 연결된 불편함을 제거하는 것, 특히 상품의 직접적인 교환불가능성을 제거하는 것은 당연하게도 매우 바람직하다. 이러한 속물적 유토피아에 관한 상세한 묘사가 프루동의 사회주의를 이루고 있다. 내가 다른 곳에서 지적한 바와 같이(맑스, 《철학의 빈곤, 프루동의 빈곤의 철학에 대한 반박, 파리 및 브뤼셀》, 1847, 1장) 프루동의 사회주의는 결코 그의 독창적인 공헌이 아니라, 오히려 그보다 오래 전에 그레이(Gray)와 브레이(Bray) 그리고 다른 이들에 의해

반대로 일반적 등가물의 역할을 하는 상품은 상품세계의 통일적인, 따라서 일반적인 상대적 가치형태로부터 배제된다. 아마포, 즉 일반적 등가형태에 있는 어떤 상품이 동시에 일반적인 상대적 가치형태에 참여해야 한다면, 그 상품은 자기 자신의 등가물이 되어야만 한다. 그 경우 우리는 (20엘레의 아마포)=(20엘레의 아마포)라는, 가치도 가치크기도 표현되어 있지 않은 동어반복을 얻게 된다. 일반적 등가물의 상대적 가치를 표현하기 위해서는 오히려 제3형태를 뒤집어 놓아야 한다. 일반적 등가물은 다른 상품과 공통된 상대적 가치형태를 가지지 않으며, 모든 다른 상품체의 끝없는 사슬에서 상대적으로 표현된다. 따라서 이제는 전개된 상대적 가치형태 또는 제2형태는 등가상품만의 독특한 상대적 가치형태로 나타난다.

3. 일반적 가치형태에서 화폐형태로의 이행

일반적 등가형태는 가치 일반의 한 형태이다. 따라서 어떤 상품이든 일반적 등가형태의 권리가 주어진다. 다른 한편 어떤 상품은, 모든 다른 상품에 의해 등가물로 배제되기 때문에, 그리고 그런 경우에 한해 일반적 등가형태(제3형태)로 있게 된다. 이러한 배제가 최종적으로 하나의 특수한 상품 종류에 한정되는 그 순간부터 비로소 상품세계의 통일적인 상대적 가치형태는 객관적으로 확고부동해지고 일반적으로 사회적 타당성을 획득한다.

훨씬 더 발전했다. 이러한 사실이 오늘날에도 '과학'을 사칭하여 일정한 패거리에게서 유행하는 것을 막지 못한다. 어떤 학파도 프루동학파 이상으로 '과학'이라는 단어를 남용하지 않았다. '개념이 없는 곳에서는, 한 단어가 적시에 그 모습을 드러내기 때문이다.'

현물형태와 등가형태가 사회적으로 하나가 되는 특수한 종류의 상품은 화폐상품이 되거나 또는 화폐로 기능한다. 상품세계 내에서 일반적 등가물로서의 역할이 그 상품의 특수한 사회적 기능이며, 따라서 그 상품은 그러한 기능을 사회적으로 독점하게 된다. 제2형태에서 아마포가 특별한 등가물의 역할을 하고, 제3형태에서 자신들의 상대적 가치를 공통적으로 아마포에 표현하고 있던 상품들 가운데 일정한 상품 하나가 이 특권적 지위를 획득했는데, 이것이 금이다. 따라서 우리가 제3형태에서 아마포를 금으로 대체하면 아래와 같은 형태를 얻는다.

D. 화폐형태

20엘레의 아마포
한 장의 윗도리
10파운드의 차
40파운드의 커피   = 2온스의 금
1쿼터의 밀
½톤의 쇠
x량의 상품 A

제1형태에서 제2형태, 제2형태에서 제3형태로의 이행에서는 중대한 변화가 일어났다. 이에 반해 제4형태는 아마포 대신 금이 일반적 등가형태를 취한다는 점을 제외하고는 제3형태와 다른 점이 전혀 없다. 제4형태에서 금은 제3형태에서 아마포가 했던 일반적 등가물의 역할을 계속한다. 더 나아가, 직접적이고 일반적인 교환 가능성의 형태 또는 일반적 등가형태가 이제는 사회적 관습에 의해 최종적으로 상품으로서의 금 특유의 현물형태와 하나가 되었다.

금은 단지 화폐로서 다른 상품과 마주치는데, 이는 금이 이들 상품과 이전에 이미 상품으로서 마주쳤기 때문이다. 다른 모든 상품과 마찬가지로 금 역시 산발적인 교환행위에서 개별적 등가물로든, 다른 상품 등가물과 같이 특별한 등가물로든, 등가물로 기능하고 있었다. 금은 점차범위를 좁히거나 넓혀가면서 일반적 등가물로서 기능하고 있었다. 금이 상품세계의 가치표현에서 일반적 등가물이라는 독점적 지위를 차지하자마자, 금은 화폐상품이 되며, 그리고 금이 이미 화폐상품이 되어버린 바로 그 순간부터 비로소 제4형태는 제3형태와 구별된다. 또는 일반적 가치형태가 화폐형태로 변한다.

아마포와 같은 어떤 상품의 가치를 이미 화폐상품으로 기능하고 있는 상품, 예를 들어 금으로 표현하고 있는 단순하고 상대적인 형태가 가격형태이다. 따라서 아마포의 가격형태는 다음과 같다.

20엘레의 아마포=2온스의 금

또는 2£이 2온스 금의 주화명칭이라면,

20엘레의 아마포=2£

화폐형태의 개념에서 어려운 점은 일반적 등가형태, 따라서 일반적 가치형태, 결국 제3형태의 원활한 이해에 있다. 제3형태는 되돌아가면 제2형태인 전개된 가치형태로 분해되며, 그리고 이 제2형태의 구성요소는 제1형태인 (20엘레의 아마포)=(1장의 윗도리) 또는 (x량의 상품 A)=(y량의 상품 B)다. 따라서 단순한 가치형태는 화폐형태의 맹아이다.

4절
상품의 물신성fetischer Charakter과 그 비밀

상품은 처음 본 순간에는 뻔히 알려진 평범한 물건처럼 보인다. 그러나 상품을 분석해보면, 그것은 인간이 지각할 수 없는 이치에 맞지 않는 주장metaphysische Spitzfindigkeit과 신의 계시를 전하는 성직자처럼theologisch 변덕으로 가득 찬 매우 이상하고 묘한 물건이라는 것이 밝혀진다. 상품이 사용가치인 한에 있어서는, 상품이 그 특성을 통해서 인간의 욕망을 충족시킨다는 관점에서 보든, 이러한 특성이 인간노동의 생산물로서 비로소 얻어진다는 관점에서 보든지 간에, 상품 그 자체에는 신비로운 것이 전혀 없다. 생각해보면 인간이 자신의 활동을 통해 천연소재의 형태를 자신에게 유용한 형태로 바꾸는 것은 분명하다. 예를 들어 목재로 탁자를 만들면 목재의 형태는 변한다. 이러한 변화에도 불구하고 탁자는 여전히 목재이고 우리가 지각할 수 있는 평범한 물건이다. 그러나 탁자가 상품으로 등장하자마자 감각으로는 지각할 수 없는 물건이 되어버린다. 탁자가 자신의 다리로 바닥에 서 있을 뿐만 아니라, 다른 모든 상품과 마주보고 거꾸로 서기도 하며, 나무로 된 자신의 머리로부터 저절로 춤을 추기 시작한다는 것보다 훨씬 터무니없는 생각을 펼쳐나간다.[56]

따라서 상품의 신비성은 그 사용가치에서 나오지 않는다. 그것은 또

---

56) 편집자 주석: 나머지 세계 전체가 정지되어 있는 것처럼 보였던 때, 다른 세계를 격려하기 위해 중국과 책상이 춤을 추기 시작했다는 것을 기억한다. 맑스, 《철학의 빈곤》, 1장, 83쪽.

한 가치를 규정하는 내용에서 나오지도 않는다. 첫째, 유용노동이나 생산적 활동이 아무리 서로 다르더라도, 그것은 언제나 인간 유기체의 기능이며, 이 기능의 내용과 형태가 무엇이든 간에 본질적으로는 인간의 뇌, 신경, 근육 그리고 감각기관 등의 소비라는 사실은 생리학적 진리이기 때문이다. 둘째, 가치크기를 결정하는 토대가 되는 것, 즉 앞에서 말한 인간 유기체의 소비시간의 길이 또는 노동량은 명백하게 노동의 질로부터 구별될 수 있기 때문이다. 모든 상황에서 생활수단의 생산에 필요한 노동시간은, 발전 단계가 다르면 동일하지는 않지만, 그럼에도 언제나 사람들의 관심사가 아닐 수 없었다.[57] 마지막으로, 사람들이 어떤 방식으로든 서로를 위해 노동하게 될 때, 그들의 노동 역시 사회적 형태를 가지게 된다.

그렇다면 노동생산물이 상품형태를 취하자마자 갖게 되는 노동생산물의 신비성은 어디서 나오는가? 상품형태 자체에서 나온다. 인간노동의 동등함은 이것이 노동생산물에 동등한 가치로 물질화되는 물적 형태를 취하며, 인간 노동력이 소비되는 그 지속시간을 기준으로 한 측정은 노동생산물의 가치크기의 형태를 취하며, 마지막으로 생산자들의 노동이 사회적으로 규정되는 관계는 노동생산물의 사회적 관계를 취하기 때문이다.

그러므로 상품형태의 신비성은 상품형태가 인간들에게 인간 자신의 노동의 사회적 성격을 노동생산물 자체의 물적 성격으로, 즉 물건들의 사

---

57) 2판의 주석. 고대 게르만들의 경우 1모르겐(Morgen)이라는 토지 크기는 하루의 노동으로 측정되었다. 따라서 모르겐은 하루의 일(또는 Tagwanne: 하루 동안 채울 수 있는 곡식 광주리), 한 남자의 일, 한 남자의 힘, 한 남자의 풀베기, 한 남자의 장작 패기 등으로 불렸다. 게오르그 루드비히 폰 마우러, 《마르크, 농지, 촌락, 도시제도 및 공권력 역사입문》, 뮌헨, 1854, 129쪽 이하를 보라.

회적 천성으로 보이게 하여, 모든 노동에 대한 생산자들의 사회적 관계 역시 그들 외부에 존재하는 물건들의 사회적 관계인 것처럼 보이게 하는 데 있다. 이러한 착각에 의해 노동생산물은 상품, 감각으로는 지각할 수 없는 사회적 물건이 된다. 이는 시신경에 가해지는 어떤 물건에 대한 빛의 인상이 시신경 자체의 주관적인 자극이 아니라, 눈 밖에 있는 물건의 구체적 형태로 나타나는 것과 같다. 그러나 무엇을 보는 경우에는, 실제로 빛이 어떤 물건에서, 즉 외적 대상에서 다른 물체인 눈으로 투사된다. 이는 지각할 수 있는physisch 물건들 간의 물리적 관계이다. 이에 반해 상품형태와 이 상품형태가 나타내고 있는 노동생산물의 가치관계는 노동생산물의 물리적 성질이나 그로부터 발생하는 물적 관계와는 아무런 관련도 없다. 그것은 인간 자신들의 일정한 사회적 관계일 뿐이며, 그 관계는 물건들 사이의 관계라는 환상적인 형태로 인간들에게 나타난다. 이와 유사한 예를 찾기 위해서, 우리는 종교 세계의 무아지경으로 들어가 봐야 한다. 이곳에서는 인간의 두뇌가 만들어 낸 생산물들이 독자적인 생명을 부여받고, 그들 간에 그리고 인간과 관계를 맺는 자립적인 인격체인 것처럼 보인다. 마찬가지로 상품세계에서는 인간의 손에 의해 만들어진 생산물이 그렇게 보인다. 이것을 나는 물신숭배라고 부른다. 이 물신숭배는 노동생산물이 상품으로 생산되자마자 노동생산물에 달라붙기 때문에, 그것을 상품생산으로부터 떼어놓을 수가 없다.

앞의 분석이 이미 보여준 것과 같이, 상품세계의 이러한 물신성은 상품을 생산하는 노동 특유의 사회적 성격에서 기인한다.

사용대상은 그것이 오로지 서로 독립적으로 수행되는 사적노동의 생산물이기에 상품이 된다. 이러한 사적노동을 모두 합한 것이 사회적 총노동이다. 생산자들은 그들 생산물의 교환을 통해 비로소 사회적으로 접촉하기 때문에, 사적노동의 특수한 사회적 성격 역시 이러한 교환 내에서 비로소 나타난다. 또는 사적노동은 교환이 노동생산물과 이것의 매개로 생산자들을 바꾸어 놓는 관계를 통해 사실상 비로소 사회적 총노동의 일부라는 것이 분명해진다. 따라서 생산자들에게는 사적노동의 사회적 관계가 있는 그대로, 즉 그들 노동 자체를 통해 맺는 사람들 간의 직접적인 사회적 관계가 아니라, 오히려 사람들 간의 물적 관계나 물건들의 사회적 관계로 나타난다.

노동생산물은 그 교환 내에서 비로소 자신의 사용대상으로서 감각적으로 서로 다른 물적 성격과 분리되어 사회적으로 동일한 물적 성격 즉 가치를 얻는다. 이런 노동생산물의 유용한 물건과 가치물로의 분리는 교환이 이미 충분히 확대되어 그 중요성을 획득하게 되어, 유용한 물건이 교환을 위해 생산되고 따라서 물건의 가치성이 생산 자체에서 이미 고려될 때 비로소 실제로 분명해진다. 바로 이 순간부터 생산자들의 사적노동은 사실상 사회적 이중성을 획득한다. 이 사적노동은 한편으로 일정한 유용노동으로서 일정한 사회적 욕망을 충족시켜야하며, 또 그렇게 함으로써 총노동의 일부분, 자연발생적인 사회적 분업체제의 일부분이라는 것을 실제로 보여주어야 한다. 다른 한편으로 특별한 유용성을 가진 각각의 사적노동은 다른 유용한 종류의 사적노동과 교환 가능하여 그것과 동등한 것으로 인정되는 경우에만, 각 생산자들의 다양한 욕망을 충족한다. 서로 완전히 다른 노동의 동등성은 그것들의 현실적 차이를 무시한 것일 수밖에 없다, 이 동등성은 추상적 인간노동의 소비라는 공통의 성격으로 환원함으로써만 얻어질 수 있다. 사적 생산자들의 두뇌에는 그들 사적노동의 이러한 사회적 이 중성이 실제의 매매로 생산물 교환에서 나타나는 형태로만, 즉 노동생산물 이 유용해야 하며 그것도 남을 위해 유용해야 한다는 형태로 반영되며, 또한 서로 다른 종류의 노동이 동등하다는 사회적 성격은 물적으로 상이한 물건인 노동생산물의 공통된 성질인 가치의 형태로 반영된다.

　　사람들은 자신의 노동생산물을 그저 같은 종류의 인간노동의 물적 외피로서만 간주하기 때문에, 그 물건들을 가치로서 서로 관련짓지 않는다. 그 반대이다. 사람들은 교환을 통해 자신들의 서로 다른 종류의 생산물을 가치로 동일시함으로써, 그들의 상이한 노동을 인간노동으로 동일시한다. 그들은 이러한 사실을 알지 못하지만, 그렇게 한다.[58] 따라서 가치는 그의 이마에 자신의 정체가 무엇인가를 써붙여 놓지 않는다. 오히려 가치는 모든 노동생산물을 해독하기 어려운 하나의 사회적 문자로 바꾼다. 그 후 사람들은 자신의 사회적 산물의 비밀을 해명하기 위해 이 문자의 의미를 해독하려고 한다. 사용대상이 가치로 규정되는 것은 언어와 마찬가지로 그것이 사회적 산물이기 때문이다. 노동생산물이 가치인 한, 그것이 단순히 자신의 생산에 소비된 인간노동의 물적 표현에 지나지 않는다는 이후의 과학적 발견은 인류의 발전사에서 획기적인 사건이긴 하지만, 노동의 사회적 성격이 물건으로 나타나는 거짓현상Schein을 완전히 없애버리지는 못한다. 상품생산이라는 이 특별한 생산형태에서만 타당한 것, 즉 서로 독립된 사적노동의 독특한 사회적 성격은 그것이 인간노동으로 동등하다는 데 있으

---

58) 2판의 주석. 따라서 갈리아니(Galiani)가 "가치는 사람들 사이의 관계라고 말한다면, 그는 물적 외피 아래 숨겨진 관계라는 말을 추가했어야 한다."(갈리아니, 《화폐에 대해》, 221쪽. 쿠스토디 엮음, 《이탈리아 정치경제학 고전전집》, 근세편, 3권, 밀라노, 1803)

며, 이 사회적 성격이 노동생산물의 가치형태를 띠게 된다는 것은, 공기의 구성요소를 과학적으로 분해해도 공기형태는 하나의 물리적 형체를 계속 유지한다는 사실처럼, 상품생산 관계에 사로잡혀 있는 사람들에게는 앞에서 논한 발견 이전에나 이후에도 여전히 타당하게 보인다.

생산물의 교환 당사자들의 실질적인 관심을 끄는 것은 그의 생산물 대신에 타인의 생산물을 얼마만큼 받는가, 즉 어떤 비율로 생산물이 교환되는가 하는 문제이다. 이 비율이 관습적으로 일정하게 고정되는 순간 이 비율은 마치 노동생산물의 성질에서 나오는 것처럼 보인다. 그런 까닭에 1파운드의 금과 1파운드의 쇠가 물리적, 화학적으로 서로 다른 특성을 가지고 있음에도 동일한 무게를 가지고 있는 것과 마찬가지로, 1톤의 쇠와 2온스의 금은 동일한 가치를 가지고 있는 것처럼 보인다. 사실상 노동생산물의 가치성은 그것이 가치크기로 교환이 실행될 때 비로소 확고해진다. 가치크기는 교환자들의 의지, 예견 그리고 행동과 무관하게 계속 변한다. 그들 자신의 사회적 운동은 물건의 운동 형태를 취하는데, 이때 그들이 물건의 운동을 통제하는 것이 아니라 그것의 통제를 받고 있는 것이다. 서로 독립적으로 수행되지만 자연발생적인 사회적 분업의 한 부분으로 서로 전적으로 의존하고 있는 사적노동은 끊임없이 사회적 차원에서 양을 측정하는 단위로 환원된다. 이러한 사실에 대한 과학적 인식이 경험 자체로부터 생겨나기 위해서는 먼저 완전히 발전된 상품생산이 필요하다.[59] 우연적이

---

[59] "주기적인 혁명에 의해서만 관철될 수 있는 법칙을 우리는 어떻게 생각해야 하는가? 그것은 당사자들의 무의식 상태에 근거하고 있는 자연법칙일 따름이다."(프리드리히 엥엘스, 《정치경제학 비판을 위한 개요》, 《독일-프랑스 연보》, 아놀드 루게와 맑스 엮음, 파리, 1844)

면서 끊임없이 변동하는 사적노동 생산물의 교환관계에서 생산물을 만들기 위해 사회적으로 필요한 노동시간은, 마치 우리의 머리 위로 집이 무너져 내릴 때의 중력처럼 거역할 수 없는 자연법칙으로, 강제적으로 관철되기 때문이다. 따라서 노동시간에 의한 가치크기가 결정된다는 것은 상대적 상품가치의 현상적인 운동에 숨겨져 있는 하나의 비밀이다. 그 비밀의 발견은 노동생산물의 가치크기가 우연하게 정해진다는 거짓현상을 지양 aufheben(헤겔의 변증법에서 낡은 것은 부정되지만 그것의 긍정적인 요소는 새롭고 높은 단계로 보관, 유지되는 변증법적 발전을 의미 -옮긴이)할 뿐, 가치크기를 결정하는 본질적인 방식은 결코 지양하지 못한다.

인간 생활의 형태들에 대한 숙고와 그것들에 대한 과학적 분석은 일반적으로 실제적인 발전과는 반대 방향으로 나아간다. 그것은 맨 뒤에서, 즉 발전 과정의 완성된 결과에서 시작된다. 노동생산물이 상품이라고 사람들에게 가르쳐 주는 형태들, 상품유통의 전제가 되는 형태들은 이미 변하지 않는 것으로 간주되는 그 역사적 성격이 아니라, 그 형태들의 내용을 해명하기 전에 이미 사회 생활의 자연적 형태로 고착되어 버린다. 따라서 가치크기를 결정한 것은 오직 상품가격에 대한 분석뿐이었으며, 모든 상품을 화폐로 표현하는 것만이 상품의 가치성을 확정했다. 그러나 상품세계의 완성된 형태인 바로 그 화폐형태야 말로 사적노동의 사회적 성격, 즉 사적노동자들의 사회적 관계를 드러내는 대신에 그것을 실제로 은폐하고 있다. 내가 윗도리와 장화 등이 아마포와 관계를 맺는 까닭이 그것이 추상적 인간노동이 일반적으로 물질화된 것이기 때문이라고 말한다면, 이 표현이 말도 안 된다는 것은 곧바로 분명해진다. 그러나 윗도리와 장화 등의 생산자들이 이 상품들을 일반적 등가물로서의 아마포와 -또는 금이나 은이어도 마찬가지이다. - 관계 맺게 한다면, 그들에게 그들의 사적노동과 사회적 총 노동의 관계는 바로 이러한 말도 안 되는 형태로 나타날 수밖에 없다.

이런 종류의 형태들이 바로 부르주아 경제학의 범주를 형성한다. 역 사적으로 규정된 사회적 생산방식의 생산관계, 즉 상품의 생산관계에서 이 러한 형태들은 사회적으로 타당하며, 따라서 객관적 사유형태이다. 그러 므로 상품세계의 모든 신비, 즉 상품생산의 토대에서 노동생산물을 뿌옇게 감싸고 있는 모든 마법과 요술은 우리가 다른 생산형태로 도피하자마자 곧 바로 사라진다.

정치경제학은 로빈슨 이야기 같은 장르를 좋아하므로[60] 우선 로빈슨 을 그의 섬에 등장시키자. 그는 천성적으로 매우 검소하지만, 다양한 종류 의 욕망을 충족해야 하며, 따라서 도구를 만들고, 가구를 제작하고, 염소를 길들이고, 물고기를 잡고, 사냥을 하는 등 다양한 종류의 유용한 노동을 해 야만 한다. 여기서는 기도나 그와 유사한 행위에 대해 논하지 않는다. 우리 의 로빈슨은 이러한 활동을 즐기고 있으며, 기분전환의 도구로 삼기 때문 이다. 로빈슨의 생산적 기능이 다양함에도, 이것들은 단지 동일한 로빈슨 의 다양한 활동형태, 즉 인간노동의 다양한 방식일 뿐이다. 그는 필요에 따 라 자신의 시간을 다양한 기능들 사이에 정확하게 분배한다. 전체에서 어

---

60) 제2판의 주석: 리카도 역시 로빈슨 못지않다. "리카도는 원시어부와 원시사냥꾼을 상품 소유자로 물고기와 짐승을 그 교환가치에 물질화되어 있는 노동시간의 비율에 따라 지체 없이 교환시킨다. 이 때 그는 원시어부와 원시사냥꾼이 그들의 작업도구 평가에 1817년 런 던 증권거래소에서 통용되던 연부금표를 참조하는 것과 같은 시대착오에 빠지고 있다. '오 언(Owen)의 평행사변형'(오언은 자신이 이상형 사회를 600—1200에이커의 '평행사변형 (parallegram)'의 면적을 가진 마을로 구획하였다. - 옮긴이) 이 부르주아 사회 형태 이외에 그가 알고 있던 유일한 사회 형태인 것 같다."(맑스,《정치경제학 비판을 위해》, 38-39쪽)

떤 활동을 더 많이 하고 더 적게 할 것인지는 원하는 효율을 달성하기 위해 로빈슨이 극복해야 하는 어려움의 크기에 달려 있다. 그는 경험으로부터 배운다. 그리고 난파선으로부터 시계, 장부, 잉크와 펜을 구해온 우리의 로빈슨은 훌륭한 잉글랜드 사람답게 곧바로 자기 자신에 관한 기록을 하기 시작한다. 그의 상품목록은 그가 소유하고 있는 생필품, 그것의 생산에 필요한 다양한 작업, 마지막으로 이러한 다양한 생산물의 일정한 양을 생산하기 위해 평균적으로 소비되는 노동시간이 적힌 명세서를 포함하고 있다. 로빈슨과 그가 스스로 만든 부를 이루고 있는 물건들 사이의 모든 관계는 매우 단순하고 분명하여 비르트[61]조차도 별로 머리를 쓰지 않고도 이해할 수 있을 정도이다. 그럼에도 이 관계에는 가치에 관한 본질적인 규정이 모두 포함되어 있다.

이제 로빈슨의 밝은 섬에서 어두컴컴한 유럽의 중세로 가보자. 여기에서 우리는 자립적인 로빈슨 대신에 모두가 서로 의존하는 농노와 영주, 가신과 제후, 평신도와 성직자를 발견할 수 있다. 인적 예속은 물적 생산의 사회적 관계뿐만 아니라, 이에 기초하고 있는 생활 영역까지도 특징 짓는다. 그러나 바로 그 인적 예속관계가 현존하는 사회적 토대를 이루고 있기 때문에, 노동과 생산물은 자신들의 실제 모습과는 다른 환상적인 모습을 취할 필요가 없다. 노동과 생산물은 부역이나 현물공납으로 번잡한 사회적 구조에 얽혀있다. 여기에서는 상품생산을 토대로 하는 사회와 같은 노동의 일반성이 아니라, 노동의 자연적 형태, 즉 각 노동의 특이성이 곧바로 노동

---

61) Max. Wirth, 1822-1900, 독일의 경제학자로 프랑크푸르트에 노동의 공급과 수요를 다루던 주간지 《Arbeitgeber》를 창간했다. 그는 통계만 늘어놓는 글을 썼는데, 맑스가 이러한 비르트의 글 쓰는 방식을 비판한 것이다. - 옮긴이

의 사회적 형태이다. 부역은 상품을 생산하는 노동과 마찬가지로 시간으로 측정되지만, 어느 농노도 자신의 영주를 위해 소비하는 것이 자신의 노동력의 일부라는 사실을 알고 있다. 성직자에게 납부해야 하는 십일조는 성직자가 내리는 축복보다 더 확실하다. 따라서 중세 유럽에서는 사람들 각자의 역할이 어떻게 평가되든 간에, 노동에서 인간들 사이의 사회적 관계가 언제나 그들 자신의 인적 관계로 나타나며, 물건들 간의, 즉 노동생산물 간의 사회적 관계로 위장되어 있지 않다.

공동노동, 즉 직접적으로 사회화된 노동을 살펴보기 위해 모든 문화민족의 초기 역사시대에서 마주치는 자연발생적 형태로까지 되돌아 갈 필요는 없다.[62] 자급자족을 위한 곡식, 가축, 실, 아마포, 옷가지 등을 생산하는 농가의 가부장적 생산이 보다 가까운 예를 보여준다. 가족에게 이러한 다양한 물건은 그것을 생산한 가족노동의 다양한 생산물이지만 서로 상품으로 대면하지는 않는다. 이 생산물을 만드는 상이한 노동, 즉 경작, 목축, 실잣기, 길쌈, 바느질 등은 그 현물형태에서 사회적 기능을 한다. 이것들은 상품생산과 마찬가지로 독자적인 자연발생적 분업을 갖추고 있기 때문이다. 성별 차이와 연령 차이 그리고 계절에 따라 변하는 자연 조건이 가족들 간의 노동의 분배나 각 가족구성원의 노동시간을 규제한다. 그러나 이

---

62) "자연발생적인 공동소유 형태는 특수한 슬라브식 형태이며, 심지어는 오로지 러시아식 형태라는 우스운 편견이 최근 널리 퍼지고 있다. 이러한 형태는 로마인, 게르만인, 켈트인에게서 그 원형을 증명할 수 있으며, 다양한 표본을 가진 완벽한 본보기는 부분적으로는 파괴되었지만 아직도 인도인에게서 발견된다. 아시아식 공동소유 형태, 특히 인도의 공동소유 형태에 관한 더 자세한 연구는 자연발생적 공동소유의 상이한 형태에서 어떻게 그것이 해체된 상이한 형태가 발생하게 되었는지가 증명된다. 그리하여 예컨대 로마식, 게르만식 사적소유의 상이한 원형은 인도 공동소유의 형태에서 유추할 수 있다."(맑스, 같은 책, 10쪽)

경우에서는 시간에 의해 측정된 개별노동력의 소비는 본래부터 노동 그 자체를 사회적으로 규정한다. 개별노동력은 본래부터 가족 전체 노동력의 한 부분으로만 작용하기 때문이다.

마지막으로 기분 전환을 위해 자유인들의 결합체Verein freier Menschen를 상상해보자. 그들은 공동으로 소유하고 있는 생산수단을 사용해 노동하면서 자신들의 엄청나게 많은 개별 노동력을 의도적으로 사회적 노동력으로 소비한다. 이 경우에 로빈슨이라는 개인의 목적지향적인 노동은 개인적이 아닌 사회적으로만 되풀이된다. 로빈슨의 모든 생산물은 오로지 그의 사적 사용을 위한 생산물이었으며, 직접적인 생필품이었다. 결합체의 총생산물은 하나의 사회적 생산물이다. 이 생산물의 일부분은 다시 생산수단으로 사용되며 여전히 사회적으로 지속된다. 총생산물 가운데 다른 부분은 결합체의 구성원에 의해 생활수단으로 모두 소비된다. 따라서 이 부분은 그들에게 분배되어야 한다. 분배방식은 사회적 생산조직 자체의 특성과 이에 상응하는 생산자들의 역사적 발전 수준에 따라 변한다. 상품생산과 비교만을 위해 각 생산자에게 분배되는 몫이 각자의 노동시간에 의해 결정된다고 가정해보자. 이런 가정 하에서 노동시간은 두 가지 역할을 한다. 사회적 차원의 계획에 따른 노동시간의 분배는 다양한 욕망과 다양한 노동 사이의 비율을 적절히 규제한다. 동시에 노동시간은 총노동에서 각 생산자가 기여한 몫을 재는 척도로, 즉 총생산물에서 개별 생산자가 소비할 수 있는 몫을 재는 척도로 사용된다. 이런 경우 자신의 노동과 노동생산물에 대한 사람들의 사회적 관계는 생산에서뿐만 아니라 분배에서도 명확하고 단순하다.

상품생산자의 사회에서 그들의 일반적인 사회적 관계는 그들의 생산물을 상품, 즉 가치로 취급하며, 이러한 물적 형태에서 생산자들의 사적노동이 동등한 인간노동으로 서로 관계를 맺게 하는 역할을 한다. 이런 사회에서 가장 어울리는 종교 형태는 추상적인 인간을 숭배하는 그리스도교, 특히 그것의 부르주아적 발전인 프로테스탄트나 이신론理神論 등이다. 고대 아시아적 생산방식이나 고대 생산방식 등에서 생산물을 상품으로의 변화시키는 상품생산자로의 인간 존재의 변화는, 공동체의 붕괴가 진행될수록 더 중요하게 여겨졌지만, 그리 중요한 역할을 하지 않았다. 본래의 상업민족은 에피쿠로스 신들이나 폴란드 사회의 곳곳에 살던 유대인들처럼 오직 고대사회의 틈새에만 존재했다. 이러한 고대사회의 유기적 생산조직은 부르주아적 조직보다 훨씬 단순하고 명확했다. 그러나 그것은 다른 인간들과 태생적인 씨족관계의 탯줄로부터 아직 분리되지 않은 개별 인간의 미성숙에 기초하거나, 직접적인 지배관계와 종속관계에 기초하고 있었다. 이 생산조직은 노동생산력의 낮은 발전 단계에 의해 제약받았으며, 이 발전 단계에 어울리는 물적 생산과정 내부에 사로잡힌 인간관계, 즉 인간들 상호 간의 관계와 인간과 자연과의 관계에 의해 제약받았다. 이러한 현실적인 제약은 정신적으로는 고대의 자연숭배와 민중신앙에 반영되어 있다. 현실세계를 반영하고 있는 이러한 종교적 허상은 인간들 상호 간에 그리고 인간과 자연과의 실제 생활에서의 관계가 인간들에게 분명하게 이해될 수 있고, 그 관계가 매일매일 나타나게 될 때에야 비로소 사라질 수 있다. 삶의 사회적 과정, 즉 물적 생산과정의 모습은 그것이 자발적으로 결합된 인간들의 생산물로 의식적이고 계획적인 통제 하에 놓이게 될 때야 비로소 그 신비스러운 베일을 벗는다. 그러나 이를 위해서는 사회의 물적 토대, 즉 상당한 정도의 물적 존재조건이 필요한데, 이 조건 자체도 기나긴 고난에 가득 찬 발전사의 자연스러운 산물이다.

이제 정치경제학은 불완전하게나마[63] 가치와 가치크기를 분석했으며, 이러한 형태들에 숨겨져 있는 내용을 발견했다. 그러나 정치경제학은 왜 그 내용이 그러한 형태를 취하는지, 즉 왜 노동이 가치로 표현되고, 노동의 크기가 그 지속 기간에 의해 노동생산물의 가치크기에 표현되는가에 대한 문제를 한 번도 제기하지 않았다.[64] 생산과정이 인간을 지배하고 인간

---

63) 가치크기에 관한 리카도의 분석의 불충분한 점은 -그래도 그의 최고의 분석이다- 이 저서의 3권과 4권에서 보게 될 것이다. 그러나 가치일반에 관련해서는, 고전학파 정치경제학은 가치에서 표시되어 있는 그대로의 노동과 그 생산물의 사용가치에 표시되는 동일한 노동을 어디에서도 분명하게 그리고 뚜렷한 의식을 가지고 구분하지 않았다. 물론 고전파 정치경제학은 사실상 이러한 구분을 한 것인데, 노동을 어떤 때는 질적으로 어떤 때는 양적으로 고찰하고 있기 때문이다. 그러나 노동의 단순한 양적 차이는 그들의 질적 통일성이나 동일성을 전제로 하고 있으며, 따라서 추상적인 인간노동으로 환원할 수 있다는 생각이 고전파 경제학에는 반영되지 않았다. 예를 들어 리카도는 아래와 같이 말하는 데스튀트 드 트레이시(Destutt de Tracy)에 동의를 표명했다. "육체적이고 정신적인 능력만이 우리의 본원적인 부라는 것이 확실하기 때문에, 이러한 능력의 사용, 일정한 종류의 노동은 우리의 본원적 재물이다. 우리가 부라고 부르는 모든 물건을 만드는 것은 언제나 이러한 능력의 사용이다. … 또한 확실한 것은 모든 물건들은 그것을 만든 노동만을 나타낼 뿐이며, 따라서 이 물건들이 하나의 가치, 또는 두 개의 서로 다른 가치를 가지고 있을지라도, 그것들의 가치는 오로지 그것들의 원천인 노동(의 가치)에서만 그 가치를 가질 수 있다는 것이다."(리카도, 《정치경제학과 과세의 원리》, 3판, 런던, 1821, 334쪽. 데스튀트 드 트레이시, 《이데올로기의 기본원리》, 4부와 6부, 파리, 1826, 35-36쪽) 우리는 다만 리카도가 데스튀트의 말에 자신의 더 깊은 생각을 부여하고 있다는 것만을 암시하고자 한다. 데스튀트는 실제로 한편으로는 부를 형성하는 모든 물건이 '그것들을 만들어 낸 노동을 나타내고' 있다고 말하고 있지만, 다른 한편으로는 그 물건들은 '두 가지 서로 다른 가치'(사용가치와 교환가치)를 '노동의 가치'로부터 얻는다고 말한다. 그렇게 함으로써 그는 어떤 상품(여기서는 노동)의 가치를 가정한 다음, 그것으로 다른 상품들의 가치를 규정하려고 하는 통속경제학의 진부한 논리에 빠져있다. 리카도는 데스튀트의 말을, 노동(노동의 가치가 아니라)이 사용가치와 교환가치를 모두 나타내고 있다고 해석한다. 그러나 리카도 자신도 노동의 이중성을 거의 구분하지 않은 까닭에, '가치와 부, 양자를 구분하는 특성'이라는 장(章) 전체에서 세(J. B. Say)와 같은 이론가의 천박한 논리와 애써 싸우지 않을 수 없었다. 따라서 마지막에 가서 리카도는 데스튀트가 가치의 원천으로서의 노동에 관해서는 자신과 의견이 일치하지만, 가치개념에 관해서는 세와 일치하고 있다는 사실에 매우 놀라워하고 있다.

64) 고전파 정치경제학의 근본적 결함 가운데 하나는 상품의 분석 특히 상품가치의 분석에

이 아직 생산과정을 지배하지 않는 사회구성체에 속해 있다는 사실을 이마에 확실하게 써붙이고 있는 공식들은 정치경제학의 부르주아적 의식에서 보면, 생산적 노동 그 자체와 마찬가지로 뻔히 보이는 어쩔 수 없는 필연성으로 간주된다. 따라서 부르주아 정치경제학은 부르주아 사회 이전의 사회적 생산조직 형태들을 마치 고위 성직자가 그리스도교 이전의 종교를 다루는 것과 똑같이 다룬다.[65]

서, 가치를 교환가치로 만드는 가치형태를 찾아내는 데 성공한 적이 없다는 점이다. 스미스와 리카도 같은 가장 뛰어난 고전학파의 대표자조차, 가치형태를 전혀 중요하지 않은 것으로, 상품 자체의 성질과 관계가 없는 것으로 다루고 있다. 그 원인은 고전파 경제학이 가치크기의 분석에만 모든 주의를 빼앗기고 있다는 사실만은 아니다. 원인은 좀 더 깊은 곳에 있다. 노동생산물의 가치형태는 부르주아 생산방식의 가장 추상적이면서도, 가장 일반적인 형태이며, 바로 이러한 이유로 하나의 특수한 유형의 사회적 생산으로 특징 지워지면서, 그와 동시에 그 역사적 성격을 부여받는다. 그러므로 노동생산물의 가치형태를 사회적 생산의 영원한 자연형태로 오인한다면, 필연적으로 가치형태, 곧 상품형태, 그리고 이것이 더 전개된 형태인 화폐형태와 자본형태의 특수성을 간과하게 된다. 따라서 우리는 노동시간이 가치크기의 척도라는 것을 절대적으로 인정하는 경제학자들의 경우에서도, 일반적 등가물의 완성된 형태인 화폐에 대해 매우 잡다하고 모순된 생각을 발견한다. 이러한 사실은 예들 들어 화폐에 대한 상투적인 정의를 가지고는 더이상 충분하지 않은 은행업을 다룰 때 확실하게 드러난다. 이런 연유로 고전파 정치경제학에 반대해 가치에서 오로지 사회적 형태만을 보거나 더 정확하게 말하자면 실체 없는 사회적 형태의 가상만을 보는 중상주의(가닐 등)가 부활했다. 마지막으로, 나는 페티 이후 통속경제학과 대립하면서 부르주아 생산관계의 내적 관계를 연구하는 모든 경제학을 고전학파 정치경제학으로 이해한다. 통속경제학은 오로지 표면적인 관계 속을 헤매고 다니면서, 소위 가장 조잡한 현상을 그럴듯하게 이해시키기 위해 부르주아 계급의 필요에 따라 이미 오래 전에 과학적 경제학에 의해 제공된 자료들과 되풀이하여 씨름하고 있다. 그뿐만 아니라, 통속경제학은 자신들이 만든 이상적 세계에 대한 부르주아 생산담당자들의 진부하고 독선적인 생각을 체계화하고, 믿을 만하다고 과장하고, 영원한 진리로 선언하는 것에만 몰두하고 있다.

65) "경제학자들은 별난 수법을 사용한다. 그들에게는 오로지 인위적 제도와 자연적 제도라는 두 가지 제도만이 존재한다. 봉건제도는 인위적이며 부르주아 계급의 제도는 자연적이다. 이 점에서 그들은 역시 두 가지 종류의 종교만을 구분하는 신학자들과 똑같다. 자신의 종교가 아닌 모든 종교는 인간의 발명품이고, 자신의 종교는 신의 계시이다. - 그리하여 역사가 있었지만 이제 더이상 역사는 존재하지 않는다."(맑스, 《철학의 빈곤, 프루동의 빈곤의 철학에 대한 반박》, 파리 및 브뤼셀, 1847, 113쪽)) 우습기 짝이 없는 바스티아(Bastiat)는 그리스인과 로마인이 오로지 약탈만 하고 살았다고 생각한다. 그러나 수세기

일부 경제학자들이 상품세계에 달라붙어 있는 물신숭배나 사회적으로 규정되는 노동의 물적 겉모습에 얼마나 현혹되어 있는가는, 특히 교환가치의 형성에서 자연의 역할에 대한 지루하고 무의미한 논쟁이 이를 증명한다. 교환가치란 어떤 물건의 생산에 사용된 노동을 표현하기 위한 일정한 사회적 방식이기 때문에, 그것은 금속(화폐)의 교환비율처럼 더이상 어떤 천연소재를 포함할 수 없다.

부르주아적 생산의 가장 일반적이면서 가장 미숙한 형태인 상품형태는, 오늘날과 같이 지배적으로 특징지어지지는 않을지라도 이전부터 출현

에 걸쳐서 약탈을 통해 살았다면, 지속적으로 약탈할 어떤 것이 존재했거나 약탈의 대상이 계속 재생산되었어야 한다. 따라서 그리스인과 로마인 또한, 부르주아 경제가 현재 세계의 물적 토대를 이루고 있는 것과 마찬가지로, 그들 세계의 물적 토대를 이루고 있는 어떤 생산과정, 즉 어떤 경제를 가지고 있던 것으로 보인다. 또한 바스티아는 혹시 노예노동에 기초한 생산방식을 약탈 체제가 떠받쳐 주고 있다고 생각한 것은 아닐까? 그렇다면 그는 위험한 근거 위에 서 있다. 아리스토텔레스 같은 위대한 사상가도 노예노동을 잘못 평가하고 있는데, 하물며 바스티아 같은 보잘것없는 경제학자가 어떻게 임금노동을 올바르게 평가할 수 있겠는가? 나는 이 기회를 빌려 1859년 나의 저서 《정치경제학의 비판을 위해》가 출간되었을 당시 독일어로 발행되는 미국신문이 나에게 가한 반론을 간결하게 반박하고자 한다. 그 신문은, 나의 견해 -일정한 생산방식과 언제나 그에 상응하는 생산관계, 간략하게 '사회의 경제구조는 법적이고 정치적인 상부구조가 그 위에 세워지고, 일정한 사회적 의식이 이에 조응하는 현실적 토대'이며, 또한 '물적 생활의 생산방식이 사회적, 정치적 그리고 정신적 생활과정 일반을 제약'한다는 나의 견해가 물적 이해관계가 지배하는 오늘날의 세계에서는 맞지만, 가톨릭교가 지배하던 중세, 정치가 지배하던 그리스와 로마에는 맞지 않는다고 말했다. 우선 중세나 고대에 대해 천하가 다 아는 이러한 상투적 문구를 모르는 사람이 있다고 가정하고 기뻐하는 자가 있다는 것이 낯설어 보인다. 중세가 가톨릭교로 그리고 고대가 정치로 생계를 이어나가지 않았다는 것만은 분명하다. 그 반대로 이들 세계가 생활수단을 획득하는 방식에 있어 고대에는 정치가, 중세에는 가톨릭이 주도적인 역할을 했음을 설명한다. 덧붙이자면, 예컨대 토지소유의 역사가 로마공화국 역사의 이면을 이루고 있다는 사실은 로마공화국의 역사를 잘 알지 못하는 사람도 누구나 알고 있다. 다른 한편, 떠돌이 기사가 사회의 어떤 경제 형태와도 한결같은 조화를 이룰 수 있다는 망상에 대해서는 이미 '돈키호테'가 그 대가를 치렀다.

했으며, 그런 까닭에 그 물신성은 비교적 쉽게 간파될 수 있는 것처럼 보인다. 그러나 더 구체적인 형태에서는 이러한 단순해 보이는 겉모습도 사라진다. 통화제도Monetarsystem(여기에서는 중상주의시대에 금과 은을 국가에서 통제하는 제도 - 옮긴이)의 환상은 어디에서 오는가? 통화제도는 금과 은이 화폐로서 어떤 사회적 생산관계를 표현한다는 것을 알아채지 못하고, 그것을 특이한 사회적 성질을 가지고 있는 자연물의 형태로만 바라본다. 근대경제학은 고상한 체하며 통화제도를 비웃었지만, 자본을 다루자마자 근대경제학의 물신숭배는 아주 명확하게 드러나지 않는가? 지대가 사회가 아니라 토지로부터 발생한다는 중농주의자들의 환상이 사라진 게 불과 얼마 전의 일이 아닌가?

앞질러 가지 않기 위해 여기에서는 상품형태 자체에 관한 하나의 예를 더 드는 것으로 충분하다. 상품이 말을 할 수 있다면, '우리의 사용가치가 인간들로 하여금 관심을 갖게 할지는 모르지만, 사용가치는 물건인 우리에게 속하지 않는다. 우리에게 물건으로 속하는 것은 우리의 가치이다. 우리 자신이 상품이라는 물건으로 교환되는 것이 이것을 증명하고 있다. 우리는 단지 교환가치로서만 관계를 맺고 있다'고 할는지 모른다. 그럼 이제 경제학자가 말하는 '상품이 생각하는 바'는 어떤지 들어보자.

"가치(교환가치)는 물건의 속성이고 부(사용가치)는 인간의 속성이다. 이런 의미에서 가치는 필연적으로 교환을 포함하지만 부는 그렇지 않다."[66]

---

66) 《정치경제학에서의 몇 가지 용어상의 논쟁에 대한 고찰, 특히 가치와 수요공급에 관하여》, 런던, 1821, 16쪽.

"부(사용가치)는 인간의 속성이고, 가치는 상품의 속성이다. 인간이나 공동체는 부유하고, 진주나 다이아몬드는 큰 가치가 있다. … 진주나 다이아몬드는 진주나 다이아몬드로서의 가치를 가지고 있다."[67]

지금까지 어떤 화학자도 진주나 다이아몬드에서 교환가치를 발견한 적이 없다. 그러나 이러한 화학적 실체를 경제학적으로 발견하여 자신들이 각별한 비판적 통찰력을 가지고 있다고 주장하는 사람들은 물건의 사용가치는 그 물적 특성과는 무관하지만, 반대로 물건의 가치는 그 물건에 속한다는 것을 발견했다. 이 점에서 그들의 입장을 확인해주는 것은 물건의 사용가치는 교환 없이, 즉 물건과 인간 간의 직접적인 관계에서 실현되지만, 반대로 물건의 가치는 오직 교환에서, 즉 어떤 사회적 과정에서만 실현되는 이상한 상황이다. 이런 경우 야경꾼 시콜을 가르치는 선량한 독베리를 누군들 떠올리지 않을 수 있는가.

"잘생겨 보이는 사람은 환경의 덕택이지만, 읽고 쓸 수 있는 능력은 태어날 때부터 갖추고 있는 것이다."[68]

---

67) 베일리, 《가치의 본질, 척도와 근거에 대한 비판적 논문; 주로 리카도 및 그의 추종자들의 저작들에 관련하여》, 165쪽.

68) 앞의 《정치경제학에서의 몇 가지 용어상의 논쟁에 대한 고찰, 특히 가치와 수요공급에 관하여》의 필자나 베일리는 리카도가 교환가치를 단지 상대적인 것에서 절대적인 것으로 변화시켰다고 뒤집어씌운다. 그러나 그 반대이다. 리카도는 다이아몬드나 진주 같은 물건이 교환가치로서 가지고 있는 겉으로 보이는 상대성을 그 겉모습의 배후에 숨어있는 진정한 관계, 즉 순수한 인간노동의 표현으로서의 물건들의 상대성으로 환원했다. 리카도학파 이론가들이 베일리에게 조잡하고 불확실하게 대답한다면, 그것은 다만, 그들이 리카도에게서 가치와 가치형태 또는 가치와 교환가치 사이의 내적 관계에 대한 어떤 연결점도 발견하지 못했기 때문이다.

2장 | 교환과정

상품은 제 발로 시장에 갈 수도, 스스로 교환될 수도 없다. 우리가 상품을 손에 쥐기 위해서는 상품의 보호자인 상품소유자를 찾아야 한다. 상품은 물건이기 때문에 인간에게 저항하지 못한다. 설사 상품이 주인의 뜻에 순순히 응하지 않는다 해도, 인간은 폭력을 사용하여 상품을 손에 쥐고 시장으로 가져가면 그만이다.[69] 이들 물건이 상품이 되기 위해서는 다른 상품과의 관계가 설정되어야 하는데, 이 과정에서 상품보호자들은 자신들의 의지를 이 물건들에 담고 있는 사람으로 행동해야 한다. 그렇게 되면 한 상품보호자는 다른 상품보호자의 동의하에서만, 즉 각 상품보호자는 쌍방의 공통된 자발적 행위를 통해서만 자신의 상품을 양도하고 타인의 상품을 제 것으로 만들게 된다. 그러기 위해 그들은 서로를 사적소유자로 인정해야만 한다. 합법적이든 아니든 간에 계약의 형식을 취하는 법적 관계는 경제적 관계를 반영하는 의지 관계이다. 이러한 법적 관계 또는 의지 관계의 내용

---

69) 그 경건함으로 유명한 12세기에 이들 상품 가운데는 가끔 매우 연약한 물건들이 있었다. 그 당시 프랑스의 한 시인은 랑디(Landit) 시장에 나온 상품들 가운데 옷감, 신발, 가죽, 농기구, 모피 외에도 '열정적인 육체를 소유한 여성'도 계산에 넣고 있다.

은 경제 관계 그 자체에 의해 주어진다.[70] 이 경우에 사람들은 단지 상품의 대리자인 상품소유자로서 서로 존재할 뿐이다. 설명이 계속됨에 따라 우리는 경제적으로 분장한 인간들이 단지 경제적 관계의 인격화일 뿐이며, 그러한 관계의 담당자로서 서로 마주 서 있다는 것을 알게 될 것이다.

상품으로부터 상품소유자를 특별히 구별해 주는 것은, 그 어떤 다른 상품체도 상품에게는 단지 상품 자신의 가치의 겉모습일 뿐이라는 상황이다. 따라서 타고난 평등주의자이며 냉소주의자인 상품은 자신이 추녀를 상징하는 마리또르네스Maritornes보다도 더 추한 외모를 가지고 있다 하더라도, 그 영혼뿐만 아니라 육체까지 다른 어떤 상품과도 바꿀 준비가 되어있다. 상품에는 다른 상품체의 구체성을 감지할 감각이 없기 때문에 상품소유자는 자신의 오감과 그 외의 감각으로 이를 보완해 준다. 그의 상품은 그에게 직접적인 사용가치를 가지고 있지는 않다. 만일 상품소유자에게 상품의 사용가치가 있다면 그는 자신의 상품을 시장으로 가지고 갈 리가 없다. 그의 상품은 다른 사람을 위한 사용가치를 가지고 있다. 상품소유자에게 상품은 교환가치를 가지고 있는 물건이라는 점, 즉 교환수단이라는 점에서만 직접

---

70) 프루동은 우선 정의(正義), '영원한 정의'라는 자신의 이상을 상품생산에 상응하는 법적인 관계로부터 끄집어낸다. 그렇게 함으로써, 그는 상품생산형태가 정의와 마찬가지로 영원하다는 커다란 위안을 편협한 하층민에게 주고 있다. 그런 다음 그는 그 반대로 현실의 상품생산과 이에 상응하는 현실의 법을 그의 이상에 따라 바꾸려고 한다. 어떤 화학자가 원소들의 변화에 대한 진정한 법칙을 연구하여 이를 기초로 일정한 문제를 해결하려고 하는 대신에, '자연 그대로의 상태', '친화성'이라는 '영원한 이상'에 따라 이러한 원소들의 변화를 개조하려 한다면 사람들은 그를 어떻게 생각할까? 우리가 '폭리'를 '영원한 정의', '영원한 공정성', '영원한 상호부조' 그리고 기타 '영원한 진리'와 모순된다고 말한다면, 고위 성직자들이 폭리를 '영원한 은총', '영원한 믿음' 그리고 '신의 영원한 의지'와 모순된다고 말할 때보다 폭리에 대해 더 많이 알고 있는 것일까?

적인 사용가치를 가지고 있다.[71] 이런 까닭에 상품소유자는 자신의 상품을, 자신에게 만족을 줄 다른 사용가치를 가진 상품을 받으며 양도하는 것이다. 모든 상품은 자신의 소유자에게 비非사용가치이며, 비소유자에게는 사용가치이다. 따라서 상품은 전면적으로 소유자를 바꾸어야 한다. 그리고 이러한 소유자 변경이 상품의 교환이며, 이 교환에서 상품은 서로 가치로 관계하며 가치로서 실현된다. 따라서 상품은 사용가치로 실현되기 전에 가치로 실현되어야 한다.

다른 한편 상품은 가치로서 실현될 수 있기 전에 사용가치가 있다는 것을 보여주어야 한다. 상품에 소모된 인간노동은 다른 사람에게 유용하게 쓰일 때에 한하여 의미를 갖기 때문이다. 노동이 다른 사람에게 유용한지 아닌지, 따라서 노동의 생산물이 타인의 욕망을 충족시키는지 아닌지는 상품의 교환만이 증명할 수 있다.

상품소유자는 누구나 자신의 상품을, 자신의 욕망을 충족시키는 사용가치를 가진 다른 상품에 대해서만 양도하려고 한다. 이렇게 볼 때 교환은 그에게는 개인적인 과정일 뿐이다. 다른 한편 그는 자신의 상품을 가치로서 실현하려고 한다. 즉 자기 자신의 상품이 다른 상품의 소유자에게 사용가치를 가지고 있든 아니든 간에, 자신의 상품과 동일한 가치를 갖는 임의의 모든 다른 상품에 실현하고자 한다. 이런 측면에서 교환은 그에게 일

---

71) "모든 재화(Gut)는 두 가지로 사용되기 때문이다. 하나는 물건 그 자체에 고유한 것이고 다른 하나는 그렇지 않은 것이다. 예를 들어 샌들(고대 그리스 로마인이 신던 가죽신 -옮긴이)은 발에 신기도 하고 교환도 가능하다. 이 두 가지가 샌들의 사용가치이다. 샌들을 그에게 없는 식량과 교환하는 사람까지도 샌들을 샌들로 사용하기 때문이다. 그러나 교환은 샌들 원래의 쓰임새는 아니다. 샌들은 교환을 위해 존재하는 것이 아니기 때문이다."(아리스토텔레스, 《국가론》, 1부, 9장)

반적인 사회적 과정이다. 그러나 동일한 과정이 모든 상품소유자들에게 동시에 개인적일 수만도 없고, 동시에 일반적이고 사회적일 수만도 없다.

좀더 자세히 살펴보면, 상품소유자 누구에게나 다른 어떤 누구의 상품도 자기 상품의 특별한 등가물로 간주되며, 따라서 그의 상품은 다른 모든 상품의 일반적 등가물로 간주된다. 그러나 모든 상품소유자가 동일한 행위를 하기 때문에 어떤 상품도 등가물이 아니며, 또한 서로 가치로 동일시되고 가치크기로 비교되는 일반적인 상대적 가치형태를 가질 수 없다. 이런 까닭에 상품은 결코 상품으로 마주 서는 것이 아니라, 생산물이나 사용가치로만 마주 선다.

곤경에 빠진 우리의 상품생산자는 파우스트처럼 생각한다. 처음에는 행동이 있었다. Im Anfang war die Tat(괴테《파우스트》, 비극편의 6장에 나오는 파우스트의 대사 - 옮긴이) 따라서 그들은 생각하기 전에 이미 행동했다. 상품의 본성에 기인하는 법칙이 상품소유자들의 본능적인 행동으로 나타난 것이다. 그들은 자신들의 상품을 일반적 등가물로 어떤 다른 상품과 대립시킴으로써 그것들을 단지 가치로서만, 상품으로서만 관계 맺게 할 뿐이다. 이는 상품에 대한 분석의 결과이다. 그러나 오직 사회적 행위만이 어떤 특정한 상품을 일반적 등가물로 만들 수 있다. 따라서 다른 모든 상품의 사회적 행동이 어떤 특수한 상품을 배제하는데, 이 배제된 상품에 다른 모든 상품이 그것들의 가치를 전면적으로 나타낸다. 그렇게 함으로써 이 배제된 상품의 현물형태가 사회적인 효력을 갖는 등가형태가 된다. 일반적 등가물이 되는 것은 사회적 과정을 통해 이 배제된 상품의 특수한 사회적 기능이 된다. 그리하여 이 상품은 화폐가 된다.

"그들이 한 뜻을 가지고 자신들의 능력과 권세를 그 짐승에게 주더라. (요한계시록, 17장 13절)

누구든지 이 표를 가진 자 외에는 매매를 못하게 하니, 이 표는 곧 짐승의 이름이나 그 이름의 숫자라."(요한계시록, 13장 17절)

이러한 과정을 거쳐 얻어진 화폐는 다양한 종류의 노동생산물이 실제로 서로 동일시되어 진정한 상품으로 변하는 교환과정의 필연적인 산물이다. 교환의 역사적 확대와 심화는 상품의 본성 속에 잠자고 있는 사용가치와 가치의 모순을 발전시킨다. 거래를 위해 이러한 모순을 외부에 나타내려는 욕망은 상품가치를 그 자립적인 형태로 몰아갔으며, 상품이 상품과 화폐로 분화되어Verdopplung 이 형태가 최종적으로 얻어질 때까지 결코 멈추지 않는다. 따라서 노동생산물이 상품으로 변하는 것과 같은 정도로 상품이 화폐로 변한다.[72]

직접적인 생산물 교환은 한편으로는 단순한 가치표현의 형태를 가지고 있으며, 다른 한편으로는 아직 그것을 가지고 있지 않다. 우리가 본 이전의 형태는 (x량의 상품 A)=(y량의 상품 B)였다. 직접적인 생산물 교환 형태는 (x량의 사용대상A)=(y량의 사용대상B)이다.[73] 이 경우에 물건 A와 B는

---

72) 이를 통해 상품생산을 영원한 것으로 만들고 동시에 '화폐와 상품의 모순'을 제거하려는, 그리고 화폐가 이 모순에만 존재하기 때문에 화폐 자체까지도 제거하려는 쁘띠부르주아 사회주의의 교활함을 평가해 볼 수 있다. 그렇다면 교황을 제거하고도 천주교를 존속시킬 수 있을 것이다. 이에 대한 더 상세한 내용은 나의 저서 《정치경제학 비판을 위해》 61쪽 이하를 보라.

73) 우리가 미개인들에게서 흔히 보는 것처럼, 아직 두 개의 상이한 사용대상이 교환되는 것이 아니라, 명확하게 정해지지 않은 물건의 양이 제3의 물건에 대한 등가물로 제공되는 동안에는 직접적인 생산물교환은 이제 막 시작되었을 뿐이다.

교환 전에는 상품이 아니며, 교환에 의해 비로소 상품이 된다. 어떤 사용대상이 사용가치로 될 수 있는 첫 번째 방식은 비非사용가치로의 존재, 즉 그것의 소유자의 직접적인 욕망을 초과하는 양의 사용가치로 존재하는 것이다. 물건 그 자체는 인간 외부에 존재하며 따라서 양도할 수 있다. 이러한 양도가 상호 간에 이루어지기 위해서 사람들은 양도할 수 있는 물건의 사적소유자로, 즉 바로 그런 이유로 서로 독립된 인격체로 말없이 서로 마주서기만 하면 된다. 그러나 서로가 타인인 이러한 관계는 자연발생적인 공동체의 성원에게는 존재하지 않는다. 그것이 가부장적 가족형태나 고대 인도의 공동체형태, 또는 잉카국가의 형태 등이어도 마찬가지이다. 공동체의 맨 끝 부분, 즉 공동체가 다른 공동체나 다른 공동체의 성원들과 접촉하는 바로 그 지점에서 상품교환이 시작된다. 물건이 일단 공동체 경계선 외부에서 상품이 되면 그 반작용으로 내부의 일상 생활에서도 상품이 된다. 그것들의 양적 교환비율은 처음에는 전혀 정해져 있지 않다. 그것들은 서로 양도하려는 물건 소유자들의 의지에 의해 교환 가능하다. 그러는 동안에 타인의 사용대상에 대한 욕망이 점차로 뿌리를 내린다. 교환의 끊임없는 반복은 교환을 하나의 일상적인 사회적 과정으로 만든다. 시간이 지남에 따라 적어도 생산물 가운데 일정 부분은 의도적으로 교환을 목적으로 생산되어야 한다. 이 순간부터 한편으로 직접적인 수요를 위한 물건의 유용성과 교환을 위한 물건의 유용성 사이의 분리가 굳어져 간다. 물건의 사용가치는 물건의 교환가치로부터 분리된다. 다른 한편으로 물건들이 교환되는 양적 비율은 그것들의 생산 자체에 의존하게 한다. 관습은 물건들을 일정한 가치크기로 고정시킨다.

직접적인 생산물 교환에서는 어떤 상품도 그 상품의 소유자에게는 직접적인 교환 수단이며, 비소유자에게는 등가물인데, 그 상품이 비소유자에게 사용가치를 갖는 경우에 한하여 그러하다. 따라서 교환되는 품목은 아직 그 자체의 사용가치나 교환 당사자의 개인적인 욕망과 무관한 가치형태를 가지지 않는다. 이 형태는 교환과정에 들어오는 상품의 수와 다양성이 증가함에 따라 필연적으로 발전한다. 그 과정에서 문제와 그 해결 수단이 동시에 나타난다. 상품소유자들이 자신들의 품목을 다양한 다른 품목들과 교환하는 거래는, 그 안에서 다양한 상품소유자들의 다양한 상품들이 하나의 동일한 제3의 상품 종류와 교환되고 가치로 비교되지 않고서는 결코 이루어질 수 없다. 이 제3의 상품이 상이한 다른 상품들의 등가물이 됨으로써, 비록 좁은 경계 내에서나마 직접적으로 일반적 또는 사회적 등가형태를 가지게 된다. 이 일반적 등가형태는 그것을 만들어 낸 일시적인 사회적 접촉과 함께 발생하고 소멸한다. 이 형태는 이 상품에서 저 상품에 교대로 그리고 순간적으로 부여된다. 상품교환이 발전함에 따라 일반적 등가형태는 전적으로 하나의 특별한 상품 종류에만 견고하게 부착된다. 다른 말로 하면 오랜 과정 끝에 마침내 화폐형태가 된다. 이 화폐형태가 어떤 상품에 달라붙어 있을지는 처음에는 정해져 있지 않다. 그러나 대체로 두 가지 상황이 이를 결정한다. 화폐형태는 사실상 토착 생산물의 교환가치가 자연스럽게 겉으로 드러난 형태인데, 이는 교역을 통해 외부에서 들어온 가장 중요한 물품에 부착되거나 또는 예를 들어 가축과 같이 토착 재산의 기본요소를 이루는 양도 가능한 사용대상에 부착된다. 유목민이 최초로 화폐형태를 발전시켰다. 그들의 모든 재산은 동산의 형태, 즉 양도 가능한 형태였기 때문이다. 그러한 생활 방식으로 인해 그들은 외부 공동체와 끊임없이 접촉하였고, 그럴 때마다 생산물 교환 거리를 물색해갔다. 인간은 인간 자체를 노예형태로 하여 원시적인 화폐 재료로 만든 경우는 흔했으나 토지를 화폐 재료로 만든 경우는 한 번도 없다. 그런 생각은 이미 발전된 부르주아 사회에서만 나올 수 있었다. 그것은 1670년 즈음에 시작되었으며, 100년 후인 프랑스 사람들의 부르주아 혁명에서야 비로소 전국적 규모로 시도되었다.

상품교환이 그 국지적 한계를 벗어나고, 인간노동 일반이 체화된 물건으로서의 상품가치가 확대되어 감에 따라, 화폐형태는 선천적으로 일반적인 등가물의 사회적 기능에 적당한 상품인 귀금속으로 옮아간다.

이제 "금과 은은 태생적으로 화폐가 아닐지라도, 화폐는 태생적으로 금과 은이다."[74] 라는 것은 금과 은의 타고난 성질이 화폐의 기능에 적합하다는 것을 보여준다.[75] 그러나 지금까지 우리는 상품가치의 겉모습의 역할을 하는, 즉 상품의 가치크기를 사회적으로 표현하는 소재인 화폐의 단 하나의 기능만을 알고 있을 뿐이다. 가치의 적절한 겉모습 또는 추상적인, 즉 동일한 인간 노동이 체화된 물건이 될 수 있는 것은 그것에서 떼어낸 각 부분들이 동일하고 균등한 질을 가지고 있는 물질뿐이다. 다른 한편, 가치크기의 차이는 순전히 양적이기 때문에, 화폐상품은 그야말로 양적으로 구별될 수 있고, 따라서 마음대로 분할 가능하고 그 분할된 부분들을 다시 합칠 수 있어야만 한다. 그리고 금과 은은 태생적으로 이러한 성질을 가지고 있다.

화폐상품의 사용가치는 두 가지가 된다. 예를 들어 금과 같이 구멍난 이를 때우거나 사치품의 원료 등으로 사용되는 상품으로서의 특별한 사용가치 외에도, 그 독특한 사회적 기능에서 기인하는 형식적인 사용가치를 가지고 있다.

다른 모든 상품은 단지 화폐의 특별한 등가물일 뿐이고, 화폐는 그것

---

74) 맑스, 앞의 책, 135쪽. "금속은 … 선천적으로 화폐이다."(갈리아니, 앞의 책, 137쪽)

75) 이에 대한 상세한 내용은 앞에서 인용한 나의 저서 가운데 '귀금속'을 다룬 절에 있다.

들의 일반적 등가물이기 때문에, 그 상품들이 일반적 상품인 화폐와 맺는 관계는 특별할 수밖에 없다.[76]

이미 본 바와 같이, 화폐형태는 모든 상품의 관계가 반사되어 어떤 한 상품에 고정된 것일 뿐이다. 따라서 화폐가 상품이라는 것[77]은 일단 화폐의 완성된 모습에서 출발한 후에 화폐를 분석하려는 사람에게는 그저 하나의 발견일 뿐이다. 교환과정은 자신이 화폐로 변화시킨 그 상품에 그것의 가치를 주는 것이 아니라, 독특한 가치형태를 부여한다. 이 두 가지 규정을 혼동하게 되면 금과 은의 가치를 상상적인 것으로 생각하는 오류에 빠지게 된다.[78] 화폐는 특정한 기능에서는 자신의 단순한 징표Zeichen에 의해 대체될 수 있기 때문에, 화폐가 단순한 징표일 뿐이라는 또 다른 오류가 생겨났다.

---

76) "화폐는 일반적인 상품이다."(베리, 앞의 책, 16쪽)

77) "우리가 귀금속이라는 일반적인 명칭을 붙일 수 있는 은과 금 자체는 가치가 … 오르고 내리는 … 상품이다. 그래서 더 적은 중량으로 그 나라의 생산물과 제조품의 더 많은 양을 구매한다면, 귀금속의 가치가 상승했다고 인정할 수 있다."(S. 클레멘트, 《현재 서로 관련된 상태에서의 화폐, 무역 그리고 외환의 개념에 관한 담론, 어떤 상인 지음》, 런던, 1695, 7쪽) "주조되었든 주조되지 않았든 간에 은과 금은 다른 모든 물건의 척도로 사용되긴 하지만, 그것들은 포도주, 기름, 담배, 천이나 다른 물건과 마찬가지로 하나의 상품이다."(J. 차일드, 《무역, 특히 동인도와의 무역에 관한 담론》, 런던, 1689, 2쪽) "왕국의 재산과 부는 엄밀히 말하자면 화폐에 국한할 수 없으며, 상품으로서의 금과 은도 왕국의 재산과 부에서 제외할 수 없다."(파필론, 《동인도 무역, 가장 수익성이 있는 무역》, 런던, 1677, 4쪽)

78) "금과 은은 화폐이기 이전에 금속으로서의 가치를 가지고 있다."(갈리아니, 앞의 책, 72쪽) 로크는 다음과 같이 말하고 있다. "화폐로 만들기에 적절한 은의 성질 때문에 사람들은 은에 상상적인 가치를 부여하기로 모두 합의했다."(존 로크, 앞의 책, 1691, 1777년에 편찬된 저작집 2권, 15쪽) 이에 대해 로(Law)는 다음과 같이 반박한다. "어떻게 상이한 국민들이 어떤 하나의 물건에 하나의 상상적인 가치를 부여할 수 있는가? … 또는 어떻게 이 상상적인 가치가 유지될 수 있는가?" 그러나 로 자신도 이 문제를 이해하지 못했다. "은은 그것이 가지고 있던 사용가치에 따라 교환되었다. 즉 그것의 실제가치 대로 교환되었다. 은은 … 화폐로 정해짐으로써 추가적인 가치를 얻었다."(장 로, 《통화와 상업에 관한 고찰》, 데르 엮음, 《18세기의 금융경제학자들》, 469-470쪽)

다른 한편, 이 오류에는 물건의 화폐형태가 물건 그 자체의 외부에 있으며, 그 배후에 은폐된 인간관계의 단순한 겉모습이라는 예감이 놓여 있었다. 이러한 의미에서 모든 상품은 징표일 수 있는데, 가치로서 상품은 그 상품에 소모된 인간노동의 물적 외피에 불과하기 때문이다.[79] 그러나 어떤 특정한 생산방식의 토대에서 물건이 가지게 되는 사회적 성격, 또는 사회적으로 규정된 노동이 가지게 되는 물적 성격을 단순한 징표라고 밝히는 것은 동시에 이 성격들을 인간들이 성찰을 통해 마음대로 만들어낸 것이라고 밝히는 것과 마찬가지이다. 이것이 그 발생 과정을 아직 해명할 수 없었던 인간관계의 신비스러운 모습을 적어도 일시적이나마 그 생소한 외관만이라도 제거하기 위해 18세기에 유행했던 계몽주의의 수법이었다.

---

79) "화폐는 그것들(상품들)의 징표이다."(베르농 드 포르보네, 《상업원리》, 신판, 라이데, 1766, 2부, 143쪽) "징표로서의 화폐는 상품에 마음이 끌린다."(같은 책, 155쪽) "화폐는 어떤 물건의 징표이며 그것을 대리한다."(몽테스키외, 《법의 정신》, 전집, 런던, 1767, 2권, 3쪽) "화폐는 단순한 징표가 아니다. 그 자체가 부이기 때문이다. 화폐는 가치를 대리하는 것이 아니라, 가치의 등가물이다."(르 트론, 앞의 책, 910쪽) "가치의 개념을 살펴보면, 물건 그 자체는 단지 하나의 징표로 보여진다. 그리고 물건은 물건 그 자체가 아니라 그것이 얼마나 가치가 있는 가로 평가된다."(헤겔, 앞의 책, 100쪽) 경제학자보다 훨씬 이전에 법학자가 단순한 징표이며 귀금속의 상상적인 가치로서의 화폐에 대한 생각을 부추겼으며, 왕권에 아첨하려고 로마제국의 전통과 유스티니아누스 법전(Pandeken)의 화폐 개념에 의거하여 왕이 주화를 위조할 수 있는 권리를 중세시대 내내 지지했다. 이들의 영리한 제자인 필리프 폰 발부아(Philipp von Valois)는 1346년의 한 칙령에서 다음과 같이 말하고 있다. "화폐를 주조하는 일, 즉 제조, 성분, 보유량, 그리고 우리가 마음먹은 어떤 가격으로 주화를 유통시키는가에 해당되는 모든 법령을 결정하는 것은 우리와 우리의 국왕 폐하에게만 속한다는 사실은 어느 누구도 의심할 수 없고 의심해서도 안 된다." 황제가 화폐가치를 판단하여 결정하는 것이 로마의 법적 교리였다. 화폐를 상품으로 취급하는 것은 엄격하게 금지되어 있었다. "어느 누구에게도 화폐를 매매하는 것이 허용되지 않는다. 공적인 용도로 만들어진 것은 상품일 수 없기 때문이다." 이에 대한 훌륭한 설명은 파니니(G. F. Pagnini), 《물건들의 정당한 가격에 대한 에세이》, 구스토디 엮음, 근세편, 2권, 1751을 보라. 파니니는 특히 이 저서의 2편에서 법학자 양반들을 논박하고 있다.

앞에서, 어떤 상품의 등가형태는 그 상품의 가치크기에 대한 양적 규정을 포함하고 있지 않다는 점을 지적했다. 따라서 금이 화폐이기에 다른 모든 상품과 교환 가능하다는 것을 알고 있다고 하더라도, 예들 들어 10파운드의 금이 얼마나 가치가 있는지는 알지 못한다. 모든 상품처럼 화폐도 자신의 가치크기를 다른 상품들에 상대적으로만 표시할 수 있을 뿐이다. 화폐의 가치는 그 생산에 필요한 노동시간에 의해 결정되며, 화폐의 생산에 필요한 같은 양만큼의 노동시간이 응고되어 있는 다른 상품의 양으로 표현된다.[80] 이러한 금의 상대적 가치크기는 그것의 원산지에서의 직접적인 교역에서 확정된다. 금이 화폐로 유통과정에 들어오자마자 금의 가치는 이미 주어져 있다. 이미 17세기 마지막 수십 년 동안에 화폐가 상품이라는 것을 알고 있을 만큼 화폐 분석의 초기 단계를 상당히 넘어서 있었지만, 아직 시작에 지나지 않았다. 어려움은 화폐가 상품이라는 것을 이해하는 데 있는 것이 아니라, 어떻게, 왜 그리고 어떤 과정을 거쳐 상품이 화폐가 되는가를 이해하는 데 있다.[81]

---

80) "어떤 사람이 1부셸의 곡식을 생산하는 데 필요한 시간과 똑같은 시간에 1온스의 은을 페루의 땅 속으로부터 런던으로 가지고 올 수 있다면, 1온스의 은은 곡식의 자연가격이 된다. 이제 그가 새로운 풍부한 광산에서 은을 채굴함으로써 1온스의 은이 아니라 2온스의 은을 같은 비용을 들여 손에 넣을 수 있다면, 그리고 다른 조건이 같은 경우에는, 곡식은 부셸당 10실링의 가격에서도 이전의 부셸당 5실링에서와 마찬가지로 적절한 가격이 될 것이다."(윌리엄 페티,《조세 및 공납에 관한 논고》, 런던, 1667, 31쪽)

81) 교수 양반 로서(Roscher)는 우리에게 "화폐 개념을 잘못 규정하는 것은 크게 두 부류로 나누어진다. 하나는 화폐를 상품 이상으로 다른 하나는 상품 이하로 간주하는 것이다."라고 가르친 후, 화폐제도에 관한 저서들의 목록을 번거롭게 늘어놓는데, 이를 통해 화폐이론의 실제 역사에 관한 최소한의 것도 보여주지 않고 있다. 그런 다음 아래와 같이 훈계하듯이 가르친다. "그런데 최근 대부분의 정치경제학자들은 화폐를 다른 상품들과 구별하는 특성을 부정할 수 없다.(그렇다면 화폐는 상품 이하 또는 이상의 것인가?) … 그런 점에서 본다면 가닐 등의 반(半)중상주의적 반응도 전혀 근거가 없지 않다."(빌헬름 로서,《정치경제학 원리》, 3판, 1858, 207-210쪽) 이상-이하-충분하지 않게-그런 한에 있어서-전혀 아니다! 도대체 어떤 개념 규정이란 말인가? 그리고 로서 양반은 이러한 절충적이고 교수님다

우리는 이미 (x량의 상품 A)=(y량의 상품 B)라는 가장 단순한 가치표현에서, 어떤 다른 물건의 가치크기를 표현하는 물건은 이러한 관계와 무관하게, 그 물건에 태생적으로 주어진 사회적 특성으로서의 등가형태를 가지고 있는 것처럼 보인다는 것을 알았다. 우리는 이러한 잘못된 외관이 확립되는 과정을 추적했다. 이 외관은 일반적 등가형태가 하나의 특별한 상품 종류의 현물형태와 일치하게 되자마자, 즉 화폐형태로 견고해지는 즉시 완성된다. 어떤 하나의 상품이 화폐처럼 보이는 이유가, 다른 상품들이 모두 그것들의 가치를 이 하나의 상품에 표현하기 때문은 아니다. 반대로 어떤 상품이 화폐이기 때문에, 다른 상품들이 일반적으로 그것들의 가치를 그 어떤 상품에 표현하는 것처럼 보이기도 한다. 이것을 성사시킨 운동은 그 자체의 결과만 남기고 사라지며 흔적조차 남기지 않는다. 상품들은 아무런 협조도 하지 않고 그들의 외부에 그들과 나란히 존재하는 하나의 상품체로서의 그들 자신의 완성된 가치형태를 발견한다. 이 물건들, 즉 금과 은은 지구의 내부에서 나옴과 동시에 모든 인간노동의 직접적인 화신이다. 이런 까닭에 화폐는 신비로운 힘이다. 인간의 행위는 사회적 생산과정에서는 낱낱이 분산된 구성단위에 불과할 뿐이다. 인간의 통제와 그들의 의식적인 개인적 활동에서 독립된 인간들의 생산관계는 물적 형태를 취하며, 이는 우선 그들의 노동생산물이 일반적으로 상품형태를 취하는 것으로 나타난다. 그런 까닭에 화폐에 대한 물신숭배의 수수께끼는 단지 가시화되어 눈을 현혹시키는 상품에 대한 물신숭배의 수수께끼일 뿐이다.

운 군말을 겸손하게도 '정치경제학의 해부학적-생리학적 방법'이라는 이름을 갖다 붙이고 있다! 로서 덕분에 하나 발견한 것이 있다. 즉 화폐는 '수요가 많은 상품'이라는 것이다.

1절
가치의 척도

나는 단순화를 위해 이 책의 모든 곳에서 금을 화폐상품으로 가정하고자 한다.

금의 첫 번째 기능은 상품세계에 그 가치표현의 소재를 제공하는 것, 또는 상품가치를 동일한 명칭의 크기, 질적으로 동일하고 양적으로 비교 가능한 크기로 표현하는 데 있다. 이처럼 금은 가치의 일반적 척도로서 기능하는데, 오직 이러한 기능을 통해서만 특수한 등가물상품인 금은 일단 화폐가 된다.

모든 상품이 화폐를 통해 같은 단위로 측정될 수 있는 것이 아니다. 그 반대이다. 가치로서의 모든 상품은 물질화된 인간노동이고 따라서 그 자체가 같은 단위로 측정될 수 있기 때문에, 상품은 그들의 가치를 하나의 특수한 상품을 통해 공동으로 측정할 수 있다. 또 그렇게 함으로써 이 특수한 상품은 상품들의 공동의 가치척도 또는 화폐로 변한다. 가치척도로서의

화폐는 상품에 내재하는 가치척도인 노동시간이 필연적으로 외부로 나타
난 형태이다.[82]

어떤 상품의 가치를 금으로 표현하는 것, 즉 (x량의 상품 A)=(y량의
화폐상품)은 상품 A의 화폐형태 또는 가격이다. 이제 쇠의 가치를 사회적
으로 유효하게 표현하기 위해서는 단 하나의 방정식인 (1톤의 쇠)=(2온스
의 금)으로 충분하다. 이 방정식은 더이상 다른 상품의 가치방정식들과 대
오를 갖추어 행진할 필요가 없다. 등가물상품인 금이 이미 화폐의 성격을
가지고 있기 때문이다. 따라서 이제 상품의 일반적인 상대적 가치형태는
다시 최초의 단순한 또는 개별적인 상대적 가치형태를 취한다. 다른 한편,
전개된 상대적 가치표현, 즉 상대적 가치표현의 끝없는 대열은 상품화폐의
특수한 상대적 가치형태로 된다. 그러나 이 대열은 이제 이미 사회적 차원
의 상품가격으로 주어져 있다. 가격표의 시세를 거꾸로 읽으면 우리는 모
든 가능한 상품들에 표현된 화폐의 가치크기를 발견한다. 이와 반대로 화
폐는 가격을 가지고 있지 않다. 다른 상품들의 통일적인 상대적 가치형태
에 참가하기 위해 화폐는 자기 자신의 등가물로서 자기 자신과 관계를 맺

---

82) 왜 화폐는 직접적으로 노동시간 그 자체를 나타내지 못하는가, 예를 들어 '왜 지폐는 x
노동시간을 표시하지 못하는가?' 하는 문제는 아주 단순하게, '왜 상품생산의 토대에서는
노동생산물이 상품으로 나타나야만 하는가?'라는 문제로 귀착된다. 상품으로 나타난다는
것은 상품이 상품과 화폐상품으로 나누어진다는 것을 포함하고 있기 때문이다. 이 문제는
또한 '왜 사적노동이 직접 그 반대인 사회적 노동으로써 다루어질 수 없는가?'라는 문제로
귀착된다. 나는 상품생산의 토대에서 '노동화폐'라는 천박한 이상주의에 대해 다른 곳에서
상세하게 논했다. (MEW, 13, 《정치경제학 비판》, 66쪽 이하) 여기서 다시 한번 지적하고
자 하는 것은, 예컨대 오언(R. Owen)의 '노동화폐'는 극장 입장권이 화폐가 아닌 것과 마찬
가지로 화폐가 아니라는 것이다. 오언은 직접적으로 사회화된 노동, 즉 상품생산과는 정반
대의 생산형태를 가정하고 있다. 노동증명서는 단지 공동노동에 대한 생산자 개개인의 참
가분과 전체 생산물 가운데 소비로 정해진 부분에 대한 생산자의 개인적인 청구권을 확인
하고 있을 뿐이다. 그러나 오언에게는 상품생산을 전제로 하면서도 상품생산의 불가피한
조건들을 서투르게 조작된 화폐를 통해 회피해 보려는 생각이 떠오르지 않았다.

어야만 한다.

상품의 가격, 즉 상품의 화폐형태는 상품의 가치형태 일반과 마찬가지로 손으로 잡을 수 있는 실제적인 물체형태와는 구별되며, 따라서 상상에서만 존재하는 관념적인 형태일 뿐이다. 쇠, 아마포 그리고 밀 등의 가치는 눈에 보이지는 않지만 이 물건들 자체에 존재한다. 이들의 가치는 금과의 동일성, 말하자면 이 물건들의 뇌리에서 떠도는 금과의 관계를 통해서 상상된다. 따라서 상품소유자가 상품의 가격을 바깥 세상에 알리기 위해서는 자신의 혀를 상품의 머릿속에 꽂아두거나 종이로 된 가격표를 달아두어야 한다.[83] 금으로 표현되는 상품가치는 관념적이기 때문에, 이 기능을 위해서는 오직 상상적이거나 관념적인 금만이 사용 가능하다. 모든 상품보호자는 그들의 상품가치에 가격형태나 상상적인 금 형태를 부여할 때, 그들의 상품이 아직 금이 되지 않았다는 것과 수백만의 상품가치를 금으로 평가하기 위해 단 한 조각의 진짜 금도 필요하지 않다는 것을 알고 있다. 따라서 가치척도의 기능에서 화폐는 단지 상상적이거나 관념적인 화폐로서의 역할만 한다. 이러한 상황이 터무니없는 이론이 만들어지는 계기가 되

---

83) 야만인이나 반(半)야만인은 혀를 다르게 사용한다. 예를 들어 선장 패리는 배핀 만(북극에 위치한 그린란드 동쪽 해안과 배핀섬 서쪽 사이의 남쪽으로 1,130㎞에 걸쳐 뻗어 있는 만 - 옮긴이)의 서해안 주민에 대해 아래와 같이 지적하고 있다. "이 경우(생산물의 교환에 있어서) 그들은 그것(그들에게 팔려고 내놓은 생산물)을 혀로 두 번 핥았다. 그런 후에 그들은 거래가 만족스럽게 끝났다고 생각하는 것처럼 보였다." 마찬가지로 동부 에스키모인의 경우에도 교환자는 물품을 받을 때마다 그것을 핥는다. 이처럼 북방에서는 혀라는 신체기관이 소유의 상징으로 간주되었다면, 남방에서는 배가 축적된 부를 상징하는 신체기관으로 간주되어, 카르피인(남부 아프리카의 원주민, 보어인이 붙인 이름으로 원래의 뜻은 무신론자 - 옮긴이)이 사람의 부를 그의 뱃살을 가지고 평가하는 것은 전혀 이상하지 않다. 카르피인들은 매우 영리한 녀석들이다. 1864년의 영국 정부의 공식 위생보고서가 노동자계급 대다수의 지방질 부족을 한탄하고 있는 반면에, 혈액순환을 발견한 사람과 같은 이름을 가진 하비(Harvey) 박사는 바로 그 해에 부르주아와 귀족에게 과다한 지방을 제거해주겠다고 약속하는 과장된 처방으로 큰돈을 벌었기 때문이다.

었다.[84] 단지 상상적인 화폐가 가치척도의 기능을 수행한다고 할지라도, 가격은 전적으로 실제로 화폐가 되는 재료에 달려 있다. 예컨대 1톤의 쇠에 포함되어 있는 인간노동의 양, 즉 가치는 그것과 동일한 크기의 노동을 포함하고 있는 상상적인 화폐상품의 양으로 표현된다. 그러므로 가치척도의 역할을 하는 것이 금이냐 은이냐 동이냐에 따라 1톤의 쇠의 가치는 전혀 다른 가치표현을 얻어 전혀 다른 양의 금, 은 또는 동으로 표시된다.

이런 까닭에 금과 은이라는 두 개의 서로 다른 상품이 동시에 가치척도로 쓰인다면, 모든 상품은 금 가격과 은 가격이라는 두 가지 상이한 가격표현을 가지게 된다. 그리고 이 가치표현은 금에 대한 은의 가치비율이, 예컨대 1:15로 변하지 않고 유지되는 한, 별 동요 없이 둘 다 통용된다. 그러나 이 가치비율이 변할 때마다 모든 상품의 금 가격과 은 가격 사이의 비율은 교란되며, 따라서 가치척도가 두 가지가 되는 것은 그 기능과 모순된다는 것을 실제로 증명하고 있다.[85]

---

84) 맑스, 《정치경제학 비판을 위해》, "화폐의 도량 단위에 관한 이론들", 53쪽 이하를 보라.

85) 2판의 주석: "금과 은이 둘 다 법률상 화폐로서 가치척도 기능을 하는 경우에는, 금과 은을 하나의 동일한 물질로 취급하려는 헛된 시도가 끊임없이 이어져 왔다. 동일한 노동시간이 변함없이 동일한 비율의 금과 은에 물질화되어야 한다고 가정한다면, 이는 사실상 금과 은은 동일한 물질이라고 가정하는 것이며, 또한 가치가 덜 나가는 일정한 양의 은이 항상 일정한 양의 금의 일부분을 이루고 있다는 것을 가정하고 있는 것이다. 에드워드 3세에서 조지 2세의 시대에 이르기까지 잉글랜드 화폐제도의 역사는 법률상 고정된 금과 은의 가치비율과 금과 은의 실제적인 가치변동 사이의 충돌에서 기인한 일련의 끊임없는 혼란에 빠졌다. 때로는 금이, 때로는 은이 지나치게 높게 평가되었다. 지나치게 낮게 평가된 금속은 유통에서 끌려나와 용해되어 수출되었다. 그럴 때에는 두 금속의 가치비율은 법률상 다시 변경되었지만, 새로운 명목가치는 얼마 가지 않아 이전과 마찬가지로 실제 가치비율과 충돌했다. ~우리의 시대에는 인도와 중국의 은에 대한 수요로 인해, 은에 대한 금 가치가 매우 미미하고 일시적으로 하락했는데, 이는 프랑스에서도 대규모의 동일한 현상을 일으켰다. 즉 은은 수출되고 금에 의해 유통으로부터 추방되었다. 1855-1857년에는 프랑스의 금의 수입 초과액은 4,158,000£에 달한 반면에, 은의 수출 초과액은 34,704,000£(2판에서 4판까지는 14,704,000£이다)에 달했다. 실제로, 두 금속이 법률상의 가치척도이기 때

가격이 정해진 상품은 모두 (a량의 상품 A)=(x량의 금), (b량의 상품 B)=(y량의 금), (c량의 상품 C)=(z량의 금) 등으로 표시되는데, 여기에서 a, b, c는 A, B, C라는 상품 종류의 일정한 양 그리고 x, y, z는 일정한 양의 금을 표시한다. 따라서 상품가치는 다양한 크기의 상상적인 금의 양으로 변한다. 즉 상품체로서는 매우 다양함에도 불구하고 금의 크기라는 동일한 이름의 크기로 변한다. 상품가치는 이러한 다양한 금의 양으로 서로 비교되고 측정된다. 그리고 기술적인 이유로 상품가치는 고정된 양의 금을 도량 단위로 삼아야 할 필요성이 생긴다. 이러한 도량 단위 자체는 나누어 딱떨어지는 부분들로 계속 분할되어 무게를 재는 기준으로 발전한다. 금, 은 그리고 동은 화폐가 되기 전에 이미 그들의 무게를 재는 이러한 기준을 가지고 있다. 예를 들어 금 1파운드는 도량 단위의 역할을 하면서, 한편으로 온스 등으로 분할되기도 하고 다른 한편 젠트너Zentner(100파운드) 등으로 합쳐지기도 한다.[86] 따라서 금속이 유통되는 모든 경우에서 금속의 무게를 재는 기준의 기존 명칭이 화폐나 가격을 재는 기준에 최초의 명칭이 되었다.

문에, 두 금속 가운데 어느 것으로 지불해도 받아야 하는, 그러나 누구나 임의로 금이나 은으로 지불할 수 있는 나라에서는, 가치가 증가하고 있는 금속에 웃돈이 붙어, 모든 상품이 자신의 가격을 과대 평가된 금속으로 측정하며, 이것만이 가치척도의 역할을 한다. 이 분야에서의 역사적 경험은 단순히 아래의 사실로 축약된다. 즉 법률상 두 상품이 가치척도의 기능을 수행하고 있는 곳에서, 실제로는 하나의 상품만이 가치척도로서의 지위를 유지한다는 사실이다. (맑스,《정치경제학 비판을 위해》, 58-59쪽)

86) 2판의 주석: 잉글랜드에서 1온스의 금이 화폐의 도량 단위로서 나누어떨어질 수 있는 (동일한 무게를 갖는) 부분들로 더이상 분할되지 않는다는 기이한 사실은 아래와 같이 설명된다. "우리나라의 주화제도는 원래 은의 사용에만 적합했다. 따라서 1온스의 은은 언제나 일정하게 나누어떨어지는 수의 화폐 조각으로 분할될 수 있었다. 그러나 그 후에 단지 은에만 적합했던 주화제도에 금이 편입되었기 때문에, 1온스의 금은 나누어떨어지는 수의 주화로 주조될 수 없었다."(매클레런,《통화의 역사》, 런던, 1858, 16쪽).

화폐는 가치의 척도와 가격의 기준이라는 전혀 다른 두 가지 기능을 맡고 있다. 인간노동이 사회적으로 구체화된 물건으로서의 화폐는 가치의 척도이며, 고정된 금속 무게로서는 화폐는 가격을 재는 기준이다. 가치의 척도로서 화폐는 다양한 상품들을 가격으로, 즉 상상적인 금의 양으로 변화시키는 역할을 하며, 가격의 기준으로서의 화폐는 그러한 금의 양의 측정한다. 가치척도에 의해 상품들은 가치로서 측정된다. 이와 반대로 가격의 기준은 어떤 양의 금의 가치를 다른 금의 양의 무게로 측정하는 것이 아니라, 다양한 양의 금을 어떤 하나의 금의 양으로 측정하는 것이다. 가격의 재는 기준이 되기 위해서는 일정한 무게의 금이 도량 단위로 고정되어야 한다. 이 경우에는 동일한 명칭의 크기를 재는 다른 모든 척도와 마찬가지로 그 도량비율이 고정되는 것이 매우 중요하다. 따라서 도량 단위로 사용되는 하나의 동일한 양의 금이 변하지 않을수록 가격의 기준은 그 기능을 더 잘 수행한다. 금이 가치의 척도로 사용되는 것은 오직 금 자체가 노동생산물이며 따라서 그 가치가 잠재적으로 변할 수 있기 때문이다.[87]

우선 금의 가치가 변동하더라도 가격을 재는 기준으로서의 금의 기능을 전혀 손상시키지 않는 다는 점은 분명하다. 금의 가치가 아무리 변하더라도, 다양한 양의 금은 언제나 서로 동일한 가치비율을 유지한다. 금의 가치가 1,000% 하락한다고 하여도, 12온스의 금은 여전히 1온스의 금보다 12배 더 많은 가치를 가지고 있다. 가격에서도 서로 양이 다른 금 상호간의

---

87) 2판의 주석: 잉글랜드의 저술들에서는 가치척도(measure of value)와 가격의 도량 기준 (standard of value)에 대한 혼동이 이루 말할 수 없다. 이 둘의 기능이 끊임없이 혼동된 까닭에 그 명칭도 그러했다.

비율만이 문제가 된다. 다른 한편, 1온스의 금은 그 가치의 증감에 따라 무게가 결코 변하지 않기 때문에, 온스를 딱 떨어지게 나눈 부분들의 무게 역시 변하지 않는다. 따라서 금은 그 가치가 아무리 변동하더라도 여전히 고정된 가격을 재는 기준으로서의 역할을 계속 수행한다.

또한 금의 가치변동은 가치척도로서의 금의 기능을 방해하지 않는다. 금의 가치변동은 동시에 모든 상품을 타격하기 때문에, 다른 조건이 동일하다면, 그것들 모두가 이전보다 더 높거나 더 낮은 금의 가격으로 표현되기는 하지만, 그들 상호 간의 상대적 가치는 변하지 않는다.

한 상품의 가치를 어떤 다른 상품의 사용가치로 표시하는 경우와 마찬가지로 상품들을 금으로 평가하는 경우에도 일정한 시간에 일정한 양의 금을 생산하는 데 일정한 양의 노동이 필요하다는 것만을 가정하면 된다. 상품의 가격운동에 관해서는 일반적으로 앞에서 전개된 단순한 상대적 가치표현의 법칙들이 적용된다.

상품가격은 일반적으로 화폐가치가 변하지 않는다면 상품가치가 상승할 때 그리고 상품가치가 변하지 않는다면 화폐가치가 하락할 때만 상승할 수 있다. 이와 반대로 상품가격은 일반적으로 화폐가치가 변하지 않고 상품가치가 하락할 때나, 상품가치가 변하지 않고 화폐가치가 상승할 때만 하락할 수 있다. 따라서 화폐가치의 상승이 이에 비례하는 상품가격의 하락을 가져오거나 화폐가치의 하락이 이에 비례하여 상품가격의 상승을 가져오는 것은 결코 아니다. 이러한 경우는 오직 그 가치가 변하지 않는 상품에게만 적용된다. 예를 들어 그 가치가 화폐가치와 동일하고 동시에 상승하는 상품은 동일한 가격을 유지한다. 상품가치가 화폐가치보다 더 느리거나 더 빨리 상승한다면, 그 상품가격의 하락 또는 상승은 상품의 가치운동과 화폐의 가치운동 사이의 차이에 의해 결정된다. 등등.

이제 가격형태를 살펴보기 위해 되돌아가 보자.

금속 무게를 본 딴 화폐 명칭은 다양한 원인으로 인해 점차로 그 원래의 무게 명칭으로부터 분리되는데, 이들 가운데 역사적으로 결정적인 것들은 아래와 같다.

(1) 보다 덜 발전된 민족에게 외국 화폐가 수입되는 경우. 예를 들면 고대 로마에서는 은화와 금화가 처음에는 외국 상품으로 유통되었다. 이 외국 화폐의 명칭은 국내의 무게 명칭과 달랐다. (2) 부가 발전함에 따라 가치가 작은 귀금속은 가치가 더 큰 귀금속에 의해 가치척도의 기능에서 밀려났다. 동은 은에 의해 그리고 은은 금에 의해 가치척도의 기능에서 밀려났는데, 이러한 순서는 모든 시적詩的 연대기(시적 연대기는 은시대보다 황금시대가 앞선다)와 반대일 수도 있다.[88] 예를 들어 파운드는 진짜 은 1파운드에 대한 화폐 명칭이었다. 금이 가치척도로서 은을 밀어내자마자, 동일한 명칭인 파운드는 금과 은의 가치비율에 따라 약 $1/15$ 파운드의 금에 부착되었다. 화폐 명칭으로서의 파운드와 금의 관습적인 무게 명칭으로서의 파운드는 그때 분리되었다.[89] (3) 수백 년 동안 지속된 군주들의 화폐위조는 사실상 원래의 주화 무게로부터 단지 그 명칭만을 남겨 놓았다.[90]

---

88) 덧붙이자면 이 시적 연대기의 순서가 일반적인 역사적 타당성을 가지는 것은 아니다.

89) 2판의 주석: 그리하여 잉글랜드 파운드는 원래 무게의 1/3보다 적은 양을, 합병 이전의 스코틀랜드 파운드는 겨우 1/36, 프랑스 리브르는 1/74, 스페인 마라베디는 1/1,000보다 더 적은 양을 그리고 포르투갈 레이는 이들보다 훨씬 더 낮은 비율을 표시하고 있다.

90) 2판의 주석: "그 명칭이 오늘날에는 관념적인 것에 지나지 않게 된 주화들은 그 어느 나라에서나 가장 오래된 주화이다. 그들 주화 모두는 한때 진짜였는데, 바로 그런 이유로 그것을 가지고 계산했던 것이다."(갈리아니, 《화폐에 대해》, 153쪽)

이러한 역사적 과정을 통해 금속무게를 본 딴 화폐 명칭은 그 일상적인 무게 명칭으로부터 분리되어 국민적 관습이 되었다. 화폐를 재는 기준은 한편으로 순전히 관습적이고, 다른 한편으로 보편타당성을 요구하기 때문에 결국은 법률에 의해 규제된다. 귀금속의 일정한 양의 무게, 예를 들어 1온스의 금은 공식적으로 똑같은 무게의 작은 부분들로 분할되어, 파운드, 탈러(16세기부터 주조된 은화 - 옮긴이) 등과 같이 법으로 붙여진 명칭을 부여받는다. 그리고 나서 이 분할된 부분은 화폐의 실제 도량 단위로 통용되는데, 이는 다시 실링, 페니 등과 같이 역시 법으로 붙여진 명칭을 부여받으며 똑같은 무게의 더 작은 부분들로 분할된다.[91] 여전히 일정한 금속 무게는 금속화폐를 재는 기준으로 유지된다. 변한 것은 분할되었다는 것과 붙여진 명칭뿐이다.

따라서 상품들의 가치가 관념적으로 변화되어 있는 금의 양, 즉 가격은 이제는 화폐 명칭 또는 금의 도량 기준에 대해 법적으로 유효한 계산 명칭으로 표현된다. 따라서 1쿼터의 밀이 1온스의 금과 같다고 말하는 대신에, 잉글랜드에서는 1쿼터의 밀은 3파운드 17실링 10½펜스와 같다고 말할 것이다. 이와 같이 상품은 자신의 가치가 얼마인지를 화폐 명칭으로 말하며, 화폐는 어떤 물건을 가치로, 따라서 화폐형태로 고정시킬 필요가 있을 때마다 계산화폐의 역할을 한다.[92]

---

91) 2판의 주석: 어커트 씨는 자신의 책 《상용어》에서 1파운드라는 잉글랜드의 화폐도량 단위가 오늘날에는 1/4온스의 금과 같다는 엄청난 사실에 대해, "이것은 척도의 위조이지, 도량 기준의 확정이 아니다."(105쪽)라고 언급한다. 그는 도처에 넘쳐나는 이러한 금 무게의 '거짓 명칭'에서 여느 때나 다름없는 문명의 위조 수단을 발견했다.

92) 2판의 주석. "그리스인은 무엇을 위해 돈이 필요하냐고 아나카르시스(Anacharsis)에게 물었을 때, 그는 계산하기 위해서라고 대답했다."(아테나이우스, 《학자의 향연》, 슈바이크호이저 엮음, 1802, 2권, 1부, 4편, 49절, 120쪽)

어떤 물건의 명칭은 그 물건이 가지고 있는 성질의 겉모습에 지나지 않는다. 내가 어떤 사람이 야곱이라고 불린다는 것을 알고 있어도 나는 그 사람에 대해 아무것도 아는 게 없다. 마찬가지로 파운드, 탈러, 프랑, 두카트(옛 유럽의 금화명칭 - 옮긴이) 등의 화폐 명칭에는 가치관계의 모든 흔적이 사라졌다. 이러한 신비한 기호의 비밀스러운 의미에 대한 혼란은 화폐 명칭이 상품의 가치를 표현함과 동시에 화폐의 도량 기준인 어떤 금속 무게의 일정한 부분을 표현하기 때문에 더욱 가중된다.[93] 다른 한편 가치가 상품세계의 다양한 물체들과 구분되는 이러한 개념 없는 (금속이라는)물적 형태로, 그러나 또한 순전히 사회적인 형태로 계속 발전해 나가는 것은 필연적이다.[94]

가격은 상품에 물질화되어 있는 노동의 화폐 명칭이다. 따라서 상품

93) 2판의 주석: '가격을 재는 기준으로서의 금'은 상품가격과 동일한 계산명칭으로 나타나기 때문에, 즉 예를 들어 1온스의 금은 쇠 1톤의 가치와 마찬가지로 3£ 17실링 10½펜스로 표현되기 때문에, 이러한 금의 계산명칭은 금의 주화가격이라고 불리었다. 이런 까닭에, 금 (또는 은)은 자신의 재료로 측정되었으며, 다른 모든 상품과는 다르게 국가에 의해서 고정된 가격을 부여받았다는 이상한 사고방식이 생겼다. 일정한 양의 금의 무게를 계산명칭으로 고정시키는 것을 이 무게의 가치를 고정시키는 것으로 오해했다. (맑스, 앞의 책, 52쪽)
94)《정치경제학 비판을 위해》에 있는 '화폐의 도량 단위에 관한 이론들'의 53쪽 이하를 참조하라. 고정된 양의 금 또는 은의 무게를 표시하는 법으로 정한 화폐 명칭에 국가가 더 크거나 더 작은 양의 금이나 은의 무게를 부여함으로써, 예를 들면 대략 ¼온스의 금으로 20실링 대신 앞으로는 40실링을 주조함으로써 '주화가격'을 올리거나 내릴 수 있다는 환상이 존재한다. 이 환상이 공공채권자와 사적채권자에 대한 졸렬한 재정조작이 아니라 경제적 '기적요법'을 목적으로 하고 있다는 사실을 페티가《화폐에 관련된 소론, 핼리팩스 후작에게, 1682》에서 충분히 다루고 있어서, 훗날 그의 추종자들은 말할 것도 없고 곧바로 그를 계승한 추종자들인 더들리 노스나 존 로크는 그의 이론을 천박하게 만들 수 있었다. 페티는 특히 다음과 같이 말했다. "한 나라의 부를 하나의 법령으로 10배로 만들 수 있다면, 왜 우리나라의 정부는 이미 오래 전에 그러한 법령을 공포하지 않았는지 의아하다."(맑스, 앞의 책, 36쪽)

과 그 상품 가격의 명칭인 화폐량이 등가라는 것은, 마치 일반적으로 어떤 상품의 상대적 가치표현이 언제나 두 가지 상품의 등가를 표현하는 것처럼 똑같은 말을 반복하는 것이다.[95] 그러나 상품의 가치크기의 지수로서의 가격은 화폐와 그 상품 간의 교환비율의 지수이기는 하지만, 그 반대로 그 상품과 화폐와의 교환비율의 지수, 즉 가격이 반드시 그 상품의 가치크기의 지수가 되는 것은 아니다. 동일한 크기의 사회적 필요노동이 1쿼터의 밀과 2£(약 ½온스)의 금으로 표현된다고 가정해보자. 2£은 1쿼터 밀의 가치크기를 화폐로 표현하거나, 또는 1쿼터 밀의 가격이다. 이제 1쿼터 밀의 가격을 3£이나 1£으로 정할 수밖에 없는 상황을 가정해 보자. 그렇게 되면 1£과 3£은 밀의 가치크기를 표현하기에는 너무 작거나 너무 크지만, 여전히 1쿼터 밀의 가격이다. 첫째, 1£과 3£은 밀의 가치형태인 가격이며, 둘째, 밀과 화폐의 교환비율의 지수이기 때문이다. 생산조건이나 노동생산력이 변하지 않는 경우, 1쿼터의 밀을 재생산하기 위해 여전히 똑같은 양의 사회적 노동이 소모되어야 한다. 이러한 상황은 밀 생산자나 다른 상품소유자의 의지와는 무관하다. 따라서 상품의 가치크기는 어떤 필연적인 관계, 즉 그 상품의 생성과정에 내재하는 사회적 노동시간과의 관계를 표현한다. 가치크기가 가격으로 변함과 더불어 이 필연적 관계는 어떤 상품과 그 상품의 외부에 존재하는 화폐상품과의 교환비율로 나타난다. 그러나 이 교환비율에서 상품의 가치크기가 표현될 수 있을 뿐만 아니라, 그 상품이 주어진 조건 하에서 양도되는 가치크기의 증감Mehr oder Minder도 표현할 수 있다. 따라서 가격과 가치크기가 양적으로 서로 일치하지 않을 가능성, 또는 가

---

95) "그렇지 않다면, 화폐 100만의 가치가 동일한 가치를 가진 상품보다 더 많은 가치가 있다는 것을 인정해야 한다."(르 트론, 앞의 책, 919쪽) 즉, '어떤 가치가 동일한 크기의 다른 가치보다 크다는 것'을 인정해야 한다.

치크기로부터 가격이 차이 날 가능성은 가격형태 그 자체에 있다. 이것은 가격형태의 결함이 아니라 오히려 그 반대로 이 가격형태를 어떤 생산방식에 적절한 형태로 만드는데, 이 생산방식에서는 단지 맹목적인 불규칙이 평범한 법칙으로 작용하는 그러한 규칙이 관철될 수 있다.

그러나 화폐형태는 가치크기와 가격, 즉 가치크기와 그 화폐표현 사이의 양적 불일치의 가능성을 용인할 뿐만 아니라, 가격이 가치표현이기를 중단할 수도 있는 질적인 모순을 품고 있을 수 있다. 화폐가 단지 상품의 가치형태임에도 그러하다. 예를 들어 그 자체로는 상품이 아닌 양심과 명예 등의 소유자들은 그것들을 돈을 받고 팔 수 있으며, 따라서 그것들은 그 가격을 통해 상품형태를 취할 수 있다. 이런 까닭에 어떤 물건은 형식적으로 아무런 가치를 가지고 있지 않으면서 가격을 가질 수 있다. 이 경우에 가격표현은 수학에서 어떤 크기의 허수처럼 가상적인 것이 된다. 다른 한편, 인간노동이 물질화되어 있지 않기 때문에 아무런 가치를 가지고 있지 않은 개간되지 않은 토지의 가격과 같은 가상적인 가격형태 역시, 어떤 실질적인 가치관계 또는 이로부터 파생된 관계를 은폐하고 있을 수 있다.

상대적 가치형태 일반과 마찬가지로 가격은 어떤 상품, 예를 들어 쇠 1톤의 가치를 표현할 때 1온스의 금이라는 일정한 양의 등가물이 쇠와 직접 교환가능하다고 표현하지, 결코 그 반대로 쇠의 편에서 금과 직접 교환가능하다는 것을 표현하지는 않는다. 따라서 실제로 교환가치로 작용하기 위해서 상품은 타고난 육신을 벗어던지고 상상적인 금에서 진짜 금으로 변해야 한다. 이러한 실체 변화는 필연에서 자유로 이행하는 헤겔의 '개념'보다도, 껍질을 벗고 있는 가재보다도, 아담의 원죄를 벗어나려는 교부 히에

로니무스Hieronymus(히브리어 《구약성경》을 라틴어로 번역한 서방 4대 교부 가운데 하나 - 옮긴이)보다도 상품에게 '더 고통스러울' 수 있더라도 그렇게 해야만 한다.[96] 상품은 예를 들어 쇠라는 자신의 실제 모습 외에, 가격에서 관념적인 가치모습 또는 상상적인 금의 모습을 가질 수 있지만, 진짜 쇠인 동시에 진짜 금일 수는 없다. 상품에 가격을 부여하기 위해서는 상상적인 금을 그 상품과 동일시하는 것으로 충분하다. 상품이 그 소유자에게 일반적 등가물의 역할을 해 주려면 상품은 화폐로 대체되어야 한다. 예를 들어 쇠의 소유자가 세속에서 향락 상품소유자와 대면하여, 쇠의 가격을 가리키면서 화폐형태라고 한다면, 향락 상품의 소유자는 마치 천국에서 베드로가 자신에게 상투적인 교의를 암송하는 단테에게 대답한 것처럼 말할 것이다.[97]

"이제 이 주화의 무게와 품질은 이미 충분히 검토되었다. 그래도 말해 봐라, 그대가 이 주화를 그대의 지갑에 가지고 있는가를…."

가격형태는 화폐를 받고 상품을 양도할 가능성과 이러한 양도가 필연적이라는 것을 포함하고 있다. 다른 한편, 금은 단지 관념적인 가치척도로 기능할 뿐이다. 금은 이미 교환과정에서 화폐상품으로 헤매고 있기 때문이다. 따라서 관념적인 가치척도에는 금속화폐가 숨어 있다.

---

96) 히에로니무스가 사막에서 미인의 형상과 싸웠다는 이야기가 보여주듯이, 그는 젊은 시절에 육체적 정욕과 격렬하게 싸워야 했으며, 노년에는 마음속의 정욕과 싸워야만 했다. 예를 들어 그는, "나는 마음속으로 세상의 심판관 앞에 있다고 생각했다." "너는 누구냐?"고 어떤 목소리가 물었다. "나는 그리스도교인입니다." "거짓말 마라, 너는 키케로(Cicero)의 패거리에 지나지 않는다." 세상의 심판관은 호통을 쳤다.

97) 편집자주: 단테, 《신곡》, 천국편, 24쪽.

2절
유통수단

a) 상품의 형태변화

우리는 상품의 교환과정이 모순되고 상호 배제하는 관계들을 포함하고 있다는 것을 보았다. 상품의 발전은 이러한 모순을 지양하지는 못하지만, 이들 모순이 운동할 수 있는 형태를 만든다. 이러한 운동이 일반적으로 현실의 모순을 해결하는 방법이다. 예를 들어 한 물체가 끊임없이 어떤 다른 물체로 낙하하면서 동시에 그 물체로부터 끊임없이 멀어지는 것은 하나의 모순이다. 타원은 이러한 모순이 실현되면서 동시에 해결되는 운동 형태들 가운데 하나이다.

교환과정이 상품을, 그것이 사용가치가 아닌 사람의 손에서 사용가치인 사람의 손으로 이전 시키는 한, 교환과정은 사회적 물질대사이다. 어떤 유용노동의 생산물이 다른 유용노동의 생산물과 교체되는 것이다. 일단 사용가치로 쓰이는 곳에 도착하면, 상품은 교환영역에서 소비영역으로 들어간다. 여기에서 우리는 상품의 교환영역에만 관심을 가지고 있다. 따라서 우리는 모든 과정을 형태 측면에서, 즉 오직 사회적 물질대사를 매개하는 상품들의 형태변화만을 살펴보아야 한다.

이 형태변화에 대한 이해가 전적으로 불충분한 것은, 가치개념 자체가 명확하지 않다는 점 이외에도, 어떤 상품의 형태변화가 보통상품과 화폐상품이라는 두 상품의 교환에서 이루어진다는 사정 때문이다. 상품과 금의 교환이라는 물적 관점에만 집착하면, 당연히 보아야 할 것, 바로 형태상에 일어나는 변화를 간과하게 된다. 즉 금은 순수한 상품으로는 화폐가 아니라는 것, 그리고 다른 상품들은 그들의 가격에서 그들의 화폐모습으로 금과 관계를 맺는다는 사실을 간과하게 된다.

처음에 상품은 금칠도 하거나 설탕도 바르는 일도 없이 바로 교환과 정으로 들어간다. 교환과정은 상품을 상품과 화폐로 분리하여 외적 대립을 만들어낸다. 이 외적 대립에서 상품은 사용가치와 가치 간에 내재하는 대립을 표현한다. 이 대립에서 사용가치로서의 상품은 교환가치로서의 화폐와 마주 선다. 다른 한편, 대립하고 있는 양측은 상품이다. 즉 사용가치와 가치의 통일체이다. 그러나 서로 구별되는 사용가치와 가치의 통일체는 양극에 자리잡고 역으로 표현되며, 그럼으로써 동시에 양극의 상호관계를 표현한다. 상품은 실제 사용가치이며, 그 가치로서의 존재는 가격에서 단지 관념적으로만 모습을 드러낸다. 가격은 상품을 상대편에 서 있는 화폐와 그 상품의 실제 가치모습으로 관계를 맺게 한다. 이와 반대로 금이라는 물건은 오직 가치의 체화물인 화폐로만 간주된다. 따라서 금은 현실적으로는 교환가치이다. 금의 사용가치는 일련의 상대적 가치표현들에서 관념적으로만 그 모습을 드러낸다. 그리고 이 가치표현들에서 금은 자신의 실제 사용가치 모습으로서 상대편에 서 있는 상품들과 관계를 맺는다. 이 상품들의 대립형태들이 상품교환과정의 현실적인 운동 형태들이다.

이제 어떤 상품소유자와 함께, 예를 들어 우리에게 익숙한 아마포 직공과 함께 교환과정의 무대인 상품시장으로 가보자. 그의 상품 2엘레의 아마포의 가격은 정해져 있다. 그 가격은 2£이다. 그는 자신의 아마포를 2£과 교환한다. 그리고 이 성실한 사람은 2£을 다시 같은 가격의 가정용 성경과 교환한다. 그에게 상품이자 가치보유자에 지나지 않는 아마포는 자신의 가치형태인 금과 교환되어 양도되고, 그리고 이 가치형태인 금은 다른 상품인 성경과 교환되어 재차 양도된다. 그리고 성경은 일용품으로서 직공의 집으로 이동하여 신앙의 욕망을 충족시켜야 한다. 따라서 상품의 교환과정은 대립하면서 서로 보완하는 두 번의 형태변화, 즉 상품의 화폐로의 변화와 화폐에서 상품으로의 재변화로 완성된다.[98] 이들 형태변화의 상황은 동시에 이루어지는 상품소유자의 거래, 즉 상품을 화폐와 교환하는 판매와 화폐를 상품과 교환하는 구매 그리고 이 두 행위가 하나가 되는 구매를 위한 판매이다.

이제 아마포 직공이 이 거래의 최종결과를 눈여겨본다면, 그는 아마포 대신 성경, 자신의 최초의 상품 대신에 가치는 같지만 다른 유용성을 가진 상품을 소유하고 있다. 동일한 방식으로 그는 다른 생활수단과 생산수단을 취득한다. 그의 입장에서 보면, 전체과정은 그의 노동생산물과 타인의 노동생산물과의 교환, 즉 생산물교환만을 매개하고 있을 뿐이다.

따라서 상품의 교환과정은 아래와 같은 형태변화로 이루어진다.

상품 – 화폐 – 상품

W – G – W

---

98) "헤라클레이토스에 따르면 불에서 만물이 생겨나고 불은 만물에서 생겨난 것이니, 이는 마치 금에서 재화가 생겨나고 재화에서 금이 생겨나는 것과 같다."(라쌀레, 헤라클레이토스의 철학, 베를린 1858, 제1권, 222쪽) 이 구절에 대해 라쌀레는 화폐를 순전히 가치의 징표라는 주석(224쪽, 주석3)을 달아 틀리게 설명하고 있다.

이 운동은 물적 내용에 따르면 W-W, 곧 상품과 상품의 교환이며, 사회적 노동의 물질대사이며, 그 결말에서 과정 자체가 소멸된다.

W(상품) - G(화폐). 상품의 제1형태변화 또는 판매

상품체에서 금체金體로의 상품가치의 건너뛰기는, 내가 다른 곳에서 지적했듯이(MEW 13권,《정치경제학 비판을 위해》, 71쪽 -편집자) 상품의 목숨을 건 도약이다. 이 도약에 실패하면, 상품은 타격을 입지 않지만 상품소유자는 확실히 타격을 입는다. 사회적 분업은 상품소유자의 노동을 일면적으로 만드는 동시에 그의 욕망을 다양하게 만든다. 바로 그런 이유로 그의 생산물은 그에게는 단지 교환가치로서의 역할만을 한다. 그러나 그의 생산물은 오직 화폐에서만 사회적으로 인정되는 일반적 등가물형태를 취하는데, 화폐는 타인의 주머니에 있다. 화폐를 끄집어내기 위해 상품은 우선 화폐소유자를 위한 사용가치가 있어야 한다. 따라서 상품에 소모된 노동은 사회적으로 유용한 형태로 소모되어, 사회적 분업의 한 부분으로 입증되어야 한다. 그러나 분업은 자연발생적인 생산조직이고, 그 조직망은 상품생산자들의 배후에서 짜였으며 계속 짜여질 것이다. 어쩌면 상품은 새롭게 생성되는 욕망을 충족시키기 위해 제공되거나 또는 자신의 힘으로 어떤 욕망을 맨 처음 불러일으키는 새로운 노동방식의 산물일 수도 있다. 어제까지는 아직 동일한 상품생산자의 수많은 기능 가운데 하나의 기능인 어떤 특별한 작업이 이제는 그 결합된 기능으로부터 떨어져 나와 독립되고, 바로 그런 이유로 그 부분 생산물을 독립된 상품으로 시장에 내보낸다. 이러한 분리과정을 위한 상황이 성숙되어 있을 수도 있고 그렇지 않을 수도 있다. 오늘 어떤 사회적 욕망을 충족시키는 생산물이 내일에는 어떤 유사한 종류의 생산물에 의해 완전히 또는 부분적으로 자신의 자리에서 밀려날 수 있다. 그리고 우리 아마포 직공의 노동 역시, 비록 사회적 분업의 한 부분으로서의 특허를 가지고 있다고 해도, 그것만으로 아직 그의 20엘레 아마포의 사용가치가 보장되는 것은 결코 아니다. 아마포에 대한 사회적 욕망은 다른 것들과 마찬가지로 한도가 있는데, 그것이 그와 경쟁하고 있는 다른 아마포 직공에 의해 충족된다면, 우리 친구의 생산물은 과잉되어 쓸모가 없어진다. 거저 주는 물건에 값어치를 따지지 말아야겠지만, 우리의 친구인 직공은 선물을 하기 위해 시장에 간 것이 아니다. 그의 상품의 사용가치가 입증되고 따라서 화폐가 상품에 마음이 끌린다고 해보자. 그러나 이제는 얼마만큼의 화폐인지가 문제가 된다. 물론 그 답은 이미 상품의 가치크기의 지수인 상품의 가격으로 예측된다. 우리는 화폐소유자가 혹시 범할지도 모르는 순전히 주관적인 계산착오, 즉 시장에서 곧바로 공평하게 정정되는 계산착오는 무시한다. 그는 자신의 생산물에 단지 사회적으로 필요한 평균 노동시간만을 소모해야 한다. 따라서 상품의 가격은 우리 친구의 아마포에 물질화되어 있는 사회적 노동양의 화폐 명칭일 뿐이다. 그러나 오래 전부터 보증되어 있던 아마포 직물업의 생산조건이 우리의 아마포 직공의 허락 없이 그리고 그의 배후에서 급속하게 변했다고 해보자. 어제까지 분명히 1엘레의 아마포의 생산에 사회적으로 필요한 노동시간이었던 것이, 우리 친구의 다양한 경쟁자들의 가격표를 근거로 화폐소유자가 기를 쓰고 증명하는 바와 같이, 오늘은 달라졌다. 우리의 친구 직공에게는 불행한 일이지만 세상에는 수많은 아마포 직공들이 존재한다. 마지막으로 시장에 있는 모든 아마포 조각이 오직 사회적으로 필요한 노동시간만을 포함하고 있다고 해보자. 그럼에도 그것들의 총량에는 불필요하게 소모된 노동시간이 포함되어 있을 수 있다. 만약 시장의 규모가 모든 양의 아마포를 엘레당 2실링의 정상가격으로 흡수할 수 없다면, 이는 사회적 노동시간의 너무 큰 부분이 아마포를 짜는 데 소모되었다는 것을 증명하고 있다. 그 결과는 개별 아마포 직공이 자신의 생산물에 사회적으로 필요한 노동시간보다 더 많은 노동시간을 사용한 것과 같다. 일이 잘못되면 다함께 죽는다는 이야기이다. 시장에서 모든 아마포는 단 하나의 거래품목으로만 간주되며, 아마포 한 조각은 그것의 한 부분으로만 간주될 뿐이다. 그리고 사실상 모든 아마포 1엘레의 가치는 동질의 인간노동이 사회적으로 정해진 동일한 양으로 물질화된 것일 뿐이다.[99]

이와 같이 상품이 화폐를 사랑한다는 것을 알 수 있다. 그러나 "참된 사랑의 길은 결코 평탄하지 않다."(셰익스피어, 《한 여름 밤의 꿈》, 1막, 1장 -편집자 주) 분업체계에서 그것을 이루고 있는 흩어진 부분을 보여주는 사회적 생산조직의 양적 짜임새는 그 질적 짜임새와 마찬가지로 자연발생적이고 우연적이다. 이런 까닭에 우리의 상품소유자들은 그들을 독립된 사적생산자로 만드는 동일한 분업이 사회적 생산과정과 이 과정에서의 그들의 관계를 그들 자신으로부터 독립된 것으로 만든다는 것을 발견한다. 또한 그들의 상호독립성이 전면적인 물적 의존체제 내에서 보완되고 있다는 것을 발견한다.

분업은 노동생산물을 상품으로 변화시키며, 그렇게 함으로써 노동생

---

99) 편집자 주석: 1878년 11월 28일《자본》의 러시아 판 번역자인 다니엘슨에게 보낸 편지에서 맑스는 이 마지막 문장을 아래와 같이 수정했다. "그리고 사실상 아마포 1엘레의 가치는 아마포의 총량에 소모된 사회적 노동양의 일부분이 물질화된 것뿐이다." 맑스가 개인적으로 소장하고 있던 《자본》 1권, 독일어 2판에도 동일하게 수정되어 있다. 그러나 맑스가 직접 한 것이 아니다.

산물을 불가피하게 화폐로 변화시킨다. 이와 동시에 분업은 이러한 실체 변화의 성공 여부를 우연한 것으로 만든다. 그러나 여기에서 우리는 순수한 현상만을 살펴보아야 하며, 그것이 정상적으로 진행된다고 가정해야 한다. 그런데 그 과정이 어쨌든 진행되어 상품이 팔린다면, 비록 비정상적으로는 실체-가치크기의 형태변환에서 가치크기가 감소하거나 증가할 수는 있어도 상품의 형태변화는 언제나 일어난다.

한쪽의 상품소유자에게는 금이 그의 상품을 대체하고, 다른 쪽의 상품소유자에게는 상품이 그의 금을 대체한다. 눈에 띄게 명백한 현상은 상품과 금의 소유자 교체 또는 위치 교체, 즉 20엘레 아마포와 2£의 교환이다. 그러나 상품은 무엇과 교환되는가? 그 자신의 일반적 가치모습과 교환된다. 그렇다면 금은? 그 사용가치의 특별한 모습과 교환된다. 어떤 이유로 금은 아마포와 화폐로서 마주서는가? 2£의 아마포의 가격 또는 아마포의 화폐 명칭이 이미 아마포를 화폐로서의 금과 관련지었기 때문이다. 원래의 상품형태를 벗어버리는 것은 상품의 매각으로 완성된다. 즉, 상품의 사용가치가 그 가격으로 그저 상상 속에나 존재하던 금을 실제로 끌어당기는 바로 그 순간에 완성된다. 따라서 상품가격의 실현 또는 관념적으로만 존재하는 상품의 가치형태의 실현은 동시에 그 반대인 역시 관념적으로만 존재하는 화폐의 사용가치의 실현이며, 상품의 화폐로의 변화는 동시에 화폐의 상품으로의 변화이다. 이 하나의 과정은 양면적인 과정이며, 상품소유자의 쪽에서는 판매이고 반대쪽의 화폐소유자에게는 구매이다. 또는 판매는 구매이다. 즉 W-G는 동시에 G-W이다.[100]

100) "모든 판매는 구매이다."(케네 박사, 《상업 및 수공업자의 노동에 대한 대화》, 《중농학파》, 테르 엮음, 1부, 파리 1846, 170쪽) 또는, 케네가 자신의 저작 《일반준칙》에서 언급한

지금까지 우리는 상품소유자들 간의 관계 외에는 인간들 사이의 어떤 경제적 관계도 알지 못한다. 이 관계에서 한 상품소유자는 자신의 노동생산물을 타인에게 내어주어야 그의 노동생산물을 자기의 것으로 만들 수 있다. 따라서 어떤 상품소유자에게 다른 사람이 화폐소유자로서 마주설 수 있는 것은, 다만 후자의 노동생산물이 선천적으로 화폐형태를 가지고 있고, 즉 금 등과 같은 화폐재료이거나, 후자의 상품이 이미 껍질을 벗어 그 본래의 사용형태를 벗어버렸기 때문이다. 화폐로 기능하기 위해서 금은 당연히 어떤 장소에서든 상품시장으로 들어가야 한다. 이 장소는 금의 원산지이며, 이곳에서 금은 직접적인 노동생산물로서 동일한 가치의 다른 노동생산물과 교환된다. 그러나 바로 이 순간부터 금은 항상 실현된 상품가격을 나타낸다.[101] 금의 원산지에서의 금과 상품 간의 교환을 무시하면, 금은 그 어떤 상품소유자의 수중에서도 그의 매각된 상품 대신에 양도 받은 모습이며, 판매, 즉 상품의 제1형태변화인 W-G의 산물이다.[102] 금이 관념적인 화폐 또는 가치척도가 된 까닭은 모든 상품이 자신들의 가치를 금으로 측정하여, 금을 자신들의 사용모습의 상상적인 대립물, 즉 자신들의 가치형태로 만들었기 때문이다. 그리고 금이 진짜 화폐가 되는 까닭은 상품들이 자신들의 전면적인 매각을 통해 금을 자신의 실제 모습을 벗어버린 변화된 가치모습, 따라서 진짜 자신의 가치모습으로 삼기 때문이다. 이러한

바와 같이, "판매하는 것은 구매하는 것이다."

101) "한 상품의 가격은 단지 어떤 다른 상품의 가격으로만 지불될 수 있다."(리비에르(Mercier de la Rivière), 《정치사회의 자연적 및 본질적 질서》, 〈중농학파〉, 테르 엮음, 2부, 554쪽)

102) "화폐를 소유하기 위해서는 판매했어야 한다."(앞의 책, 543쪽)

가치모습에서 상품은 자신의 본래의 사용가치의 모든 흔적과 그 상품을 처음으로 만든 특별한 유용노동의 모든 흔적을 벗어던지고 동일한 인간노동의 똑같은 사회적 물질형태로 탈바꿈한다. 따라서 화폐에서는 어떤 종류의 상품이 화폐로 변했는지 알아차릴 수 없다. 모든 상품은 그 화폐형태에서는 똑같아 보인다. 따라서 쓰레기는 화폐가 아니지만, 화폐는 쓰레기일수 있다. 우리의 아마포 직공이 그의 상품을 매각하고 얻은 2개의 금화가 1쿼터의 밀이 변한 모습이라고 가정하려고 한다. 아마포의 판매, 즉 W-G는 동시에 그것의 구매 G-W이다. 그러나 아마포의 판매로 시작하는 이 과정은 그 반대인 구매, 즉 성경의 구매로 종결되는 하나의 운동이다. 또한 아마포의 구매로 종결되는 과정은 그 반대인 밀의 판매로 시작하는 운동이다. W-G(아마포-화폐), 즉 W-G-W(아마포-화폐-성경)의 1단계는 동시에 G-W(화폐-아마포), 즉 다른 운동인 W-G-W(밀-화폐-아마포)의 마지막 단계이다. 어떤 상품의 제1형태변화인 상품형태에서 화폐로의 변화는 언제나 동시에 다른 어떤 상품의 그 반대로의 제2형태변화, 즉 화폐형태가 도로 상품으로 변하는 것이다.[103]

G-W. 상품의 제2형태변화 또는 최종적인 형태변화, 즉 구매

화폐는 다른 모든 상품이 자신들을 넘기고 얻은 모습, 또는 그것들의 일반적 양도의 산물이기 때문에 아무런 조건 없이 양도될 수 있는 상품이다. 화폐는 모든 가격을 거꾸로 읽음으로써 자신이 상품이 되는 데 필요한 재료로서의 모든 상품체에 자신의 모습을 비추어 본다. 동시에 상품이 화폐에 보내는 사랑의 눈짓인 가격은 화폐의 변화 능력의 한도, 즉 화폐 자

---

103) 앞에서 이미 언급한 바와 같이, 자신의 생산물을 미리 판매하지 않고도 교환하는 금이나 은의 생산자는 예외이다.

신의 양을 가르쳐 준다. 상품은 화폐가 되면 사라지기 때문에, 우리는 화폐 자체에서는 그것이 어떻게 그 소유자의 수중에 들어갔는지 또는 무엇이 화폐로 변했는지를 알아채지 못한다. 화폐의 기원이 어디이든 간에 화폐에는 냄새가 나지 않는다. 화폐가 한편으로 판매된 상품을 나타낸다면, 다른 한편으로는 구매할 수 있는 상품을 나타낸다.[104]

구매는(G-W)는 동시에 판매(W-G)이다. 따라서 어떤 상품의 마지막 형태변화는 동시에 어떤 다른 상품의 최초의 형태변화이다. 우리의 아마포 직공에게 있어서 그의 상품의 생애는 2£을 다시 한번 변화시킨 성경으로 마친다. 그러나 성경 판매자는 아마포 직공으로부터 손에 쥔 2£을 위스키로 바꾼다. G-W, 즉 W-G-W(아마포-화폐-성경)의 마지막 단계는 동시에 W-G, 즉 W-G-W(성경-화폐-위스키)의 1단계이다. 상품생산자는 하나의 생산물만을 공급하기 때문에, 그는 생산물을 흔히 대량으로 판매한다. 반면에 그의 다양한 욕망은 그로 하여금 실현된 가격, 즉 손에 쥔 화폐액을 끊임없이 수많은 구매로 분산시킨다. 따라서 판매는 다양한 상품의 수많은 구매로 끝난다. 이와 같이 어떤 상품의 마지막 형태변화(화폐-상품)는 다른 상품들의 제1형태변화(상품-화폐)의 합으로 이루어진다.

이제 어떤 상품, 예들 들어 아마포의 형태변화 전체를 살펴보면, 우선 우리는 그것이 상호보완적이면서 상반된 두 가지 운동인 W-G와 G-W로 이루어져 있다는 것을 보게 된다. 상품의 이 두 가지 상반된 변화는 상품소유자의 두 가지 상반된 사회적 과정에서 완성되며, 또 상품소유자의 두 가

---

104) "우리의 수중에 있는 화폐가 우리가 구매하고자 하는 물건을 나타내고 있다면, 화폐는 또한 우리가 화폐를 받고 판매한 물건들도 나타낸다."(리비에르, 앞의 책, 586쪽)

지 상반된 경제적 역할에 반영된다. 판매의 담당자로서 상품소유자는 판매자가 되고, 구매의 담당자로서 그는 구매자가 된다. 그러나 상품의 모든 변화에서 상품의 두 가지 형태, 즉 상품형태와 화폐형태는 오직 서로 반대되는 양극에 동시에 존재하는 것처럼, 동일한 상품소유자도 판매자로서는 다른 구매자와 그리고 구매자로서는 다른 판매자와 대립하고 있다. 동일한 상품이 두 가지 상반되는 변화를 순차적으로 경과하는 것처럼, 즉 화폐에서 상품으로 그리고 상품에서 화폐로 되는 것처럼, 동일한 상품소유자도 판매자와 구매자의 역할을 바꾼다. 따라서 판매자와 구매자의 역할은 고정된 것이 아니라, 상품유통 내에서 계속 그 배역을 바꾼다.

어떤 상품의 전체 형태변화는, 그 가장 단순한 형태일 경우, 4개의 극과 3명의 등장인물을 전제로 한다. 처음에는 상품에 그 가치모습으로서의 화폐가 상대하는데, 이 가치모습은 건너편에 있는 타인의 주머니에서 물적으로는 금속화폐harte Realität의 형태를 취하고 있다. 즉 상품소유자에 어떤 화폐소유자가 상대한다. 상품이 화폐로 바뀌자마자, 그 화폐는 상품의 순간적인 등가물형태가 되며, 이 형태의 사용가치 또는 내용물은 이쪽 편의 다른 상품체에 존재하게 된다. 상품의 제1형태변화의 종착점으로서의 화폐는 동시에 제2형태변화의 출발점이다. 따라서 제1막의 판매자는 제3의 상품소유자가 판매자로 그와 상대하는 제2막에서는 구매자가 된다.[105]

상품의 형태변화에서의 두 가지 반대 방향으로의 운동단계는, 상품형태, 상품형태의 탈피, 상품형태로의 복귀라는 하나의 순환을 이룬다. 물

---

105) "따라서 4개의 종착점과 3명의 계약당사자가 있으며, 그들 가운데 한 명은 두 번 계약에 관여한다."(르 트론, 앞의 책, 909쪽)

론 여기에서 상품 그 자체는 대립적으로 규정되어 있다. 출발점에서 상품
은 비사용가치이며, 종착점에서는 그 소유자를 위한 사용가치이다. 따라서
화폐는, 나중에 상품의 단순한 등가물 형태로 녹아 사라지기 위해, 처음에
는 상품이 변하는 견고한 가치결정체로서 그 모습을 드러낸다.

어떤 상품의 순환을 이루고 있는 두 번의 형태변화는 동시에 서로 다
른 두 상품의 반대 방향으로의 부분적인 형태변화를 이루고 있다. 동일한
상품(아마포)이 자신의 형태변화 순서의 선두에 서는 동시에 다른 상품(밀)
의 전체 형태변화를 종결한다. 아마포는 자신의 제1형태변화에서, 즉 판매
에서 하나의 배역으로 두 가지 역할을 수행한다. 반면 아마포는 금이라는
제3의 상품을 구매할 수 있는 과도기로 변했을 때, 자신의 최종적인 제2의
형태변화를 완성하는 동시에 제3의 상품의 제1형태변화를 종결시킨다. 따
라서 어떤 상품의 형태변화의 행렬을 묘사하는 순환은 다른 상품들의 순환
과 풀기 어려울 정도로 뒤엉켜져 있다. 이 전체 과정이 상품유통으로 나타
난다.

상품유통은 형식적으로는 물론 실질적으로도 직접적인 생산물 교환
과 구별된다. 그 과정을 그저 다시 한 번 되짚어보자. 아마포 직공은 아무런
조건 없이 아마포와 성경을, 즉 자신의 상품을 타인의 상품과 교환했다. 그
러나 이 현상은 오직 그에게만 바람직한 일이다. 차가운 것(성경)보다 뜨거
운 것(위스키)을 더 좋아하는 성경 판매자는 성경을 아마포와 교환할 생각
을 하지 않았으며, 마찬가지로 아마포 직공도 밀이 자신의 아마포와 교환된
다는 것에 대해 알지 못했다. 등등. B의 상품은 A의 상품으로 대체되지만,
A와 B는 그들의 상품을 서로 교환하지 않는다. A와 B가 직접 구매하는 경

우가 실제로 일어날 수 있지만, 상품유통의 일반적 상황이 이러한 특별한 관계를 야기하는 것은 결코 아니다. 상품유통에서 우리는 한편으로 상품교환이 어떻게 직접적인 생산물교환의 개인적이고 국지적인 한계를 부수고 인간노동의 물질대사를 발전시키는가를 보며, 다른 한편으로 상품교환이 어떻게 등장인물이 통제할 수 없는 자연발생적인 사회적 그물망을 발전시키는가를 보게 된다. 직공이 아마포를 판매할 수 있는 것은 농민이 이미 밀을 판매했기 때문이고, 열혈한이 성경을 판매할 수 있는 것은 직공이 이미 아마포를 판매했기 때문이며, 양조업자가 위스키를 판매할 수 있는 것은 다른 사람이 이미 영원한 생명수(성경)를 판매했기 때문이다. 등등.

그런 까닭에 유통과정은 직접적인 생산물 교환처럼 사용가치의 위치변경과 소유자변경으로 소멸되지 않는다. 화폐는 어떤 상품의 형태변화 행렬에서 최종적으로 떨어져 나왔다는 이유로 사라지지 않는다. 화폐는 언제나 상품이 비워준 유통 장소에 가라앉는다. 예를 들어 전체 형태변화인 아마포-화폐-성경에서 맨 먼저 아마포가 유통에서 떨어져나가고, 화폐가 대신 그 자리를 차지하며, 그 다음 성경이 유통에서 떨어져 나가고, 화폐가 대신 그 자리를 차지한다. 상품에 의한 상품의 대체는 동시에 제3자의 손에 화폐상품을 쥐어준다.[106] 유통은 끊임없이 화폐를 분비한다.

모든 판매가 구매이며 또한 모든 구매가 판매이기 때문에 상품유통이 구매와 판매 사이의 균형을 필연적으로 만들어낸다는 주장보다 더 어리석은 도그마는 없다. 이 도그마가 의미하는 바가, 실제로 체결된 판매의 수

---

106) 2판의 주석; 이 현상이 매우 명백한 것임에도, 대부분의 정치경제학자들은 특히 속류 자유무역주의자들은 이것을 간과했다.

가 실제로 체결된 구매의 수와 같다는 것이라면 이는 진부한 군소리일 뿐이다. 그러나 이 도그마는 판매자가 자신의 구매자를 시장으로 데리고 온다는 것을 증명해야 한다. 판매와 구매는 양극에서 대립하고 있는 두 사람, 즉 상품소유자와 화폐 소유자 사이의 상호관계로서 하나의 동일한 행위이다. 그것들은 동일한 사람의 행동으로서는 두 개의 대립적인 행위를 이루고 있다. 따라서 판매와 구매가 일치한다는 것은, 상품이 유통이라는 금을 만드는 증류기에 투입되어 화폐가 되어 나오지 않는다면, 다시 말해서 상품이 상품소유자에 의해 판매되지 않아서 화폐소유자에 의해 구매되지 않는다면, 그 상품은 아무 짝에도 쓸모없게 된다는 사실을 포함하고 있다. 더 나아가 이러한 일치는, 교환과정이 성공적으로 이루어진다면, 더 길거나 더 짧게 지속될 수 있는 상품 생애의 한 시기인 휴식기를 이룬다는 의미도 포함하고 있다. 상품의 제1형태변화는 판매인 동시에 구매이기 때문에, 판매와 구매라는 두 부분 과정은 동시에 독립된 과정이다. 구매자는 상품을 가지며, 판매자는 언제이든 다시 시장에 그 모습을 드러내어 유통될 수 있는 형태로 보존되어 있는 화폐를 가진다. 어느 누구도 다른 사람이 구매하지 않으면 판매할 수 없다. 그러나 어느 누구도 그가 판매했기 때문에 즉시 구매할 필요는 없다. 유통은, 자신의 것과 타인의 것을 주고받는 생산물교환에 존재하는 판매와 구매의 직접적인 동시성을 그 대립과정으로 분열함으로써 생산물교환의 시간적, 지역적 그리고 개인적 한계를 뛰어 넘는다. 독립되어 서로 대립하고 있는 이 두 과정(판매와 구매)이 내적 통일성을 이룬다는 것은, 이 통일성이 외적 대립을 통해 운동하고 있다는 것과 똑같다는 것을 의미한다. 서로를 보완하기 때문에, 내적으로 의존적인 이 두 과정의 외적 대립이 일정한 지점까지 진행되면, 이 통일성은 공황을 통해 폭력적으로 관철된다. 상품에 내재하는 사용가치와 가치 사이의 모순, 사적노동이 동시에 직접적으로는 사회적 노동으로만 나타나야 한다는 모순, 별개의 구체적 노동이 동시에 추상적인 일반노동으로만 간주된다는 모순, 물건의 인격화와 인격의 물질화 사이의 모순 - 이러한 내재적인 모순들은 상품의 형태변화 과정에서의 대립을 통해 더 발전된 운동 형태들을 얻게 된다. 따라서 이들 형태는 공황의 가능성을, 그러나 오로지 공황의 가능성만을 포함하고 있다. 이러한 공황의 가능성이 현실로 발전하기 위해서는 단순 상품유통의 관점에서는 아직 전혀 존재하지 않는 매우 포괄적인 관계가 필요하다.[107]

상품유통의 매개자로서 화폐는 유통수단의 기능을 가지고 있다.

b) 화폐의 유통

노동생산물의 물질대사가 이루어지는 형태변화, 즉 상품-화폐-상품(W-G-W)은 동일한 가치가 상품으로 출발점을 떠나 다시 상품으로 같은 지점으로 되돌아오는 것을 전제로 한다. 따라서 이러한 상품의 운동은 순

---

107) 《정치경제학의 비판을 위해》의 74-76쪽에서 내가 제임스 밀에 대해 언급한 부분을 참조하라. 여기에서는 두 가지 점이 경제학적 변명 방식의 특징이다. 첫째, 상품유통과 직접적인 생산물 교환의 차이를 무시하여 양자를 동일시한 것. 둘째, 자본주의적 생산과정의 생산 담당자들 간의 관계를 상품유통에서 발생하는 단순한 관계로 바꾸어 자본주의 생산과정의 모순들을 부정해 버리려는 시도가 그것이다. 그러나 범위와 영향력이 다를지라도, 상품생산과 상품유통은 상이한 생산방식에 속하는 현상이다. 따라서 사람들이 생산방식에 공통된 추상적인 상품유통의 범주를 알았다고 해서, 이들 각각을 특징짓는 차이점에 대해서는 전혀 알지 못하며, 따라서 그것을 평가할 수 없다. 모든 학문 가운데 정치경제학에서만 이러한 초보적인 상식을 매우 중대한 것으로 다루는 것이 유행하고 있다. 예를 들어 세는 상품이 생산물이라는 것을 알고 있다는 이유로, 뻔뻔스럽게도 공황에 대해 평가하려고 한다.

환이다. 다른 한편, 이 운동형태는 화폐의 순환을 배제한다. 이 운동형태의 결과 화폐는 출발점으로부터 끊임없는 멀어져나가, 출발점으로 되돌아오지 않는다. 판매자가 자신의 상품의 변화된 형태, 즉 화폐를 꽉 쥐고 있는 동안은, 상품은 제1형태변화의 단계에 있거나 또는 오직 유통의 절반만을 나아갔을 뿐이다. 구매하기 위해서 판매하는 과정이 완성되면, 화폐 또한 원래 소유자의 수중에서 다시 멀어진다. 물론 아마포 직공이 성경을 구매한 후, 새로운 아마포를 판매하면, 화폐 역시 그의 수중으로 되돌아온다. 그러나 화폐는 처음의 20엘레 아마포의 유통에 의해 되돌아온 것이 아니다. 오히려 이 처음의 유통을 통해 화폐는 아마포 직공의 수중으로부터 성경 판매자의 수중으로 멀어져 있다. 화폐는 새로운 상품을 위한 동일한 유통과정의 갱신이나 반복을 통해서만 되돌아오며, 앞의 경우와 동일한 결과로 종결된다. 따라서 상품유통이 화폐에 직접 부여하는 운동형태는 출발점으로부터의 화폐의 끊임없는 이탈, 어떤 상품소유자의 수중에서 다른 상품소유자 수중으로의 화폐의 흐름, 곧 화폐의 유통이다.

화폐의 유통은 동일한 과정의 지속적이고 단조로운 반복을 보여준다. 상품은 언제나 판매자의 편에 서 있으며, 화폐는 구매수단으로서 언제나 구매자의 편에 서 있다. 화폐는 상품의 가격을 실현(현금화)함으로써 구매수단으로 기능한다. 화폐는 가격을 실현함으로써, 상품을 판매자의 수중에서 구매자의 수중으로 넘겨주는 동시에 구매자의 수중에서 판매자의 수중으로 멀어지는데, 이는 어떤 다른 상품과 동일한 과정을 반복하기 위해서이다. 이러한 화폐의 일면적 운동형태가 상품의 양면적 형태운동에서 기인한다는 사실은 은폐된다. 상품유통의 성질 그 자체가 겉으로는 이와 반대되는 모습을 보여준다. 상품의 제1형태변화는 화폐의 운동으로뿐만 아니라, 상품 자신의 운동으로도 보이지만, 상품의 제2형태변화는 단지 화폐의 운동으로만 보인다. 상품은 자신의 유통과정의 전반부에서 화폐와 자리를 바꾼다. 이와 동시에 사용대상으로서의 상품의 모습은 유통에서 떨어져 나와 소비로 들어간다.[108] 사용대상으로서의 상품의 자리를 상품의 가치모습 또는 화폐의 겉모습Geldlarve이 차지한다. 상품은 유통과정의 후반부를 더 이상 자신의 실제모습Naturalhaut이 아니라, 금의 외피를 쓰고 통과한다. 그럼으로써 화폐는 전적으로 이 연속되는 운동을 이끌어나간다. 따라서 상품의 입장에서는, 두 개의 상반되는 과정을 포함하는 동일한 운동은 화폐운동으로서는 언제나 동일한 과정, 즉 화폐와 다른 상품들과의 끊임없는 자리바꿈을 포함하게 된다. 한 상품이 다른 상품에 의한 대체되는 상품유통의 결과는 상품 자신의 형태변화에 의해 매개되는 것이 아니라, 유통수단으로서의 화폐의 기능에 의해 매개되는 것처럼 보인다. 즉 유통수단으로서의 화폐는 그 자체로는 움직이지 않는 상품을 유통시켜, 상품을 그것이 비사용가치인 사람의 수중에서 그것이 사용가치인 사람의 수중으로, 언제나 화폐 자신의 진행과는 반대 방향으로 넘겨주는 것처럼 보인다. 화폐는 끊임없이 상품의 유통 자리를 차지함으로써 상품을 끊임없이 유통 영역에서 멀어지게 하며, 그럼으로써 화폐 자신의 출발점으로부터 계속 멀어진다. 따라서 화폐운동이 단지 상품유통을 표현하는 것에 지나지 않지만, 그 반대로 상품유통이 마치 화폐운동의 결과에 지나지 않는 것처럼 보인다.[109]

---

108) 같은 상품이 반복적으로 판매되는 경우에도, 우리에게 아직 존재하지 않는 현상이지만 그 상품은 최종적인 판매와 더불어 생활수단이나 생산수단으로서의 역할을 하기 위해 유통 영역에서 떨어져 나와 소비영역으로 들어간다.

109) "그것(화폐)은 생산물에 의해 부여되는 운동 이외에는 그 어떤 운동도 하지 않는다."(르 트론, 앞의 책, 885쪽)

다른 한편, 화폐에 유통수단의 기능이 부여된 까닭은 화폐가 상품에서 독립된 가치이기 때문이다. 따라서 유통수단으로서의 화폐의 운동은 실제로는 상품 자체의 형태운동일 뿐이다. 이런 까닭에 상품의 형태운동은 감각적으로도 화폐의 유통에 반영되어야 한다. 예를 들어 아마포는 우선 자신의 상품형태를 화폐형태로 바꾼다. 아마포의 제1형태변화인 W-G의 끝부분인 화폐형태는 그 다음에는 아마포의 마지막 형태변화인 G-W, 즉 다시 성경으로 변하는 아마포의 앞부분이 된다. 이 두 형태변화는 모두 상품과 화폐의 교환을 통해, 즉 상품과 화폐 상호간의 자리바꿈을 통해 이루어진다. 동일한 화폐조각은 상품의 양도된 모습으로 판매자의 수중으로 들어오고, 절대적으로 양도가능한 상품의 모습으로 그의 수중으로부터 떠나간다. 화폐조각은 두 번 자리를 바꾼다. 아마포의 제1형태변화는 이 화폐조각을 직공의 주머니로 건네주고, 제2형태변화는 그것을 다시 끄집어낸다. 따라서 동일한 상품의 대립적인 이 형태변화는, 화폐가 두 번에 걸친 반대 방향으로의 자리바꿈을 하는 데 반영되어 있다.

이에 반하여, 단지 일면적인 상품의 형태변화, 즉 판매 또는 구매 가운데 원하는 것 하나만 일어난다면, 동일한 화폐 역시 한 번만 자리를 바꾼다. 화폐의 두 번째 자리바꿈은 언제나 상품의 제2형태변화, 즉 화폐가 다시 상품이 되는 것을 표현한다. 이러한 화폐 조각의 빈번한 자리바꿈의 반복에 어떤 상품 하나의 형태변화의 순서뿐만 아니라, 상품세계 일반의 수많은 형태변화들의 뒤얽힌 관계가 반영되어 있다. 덧붙이자면 여기에서 살펴본 단순한 유통에서 벗어난 상품은 없다.

어떤 상품도 유통에 첫발을 들여 놓는 순간, 그 제1형태변화에서 유통으로부터 떨어져 나오고, 그곳에는 늘 새로운 상품이 들어온다. 이에 반해 유통수단으로서의 화폐는 계속 유통 영역에 머물면서 끊임없이 그곳을 헤매고 다닌다. 따라서 유통 영역이 얼마나 많은 화폐를 끊임없이 흡수하는가에 대한 문제가 발생한다.

한 나라에서는 매일 수많은, 동시적인 따라서 공간적으로 상이한 장소에서 진행되는 일면적인 상품의 형태변화, 다른 말로 하면, 한 쪽에서는 판매만이 다른 한 쪽에서는 구매만이 일어나고 있다. 상품은 그들의 가격에서 이미 일정한 양의 상상적인 화폐와 동일시되어 있다. 그런데 여기에서 고찰되는 직접적인 유통형태에서는 상품을 판매라는 쪽에 그리고 화폐를 구매라는 반대쪽에 항상 실물로 마주 세워놓기 때문에, 상품세계의 유통과정에 필요한 유통수단의 양은 이미 상품들의 가격 총액에 의해 정해져 있다. 사실상 화폐는 단지 상품들의 가격 총액에 이미 관념적으로 표현되어 있는 금의 총액을 실질적으로 나타내고 있을 뿐이다. 따라서 가격의 총액과 금의 총액은 분명히 동일하다. 그러나 우리는 상품의 가치가 변하지 않는 경우에는 상품의 가격은 금(화폐재료) 자체의 가치와 더불어 변동한다는 것을 알고 있다. 즉 금의 가치가 하락하면, 상품가격은 이에 비례하여 상승하고, 금의 가치가 상승하면 이에 비례하여 상품가격은 하락한다는 것을 알고 있다. 상품가격의 총액이 증가하든지 하락하면, 유통되고 있는 화폐의 양도 이와 똑같이 증가하거나 하락해야 한다. 물론 이 경우에 유통수단의 양의 변동은 화폐 자체에서 기인하지만, '유통수단으로서 화폐의 기능'이 아니라 '가치척도로서 화폐의 기능'에서 기인한다. 상품의 가격은 먼저 화폐의 가치와 반비례하여 변동하며, 그런 다음 유통수단의 양은 상품의 가격과 비례하여 변동된다. 예를 들어 금의 가치가 하락하지 않은 상태에서 은이 가치척도로서 금을 대체한다면, 또는 은의 가치가 상승하지 않은 상태에서 금이 은을 가치척도의 기능에서 몰아낸다면, 똑같은 현상이 발생할 수 있다. 앞의 경우에는 이전의 금보다 더 많은 은이 유통되어야 하며, 후자의 경우에는 이전의 은보다 더 적은 금이 유통되어야 한다. 두 경우 모두에서, 가치의 척도로 기능하는 상품인 화폐재료의 가치는 변하고, 이에 따라 상품의 가치를 표현하는 가격도 변하며, 그 때문에 가격을 현금화시키는 데 쓰이는 유통화폐의 양도 변한다. 우리는 상품의 유통 영역이 하나의 구멍을 가지고 있어, 이를 통해 금(은, 간단히 말하면 화폐재료)이 일정하게 주어진 가치를 가진 상품으로서 유통 영역으로 들어온다는 것을 알고 있다. 이 가치는 화폐가 가치척도 기능을 하는 경우, 즉 가격 결정의 기능을 하는 경우에는 이미 정해져 있다. 이제 예를 들어 가치척도 자체의 가치가 하락한다면, 이는 귀금속의 원산지에서 상품으로서의 귀금속과 직접 교환되는 상품들의 가격이 변동되면서 가치 하락세는 처음으로 나타난다. 특히 부르주아 사회가 덜 발전된 상태에서는 다른 상품들 대부분은 더 오랫동안 이제는 헛된 것이 되어버린 가치척도의 낡은 가치로 평가된다. 그러나 어떤 한 상품과 다른 상품과의 가치비율이 또 다른 상품으로 계속 옮겨가는 동안에는, 금이나 은으로 표시되는 상품들의 가격이 점차로 그것들의 가치 자체에 의해 정해진 비율로 그 차이를 해소해 나가는데, 이는 최종적으로 모든 상품의 가치가 화폐금속의 새로운 가치에 따라 평가될 때까지 계속된다. 이 균등화 과정은 귀금속과 직접 교환되는 상품의 대가로 유입되는 귀금속의 지속적인 증가에 의해 진행된다. 따라서 조정된 상품가격이 상품전체에 퍼지는 정도에 따라, 또는 상품들의 가치가 이미 하락했거나 일정한 수준까지 계속 하락하고 있는 금속의 새로운 가치에 적절하게 평가되는 정도에 따라, 상품가격의 실현에 필요한 증가된 금속의 양이 이미 존재하게 된다. 새로운 금광과 은광의 발견에 뒤따른 사건들에 대한 일면적인 관찰은, 더 많은 금과 은이 유통수단으로 기능했기 때문에 상품가격이 상승했다는 17세기 특히 18세기의 잘못된 결론을 이끌어냈다. 이후에서는 금의 가치가 사실상 가격을 평가하는 바로 그 순간에 주어져 있는 것처럼, 즉 이미 주어진 것으로 가정한다.

따라서 이런 가정 하에서는 유통수단의 양은 현금화되어야 할 상품들의 가격총액에 의해 정해진다. 이제 더 나아가 모든 종류의 상품가격도 주어진 것으로 가정한다면, 그것들의 가격 총액은 분명히 유통 중에 있는 상품의 양에 달려있다. 1쿼터의 밀이 2£이라면, 100쿼터는 200£이고, 200쿼터는 400£ 등이 된다. 따라서 밀의 양이 증가함에 따라 판매될 때 밀과 자리를 바꾸어야 하는 화폐의 양도 증가해야 한다는 것을 이해하기 위해서는 별로 머리를 쓸 필요가 없다.

상품량이 주어진 것으로 가정한다면, 유통되어야 할 화폐량은 상품가격의 변동에 따라 증가하거나 감소한다. 유통화폐량의 증감은 상품가격의 변동으로 인해 그 가격총액이 증가하거나 감소하기 때문이다. 그러나 이를 위해 모든 상품의 가격이 결코 동시에 오르거나 내릴 필요가 없다. 유통되는 모든 상품을 현금화할 수 있는 가격 총액을 증가시키거나 또는 감소시키기 위해, 즉 더 많거나 더 적은 화폐를 유통에 투입하기 위해서는 일정한 수의 주요 품목의 가격이 상승하거나 하락하는 것만으로도 충분하다. 상품가격의 변동이 그 상품의 실제적인 가치변경을 반영하든 아니면 단순히 시장가격의 변동을 반영하든 간에, 유통수단의 양에 미치는 영향은 동일하다.

예를 들어 1쿼터의 밀, 20엘레의 아마포, 1권의 성경, 4갤런의 위스키 등, 서로 연관이 없는 몇 가지 상품이 동시에 그리고 공간적으로 상이한 장소에서 판매된다고, 즉 부분적인 형태변화를 진행한다고 가정해보자. 각 품목의 가격이 2£이어서 현금화되어야 할 가격 총액이 8£이라면, 8£의 화폐양이 유통으로 들어가야만 한다. 반대로, 이들 동일한 상품이 우리에게 알려진 형태변화의 순서를 이루고 있다면, 즉 1쿼터 밀-2£-20엘레 아마포-2£-1권의 성경-2£-4갤런 위스키라면, 2£의 화폐가 상이한 상품을 순서대로 유통시킨다. 2£은 상품의 가격을 순서대로, 따라서 8£의 가격총액을 현금화함으로써, 2£은 최종적으로 양조업자의 수중에서 안식을 취할 것이다. 2£은 4번 유통한다. 이와 같은 동일한 화폐조각의 반복적인 자리바꿈은 상품의 이중적 형태변화, 즉 두 개의 대립적인 유통단계를 통과하는 상품의 운동과 다양한 상품의 형태변화들의 뒤얽힌 관계를 보여준다.[110] 이러한 과정이 진행되는 대립적이면서 상호보완적인 국면들은 공간적으로는 병존할 수 없고 단지 시간적으로만 연속될 수 있다. 따라서 이 과정의 길이를 재는 척도는 일정한 기간이다. 또는 주어진 기간에 동일한 화폐조각의 유통횟수에 의해 화폐유통의 속도가 측정된다. 앞의 4가지 상품의 유통과정이 예를 들어 하루가 걸린다고 하자. 그렇다면 현금화되어야 할 가격 총액은 8£이고, 동일한 화폐조각의 하루 동안의 유통횟수는 4회 그리고 유통되는 화폐량은 2£이다. 따라서 일정한 기간이 주어진 유통과정에서는,

---

110) "그것(화폐)을 움직이고 유통시키는 것은 바로 생산물이다. … 화폐량은 그것(즉, 화폐)의 운동속도에 의해 보완된다. 필요하다면, 화폐는 한순간도 쉬지 않고 이 사람 수중에서 저 사람 수중으로 흘러다닌다."(르 트론, 앞의 책, 915-916쪽)

$$\frac{상품의\ 가격총액}{동일한\ 명칭의\ 화폐조각의\ 유통횟수} = 유통수단으로\ 기능하는\ 화폐의\ 양$$

이 된다. 이 법칙은 보편타당하다. 일정한 기간 내에서 한 국가의 유통과정은, 동시에 상이한 장소에서 일어나는 수많은 분산된 판매(또는 구매) 또는 부분적인 형태변화를 포괄하는데. 이 과정에서 동일한 화폐조각은 단한 번만 자리를 바꾸거나 단 한 번만 유통된다. 그러나 다른 한편, 이 유통과정은 일부는 나란히 진행되고, 일부는 상대방과 뒤섞인 수많은 형태변화를 포괄하는데, 여기에서 동일한 화폐조각은 많든 적든 간에 여러 번 회전한다. 그런데 유통되고 있는 동일한 명칭을 갖는 화폐조각의 총유통횟수를 알면 개별주화의 평균유통횟수 또는 화폐유통의 평균속도를 명확하게 알수 있다. 예를 들어, 하루 동안 진행되는 유통과정의 시점始點에서 유통과정에 투입되는 화폐량은 당연히 공간적으로 겹치지 않으면서도 동시에 유통되는 상품가격의 총액에 의해 결정된다. 그러나 유통과정 내에서는 한 화폐조각은 다른 화폐조각에 대해 소위 연대책임을 지게 된다. 한 화폐조각의 유통속도를 빠르게 하면, 다른 화폐조각의 유통속도는 느려지거나 유통영역으로부터 완전히 날아가 버릴 것이다. 유통 영역은 단지 일정한 양의 금을 흡수할 수 있는데, 이 양은 그 개별적인 기본단위를 평균 유통횟수와 곱한 것으로 현금화되어야 할 가격총액과 같아야 하기 때문이다. 따라서 화폐조각의 유통횟수가 증가하면, 유통되는 화폐조각의 양은 감소한다. 그리고 화폐조각의 유통횟수가 감소하면 그 양은 증가한다. 평균속도가 주어진 경우에는 유통수단으로 기능할 수 있는 화폐의 양은 주어지기 때문에, 예를 들어 일정한 양의 소버린(1파운드 금화의 옛 명칭 - 옮긴이)을 유통 영역에서 내던지기 위해서는 동일한 양의 1파운드 태환지폐를 유통 영역에 던

져넣기만 하면 된다. 이것은 모든 은행에게 잘 알려진 일이다.

화폐유통 일반에서는 상품의 유통과정만이, 즉 대립적인 형태변화들을 통한 상품의 순환만이 나타나는 것처럼, 화폐의 유통속도에서는 상품의 형태변화의 속도, 즉 일련의 형태변화들의 연속적인 뒤얽힘, 물질대사의 신속함, 즉 상품들이 유통 영역으로부터 급속하게 사라지고 새로운 상품으로 채워지는 속도 등이 나타난다. 따라서 화폐유통이 빨라지면, 사용형태가 가치형태로 변하고 이어 가치형태가 사용형태로 다시 변하거나, 또는 판매와 구매의 두 과정 등 서로 대립적이고 상호보완적인 국면들의 원활한 통일이 나타난다. 반면에 화폐유통이 느려지면, 이 두 과정이 분리되어 서로 대립하면서 독자적으로 존재하게 되며, 형태변화의 정체와 이에 따른 물질대사의 정체가 나타난다. 어디서 이러한 정체가 기인하는가는 유통 자체에서는 당연히 알아차릴 수 없다. 유통은 단지 그 현상 자체만을 보여줄 뿐이다. 화폐유통이 늦어짐에 따라 화폐가 유통 영역의 모든 지점에서 나타나는 빈도가 줄어들고 사라지는 것을 본 통속적인 견해가 이 현상을 부족한 유통수단의 양으로 설명하려는 것은 수긍이 간다.[111]

---

111) "화폐는 ⋯ 판매와 구매 양측을 위한 공통된 척도를 나타내기 때문에, 무엇인가를 판매해야 하지만 구매자를 찾지 못한 사람은 누구나 왕국이나 국내에 화폐가 부족해서 자신의 상품이 판매되지 않는다고 속단하는 경향이 있다. 따라서 도처에서 화폐가 부족하다고 아우성이다. 그러나 이는 큰 잘못이다. ⋯ 화폐에 대해 아우성치는 이 사람들은 무엇이 필요한가? ⋯ 차지농장주는 불평을 늘어놓는다. ⋯ 그는 국내에 더 많은 화폐가 있다면, 자신의 재화가 제 가격을 받을 수 있다고 생각한다. ⋯ 따라서 그에게 부족한 것은 화폐가 아니라 그가 팔기를 원하지만 팔 수가 없는 그의 곡식과 가축에 대한 가격인 것처럼 보인다. 그는 왜 제 가격을 받을 수 없는가? ⋯ 1. 국내에 곡식과 가축이 너무 많아서 시장에 오는 사람들의 대다수가 그와 마찬가지로 팔려고만 하지 살려고 하는 자가 매우 적거나, 2. 수출을 통한 평상시의 판매가 정체되었거나, 3. 사람들이 빈곤해져서 예전과 같은 양을 가계를 위해 지출할 수 없어서 소비가 감소했든가 중에 하나이다. 그런 까닭에 차지농장주의 재화에 유리한 영향을 주는 것은 단지 화폐의 양을 증가시키는 것이 아니라, 현실적으로 시장

따라서 일정한 기간에 유통수단으로 기능하는 화폐의 총량은, 한편으로는 유통되고 있는 상품세계의 가격총액에 의해, 다른 한편으로는 상품세계의 대립적인 유통과정의 흐름의 완급(속도)에 의해 정해진다. 그리고 이 가격총액 중 얼마만큼이 동일한 화폐조각에 의해 현금화될 수 있는가는 이러한 흐름의 완급에 달려있다. 그러나 상품가격의 총액은 각 상품 종류의 양과 가격에 달려있다. 가격운동, 유통되고 있는 상품의 양 그리고 마지막으로 화폐의 유통속도 등의 세 가지 요인은 각기 상이한 방향이나 비율로 변동할 수 있다. 따라서 이들 세 가지 요인은 현금화되어야 할 가격총액과 이 가격총액이 요구하는 유통수단의 양 사이에 매우 많은 수의 조합을 만들어 낼 수 있다. 여기에서는 상품가격의 역사에서 가장 중요한 몇 가지 조합만을 열거해 보자.

상품가격이 그대로 유지되는 경우에 유통되는 상품의 양이 증가하거나 화폐의 유통속도가 감소하기 때문에, 또는 양자가 함께 작용하기 때문에 유통수단의 양은 증가할 수 있다. 반대로 유통수단의 양은 상품양이 감소하거나 유통속도가 증가함에 따라 감소할 수 있다.

을 억누르고 있는 위의 세 가지 원인 가운데 하나를 제거하는 것이다. … 도매상과 소매상은 차지농장주와 마찬가지로 화폐가 필요하다. 즉 시장이 정체되었기 때문에 그들이 거래하는 재화의 판매가 이루어지지 않고 있다. … 부가 이 사람 저 사람의 수중으로 빠르게 움직일 때 한 나라는 가장 번영한다.”(더들리 노스, 《상업에 대한 담론》, 런던 1691, 11-15쪽 여기저기) 헤렌슈반트(Herrenschwand)의 속임수는 모두 상품의 본성에서 기인하는 모순, 따라서 상품유통에 나타나는 모순이 유통수단을 늘림으로써 제거될 수 있다는 것으로 귀결된다. 생산과정과 유통과정의 정체를 유통수단이 부족한 탓으로 돌리는 것은 통속적인 환상에 지나지 않지만, 그렇다고 해도 반대로 예를 들어 정부의 서투른 '통화정책'의 결과에서 발생하는 유통수단의 현실적 부족이 정체를 야기할 수 없다는 결론은 결코 나오지 않는다.

상품가격이 전반적으로 상승하는 경우에, 유통되는 상품의 양이 그 가격상승과 같은 비율로 감소하거나 또는 유통되는 상품의 양은 고정되어 있는 반면에 화폐의 유통속도가 가격상승과 동일한 속도로 증가하면, 유통수단의 양은 변하지 않을 수 있다. 유통수단의 양이 감소하는 이유는 상품의 양이 가격보다 더 급속하게 감소하거나 유통속도가 가격보다 더 급속하게 증가하기 때문이다.

상품의 가격이 전반적으로 하락하는 경우에는, 상품의 양이 상품가격의 하락과 같은 비율로 증가하거나 화폐의 유통속도가 가격하락과 같은 비율로 감소하면, 유통수단의 양은 변하지 않을 수 있다. 유통수단의 양은 상품가격보다 상품의 양이 더 급속하게 증가하거나 유통속도가 더 급속하게 감소하면, 증가할 수 있다.

상이한 요인들의 변동은 서로 상쇄될 수 있기에, 이것들이 끊임없이 변화함에도 현금화되어야 할 상품의 가격총액은 변하지 않을 수 있으며, 따라서 유통되는 화폐의 양 또한 변하지 않을 수 있다. 따라서 특히 비교적 장기간을 두고 살펴보는 경우에는, 각 나라에서 유통되는 화폐양의 평균수준은 대충 예상한 것보다 훨씬 고정되어 있다는 것을 알게 된다. 또 주기적인 생산공황과 상업공황에서 기인하는 혼란과 이보다는 드물지만 화폐 가치 자체의 변동으로 인한 격렬한 혼란을 제외하면, 이 평균수준으로부터의 편차는 대충 예상한 것보다 훨씬 적다는 것을 보게 된다.

유통수단의 양이 유통되는 상품의 가격총액과 화폐유통의 평균속도에 의해 정해진다는[112] 법칙은, 상품의 가치총액과 그 형태변화의 평균속도가 주어져 있는 경우에는 유통되는 화폐 또는 화폐재료의 양이 그 자신의 가치에 의존한다는 말로도 표현될 수 있다. 이와 반대로, 상품가격이 유통수단의 양에 따라 정해지고, 유통수단의 양은 한 나라에 있는 화폐재료의 양에 따라 정해진다는[113] 착각은 그것을 최초로 주장한 사람들의 어리석

---

112) "한 나라의 상업을 운영하는 데 필요한 화폐에는 일정한 액수와 비율이 있으며, 그보다 많거나 적으면 상업에 해를 끼친다. 그것은 마치 소매상에서 은화의 거스름돈을 주거나 최저단위 은화로도 결제할 수 없는 지불을 하기 위해 일정한 양의 파딩(Farthing, 영국의 동전, 1/4페니)이 필요한 것과 마찬가지이다. … 그리고 거래에 필요한 파딩의 수적 비율이 구매자의 수, 그들의 구매 횟수 그리고 무엇보다도 최저단위 은화의 가치에 의존하는 것과 마찬가지로, 우리의 거래에 필요한 화폐(금화와 은화)의 비율 역시 거래의 빈도와 지불의 크기에 의해 유사한 방식으로 정해진다."(윌리엄 페티, 앞의 글, 17쪽) 영(A. Young)은 그의 저서《정치산술》(런던 1774)에서 "물가는 화폐량에 의존한다"는 특별한 장(112쪽 이하)에서 스튜어트(J. Steuart) 등에 대항하여 흄의 이론을 옹호하고 있다. 나는《정치경제학 비판을 위하여》149쪽에서 "그(아담 스미스)는 화폐를 완전히 틀리게 순수한 상품으로 취급함으로써, 유통되는 주화의 양에 대한 문제를 묵살하고 있다."라고 지적했다. 이 말은 아담 스미스가 공적으로 화폐를 취급하고 있는 경우에만 해당된다. 그러나 아담 스미스는 때때로, 예컨대 이전의 정치경제학 체계를 비판할 때, 올바른 말을 하고 있다. "어느 나라에서나 주화된 화폐의 양은 그것이 유통시켜야 하는 상품의 가치에 의해 규제된다. … 어떤 나라에서 해마다 매매되는 재화의 가치는 그 재화를 유통시키고 실제 소비자에게 분배하기 위한 일정한 양의 화폐를 필요로 하지만, 그 이상의 화폐를 사용할 수 없다. 유통의 수로는 그것을 채우기에 충분한 액수를 필연적으로 끌어들이지만, 그 이상은 결코 받아들이지 않는다."(스미스, 앞의 책, 4편, 1장, 87, 89쪽) 이와 비슷하게 스미스는 자신의 저서를 공적으로는 분업에 대한 예찬으로 시작한다. 그러나 나중에 스미스는 국가소득의 원천에 대한 맨 마지막 편에서 자신의 스승인 퍼거슨(A. Ferguson)의 분업에 대한 비판을 이곳저곳에서 재현하고 있다.

113) "어느 나라에서나 물가는 그 나라 사람들이 가지고 있는 금과 은의 양이 증가하는 만큼 확실하게 상승할 것이다. 따라서 어떤 나라에서 금과 은이 감소한다면, 모든 상품의 가격은 화폐가 감소함에 따라 하락할 수밖에 없다."(제이콤 반더린트,《화폐만능론》, 런던, 1734, 5쪽) 반더린트와 흄의《에세이》를 자세히 비교해보면, 흄이 이른바 반더린트의 이 중요한 저술을 알고 있었고 활용했다는 사실은 나에게는 추호도 의심의 여지가 없다. 유통수단의 양이 가격을 결정한다는 견해는 바본이나 그보다 훨씬 앞선 저술가들의 견해이기도 하다. 반더린트는 아래와 같이 말한다. "자유무역에서 생기는 불편은 전혀 없으며, 오히려 매우 커다란 이익만이 생길 수 있다. 어느 나라의 현금액수가 자유무역으로 인해 감소한다면, 물론 수입금지 조치들을 통해 방지하겠지만, 현금이 유입되는 나라들에서는 현금

은 가설, 즉 상품은 가격 없이 유통과정에 들어가고, 화폐 역시 가치 없이 유통과정으로 들어간 다음, 이 유통과정에서 잡다하게 섞인 상품의 일정한 부분이 금속더미의 일정한 부분과 서로 교환된다는 어리석은 가설에 그 뿌리를 두고 있다.[114]

액수가 증가하는 정도로 모든 물건의 가격이 상승할 것이라는 것은 확실하다. … 얼마 가지 않아 우리의 공업제품과 다른 모든 상품의 가격이 떨어져서, 무역수지가 우리에게 유리하게 바뀔 것이며, 이의 결과로 화폐는 우리에게 다시 유입될 것이다."(반더린트, 앞의 책, 43, 44쪽)

114) 각 개별 상품의 가격이 유통되고 있는 모든 상품의 가격총액을 구성하는 한 요소라는 것은 자명하다. 그러나 같은 단위로 서로 비교할 수 없는 사용가치가 어떻게 무더기로 어떤 나라에 있는 금 또는 은의 양과 교환되는지는 전혀 포착할 수 없다. 상품세계를 단 하나의 상품총체라고 둘러대거나 각 개별 상품이 이 상품총체를 나누어 딱 떨어지는 한 부분을 구성한다고 둘러댄다면, 다음과 같은 쉬운 계산문제가 나온다. (상품총체)=(x젠트너의 금), (상품 A)=(상품총체의 나누어떨어지는 한 부분)=(x젠트너의 금) 가운데 그에 해당하는 부분이라는 계산문제가 그것이다. 몽테스키외는 이러한 주장을 당당하게 하고 있다. "세계에 존재하는 금과 은의 양을 존재하고 있는 상품의 합계와 비교하면, 개별 생산물이나 상품 각각을 일정한 양의 금과 비교할 수 있다. 세상에 단 하나의 생산물 또는 상품이 존재하고, 또는 단 하나의 상품만이 구매되며, 그 상품이 화폐와 마찬가지로 분할될 수 있다고 가정한다면, 이 상품의 일정한 부분은 화폐량의 일부분과 일치할 것이고, 상품총계와 화폐총량의 절반은 서로 일치할 것이다. … 상품가격의 결정은 근본적으로 언제나 화폐 징표의 총량에 대한 상품총량의 비율에 의존한다."(몽테스키외, 앞의 책, 12-13쪽) 리카도와 그의 제자 제임스 밀과 오버스톤이 이러한 이론을 어떻게 계속 발전시켰는가에 대해서는《정치경제학 비판을 위하여》140-146쪽 그리고 150쪽 이하를 참조하라. 존 스튜어트 밀은 그에게 익숙한 절충적인 논리를 가지고, 자신의 아버지인 제임스 밀의 견해와 그에 정반대되는 견해를 동시에 받아들이는 법을 알고 있다. 그의 개설서인《정치경제학 원리》의 본문과 그가 자신을 당대의 아담 스미스라고 예고한 그 책의 서문(1판)을 비교해 보면, 우리는 이 양반의 소박함과 그가 말한 것을 그대로 믿고 아담 스미스로 받아들이는 독자들의 소박함 중 어느 쪽에 더 감탄해야 할지 모른다. 아담 스미스에 대한 존 스튜어트 밀의 관계는 대략 웰링턴 공작에 대한 윌리엄 카스 폰 카스 장군의 관계와 같다. 그 폭도 넓지도 않고 내용도 풍부하지도 않은 정치경제학 분야에서의 존 스튜어트 밀의 독창적 연구는 1844년에 출간된 그의 저서《정치경제학의 몇 가지 해결되지 않은 문제들》에 모두 대오를 짜고 행진하고 있음을 발견한다. 로크는 금과 은에는 가치가 없다는 것과 금과 은의 가치는 그 양에 따라서 결정된다는 것의 관계를 다음과 같이 단적으로 언급하고 있다. "사람들은 금과 은에 상상적인 가치를 부여하는데 동의했기 때문에 … 이들 금속에서 관찰되는 내재적 가치는 그 양 이외에는 아무 것도 아니다."(로크,《몇 가지 고찰, 등》, 1691,《저작집》, 1777

---

c) 주화, 가치의 징표Wertzeichen

화폐의 주화형태는 유통수단으로서의 화폐의 기능에서 생겨난다. 상품의 가격, 또는 상품의 화폐 명칭에서 상상되는 일정한 무게의 금은 유통에서 동일한 명칭의 금 조각이나 주화로서 상품과 마주서야 한다. 가격을 재는 기준을 확정하는 것과 마찬가지로 주화를 제조하는 일도 국가에 속한다. 주화로서 금과 은이 입고 있다가 세계시장에서는 다시 벗어버리는 상이한 국가별 제복은 상품유통의 국내영역, 즉 한 국가영역과 그 일반적인 영역인 세계시장 사이의 분리를 나타낸다.

따라서 금화와 지금地金(금화의 재료가 되는 금덩어리 - 옮긴이)은 태생적으로 외모를 통해 구별될 뿐이다. 그리고 금은 끊임없이 그 형태를 변화시킬 수 있다.[115] 주조소에서 나오는 길이 곧바로 도가니로 가는 길이다. 즉 유통에서 금화는 어떤 것은 더 많이 어떤 것은 더 적게 마모된다. 금의 칭

년, 2권, 15쪽)

115) 화폐 주조비용 등과 같은 세밀한 내용을 다루는 것은 물론 나의 목적 밖에 있다. '잉글랜드 정부가 무료로 주조한다'고 하는 '대단한 관대함'에 감탄하고 있는 낭만적인 아첨꾼 아담 뮐러(Adam Müller)에 대해 더들리 노스 경은 다음과 같은 판단을 내렸다. "은과 금은 다른 상품과 마찬가지로 부족하거나 넘친다. 스페인으로부터 금과 은을 실은 화물선이 도착하면, … 런던타워(궁전 내의 주조소 - 옮긴이)로 운반되어 주조된다. 머지않아 수출을 위한 지금과 은괴에 대한 수요가 발생한다. 우연하게도 금과 은이 모두 주조되어 하나도 남아 있지 않다면, 그 다음은? 주화들은 다시 녹여진다. 하지만 손실을 의미하지는 않는다. 소유자는 주조하는 데 아무런 비용도 들이지 않았기 때문이다. 그러나 국민은 손해를 볼 것이다. 노새에게 먹이기 위해 이전에 꼬아놓은 짚에 비용을 지불하는 셈이기 때문이다. 상인이 (노스 자신도 찰스 2세 시기에 최대의 상인 가운데 하나였다) 은을 주조하는 데 필요한 가격을 지불해야 한다면, 이것저것 따져보지 않고서는 그의 은을 주조소로 보내지 않을 것이다. 그렇게 되면 주조된 화폐는 항상 주조되지 않은 은보다 더 높은 가치를 가지게 될 것이다."(노스, 앞의 책, 18쪽)

호와 금의 실체, 즉 명목적 함량과 실질적 함량은 그 분리과정을 시작한다. 동일한 명칭의 금화들도 무게가 달라지기 때문에 서로 다른 가치를 갖게 된다. 유통수단으로서의 금은 가격을 재는 기준으로서의 금으로부터 분리되어, 가격을 현금화시킬 상품의 실질적인 등가물이기를 중지한다. 18세기에 이르기까지의 중세와 근대의 주화의 역사는 이러한 혼란의 역사이다. 진짜 금으로 된 주화를 가상의 금으로 또는 주화를 그 공인된 금속함량을 상징하는 것으로 변화시키려는 유통과정의 이러한 자연스러운 경향은 금화가 유통불능이 되거나 폐기되는 금속마모의 정도를 규정하고 있는 최근의 법률에 의해 승인되었다.

　화폐유통 그 자체가 주화의 실재함량을 그 명목함량으로부터, 즉 금속으로서의 주화의 존재를 그 기능적 존재로부터 분리시킨다면, 화폐유통은 주화의 기능을 담당하고 있는 금속화폐를 다른 재료로 만들어진 금속조각Marken이나 상징으로 대체할 수 있는 가능성을 잠재적으로 가지고 있다. 매우 작은 무게를 가진 금 또는 은 조각을 주조하는 데 따르는 기술적인 어려움, 그리고 원래는 귀금속 대신에 비교적 낮은 질의 금속, 즉 은이 금 대신에, 은 대신에 구리가 가치척도로 사용되었다는 상황, 따라서 더 고급스러운 금속이 더 낮은 질의 금속을 그 지위에서 몰아내는 그 순간에도 더 낮은 질의 금속이 유통수단으로 사용되었다는 상황이 금화의 대용품으로서의 구리조각이나 은조각의 역사적 역할을 설명해 주고 있다. 그것들은, 주화가 매우 빠르게 유통되어 가장 빠르게 마모되는 상품유통의 영역, 즉 구매와 판매가 매우 소규모로 끊임없이 반복되는 상품유통의 영역에서 금을 대체한다. 금을 호위하는 이러한 주화들이 금 자체의 지위에 정착하는 것을 방지하기 위해, 이것들만을 금 대신 받아야만 하는 곳에서는 그 비율을 법적으로 매우 낮게 규정하고 있다. 상이한 종류의 주화가 유통되는 특별한 영역에서는 이들은 당연히 뒤엉켜 통용된다. 소액화폐(잔돈)는 우수리나 거스름 등 가장 작은 금화단위의 일부분을 지불하기 위해 금과 나란히 나타난다. 금은 지속적으로 소액유통에 들어오지만, 소액화폐와 교체되어 지속적으로 그곳으로부터 내던져진다.[116]

은화와 동화의 금속함량은 법에 의해 자의적으로 정해져 있다. 이들은 유통에서 금화보다 더 빠르게 마모된다. 이런 까닭에 그것들의 주화기능은 사실상 그것들의 무게, 즉 그것들의 가치라는 것과는 전혀 관계가 없게 된다. 주화로서의 금의 존재는 금속으로서의 금의 가치로부터 완전히 분리된다. 따라서 상대적으로 아무런 가치가 없는 물건인 종잇조각이 금 대신에 주화로 기능할 수 있다. 화폐로 기능하는 금속조각에는 순수한 상징성이 아직도 어느 정도 숨어 있다. 지폐에서는 이러한 상징성이 분명하게 드러난다. 단지 첫걸음이 문제이다.

여기에서는 정부에서 발행하여 강제로 유통되는Zwangskurs 지폐만을 문제로 삼는다. 이 지폐는 금속제 화폐의 유통에서 직접 생겨난다. 이에 반

---

116) "은화가 소액결제에 필요한 것 이상으로 존재하지 않는다면, 더 큰 액수의 결제에 충분한 양으로 모아질 수 없다. … 거액의 결제에 금을 사용하게 되면 소매업에서도 어쩔 수 없이 금을 사용하게 된다. 즉 금화를 가지고 있는 사람은 소액구매에서 금화를 사용하고 구매한 상품과 함께 거스름돈을 은화로 돌려받는다. 이런 방식으로, 그렇지 않았다면 소매상인을 성가시게 했을 여분의 은화는 그에게서 벗어나 전체 유통 영역으로 되돌아간다. 그러나 금화 없이 독자적으로 소액결제를 수행할 수 있을 만큼의 은화가 있다면, 소매상은 소액구매에서도 은화를 받을 것이고, 그렇다면 은화는 어쩔 수 없이 소매상인의 수중에 쌓이게 될 것이다."(데이비드 뷰캐넌,《그레이트브리튼의 조세와 상업정책 연구》, 에든버러, 1844, 248-249쪽)

하여 신용화폐는 단순한 상품유통의 관점에서는 우리에게 전혀 알려지지 않은 관계를 가정하고 있다. 말하는 김에 덧붙이자면, 본래의 지폐가 유통수단으로서의 화폐의 기능에서 발생한 것과 마찬가지로 신용화폐는 지불수단으로서의 화폐의 기능에 그 자연발생적인 근원을 두고 있다.[117]

1£, 5£ 등의 화폐 명칭으로 인쇄된 종잇조각은 국가에 의해 외부로부터 유통과정으로 투입된다. 그것들이 사실상 동일한 명칭의 금의 액수를 대신하여 실제로 유통되는 한, 이들의 운동에는 단지 화폐유통의 법칙만이 반영된다. 지폐유통의 특수한 법칙은 지폐가 단지 금을 대리하는 관계에서만 발생한다. 이 법칙은, 지폐의 발행은 지폐에 의해 상징적으로 표시되는 금(또는 은)이 실제로 유통되어야만 하는 양으로 제한되어야 한다는 단순한 법칙이다. 그런데 유통 영역에서 흡수할 수 있는 금의 양은 일정한 평균수준의 위아래로 끊임없이 변동한다. 그러나 어떤 나라에서 유통수단의 양은 경험적으로 확인되는 일정한 최소치 이하로는 절대로 하락하지 않는다. 이 최소양을 구성하는 부분이 지속적으로 바뀐다는 사실, 즉 언제나 다

---

117) 청나라의 고위 재정관리 왕무음(19세기 중엽의 청나라의 호부시랑, 현재의 재무부장관 - 옮긴이)은 문득 청조가 발행한 지폐(Assignate)를 은밀하게 태환은행권으로 바꾸려는 계획을 황제에게 제출하려는 생각을 떠올렸다. 1854년 4월의 담당 위원회의 보고서에 따르면 그는 혹독한 비난을 받았다. 그가 관례적으로 대나무로 실컷 두들겨 맞았는지는 알려지지 않았다. 보고서의 말미에는 다음과 같이 적혀 있다. "위원회는 그의 계획안을 면밀하게 검토했으며, 그의 계획에는 모든 것이 상인의 이익을 노리고 있지, 황실에는 아무런 이익이 되지 않는다는 것을 발견했다."(《베이징 주재 러시아 제국 공사관의 중국에 대한 연구》, 아벨 박사와 메클렌부르크 옮김, 1권, 베를린, 1858, 54쪽) 금화의 유통에 의한 금화의 지속적인 마모에 대해 잉글랜드 은행의 한 '총재'는 '은행법'을 다루는 '상원위원회'에서 다음과 같이 증언했다. "새롭게 주조되는 소버린(정치가의 명칭이 군주가 아니라, £의 명칭이다)이 해마다 가벼워지고 있다. 일 년 동안 완전한 무게를 가지고 유통되는 것들이 그 다음 해에는 저울대가 반대쪽으로 기울어질 정도로 마모되어 무게를 상실한다."(상원위원회, 1848, 429호)

른 금조각으로 구성된다는 사실이 그 최소양의 규모나 그것들의 유통 영역에서의 끊임없는 흐름에는 당연히 아무런 변화도 가져오지 않는다. 이런 까닭에 이 최소양은 종이로 된 상징에 의해 대체될 수 있다. 이와 반대로 오늘 모든 유통통로가 화폐를 흡수할 수 있는 능력의 한도까지 지폐로 가득 채워져 있다면, 이것들은 내일에는 상품유통이 변한 결과로 넘칠 수 있다. 일체의 한도가 사라져버린다. 그러나 지폐가 그 한도, 즉 유통할 수 있는 같은 액면의 금화의 양을 초과한다면, 지폐의 신용이 전반적으로 하락할 위험이 있을 뿐만 아니라, 지폐는 상품세계 내에서 그 내재적인 법칙에 의해 정해진, 즉 자신이 대신할 수 있는 금의 양만을 나타낼 것이다. 지폐 양이 예를 들어 1온스 대신 2온스의 금을 나타낸다면(지폐의 양이 두 배로 증가한다면 - 옮긴이), 사실상 1£은 1/4온스의 금이 아니라 1/8온스 금의 화폐 명칭이 될 것이다. 그 결과는 가격의 척도로서의 금의 기능에 변화가 일어난 것과 같다. 따라서 이전에 1£의 가격으로 표현되었던 동일한 가치가 이제는 2£의 가격으로 표현된다.

지폐는 금 곧 화폐의 징표이다. 상품가치와 지폐의 관계는 상품의 가치가 오직 지폐에 의해 상징적이고 감각적으로 표현되고 있는 동일한 금의 양으로서 관념적으로 표현되고 있다는 것뿐이다. 모든 다른 상품의 양과 마찬가지로 지폐는 가치양인 금의 양을 대표하는 한에서만 가치의 징표이다.[118]

118) 2판의 주석: 화폐제도에 대한 가장 뛰어난 저술가들조차도 화폐의 다양한 기능을 얼마나 불명확하게 이해하고 있는가는 풀라톤(John Fullarton, 19세기 초반에 활동한 잉글랜드의 경제학자 - 옮긴이)의 저서에서 인용한 아래의 구절이 잘 보여준다. "우리의 국내 거래에 관해 말하다면, 보통 금화와 은화에 의해 충족될 수 있는 모든 화폐 기능이, 법에 의해 주어진 인위적이고 합의에 근거한 가치 이외에는 그 어떤 가치도 갖고 있지 않은 불환지폐의 유통에 의해서도 효과적으로 충족될 수 있다는 것은, 내 생각으로는, 부정할 수 없는 사실이다. 이런 종류의 가치, 즉 불환지폐는 그 발행액의 적당한 한도를 유지하는 한, 본질적

마지막으로 문제가 되는 것은 왜 금이 전혀 가치가 없는 자신의 징표에 의해 대체될 수 있는가이다. 그러나 이미 보았듯이 금은 오직 주화나 유통수단으로서의 고립되고 독립된 기능을 하는 경우에 한하여 대체될 수 있다. 그런데 이러한 유통수단으로서의 기능의 독립화는 계속 유통되어 마모되는 금화에서 나타나기는 하지만, 각각의 금화에서는 일어나지 않는다. 금 조각이 실제로 유통되고 있는 동안에만, 그것들은 순수한 주화 또는 유통수단이다. 그러나 이것은 지폐에 의해 대체될 수 있는 최소량의 금에 적용되는 것이지, 각각의 금화 모두에 적용되지 않는다. 이 최소량의 금은 항상 유통 영역에서 머물면서 계속 유통수단으로 기능하기 때문에 이러한 기능의 담당자로서만 존재한다. 따라서 이 최소량의 금의 운동 그 자체는 단지 상품의 형태변화 W-G-W의 상반되는 과정의 지속적인 뒤엉킨 회전을 나타내며, 이 과정에서 상품은 곧바로 다시 사라지기 위해 자신의 가치형태와 대립한다. 상품의 교환가치가 독립적으로 나타나는 것은 여기에서는 단지 순간에 지나지 않는다. 상품은 곧바로 다른 상품으로 다시 대체된다. 따라서 화폐가 어떤 사람의 수중에서 다른 사람의 수중으로 계속 멀어져가는 과정에서는 화폐의 상징적 존재만으로도 충분하다. 말하자면 화폐의 기능적 존재가 화폐의 물적 존재를 흡수한 것이다. 화폐가 객관화된 상품가격을 일시적으로 반영한다면, 화폐는 오직 자기 자신의 징표이며, 따라서 징표로 대체될 수도 있다.[119] 화폐의 징표는 자신의 객관적이고 사회적

인 가치를 가지고 있는 금화와 은화가 충족시키는 목적을 모두 충족시킬 수 있으며, 더욱이 가치척도의 필요성마저도 불필요하게 만들 것이다."(폴라톤, 《통화의 조절》, 2판, 런던, 1845, 21쪽) 즉, 화폐상품은 유통에서 단순한 가치징표에 의해 교체될 수 있기 때문에, 화폐상품은 가치척도로나 가격의 도량 기준으로서 불필요하다는 것이다!

119) 금과 은은 주화로서의 기능이나 또는 유통수단으로서의 기능에서만 자기 자신의 징

인 유효성만을 필요로 하며, 종이로 된 상징은 이러한 유효성을 강제통용권에 의해 부여 받는다. 이러한 국가적 강제는 오직 공동체의 경계 내에서만 명확하게 규정되어 있거나 또는 국내의 유통 영역에서만 유효하다. 그리고 또한 국내 유통역역에서만 화폐는 유통수단이나 주화로서의 자신의 기능에만 전념한다. 따라서 화폐는 그 지폐형태에서 금속으로서의 실체와 외관적으로 분리된 순전히 기능적인 존재방식만을 취할 수 있다.

표가 된다는 사실로부터 니콜라스 바본은 '화폐의 가치를 올릴 수 있는' 정부의 권리를 이끌어내었다. 즉, 예를 들면, '그로셴'이라고 불리는 일정한 양의 은에 '탈러'라는 이보다 더 커다란 은의 양의 명칭을 붙이고, 정부가 채권자들에게 탈러 대신 그로셴으로 변제하는 것이다. "수많은 거래에서 세어지기 때문에 화폐는 낡아져 더 가볍게 된다. … 사람들이 거래에서 신경 쓰는 것은 화폐의 명칭과 그 교환비율이지 은의 양이 아니다. … 금속을 화폐로 만드는 것은 국가의 권위이다."(바본, 앞의 책, 29, 30, 25쪽)

3절
화폐

가치척도로 기능하고, 따라서 직접 제 몸으로나 대리물을 통해 유통수단으로 기능하는 상품이 화폐이다. 따라서 금(또는 은)은 화폐이다. 금이 화폐로 기능하는 것은, 한편으로 금이 자신의 금빛(또는 은빛) 신체로 모습을 드러내는 까닭에 화폐상품으로 기능하는 경우이다. 따라서 이 기능에서 금은 가치척도의 기능에서와 같이 순전히 관념적이지도 않고 유통수단의 기능에서처럼 다른 것으로 대체될 수도 없다. 다른 한편으로, 금이 자신의 기능을 자신이 직접 수행하든 아니면 대리물을 통해 수행하든 간에, 금은 순수한 사용가치로서의 다른 모든 상품에 대해 유일한 가치형태로서 또는 교환가치의 유일한 적절한 존재로서 자신을 고정시키는 경우 화폐가 된다.

a)화폐비축

두 가지 상반되는 상품 형태변화의 연속적인 순환, 즉 판매와 구매의 끊임없는 회전은 화폐의 부단한 유통과 이러한 유통을 수행하는 영구기관으로서의 화폐의 기능으로 나타난다. 그러나 형태변화 과정이 중단되어 판매가 뒤이은 구매에 의해 보충되지 못하게 되면, 화폐는 유동성을 상실한다. 부아기유베르Boisguillebert, 1646-1714(프랑스의 학자. 정치경제학의 창시자로 알려짐 - 옮긴이)가 언급한 것처럼, 동산에서 부동산으로, 즉 주화에서 화폐로 변한다.

상품유통의 최초의 발전과 더불어 제1형태변화의 산물, 즉 상품의 변화된 모습, 즉 상품의 황금형상인 화폐를 붙잡아 두려는 필요성과 열정이 생겨난다.[120] 상품을 판매하는 이유는 상품을 구매하기 위해서가 아니라, 상품형태를 화폐형태로 바꾸기 위해서다. 이러한 형태변화는 단순히 물질 대사를 매개하는 것에서 그 자체가 목적이 되어버린다. 상품의 변화된 형태(상품이기를 포기한 화폐형태 - 옮긴이)가 절대적으로 양도 가능한 상품형태나 순간적인 화폐형태로만 기능하는 것을 방해한다. 이리하여 화폐는 비축되어 화석화되며, 상품판매자는 화폐비축자가 된다.

상품유통의 시초에는 사용가치 가운데 남는 부분만이 화폐로 변한다. 그리하여 금과 은은 저절로 잉여, 즉 부의 사회적 표현이 되었다. 이러한 소박한 형태의 화폐비축은 전통적인 자급자족을 지향하는 생산방식에 알맞은 매우 제한된 욕망의 범위를 가진 민족들에서는 영구화되었다. 아시아인의 경우, 특히 인도인의 경우가 그러하다. 상품가격이 어떤 나라에 존재하는 금과 은의 양으로 정해진다고 믿었던 반더린트는(영국의 목재상, 경제학자, 중농주의의 선구자이며 화폐수량이론의 선구자 - 옮긴이) 왜 인도상품이 저렴한가에 대해 문제를 제기한 후. 인도인이 화폐를 흙속에 파묻기 때문이라고 스스로 대답한다. 1602년부터 1734년까지 인도인은 1억 5천만 £의 은을 땅속에 파묻었는데, 그것은 원래 아메리카에서 유럽으로 건너온 것이라고 그는 적고 있다.[121] 1856년부터 1866년 사이의 10년 동안 잉글랜드는 인도와 중국(중국에 수출된 금속의 대부분은 다시 인도로 수출되었다)으로 1억

---

120) "화폐로서의 부는 … 화폐로 변한 생산물로서의 부에 불과하다."(리비에르, 앞의 책, 573쪽) "생산물 형태의 가치가 단지 그 형태만을 변화시킨 것일 뿐이다."(같은 책, 486쪽)
121) "이런 조치를 통해 그들은 모든 재화와 공장제품을 매우 낮은 가격으로 유지했다."(반더린트, 앞의 책, 95-96쪽)

2천만 £의 은을 수출했는데, 이것은 이전에 오스트레일리아의 금과 교환된 것이었다.

상품생산이 더욱 발전함에 따라 상품생산자는 누구나 만물의 근원 nervus rerum, 즉 '사회적 담보물'을 확보해야 한다.[122] 그의 욕망은 끊임없이 새로워지고 끊임없이 타인의 상품을 구매하라고 요구하는 반면에 그의 상품의 생산과 판매는 시간이 걸리며 또한 우연에 좌우된다. 판매하지 않고 구매하기 위해 그는 이전에 구매하지 않고 판매했어야 한다. 이러한 행위가 일반적인 수준에서 행해진다면, 이는 자가당착에 빠진 것처럼 보인다. 그러나 귀금속은 그 원산지에서 다른 상품들과 직접 교환된다. 여기에서는 판매(상품소유자 쪽에서의)가 구매(금 또는 은소유자 쪽에서의) 없이 행해진다.[123] 그리고 구매가 뒤따르지 않는 그 이후의 판매는 단지 모든 상품소유자들 사이에 귀금속이 계속 분배되는 것을 매개할 뿐이다. 그리하여 거래의 모든 지점에서 다양한 규모로 금과 은이 비축된다. 상품을 교환가치로, 즉 교환가치를 상품으로 확보할 수 있는 가능성과 함께 황금에 대한 탐욕이 싹튼다. 상품유통이 확장됨에 따라 언제든지 출전할 준비를 갖추고 있는, 사회적 부의 절대적 형태인 화폐의 권력도 커진다.

"황금은 경이로운 물건이다! 금을 가진 자는 그가 원하는 모든 것의 주인이다. 금은 영혼마저 천국에 이르게 할 수도 있다."(콜럼버스, 《자메이카

---

122) "화폐는 하나의 담보물이다."(존 벨러스, 《빈곤, 매뉴팩처, 상업, 대규모 농장 그리고 부도덕에 대한 에세이》, 런던, 1699, 13쪽)
123) 절대적 의미의 구매는 이미 금과 은을 상품의 변화된 모습으로, 즉 판매의 산물로 가정하고 있다.

에서 보낸 편지》, 1503)

화폐에서는 무엇이 화폐로 변했는지를 알아차릴 수 없기 때문에, 상품이든 아니든 간에 모든 물건이 화폐로 변한다. 모든 것이 판매될 수 있고 구매 가능해진다. 유통은 모든 것이 화폐 결정체로 나오기 위해 날아 들어가는 거대한 사회적 증류기가 된다. 이 연금술에는 성인의 유골조차 대항할 수 없으며, 더욱이 인간의 상행위 밖에 있는 거룩한 물건은 말할 것도 없다.[124] 화폐에서는 상품의 모든 질적인 차이가 소멸해버리는 것처럼, 화폐 자신도 철저한 평등주의자로서 일체의 차이를 제거해 버린다.[125] 그러나 화폐 자신도 상품이며, 그 누군가의 사유재산도 될 수 있는 천박한 물건이

---

[124] 프랑스의 왕 가운데 가장 독실한 그리스도교 신자였던 앙리 3세는 화폐로 바꾸기 위해 수도원 등에서 성인의 유골과 물건을 약탈했다. 포키아인에 의한 델피 신전의 보물의 약탈이 그리스의 역사에서 어떤 역할을 했는가는 잘 알려져 있다. 모두 알고 있는 바와 같이 고대인에게 신전은 상품의 신을 위한 거주지로 사용되었다. 신전은 '신성한 은행'이었다. 탁월한 상업민족이었던 페니키아인에게 화폐는 모든 물건이 변화된 모습으로 간주되었다. 따라서 사랑의 여신 축제일에 모르는 사람에게 몸을 바친 처녀들이 그 대가로 받은 화폐를 여신에게 제물로 바치는 것은 당연한 일이었다.

[125] "금! 값비싸고, 반짝이는 황금이여!
　　이만큼만 있으면 검은 것도 희게, 추한 것도 아름답게
　　악한 것도 선하게, 늙은 것도 젊게, 비겁한 것도 용감하게, 천한 것도 귀하게 만든다.
　　…
　　신들이여! 왜 이것인가? 왜 이것인가 신들이여,
　　아니 원! 이것이 당신을 섬기던 성직자를 제단으로부터 유혹하고,
　　아직 다 회복되지 않은 병자의 베개를 잡아 찢게 하고,
　　이 황색의 노예가, 믿는 무리를 만들기도 하고 부수기도 하고, 저주 받은 자를 축복하고,
　　문둥병자도 사랑스럽게 만들고, 도둑놈을 존중하게 하며,
　　그에게 지위를 주어, 권세 있는 자들과 함께 존경과 명망을 받게 한다.
　　늙어빠진 과부에게 청혼자를 소개하게 한다.
　　…
　　빌어먹을 쇳덩어리,
　　너, 인류의 천박한 창녀여!" (셰익스피어, 《아테네의 타이몬》)

다. 그리하여 사회적 권력은 개인의 사적권력이 된다. 이런 까닭에 고대사회는 화폐를 경제적 질서와 도덕적 질서의 파괴자라고 비난했다.[126] 그 유년기에 이미 플루토Pluto(그리스 신화에서 죽음, 저승 그리고 풍요를 상징하는 신 - 옮긴이)의 머리카락을 잡아 땅 속에서 끌어올린[127] 근대사회는 그 고유한 생활 원리의 찬란한 화신을 황금으로 된 성배에서 반긴다.

사용가치로서의 상품은 어떤 특정한 욕망을 충족시키며 물적 부의 특별한 요소를 이룬다. 그러나 상품의 가치는 물적 부의 모든 요소와 견주어 그 상품이 어느 정도 인기가 있는가를 평가해주며, 그렇게 함으로써 그 상품소유자의 사회적 부의 크기를 평가한다. 미개하고 단순한 상품소유자에게, 심지어 한 서부유럽 농민에게조차도 가치는 가치형태에서 분리될 수 없다. 따라서 비축된 금과 은의 증가는 가치의 증가를 말한다. 물론 화폐의 가치는, 화폐가치 자체의 변동이든 상품가치가 변동한 결과이든 간에 변동한다. 그러나 이러한 화폐가치의 변동이 한편으로 200온스의 금이 100온스의 금보다는, 300온스의 금이 200온스의 금보다 여전히 더 많은 가치를 가지고 있다는 사실을 방해하지 않는다. 다른 한편으로 이(화폐로 기능하는) 물건의 금속으로서의 현물형태가 모든 상품의 일반적 등가물 형태로, 즉 모든 인간노동의 직접적인 사회적 화신으로 유지되는 것을 방해하지 않

---

126) "세상에 돈 같이 지독한 악은 없다.
　　폭리로 돈을 벌게 해주고 도시를 부수어버리며,
　　사람들을 삶의 터전에서 몰아낸다.
　　고결한 마음을 버리고 타락하도록 가르치며
　　정직한 사람들을 비열한 짓거리에 몰두하게 한다.
　　죽을 수밖에 없는 인간들에게 사악한 속임수에 이르는 길을 가르쳐 주며
　　그 어떤 저주받을 일도 하도록 만든다. (소포클레스,《안티고네》)
127) "탐욕은 플루토 자신조차 땅 속에서 끄려내고자 한다."(아테나이오스,《향연》)

는다. 화폐를 비축하려는 충동은 본래 끝이 없다. 화폐는 어떤 상품과도 직접 교환될 수 있기 때문에 질적으로나 형태적으로나 제한이 없다. 즉 물적 부를 일반적으로 대표하는 물건이다. 그러나 이와 동시에 실제로 존재하는 화폐액은 어느 것이나 양적으로 제한되어 있기 때문에 제한적인 효력을 가진 구매수단일 뿐이다. 양적인 제한성과 질적인 무제한성 사이의 이러한 모순은 화폐비축자를 축적을 위한 시시포스 노동(시시포스는 코린트의 사악한 왕으로, 사후에 지옥에 떨어져 죗값으로 큰 바위를 산 위로 밀어 올리는 벌을 받아 이 일을 한없이 되풀이했다. - 옮긴이)을 하도록 끊임없이 재촉한다. 그는 아무리 새로운 땅을 정복하여도 새로운 경계와 마주치는 것일 뿐인 세계 정복자처럼 된다.

금을 화폐로서 따라서 화폐비축의 요소로서 확보하려면 금이 유통되는 것을, 즉 금이 구매수단으로서 사치품으로 사라지는 것을 막아야 한다. 따라서 화폐비축자는 금이라는 물신에게 자신의 육체적 쾌락을 희생한다. 그는 금욕의 복음을 진지하게 받아들인다. 다른 한편 그는 자신이 상품으로 유통에 집어넣은 만큼의 화폐만을 유통에서 끄집어낼 수 있다. 더 많이 생산하면 할수록 그는 더 많이 판매할 수 있다. 이런 까닭에 근면과 절약 그리고 탐욕이 그의 주요 덕목이 되며, 많이 판매하고 적게 구매하는 것이 그의 정치경제학의 전체를 이룬다.[128]

직접적인 비축형태(화폐형태 - 옮긴이)와 더불어 금과 은으로 만들어진 상품의 소유라는 또 다른 미학적인 비축형태도 나란히 진행된다. 이러한 미학적 비축형태는 부르주아 사회의 부와 더불어 증가한다. "부자가 되자. 그렇지 않으면 부자처럼 보이도록 하자."(디드로) 이리하여 한편으로는

---

128) "각 상품의 판매자들의 수를 가능한 한 늘리고, 구매들의 수를 될 수 있는 한 줄이는 것이 정치경제학의 모든 조치들이 돌아가게 하는 주축이다."(베리, 앞의 책, 52, 53쪽)

끊임없이 확대되는 금과 은을 거래하는 시장이 금과 은의 화폐기능과는 무관하게 형성되며, 다른 한편으로 특히 사회적 격동기에 화폐를 유출하는 화폐의 잠재적인 공급원이 만들어진다.

화폐비축은 금속유통의 경제에서는 다양한 기능을 충족한다. 그 첫 번째 기능은 금화와 은화의 유통조건으로부터 생겨난다. 우리는 이미 보았듯이, 상품유통의 규모, 가격 그리고 속도는 끊임없이 변동하며 이와 더불어 화폐의 유통량도 부단히 오르고 내린다. 따라서 화폐유통량은 수축할 수도 팽창할 수도 있어야 한다. 어떤 때에는 주화로서 화폐가 흡수되어야 하고, 어떤 때는 화폐로서의 주화가 쫓겨나야 한다. 실제로 유통되고 있는 화폐량이 유통 영역을 충족할 수 있는 정도에 맞추기 위해서는, 한 나라에 존재하는 금이나 은의 양이 주화로 기능중인 금이나 은의 양보다 많아야 한다. 이러한 조건은 화폐의 비축형태에 의해 충족된다. 비축화폐의 저수지는 유통되는 화폐가 흘러나가는 동시에 흘러들어오는 수로로 사용되며, 따라서 유통되는 화폐는 결코 유통수로에서 넘치지 않는다.[129]

---

129) "한 나라가 상거래를 꾸려나가기 위해서는 일정한 액수의 금속화폐가 필요한데, 그 액수는 변동하며, 상황이 요구하는 것보다 때로는 더 많고 때로는 더 적다. … 이러한 화폐의 증감은 정치가의 아무런 도움도 받지 않고 저절로 조절된다. … 양동이는 교대로 작동한다. 즉 화폐가 부족하면 지금이 주조되고, 지금이 부족하면 주화가 녹여진다."(노스경, 앞의 책, 3쪽) 오랫동안 동인도회사 관리였던 존 스튜어트 밀은 인도에서는 아직까지도 은제 장신구가 직접 비축화폐로서 기능하고 있다는 것을 실제로 증명하고 있다. "이자율이 높게 지속되면, 은장신구는 화폐로 주조되기 위해 들려나오고, 이자율이 떨어지면 다시 은장신구로 되돌아간다."(존 스튜어트 밀의 증언, 《은행법에 대한 보고서》, 1857, 2804, 2101호) 금과 은의 수출입에 대한 1864년의 한 의회문서에 따르면, 인도에서는 금과 은의 수입이 수출을 19,367,764£ 초과했다. 1864년 이전의 8년 동안에는 귀금속의 수출에 대한 수입초과가 109,652,917£에 달했다. 19세기 중에 인도에서는 2억£을 훨씬 넘는 귀금속이 주조되었다.

b) 지불수단

지금까지 살펴본 상품유통의 직접적인 형태에서는 동일한 가치크기가 언제나 이중으로 존재했었다. 즉, 한쪽 극에는 상품이 반대쪽 극에는 화폐가 존재했었다. 따라서 상품소유자는 이미 존재하고 있는 등가물의 대리자로서 서로 접촉했을 뿐이다. 그러나 상품유통이 발전함에 따라 상품의 양도와 그 가격의 현금화가 시간적으로 분리되는 상황이 전개된다. 여기에서는 그 상황 가운데 가장 단순한 것을 예시하는 것으로 충분하다. 상품 종류마다 생산에 필요한 시간의 길이가 다르다. 그리고 생산되는 계절도 서로 상이하다. 어떤 상품은 그 상품이 팔리는 시장에서 태어나고, 다른 상품은 멀리 떨어진 시장으로 여행해야 한다. 따라서 어떤 상품소유자는 다른 상품소유자가 구매자로 등장하기 전에 판매자로 등장할 수 있다. 동일한 사람들 사이에서 동일한 교환이 계속 반복되는 경우에는 상품의 판매조건은 그것의 생산조건에 따라 조정된다. 다른 한편으로 예를 들어 주택과 같은 종류의 상품의 사용권은 일정한 기간을 정해 판매된다. 그 기간이 경과한 후에야 비로소 구매자는 그 상품의 사용가치를 실제로 받게 된다. 따라서 그는 상품의 가격을 치르기 전에 그 상품을 구매한 것이다. 한쪽의 상품 판매자는 현재 있는 상품을 판매하고, 다른 쪽의 상품소유자는 화폐의 단순한 대리자로나 또는 미래의 화폐의 대리자로서 그것을 구매한다. 판매자는 채권자가 되고 구매자는 채무자가 된다. 이 거래에서는 상품의 형태변화 또는 상품의 가치형태의 전개가 변했기 때문에, 화폐 역시 다른 기능을 부여 받는다. 화폐는 지불수단이 된다.[130]

---

130) 루터는 구매수단으로서의 화폐와 지불수단으로서의 화폐를 구분한다. "너는 내가 여기서는 지불할 수 없고 저기서는 구매할 수 없는 이중의 손실을 입히는구나."(마르틴 루터, 《고리대금업에 반대하는 설교를 할 목사들에게》, 비텐베르크, 1540)

이 경우에는 채권자와 채무자의 역할은 단순한 화폐유통으로부터 생겨난다. 이 상품유통의 형태변화가 판매자와 구매자에게 각각 채권자와 채무자라는 새로운 역할을 분명하게 각인시킨다. 따라서 이 역할은 당분간은 판매자와 구매자의 역할과 마찬가지로 동일한 유통 당사자에 의해 번갈아가면서 수행되는 일시적인 역할이다. 그러나 이제 이 대립은 본래 그다지 기분 좋은 것이 아니며, 고착화될 가능성도 더 크다.[131] 그런데 같은 역할을 하는 등장인물이 상품유통과 무관하게 등장할 수도 있다. 예를 들어 고대세계의 계급투쟁은 주로 채권자와 채무자 간의 투쟁 형태로 진행되었으며, 로마에서는 노예 신분으로 바뀐 평민채무자들의 몰락으로 끝났다. 중세에서의 계급투쟁은 경제적 토대와 더불어 정치적 기반을 상실한 봉건적 채무자들의 몰락으로 끝났다. 그렇지만 이 두 시기에도 화폐형태-채권자와 채무자의 관계는 하나의 화폐관계의 형태를 취하고 있다는 단지 채권자와 채무자 사이의 보다 뿌리 깊은 경제적 생존조건의 적대성을 반영하고 있을 뿐이다.

화폐유통 영역으로 되돌아가자. 등가물인 상품과 화폐가 동시에 판매 과정의 양극에 나타나는 일은 중단되었다. 이제 화폐는 첫째, 판매된 상품의 가격결정에서 가치척도로서 기능한다. 계약에 의해 확정된 상품의 가격은 구매자의 채무, 즉 정해진 기간에 그가 지불해야하는 화폐액이다. 둘째, 화폐는 관념적인 구매수단으로 기능한다. 화폐는 단지 구매자가 돈을 갚겠다는 약속으로 존재하지만, 상품의 소유자를 바꾼다. 만기가 되어서

---

131) 다음의 인용문은 18세기 초 잉글랜드 상인들 사이에서의 채권자와 채무자의 관계를 알게 해 준다. 즉 "여기 잉글랜드에서는 상인들 사이에는 어떤 다른 인간 사회와 세계의 어떤 나른 나라에서도 마주칠 수 없는 잔인한 정신이 지배하고 있다."(《신용과 파산법에 관한 에세이》, 런던, 1707, 2쪽)

야 비로소 지불수단은 실제로 유통으로 들어간다. 즉 구매자의 수중에서 판매자의 수중으로 넘어간다. 유통수단이 비축화폐로 변한 것은 유통과정이 제1단계에서 중단되었기 때문이다. 즉 상품이 변화된 모습인 화폐가 유통에서 끌려나왔기 때문이다. 지불수단은 유통으로 들어가기는 하는데, 이미 상품이 유통에서 빠져나온 다음이다. 화폐는 더이상 유통과정을 매개하지 않는다. 화폐는 교환가치의 절대적 존재, 즉 일반적 상품으로서 유통과정을 독자적으로 종결한다. 판매자는 화폐로 어떤 욕망을 만족시키기 위해 상품을 화폐로 변화시키며, 화폐비축자는 상품을 화폐형태로 보존하기 위해 상품을 화폐로 변화시키며, 빚이 있는 구매자는 지불하기 위해 상품을 화폐로 변화시킨다. 그가 빚을 갚지 못한다면, 그의 재산은 강제로 매각된다. 따라서 상품의 가치형태, 즉 화폐는 이제 유통과정 자체에서 생겨나는 사회적 필요에 따라 판매의 목적 그 자체가 된다.

구매자는 상품을 화폐로 변화시키기 전에 화폐를 다시 상품으로 변화시킨다. 즉 그는 제1형태변화 전에 제2형태변화를 수행한다. 판매자의 상품은 유통된다. 그러나 그 상품의 가격은 민법으로 정해진 화폐청구권을 통해서만 현금화된다. 그 상품은 화폐로 변하기 전에 사용가치로 변한다. 그 상품의 제1형태변화는 나중에서야 비로소 뒤따른다.[132]

---

132) 2판의 주석: 내가 본문에서 이와 반대되는 형태를 고려하지 않은 이유는 1859년에 간행된 내 저서의 다음과 같은 인용문을 보면 알게 된다. "이와 반대로 G-W(화폐-상품) 과정에서는 화폐의 사용가치가 현금화되기 전에, 즉 상품이 매각되기 전에, 화폐가 실제적인 구매수단으로 변해야 상품의 가격을 현금화할 수 있다. 이러한 형태는 예를 들면, 선불이라는 일상적인 형태로 행해진다. 또는 이는 잉글랜드 정부가 인도의 농민으로부터 아편을 구매하는 형태이다. … 그러나 이 경우에 화폐는 이미 알려진 구매수단이라는 형태로만 기능한다. … 자본은 물론 화폐의 형태로 선불되기도 한다. … 그러나 이러한 관점은 단순유통의 시야에는 들어오지 않는다."(맑스,《정치경제학의 비판을 위해》, 119-120쪽)

유통과정의 일정한 기간마다 만기가 도래한 채무는 판매되어 채무를 야기한 상품들의 가격총액을 나타낸다. 이 가격총액을 현금화하기 위해 필요한 화폐의 양은 우선 지불수단의 유통속도에 달려있다. 이 유통속도는 두 가지 상황에 의해 제약 받는다. 첫째, A가 채무자B로부터 화폐를 받아서 자신의 채권자C에게 지불하는 등의 채권자와 채무자간의 관계의 연쇄이며, 둘째, 서로 다른 지불기일 사이의 시간적 차이이다. 지불의 연속적 진행, 즉 지연된 제1형태변화들의 연쇄는 이전에 살펴본 형태변화의 뒤엉킴과는 본질적으로 다르다. 유통수단의 유통에서는 판매자와 구매자 간의 관계만이 표현되는 것이 아니다. 이 관계 자체가 비로소 유통과정에서 그리고 유통과정과 더불어 생성된다. 이에 반하여 지불수단의 운동은 이미 그 이전에 완성되어 존재하고 있는 사회적 관계를 나타내고 있다.

수많은 판매가 동시에 나란히 진행되기 때문에 주화의 양을 유통속도를 통해 보충하는 것이 제한된다. 이와 반대로 이것은 지불수단의 절약을 촉진한다. 여러 지불이 같은 장소에 집중됨에 따라 그것의 결제를 위한 별도의 시설과 방법이 자연스럽게 발달한다. 예를 들어 중세 리옹Lyon에서의 어음교환Virement이 그것이다. A의 B에 대한 채권, B의 C에 대한 채권 그리고 C의 A에 대한 채권 등은 가감방식을 통해 일정한 금액까지 서로 상쇄되기 위해 서로 대조만 하면 된다. 그렇게 하면 청산되어야 할 채무차액만이 남는다. 더 많은 지불이 집중되면 될수록, 차액은 상대적으로 적어지며, 따라서 유통되는 지불수단의 양도 상대적으로 적어진다.

지불수단으로서의 화폐의 기능은 그 기능 자체에 하나의 모순을 포함하고 있다. 채무와 채권을 같은 액수만큼 소멸시킨다면, 지불수단으로 서의 화폐는 단지 계산화폐 또는 가치의 척도로서 관념적으로만 기능할 뿐이다. 실제로 지불이 이루어져야 하는 경우에 있어서는, 화폐는 단지 일시적으로 물질대사를 매개하는 형태인 유통수단이 아니라, 사회적 노동의 개별적 화신, 교환가치의 자립적인 존재이자 절대적 상품으로 등장한다. 이러한 모순은 화폐공황이라고 불리는 생산공황과 상업공황의 시기에 폭발한다.[133] 이 화폐공황은 지불의 연쇄와 그것들의 결제를 위한 인위적인 제도가 완전하게 발전된 경우에만 일어난다. 이 메커니즘의 전반적인 교란과 더불어, 그 교란이 어디에서 기인하던 간에, 화폐는 계산화폐라는 단지 관념적인 모습에서 갑자기 그리고 직접적으로 금속화폐(경화)로 돌변한다. 화폐는 평범한 상품으로는 대체할 수 없다. 상품의 사용가치는 가치를 상실하며, 상품의 가치는 자신의 가치형태인 화폐 앞에서 사라진다. 조금 전까지도 부르주아는 호경기에 도취되어 개화되었다는 자부심에 화폐는 공허한 망상이며, 상품만이 화폐라고 단언했다. 그러나 이제는 '화폐만이 상품이다!' 라고 외치는 소리가 세계시장에 울려퍼진다. 사슴이 신선한 물을 찾아 울부짖듯이, 부르주아의 영혼은 유일한 부(富)인 화폐를 부르짖는다.[134]

---

133) 이 책에서 모든 일반적인 생산공황과 상업공황의 특별한 국면으로 규정되어 있는 화폐공황은, 똑같이 화폐공황이라 불리지만 독자적으로 발생할 수 있으며, 산업과 상업을 급격하게 악화시키기만 하는 특별한 종류의 공황과는 필히 구분되어야 한다. 이 공황의 운동 중심은 화폐자본이며, 따라서 은행, 증권시장, 금융계가 그 직접적인 영역이 된다.(엥엘스가 3판에 추가한 맑스의 주석)

134) 이와 같은 신용제도에서 화폐제도로의 갑작스러운 변화는 실제의 공황에 이론적 공포를 덧붙인다. 그리고 유통 당사자들은 자신들 사이의 관계들의 풀 수 없는 비밀 앞에서 몸서리친다.(맑스, 앞의 책, 126쪽) "빈곤한 사람들이 일자리를 가지지 못하는 이유는, 부자들이 식량이나 옷의 생산에 필요한 토지와 노동력을 이전과 동일하게 소유하고 있음에도, 그들을 고용할 수 있는 화폐를 가지고 있지 않기 때문이다. 그리고 한 나라의 진정한 부를 형성하는 것은 토지와 노동력이지 화폐가 아니다."(존 벨러스,《공업전문대학 설립을

공황기에는 상품과 그 가치형태인 화폐 사이의 대립이 절대적인 모순으로까지 고양된다. 따라서 공황기에는 화폐의 겉모습은 어떻든 상관이 없다. 지불되는 것이 금이든 은행권 같은 신용화폐든 화폐는 여전히 부족하다.[135]

이제 어떤 주어진 기간 내에 유통되고 있는 화폐의 총액을 살펴보자. 유통수단과 지불수단의 유통속도가 주어져 있다면, 그 총액은 현금화되어야 할 가격총액에 만기가 도래한 지불총액을 더한 액수에서 상쇄되는 지불금을 빼고 마지막으로 번갈아가면서 유통수단과 지불수단으로 기능하는 동일한 화폐조각의 유통 횟수만큼의 액수를 뺀 것이다. 예를 들어, 농부가 곡식을 2£을 받고 판다면, 2£은 유통수단으로 사용된 것이다. 만기일에 그는 이 2£으로 직공이 공급한 아마포의 값을 지불한다. 동일한 2£은 이번에는 지불수단으로 기능했다. 이제 직공은 성경을 현금을 주고 구매한다. 2£은 다시 유통수단으로 기능한다. 등등. 따라서 가격, 화폐 유통속도 그리고 절약되는 지불액 자체가 주어져 있다고 하더라도, 어떤 기간에, 예를 들어 하루 동안 유통되는 화폐량과 상품양은 이미 일치하지 않는다. 이미 오래 전에 유통에서 이탈한 상품을 대리하는 화폐가 유통한다. 그리고 그 등가물인 화폐가 비로소 미래에 가서야 그 모습을 드러내는 상품들이

<hr />

위한 제안〉, 런던, 1696, 3, 4쪽)

135) 다음의 이야기는 이러한 순간이 '장사꾼의 친구'에게 어떻게 철저히 이용되는가를 보여준다. "언제인가(1839년) 한 늙고 탐욕스러운 은행가(런던 시티의)는 자기 방에서 자기가 앉아 있던 책상의 뚜껑을 열고 자기 친구에서 몇 뭉치의 은행권을 펼쳐놓으면서 진심으로 즐거운 듯이 말했다. '이것은 화폐를 부족하게 만들기 위해 보관하고 있는 60만£인데, 오늘 3시 이후에 모두 유통될 것이네.'"(로이, 《환전론, 1844년의 은행조례》, 런던, 1864, 81쪽) 정부기관지나 다름없는 《옵서버(The Observer)》는 1864년 4월 24일에 다음과 같이 적고 있다. "은행권의 부족 사태를 야기할 의도를 가진 수단과 관련된 몇 가지의 매우 기괴한 소문이 퍼져있다. … 이러한 종류의 술책이 사용될 수 있을 것이라고 인정하기에는 의심스럽기는 하지만, 이에 대한 소문이 상당히 넓게 퍼져 있기에 그것을 상세히 언급해야 한다."

유통된다. 다른 한편 매일 계약되는 지불액의 크기와 바로 그날 기간이 만료되는 지불액의 크기도 비교할 수 없을 정도로 완전히 다르다.[136]

　　신용화폐는 지불수단으로서의 화폐의 기능에서 직접 발생하는데, 판매된 상품에 대한 채무증서 그 자체가 채무를 이전시키기 위해 다시 유통됨으로써 발생한다. 다른 한편, 신용제도가 확대되면 지불수단으로서의 화폐의 기능도 확대된다. 지불수단으로 기능하는 화폐는 독특한 존재형태를 취하고 있으며 주로 대규모 상거래 영역에 머물러 있는 반면에, 금화와 은화는 주로 소매업의 영역으로 밀려난다.[137]

---

136) "어떤 특정한 하루 동안 체결되는 구매와 계약의 규모는 그날 유통되는 화폐량에는 영향을 끼치지 않지만, 대부분의 경우에서 기간은 정해져 있지 않지만 훗날 유통될지도 모르는 화폐액을 기입한 다양한 어음의 발행으로 처리될 것이다. … 오늘 발행된 어음이나 개설된 신용은 그 수와 금액 그리고 기한에 있어서, 내일이나 모레 발행되거나 개설되는 것과는 그 어떤 유사성도 가지고 있을 필요가 전혀 없다. 오히려 오늘 발행된 어음과 개설된 신용 가운데 많은 것이 만기가 되면, 과거의 전혀 다른 날짜에 차례로 퍼져나간 채무의 양과 일치한다. 12개월, 6개월, 3개월 또는 한 달의 기한을 가진 어음들의 만기일이 일치하여, 어떤 특정한 날에 만기가 된 채무액을 눈덩이처럼 불어나게 한다."(잉글랜드의 한 은행가, 《통화이론 논평: 스코틀랜드 인민들에게 보내는 편지》, 에든버러, 1845, 29-30쪽 이하)
137) 얼마나 적은 진짜 화폐가 본래의 상거래로 들어가는지를 보여주는 한 예로서, 런던 최대의 상점 가운데 하나인 모리슨 딜런 사(Morrison, Dillon & Co.)의 연간 수입과 지출을 적고 있는 장부를 추적해보자. 1856년 수백만£에 달하는 이 회사의 거래액은 백만£ 단위로 축소되었다.

(단위: £)

수입		지출	
은행어음 및 기한부 상업어음	553,596	기한부 어음	302,674
은행수표 및 일람불 어음	357,715	런던은행들의 수표	663,672
지방은행권	9,627	잉글랜드은행의 은행권	22,743
잉글랜드은행의 은행권	68,554	금화	9,427
금화	28,090	은화 및 동화	1,847
은화 및 동화	1,486		
우편환	933		
합계	1,000,000	합계	1,000,000

《은행법 특별위원회 보고서》, 1858년 7월, 71쪽.)

상품생산이 일정한 수준과 규모에 도달하면 지불수단으로서의 화폐의 기능은 상품유통의 영역을 넘어선다. 화폐는 계약의 일반상품이 된다.[138] 현물로 납부되던 지대, 조세 등은 화폐로 납부된다. 이 변화가 생산과정의 총체적인 모습에 의해 얼마나 심한 제약을 받는가는, 모든 공납을 화폐로 징수하려는 시도가 두 번이나 실패한 로마제국의 예가 증명한다. 부아기유베르나 보방Sébastien Le Prestre de Vauban, 1633-1707(프랑스의 Louis 14세 시대의 축성가 겸 전술가 -옮긴이) 장군 등이 그렇게도 의미심장하게 비난한 루이 14세 치하의 프랑스 농민의 엄청난 궁핍은 높은 세금뿐만 아니라 현물세가 현금세로 바뀐 탓도 있다.[139] 다른 한편 아시아에서는 국세의 주요 항목인 지대의 현물형태는 그곳의 안정적인 자연 조건 때문에 변함없이 재생산되는 생산관계에 토대를 두고 있으며, 이러한 현물 납부형태는 반대로 낡은 생산형태를 유지시키는 작용도 한다. 지대의 현물형태가 터키제국이 자신을 보존한 비밀 가운데 하나이다. 유럽에 의해 강요된 해외무역이 일본에서 현물지대의 현금지대로의 변화를 초래한다면, 일본의 전형적인 농업은 더이상 존재하지 않을 것이다. 일본 농업의 협소한 경제적 생존조건이 붕괴될 것이다.

---

138) "거래의 성격이 재화와 재화의 교환, 즉 인도와 인수 대신에 이제 판매와 지불로 이루어지는 것으로 변했으므로, 모든 거래는 … 이제는 순전히 화폐거래로 나타난다."(디포, 《공적 신용에 관한 에세이》, 3판, 런던, 1710, 8쪽)

139) "화폐는 만물의 사형집행자가 되었다." "재정정책은 이 파멸적인 추출물을 얻기 위해 엄청난 양의 재화와 상품을 증발시킨 증류기이다." "화폐는 전 인류에게 선전포고를 했다."(부아기유베르, 《부, 화폐 그리고 조세의 본질에 관한 논고》, 테르 엮음. 《재정경제학자》, 파리, 1843, 1권, 413, 419, 417, 418쪽)

어느 나라에서나 일정한 지불기일이 어느 분야에서나 뿌리를 내리고 있다. 이러한 지불기일은, 재생산에서의 다른 순환을 무시한다면, 부분적으로는 계절의 변화와 연결된 생산의 자연조건에 기인한다. 이 조건은 또한 조세나 지대 등처럼 상품유통에서 직접 생겨나지 않는 지불까지도 규제한다. 사회 전체에 흩어져 있는 이러한 일 년 중의 며칠에 집중된 지불에 필요한 화폐량은 지불수단을 합리적으로 배치하는 데 있어서 주기적이긴 하지만 매우 형식적인 교란을 야기한다.[140]

지불수단의 유통속도에 관한 법칙으로부터 다음과 같은 결론을 끌어낼 수 있다. 즉 모든 주기적인 지불에 필요한 지불수단의 양은, 그 지불의 원인이 무엇이든 간에, 지불기간의 길이에 정비례(1판부터 4판까지는 반비례 -편집자) 한다.[141]

---

140) 1826년의 의회 조사위원회에서 크레이그(Craig)는 다음과 같이 말했다. "1824년 성림 강림절의 월요일에 에든버러의 은행권에 대한 엄청난 수요로 11시경에 우리의 금고에는 단 한 장의 은행권도 남아있지 않았다. 우리는 은행권을 빌리려고 이런저런 은행에 차례로 사람을 보냈지만, 한 장도 얻을 수 없었다. 그래서 수많은 거래가 전표로만 결제되었다. 이미 오후 3시경에 모든 은행권이 발행 은행으로 되돌아왔다. 은행권은 단지 소유자를 바꾸었을 뿐이다. 스코틀랜드에서 은행권의 효율적인 평균 유통액은 300만£보다 적음에도 불구하고, 일 년 중의 상이한 지불 기일에는 은행가의 수중에 있는, 모두 합하여 약 700만£의 은행권이 동원된다. 이 경우에 은행권은 단 하나의 특별한 기능만을 수행한다. 그리고 그 기능을 수행하자마자 그 은행권을 발행한 각각의 은행으로 도로 흘러들어간다."(존 풀라턴,《통화조절》, 2판, 런던, 1845, 86쪽의 주) 이해를 돕기 위해 덧붙이자면, 풀라턴의 저작이 발간된 당시의 스코틀랜드에서는 예금을 수표가 아닌 은행권으로만 찾을 수 있었다.

141) "만약 1년 동안 4천만의 거래를 처리할 필요성이 있다면, 상거래가 요구하는 유통과 순환을 위해 동일한 6백만의 금으로 충분하겠는가?"라는 질문에 대해 페티는 늘 했던 것처럼 능숙하게 대답한다. "나는 그렇다고 대답한다. 회전기간이 짧다면, 즉 매주 토요일 저녁마다 지불하고 지불받는 가난한 수공업자들이나 노동자들 사이에서처럼 일주일 간격으로 회전이 이루어진다면, 4천만의 총액을 위해 1백만의 40/52로도 충분하다. 그 기간이 우리나라에서 관례적인 지대지불이나 조세징수 기간처럼 3개월이라면, 천만이 필요하다. 따라서 지불이 일반적으로 1주일과 13주 사이의 상이한 기간을 갖는다고 가정한다면, 천만

지불수단으로서의 화폐의 발전은 채무액의 만기를 대비한 화폐축적을 필요하게 한다. 부르주아 사회의 발전과 더불어 오로지 치부致富를 목적으로 하는 화폐비축은 사라지는 반면에, 지불수단의 준비금 형태로서의 화폐비축은 증가한다.

c) 세계화폐

국내 유통 영역을 빠져나가면 화폐는 국내에서 싹트고 성장한 국지적인 형태, 즉 가격을 재는 기준, 주화, 소액주화 그리고 가치의 징표라는 국지적 형태를 다시 벗어버리고, 귀금속 본래의 형태로 되돌아간다. 세계무역에서 상품은 그 가치를 전 세계를 포괄하면서 펼쳐나간다. 따라서 세계무역에서는 상품의 독립적인 가치형태 역시 세계화폐로서 상품과 마주선다. 세계시장에서야 비로소 화폐는, 자신의 현물형태가 추상적인 인간노동의 직접적인 사회적 실현형태가 되는 상품으로서 완전히 기능한다. 화폐의 존재방식이 그 개념에 부합된다.

국내 유통 영역에서는 단 하나의 상품만이 가치척도, 따라서 화폐로 사용된다. 세계시장에서는 두 개의 가치척도 즉 금과 은이 지배한다.[142]

에 100만의 40/52를 더한 액수의 절반은 550만이기에, 550만으로 충분하다."(윌리엄 페티, 《아일랜드의 정치적 해부 1672년》, 런던판, 1691, 13, 14쪽)

142) 따라서 국립은행(Nationalbank)에 국내에서 화폐로 기능하는 귀금속만을 비축하도록 규정한 모든 법안은 어리석은 것이다. 그런 방식으로 잉글랜드 은행이 스스로 조성한 '즐거운 어려움'은 잘 알려져 있다. 금과 은의 상대적 가치변동이 심했던 역사적 시대에 대해서는 맑스의 《정치경제학의 비판을 위해》, 155쪽을 보라. 2판의 주석: 로버트 필(Robert Peel)은 자신이 제정한 1844년의 은행법에서 은 준비량이 금 준비량의 ¼을 절대로 넘지 않는 범위 내에서 은괴를 담보로 지폐를 발행하는 것을 은행에 허락함으로써 이러한 불편을

세계화폐는 일반적 지불수단, 일반적 구매수단 그리고 부를 절대적이고 사회적으로 나타내는 물질(보편적 부)로 기능한다. 세계화폐의 기능 가운데 국제수지의 결제를 위한 지불수단으로서의 기능이 지배적이다. 따라서 중상주의의 구호는 무역수지![143] 이다. 금과 은이 국제적인 구매수단

제거하려고 했다. 이 때 은의 가치는 런던 시장에서의 은의 시장가격(금으로 표시된)으로 측정된다.〔4판의 주석: 우리는 다시 금과 은의 가격변동이 심한 시대에 살고 있다. 약 25년 전에는 은에 대한 금의 가치비율이 15½:1이었으나, 지금은 약 22:1이고, 아직도 금에 대한 은의 가치는 계속 하락하고 있다. 이는 주로 두 금속의 생산방식에서의 변혁의 결과이다. 이전에 금은 거의 전부가 금을 함유한 충적층, 즉 금을 함유한 암석의 풍화물의 세척으로만 얻어졌다. 이제 이 방식은 더이상 만족스럽지 않게 되어 이전에 부차적으로만 행해지던 방법에 의해 뒷전으로 밀려났다. 이 부차적인 방법은 이미 고대인에게도(디오도로스, 3권, 12-14절) 잘 알려져 있던 것으로, 금을 함유한 차돌광맥 자체를 가공하는 방법이다. 다른 한편, 아메리카 로키산맥의 서부에서 대규모의 새로운 은광맥이 발견되었을 뿐만 아니라, 이 은광맥과 멕시코의 은광이 철도에 의해 개척되고, 근대적인 기계와 연료가 이들로 수송되어, 최대 규모의 은을 더 적은 비용으로 얻는 것이 가능해졌다. 그러나 이 두 금속이 광맥에 매장되어 있는 방식에는 큰 차이가 있다. 금은 대개 잡물이 섞이지 않고 순수하지만, 그 대신 매우 적은 양이 차돌 속에 산재해 있다. 따라서 암석 전체를 분쇄하여, 금을 물로 씻어내거나 수은으로 추출해야 한다. 이 경우에는 1,000,000그램의 차돌에서 겨우 1-3그램의 금이 나오는 경우는 흔하지만, 30-60그램의 금이 나오는 경우는 매우 드물다. 은은 수순하게 나오는 경우는 드물지만, 그 대신 대개 40-90%의 은을 함유한 독특한 광맥에 매장되어 있으며, 이 광맥은 암석에서 비교적 쉽게 분리될 수 있다. 또한 은은 자체로도 이미 가공할 가치가 있는 동이나 주석 등의 광맥에 소량이지만 포함되어 있다. 이로부터 확실하게 추론되는 것은, 금을 생산하는 노동은 증가한 반면에, 은을 생산하는 노동은 결정적으로 감소했다는 사실이다. 따라서 은의 가치하락은 매우 당연한 일이다. 그리고 은의 가격이 지금처럼 인위적인 수단으로 높게 유지되지 않았다면, 훨씬 심각한 가격하락으로 나타났을 것이다. 그러나 아메리카 대륙에 매장된 은은 이제 겨우 그 일부만 접근 가능하며, 따라서 은의 가치는 아직도 오랫동안에 걸쳐 하락할 것이라는 일체의 전망이 있다. 게다가 일용품과 사치품에 필요한 은에 대한 수요의 상대적 감소, 금을 도금한 제품이나 알루미늄에 의한 은의 대체는 은의 가치하락에 한 몫을 하고 있다. 법으로 정해진 강제적인 교환시세를 통해 금과 은의 종전의 가치비율인 1:15½로 다시 끌어올리고자하는 두 금속을 동시에 사용하자는 금·은본위자들의 이상주의적 생각을 알 수 있다. 오히려 은은 세계시장에서 화폐로서의 자격을 상실해 갈 것이다. -프리드리히 엥엘스〕

143) 중상주의는 금과 은을 통한 무역수지 흑자의 결제를 세계무역의 목적으로 취급하지만, 그 반대자들 역시 세계화폐의 기능을 전혀 잘못 이해하고 있다. 유통수단의 양을 규제

으로 사용되는 경우는 주로 상이한 국가들 사이의 종래의 균형 잡힌 물질 대사가 갑자기 교란될 때이다. 끝으로 부를 나타내는 절대적인 사회적 물질로서의 역할을 하는 경우에 세계화폐는 구매나 지불과는 무관하며, 한 나라에서 다른 나라로의 부를 이전시키는 기능을 한다. 그리고 부의 이전이 세계시장의 경기변동이나 또는 충족되어야 할 목적 자체로 인해 상품형태로는 불가능한 경우에 그러한 기능을 한다.[144]

모든 나라에서 국내유통을 위한 준비금이 필요한 것처럼, 세계시장에서의 유통을 위한 준비금도 필요하다. 따라서 비축화폐의 기능은 부분적으로 국내의 유통수단과 지불수단으로서의 화폐의 기능에서 생겨나고, 또다른 부분적으로는 세계화폐로서의 화폐의 기능에서 생겨난다.[145] 세계화

하는 법칙에 대한 잘못된 견해가 어떻게 귀금속의 국제운동에 대한 잘못된 견해에 그대로 반영되어 있는가는 내가 이미 리카도를 예를 들어 상세하게 증명했다. (맑스,《정치경제학 비판을 위하여》, 155쪽 이하) 이런 까닭에 "무역역조는 오직 유통수단의 과잉에 의해서만 발생할 수 있다. … 주화가 수출되는 것은 그것이 싸기 때문이며, 무역역조의 결과가 아니라 그 원인이다."라는 리카도의 잘못된 도그마는 바본에게서도 발견된다. "무역의 차액, 만약 그러한 것이 존재한다면, 어떤 나라로부터 화폐가 수출되는 원인이 아니다. 화폐가 수출되는 원인은 오히려 각 나라별로 귀금속의 가치가 차이나기 때문이다."(바본, 앞의책, 59쪽) 매컬럭은 그의 저서《정치경제학 문헌: 분류목록》(런던, 1845)에서 이러한 바본의 예견을 칭찬하고 있지만, 용의주도하게도 바본의 경우 소박한 형태로 나타나 있는 '통화주의'의 불합리한 전제에 대해서는 언급하는 것조차도 회피하고 있다. 이 책의 무비판성과 심지어 불성실함은 화폐이론의 역사를 다루는 부분에서 그 절정에 다다른다. 이 부분에서 매컬럭은 자신이 '인정받은 최고의 은행가'라고 이름 붙인 오버스톤(전 은행가 로이드)의 추종자로서 그에게 꼬리를 치고 있기 때문이다.

144) 예를 들면, 보조금, 전쟁수행을 위한 차입금이나 은행의 현금지불의 재개를 위한 차입금 등의 경우에서는 가치가 곧바로 화폐형태로 요구될 수 있다.

145) 2판의 주석. "금속통화제도(금속본위제)를 도입한 나라에서 화폐비축 메커니즘이 일반적 유통의 그렇다한 지원 없이도 국제채무 결제에 필요한 모든 기능을 수행할 수 있다는 확실한 증거로서 프랑스보다 더 확실한 경우를 바랄 수 없다. 즉 프랑스는 파멸적인 침입으로 인한 충격에서 이제 막 회복하려고 할 당시, 자국에 부과된 2천만 프랑(본문에는 화

폐로서 역할에는 언제나 실제 화폐상품, 즉 실물의 금과 은이 필요하다. 이런 까닭에 제임스 스튜어트는 금과 은을 순전히 국지적인 대리물과 구별하여 명확하게 세계화폐라고 특징짓고 있다.

금과 은은 두 방향으로 움직인다. 한편으로, 금과 은은 그 원산지에서 전 세계시장으로 굴러나간다. 이곳에서 금과 은은 각 나라의 국내 유통 수로에 들어가기 위해, 마모된 금화와 은화를 보충하기 위해, 사치품의 재료를 제공하기 위해 그리고 비축화폐로 고정되기 위해, 여러 나라의 유통 영역에 의해 서로 다른 규모로 끌어당겨진다.[146] 이 첫 번째 운동은 상품에 실현되어 있는 각 나라의 노동과 금과 은 생산국의 귀금속에 실현되어 있는 노동의 직접적인 교환에 의해 매개된다. 다른 한편, 금과 은은 상이한 나라의 유통 영역 사이를 끊임없이 오가는데, 이는 환율의 끊임없는 변동에 따르는 운동이다.[147]

부르주아적 생산이 발전한 나라에서는 은행금고에 대량으로 집적된

폐단위가 없지만, 전쟁배상금은 보통 패전국의 화폐로 지급된다. - 옮긴이)에 가까운 전쟁배상금을 국내 화폐유통의 뚜렷한 수축이나 교란 없이, 그리고 그 어떤 우려할 만한 환율의 동요도 없이, 27개월 안에 그것도 배상금의 상당한 부분을 금속화폐로 연합국에게 쉽게 지불했다."(풀라턴, 앞의 책, 141쪽)〔4판의 주석: 더 확실한 예는 같은 프랑스가 1871-1873년의 30개월 만에 10배 더 많은 전쟁배상금을, 그것도 상당한 부분을 금속화폐로 쉽게 지불할 수 있었다는 사실이다. -엥엘스〕

146) "생산물이 항상 화폐를 끌어당김으로써, … 화폐는 그 수요에 따라 각 나라에 분배된다."(르 트론, 앞의 책, 916쪽) "끊임없이 금과 은을 공급하는 광산들의 산출량은 각 나라에 필요한 양을 공급하는데 충분하다."(반더린트, 앞의 책, 40쪽)

147) "환율은 매주 오르고 내리는데, 1년 중의 어떤 특정한 시기에 도달한 수준에서는 어떤 나라에 불리하고 또 다른 시기에는 타국에 유리한 같은 수준의 환율에 도달한다."(바본, 앞의 책, 39쪽)

비축화폐를 그 특유한 기능에 필요한 최소치로 제한한다.[148] 얼마간의 예외
는 있지만, 이 비축화폐의 금고가 그 평균수준을 넘어 눈에 띄게 과잉되는
것은 상품유통의 정체나 상품형태변화의 중단을 가리킨다.[149]

---

148) 이들 상이한 기능은, 은행권에 대한 태환준비금으로서의 기능이 추가되자마자, 위험
한 충돌을 일으킬 수 있다.

149) "국내 상거래에 반드시 필요한 것 이상 존재하는 화폐는 죽은 자본이며, … 화폐 자체
를 수출하거나 수입하는 경우를 제외하고는 그것을 소유한 나라에 아무런 이익도 가져다
주지 않는다."(존 벨러스, 앞의 책, 13쪽) "우리가 현재 너무 많은 주화를 가지고 있다면, 어
떻게 하겠는가? 그렇다면 우리는 완전한 함량을 가진 주화를 녹여 금과 은으로 된 화려한
접시나 그릇과 가재도구를 만들든지, 이에 대한 필요와 수요가 있는 곳으로 상품으로 보내
든지, 이자가 높은 곳에 이자를 받고 빌려줄 수 있다."(윌리엄 페티, 《화폐소론》, 39쪽) "화
폐는 국가라는 신체의 지방일 뿐이며, 따라서 너무 많으면 국가의 민첩한 움직임을 방해
하고, 너무 적으면 국가를 병들게 한다. … 지방이 근육의 움직임을 원활하게 하며, 부족한
자양분을 보충하며, 주름살을 펴서 신체를 아름답게 하는 것처럼, 화폐는 국가의 운동을
원활하게 하며, 국내에 기근이 있으면 외국에서 식량을 들여오고, 채무를 갚으며, … 전체
를 아름답게 만든다."(페티는 빈정대듯 끝맺는다) "물론 화폐를 많이 가진 매우 특별한 인
간들에게만 해당되지만."(윌리엄 페티, 《아일랜드의 정치적 해부》, 14-15쪽)

2편

화폐의 자본화

4장 | 화폐의 자본화

1절
자본의 일반 공식

상품유통은 자본의 출발점이다. 상품생산과 상품유통의 발전된 형태인 상업은 자본을 싹트게 한 역사적 전제조건이다. 16세기의 세계무역과 세계시장은 자본의 근대적 생활사를 만들기 시작했다.

상품유통의 물적 내용물, 즉 다양한 사용가치들의 교환을 무시하고, 그 과정이 만들어내는 경제적 형태만을 살펴볼 때, 우리는 그것의 마지막 산물인 화폐를 발견하게 된다. 상품유통의 마지막 산물인 화폐는 결국 자본의 최초의 겉모습이다.

역사적으로 자본은 어느 곳에서나 우선 화폐자산, 상인자본 그리고 고리대자본이라는 화폐형태로 토지소유와 맞선다.[150] 그렇다고 해서 화폐가 자본의 최초의 겉모습이라는 것을 알기 위해 자본의 발생사까지 되돌아볼 필요는 없다. 똑같은 역사가 지금도 매일 우리의 눈앞에서 펼쳐지고 있기 때문이다. 어떤 새로운 자본도 처음에는 일정한 과정을 거쳐 자본으로 변해야 할 화폐로서 무대에, 다시 말해 상품시장이나 노동시장 그리고 화폐시장 등의 시장에 등장한다.

맨 처음에는 서로 다른 유통형태만이 '화폐로서의 화폐'와 '자본으로서의 화폐'를 구별한다.

상품유통의 직접적 형태는 W-G-W, 곧 상품이 화폐로 변했다가 다시 상품으로 되돌아오는 형태다. 즉 구매를 위한 판매이다. 그리고 우리는 이 형태와 더불어 W-G-W와 전혀 다른 G-W-G라는 두 번째 형태를 발견한다. 이 형태는 화폐가 상품으로 변했다가 다시 화폐로 되돌아오는 형태이며, 판매를 위한 구매이다. 이 두 번째 유통 과정에서 운동하는 화폐는 자본으로 변하며, 이미 그 용도상 자본이다.

이제 G-W-G형태의 유통을 좀 더 자세히 살펴보자. 이 유통은 단순한 상품유통과 마찬가지로 두 단계를 통과한다. 첫 번째 단계 G-W는 구매이며, 이 단계에서 화폐는 상품으로 변한다. 두 번째 단계 W-G는 판매이며, 이 단계에서는 상품이 다시 화폐로 변한다. 그러나 이 두 단계를 합친 것은 화폐를 상품과 교환한 다음 그 상품을 다시 화폐와 교환하는, 다시 말해 상

---

150) 인격적 예속-지배 관계에 기초한 토지소유의 권력과 화폐의 비인격적 권력 사이의 대립은 두 가지 프랑스 격언에 명확하게 표현되어 있다: '영주 없는 토지는 없다.' '화폐는 주인을 가지지 않는다.'

품을 판매하기 위해 상품을 구매하는 하나의 운동이다. 또는 구매와 판매 사이의 형식적 차이를 무시한다면, 이는 화폐로 상품을 구매하고 상품으로 화폐를 구매하는 하나의 운동이다.[151] 이 모든 과정이 사라지고 남은 결과 는 화폐와 화폐의 교환, 즉 G-G이다. 내가 100£으로 2,000파운드의 면화 를 구매하고 이 2,000파운드의 면화를 다시 110£에 판매한다면, 결국 나는 100£을 110£과, 곧 화폐를 화폐와 교환한 것이다.

그런데 이러한 우회로를 통해 동일한 화폐가치를 동일한 화폐가치 와 교환하려고 한다면, 예를 들어 100£을 100£과 교환하려고 한다면, 유 통과정 G-W-G는 분명히 아무런 의미도 내용도 없을 것이다. 100£을 유통 의 위험에 내맡기는 대신에 꽉 쥐고 있는 화폐비축자의 방법이 차라리 더 간단하고 안전하다. 다른 한편으로, 100£을 지불하고 구입한 면화를 다시 110£에 팔든, 50£만 받고 팔아치우든 간에, 그의 화폐는 하나의 독특하고 독창적인 운동을 그리고 있는데, 이 운동은 단순한 상품유통, 즉 곡식을 판 매하고 그 대가로 받은 화폐로 옷을 구매하는 농부의 운동과는 그 종류가 전혀 다르다. 따라서 우선 순환 G-W-G와 W-G-W 사이의 형태 차이의 특 성을 살펴봐야 한다. 그렇게 함으로써 동시에 이들 형태상의 차이의 배후 에 숨어 있는 내용상의 차이도 밝혀질 것이다.

우선 이들 두 형태의 공통점을 살펴보자.
이 두 순환은 동일한 두 개의 대립적인 단계인 W-G(판매)와 G-W(구 매)로 나누어진다. 이 두 단계 모두에서 상품과 화폐라는 동일한 두 개의

---

151) "화폐로 상품을 구매하고, 상품으로 화폐를 구매한다."(리비에르, 《정치사회의 자연 적 및 본질적 질서》, 543쪽)

물적 요소가 대립하며, 또한 경제적 분장을 마친 판매자와 구매자가 대립하고 있다. 이 두 순환은 동일한 대립적인 단계들이 합쳐진 것이다. 그리고 이 순환에는 세 명의 계약당사자가 등장하면서 연결되는데, 한 사람은 팔기만하고, 다른 한 사람은 사기만하고, 세 번째 사람은 사고팔기를 번갈아 한다.

그러나 이 두 순환 W-G-W와 G-W-G가 처음부터 다른 것은 대립하는 유통단계의 순서가 서로 반대라는 점이다. 단순한 상품유통은 판매로 시작하여 구매로 끝나며, 자본으로서의 화폐의 유통은 구매로 시작하여 판매로 끝난다. 전자에서는 상품이, 후자에서는 화폐가 운동의 출발점이자 종착점이다. 그리고 전자에서는 화폐가, 후자에서는 그 반대로 상품이 전체 과정을 매개하고 있다.

유통 W-G-W에서 화폐는 마지막에 사용가치로 사용되는 상품으로 변한다. 따라서 화폐는 결국은 지출된다. 그 반대 형태인 G-W-G에서 구매자는 그 반대로 판매자로서 화폐를 취득하기 위해 화폐를 지출한다. 그는 상품을 구매하면서 화폐를 유통에 투입하는데, 이는 동일한 상품의 판매를 통해 이 화폐를 다시 유통으로부터 끄집어내기 위해서이다. 그가 화폐를 떠나보내는 것은 그것을 다시 소유하려는 교활한 의도일 뿐이다. 여기서 화폐는 그저 선불된 것에 불과하다.[152]

---

152) "어떤 물건이 다시 판매되기 위해서 구매된다면, 이를 위해 사용된 금액을 선불화폐라고 부른다. 그리고 어떤 물건을 다시 판매할 목적으로 구매하지 않았다면, 그 금액은 지출되었다고 말할 수 있다. (제임스 스튜어트, 《저작집》, 그의 아들 제임스 스튜어트 장군 엮음, 런던, 1805, 1권, 274쪽)

W-G-W 형태에서 동일한 화폐조각은 두 번 위치를 바꾼다. 판매자는 구매자로부터 화폐를 받아서 다른 판매자에게 지불한다. 이 전체 과정은 상품을 주고 화폐를 받는 것으로 시작해 다시 상품을 받고 화폐를 넘겨주는 것으로 끝난다. G-W-G 형태는 그 반대이다. 이 형태에서는 동일한 화폐가 두 번 위치를 바꾸는 것이 아니라, 동일한 상품이 두 번 위치를 바꾼다. 구매자는 판매자의 수중에 있던 상품을 받아서 다른 구매자의 수중으로 넘긴다. 단순한 상품유통에서는 동일한 화폐의 두 번에 걸친 자리바꿈이 화폐를 최종적으로 어떤 사람의 수중에서 다른 사람의 수중으로 넘겨주지만, G-W-G 형태에서는 동일한 상품의 두 번에 걸친 자리바꿈이 화폐를 그 최초의 출발점으로 되돌려 보낸다.

그 출발점으로 화폐가 되돌아오는 것은, 상품을 구매했을 때보다 더 비싸게 판매했는가 하는 것과는 상관이 없다. 이 상황은 단지 되돌아오는 화폐액수의 크기에만 영향을 미칠 뿐이다. 되돌아오는 현상 그 자체는 구매된 상품이 다시 판매되자마자, 즉 순환 G-W-G가 완성되자마자 행해진다. 이것이 바로 '자본으로서의 화폐의 유통'과 단순한 '화폐로서의 화폐의 유통' 차이를 감각적으로 알아차릴 수 있는 지점이다.

순환 W-G-W는 어떤 상품의 판매가 화폐를 가져오고 다른 상품의 구매가 그 화폐를 다시 가져옴으로써 즉시 완성된다. 그럼에도 화폐가 원래의 출발점으로 되돌아온다면, 그것은 오로지 이 과정 전체가 갱신되거나 반복되기 때문이다. 내가 1쿼터의 곡식을 3£에 판매하여, 이 3£을 가지고 옷을 구매했다면, 이 3£은 나에게는 최종적으로 지출된 것이다. 나는 더이상 3£과 아무런 관계도 없다. 그것은 옷장사의 것이다. 이제 내가 두 번째로 1쿼터의 밀을 판매하면 화폐가 다시 나에게 되돌아오겠지만, 이는 첫 번째 거래의 결과가 아닌, 그러한 거래가 반복된 결과일 뿐이다. 내가 두 번째 거래를 끝마치고 다시 구매를 하자마자, 화폐는 나에게서 다시 멀어진다. 따라서 순환 W-G-W에서 화폐의 지출은 화폐가 되돌아오는 것과 아무런 관계도 없다. 반대로 순환 G-W-G에서 화폐가 되돌아오는 것은 화폐의 지출 방식 그 자체에 의해 정해진다. 화폐가 되돌아오지 않는다면, 거래가 실패했거나 그 과정이 중단되어 아직 완성되지 않았다는 뜻이다. G-W-G 순환과정의 두 번째 단계, 즉 구매를 보충해서 완결해 줄 판매가 이루어지지 않고 있기 때문이다.

순환 W-G-W는 한 상품의 극에서 출발하여 다른 상품의 극에서 끝나는데, 후자는 유통에서 빠져나와 소비된다. 따라서 욕망의 충족인 소비, 한마디로 사용가치가 이 순환의 최종목적이다. 그 반대로 순환 G-W-G는 화폐의 극에서 출발하여 결국 동일한 화폐로 돌아온다. 따라서 이 순환의 동기와 정해진 목적은 교환가치 그 자체이다.

단순 상품유통에서는 양극이 동일한 경제적 형태를 취한다. 양극 모두 상품이다. 그리고 그것들은 서로 가치크기가 같은 상품이다. 그러나 그것들은 질적으로 서로 다른 사용가치, 예를 들면 곡식과 옷이다. 여기에서는 생산물 교환, 즉 사회적 노동을 표현하고 있는 다양한 물질의 교체가 운동의 내용을 이루고 있다. 유통 G-W-G에서는 다르다. 이 유통은 언뜻 보면 동일한 G가 반복되기 때문에 아무런 내용이 없는 것처럼 보인다. 양극의 G는 동일한 경제적 형태를 갖는다. 그것들은 화폐이며, 따라서 질적으로 차이가 없는 사용가치이다. 화폐는 바로 상품이 변한 모습이고, 화폐로 변하는 순간 각 상품의 특유한 사용가치가 소멸해버리기 때문이다. 처음에 100£을 면화와 교환하고, 그 다음에 면화를 100£과 다시 교환하는 것, 즉 화폐와 화폐를 우회적으로, 동일한 것을 동일한 것과 교환하는 것은 아무런 목적도 의미도 없는 거래인 것처럼 보인다.[153] 어떤 화폐액은 다른 화폐액과 그 크기에 의해서만 구별될 수 있을 뿐이다. 따라서 과정 G-W-G는 양극 모두가 화폐이기 때문에, 질적인 차이가 아니라 단지 양적인 차이에 의해서만 진정한 의미를 가진다. 이 과정의 마지막에는 유통에 처음 집어넣은 것보다 더 많은 화폐가 유통으로부터 회수된다. 예를 들어 100£에 구매한 면화가 100+10£, 즉 110£에 다시 판매된다. 따라서 이 과정의 완전한 형태는 G-W-G'이다. 여기에서 G'=G+△, 즉 G'는 처음 투입된 화폐액수에 어떤 증가분을 더한 것이다. 이 증가분, 즉 최초가치의 초과분을 나는

---

153) 메르시에 드 라 리비에르는 "화폐와 화폐를 교환하지 않는다"라고 중상주의자들을 향해 소리쳤다. (리비에르, 앞의 책, 486쪽) '상거래'와 '투기'를 전문적으로 다루고 있는 어떤 저서에서는 다음과 같은 구절이 있다. "모든 상거래는 종류가 다른 물건들의 교환이다. 그리고 이익(상인을 위한?)은 바로 이러한 차이에서 발생한다. 1파운드의 빵을 1파운드의 빵과 교환하는 것은 아무에게도 이익이 되지 않을 것이다. … 따라서 상거래와, 단지 화폐를 화폐와 교환하는 것인 도박 사이에 어떤 것이 이득이 되는가를 비교하는 것은 …." (토머스 코벳, 《개인의 부의 원천과 그 방식에 관한 연구, 또는 상거래와 투기의 원리에 대한 설명》, 런던, 1841, 5쪽) 코벳은 G-G, 즉 화폐와 화폐의 교환이 상업자본뿐만 아니라 모든 자본 특유의 유통형태라는 것을 알아차리지 못했지만, 적어도 이 형태가 상거래의 한 종류인 투기, 도박과 같다는 것을 인정한다. 그러나 그 뒤에 매컬럭이 나타나서, 판매하기 위한 구매는 투기이며, 따라서 투기와 상거래와의 차이가 없다는 것을 발견했다. "어떤 개인이 어떤 생산물을 판매하기 위해 구매하는 모든 거래는 사실상 투기이다."(매컬럭, 《상거래의 실용 등》, 런던, 1847, 1009쪽) 암스테르담 증권거래소의 찬미자이며 매컬럭과는 비교도 할 수 없을 정도로 순진한 핀토는 다음과 같이 말한다. "상거래는 도박이다. (이 문구는 로크에게서 빌려온 것이다) 그리고 거지에게는 아무 것도 얻어낼 수 없다. 오랜 기간에 걸쳐 모든 사람에게서 그들이 가진 돈을 몽땅 땄다면, 도박을 다시 시작하기 위해서는 호의적인 타협을 통해 딴 돈의 대부분을 다시 돌려주어야만 한다."(핀토, 《유통과 신용에 관한 이론》, 암스테르담, 1771, 231쪽)

잉여가치surplus value라고 부른다. 따라서 최초로 투하된 가치는 유통에서 자신을 보존할 뿐만 아니라, 자신의 가치크기를 변화시키기도 하여 잉여가치를 첨가한다. 즉 가치를 증식한다. 그리고 이 운동은 최초로 투하된 가치를 자본으로 변화시킨다.

물론 W-G-W 형태의 양극인 W, W, 예컨대 곡식과 옷은 양적으로 서로 다른 가치크기일 수도 있다. 농부는 자신의 곡식을 가치 이상으로 판매할 수 있거나 옷을 그 가치 이하로 구매할 수도 있다. 그가 옷장수에게 속을 수도 있다. 그러나 이러한 가치 차이는 W-G-W 유통형태 자체에서는 전적으로 우연한 것이다. 유통형태 W-G-W는 그 양극, 예컨대 곡식과 옷이 등가물인 경우에도 과정 G-W-G처럼 결코 그 의미를 상실하는 것은 아니다. W-G-W 형태에서는 양극의 가치가 동일하다는 것이 오히려 정상적인 진행을 위한 조건이다.

구매를 위한 판매의 반복 또는 갱신은, 이 과정 자체처럼 과정 밖에 있는 최종목적인 일정한 욕망의 충족, 즉 소비라는 한도와 목표를 넘어서지 않는다. 이와는 반대로 판매를 위한 구매에서는 그 시작과 끝이 화폐, 즉 교환가치이며, 그리고 바로 이런 까닭에 이 운동은 끝이 없다. 물론 G는 G+△가 되고, 100£은 100£+10£이 된다. 그러나 순전히 질적으로만 본다면, 110£은 100£과 같은 것, 즉 화폐이다. 그리고 양적으로 고찰하면, 110£은 100£처럼 한정된 가치액이다. 110£이 화폐로 지출된다면, 110£은 자신의 역할을 그만 둠으로써 110£은 자본이기를 중단한다. 이것이 유통에서 떨어져 나온다면, 비축화폐로 화석화되어 지구 최후의 날까지 계속 저장되어도 단 한 푼도 더 늘어나지 않는다. 그러므로 일단 가치의 증식이 문제가 되면, 110£에서도 100£에서와 마찬가지로 증식욕구가 존재한다. 양자는 모두 한정된 교환가치를 표현하고 있으며, 따라서 양적 확대를 통해 부 그 자체에 접근해 가야하는 동일한 사명을 가지고 있기 때문이다. 물론 최초로 투입된 100£은 유통에서 100£에 추가된 10£의 잉여가치와 일시적으로는 구별되지만, 이 구별은 곧바로 다시 사라진다. 과정의 끝에 원래의 가치 100£이 한편으로 그리고 잉여가치 10£이 다른 한편으로 분리되어 나오지 않는다. 나오는 것은, 최초의 100£과 마찬가지로, 가치증식 과정을 시작하기 위한 100£과 동일한 형태에 있는 110£의 가치이다.[154] 따라서 판매를 위한 구매가 완성되는 각 순환의 끝에서 저절로 새로운 순환이 시작된다. 구매를 위한 판매, 즉 단순한 상품유통은 유통의 외부에 있는 최종목적, 곧 사용가치의 취득, 욕망의 충족을 위한 수단으로 사용된다. 이와 반대로 자본으로서의 화폐의 유통은 그 자체가 목적인데, 가치의 증식은 끊임없이 반복되는 운동 내에서만 존재하기 때문이다. 따라서 자본의 운동은 끝이 없다.[155]

---

154) "자본은 … 최초의 자본과 그 증가분인 이윤으로 나누어진다. … 그러나 실제로는 곧바로 다시 자본에 추가되어, 이 자본과 함께 움직이기 시작하지만…."(프리드리히 엥엘스, 앞의 책, 99쪽)

155) 아리스토텔레스는 돈벌이 기술(Chrematistik)과 살림하는 기술(Ökonomik)을 대비시킨다. 그는 살림하는 기술에서 출발한다. 그것이 생계를 위한 기술인 한, 살아가는 데 필요하고 가정이나 국가에 유용한 재화를 조달하는 일에 한정된다. "진정한 부는 이러한 사용가치로 이루어진다. 편안한 삶에 충분할 정도의 재산에는 한도가 있기 때문이다. 그런데 우리가 보통은 당연히 돈벌이 기술이라고 부르는 두 번째 종류의 살림 사는 기술이 있다. 이것은 돈벌이 기술이기 때문에 부와 재산에는 그 한계가 없는 것처럼 보인다. 상품거래(그리스어 카페리케는 문자 그대로 소매업을 말하는데, 아리스토텔레스가 이 형태를 선택한 이유는 소매업에는 사용가치가 지배적이기 때문이다)는 원래는 돈벌이 기술에 속하지 않는다. 상품거래에서는 오로지 판매자와 구매자가 자신들에게 필요한 상품만 거래하기 때문이다." 그는 계속해서 말을 이어나간다. 따라서 상품거래의 최초의 형태는 물물교환이었지만, 그것의 확산과 더불어 불가피하게 화폐는 생겨났다. 화폐의 발명과 함께 물물교환은 카페리케로 즉 상품거래로 발전하지 않을 수 없었다. 그리고 상품거래는 그 원래의 경향과 모순되는 돈벌이 기술을 싹 틔웠다. 이제 돈벌이 기술은 아래와 같은 사실에 의

이러한 운동을 의식적으로 받아들이는 화폐소유자는 자본가가 된다. 그 자신, 보다 정확히 말하면 그의 주머니가 화폐의 출발점이자 귀착점이다. 이러한 유통의 객관적 내용-가치의 증식-은 그의 주관적 목적이 되며, 그리고 추상적인 부를 점점 더 소유하는 것이 그를 행동하게 하는 유일한 동기인 한, 그는 자본가로서 또는 의지와 의식을 부여받은 인격화된 자본으로 기능한다. 따라서 사용가치를 결코 자본가의 직접적인 목적으로 취급해서는 안 된다.[156] 또한 단 한 번의 이윤이 아니라, 오로지 이윤을 향한 부단한 운동만이 자본가의 직접적인 목적으로 다루어져야 한다.[157] 부를 늘리려는 무조건적인 충동, 이 열정적인 가치추구[158]는 자본가와 화폐비축자의

해 살림하는 기술과 구별된다. "돈벌이 기술에서는 유통이 부의 원천이다. 그리고 이 기술은 화폐를 중심으로 돌아가고 있는 것처럼 보인다. 화폐가 이러한 종류의 교환의 시작이자 끝이기 때문이다. 따라서 돈벌이 기술이 추구하는 부에는 끝이 없다. 즉 목적이 수단이 아닌 궁극적인 최종목표로 설정하는 모든 기술은, 끊임없이 그 최종목표에 접근하려 하기 때문에 한계가 없다. 반면에 목적을 위한 수단만을 추구하는 기술은 그 목적 자체가 한계를 설정하기 때문에 한계가 있다. 이와 마찬가지로 돈벌이 기술의 목적인 부에는 한계가 없으며, 그 목적은 전적으로 치부이다. 살림하는 기술은 돈 버는 기술과는 다르게 일정한 한계를 갖고 있다. … 전자는 화폐 그 자체와는 다른 것을, 그리고 후자는 화폐의 증식을 목적으로 삼는다. 서로 상대방 속에 숨겨져 있는 이들 두 형태의 혼동이 몇몇 사람들이 무한정으로 화폐를 보유하고 증식하는 것을 살림하는 기술의 최종목적으로 생각하게 만들었다."(아리스토텔레스, 앞의 책, 1권, 8장과 9장의 여러 곳)

156) "상품(여기에서는 '사용가치'라는 의미)은 거래를 수행하는 자본가의 최종목표가 아니다. … 그의 최종목표는 화폐이다."(토마스 찰머스[Thomas. Chalmers], 《정치경제학에 대해》, 2판, 글래스고우, 1832, 165-166쪽)

157) "상인이 이미 거두어들인 이윤을 경시하지 않는다면, 그의 시야는 언제나 미래의 이윤을 향한다."(제노베시, 《시민경제학 강의》, 1765, 쿠스토디 엮음, 《이탈리아 정치경제학 고전전집》, 근세편, 8권, 139쪽)

158) "이윤을 향한 억누를 수 없는 열정, 금을 향한 저주받은 갈망이 늘 자본가를 규정한다."(매컬럭, 《정치경제학 원리》, 런던, 1830, 179쪽) 이러한 견해도 매컬럭과 그의 동료들이 이론적인 곤경에 빠지는 것을 막지 못했다. 예를 들어 과잉생산을 다루는 경우에, 이들이 가지고 있는 견해는 이들이 이윤만을 열망하는 자본가를 선량한 시민으로, 즉 오로지

공통분모이지만, 화폐비축자가 제정신이 아닌 자본가인 반면에 자본가는 합리적인 화폐비축자이다. 화폐비축자는 화폐를 유통에서 구출하려고 애씀으로써[159] 가치를 부단히 증식하려고 하지만, 더 영리한 자본가는 화폐를 끊임없이 반복하여 유통에 투입함으로써 가치를 증식한다.[160]

상품의 가치가 단순유통에서 취하는 자립적인 형태, 즉 화폐형태는 오로지 상품교환만을 매개할 뿐이고 이 운동의 최종결과에서는 사라진다. 이와는 반대로 유통 G-W-G에서는 화폐와 상품 모두는 오로지 가치 자체의 상이한 존재방식으로서, 즉 화폐는 가치의 일반적 존재방식으로서 그리고 상품은 특별한, 이를테면 가장된 존재방식으로만 기능한다.[161] 이 운동에서 가치는 사라지지 않고, 이 형태에서 저 형태로 끊임없이 이전함으로써, 스스로 작동하는 주체로 변한다. 스스로 증식하는 가치가 생애에서 번갈아 취하는 특별한 겉모습을 고정한다면, 다음과 같이 단언할 수 있다. 즉 자본은 화폐이며, 자본은 상품이다.[162] 그러나 사실상 여기에서 가치는 어떤 과정의 주체가 되는데, 이 과정에서 가치는 화폐와 상품의 형태를 끊임

사용가치만을 중요시하며, 더욱이 장화, 모자, 달걀, 면직물 그리고 다른 종류의 매우 일상적인 사용가치에 대해서도 늑대의 탈을 쓴 탐욕을 보이는 선량한 시민으로 변질시키는 것을 당연히 막지 못했다.

159) '구출하다'는 화폐비축을 의미하는 그리스인 특유의 표현 가운데 하나이다. 마찬가지로 영어의 'to save'는 '구출하다'와 동시에 '저축하다'를 의미한다.

160) "물건이 앞으로만 나아갈 때 가질 수 없는 무한성을 순환에서는 가진다."(갈리아니, 앞의 책, 156쪽)

161) "자본을 구성하는 것은 물질이 아니라, 그 물질의 가치이다."(세, 《정치경제학 개론》, 3판, 파리, 1817, 2권, 429쪽)

162) "생산적인 목적에 사용되는 통화(!)는 자본이다."(맥클로드(Macloed), 《은행업의 이론과 실제》, 런던, 1855, 1권, 1장, 55쪽) "자본은 상품과 다름없다."(제임스 밀, 《정치경제학 요강》, 런던, 1821, 74쪽)

없이 바꿈으로써 자신의 크기 자체를 변화시키며, 최초의 가치로서의 자신에게 잉여가치를 덧붙임으로써 스스로 증식한다. 가치가 잉여가치를 덧붙이는 이 운동은 가치 자신의 운동이며, 가치의 증식 즉 자기증식이기 때문이다. 가치는 자신이 가치이기 때문에 가치를 낳는다는 신비한 성질을 가지고 있다. 그는 살아있는 새끼를 낳거나 적어도 황금알을 낳는다.

가치가 번갈아가면서 화폐형태와 상품형태를 취하고 벗어버리는, 그리고 이러한 교체에서도 자신을 보존하면서 확장하는 이 과정을 지배하는 주체로서의 가치는, 무엇보다도 자신의 정체성을 확인시켜주는 자립적인 형태를 필요로 한다. 가치는 이러한 자립적인 형태를 오로지 화폐에서만 가진다. 따라서 화폐는 모든 가치증식 과정의 출발점과 종점이 된다. 화폐는 100£이었으나, 지금은 110£이다. 등등. 그러나 여기에서 화폐 자체는 단지 하나의 가치형태로만 간주될 뿐이다. 가치는 두 가지 형태를 가지고 있기 때문이다. 상품형태를 취하지 않고서는 화폐는 자본이 될 수 없다. 따라서 여기에서는 화폐비축에서처럼 화폐는 상품에 적대적으로 마주서지 않는다. 자본가는 모든 상품은 그것들이 아무리 천해 보이고 어떤 악취를 풍기더라도, 믿음에서나 실제로도 화폐이며, 마음속까지 할례를 받은 유대인이며, 더 나아가 화폐를 더 많은 화폐로 만들기 위해 기적을 행하는 수단이라는 것을 알고 있다.

단순유통에서(W-G-W) 상품의 가치가 그것의 사용가치에 대해 기껏해야 자립적인 화폐형태를 취한다면, 여기에서(G-W-G) 가치는 갑자기 이 과정을 진행하면서 스스로 운동하는 하나의 실체로 나타난다. 이 실체에 대해 화폐와 상품은 단순한 형태일 뿐이다. 그뿐만이 아니다. 이제 가치는 상품들 사이의 관계를 나타내는 대신에, 소위 자기 자신과 사적관계를 맺는다. 가치는 최초의 가치로서의 자신과 잉여가치로서의 자신을 구별한다. 즉 성부로서의 자신을 성자로서의 자신과 구별하는데, 아버지와 아들은 같은 나이이며 사실상 한 몸을 이루고 있다. 투하된 100£은 10£이라는 잉여가치에 의해서만 자본이 되며, 그것이 자본의 되자마자, 즉 아들이 만들어지고 그 아들에 의해 아버지가 만들어지자마자, 양자의 구별은 다시 사라지고 양자는 하나, 즉 110£이 되기 때문이다.

따라서 가치는 G-W-G 과정을 진행하는 가치, 그 과정을 진행하는 화폐가 되며, 그리고 이러한 것으로서 가치는 자본이 된다. 가치는 유통에서 나왔다가 유통으로 들어가며, 유통에서 자신을 보존하고 배가시키며, 더 커져서 유통에서 되돌아오는 동일한 순환을 끊임없이 되풀이하며 또한 새롭게 시작한다.[163] G-G', 화폐를 낳는 화폐money which begets money, 이것이 자본의 초대 대변인인 중상주의자들의 입을 통해 나온 자본에 대한 묘사이다.

판매를 위한 구매, 좀 더 정확하게 말하자면, 더 비싸게 판매하기 위한 구매, 즉 G-W-G'는 오로지 자본의 한 종류인 상인자본에만 해당되는 것처럼 보인다. 그러나 산업자본 역시 상품으로 변했다가 그 상품의 판매를 통해 더 많은 화폐로 변하는 화폐이다. 구매와 판매의 중간에서, 즉 유통 영역의 외부에서 일어나는 행위들은 이 운동형태를 조금도 변화시키지 않는다. 마지막으로 이자가 붙는 자본에서는 유통 G-W-G'는 중간단계 없이 그 결과만으로, 소위 간결한 형태인 G-G'로 나타난다. 즉 화폐는 더 많

---

163) "자본은 … 자신을 배가시키는 영구적인 가치이다."(시스몽디, 《신정치경제학 원리》, 1권, 89쪽)

은 화폐와 같고, 가치는 자신의 가치보다 더 큰 가치로서 나타난다.

따라서 사실상 G-W-G'는 유통 영역에서 직접 나타나 있는 그대로의
자본의 일반 공식이다.

2절
일반 공식의 모순

화폐가 자본으로 탈바꿈하는 유통형태는 앞에서 전개된 상품, 가치, 화폐 그리고 유통 자체의 성질에 관한 모든 법칙과 모순된다. 이 유통형태를 단순한 상품유통과 구분하는 것은 동일한 두 개의 대립되는 과정, 즉 판매와 구매의 순서가 거꾸로 되어 있다는 데 있다. 그런데 어떻게 이러한 순전히 형식적인 차이가 이 과정의 성질을 마치 요술을 부린 것처럼 변화시킬 수 있는가?

그뿐만이 아니다. 이 뒤바뀐 순서는 서로 거래하고 있는 세 곳의 거래처 가운데 단 하나에만 존재한다. 자본가로서 나는 A의 상품을 구매하여 B에게 다시 판매하지만, 단순한 상품소유자인 나는 상품을 B에게 팔고 난 후 A의 상품을 구매한다. 거래처 A와 B에게는 이러한 차이가 존재하지 않는다. 그들은 단지 구매자나 판매자로 등장할 뿐이다. 이 두 경우에서 나 자신은 단순한 화폐소유자 또는 상품소유자로서, 즉 구매자 또는 판매자로서 그들과 마주 선다. 더 정확히 말하자면 나는 양쪽 순서 모두에서 한 사람에게는 단지 구매자로서만 다른 사람에게는 단지 판매자로서만, 즉 한 사람에게는 다만 화폐로서만 다른 사람에게는 단지 상품으로서만 마주 설 뿐이며, 어느 누구에게도 결코 자본이나 자본가로 마주 서지 않는다. 또한 나는 화폐나 상품 이외의 어떤 것으로, 또는 상품과 화폐의 영향 이외의 다른 영향을 미칠 수 있는 어떤 것의 대리자로서 그들과 마주 서지 않는다. 나에게는 A로부터의 구매와 B에게의 판매가 하나의 순서를 이루고 있다.

그러나 이 두 행위들 간의 관계는 오직 나에게만 존재할 뿐이다. A는 나의 B와의 거래에 개의치 않으며, B 역시 나의 A와의 거래에 개의치 않는다. 내가 이 순서를 뒤바꾸어 얻은 특별한 이익을 그들에게 설명하려 한다면, 그들은 내가 순서 자체를 잘못 알고 있으며, 전체 거래가 구매로 시작해서 판매로 끝나는 것이 아니라, 그 반대로 판매로 시작해서 구매로 끝난다는 것을 나에게 증명하려고 할 것이다. 사실 나의 첫 번째 행위인 구매는 A의 입장에서는 판매이며, 나의 두 번째 행위인 판매는 B의 입장에서는 구매이다. 이것으로 만족하지 않고, A와 B는 이 전체 순서가 불필요했으며 하나의 속임수였다고 설명할 것이다. A는 상품을 직접 B에게 판매할 것이고 B는 상품을 직접 A에게서 구매할 것이다. 그렇게 되면, 전체 거래는 일상적인 상품유통의 일면적인 행위로 축소되어, A의 입장에서는 판매만이 B의 입장에서는 구매만이 될 것이다. 따라서 우리가 순서를 뒤바꾸어도 단순한 상품유통의 영역을 벗어나는 것은 아니다. 오히려 우리는 단순한 상품유통이 그 성질상 유통 안으로 들어오는 가치를 증식시켜 잉여가치를 형성하게 하는지 그렇지 않은지를 살펴보아야 한다.

단순한 상품교환으로 나타나는 형태의 유통과정을 가정해보자. 두 명의 상품소유자가 서로 상품을 구매하고 상호간의 화폐청구권의 차액을 지불일자에 결제하는 경우에는 언제나 이 형태를 취한다. 이 경우에 화폐는 상품의 가치를 가격으로 표현하기 위한 계산화폐로 사용되지만, 상품과 직접 물적으로 맞서지 않는다. 사용가치에 관계되는 한, 이 교환에서 두 명의 교환자 모두가 이득을 볼 수 있다는 것은 분명하다. 이들은 사용가치로서 자신에게 쓸모없는 상품을 양도하고 자신에게 필요한 상품을 손에 넣는다. 그리고 이것만이 유일한 이득은 아닐 것이다. 포도주를 판매하여 곡식을 구매한 A는 아마 곡식경작자 B가 동일한 노동시간에 생산할 수 있는 것보다 더 많은 포도주를 생산하며, 곡식경작자 B는 포도재배자가 동일한 시간에 생산할 수 있는 것보다 더 많은 곡식을 생산한다. 따라서 두 명의 농부 각자가 상품교환을 하지 않고 포도주와 곡식을 직접 생산해야만 하는 경우보다, 동일한 교환가치로 A는 더 많은 곡식을 B는 더 많은 포도주를 손에 넣는다. 따라서 사용가치에 관련해서는 '교환이 양쪽 모두가 이득을 보는 거래'[164]라고 말할 수 있다. 그러나 교환가치에 있어서는 다르다.

"많은 포도주를 가지고 있지만 곡식을 전혀 가지고 있지 않는 사람은 많은 곡식을 가지고 있지만 포도주를 전혀 가지고 있지 않은 다른 사람과 거래하여, 그들 사이에 50의 가치를 지닌 밀이 50의 가치를 지닌 포도주와 교환된다고 하자. 이 교환은 전자에게나 후자에게나 교환가치의 증가를 가져오지 않는다. 그들 각자는 교환 이전에 이미 이러한 거래를 통해 얻게 되는 것과 동일한 가치를 이미 가지고 있었기 때문이다."[165]

상품과 상품 사이에 화폐가 유통수단으로 개입하여 구매와 판매 행위가 알아차릴 수 있게 분리되어 있어도 사정은 조금도 변하지 않는다.[166] 상품의 가치는 유통에 들어오기 전에 이미 그 가격에 나타나 있기 때문에

---

164) "교환은 계약당사자 모두가 언제나(!) 이득을 볼 수 있는 놀라운 거래이다."(데스튜트 드 트라시, 《의지와 그 작용》, 파리, 1826, 68쪽) 같은 책이 《정치경제학개론》으로 출판되었다.

165) 메르시에 드 라 리비에르, 앞의 책, 544쪽.

166) "이 두 가치 가운데 하나가 화폐이든, 두 가치 모두가 평범한 상품이든, 그 자체로는 아무런 상관이 없다."(리비에르, 앞의 책, 543쪽)

상품의 가치는 유통의 전제이지 결과가 아니다.[167]

추상적으로 살펴본다면, 즉 단순 상품유통에 내재하는 법칙에서 비롯된 상황이 아닌 것을 무시한다면, 어떤 사용가치가 다른 사용가치에 의해 대체되는 것 이외에 단순 상품유통에서 일어나는 것은 상품의 탈바꿈, 즉 상품의 단순한 형태변화뿐이다. 동일한 가치, 즉 물질화된 사회적 노동의 동일한 양은 같은 화폐소유자의 수중에서 처음에는 그의 상품의 모습으로, 그 다음에는 이 상품이 변화된 화폐의 모습으로, 마지막에는 이 화폐가 다시 변화된 상품의 모습으로 유지된다. 이 형태변화에서 가치크기는 전혀 변하지 않는다. 그런데 이 과정에서 상품가치 자체가 거치는 변화는 그 화폐형태의 변화일 뿐이다. 이 화폐형태는 처음에는 팔기 위해 내놓은 상품의 가격으로, 그 다음에는 이미 가격에 표현되어 있는 화폐액수로, 마지막에는 어떤 등가물상품의 가격으로 존재한다. 이 형태변화 자체는 그 어떤 가치크기의 변화도 포함하지 않는데, 이는 마치 5파운드 은행권을 소버린(1파운드 금화), ½소버린이나 실링으로 바꾸는 것과 마찬가지이다. 따라서 상품유통이 상품가치의 형태변화만을 일으키는 한, 그것은 그 현상만이 진행된다면 등가물간의 교환일 뿐이다. 따라서 가치가 무엇인지 눈치 채지 못한 통속경제학조차도, 나름의 방식으로 그 현상을 순수하게 고찰할 때마다, 수요와 공급이 일치한다는 것, 즉 수요와 공급이 더이상 영향을 미치지 않는다는 것을 가정하고 있다. 그러므로 사용가치에 관해서는 양쪽 교환자 모두 이득을 볼 수 있지만, 교환가치에서는 이들 모두가 이득을 볼 수

---

167) "계약당사자들이 가치에 대해 결정하는 것이 아니다. 가치는 계약을 체결하지 전에 이미 확정되어 있다."(르 트론, 앞의 책, 906쪽)

없다. 오히려 여기에서는 "평등이 있는 곳에서는 이득이 없다."[168]고 말해야 한다. 상품은 그 가치와 차이 나는 가격으로 판매될 수 있지만, 그 차이는 상품교환의 법칙의 위반으로 나타난다.[169] 상품교환은 그 순수한 형태에서는 등가물간의 교환이며, 따라서 가치를 늘리는 수단이 아니다.[170]

따라서 상품유통을 잉여가치의 원천으로 설명하려는 시도의 배후에는 대부분 하나의 착오, 즉 사용가치와 교환가치의 혼동이 숨어 있다. 예를 들어 콩디악Condillac의 경우에는 아래와 같다.

"상품교환에서 동일한 가치와 동일한 가치가 교환된다고 하는 말은 옳지 않다. 그 반대이다. 두 계약당사자는 언제나 더 큰 가치를 위해 더 작은 가치를 내어준다. … 실제로 언제나 동일한 가치가 교환된다면, 어떤 계약당사자도 이익을 낼 수 없다. 그러나 두 계약당사자 모두는 이익을 내었으며 또한 이익을 내어야 한다. 왜 그럴까? 물건의 가치는 오직 우리의 욕망과 그 물건의 관계에서만 존재하기 때문이다. 어떤 것은 어떤 사람에게는 남아돌고 어떤 사람에게는 부족하다. 그리고 그 반대의 경우도 있다. 우리가 자신의 소비에 없어서는 안 될 물건을 판매하기 위해 내놓는 것은 상상할 수 없다. … 우리는 자신에게 필요한 물건을 얻기 위해 우리에게

---

168) 갈리아니, 《화폐에 대해》, 쿠스토티 엮음, 근대편, 4권, 244쪽.

169) "어떤 외부 사정이 가격을 내리거나 오르게 하면, 교환은 두 당사자 가운데 한쪽에 불리해진다. 그러면 평등은 침해받지만, 이는 교환 자체로 인한 것이 아니라 외부 원인에서 기인하는 것이다."(르 트론, 앞의 책, 904쪽)

170) "교환은 그 성질상 평등에 토대를 둔, 말하자면 두 개의 동일한 가치 사이에서 이루어지는 계약이다. 따라서 부를 늘리기 위한 수단이 아니다. 주는 만큼 받기 때문이다."(르 트론, 앞의 책, 903-904쪽)

쓸모없는 물건을 내놓고자 한다. 우리는 더 많은 것을 위해 더 적게 내어 주려고 한다. … 교환된 물건 하나하나가 가치에서 같은 양의 화폐와 동일할 때마다, 교환에서 동일한 가치를 위해 동일한 가치를 내어준다고 판단하는 것은 당연하다. … 그러나 다른 측면도 고려되어야 한다. 쌍방 모두가 남는 물건을 필요한 어떤 것과 교환하는 것인지 아닌지 하는 문제가 그것이다."[171]

우리는, 콩디악이 어떻게 사용가치와 교환가치를 혼동하고 있으며, 발달된 상품사회와 생산자가 정말 순진하게도 자신의 생필품을 스스로 생산하고 자신의 수요를 넘는 초과분, 즉 잉여만을 유통에 투입하는 상태를 슬쩍 바꿔치기 했는가를 보았다.[172] 그럼에도 근대 경제학자들도 콩디악의 주장을 자주 반복하는데, 특히 상품교환의 발달된 모습인 상거래에서 잉여가치가 생산된다고 설명하려는 경우가 이에 해당된다. 예를 들면 다음과 같다.

"상거래는 생산물에 가치를 추가한다. 같은 생산물이라도 생산자의 수중에서보다 소비자의 수중에서 더 많은 가치를 가지고 있기 때문이다.

---

171) 콩디악, 《상거래와 정부》, 1776, 데르와 몰리아니 엮음, 《정치경제학 논문집》, 파리, 1847, 267쪽, 291쪽.
172) 따라서 르 트론은 자신의 벗인 콩디악에게 매우 정확하게 답하고 있다. "발전된 사회에는 여분이라는 것은 전혀 없다." 동시에 그는 다음과 같은 혹평으로 콩디악을 우롱하고 있다. "두 교환자가 똑같은 만큼 덜 주고 똑같은 만큼 더 받는다면, 이들은 똑같은 만큼 받는 것이다." 콩디악은 교환가치의 성질에 관해서 아는 것이 전혀 없었기 때문에, 교수님인 빌헬름 로셔는 콩디악을 자신의 유치한 개념의 보증인으로 콩디악을 내세웠던 것이다. 로셔의 《정치경제학 원리》, 3판, 1858을 보라.

따라서 상거래는 엄밀히 말하면 생산 행위로 간주되어야 한다."[173]

그러나 우리는 상품을 두 번 지불하지 않는다. 즉 한 번은 상품의 사용가치를, 다른 한 번은 상품의 가치를 지불하지는 않는다. 그리고 상품의 사용가치가 판매자에게보다 구매자에게 더 유용하다면, 상품의 화폐형태는 구매자에게보다 판매자에게 더 유용하다. 그렇지 않다면 판매자가 상품을 판매하겠는가? 마찬가지로 구매자는 예컨대 상인의 양말을 화폐로 바꾸어줌으로써 엄격히 말하면 '생산행위'를 완수했다고 말할 수 있을 것이다.

동일한 교환가치를 가진 상품끼리 또는 동일한 가치를 가진 상품과 화폐가 교환된다면, 즉 등가물끼리 교환된다면, 어느 누구도 자신이 유통에 투입한 것보다 더 큰 가치를 유통에서 끄집어내지 못한다. 그렇다면 잉여가치는 형성되지 않는다. 그러나 상품의 유통과정은 그 순수한 형태에서는 등가물끼리의 교환을 전제로 한다. 그러나 현실에서는 모든 일이 순수하게 일어나지만은 않는다. 따라서 등가가 아닌 물건 간의 교환을 가정해보자.

어느 경우든 상품시장에는 상품소유자와 상품소유자가 대립하고 있을 뿐이며, 이들이 서로에게 행사하는 권력은 그들이 소유하고 있는 상품의 권력일 뿐이다. 상품들 간의 물적 차이는 교환의 물적 동기이며 상품소유자들을 서로 의존하게 만든다. 이는 이들 가운데 어느 누구도 자신의 욕망의 대상을 가지고 있지 않지만, 이들 각자 모두 다른 사람의 욕망의 대상을

---

173) 뉴먼(S. P. Newman), 《정치경제학 요강》, 안도버 및 뉴욕, 1835, 175쪽.

가지고 있기 때문이다. 상품들의 사용가치의 물적 차이 이외에, 상품들 간에는 그것들의 현물형태와 그 변화된 형태 간의 차이, 즉 상품과 화폐 간의 차이라는 단 하나의 차이만이 존재할 뿐이다. 따라서 상품소유자들은 오로지 상품의 소유자인 판매자와 화폐의 소유자인 구매자로 구별될 뿐이다.

이제 상품을 그 가치 이상으로, 예를 들어 가치가 100이라면 110으로, 명목가격을 10% 인상하여 판매할 수 있는 어떤 설명하기 어려운 특권이 판매자에게 주어졌다고 가정해보자. 이 경우 판매자는 10의 잉여가치를 거두어들인다. 그러나 그가 판매자인 후에 그는 구매자가 된다. 제3의 상품소유자가 이제 그를 판매자로 만나서, 상품을 10% 더 비싸게 팔 수 있는 특권을 누린다. 우리의 친구는 구매자로서 10%의 손실을 보기 위해, 판매자로서는 10%의 이익을 본 것이다.[174] 실제로 모든 상품소유자가 그들의 상품을 서로 그 가치보다 10% 비싸게 판매하는 이 전체과정은 그들이 상품을 그 가치대로 판매하는 것과 완전히 동일한 결과를 가져온다. 이러한 상품의 명목가격의 전반적인 인상은 예를 들어 상품의 가치를 금 대신에 은으로 평가하는 것과 동일한 결과를 야기한다. 상품의 화폐 명칭인 상품의 가격은 오르겠지만, 그것들 간의 가치관계는 변하지 않는다.

이제는 위와 반대로 상품을 그 가치 이하로 구매할 수 있는 특권이 구매자에게 주어져 있다고 가정해보자. 이 경우에는 구매자가 다시 판매자가 되는 것을 기억할 필요가 없다. 그는 그가 구매자가 되기 이전에 판매자였

---

174) "생산물의 명목가치의 인상을 통해 … 판매자는 더 부유해지지 않는다. … 그가 판매자로서 얻은 이익과 똑같은 만큼을 구매자의 신분으로 다시 지출하기 때문이다."(그레이, 《국부의 주요 원리》, 런던, 1797, 66쪽)

다. 그는 이미 그가 구매자로서 10%의 이익을 보기 전에 판매자로서 10%의 손실을 보았다.[175] 모든 상황은 다시 그대로 유지된다.

따라서 잉여가치의 형성과 그에 따른 화폐의 자본화는 판매자가 상품을 그 가치 이상으로 판매하는 것이나, 구매자가 상품을 그 가치 이하로 구매하는 것으로는 설명될 수 없다.[176]

이 문제는 토렌스 대령이 아래와 같이 말한 것처럼, 적절치 못한 관계를 몰래 끌어 들인다고 해서 결코 간단해지지는 않는다.

"유효수요는, 직접적인 교환이든 간접적인 교환이든, 자본의 전체 구성요소 가운데서 상품의 생산에 들어간 것보다 더 큰 일정한 양을 상품의 대가로 지불하고자 하는 소비자의 능력과 성향(!)에 달려 있다."[177]

유통에서 생산자와 소비자는 판매자와 구매자로만 마주설 뿐이다. 생산자를 위한 잉여가치가 소비자가 상품을 그 가치 이상으로 지불하는 것에서 생겨난다는 주장은 상품소유자가 판매자로서 상품을 지나치게 비싸게 팔 수 있는 특권을 가지고 있다는 단순한 명제를 위장하고 있을 뿐이다.

---

175) "24리브르의 가치를 가지고 있는 일정한 양의 생산물을 18리브르로 판매해야 한다면, 판매하여 얻은 것과 똑같은 18리브르를 구매하는 데 사용해도 24리브르 만큼의 생산물을 손에 넣을 수 있을 것이다. (르 트론, 앞의 책, 897쪽)

176) "따라서 어떤 판매자도 보통은 다른 판매자의 상품을 비싸게 지불하지 않고서는 자신의 상품가격을 인상할 수 없다. 그리고 같은 이유로 어떤 소비자도 보통은 그가 파는 상품의 가격을 인하하지 않고는 더 싸게 구매할 수 없다."(리비에르, 앞의 책, 555쪽)

177) 토렌스(R. Torrens), 《부의 생산에 관한 에세이》, 런던, 1821, 349쪽.

판매자가 상품을 직접 생산했거나 그 상품의 생산자를 대리하고 있는 것에 못지않게, 구매자도 그의 화폐에 표시된 상품을 스스로 생산했거나 그 상품의 생산자를 대리하고 있다. 따라서 생산자와 생산자가 마주 서 있는 것이다. 그들을 구별하는 것은 한쪽은 구매하고 다른 한쪽은 판매한다는 사실이다. 상품소유자가 생산자의 이름하에 상품을 그 가치 이상으로 판매하든 소비자의 이름하에 상품을 지나치게 비싸게 지불하든 우리의 논의는 한 걸음도 더 나아갈 수 없다.[178]

따라서 잉여가치가 명목가격의 인상에서 생겨난다든지, 상품을 지나치게 비싸게 팔 수 있는 판매자의 특권에서 생겨난다든지 하는 환상을 일관되게 주장하는 사람들은 판매하지 않고 구매만하는, 즉 생산하지 않고 소비만 하는 어떤 계급을 상정하고 있는 것이다. 이러한 계급의 존재는 우리가 지금까지 도달한 관점, 즉 단순유통의 관점에서는 아직 설명될 수 없다. 그러나 앞질러 나아가보자. 이 계급이 끊임없이 구매에 사용하는 화폐는 교환 없이 공짜로, 그리고 임의의 법률상의 청구권이나 폭력적 권한에 의해 상품소유자에게서 이들에게로 흘러들어가야 한다. 이 계급에게 상품을 그 가치 이상으로 판다는 것은 공짜로 넘겨준 화폐의 일부분을 속임수를 써서 다시 회수하는 것을 의미할 뿐이다.[179] 예를 들어 소아시아 도시들은 고대 로마에 매년 화폐를 공물로 바쳤다. 이 화폐를 이용해 로마는 이들

---

178) "소비자가 이윤을 지불한다는 생각은 확실히 허무맹랑하다. 누가 소비자인가?"(램지, 《부의 분배에 관한 에세이》, 에든버러, 1836, 183쪽)

179) 자신의 제자인 찰머스 목사처럼 단순한 구매자 또는 소비자 계급을 찬양한 맬서스에게 화가 난 한 리카도주의자가 물었다. "맬서스 씨. 당신은 수요가 없어서 상품을 못 팔고 있는 어떤 사람에게, 상품을 팔기 위해 다른 사람에게 화폐를 지급하라고 충고겠는가?"(《최근 맬서스가 주장하는 수요의 성질과 필요에 대한 원리 연구》, 런던, 1821, 55쪽)

도시에서 상품을 지나치게 비싸게 구매했다. 소아시아인들은 무역을 하는 와중에 정복자에게서 공물의 일부를 다시 회수하는 식으로 로마인들을 속였다. 그럼에도 그들 역시 속은 사람들이었다. 그들의 상품가격은 여전히 그들 자신의 화폐로 그들에게 지불되었던 것이다. 이러한 것은 결코 부를 늘리거나 잉여가치를 형성하는 방법이 아니다.

그러므로 판매자가 구매자, 구매자가 판매자인 상품교환의 경계 안에 머물러 있기로 하자. 우리의 곤경은 아마도 우리가 등장인물을 인격화된 범주로만 파악하고 개인으로 파악하지 않아서인지도 모른다.

상품소유자 A는 자신의 동료인 B와 C를 속일 수 있을 정도로 교활하지만, B와 C는 아무리 해도 보복할 수 없다고 하자. A는 40£의 가치가 있는 와인을 B에게 파는 대가로 50£의 가치가 있는 B의 곡식을 손에 넣었다고 하자. A는 자신의 40£을 50£으로 변화시켰으며, 더 적은 화폐로 더 많은 화폐를 만들었으며 자신의 상품을 자본화했다. 좀더 자세히 살펴보자. 교환 이전에 우리는 A의 수중에 있는 40£의 와인과 B의 수중에 있는 50£의 곡식을 합친 90£을 가지고 있었다. 교환 후에도 총가치는 90£이다. 유통되는 가치는 전혀 증가하지 않았지만, A와 B 사이의 가치의 분배는 변했다. 한편에서 잉여가치로 나타나는 것이 다른 쪽에서는 가치감소이며, 한쪽에서 플러스로 나타나는 것이 다른 쪽에서는 마이너스로 나타난다. A가 교환이라는 은폐된 형태가 아니라 B로부터 직접 10£을 직접 훔쳤다고 해도 같은 변화가 일어날 것이다. 유통되고 있는 가치의 총액이 분배에서의 변화를 통해서는 결코 증가하지 않는다는 것은 분명하다. 이는 마치 어떤 유대인이 앤 여왕시대의 동전 1파딩을 1기니(약 252배로 - 옮긴이)에 판다고 해도, 한 나라의 귀금속의 양을 증가시킬 수 없는 것과 같다. 한 나라의 자본가계급 전체가 서로를 속여 이득을 취할 수는 없다.[180]

따라서 그 어떤 핑계를 대면서 빠져나가려 해도 결과는 동일하게 유지된다. 등가물끼리 교환되든, 비등가물끼리 교환되든 잉여가치는 생기지 않는다.[181] 유통, 즉 상품교환은 아무런 가치도 만들어내지 못한다.[182]

이런 까닭에 왜 우리가 자본의 기본형태, 즉 근대 사회의 경제조직을 규정하는 자본의 형태에 대한 분석에서 이른바 노아의 대홍수 이전부터 잘 알려진 자본의 모습인, 상업자본과 고리대자본을 일단은 전혀 고려하고 있지 않는가를 이해할 수 있다.

형태 G-W-G', 즉 더 비싸게 판매하기 위한 구매는 진정한 상업자본

---

180) 데스튀트 드 트라시는 프랑스 학사원 회원이었음에도 -아마도 바로 그런 이유 때문에 이와는 반대되는 견해를 가지고 있었다. 그는 '산업 자본가는 생산에 든 비용보다 모든 것을 더 비싸게 판매함으로써' 이윤을 얻는다. "그렇다면 누구에게 판매하는가? 우선은 자신들에게 판매한다."(데스튀트 드 트라시, 앞의 책, 239쪽)

181) "두 개의 동일한 가치의 교환은 사회에 존재하고 있는 가치의 양을 증가시키지도 감소시키지도 않는다. 서로 다른 두 개의 가치의 교환 역시 … 사회의 가치 총액을 전혀 변화시키지 않는다. 이 교환은 한 사람의 재산을 빼앗아 다른 사람의 재산에 더해주는 것에 불과하기 때문이다."(세, 앞의 책, 2권, 443-444쪽) 물론 세는 이 명제가 가져올 필연적인 결과에 개의치 않고 중농주의자들에게서 이 명제를 거의 문자 그대로 표절했다. 그 당시에는 세상에 거의 알려지지 않았던 중농주의자들의 저작을 세 자신의 '가치'를 높이기 위해 어떤 방식으로 이용했는가는 아래의 예가 보여준다. 세의 '유명한' 명제인 '생산물은 생산물로서만 살 수 있다.'(세, 앞의 책, 438쪽)는 중농주의자들의 원문에는 '생산물은 생산물로서만 지불된다.'라고 적혀 있다.(드 트론, 앞의 책, 899쪽)

182) "교환은 생산물에 어떤 가치도 부여하지 않는다."(웨일랜드(F. Wayland), 《정치경제학요강》, 보스턴, 1843, 168쪽)

에서 가장 순수하게 나타난다. 다른 한편으로 상업자본의 모든 운동은 유통 영역 내에서만 일어난다. 화폐의 자본화나 잉여가치의 형성을 유통 그 자체로부터 설명하는 것은 불가능하기 때문에, 등가물끼리 교환되는 한 상업자본은 존재할 수 없다.[183] 따라서 상업자본의 존재는 오로지 구매하는 상품생산자와 판매하는 상품생산자 사이에 끼어들어 기생하는 상인이 이들 두 생산자를 속여 이득을 취한다는 사실에서 그 뿌리를 찾을 수 있는 것처럼 보인다. 이런 의미에서 프랭클린은 "전쟁은 약탈이고 상거래는 사기이다."[184]라고 말한 것이다. 상업자본의 가치증식이 상품생산자에 대한 사기로만 설명되지 않으려면, 상품유통과 그 단순한 계기들만 전제되어 있는 상품유통 G-W-G'에는 아직 전적으로 결여되어 있는 일련의 기다란 중간항이 더 필요하다.

상업자본에 적용되는 위의 내용은 고리대자본에 더 잘 적용된다. 상업자본에서 G-W-G'의 양극, 즉 시장에 투입되는 화폐와 시장에서 증식되어 회수되는 화폐는 적어도 구매와 판매라는 유통운동에 의해 매개된다. 고리대자본에서 형태 G-W-G'는, 화폐가 더 많은 화폐와 교환됨으로써 화폐의 본성과 모순된다. 따라서 상품교환의 관점에서는 설명될 수 없는, 양극이 직접 관계하는 G-G'로 단축되어 있다. 이런 까닭에 아리스토텔레스는 아래와 같이 말한다.

---

183) "변화시킬 수 없는 등가물이 지배하면 상거래는 불가능할 것이다."(옵다이크,《정치경제학에 관한 논문》, 뉴욕, 1851, 66-69쪽) "실질가치와 교환가치 사이의 차이는 하나의 사실에 근거한다. 즉, 어떤 물건의 가치는 상거래에서 그 물건 대신에 제공되는 이른바 등가물과 다르다는 것, 다시 말하면 이 등가물은 등가물이 아니라는 것이다."(엥엘스, 앞의 책, 95-96쪽)

184) 프랭클린,《국부에 대해 검토되어야 할 견해들》,《저작집》, 스파스 엮음, 2권, 376쪽.

"그렇기 때문에 돈벌이 기술은 이중적이다. 한편으로는 상업에 속하고 다른 한편으로는 살림하는 기술에 속한다. 후자는 필요한 것으로 칭찬할 가치가 있지만, 전자는 유통에 근거하고 있어 당연히 비난받고 있다.(그것은 자연에 근거하는 것이 아니라, 서로 간의 사기에 근거하고 있기 때문이다) 따라서 고리대가 미움을 받는 것은 매우 당연하다. 고리대에서는 화폐 자체가 돈벌이의 원천이며, 화폐가 발명된 목적으로 사용되고 있지 않기 때문이다. 화폐는 상품교환을 위해 생겨난 것이지만, 이자는 화폐로 더 많은 화폐를 만든다. 이로부터 이자라는 명칭(그리스어로 토코스, 이자, 자식)이 나왔다. 자식은 어버이와 닮았기 때문이다. 그러나 이자는 화폐로부터 나온 화폐이기 때문에 모든 돈벌이 가운데 가장 자연의 이치에 어긋난다."[185]

상업자본과 마찬가지로 우리는 우리의 연구과정에서 이자가 붙는 자본 역시 무엇인가로부터 갈라져 나온 형태로 만나게 될 것이며, 이와 동시에 우리는 어떤 이유로 이 형태가 역사적으로 자본의 근대적인 기본형태보다 먼저 나타났는지도 알게 될 것이다.

잉여가치가 유통으로부터 생겨날 수 없다는 사실이 밝혀졌다. 따라서 잉여가치가 형성되기 위해서는 유통 자체에서는 보이지 않는 무엇인가가 그 배후에서 일어나야만 한다.[186] 그러나 잉여가치가 유통 이외의 다른 어떤 곳에서 생겨날 수 있는가? 유통은 상품소유자의 상호관계(3판과 4판에

---

185) 아리스토텔레스, 앞의 책, 17쪽.
186) "시장의 일상적인 조건에서는 이윤은 교환에서 생기지 않는다. 이윤이 거래 이전에 존재하지 않는다면, 그 이후에도 존재하지 않을 것이다."(램지, 앞의 책, 184쪽)

는 상품관계)를 모두 합한 것이다. 유통 밖에서 상품소유자는 아직 자신의 상품하고만 관계한다. 그 상품의 가치와 관련하여 말한다면, 이 관계는 그의 상품이 일정한 사회적 법칙에 따라 측정된 상품소유자 자신의 노동량을 포함하고 있다는 것에 국한된다. 이 노동량은 그의 상품의 가치크기로 표현되며, 그 가치크기는 계산화폐로 나타나기 때문에, 그의 노동량은 예컨대 10£이라는 가격으로 표시된다. 그러나 그의 노동은 그의 상품의 가치와 그 가치를 넘는 초과분까지 나타내지는 않는다. 즉 10이면서 동시에 11인 가격으로 표시되지 않는다. 이는 자기 자신보다 더 큰 가치로 표시되지 않는다는 말이다. 상품소유자는 자신의 노동을 통해 가치를 만들 수는 있지만, 스스로 증식하는 가치를 만들 수 없다. 가죽으로 장화를 만드는 것처럼, 그는 새로운 노동을 통해서 이미 존재하는 가치에 새로운 가치를 덧붙임으로써 어떤 상품의 가치를 증가시킬 수 있다. 동일한 원료라 할지라도 더 큰 노동량을 포함함으로써 더 큰 가치를 갖는다. 장화는 가죽보다 더 큰 가치를 가지게 되지만, 가죽의 가치는 이전과 동일하게 유지된다. 가죽은 자신의 가치를 증식하지도 않고, 장화가 제조되는 동안에 잉여가치를 덧붙이지도 않는다. 그러므로 상품생산자는 다른 상품생산자들과 접촉하지 않고는 유통 영역 밖에서 가치를 증식할 수 없으며, 따라서 화폐 또는 상품을 자본으로 만들지 못한다.

자본은 유통에서 발생할 수 없고, 마찬가지로 유통에서 발생하지 않을 수도 없다. 자본은 유통에서 발생해야 하는 동시에 유통에서 발생해서는 안 된다.

따라서 하나의 이중적인 결과가 나왔다.

화폐의 자본화는 상품교환에 내재하는 법칙들을 토대로 전개되어야 하기 때문에, 등가물끼리의 교환이 그 출발점으로 간주된다.[187] 아직 자본가가 되기 위한 애벌레에 불과한 우리의 화폐소유자는 상품을 그 가치대로 구매하여 그 가치대로 판매해야 하며, 그럼에도 과정의 끝에서는 그가 투입한 것보다 더 많은 가치를 회수해야 한다. 애벌레가 그 성체인 나비로의 탈바꿈, 즉 우리 화폐소유자의 자본가로의 변화는 유통 영역에서 일어나야 하는 동시에 유통 영역에서 일어나서는 안 된다. 이것이 풀어야 될 과제의 조건이다. 여기가 로도스 섬이다. 여기에서 뛰어 보거라!(화폐소유자가 유통 영역에서 그 어떤 일을 하더라도 아무런 소용이 없다는 뜻 - 옮긴이)

---

187) 이상의 설명에 따르면, 독자는 이 말이 상품가격이 상품가치와 같은 경우에도 자본형성이 가능해야 한다는 의미임을 이해할 수 있을 것이다. 상품가격이 상품가치와 차이난다는 것으로 자본형성을 설명할 수 없다. 가격이 실제로 가치와 차이난다면, 우선 가격을 가치로 환원해야 한다. 즉 가격과 가치의 차이를 우연한 것으로 생각하고 무시해야 한다. 그렇게 함으로써 상품교환을 토대로 한 자본형성의 현상만을 순수하게 파악하고, 그 현상을 고찰함에 있어서 이를 교란하고 있는 사정 그리고 본래의 과정과 상관없는 부수적인 사정에 현혹되어서는 안 된다. 덧붙이자면, 이러한 환원은 결코 단지 과학적인 절차만이 아니다. 시장가격의 끊임없는 진동, 그 상승과 하락은 서로 상쇄되고 스스로 그 내적 기준인 평균가격으로 환원된다. 이 평균가격은 예컨대 비교적 장기간에 걸쳐 진행되는 모든 사업에서 상인과 제조업자를 인도하는 길잡이이다. 오랜 기간을 전체적으로 고려했을 때, 상품소유자는 상품이 실제로는 평균가격 이상도 이하도 아닌 평균가격으로 판매된다는 것을 알고 있다. 따라서 공평한 사고방식이 그의 관심사라면, 그는 자본형성의 문제를 다음과 같이 제기해야 한다. 가격이 평균가격에 의해 통제되는 경우, 말하자면 최종적으로 가격이 상품의 가치에 의해 규제되는 경우에 어떻게 자본이 생겨날 수 있을까? 내가 '최종적'이라고 말한 이유는, 아담 스미스와 리카도 등이 생각한 것처럼 평균가격은 상품의 가치크기와 곧바로 일치하는 것이 아니기 때문이다.

3절
노동력의 구매와 판매

자본으로의 가치변화는 화폐 그 자체에서는 일어날 수 없다. 구매수단이나 지불수단으로서의 화폐는 그것이 팔고 사는 상품의 가격을 현금화할 뿐이며, 자신의 형태에 그대로 머물러 있는 동안에는 가치크기가 변하지 않는 화석으로 굳어 버리기 때문이다.[188] 마찬가지로 상품의 재판매인 두 번째 유통 행위에서도 이러한 변화는 발생할 수 없다. 이 행위는 단지 상품을 그 현물형태에서 화폐형태로 변화시킬 뿐이기 때문이다. 따라서 변화는 첫 번째 행위인 G-W에서 구매되는 상품에서 일어나야 하는데, 그 상품의 가치에서 일어나는 것은 아니다. 등가물끼리 교환되므로 상품은 그 가치대로 지불되기 때문이다. 따라서 변화는 그 상품의 사용가치 자체로부터만, 즉 그 상품의 소비에서만 생겨날 수 있다. 어떤 상품의 소비에서 가치를 끌어내기 위해 우리의 화폐소유자는 유통 영역 내부인 시장에서 그 사용가치 자체가 가치의 원천이 되고, 그것의 소비 자체가 노동이 물질화되어 가치를 창조하는 독특한 성질을 가지고 있는 상품을 발견하는 행운을 가져야만 한다. 그리고 화폐소유자는 시장에서 이런 특수한 상품을 발견하는데, 그것은 노동능력, 즉 노동력이다.

노동력 또는 노동능력에 대해 우리는 인간의 신체, 살아있는 사람의 인격에 존재하며, 그가 어떤 종류의 사용가치를 생산할 때마다, 작동시키

---

188) "화폐형태에서는 … 자본은 어떤 이윤도 만들지 못한다."(리카도, 앞의 책, 267쪽)

는 육체적 정신적 능력의 총체로 이해한다.

　　그러나 화폐소유자가 시장에서 상품으로의 노동력을 발견하기 위해
서는 여러 가지 조건이 충족되어 있어야 한다. 상품교환 그 자체는 그것의
성질에서 기인하는 관계 이외에는 그 어떤 종속관계도 포함하고 있지 않
다. 이런 사실을 가정하면 상품으로서의 노동력은 그것의 소유자, 즉 자신
의 노동력을 상품으로 가지고 있는 사람이 노동력을 내놓거나 판매하기 때
문에, 또 그러는 한에 있어서 시장에 나타날 수 있을 뿐이다. 노동력의 소
유자가 노동력을 상품으로 판매하기 위해서는 그는 자신의 노동력을 마음
대로 처분할 수 있어야 한다. 따라서 자신의 노동 능력, 자신의 인격에 대
한 자유로운 소유자여야 한다.[189] 노동력소유자와 화폐소유자는 시장에서
만나 서로 대등한 상품소유자로서 관계를 맺는데, 한쪽은 판매자이고 다른
쪽은 구매자라는 차이가 있을 뿐, 양쪽 모두 법률상으로는 평등한 사람들
이다. 이러한 관계가 지속되기 위해선 노동력의 소유자가 자신의 노동력을
언제나 일정한 기간만 판매할 필요가 있다. 그가 노동력을 한꺼번에 몽땅
판매한다면, 그는 자기 자신을 판매하는 것이며, 자유인에서 노예로 되며,
상품소유자에서 상품으로 변하기 때문이다. 그는 인격체로서 언제나 자신
의 노동력을 자신의 소유물로, 따라서 자신의 상품으로 취급해야 한다. 그
리고 그가 그렇게 할 수 있는 것은 오직 그가 자신의 노동력을 언제나 일시
적으로만, 즉 일정한 기간 동안만 구매자가 마음대로 사용하게 맡기는 경

---

189) 그리스로마 시대에 관한 백과사전에서 우리는 고대세계에는 '자유로운 노동자와 신
용제도가 없었다는 것을 제외하면' 자본이 충분히 발전되어 있었다는 말도 안 되는 구절을
읽을 수 있다. 몸젠(Mommsen) 역시 자신의 《로마사》에서 되풀이하여 똑같은 오류를 범
하고 있다.

우에만, 따라서 노동력의 매각을 통해 노동력에 대한 자신의 소유권을 포기하지 않는 경우일 뿐이다.[190]

화폐소유자가 시장에서 노동력을 발견하기 위한 두 번째 필수조건은, 노동력의 소유자가 자신의 노동이 물질화된 상품을 판매할 수 있는 대신에 자신의 살아있는 육체에만 존재하는 그의 노동력 자체를 상품으로 자발적으로 내놓아야 한다는 것이다.

어떤 사람이 자신의 노동력이 아닌 다른 상품을 판매하기 위해서 그는 당연히 생산수단, 예컨대 원료나 노동도구 등을 소유하고 있어야 한다. 그는 가죽 없이는 장화를 만들 수 없다. 그 외에도 그는 생활수단이 필요하다. 어느 누구도 설사 공상가라 할지라도 미래의 생산물, 즉 아직 생산이 완성되지 않은 사용가치를 먹고 살 수는 없다. 인간은 지구상에 모습을 드러낸 최초의 날과 마찬가지로 지금까지도 날마다 소비활동을 해야 한다.

---

190) 따라서 다양한 입법은 노동계약의 최대한도를 정하고 있다. 자유로운 노동이 행해지는 나라에서는 모든 법전이 계약해지 조건을 규정하고 있다. 여러 나라에서, 특히 멕시코에서는(아메리카 내전 이전의 멕시코에서 할양받은 영토, 그리고 사실상 쿠자혁명 이전의 도나우 지역에서도) 노예제도가 피어니지(Peonage, 빚을 갚기 위한 노역 - 옮긴이)의 형태로 은폐되어 있었다. 노동으로 갚아야 하는 그리고 대대로 내려오는 빚으로 인해 노동자 개인뿐만 아니라 그의 가족까지도 사실상 다른 사람이나 가족의 소유물이 되었다. 후아레스는 이 피어니지를 폐지했다. 스스로 황제로 칭한 막시밀리안은 워싱턴의 하원이 멕시코에서 노예제도를 다시 도입하기 위한 것이라고 적절하게 비난한 칙령을 통해 피어니지를 다시 도입했다. "나는 나의 남다른 육체적이고 정신적인 기능과 활동능력에 대한 … 일정한 시간으로 제한된 사용권을 다른 사람에게 양도할 수 있다. 이 제한에 따라 나의 기능과 능력은 나의 전체성과 일반성에 대해 외적 관계를 유지하기 때문이다. 노동에 의해 구체화되는 나의 시간 전부와 나의 생산물 전체를 양도한다면, 나는 나의 일반적 활동과 현실성, 나의 인격을 다른 사람의 소유로 만들어 버리는 것이 될 것이다."(헤겔, 《법철학》, 베를린, 1840, 104쪽, 67절)

생산을 시작하기 전이나 생산하는 동안에도 인간은 소비를 해야 한다. 생산물이 상품으로 만들어진다면, 그것은 생산된 후에 판매되어야 한다. 판매된 후에야 비로소 생산자의 욕망은 충족될 수 있다. 생산에 필요한 시간에 판매에 필요한 시간이 추가된다.

따라서 화폐가 자본으로 변하기 위해서는 화폐소유자는 시장에서 자유로운 노동자를 발견해야 한다. 자유롭다는 것은 두 가지 의미를 가지고 있다. 즉 노동자가 자유인으로서 자신의 노동력을 상품으로 처분한다는 의미와, 다른 한편으로 그가 판매할 수 있는 다른 상품을 가지고 있지 않고, 자신의 노동력의 실현에 필요한 그 어떤 물건도 가지고 있지 않다는 의미이다. 어떤 이유로 이 자유로운 노동자가 유통 영역에서 화폐소유자와 마주서는가 하는 문제는 노동시장을 특별한 상품시장의 하나로 발견하는 화폐소유자에게는 관심 밖의 일이다. 그리고 우리도 당분간은 이에 관심을 가질 필요가 없다. 화폐소유자가 사실에 실천적으로 집착하고 있듯이, 우리는 사실에 이론적으로 집착한다. 그러나 한 가지는 분명하다. 자연은 한편에서 화폐소유자나 상품소유자를 만들고, 다른 한편에서 자신의 노동력만을 소유한 자를 만들지는 않는다는 것이다. 이러한 관계는 자연사적인 것도 아니며, 모든 역사상의 시대에 공통되는 사회적 관계도 아니다. 그것은 분명히 앞선 역사적 발전의 결과이며, 수많은 경제적 변혁의 산물이자 일련의 낡은 사회적 생산구성체가 몰락하면서 만들어진 산물이다.

우리가 앞에서 살펴본 경제적 범주들 역시 그것들의 역사적 흔적을 가지고 있다. 생산물이 상품으로 존재하는 것에는 일정한 역사적 조건이 감추어져 있다. 상품이 되기 위해 생산물은 생산자 자신을 위한 직접적 생계수단으로 생산되어서는 안 된다. 어떤 상황에서 모든 생산물이, 적어도 생산물의 대부분이 상품의 형태를 취하는지를 계속 살펴본다면, 이는 매우 특수한 생산방식, 즉 자본주의적 생산방식을 토대로 하는 경우에만 발생한다는 사실을 알게 될 것이다. 그러나 이러한 연구는 상품의 분석과는 거리가 멀다. 생산물의 압도적인 양이 직접적인 자기수요를 목표로 하고 있어 상품으로 되지 않는다 하더라도, 또한 사회적 생산과정이 그 전체의 폭이나 깊이에서 아직 교환가치의 지배를 받고 있지 않다고 하더라도, 상품생산과 상품유통은 일어날 수 있다. 생산물이 상품으로 나타나는 것은 사회 내의 분업이 상당히 발달하여 직접적인 물물교환으로 처음 시작된 사용가치와 교환가치의 분리가 이미 완성되어 있음을 그 조건으로 한다. 이러한 발전 단계는 역사적으로 매우 다양한 경제적 사회구성체에 공통적으로 있는 것이다.

이제 화폐를 살펴보면, 이것은 상품생산의 일정한 수준을 전제로 한다. 단순한 화폐등가물 또는 유통수단 또는 지불수단, 비축화폐와 세계화폐 등의 특별한 화폐형태는 이런저런 기능의 범위와 그 상대적 중요성에 따라 사회적 생산과정의 매우 상이한 단계들을 가리킨다. 그럼에도 경험에 의하면 이 모든 형태가 형성되기 위해서는 비교적 덜 발전된 상품유통으로도 충분하다. 자본은 그렇지 않다. 자본의 역사적 존재조건은 결코 상품유통과 화폐유통으로 주어지는 것이 아니다. 자본은 생산수단과 생활수단의 소유자가 자신의 노동력의 판매자로서의 자유로운 노동자를 시장에서 발견할 때에만 발생하며, 그리고 이러한 하나의 역사적 조건은 하나의 세계 역사를 아우른다. 따라서 자본은 처음부터 사회적 생산과정의 한 시대를

알린다.[191]

이제 이 독특한 상품인 노동력을 좀 더 자세하게 살펴보아야 한다. 다른 모든 상품과 마찬가지로 노동력도 어떤 가치를 가지고 있다.[192] 노동력의 가치는 어떻게 정해질까?

노동력의 가치는 다른 모든 상품의 가치와 마찬가지로 이 특수한 상품의 생산에, 따라서 또 그것의 재생산에 필요한 노동시간에 의해 정해진다. 가치인 한에 있어서는, 노동력은 그것에 물질화 된 사회적 평균노동의 일정한 양을 나타낼 뿐이다. 노동력은 살아 있는 개인의 능력으로서만 존재한다. 따라서 노동력이 생산되려면 살아있는 개인이 존재해야 한다. 노동력의 생산은 이 개인 자신의 재생산 또는 유지이다. 살아있는 개인은 자신을 유지하기 위해 일정한 양의 생활수단이 필요하다. 그러므로 노동력의 생산에 필요한 노동시간이 생활수단의 생산에 필요한 노동시간으로 변하거나, 노동력의 가치가 노동력 소유자의 유지에 필요한 생활수단의 가치가 된다. 그러나 노동력은 오직 밖으로 그 형태를 드러냄으로써 실현되며, 노동을 함으로써만 분명해진다. 노동력의 실행에 의해, 즉 노동에 의해 일정한 양의 인간의 근육, 신경, 뇌 등이 소모되며, 그것은 다시 보충되어야 한

---

191) 자본주의 시대를 특징짓는 것은 노동력이 노동자 자신에게는 그에게 속한 상품의 형태를 유지하기 때문에, 그의 노동이 임금노동의 형태를 유지한다는 사실이다. 그리고 바로 이 순간부터 노동생산물의 상품형태가 일반화된다.

192) "어떤 사람의 가치는 다른 모든 물건과 마찬가지로 그의 가격이다. 즉 그의 힘을 사용한 대가로 지불되는 만큼을 의미할 것이다."(홉스, 《리바이어던》, 몰즈워스 엮음, 《저작집》, 런던, 1839-1844, 3권, 76쪽)

다. 이러한 소모의 증가는 수입의 증가를 요구한다.[193] 오늘 노동력의 소유
자가 일했다면, 그는 내일도 동일한 조건의 힘과 건강상태에서 같은 과정
을 반복해야만 한다. 따라서 생활수단의 총액은 노동하는 개인이 정상적인
생활 상태에서 자신을 유지하는 데 충분해야 한다. 식량, 의복, 난방 그리
고 주택 등과 같은 타고난 욕망 그 자체는 한 나라의 기후와 그 밖의 다른
자연적 특성에 따라 다르다. 다른 한편 이른바 필수적 욕망의 범위는, 그것
을 충족시키는 방식과 마찬가지로, 그 자체로는 역사적 산물이며 따라서
대체로 한 나라의 문화단계에 달려있다. 특히 본질적으로는 자유로운 노동
자계급이 어떤 조건 하에서, 즉 어떤 관습과 생활상의 요구를 가지고 형성
되었는가에 달려있다.[194] 따라서 다른 상품과는 달리 노동력의 가치의 결정
에는 어떤 역사적이고 도덕적인 요소가 포함된다. 그러나 일정한 나라 그
리고 일정한 시대에는 생필품의 평균범위가 주어져 있다.

노동력의 소유자는 죽음을 면치 못한다. 따라서 화폐의 자본화가 연
속적으로 이루어지는 전제조건, 즉 그가 시장에 계속 나타나려면, "모든 살
아 있는 개체가 생식을 통해 영원히 존재하는 것처럼"[195] 노동력의 판매자
도 생식을 통해 영원히 존재해야 한다. 망가지고 죽어서 시장에서 퇴출된
노동력은 적어도 같은 수의 노동력에 의해 계속 보충되어야 한다. 따라서
노동력의 생산에 필요한 생활수단의 총액은 그 보충 인원, 즉 노동자 자녀

---

193) 따라서 고대 로마의 빌리쿠스(villicus)는 농업노예의 우두머리인 농장관리인으로서
"노예보다 더 쉬운 노동을 한다는 이유로 노예보다 더 적은 양을 받았다."(몸쎈, 《로마사》,
1856, 810쪽)

194) 손턴(W. Thornton), 《과잉인구와 그 해결책》, 런던, 1846과 참조하라.

195) 페티.

들의 생활수단도 포함하며, 그럼으로써만 이 독특한 상품을 소유한 종족은 상품시장에 영원히 존재하게 된다.[196]

일반적인 인간의 본성을 변화시켜 어떤 일정한 노동부문에서 기량과 숙련을 습득하여 발달된 특수한 노동력이 되도록 만들기 위해서는 일정한 훈련이나 교육이 필요한데, 거기에는 적든 많든 간에 일정한 액수의 상품 등가물이 필요하다. 노동력이 어느 정도의 과정을 거쳐야 하는 성질이냐에 따라 그 교육비용이 달라진다. 이 습득비용이 보통의 노동력에게 있어서는 아주 작은 것일지라도, 노동력의 생산을 위해 소비되는 가치에 포함된다.

노동력의 가치는 일정한 양의 생활수단의 가치이다. 따라서 노동력의 가치는 이러한 생활수단의 가치, 즉 이 생활수단의 생산에 필요한 노동시간의 크기에 따라 변한다.

생활수단의 일부분, 예컨대 식량이나 연료 등은 매일 새로 소비되며 매일 새로 보충되어야 한다. 다른 생활수단, 옷이나 가구 등은 비교적 오랜 기간에 걸쳐 소비되며 따라서 비교적 오랜 기간 후에 교체되어도 된다. 어떤 종류의 상품은 매일, 다른 종류의 상품은 매주 또는 매분기마다 구매되거나 지불된다. 그러나 이러한 지출총액은 예를 들어 1년 동안에 어떻게 분배되든 간에, 매일매일 평균수입에 의해 메워져야만 한다. 노동력

---

196) "그것(노동)의 자연가격은 … 노동자를 유지하기 위해, 그리고 노동자로 하여금 시장에서 줄어들지 않는 노동의 공급을 보장할 만한 가족을 부양하는 것을 가능케 하기 위해, 한 나라의 기후나 관습에 따른 생계수단과 편의품의 양이다."(토렌스, 《곡식의 해외무역관한 에세이》, 런던, 1815, 62쪽)

의 생산에 (매일 필요한 상품의 양)=A, (매주 필요한 상품의 양)=B 그리고 (매분기에 필요한 상품의 양)=C라면, 이들 상품의 하루 필요한 양은 평균 =(360A+52B+4C+등등)/365일 것이다. 이 하루에 필요한 평균적인 상품의 양에 6시간의 사회적 노동이 포함되어 있다면, 매일 사회적 평균노동(평균 노동시간이 하루에 12시간일 경우)의 절반이 노동력에 물질화되거나 하루노 동력 생산에 절반의 노동일이 필요하다. 하루 노동력 생산에 필요한 이 노 동량은 노동력의 하루가치, 즉 매일 재생산되는 노동력의 가치를 형성한 다. 사회적 평균노동일의 절반이 3실링 또는 1탈러의 금의 양으로 표시된 다면, 1탈러는 노동력의 하루가치에 일치하는 가격이다. 노동력의 소유자 가 노동력을 일당 1탈러에 팔려고 내놓는다면, 노동력의 판매가격은 그 가 치와 같으며, 그리고 우리의 가정에 따르면, 자신의 탈러를 자본으로 만들 고자 열망하는 화폐소유자는 이 가치를 지불한다.

노동력 가치의 마지막 한계, 즉 최저한도는 노동력의 소유자인 인간 이 매일 공급받지 않으면 자신의 생활과정을 갱신할 수 없는 일정한 상품 양의 가치에 의해, 즉 육체적으로 필수불가결한 생활수단의 가치에 의해 정해진다. 노동력의 가격이 이 최저한도까지 하락한다면, 노동력의 가격은 노동력의 가치 이하로 하락하게 된다. 노동력은 단지 의욕을 상실한 상태 로 유지되고 발휘될 수 있기 때문이다. 그러나 모든 상품의 가치는 그 상품 을 정상적인 품질로 공급하는 데 필요한 노동시간에 의해 정해진다.

사물의 본성에서 나오는 노동력의 가치규정을 조잡하다고 생각하는, 가령 아래의 로시와 같은 탄식은 대단히 값싼 감상주의이다.

"생산과정에 있는 노동의 생계수단을 무시하면서 노동능력을 파악하는 것은 하나의 환영을 붙잡으려는 것에 불과하다. 노동을 말하고 노동능력을 말하는 자는 동시에 노동자와 생계수단을, 노동자와 임금을 말하고 있는 것이다."[197]

노동능력을 말하는 자가 노동에 대해 말하는 것이 아니라는 것은 소화능력에 대해 말하는 자가 소화에 대해 말하는 것이 아니라는 사실과 마찬가지이다. 소화과정에는 잘 알려진 바와 같이 튼튼한 위장 이상의 무엇이 필요하다. 노동능력에 대해 말하는 자는 노동능력을 유지하는 데 필요한 생활수단을 무시하지 않는다. 오히려 생활수단의 가치가 노동능력의 가치에 표현되어 있다. 그러나 노동능력이 판매되지 않는다면, 그것은 노동자에게 아무런 소용이 없으며, 그는 오히려 자신의 노동능력이 그것의 생산에 일정한 양의 생계수단을 필요로 했었다는 사실과 자신의 노동능력의 재생산을 위해 끊임없이 필요하다는 사실을 냉혹한 자연적 필연성으로 느낄 것이다. 이때에 노동자는 시스몽디와 같이 "노동능력은 … 판매되지 않는다면 아무것도 아니다."[198]라는 것을 발견한다.

노동력이라는 이 특수한 상품의 독특한 성질은 구매자와 판매자 간의 계약이 체결되더라도 이 상품의 사용가치가 아직 구매자의 수중으로 실제로 넘어가지 않는다는 결과를 가져온다. 다른 모든 상품과 마찬가지로 노동력의 가치는 유통에 들어가기 전에 정해져 있다. 노동력의 생산에 일

---

197) 로시, 《정치경제학 강의》, 브뤼셀, 1843, 370-371.
198) 시스몽디, 앞의 책, 1편, 113쪽.

정한 양의 사회적 노동이 소비되었기 때문이다. 그러나 노동력의 사용가치는 그 후에야 비로소 발휘하는 힘에 있다. 따라서 이러한 노동력의 양도와 그것의 실질적인 발휘, 즉 사용가치로서의 노동력의 존재는 시간적으로 서로 분리되어 있다. 이런 상품의 경우에는[199] 즉 판매에 의한 사용가치의 형식적 양도와 구매자에게 사용가치를 실제로 넘겨주는 것이 시간적으로 분리되어 있는 상품의 경우에는 구매자의 화폐가 대개는 지불수단으로 기능한다. 자본주의적 생산방식이 행해지는 모든 나라에서 노동력은 구매계약에 정해진 기간 동안 기능한 후에야, 예를 들어 매주 말에야 비로소 지불받는다. 따라서 노동자는 자본가에게 노동력의 사용가치를 늘 빌려준다. 노동자는 노동력의 가격을 지불 받기 전에 구매자에게 노동력을 소비하게 하며, 따라서 노동자는 늘 자본가에게 신용으로 노동력을 빌려주고 있다. 노동력을 신용으로 제공한다는 것이 터무니없는 생각이 아니라는 사실은 자본가의 파산으로 인해 종종 발생하는 신용으로 빌려준 임금의 손실뿐만 아니라[200] 이후에 더 지속하는 일련의 결과들도 마찬가지로 보여준다.[201] 그러

---

199) "모든 노동은 그것이 끝난 후에 지불된다."(《수요의 원리 등에 관계하는 원칙에 대한 연구》, 104쪽) "상업신용은 생산의 최초의 창조자인 노동자가 자신의 저축 덕분에 그의 노동의 대가를 1주일에서 2주일, 1개월, 3개월까지 기다릴 수 있는 바로 그 순간에 시작될 수밖에 없었다."(가닐, 앞의 책, 2권, 150쪽)

200) "노동자는 그의 근면을 빌려 준다." 그러나 스토르흐(Storch)는 교활하게 덧붙인다. 노동자는 "자신의 임금을 잃어버리는 것" 이외에는 "아무것도 무릅쓰지 않는다. … 노동자는 물적인 것은 아무것도 넘겨주지 않는다."(스토르흐, 《정치경제학 강의》, 페테르부르크, 1815, 2권, 36-37쪽)

201) 하나의 사례. 런던에는 두 종류의 빵집이 있는데, 빵을 제 가치대로 파는 '제값' 빵집과 그 가치보다 낮게 파는 '싸구려' 빵집이 그것이다. 후자의 부류에 속하는 빵집이 전체 빵집의 3/4이상을 차지하고 있다.(《제빵공 등의 불평에 관한 정부위원 트리멘히어의 보고서》, 런던, 1862, 32쪽) 이 싸구려 빵집은, 거의 예외 없이, 명반, 비누, 구슬가루, 석회, 더비셔 돌가루 등과 영양상으로나 위생상으로 이들과 유사한 성분을 혼합하여 만든 불량한 빵을 팔고 있다.(앞에서 인용한 보고서를 보라. 또 《불량한 빵의 제조에 관한 1855년의 위

나 화폐가 구매수단으로 기능하든 지불수단으로 기능하든 간에 상품교환 그 자체의 성질에는 아무런 변화가 없다. 노동력의 가격은, 집의 임대가격과 마찬가지로, 나중에야 비로소 현금화될지언정 계약상 미리 확정되어 있다. 노동력은 나중에야 비로소 지불되지만 판매되었다. 그러나 이 관계를 순수하게 파악하기 위해서는 노동력의 소유자가 노동력의 판매와 동시에 계약상 약정된 가격을 받는다고 당분간 가정하는 것이 도움이 된다.

이제 우리는 노동력이라는 이 독특한 상품의 소유자에게 화폐소유자

원회》와 하셀 박사의 《적발된 불량제품》, 2판, 런던, 1861을 보라.) 존 고든은 1855년 위원회에서 다음과 같이 밝히고 있다. "이러한 불량한 빵으로 인해 매일 2파운드의 빵으로 살아가는 빈민은, 자신들의 건강을 해치는 영향은 무시하더라도, 현재 영양분의 1/4도 실제로 섭취하지 못하고 있다." '노동자계급의 거의 대다수가' 이러한 불량한 빵에 대해 잘 알고 있음에도, 명반이나 돌가루 등이 섞인 빵을 사는 이유로 트리멘히어(앞의 책, 48쪽)는 노동자계급은 "제빵업자나 소매점에서 주는 대로 빵을 받을 수밖에 없다."라는 점을 들고 있다. 노동자계급은 주간노동이 끝나는 주말에나 비로소 임금을 받기 때문에, 그들 역시 '가족이 일주일 동안 소비한 빵을 주말에나 비로소 지불할' 수 있다. 그리고 트리멘히어는 증언을 인용하면서 덧붙인다. "이러한 혼합물로 만든 빵을 이러한 방식으로 판매하기 위해 일부러 만든다는 사실은 잘 알려져 있다." "잉글랜드의 많은 농업지역에서(그러나 스코틀랜드에서는 더 광범위한 농업지역에서) 임금은 2주일 만에 심지어는 1개월 만에 지불된다. 이러한 긴 지불 간격 때문에 농업노동자는 자신의 상품을 외상으로 구입해야만 한다. … 그는 비싼 가격을 지불할 수밖에 없으며, 사실상 그에게 외상을 준 소매점에 묶여 있다. 따라서 예컨대 임금이 1개월 만에 지급되는 윌츠의 호닝섬에서는 농업노동자가 다른 곳에서는 스톤당 1실링 10펜스에 살 수 있는 똑같은 밀가루를 2실링 4펜스나 지불한다."(《추밀원 의료담당부서의 공중보건에 관한 6차 보고서》, 1864, 264쪽) "페이즐리와 킬마노크(스코틀랜드의 서부)의 면직물(사라사) 염색공은 1853년 파업을 벌여 지불기간을 1달에서 14일로 단축시켰다."(《1853년 10월 31일자 공장감독관 보고서》, 34쪽) 노동자가 자본가에게 주는 신용이 더욱 교묘하게 발전된 것으로서 우리는 많은 잉글랜드 탄광소유자들이 사용하는 방법을 들 수 있다. 이에 따르면 노동자는 월말에나 비로소 임금을 지불 받으며, 그 사이에는 자본가에게서 가불을 받는다. 가불은 흔히 상품으로 받는데, 그것도 시장가격 이상으로 쳐서 지불된다. (현물지급제도) "한 달에 한 번 임금을 지급하고 그 기간의 매주 말에 가불해 주는 것이 탄광주의 상례이다. 이 가불은 가게(이른바 토미숍이나 탄광주 자신에게 속한 소매점)에서 제공된다. 노동자들은 가게의 한 군데에서 가불을 받고, 가게의 다른 곳에서 그것을 다시 써 버린다.(《아동고용위원회 3차 보고서》, 런던, 1864, 38쪽. 192번)

가 지불하는 가치가 어떤 방식으로 정해지는가를 알았다. 화폐소유자가 교환에서 받게 되는 사용가치는 노동력의 실제적인 사용, 즉 노동력의 소비과정에서 비로소 나타난다. 화폐소유자는 이 과정에 필요한 모든 물건, 즉 원료 등을 상품시장에서 제값을 치르고 구매한다. 노동력의 소비과정은 상품과 잉여가치를 동시에 생산한다. 다른 모든 상품의 소비와 마찬가지로, 노동력의 소비도 시장이나 유통과정의 외부에서 일어난다. 따라서 화폐소유자 그리고 노동력소유자와 함께 겉으로 드러나 있어 누구의 눈에나 쉽게 띄는 소란스러운 유통 영역을 벗어나, 이 두 소유자를 추적하기 위해 그 문턱에 '관계자 외 출입금지'라고 쓰어 있는 은밀한 생산 장소로 가보자. 이곳에서는 자본이 어떻게 생산하는지에 대한 것뿐만 아니라, 자본 자체가 어떻게 생산되는가도 밝혀질 것이다. 잉여창조Plusmacherei의 비밀이 마침내 드러날 수밖에 없다.

그 경계 내에서 노동력의 구매와 판매가 진행되는 유통 영역, 즉 상품의 교환영역은 사실 천부인권의 진정한 낙원이었다. 이곳에서 지배하는 것은 오로지 자유, 평등, 소유 그리고 벤담(공리주의 - 옮긴이)이다. 자유! 어떤 상품, 예컨대 노동력의 구매자와 판매자는 오로지 그들의 자유의지에 따라 결정했기 때문이다. 그들은 자유롭고 법적으로 대등한 신분으로 계약을 맺는다. 계약은 그들의 의지가 하나의 공통된 법적 표현을 서로 간에 부여한 최종결과이다. 평등! 그들은 오로지 상품소유자로서만 서로 관계하며, 등가물과 등가물을 교환하기 때문이다. 소유! 각자는 자신의 것만을 처분하기 때문이다. 벤담! 그들 모두에게 중요한 것은 오로지 자신뿐이기 때문이다. 그들을 결합하여 하나의 관계로 이끄는 유일한 힘은 자기이익, 개별적 이익 그리고 사적 이해뿐이다. 그리고 이와 같이 각자는 오로지 자신만을 생각하고 다른 사람을 돌보지 않는다는 바로 그 이유 때문에, 그들 모두는, 예정된 사물의 조화론에 따라 또는 빈틈없는 신의 보호 하에, 오로지 그들 상호간에 이익이 되는 일, 즉 공익, 전체에 이익이 되는 일만을 수행한다.

통속적인 자유무역이론가가 자본과 임금노동을 판단하기 위해 자신의 견해와 개념, 그리고 기준을 빌려 온 단순유통, 즉 상품교환의 영역에서 떠나려 하니, 우리 등장인물들의 면모가 이미 변한 것처럼 보인다. 과거의 화폐소유자는 자본가로 앞질러 가고, 노동력소유자는 노동자로 그의 뒤를 따라간다. 전자는 의미심장한 웃음을 지으면서 바쁘게 앞서가고, 후자는 자신의 가죽을 시장에 팔아버리고 이제 무두질 당하는 것 이외에는 기대할 게 없는 사람처럼 겁에 질린 채 마지못해 뒤따라간다.

3편

절대적 잉여가치의 생산

5장 | 노동과정과 가치증식 과정

1절
노동과정

　노동력의 사용이 바로 노동이다. 노동력의 구매자는 노동력의 판매자에게 일을 시킴으로써 노동력을 소비한다. 이를 통해 노동력의 판매자는 실제로 활동하고 있는 노동력의 주체, 즉 노동자가 되는데, 그 이전의 그는 잠재적으로만 노동자였다. 그의 노동을 상품에 나타내기 위해서 그는 무엇보다도 상품을 사용가치로, 즉 어떤 종류의 욕망의 충족을 위해 사용되는 물건으로 나타내야 한다. 따라서 자본가가 노동자에게 만들게 시키는 것은 어떤 특별한 사용가치, 즉 일정한 물품이다. 사용가치나 재화의 생산이 자본가를 위해 그리고 그의 통제 하에 이루어진다고 해서 그것의 일반적 성질이 변하지는 않는다. 따라서 노동과정은 일단은 모든 특정한 사회 형태와는 무관하게 살펴보아야 한다.

　노동은 인간과 자연 사이에서 이루어지는 일종의 과정이다. 이 과정에서 인간은 자신의 행위를 통해 인간과 자연 사이의 물질대사를 매개하고, 규제하고 통제한다. 인간은 하나의 자연력으로서 천연소재와 마주선다. 인간은 천연소재를 자신의 생활에 쓸모 있는 형태로 획득하기 위해 그의 신체에 속하는 자연력인 팔과 다리, 머리와 손을 움직인다. 이러한 운동을 통해 인간은 자신의 외부에 있는 자연에 영향을 가하여 이를 변화시킴으로써, 자신의 본성까지도 변화시킨다. 인간은 자신의 본성에서 잠자고 있는 잠재력을 일깨우고, 자신의 통제 하에서 그 힘을 발휘한다. 여기에서 우리는 최초의 동물적이고 본능적인 인간의 노동형태를 다루지는 않을 것이다. 노동자가 자신의 노동력을 팔기 위해 상품시장에 등장하는 상태에서 보면, 인간노동이 그 최초의 본능적인 형태를 탈피하지 못했던 상태는 까마득히 먼 옛날의 상황으로 사라진다. 우리는 오로지 인간에게만 속하는 형태에서의 노동을 가정한다. 거미는 직공이 하는 작업과 비슷한 작업을 하며, 꿀벌은 밀랍으로 벌집을 지어서 수많은 인간 건축가들을 부끄럽게 만든다. 그러나 애초부터 가장 서투른 건축가를 가장 훌륭한 꿀벌보다 뛰어나게 만드는 것은 그는 밀랍으로 벌집을 만들기 전에 머릿속에서 이미 벌집을 짓는다는 데 있다. 노동과정의 끝에는 그 과정이 시작되는 시점에서 이미 노동자의 머릿속에 존재하던, 즉 이미 상상 속에 존재하던 결과가 나온다. 노동자는 자연물의 형태만을 변화시키는 것이 아니라, 그것을 가지고 그가 의도하는 목적을 실현한다. 그리고 이 목적은 하나의 법칙으로서 그의 행동방식을 규정하며, 노동자는 이 목적에 자신의 의지를 종속시켜야 한다. 이 종속은 산발적인 행위가 아니다. 노동하는 신체기관의 긴장 외에도, 집중력으로 나타나는 목적을 이루고자 하는 의지가 노동이 계속되는 동안 지속적으로 필요하다. 노동의 내용과 수행방식이 노동자를 감동시키지 못할수록, 그리하여 노동자가 노동을 자신의 육체적이고 정신적인 힘의 활동으로 즐기지 못할수록, 이러한 의지는 더 많이 필요하다.

노동과정의 기본요소들은 목적에 맞는 활동인 노동 그 자체와 노동대상 그리고 노동수단이다.

태초에 인간에게 먹을거리, 즉 바로 먹을 것을 제공해 주던 토지[202](경제적으로는 물도 포함된다)는 인간이 아무것도 하지 않았는데도 인간노동의 일반적인 대상으로 존재한다. 노동이 그저 대지와의 직접적인 결합에서 분리한 모든 물건은 천연적으로 존재하는 노동대상이다. 자신의 생명줄인 물에서 분리되어 붙잡힌 생선, 원시림에서 벌목된 원목 그리고 광맥에서 채굴된 광석 등이 그러한 것들이다. 이와는 반대로 노동대상 그 자체가, 말하자면 이전의 노동에 의해 불필요한 것들이 이미 걸러내어진 것이라면, 그것을 우리는 원료라고 부른다. 예를 들어 이미 채굴되어 씻어낸 광석이 그러한 것이다. 모든 원료는 노동대상이지만, 모든 노동대상이 원료는 아니다. 노동대상은 오로지 이미 노동에 의해 일종의 변화를 겪은 이후에야 원료가 된다.

노동수단이라는 것은 노동자가 자신과 노동대상 사이에 끼워 넣어, 그의 활동을 노동대상에 전달하는 데 이용되는 물건 또는 여러 물건들의 복합체이다. 노동자는 힘을 발휘하는 수단으로서의 이런 물건들의 역학적, 물리적 그리고 화학적 성질을 이용하여 다른 물건을 자신의 목적에 맞

---

202) "인간에게서 완전히 독립되어 소량으로 존재하는 토지의 천연생산물은, 마치 청년을 근면과 성공으로 이끌기 위해 그에게 주는 약간의 돈처럼, 자연에 의해 주어진 것처럼 보인다."(제임스 스튜어트, 《정치경제학 원리》, 더블린, 1770, 1권, 116쪽)

게 변형시킨다.[203] 노동자 자신의 신체기관만을 노동수단으로 이용하여 완성된 생활수단을 획득하는, 예컨대 과일 따는 일 같은 것을 제외하면, 노동자가 직접 장악하는 것은 노동대상이 아니라 노동수단이다. 따라서 자연물 자체는 노동자의 활동기관이 된다. 즉 성서의 말씀(너희 중에 누가 염려함으로 그 키를 한 자라도 더할 수 있느냐. 마태복음 6장 27절, 누가복음 12장 25절 - 옮긴이)에도 불구하고 노동자는 이 기관을 자신의 신체기관에 추가하여 타고난 체격을 키운다. 토지는 노동자의 최초의 식량창고이며 또한 노동수단의 최초의 무기고이다. 토지는 노동자에게 그가 던지거나 문지르거나 누르거나 자르는 돌을 제공한다. 토지 자체는 하나의 노동수단이지만, 농업에서 토지를 노동수단으로 사용하기 위해서는 일련의 다른 노동수단과 이미 상당히 발전된 수준의 노동력을 전제로 한다.[204] 대체로 노동과정이 약간이나마 발전하게 되면, 노동과정은 미리 손질된 노동수단을 필요로 한다. 인간이 거주하던 아주 오래된 동굴에서 돌로 만든 도구와 무기가 발견된다. 인류 역사 초기에는 가공한 돌이나 나무, 뼈 그리고 조개 이외에도 길들여진, 즉 존재 자체가 이미 노동에 의해 변화된 사육된 동물이 노동수단으로서 중요한 역할을 했다.[205] 노동수단의 사용과 제작은, 비록 그 맹아적 형태는 어떤 일정한 종류의 동물에게서도 보이지만, 인간 특유의 노동과정을 특징

203) "이성은 강력하고도 교활하다. 이성이 교활하다는 것은 여러 대상을 그것들의 본성에 따라 서로 작용시키고 서로 지치도록 일을 시킴으로써 자신은 직접 과정에 개입하지 않고도 자신의 목적을 달성하는 매개적 활동을 하는 데 있다."(헤겔, 《백과사전》, 1부, 《논리학》, 베를린, 1840, 382쪽)

204) 다른 내용에서는 보잘것없는 저술인 《정치경제학 이론》(파리, 1815)에서 가닐(Ganilh)은 중농주의자들에 맞서서 진정한 농업의 전제조건을 이루고 있는 일련의 노동과정을 적절하게 열거하고 있다.

205) 튀르고(Turgot)는 《부의 형성과 분배에 관한 고찰》(1776)에서 문명의 초기에서 길들여진 동물의 중요성을 하나하나 잘 설명하고 있다.

짓는다. 따라서 프랭클린은 인간을 '도구를 만드는 동물'로 정의하고 있다. 멸종된 동물의 신체조직을 알아내는 데는 유골의 구조가 중요한 것과 마찬가지로 몰락한 경제적 사회구성체를 평가하는 데는 노동수단의 유물이 중요하다. 무엇이 만들어졌는가가 아니라, 어떤 노동수단을 가지고 어떻게 만들어졌는가가 경제적 시대를 구별한다.[206] 노동수단은 인간노동력의 발전 수준을 재는 측정기일 뿐만 아니라, 노동이 이루어지는 사회적 관계를 알려주는 지표이기도 한다. 노동수단 가운데서 그 전체를 생산의 골격과 근육 계통이라고 부를 수 있는 역학적인 노동수단이 그저 노동대상의 용기로만 사용되며 그 전체가 포괄적으로 생산의 혈관 계통이라고 이름을 붙일 수 있는 노동수단, 즉, 관, 통, 바구니나 항아리 따위보다 사회적 생산시대의 특징을 훨씬 더 결정적으로 보여준다. 역학적 노동수단은 화학공업에서야 비로소 중요한 역할을 한다.[207]

보다 넓은 의미에서 노동수단에 속하는 것은, 노동이 노동대상에 작용하도록 매개하고 이런 저런 방식으로 이러한 활동을 전달하는 물건들 이외에도, 노동과정이 이루어지는 데 일반적으로 필요한 모든 물적 조건이 있다. 그것은 노동과정에 직접 투입되지는 않지만, 그것 없이는 노동과정이 전혀 이루어지지 않거나 불완전하게만 이루어진다. 이러한 종류의 보편적인 노동수단은 다시 한번 토지를 들 수 있다. 토지는 노동자에게 서 있을

---

206) 모든 생산물 가운데 사치품은 다양한 생산시대를 기술적으로 비교하는 데 가장 무의미하다.

207) 2판의 주석: 지금까지의 역사 기술은 사회 생활의 토대이며 따라서 모든 실제 역사의 토대인 물적 생산발전을 거의 식별하지 않았지만, 적어도 선사시대는 이른바 역사 연구가 아니라 자연과학 연구에 기초하여 도구와 무기의 재료에 따라 석기시대, 청동기시대 그리고 철기시대로 구분되고 있다.

곳을 그리고 그의 노동과정에는 작업장소를 제공하기 때문이다. 노동에 의해 이미 매개된 이런 종류의 노동수단은 예를 들면 작업장, 운하 그리고 도로 등이다.

따라서 노동과정에서 인간의 활동은 노동수단을 통해 노동대상에 처음부터 의도하고 있던 변화를 일으킨다. 이 과정은 생산물로 사라진다. 이 과정의 생산물은 사용가치이며, 형태변화를 통해 인간의 욕망에 적합하게 된 어떤 천연소재이다. 노동은 노동대상과 결합되었다. 노동은 물질화되었으며 그 대상은 가공되었다. 노동자의 편에서 운동의 형태로 나타났던 것이, 이제 생산물의 편에서 정지된 성질을 가진 것으로, 즉 존재의 형태로 나타난다. 노동자는 실을 자았으며, 생산물은 실로 자아낸 것이다.

이 모든 과정을 그 결과인 생산물의 관점에서 살펴보면, 노동수단과 노동대상은 생산수단[208]으로 그리고 노동 그 자체는 생산적 노동[209]으로 나타난다.

어떤 사용가치가 생산물이 되어 노동과정에서 나올 때, 그 이전의 노동과정의 생산물인 다른 사용가치는 생산수단으로서 노동과정으로 투입된다. 어떤 노동의 생산물인 동일한 사용가치가 다른 노동의 생산수단이 되기도 한다. 따라서 생산물은 노동과정의 결과일 뿐만 아니라 조건이기도

---

208) 예를 들어 아직 잡히지 않은 물고기를 고기잡이의 생산수단이라고 부르는 것은 역설적인 것처럼 보인다. 그러나 물고기가 없는 물에서 물고기를 잡는 기술은 아직까지는 없다.
209) 단순한 노동과정의 관점에서 나온 이러한 생산적 노동에 대한 규정은 자본주의적 생산과정에 적용하기에는 충분하지 않다.

하다.

    광업, 사냥 그리고 고기잡이 등과 같이(농업은 처음으로 천연지를 개간하는 경우에서만) 그 노동대상을 자연에서 발견하는 채취산업을 제외하면, 모든 산업부문은 이미 노동에 의해 불필요한 것들이 걸러진 노동대상, 그 자체가 이미 노동생산물인 대상, 즉 원료를 취급한다. 예컨대 농업에서의 씨앗이 그러하다. 보통 자연의 산물이라고 간주되는 동물과 식물도 어쩌면 작년 노동의 생산물일 뿐만 아니라, 그것들의 현재 형태에서는 수많은 세대를 거치면서 인간의 통제 하에, 인간의 노동에 의해 변한 생산물일 수도 있다. 그러나 특히 노동수단에 관해 말한다면, 그 생산물은 거의 대다수가 힐끗 쳐다보기만 해도 지난 노동의 흔적을 보여준다.

    원료는 어떤 생산물을 이루는 주된 내용물이 될 수 있고 단지 보조재로서 생산물의 형성에 투입될 수도 있다. 보조재는 석탄이 증기기관에 의해, 기름이 바퀴에 의해 그리고 마차를 끄는 말에 의해 건초가 소비되는 것처럼 노동수단에 의해 소비되기도 하고, 염소가 표백되지 않은 아마포에 석탄이 철에 그리고 염료가 양모에 첨가되는 것처럼 어떤 물적인 변화를 일으키기 위해 원료에 첨가되기도 한다. 또한 예컨대 작업장의 조명이나 난방에 사용되는 재료처럼 노동 그 자체의 실행을 보완하기도 한다. 이러한 주재료와 보조재 사이의 구별은 본래의 화학공업에서는 희미해진다. 이 공업에서는 사용된 원료의 어떤 것도 투입된 모습 그대로 생산물의 내용물에 다시 나타나지 않기 때문이다.[210]

---

210) 슈트로흐는 본래의 원료를 'matriere'라 표시하고 보조재를 'materiaux'라고 표시하여 둘을 구별한다. 세르불리에즈(Cherbuliez)는 보조재를 '도구의 원료'라고 불렀다.

모든 물건은 각각 여러 가지 성질을 가지고 있고 따라서 다른 용도로 사용될 수 있기 때문에, 똑같은 노동생산물이 판이하게 다른 노동과정의 원료로 쓰일 수 있다. 예를 들어 곡식은 방앗간 주인, 전분 제조업자, 양조업자 그리고 목축업자 등에게는 원료이다. 씨앗으로서의 곡식은 자신을 생산하는 원료가 된다. 마찬가지로 석탄은 생산물로서는 광업에서 나오지만, 생산수단으로서는 광업에 투입된다.

동일한 생산물이 동일한 생산과정에서 노동수단인 동시에 원료로도 사용될 수도 있다. 예를 들어 가축을 사육하는 경우에, 가축은 가공된 원료인 동시에 비료를 제조하는 수단이다.

소비를 위해 완성된 형태로 존재하는 어떤 생산물은, 포도가 포도주의 원료가 되는 것처럼, 다시 어떤 다른 생산물의 원료가 될 수 있다. 또는 노동은 그 생산물을 단지 원료로서만 다시 사용가능한 형태로 내보낸다. 이러한 상태의 원료, 예를 들어 면화, 섬유나 실 등은 반제품이라고 불리는데, 중간재라고 부르는 것이 더 나을 것이다. 원료 그 자체는 이미 생산물임에도 상이한 과정으로 이루어진 하나의 온전한 단계를 거쳐야 하는데, 이 과정에서 항상 변화되는 형태로 계속 반복하여 원료로서 기능하여 마지막 노동과정에 이르러서야 완성된 생활수단이나 완성된 노동수단으로 되어 나온다.

그러므로 어떤 사용가치가 원료, 노동수단 또는 생산물로 나타나는가는 전적으로 노동과정에서 그것의 일정한 기능, 즉 사용가치가 노동과정에서 차지하는 위치에 달려있으며, 위치가 변함에 따라 그것의 용도도 변한다는 사실을 알 수 있다.

따라서 생산물은 생산수단으로서 새로운 노동과정에 들어가게 되면 생산물이라는 성격을 상실한다. 그것은 살아있는 노동에 필요한 물적 요소로만 기능할 뿐이다. 방적공은 방추를 실을 잣기 위한 수단으로만, 아마를 실을 잣는 재료로만 취급한다. 물론 방적재료와 방추가 없으면 실을 잣지 못한다. 따라서 이러한 생산물은 방적을 개시할 때 이미 갖추어져 있어야 한다. 그러나 이 방적 과정 자체에서 아마와 방추가 과거 노동의 생산물이라는 사실은 전혀 상관이 없다. 이는 마치 빵이 농부, 방앗간 주인, 제빵업자 등의 과거 노동의 생산물이라는 사실이 영양 섭취에서는 전혀 상관이 없다는 것과 똑같다. 이와 반대로, 노동과정에 있는 생산수단이 생산물로서 그것의 성격을 드러낸다면, 이는 그것의 결함 때문이다. 자르지 못하는 칼이나 계속 끊어지는 실은 그것을 만든 대장장이 A씨나 방적공 E씨를 생생하게 기억하게 한다. 잘 만들어진 생산물에는 그것을 사용함에 있어서 그것의 성질이 과거 노동에 의해 매개되었다는 사실이 사라진다.

노동과정에서 사용되지 않는 기계는 쓸모가 없다. 게다가 기계는 자연적인 물질대사의 파괴력에 의해 손상된다. 철은 녹슬고 나무는 썩는다. 옷감을 짜지 못한 실은 못 쓰게 된 면화와 같다. 살아있는 노동은 이러한 물건을 움켜쥐어 죽음에서 깨워서, 그것들을 그저 잠재하고 있는 사용가치에서 실제로 유용한 사용가치로 변화시켜야 한다. 그것들은 노동의 불길에 세련되고, 노동자와 하나가 되어, 노동과정에서 그것들의 개념과 사명에 부합되는 기능을 하도록 활기를 부여받으면서 소비된다. 그것도 생활수단으로서 개인의 소비나 생산수단으로서 새로운 노동과정에 투입될 수 있는 새로운 사용가치, 즉 새로운 생산물의 형성요소로서의 목적에 맞게 소비된다.

따라서 존재하는 생산물이 노동과정의 결과일 뿐만 아니라 그것의 존재조건이기도 하다면, 다른 한편으로는 이들 생산물을 노동과정으로의 투입, 즉 살아 있는 노동과 접촉시키는 것은 이 과거노동의 생산물이 사용가치로서 유지되고 실현되기 위한 유일한 수단이다.

노동은 그것의 물적 요소인 노동대상과 노동수단을 소비하며, 그것들을 다 써버린다. 따라서 노동은 소비과정이다. 이러한 생산적 소비는 개인적 소비와 구별되는데, 후자에서는 생산물은 살아 있는 개인의 생활수단으로 소비되며, 전자에서는 그것은 살아있는 개인이 발휘하는 노동력인 노동의 생활수단으로서 소비된다는 점에서 그러하다. 따라서 개인적 소비는 소비자 자신을 만들지만, 생산적 소비의 결과는 소비자와 구별되는 생산물이다.

노동수단과 노동대상 자체가 이미 생산물인 한, 노동은 생산물을 만들기 위해 생산물을 소모한다. 즉 생산물을 생산하기 위한 수단으로 생산물을 소비한다. 그러나 노동과정이 맨 처음에는 오로지 인간과 인간의 도움 없이 존재하는 토지 사이에서만 이루어진 것과 마찬가지로, 아직도 천연소재와 인간노동 사이의 어떤 결합도 나타내고 있지 않은 그러한 자연에 있는 그대로의 생산수단이 아직도 노동과정에서 사용되고 있다.

우리가 그것의 단순하고 추상적인 관점에서 설명하고자 했던 것처럼, 노동과정은 사용가치의 생산이라는 목적에 부합되는 활동이며, 인간의 필수품을 얻기 위한 자연물의 취득이며, 인간과 자연 사이의 물질대사의 일반적 조건이다. 즉 노동과정은 인간이 살아가기 위해 어쩔 수 없이 영원히 필요한 것이기에 인간이 살아가는 형태와는 무관하며, 오히려 인간이 살아가는 모든 사회 형태에 다 같이 공통된 것이다. 이런 까닭에 우리는 노동자를 다른 노동자와의 관계에서 설명할 필요가 없었다. 한편으론 인간과 인간의 노동, 다른 한편으론 자연과 천연소재만으로 충분했다. 밀의 맛만 보고는 누가 밀농사를 지었는지 알 수 없는 것처럼, 노동과정을 바라보아도 어떤 조건 하에서 그 과정이 진행되었는지 알 수 없다. 즉 밀을 경작하는 과정이 노예감독관의 잔인한 채찍 아래서인지 자본가의 세심한 눈초리 아래서인지 알 수 없으며, 킨키나투스Cincinnatus, 519-439(B. C. 고대 로마의 정치가. 한때 로마의 집정관으로 전쟁에서 큰 공을 세웠지만 모든 지휘권을 내려놓고 농사를 지음 - 옮긴이)가 자신의 작은 경작지에서 그 과정을 수행했는지 또는 돌을 가지고 야수를 쓰러뜨리는 미개인이 그 과정을 수행했는지 알 수 없다.[211]

이제 미래의 자본가에게 돌아가 보자. 우리가 그를 떠난 때는, 그가 상품시장에서 노동과정에 필요한 물적 요소인 생산수단과 인적 요소인 노

---

211) 이 엄청난 논리적 근거를 가지고 토렌스 대령은 미개인의 돌멩이에서 자본의 기원을 발견했다. "미개인이 야수에게 던진 최초의 돌멩이에서, 손으로 잡을 수 없는 열매를 따기 위해 움켜쥔 최초의 막대기에서 우리는 어떤 물건을 얻기 위해 다른 물품을 취득하는 것을 보며, 이렇게 하여 우리는 자본의 기원을 발견한다."(토렌스, 앞의 책, 70-71쪽) 영어에서 막대기(Stock)가 왜 자본과 동의어인가를 아마도 앞의 최초의 막대기로부터 설명될 수 있을 것이다.

동력을 구매한 후이다. 그는 전문가다운 빈틈없는 안목으로 방적이나 장화 제조 등과 같은 그의 별개 사업에 적절한 생산수단과 노동력을 골라내었다. 이리하여 우리의 자본가는 자신이 구매한 상품인 노동력의 소비에 착수한다. 즉 노동력의 소유자인 노동자에게 노동을 통해 노동수단을 소비하게 한다. 물론 노동과정의 일반적 성질은 노동자가 노동과정을 자기 자신이 아니라 자본가를 위해 수행한다고 해서 변하지 않는다. 그러나 장화를 만들거나 실을 잣는 방식 역시 자본가가 개입해도 당분간은 변하지 않는다. 자본가는 당분간은 노동력을 그가 시장에서 발견한 그대로 채용해야 하며, 따라서 노동력의 노동 역시 아직 자본가가 존재하지 않았던 시기에 생겨난 그대로 채용해야 한다. 노동이 자본에 종속됨으로써 생겨나는 생산방식 자체의 변화는 나중에야 비로소 일어날 수 있으며, 따라서 나중에나 살펴볼 것이다.

그런데 노동과정이 자본가에 의한 노동력의 소비과정으로 수행되는 경우에, 그것은 두 가지 독특한 현상을 보여주고 있다.

첫째, 노동자는 그의 노동이 속해 있는 자본가의 통제 하에서 노동한다. 자본가는 노동이 규칙적으로 진행되고 생산수단이 목적에 맞게 사용되는지, 즉 원료가 낭비되는지 노동도구가 조심스럽게 다루어지는지, 말하자면 노동도구가 작업하는 데 필요한 만큼만 손상되는지를 감시한다.

그러나 둘째, 생산물은 그것을 직접 생산한 노동자의 소유물이 아니라 자본가의 소유물이다. 자본가는 예를 들어 노동력의 하루가치를 지불한다. 노동력의 사용은 자본가가 하루 동안 빌린 다른 모든 상품, 예컨대 말과 마찬가지로 하루 동안만 자본가에게 속한다. 상품의 사용은 상품의 구매자에게 속한다. 그리고 노동력의 소유자는 자신의 노동을 건네줌으로써 사실상 그에 의해 판매된 사용가치만을 건네줄 뿐이다. 노동력의 소유자가 자본가의 작업장에 들어가는 바로 그 순간부터 그의 노동력의 사용가치, 즉 노동력의 사용인 노동은 자본가에게 속한다. 자본가는 노동력을 구매함으로써 노동 자체를 살아 있는 발효재로서 역시 그에게 속하는 생산물을 형성하는 죽어 있는 요소에 합친다. 자본가의 입장에서 보면 노동과정은 그가 구매한 상품인 노동력의 소비일 뿐이다. 그러나 자본가는 노동력에 생산수단을 추가함으로써만 노동력을 소비할 수 있다. 노동과정은 자본가가 구매한 물건들 사이의, 즉 그에게 속한 물건들 사이의 어떤 과정이다. 따라서 이 과정의 생산물은 그의 포도주 지하저장소에서 발효 과정에 있는 생산물과 똑같이 그에게 속한다.[212]

---

212) "자본가는 자본으로 변하기 전의 생산물을 독차지한다. 그리고 생산물이 자본화되어도 자본가는 여전히 생산물을 독차지하고 있다."(셰르뷸리에,《부냐 빈곤이냐》, 파리, 1841, 54쪽) "무산자는 그의 노동을 일정한 양의 생활수단과 바꿔 판매함으로써, 그것에 대한 자신의 몫을 모두 포기한다. 생산물을 독차지하는 것은 이전과 동일하다. 이러한 독차지는 앞에서 언급한 계약으로 인해 전혀 변하지 않는다. 생산물은 전적으로 원료와 생활수단을 공급했던 자본가에게 속한다. 이것이야말로 전유법칙의 엄격한 귀결이지만, 이 법칙의 기본원리는 이와는 반대로 자신의 생산물에 대한 노동자 각자의 배타적인 소유권이었다."(앞의 책, 58쪽) "노동자가 임금을 받고 노동하는 경우에는, 자본가는 자본(여기서는 생산수단이라는 의미)의 소유자일 뿐만 아니라, 노동의 소유자이기도 하다. 임금으로 지불되는 것을, 틀에 박힌 대로, 자본의 개념에 포함한다면, 자본으로부터 분리된 노동에 대해 말하는 것은 불합리하다. 이런 의미에서 자본이라는 단어는 자본과 노동을 모두 포함하고 있다."(제임스 밀, 앞의 책, 70-71쪽)

2절
가치증식 과정

　생산물-자본가의 소유물-은 실, 장화 등과 같은 일종의 사용가치이다. 장화는 어느 정도 사회적 진보의 토대를 이루며, 설사 우리의 자본가가 확실한 진보주의자라 하더라도 그는 결코 장화 그 자체를 위해 제조하지는 않는다. 상품생산에서 사용가치는 그 자체 때문에 사랑 받는 물건이 결코 아니다. 상품생산에서 사용가치는 그것이 오로지 교환가치의 물적 토대, 곧 교환가치를 가지고 있는 물건이기 때문에 생산되며 또 그런 이유에서 생산된다. 그리고 우리의 자본가에게는 아래의 두 가지가 문제이다. 첫째, 그는 어떤 교환가치를 가지고 있는 사용가치, 즉 판매하기로 예정된 물건인 상품을 생산하려고 한다. 둘째, 그는 생산에 사용한 가치총액, 즉 그가 상품시장에서 상당한 액수의 화폐를 투하한 생산수단과 노동력의 가치총액보다 더 큰 가치를 생산하려고 한다. 그는 사용가치를 생산하려 할 뿐만 아니라 상품을, 가치를, 그리고 잉여가치를 생산하려고 한다.

　여기서 상품 생산이 문제이기 때문에, 사실상 우리는 지금까지 단지 생산과정의 한 측면만(노동과정 - 옮긴이)을 살펴본 것이 분명하다. 상품 자체가 사용가치와 가치의 통일체인 것과 마찬가지로, 상품의 생산과정으로서의 노동과정과 가치형성 과정도 하나로 통일된 과정이어야 한다.

　따라서 이제 가치형성 과정으로서의 생산과정을 살펴보자.

우리는 각 상품의 가치는 그 상품의 사용가치에 물질화되어 있는 노동의 양에 의해, 즉 그 상품의 생산에 사회적으로 필요한 노동시간에 의해 결정된다는 사실을 알고 있다. 이는 노동과정의 결과로서 우리 자본가에게 주어지는 생산물에도 해당된다. 따라서 우선 이 생산물에 물질화되어 있는 노동부터 계산해야 한다.

이 생산물이 실이라고 해보자.

실을 생산하기 위해서는 우선 원료인 10파운드의 면화가 필요했다. 이 면화의 가치가 얼마인가는 미리 조사하지 않아도 된다. 자본가는 면화를 시장에서 그 가치대로 예컨대 10실링에 구매했기 때문이다. 이 면화의 가격에는 면화의 생산에 필요했던 노동이 이미 일반적인 사회적 노동으로 표시되어 있다. 더 나아가 방추가 사용된 다른 모든 노동수단을 대표하며, 면화의 가공에 소모된 양이 2실링의 가치를 가지고 있다고 가정해보자. 12실링의 금의 양이 24노동시간, 즉 2노동일이라면, 우선 이 실에는 2노동일이 물질화되어 있다는 결론이 나온다.

면화가 그 형태를 바꾸었으며 소모된 방추의 양이 완전히 사라졌다는 사정에 현혹되면 안 된다. (40파운드의 실의 가치)=(40파운드의 면화의 가치)+(방추 한 개의 가치)라면, 즉 이 방정식의 양변을 생산하는 데 동일한 노동시간이 필요하다면, 일반적 법칙에 따라 10파운드의 실은 10파운드의 면화와 1/4개의 방추를 합친 것과 등가물이다. 이 경우에는 동일한 노동시간이 한 번은 실의 사용가치에, 다른 한 번은 면화와 방추의 사용가치에 표시된다. 따라서 가치는 그것이 실, 방추 또는 면화 가운데 어느 것으로 나타나는가와 아무런 상관이 없다. 움직이지 않고 나란히 놓여있는 대신에, 방추와 면화가 실 잣는 과정에서 결합되어 그것들의 사용형태가 실로 변한다는 사실은 마치 실이라는 등가물과의 단순한 교환을 통해 실과 위치를 바꾼 것과 똑같이, 방추와 면화의 가치를 전혀 건드리지 않는다.

면화의 생산에 필요했던 노동시간은 면화를 원료로 하는 실의 생산에 필요했던 노동시간의 일부분이며, 따라서 실에 포함되어 있다. 마찬가지로 면화로 실을 자을 때 마모되거나 소모될 수밖에 없는 방추의 양의 생산에 필요한 노동시간 역시 실에 포함되어 있다.[213]

따라서 실의 가치, 즉 실의 생산에 필요했던 노동시간만을 살펴보면, 면화와 소모된 방추의 양을 생산하기 위해 그리고 마지막으로 면화와 방추로 실을 잣기 위해 통과해야만 하는 시공간적으로 분리된 별개의 노동과정들은 하나의 동일한 노동과정으로, 즉 순차적으로 뒤따르는 서로 다른 단계들로 간주될 수 있다. 실에 포함되어 있는 노동은 모두 과거 노동이다. 실을 형성하는 요소들의 생산에 필요했던 노동시간은 이미 지나간 과거완료형인 반면에 마지막 과정인 실잣기에 직접 사용된 노동은 현재에 더 가까운, 즉 현재완료형이라는 사실은 전혀 문제가 되지 않는다. 일정한 양의 노동, 예컨대 30노동일이 집을 짓기 위해 필요하다면, 30일째의 노동이 첫 번째 노동일보다 29일 늦게 집을 짓는 데 들어갔다는 사실은 집에 소모된 노동시간의 총량에 전혀 변화를 주지 못한다. 그러므로 노동재료와 노동수단에 포함되어 있는 노동시간은 실 잣는 과정의 마지막 단계에서 추가된

---

213) "상품에 직접 사용된 노동뿐만 아니라, 직접 소모된 노동을 보조하는 기계, 도구와 건물에 사용된 노동도 상품의 가치에 영향을 미친다."(리카도, 앞의 책, 16쪽)

노동보다 먼저 소비된 것으로 간주될 수 있다.

따라서 12실링이라는 가격으로 표시된 면화와 방추라는 생산수단의 가치는 실의 가치, 즉 생산물의 가치를 구성하는 부분이 된다.

그런데 두 가지 조건만은 더 충족되어야 한다. 첫째, 면화와 방추는 어떤 사용가치의 생산에 실제로 사용되었어야 한다. 그것들로 인해 실이 생겼기 때문이다. 그 어떤 사용가치가 가치를 가지고 있든 간에 가치에게는 상관이 없지만, 모든 사용가치는 가치를 가지고 있어야 한다. 둘째, 주어진 사회적 생산조건 하에서 필요노동 시간만이 사용되어야 한다. 따라서 1파운드의 실을 잣기 위해 1파운드의 면화가 필요하다면, 1파운드의 실을 잣는 데 단지 1파운드의 면화만이 소비되어야 한다. 방추의 경우에도 마찬가지이다. 자본가가 망령이 들어 철제방추 대신에 금으로 만든 방추를 사용한다고 해도, 실의 가치에는 단지 사회적으로 필요한 노동, 즉 철제방추의 생산에 필요한 노동시간만이 계산된다.

이제 우리는 생산수단, 즉 면화 그리고 방추가 실의 가치 가운데 얼마만한 부분을 이루고 있는가를 알게 되었다. 바로 12실링 또는 실에 물질화된 2노동일이다. 따라서 이제 문제가 되는 것은 방적공의 노동 자체가 면화에 첨가하는 가치부분이다.

이제 우리는 이 노동을 노동과정에서와는 전혀 다른 관점에서 살펴보아야 한다. 노동과정에서는 면화를 실로 바꾸려는 활동만을 문제삼았다. 모든 다른 사정이 그대로라면, 노동이 실용적일수록, 실의 품질은 더 좋아진다. 방적공의 노동은 다른 생산적 노동과 특별한 차이가 있다. 이 차이는 방적공의 특별한 목적, 그의 특별한 작업방식, 그의 생산수단의 특별한 성질 그리고 그의 생산물의 특별한 사용가치에서 주관적으로나 객관적으로 나타난다. 면화와 방추는 실잣기 노동에서는 꼭 필요한 수단으로 쓰이지만 그것을 늘리고 당겨서 대포를 만들 수는 없다. 그 반대로 방적공의 노동이 가치만을 만든다면, 방적공의 노동은 대포를 만드는 선반공의 노동이나 실의 생산수단에 실현되어 있는 면화재배자의 노동, 방추제작자의 노동과 아무런 차이가 나지 않는다. 오로지 이러한 동일성 때문에 면화재배와 방추제작 그리고 실잣기는 양적으로만 차이 나는 부분으로서 실의 가치라는 하나의 동일한 총가치를 구성할 수 있다. 여기에서는 이제 노동의 질이나 성질 그리고 내용은 더이상 문제가 되지 않으며 노동의 양만이 문제가 된다. 그리고 이 양은 쉽게 계산될 수 있다. 실잣기 노동을 단순한 노동, 즉 사회적 평균노동으로 가정해보자. 나중에 보게 되겠지만, 그 반대로 가정해도 상황은 전혀 변하지 않는다.

노동과정이 진행되는 동안에 노동은 계속 움직이는 형태에서 존재의 형태로, 즉 운동의 형태에서 물건의 형태로 끊임없이 변한다. 한 시간 후에는 실잣기 운동은 일정한 양의 실로 표시된다. 즉 1시간이라는 일정한 양의 노동이 면화에 물질화된다. 우리가 노동시간, 말하자면 한 시간 동안의 방적공의 생명력의 소모라고 말한 까닭은 여기에서 실잣기 노동은 실을 잣는 특별한 노동이 아니라 오로지 노동력의 소모이기 때문이다.

이제 결정적으로 중요한 것은 면화가 실로 변하는 동안에는 오로지 사회적으로 필요한 노동시간만 소비된다는 사실이다. 정상적인, 즉 평균적인 사회적 노동조건 하에서 1시간의 노동시간 동안에 a파운드의 면화가 b 파운드의 실로 변해야 한다면, 12xa파운드의 면화를 12xb파운드의 실로 변화시키는 노동일만이 12시간의 노동일로서 인정된다. 오직 사회적으로 필요한 노동시간만이 가치를 형성하는 것으로 계산되기 때문이다.

노동과 마찬가지로, 가치형성 과정에서는 원료와 생산물 또한 노동과정의 관점에서와는 전혀 다른 광경을 보여준다. 노동과정에서 원료는 단지 일정한 양의 노동을 흡수하는 것으로 간주된다. 노동을 흡수함으로써 원료는 실제로 실로 변한다. 노동력이 실잣기의 형태로 소모되어 원료에 추가되었기 때문이다. 그러나 생산물인 실은 이제는 단지 면화에 흡수된 노동의 측정기일 뿐이다. 1시간에 1⅔파운드의 면화가 자아져 동일한 무게의 실로 변한다면, 10파운드의 실은 흡수된 6시간의 노동을 가리킨다. 일정한 양의 생산물, 즉 경험에 의해 확정된 생산물의 양은 이제 일정한 양의 노동, 즉 일정한 양의 응고된 노동시간만을 표시할 뿐이다. 이 일정한 양의 생산물은 한 시간, 두 시간 또는 하루 동안의 사회적 노동이 물질화된 형태일 뿐이다.

노동이 다름 아닌 실잣기이고 그 재료가 면화이고 그 생산물이 실이라는 것은, 노동대상 자체가 기존의 생산물, 즉 원료라는 사실과 마찬가지로 노동과정에서는 전혀 문제가 되지 않는다. 노동자가 방적공장이 아니라 탄광에서 일한다면, 그의 노동대상인 석탄은 천연적으로 주어져 있다. 그럼에도 그가 석탄층에서 캐낸 일정한 양의 석탄은, 예를 들어 1젠트너의 석탄은 일정한 양의 흡수된 노동을 표시한다.

우리는 앞에서 노동력을 판매하는 경우에 노동력의 하루가치는 3실링이고, 이 3실링에는 마지막 여섯 시간 동안의 노동이 구체화되어 있으며, 따라서 이 노동량은 노동자의 하루 생활수단의 평균액수를 생산하는 데 필요한 것이라고 가정했다. 우리의 방적공이 한 시간 동안에 1⅔파운드의 면화를 1⅔파운드의 실[214]로 변화시킨다면, 여섯 시간 동안에는 10파운드 면화를 10파운드 실로 변화시킨다. 따라서 실잣기 과정이 계속되는 동안에 면화는 여섯 시간의 노동을 흡수했다. 이 여섯 시간 노동은 3실링의 금의 양으로 표시된다. 따라서 실잣기 자체가 면화에 3실링의 가치를 첨가했다.

이제 생산물인 10파운드 실의 총가치를 주의 깊게 살펴보자. 10파운드의 실에는 2½의 노동일이 물질화되어 있다. 즉 2노동일은 면화와 방추에 포함되어 있으며 그리고 ½노동일은 실 잣는 동안에 흡수되었다. 2½노동일은 15실링의 금의 양으로 표시된다. 따라서 10파운드 실의 가치에 적당한 가격은 15실링이며, 1파운드 실의 가격은 1실링 6펜스이다. (1파운드 스털링은 20실링이며 1실링은 12펜스이다 - 옮긴이)

우리의 자본가는 놀라서 멈칫한다. 생산물의 가치가 투하된 자본의 가치와 똑같다. 투하된 가치는 늘어나지 않았고 잉여가치는 생산되지 않았으며, 따라서 화폐는 자본화되지 않았다. 10파운드 실의 가격은 15실링이며, 이 15실링은 상품시장에서 생산물의 형성요소들, 즉 노동과정의 요소들인 면화에 10실링, 소모된 방추량에 2실링 그리고 노동력에 3실링이 지

---

214) 여기에서 숫자들은 전적으로 내 마음대로 가정한 것이다.

출되었다. 불어난 실의 가치는 아무런 도움이 되지 않는다. 실의 가치는 이전에 면화와 방추 그리고 노동력으로 나뉘어졌던 가치의 합에 불과하며, 이렇게 주어진 가치를 단순히 더하는 것으로는 결코 잉여가치가 생겨날 수 없기 때문이다.[215] 이들 가치 모두가 이제 하나의 물건에 집중되었지만, 이들 가치는 세 가지 상품구매로 분산되기 이전의 화폐액 15실링이었다.

이런 결과 자체는 낯선 것이 아니다. 1파운드 실의 가치는 1실링 6펜스이며, 따라서 우리의 자본가는 상품시장에서 10파운드의 실을 사기 위해 15실링을 지불해야만 한다. 자본가가 그가 살 집을 이미 완성되어 있는 집을 시장에서 사든, 또는 집을 짓게 시키든 간에 집을 마련하는 데 들어가는 화폐는 증가하지 않는다.

통속경제학에 정통한 자본가는 아마도 자신의 화폐로 더 많은 화폐를 만들려고 투하했다고 말할 것이다. 그러나 지옥으로 가는 길도 좋은 의도로 포장되어 있는 것처럼, 그는 생산하지 않고 돈벌이를 하려고 할 수도 있다.[216] 그는 다시는 속지 않겠다고, 앞으로는 상품을 직접 제조하는 대신

---

215) 이것이 농업노동이 아닌 모든 노동의 비생산성에 대한 중농주의자들의 학설의 기초가 되는 기본명제이다. 그리고 경제학을 전공하는 학자들도 논박할 수 없는 명제이다. "단 하나의 물건에 여러 개의 다른 물건의 가치를 더하는(예를 들어 아마포에 직공의 생계비를 더하는 방식 -맑스) 방식, 이를테면 여러 가치를 단 하나의 가치에 층층이 쌓아 올리는 방식은 그 하나의 가치를 그만큼 증가시킨다. … 더한다는 표현은 손작업으로 만들어진 생산물의 가격이 형성되는 방식을 매우 잘 나타내고 있다. 이 가격은 소비되어 더해진 여러 가치의 총액에 불과하다. 그러나 더한다는 것은 증가를 의미하지는 않는다."(리비에르, 앞의 책, 599쪽)

216) 예를 들면 자본가는 1844-1847년 사이에 그의 자본을 철도주식에 투기하여 생산적인 사업에서 (그 일부를)빼내어 다 잃어버린 적이 있었다. 또 아메리카 내전 당시에, 자본가는 리버풀의 면화거래소에 투기하기 위해 공장을 폐쇄하고 공장노동자를 해고한 적이 있었

에 시장에서 기성품을 사겠다고 위협한다. 그러나 자본가 형제들 모두가 그와 똑같이 한다면, 그가 도대체 어디에서 시장에 있는 상품을 발견하겠는가? 그리고 그는 돈을 먹을 수는 없다. 그는 또박또박 설명한다. 내가 얼마나 절약했는지 생각을 좀 해줘라. 나는 15실링을 탕진할 수 있었지만, 그 대신에 생산적으로 소비하여 실을 만들었다. 그리고 이에 대한 보상으로 나는 양심의 가책 대신에 실을 가지고 있지 않은가. 그는 금욕이 어떤 결과를 가져왔는지를 우리에게 알려 준 화폐비축자의 역할로 결코 되돌아가지 않는다. 게다가 아무것도 없는 곳에서는 제아무리 황제라 할지라도 그의 권력을 상실한다. 그가 금욕에서 얻은 소득이 무엇이든 간에, 생산과정에서 나온 생산물은 투입한 상품가치와 같기 때문에, 그의 금욕을 특별히 보상해 줄 그 어떤 것도 존재하지 않는다. 따라서 그는 미덕의 보수는 미덕이라고 생각하며 스스로를 위로하는 수밖에 없다. 자신을 위로하는 대신에 자본가는 뻔뻔스러워진다. 실은 그에게 쓸모가 없다. 그는 실을 팔려고 생산했다. 따라서 그는 실을 팔거나, 또는 더 간단하게 이제부터는 그에게 필요한 물건만을 생산하면 될 것인데, 이는 자본가의 주치의인 맥컬럭이 과잉생산이라는 전염병의 특효약으로 이미 자본가에게 써 준 처방전이다. 자본가는 완강하게 저항하는 척한다. 노동자가 아무것도 없는 곳에서 자신의 손발만을 가지고 노동생산물을 창조할 수 있는가? 즉 상품을 생산할 수 있는가? 내가 노동자에게 재료를 주었기 때문에, 노동자는 그 재료만을 가지고 그것에다가 자신의 노동을 물질화할 수 있는 것이 아닌가? 또한 사회의 대부분은 이러한 빈털터리들로 구성되었기 때문에, 나는 사회에 나의 생산수단, 즉 나의 면화와 방추로 엄청난 봉사를 하지 않았던가? 더군다나

다.

나는 내가 생활수단을 제공했던 노동자들에게 엄청난 봉사를 하지 않았던 가? 그렇다면 나는 내가 한 봉사에 대한 대가를 요구해야 하지 않는가? 노동자는 면화와 방추를 실로 변화시켜 보답하지 않았던가? 게다가 여기에서 문제가 되는 것은 봉사가 아니다.[217] 봉사라는 것은 그것이 상품이든 노동이든 간에 어떤 사용가치의 유용한 작용일 뿐이다.[218] 그러나 지금 우리의 문제는 교환가치이다. 자본가는 노동자에게 3실링을 지불했다. 노동자는 면화에 추가한 3실링의 가치로 자본가에게 정확히 3실링을 되돌려 주었다. 바로 전까지만 해도 자본을 가지고 거만하게 굴던 우리의 친구 자본가는 갑자기 자신의 노동자처럼 겸손한 태도를 취한다. 나도 노동을 하지 않았는가? 방적공을 감독하고 감시하는 노동을 하지 않았는가? 이러한 나의 노동 역시 가치를 형성하지 않는가? 그가 고용한 감독과 관리자는 당혹스러워하며 어깨를 움츠린다. 그러나 그러는 동안에 자본가는 이미 해맑은 미소를 지으며 본래의 표정으로 되돌아간다. 그는 장황한 이야기로 우리를 속였다. 그 자신도 그가 늘어놓은 이야기에 전혀 관심이 없다. 자본가는 이

217) "자랑하고 장식하고 꾸며라. … 그러나 준 것보다 더 많이 그리고 더 좋은 것을 받는 자는 고리대금업자이다. 그는 도둑질이나 강도질을 하는 것과 마찬가지로 그의 이웃에게 봉사하는 것이 아니라 해를 끼치는 것이다. 사람들이 봉사와 선행이라고 부르는 것 모두가 이웃에 대한 봉사와 선행은 아니다. 간통하는 남녀도 서로에게는 봉사를 하는 것이며 만족을 주기 때문이다. 마부도 살인방화범이 길가에서 약탈하고 국토와 주민을 습격하는 것을 도와줌으로써 그에게 커다란 봉사를 한다. 교황주의자조차도 사람들을 몽땅 물에 빠트려 죽이고, 불태워 죽이고, 학살하거나 감옥에서 썩게 만들지 않고, 몇 사람은 살려주고, 추방하거나 그들의 소유물만을 빼앗음으로써 우리에게 커다란 봉사를 한다. 악마까지도 자신에게 봉사하는 사람들에게 엄청나게 큰 봉사를 한다. … 여하튼, 세상은 위대하고 훌륭한 일상적인 봉사와 선행으로 가득 차 있다."(마르틴 루터, 《고리대금업에 반대하는 설교를 할 목사들에게》, 비텐베르크, 1540)

218) 나는 《정치경제학의 비판을 위해》의 14쪽에서 이에 대해 지적했다. "사람들은 '봉사'라는 범주가 세(Say)나 바스티아 같은 부류의 경제학자에게 어떤 '봉사'를 해야만 하는가로 이해한다."

따위 구린내 나는 핑계나 허튼 생각을 그가 고용한 정치경제학 교수들에게 떠넘긴다. 그 자신은 실천적인 사람이며, 그가 사업 이외에 대해 말하는 것은 언제나 깊이 생각한 것이라고 할 수 없지만, 그가 사업에서 무엇을 해야 하는가는 늘 잘 알고 있다.

좀더 자세하게 살펴보자. 노동력의 하루가치는 3실링이었다. 노동력 자체에는 ½노동일이 물질화되어 있기 때문이다. 즉 노동력의 생산을 위해 날마다 필요한 생활수단을 생산하는 데 ½노동일이 걸리기 때문이다. 그러나 노동력에 포함되어 있는 과거노동과 노동력을 수행할 수 있는 살아있는 노동, 즉 노동력의 하루 생계비와 하루 소모되는 노동력의 크기는 전혀 다르다. 전자는 노동력의 교환가치를 결정하며, 후자는 노동력의 사용가치를 형성한다. 노동자를 24시간 동안 유지하기 위해 ½노동일이 필요하다는 사실이 노동자가 하루 종일 일하는 것을 방해하지 않는다. 따라서 노동력의 가치와 노동과정에서 노동력이 증식하는 가치는 서로 다른 크기이다. 자본가는 노동력을 구매할 때 이러한 가치차이를 염두에 두고 있었다. 실과 장화를 만드는 노동력의 유용성은 필수조건일 뿐이었다. 가치를 형성하기 위해 노동은 유용한 형태로 소모되어야 하기 때문이다. 그러나 결정적인 것은 노동력이라는 상품의 독특한 사용가치, 즉 그것이 사용가치의 원천이라는 것, 그것도 자신이 가지고 있는 것보다 더 많은 가치의 원천이 된다는 독특한 사용가치였다. 바로 이것이 자본가가 노동력에서 기대하고 있는 특별한 봉사이다. 이 경우에 자본가는 이 영원한 상품교환의 법칙에 따라 행동한다. 실제로 다른 모든 상품의 판매자와 마찬가지로, 노동력의 판매자는 노동력의 교환가치를 현금으로 바꾸면서 그것의 사용가치를 양도한다. 그는 노동력의 사용가치를 내어주지 않고서는 돈을 받을 수 없다. 노동력의 사용가치, 즉 노동 그 자체는 판매된 기름이 기름장수의 소유가 아닌 것과 마찬가지로 그 판매자에 속하지 않는다. 화폐소유자는 노동력의 하루가치를 지불했다. 따라서 하루 동안의 노동력의 사용, 즉 하루 동안의 노동은 그에게 속한다. 노동력이 하루 종일 활동하고 노동할 수 있음에도, 노동력의 하루 유지하는 데는 ½노동일밖에 걸리지 않는다는 사정, 따라서 하루 동안 노동력의 사용이 창조하는 가치가 노동력의 하루가치의 2배가 된다는 사정은 구매자에게는 특별한 행운이기는 하지만, 판매자에게도 결코 부당한 일이 아니다.

우리의 자본가는 그를 웃게 만드는 이러한 상황을 미리 알고 있었다. 따라서 노동자는 작업장에서 여섯 시간의 노동과정에 필요한 생산수단뿐만 아니라, 열두 시간의 노동과정에 필요한 생산수단을 발견한다. 6노동시간이 10파운드의 면화를 흡수하여 10파운드의 실로 변화시킨다면, 12노동시간은 20파운드의 면화를 흡수하여 20파운드의 실로 변화시킨다. 이 연장된 노동과정의 생산물을 살펴보자. 20파운드의 실에는 이제는 5노동일이 물질화되어 있는데, 4노동일은 소비된 양의 면화와 소모된 양의 방추에 의해 물질화된 것이며, 1노동일은 실 잣는 과정 동안에 면화가 흡수한 것이다. 그런데 5노동일을 금으로 표현하면 30실링 또는 1£ 10실링이다. 따라서 이것이 20파운드 실의 가격이다. 1파운드 실은 여전히 1실링 6펜스이다. (1£는 20실링, 1실링은 12펜스 - 옮긴이) 그런데 이 과정에 투입된 상품의 총가치는 27실링이었지만, 실의 가치는 30실링이다. 생산물의 가치는 그것의 생산을 위해 투입된 가치보다 딱 1/9증가했다. 즉 27실링이 30실링이 되었다. 27실링은 3실링의 잉여가치를 낳았다. 요술은 드디어 성공했다. 화폐는 자본으로 변했다.

문제의 상황은 모두 해결되었으며 상품교환의 법칙은 전혀 훼손되지 않았다. 등가물끼리 교환되었다. 자본가는 구매자로서 면화와 방추 그리고 노동력이라는 각 상품을 그 가치대로 지불했다. 그런 다음 그는 다른 상품구매자가 하는 대로 했을 뿐이다. 그는 그가 구매한 상품의 사용가치를 소비했다. 상품의 생산과정과 동시에 이루어지는 노동력의 소비과정은 30 실링의 가치를 가진 20파운드의 실이라는 생산물을 만들었다. 이제 자본가는 이전에 상품을 구매했던 시장으로 되돌아가 상품을 판매한다. 그는 1 파운드의 실을 그 가치 이상도 이하도 아닌 1실링 6펜스에 판매한다. 그러나 그는 그가 원래 유통에 투입한 것보다 3실링을 더 유통에서 뽑아낸다. 그의 화폐가 자본화되는 모든 과정은 유통 영역에서 일어나는 동시에 유통 영역에서 일어나지 않는다. 유통을 매개로 하여 일어난다. 상품시장에서 노동력의 구매가 필요하기 때문이다. 유통은 생산영역에서 일어나는 가치증식 과정을 준비만 하기 때문에 유통에서는 화폐가 자본으로 변하지 않는다. 따라서 '가능한 세계들 가운데 최선의 세계에서 만사는 최선의 상태에 있다.'

자본가는 화폐를 새로운 생산물을 형성하는 소재나 노동과정의 요소로 사용되는 상품으로 변화시킴으로써, 또는 죽어 있는 상품체에 살아 있는 노동력을 합침으로써 가치, 즉 과거에 물질화된 죽은 노동을 스스로 증식하는 가치로, 마치 육욕에 사로잡힌 듯 '애쓰기' 시작하는 활기찬 괴물인 자본으로 변화시킨다.

이제 가치형성 과정과 가치증식 과정을 비교해 보면, 가치증식 과정은 특정한 시점을 넘어서 연장된 가치형성 과정일 뿐이다. 가치증식 과정이 자본에 의해 지불된 노동의 가치가 새로운 등가물에 의해 보전되는 시점까지만 계속된다면, 이는 가치형성 과정에 불과할 뿐이다. 가치형성 과정이 이 시점을 넘어서 계속된다면, 그것은 가치증식 과정이 된다.

더 나아가 가치형성 과정을 노동과정과 비교해 보면, 노동과정은 사용가치를 생산하는 유용노동이라는 데 있다. 노동과정에서 운동은 질적으로 고찰되며, 그 운동의 특별한 방식 그리고 내용과 목적에 따라 고찰된다. 이 노동과정이 가치형성 과정에서는 양적인 측면으로만 나타난다. 여기에서 문제가 되는 것은 노동이 작동하는 데 필요한 시간, 곧 노동력이 유용하게 소모되는 기간일 뿐이다. 가치형성 과정에서 노동과정에 투입되는 상품은 더이상 목적에 맞게 작용하는 노동력의 기능에 따라 정해진 물적 요소로 간주되지 않는다. 그것들은 일정한 양의 물질화된 노동으로만 계산될 뿐이다. 생산수단에 포함되어 있든 노동력에 의해 첨가되든 간에 노동은 시간단위로만 계산된다. 그 단위는 몇 시간 또는 며칠 등이다.

그러나 노동은 사용가치의 생산을 위해 사용된 시간이 사회적으로 필요한 것인 한에서만 계산된다. 이 사실은 여러 가지 의미를 가지고 있다. 노동력은 표준조건에서 기능해야만 한다. 방적기가 방적업에서 사회적으로 지배적인 노동수단이라면, 노동자에게 물레를 주어서는 안 된다. 노동자가 정상적인 품질의 면화 대신에 언제든지 끊어지는 저질의 면화를 받아서는 안 된다. 이 두 경우에는 노동자는 1파운드의 실을 생산하는 데 사회적으로 필요한 노동시간보다 더 많은 시간을 소비하지만, 이 초과된 시간은 가치나 돈을 만들지 못한다. 그러나 노동의 물적 요소의 정상적인 품질은 노동자가 아니라 자본가에게 달려있다. 그 다음 조건은 노동력 자체의 표준적인 성질이다. 노동력은 그것이 사용되는 분야에서 지배적인 평균 정도의 기량과 숙련 그리고 민첩성을 가지고 있어야 한다. 그런데 우리의 자본가는 노동시장에서 정상적인 품질의 노동력을 구매한다. 이 노동력은 평균치의 노력과 사회적으로 보통 정도의 강도로 소비되어야 한다. 자본가는 이 점뿐만 아니라 일하지 않아서 시간이 낭비되는 일 또한 없도록 세심하게 감시한다. 자본가는 노동력을 일정한 기간 동안 구매했다. 그는 자신의 것을 지키고자 한다. 그는 도둑맞는 것을 원치 않는다. 마지막으로 -이 점에 대해서는 자본가는 자신의 독자적인 형법전을 가지고 있다- 목적에 어긋나는 원료와 노동수단의 소비가 있어서는 안 된다. 낭비된 재료나 노동수단은 쓸데없이 지출된 물질화된 노동의 양을 표시하며, 따라서 계산되지 않으며 가치를 형성하는 생산물에 들어가지 않기 때문이다.[219]

---

219) 이것이 노예제도에 기초한 생산이 더 비싼 사정 가운데 하나이다. 고대인의 적절한 표현을 빌리자면, 노예제도에서의 노동자는 단지 말할 수 있는 도구로서 소리만 낼 수 있는 도구로서의 동물 및 말 못하는 도구로서의 죽은 노동도구와 구별된다. 그러나 노동자는 자신이 같은 종류가 아닌 인간이라는 것을 동물과 노동도구에게 느끼게 한다. 노동자는 동물과 노동도구를 마구 다루거나 마음대로 훼손함으로써 그것들과 구별된다는 자존심을 가지게 된다. 따라서 이 생산방식에서는 매우 조잡하고 무겁기는 하지만, 쓸데없이 무더서 부수기 어려운 노동도구를 사용하는 것이 경제원칙으로 인정받았다. 아메리카 내전이 발발하기 전까지 멕시코만 연안의 노예주(州)에서는 멧돼지나 두더지처럼 땅을 팔 수는 있지만 고랑을 이루거나 땅을 갈 수 없는 고대 중국식의 쟁기만이 발견되었다. 케언즈,《노예의 힘》, 런던, 1862, 46쪽 이하를 참조하라. 옴스테드(Olmsted)는 자신의 저서《연안노예주》의 46-47쪽에서 다음과 같이 언급하고 있다. "내가 이곳에서 본 도구들은 제정신이 있는 사람이라면 그것들로 자신이 임금을 지급하는 노동자를 괴롭히지 않았을 것이다. 내 생각으로는 이 도구들은 엄청나게 무겁고 무디기 때문에 이것들을 가지고 노동하는 것은 우리가 보통 사용했던 도구보다 적어도 10%는 일을 더 어렵게 만들 수밖에 없다. 그러나 노예들이 도구를 부주의하고 거친 방식으로 사용하는 것처럼 보였기에, 더 가볍고 정교한 도구를 노예들에게 제공하더라도 좋은 결과가 나온다는 것은 불가능하며, 또한 우리가 우리의 노동자에게 늘 제공하여 우리에게 좋은 수확을 가져오는 도구들도 -우리의 밭보다 더 부드럽고 돌이 적지만- 버지니아의 옥수수 밭에서는 하루도 견디지 못할 것이라는 것을 나

앞에서 상품을 분석하면서 하나의 동일한 노동이 사용가치를 만드는 노동과 가치를 만드는 노동으로 구별된다는 것을 알아내었는데, 이제 이 구별은 생산과정의 서로 다른 두 측면의 차이로서 나타난다는 것을 우리는 알게 되었다.

노동과정과 가치형성 과정이 하나로 통일된 생산과정은 상품의 생산과정이다. 그리고 노동과정과 가치증식 과정의 통일로서의 생산과정은 자본주의적 생산과정, 즉 상품생산의 자본주의적 형태이다.

앞에서 말한 것처럼, 자본가에 의해 취득된 노동이 단순한 사회적 평균노동인지 또는 더 복잡한, 특수한 비중을 갖는 수준 높은 노동인지는 가치증식 과정에서는 전혀 문제가 되지 않는다. 사회적인 평균노동에 비하여 더 높은 수준의 더 복잡한 노동으로 간주되는 노동은 단순한 노동력에 비하여 더 많은 교육비가 들어가고 그것의 생산에 더 많은 노동시간이 필요하기 때문에 그 노동은 더 많은 가치를 가지고 있는 노동력의 소비이다. 이러한 노동력의 가치가 더 크다면, 그 노동력은 더 높은 수준의 노동으로 나타나며 따라서 동일한 시간에 상대적으로 더 큰 가치를 가진 물건을 생산

는 확신하게 되었다. 마찬가지로 왜 농장에서는 일반적으로 말 대신에 노새가 사용되었냐는 나의 질문에 대해, 첫 번째 이유로 그리고 분명하고 가장 결정적인 이유로 든 것은, 흑인이 말을 계속 거칠게 다루는 것을 말이 견디지 못한다는 것이었다. 말은 흑인에 의해 곧 다리를 절게 되거나 두들겨 맞아 몸이 성치 않게 되는 반면에, 노새는 매질과 때때로의 굶주림도 신체적인 손상 없이 견디어 낸다. 그리고 노새는 소홀히 다루거나 혹사 당해도 감기에 걸리거나 병이 나지 않는다. 그러나 북부지방의 농장주라면 누가 되었든 몰이꾼의 즉각적인 해고를 가져올 정도로 가축을 취급하는 것을 보기 위해 지금 내가 집필하고 있는 방의 창문보다 멀리 갈 필요가 없다."

한다. 그러나 실잣기 노동과 보석세공 노동 사이의 수준 차이가 어떻든 간에, 보석세공 노동자가 자신의 노동력의 가치만을 보상하는 데 필요한 노동부분은 그가 잉여가치를 창출하는 추가적인 노동부분과 질적으로 전혀 구별되지 않는다. 잉여가치는 여전히 노동의 양적인 초과에 의해서만, 즉 한 경우에는 실을 생산하고 다른 경우에는 보석을 생산하는 동일한 노동과정의 연장된 시간에 의해서만 생겨난다.[220]

다른 한편 각각의 모든 가치형성 과정에서도 더 높은 수준의 노동은 언제나 사회적 평균노동으로 환산되어야 한다. 즉, 더 높은 수준의 하루노

---

220) 더 높은 수준의 노동과 단순한 노동 사이의 구별, 즉 '숙련노동'과 '비숙련노동' 사이의 구별은 부분적으로는 단순한 환상에 기인하거나 적어도 이미 오래 전부터 실제로는 존재하지 않지만, 전통적인 관습으로만 존속하는 구별이다. 그리고 이러한 구별의 일부는 그들이 애써 손에 넣은 노동력의 가치가 다른 계층의 노동자계급보다 작은 노동자계급의 일정한 계층의 절망적인 상태에서 기인한다. 그리고 뜻밖의 사정이 커다란 역할을 하여 숙련노동과 비숙련노동이 자리를 바꾸는 결과를 가져오는 경우도 있다. 예를 들어, 자본주의적 생산이 발달한 나라에서처럼 노동자계급의 체력이 약화되어 상대적으로 지쳐있는 곳에서는 일반적으로 많은 근력이 요구되는 모진 노동이, 단순노동 등급으로 하락하는 훨씬 정밀한 노동에 비하여 더 높은 등급의 노동으로 변한다. 잉글랜드에서는 미장이의 노동이 무늬가 돋아 난 옷감을 짜는 노동자보다 훨씬 높은 등급을 차지하고 있다. 다른 한편으로 면직물의 보풀을 제거하는 노동자의 노동은 육체적인 긴장이 필요하고 더욱이 매우 비위생적임에도 '단순'노동의 역할을 하고 있다. 덧붙이자면 소위 '숙련노동'이 국민 노동에서 양적으로 상당한 규모를 차지하고 있다고 생각해서는 안 된다. 랭은 잉글랜드(및 웨일즈)에서 1,100만 명이 넘는 사람들이 단순노동에 의존하여 살아가고 있다고 계산하고 있다. 그가 저술한 당시의 인구 1,800만 명에서 100만 명의 귀족, 150만 명의 극빈자, 부랑자, 범죄자와 매춘부를 빼면, 얼마 안되는 이자로 살아가는 사람, 공무원, 작가, 예술가 그리고 학교교사 등을 포함하는 465만 명의 중간계급이 남는다. 이 465만 명의 중간계급을 끄집어내기 위해 그는 은행가 등을 제외한 더 많은 임금을 지불받는 모든 '공장노동자'를 노동하는 중간계급으로 계산했다. 미장이 역시 '능력 있는 노동자'에 포함된다. 그래서 그에게는 앞에서 말한 1,100만 명이 남게 된다. (랭,《국민의 빈곤》, 런던, 1844, 49-52쪽의 이곳저곳) "먹을거리를 얻기 위해 보통의 노동 말고는 아무 것도 제공할 수 없는 거대한 계급이 바로 대다수의 인민이다."(제임스 밀,《식민지》,《대영백과사전 부록》, 1831)

동은 x일의 단순노동으로 환산되어야 한다.[221] 따라서 자본가가 사용하는 노동자가 단순한 사회적 평균노동을 수행한다고 가정함으로써 쓸데없는 계산 과정을 줄여 분석을 간단하게 할 수 있다.

---

221) "가치의 척도로서의 노동에 대해 말하는 경우에는, 그 노동은 필연적으로 어떤 특정한 종류의 노동을 의미한다. … 그 노동에 대한 다른 종류의 노동의 비율은 쉽게 구할 수 있다."(카제노브, 《정치경제학 요강》, 런던, 1832, 22-23쪽)

6장 | 불변자본과 가변자본

　　노동과정의 여러 요소는 생산물 가치의 형성에 서로 다른 방식으로 참여한다.

　　노동자의 노동의 구체적인 내용과 목적 그리고 기술적 성격을 무시하게 되면, 노동자는 일정한 양의 노동을 함으로써 노동대상에 새로운 가치를 첨가한다. 다른 한편 우리는 소모된 생산수단의 가치를 생산물의 가치를 구성하는 부분에서, 예를 들어 면화와 방추의 가치를 실의 가치에서 다시 발견한다. 따라서 생산수단의 가치는 생산물에 이전됨으로써 보존된다. 이 이전은 생산수단이 생산물로 변하는 과정인 노동과정에서 일어난다. 그것은 노동에 의해 매개된다. 그러나 어떻게?

　　노동자는 동일한 시간에 두 가지 일을 한꺼번에 하지 않는다. 한편으로 자신의 노동으로 면화에 어떤 가치를 첨가하기 위해, 다른 한편으로 면화가 원래 가지고 있던 가치를 보존하기 위해, 같은 말이지만, 자신이 가공하는 면화의 가치와 그가 도구로 이용하는 방추의 가치를 생산물인 실로 이전하기 위해 노동하지 않는다. 오히려 노동자는 새로운 가치를 첨가함으로써만 이전의 가치를 보존한다. 그러나 노동대상에 새로운 가치를 첨가하는 것과 이전의 가치를 보존하는 것은 노동자가 동일한 시간에 단 한 번만 노동함에도 동시에 이루어 낸 전혀 다른 결과인 까닭에, 이러한 결과의 이중성은 분명히 그의 노동 자체의 이중성으로만 설명될 수 있다. 동일한 시점에서 그의 노동은 하나의 성질을 통해 가치를 창출하며 또 다른 성질을 통해 가치를 보존하거나 이전한다.

어떻게 각 노동자가 노동시간을 첨가함으로써 가치를 보태는가? 노동자는 언제나 자신의 특유한 생산적 노동방식의 형태를 통해서만 그렇게 한다. 방적공은 실을 자아서, 직공은 천을 짜서 그리고 대장장이는 쇠를 담금질해서 노동시간을 추가한다. 그러나 이들이 노동 일반을 추가함으로써 새로운 가치를 첨가하는 목적에 따른 방식인 실잣기나 천짜기 그리고 담금질을 통해, 생산수단인 면화와 방추, 실과 직기 그리고 쇠와 모루는 하나의 생산물, 즉 하나의 새로운 사용가치를 만드는 요소가 된다.[222] 생산수단의 사용가치의 낡은 형태는 사라지긴 하지만, 이 형태는 새로운 형태의 사용가치로 흡수되어 사라질 뿐이다. 가치형성 과정을 살펴볼 때 다음과 같은 사실이 분명하게 밝혀졌다. 즉 하나의 사용가치가 어떤 새로운 사용가치를 생산하기 위해 목적에 맞게 소모되는 한, 이 소모된 사용가치의 생산에 필요한 노동시간은 새로운 사용가치의 생산에 필요한 노동시간의 일부분이 되며, 따라서 이 부분의 노동시간은 소모된 생산수단에서 새로운 생산물로 이전된 노동시간이라는 사실이다. 따라서 노동자는 노동 일반이 아니라 이 추가된 노동의 특수한 유용성, 그 특수한 생산적 형태를 추가함으로써 소

---

222) "노동은 소멸된 창조물 대신에 새로운 창조물을 만든다."(《국민정치경제학에 관한 에세이》, 런던, 1821, 13쪽)

모된 생산수단의 가치를 보존하거나 생산물의 가치성분으로 이전한다. 이러한 목적에 맞는 생산적 활동, 즉 실잣기, 천짜기 그리고 담금질로서의 노동은 접촉하는 것만으로도 생산수단을 소생시켜 그것들에 활기를 불어 넣어 노동과정의 요소로 만들며, 그 요소들과 결합하여 생산물이 된다.

노동자의 특수한 생산적 노동이 실잣기가 아니라면 그는 면화를 실로 만들지 못하며, 따라서 면화와 방추의 가치를 실로 이전시키지도 못한다. 반대로 같은 노동자가 직업을 바꾸어 가구공이 된다 해도, 그는 여전히 1노동일을 통해 그의 재료에 가치를 첨가한다. 따라서 그는 그의 노동이 실잣기나 가구 만드는 노동이 아닌 추상적인 사회적 노동 일반에 가치를 첨가한다. 이는 그의 노동이 어떤 특별히 유용한 내용을 가지고 있기 때문이 아니라 일정한 시간 지속되기 때문이다. 즉 방적공의 노동은 인간노동력의 소모라는 그것의 추상적이고 일반적인 특성을 통해 면화와 방추의 가치에 새로운 가치를 추가하며, 실을 잣는 과정이 지닌 구체적이고 특수한 유용성을 통해 생산수단의 가치를 생산물로 이전함으로써 그 가치를 생산물에 보존한다. 따라서 노동은 동일한 시점에서 한꺼번에 두 가지 결과를 가져온다.

단지 노동의 양적인 첨가를 통해 새로운 가치가 추가되며, 첨가된 노동의 질에 의해 기존 생산수단의 가치는 생산물에 보존된다. 이러한 동일한 노동의 이중적인 성질로 인한 동일한 노동의 이중적 결과는 여러 가지현상들에 명확하게 나타난다.

어떤 발명품이 방적공이 36시간 동안 잣던 것과 똑같은 양의 면화를 여섯 시간 만에 자을 수 있게 해 주었다고 가정해보자. 목적에 맞는 유용한 생산적 활동으로서의 그의 노동생산력은 여섯 배가 되었다. 그의 노동 생산물은 6파운드가 아니라 36파운드의 실로 여섯 배가 되었다, 그러나 36파운드의 면화는 이제 과거에 6파운드의 면화가 흡수하던 것과 같은 양의 노동시간을 흡수할 뿐이다. 낡은 방식에 비해 여섯 배 더 적은 새로운 노동이 면화에 첨가되었다. 따라서 면화에 이전 가치의 ⅙만이 첨가될 뿐이다. 다른 한편으로 이제는 여섯 배의 면화의 가치가 생산물인 36파운드의 실에 존재한다. 비록 동일한 원료에 6분의 1만큼 더 적은 새로운 가치가 첨가되지만, 여섯 시간 실잣기에는 여섯 배 더 큰 원료의 가치가 보존되어 생산물로 이전된다. 이는 분리될 수 없는 동일한 과정에서 가치를 보존하는 노동의 성질과 가치를 창조하는 노동의 성질이 본질적으로 서로 다르다는 것을 보여준다. 실잣기 동안에 동일한 양의 면화에 들어가는 필요노동시간이 많으면 많을수록, 면화에 추가되는 새로운 가치는 그만큼 더 크고, 동일한 노동시간에 더 많은 파운드의 면화가 자아질수록 생산물에 보존되는 기존의 가치는 그만큼 더 크다.

반대로 실잣기의 생산성이 변하지 않아서 방적공이 1파운드의 면화를 실로 만드는 데 여전히 동일한 시간이 필요하다고 가정해보자. 그런데 면화 자체의 교환가치는 변하여 1파운드 면화의 가격이 6배 오르거나 ⅙로 하락했다고 가정해보자. 이 두 경우 모두에서 방적공은 계속해서 같은 양의 면화에 동일한 노동시간, 즉 동일한 가치를 첨가하며, 두 경우 모두에서 그는 동일한 시간에 동일한 양의 실을 생산한다. 그럼에도 그가 면화로부터 생산물인 실로 이전한 가치는 면화의 가격이 여섯 배 오른 경우에는 이전보다 ⅙만큼 더 작아지며, 면화의 가격이 ⅙로 하락한 경우에는 이전보다 여섯 배 더 커진다. 노동수단의 가격이 오르거나 내리더라도 그것은 노동과정에서 여전히 동일한 역할을 수행한다.

실잣기 과정의 기술적인 조건들이 변하지 않고 또한 그 생산수단의 가치에도 변동이 없다면, 방적공은 여전히 동일한 노동시간에 가치가 그대로인 똑같은 양의 원료와 기계장치를 소비할 것이다. 이 경우에는 그가 생산물에 보존하는 가치는 그가 첨가하는 새로운 가치에 정비례한다. 2주일 동안에 그는 1주일보다 두 배 더 많은 노동을, 즉 두 배 더 많은 가치를 첨가하는 동시에 두 배 더 많은 가치를 갖고 있는 두 배 더 많은 재료를 소비하며, 두 배 더 많은 가치를 가진 두 배 더 많은 기계장치를 마모하여, 1주일의 생산물보다 두 배 더 많은 가치를 2주일 생산물에 보존한다. 주어진 생산조건이 이전과 동일하다면, 노동자가 더 많은 가치를 첨가하면 할수록 그만큼 더 많은 가치를 보존하지만, 그가 더 많은 가치를 보존하는 것은 그가 더 많은 가치를 첨가하기 때문이 아니라, 그가 이 가치를 이전과 동일한 조건에서 그리고 그 자신의 노동과는 상관없는 조건(본문에는 구체적으로 밝히지 않음 - 옮긴이)에서 첨가하기 때문이다.

물론 상대적인 의미에서는 노동자가 언제나 그가 새로운 가치를 첨가하는 것과 같은 비율로 기존의 가치를 보존한다고 말할 수 있다. 면화가 1실링에서 2실링으로 오르거나 6펜스로 내려도, 노동자가 1시간의 생산물에 보존하는 면화가치는, 그것의 가치가 어떻게 변하든 간에, 두 시간의 생산물에 보존하는 가치의 절반일 뿐이다. 더 나아가 노동자 자신의 노동생산력이 변하여 향상하거나 하락한다면, 그는 1노동시간에 이전보다 더 많거나 더 적은 면화를 실로 자을 것이고, 1노동시간의 생산물에는 더 많거나 더 적은 면화가치가 보존될 것이다. 그럼에도 그는 여전히 2노동시간에 1노동시간보다 두 배 더 많은 가치를 보존할 것이다.

가치징표에서 나타나는 순전히 상징적인 표현을 무시하면 가치는 오로지 사용가치에만, 즉 물건에만 존재한다. (인간 자신도 노동력을 가진 단순한 생명체로만 본다면 하나의 자연물이고, 자의식을 가진 살아 있는 물건이긴 하지만 하나의 물건일 뿐이며, 노동 자체는 그 노동력의 구체적인 표현이다.) 따라서 사용가치가 사라지면 가치 역시 사라진다. 생산수단은 그 사용가치를 잃어버려도 그 가치는 잃어버리지 않는다. 생산수단은 노동과정을 통해 생산물에서 다른 형태의 사용가치를 얻기 위해서만 그 사용가치의 원래 형태를 실제로 상실하기 때문이다. 그러나 가치로서의 생산수단이 어떤 것의 사용가치에 존재한다는 것이 중요하지만, 상품의 형태변화가 보여주는 바와 같이 가치로서의 생산수단이 어떤 사용가치에 존재하는가는 아무래도 상관이 없다. 이로부터 생산수단이 그것의 독자적인 사용가치와 함께 교환가치까지도 상실하는 경우에만, 노동과정에서 생산수단의 가치가 생산물로 이전된다는 결과가 나온다. 생산수단은 그것이 생산수단으로서 상실하는 가치만큼을 생산물에 넘겨준다. 그러나 노동과정의 물적 요소들은 이 점에서는 서로 다른 태도를 취한다.

엔진을 가열하는 석탄은 바퀴의 축에 치는 기름 등과 마찬가지로 흔적도 없이 사라진다. 염료나 기타 보조재 역시 사라지기는 하지만, 생산물의 성질에 그 모습을 드러낸다. 원료가 생산물의 실체를 이루기는 하지만 그 형태는 변한다. 즉 원료와 보조재는 사용가치로서 노동과정에 들어갔을 때의 독자적인 모습을 상실한다. 노동수단은 다르다. 도구, 기계, 공장건물과 용기 등은 그것들의 최초의 모습을 유지하여 어제와 같이 내일도 다시 똑같은 형태로 노동과정으로 들어가는 동안에만 노동과정에서 사용된다. 생산수단은 살아있는 동안, 즉 노동과정에 있는 동안 생산물에 대해 자신의 독자적인 모습을 유지하는 것처럼 죽은 뒤에도 그 모습을 유지한다. 기계와 작업도구 그리고 작업용 건물 등의 시체는 그것들의 도움으로 만들어진 생산물과 여전히 분리되어 존재한다. 이제 이런 노동수단 하나가 사용되는 전체 기간을, 즉 작업장으로 들어가는 날부터 헛간으로 추방되는 날까지를 살펴보면, 이 기간 동안 그것의 사용가치는 노동에 의해 모두 소비되어 그 교환가치는 모두 생산물로 이전되었다. 예컨대 방적기 한 대가 10년 만에 수명을 다했다면, 이 10년의 노동과정에서 그것의 모든 가치는 10년간의 생산물로 이전되었다. 따라서 어떤 노동수단의 생존기간은 그것을 가지고 계속 반복되는 많거나 적은 횟수의 노동과정을 포함한다. 그리고 노동수단은 인간과 다르지 않다. 인간은 누구나 매일 24시간 죽어간다. 그러나 어떤 사람을 보아도 그가 이미 며칠을 죽어갔는지를 정확히 알아낼수 없다. 이러한 사실이 생명보험사가 인간의 평균수명으로부터 매우 확실한 결론, 그리고 훨씬 더 중요한, 매우 수익성이 높은 결론을 이끌어 내는 것을 방해하지는 않는다. 노동수단도 마찬가지이다. 우리는 어떤 노동수단, 예를 들어 특정한 종류의 기계가 평균적으로 얼마나 오래가는지를 경험을 통해 알고 있다. 이 노동수단의 사용가치가 노동과정에서 6일 동안만 지속된다고 가정해보자. 그렇다면 이것은 평균적으로 각 노동일마다 그 사용가치의 1/6을 잃게 되며, 따라서 자신의 가치의 1/6을 그날그날의 생산물에 넘겨준다. 이러한 방식으로 모든 노동수단의 마모, 즉 하루 동안의 사용가치의 상실과 이에 따라 생산물로 이전되는 하루의 가치가 계산된다.

생산수단은 노동과정에서 자신의 사용가치의 소멸로 인해 잃어버리는 것보다 더 많은 가치를 생산물에 넘겨주지 않는다는 것을 분명하게 알 수 있다. 생산수단이 잃어버릴 가치를 가지고 있지 않다면, 즉 그것 자체가 인간노동의 생산물이 아니라면, 그것은 가치를 생산물에 넘겨줄 수 없다. 생산수단은 교환가치를 만드는 역할을 하지 않고 사용가치를 만드는 역할을 한다. 인간의 도움 없이 천연적으로 존재하는 토지, 바람, 물, 광맥 속의 철 그리고 원시림의 나무 등의 모든 생산수단의 경우가 그러하다.

여기에서 우리는 또 다른 흥미로운 현상과 마주한다. 어떤 기계가 1,000£의 가치가 있으며, 1,000일 만에 전혀 못쓰게 된다고 가정해보자. 이 경우에는 날마다 기계가치의 1/1,000이 기계에서 하루의 생산물로 이전된다. 또한 기계는 생명력이 쇠약해지면서도 언제나 그 전체가 노동과정에서 작동한다. 따라서 노동과정의 하나의 요소인 어떤 생산수단은 통째로 노동과정에 투입되지만, 가치증식 과정에서는 부분적으로만 참가한다는 것이 분명하게 드러난다. 여기에서 노동과정과 가치증식 과정의 차이는 이들 과정의 물적 요소들에 반영된다. 즉 동일한 생산과정에서 동일한 생산수단은 노동과정의 요소로서는 통째로 계산되고 가치형성의 요소로서는 부분적으로만 계산된다.[223]

223) 여기에서는 노동수단, 즉 기계와 건물 등의 수리는 문제가 되지 않는다. 수리되고 있는 기계는 노동수단이 아니라 노동재료로서 기능한다. 그것을 가지고 일을 하는 것이 아니라, 그것의 사용가치를 수리하기 위해 그것 자체가 손질되고 있는 것이다. 이러한 수리노동은 우리의 목적에서는 언제나 노동수단의 생산에 필요한 노동에 포함된다고 생각할 수 있다. 본문에서는 문제가 되고 있는 마모는 어떤 의사도 치료할 수 없는 점차로 죽음에 이르게 하는 마모이며, "가끔 수리한다고 회복될 수 없는 종류의 모든 마모, 칼을 예로 들자면, 대장장이도 더이상 날을 세울 가치가 없다고 말할 정도의 상태에 있는 마모이다." 본문에서, 예를 들어 어떤 기계는 각각의 노동과정에는 통째로 투입되지만 이와 동시에 진행되

다른 한편, 이와는 반대로 어떤 생산수단은 노동과정에는 부분적으로만 투입될 뿐이지만, 가치증식 과정에는 통째로 들어갈 수 있다. 115파운드의 면화를 자을 때 이 가운데 15파운드는 실이 되지 못하고 면화가루로 폐기된다고 가정해보자. 그럼에도, 이 15파운드의 폐기물이 보통 면화의 일상적인 가공에서 필연적으로 생기는 것이라면, 실의 요소가 되지 않는 15파운드 면화의 가치는 실의 실체를 이루는 100파운드 가치와 똑같이 실의 가치로 들어간다. 100파운드의 실을 만들기 위해서는 15파운드 면화의 사용가치가 부스러기가 되어야 한다. 따라서 15파운드 면화가 폐기물로 되는 것은 실의 생산조건 가운데 하나이다. 바로 이러한 이유로 15파운드의 면화 가루는 그 가치를 실에 넘겨준다. 이는 노동과정의 모든 폐기물에도 적용된다. 적어도 이런 폐기물이 다시 새로운 생산수단으로, 따라서 새로운 독자적인 사용가치를 형성하지 않는 한에 있어서 그러하다. 예를 들어 맨체스터의 규모가 거대한 기계제작 공장에서는 거대한 기계에 의해 대패 밥 모양으로 잘려 나와 저녁에 큰 차에 실려 공장에서 제철소로 운반되는 산더미 같은 쇠폐기물을 볼 수 있다. 그것은 다른 날에 다시 순수한

는 가치증식 과정에는 부분적으로만 참가한다는 것을 보았다. 이에 따르면 우리는 아래의 개념 혼동에 대해 판단을 내릴 수 있다. '리카도는 양말제조기를 제작할 때 소모된 기계 제작공의 노동량이' 예를 들어 한 컬레의 양말의 가치에 포함되어 있다고 말한다. "그러나 한 컬레의 양말을 생산한 전체노동은 … 기계 제작공의 노동의 일부분일 뿐만 아니라 그 전체가 포함되어 있다. 한 대의 기계는 수많은 컬레의 양말을 만들어 내지만, 그 가운데 어느 한 컬레의 양말도 그 기계의 한 부분만 없어도 만들어질 수 없기 때문이다."(《정치경제학에서의 어떤 용어상의 논쟁에 관한 고찰, 특히 가치와 수요공급에 관해서》, 런던, 1821, 54쪽) 대단한 자부심을 가진 '아는 체하는' 이 저자가 그의 혼동에서 그리고 논쟁에서 일정한 정당성을 갖는 것은 오로지 리카도나 그의 전후의 어떤 경제학자도 노동의 두 측면을 정확하게 구별하지 못했기 때문에, 가치형성에서 하는 이 두 측면의 상이한 역할을 분석하지 않았기 때문이다.

쇳덩어리가 되어 제철소에서 공장으로 되돌아온다.

노동과정이 진행되는 동안 생산수단은 그 원래 사용가치 형태에서의 가치를 상실하는 경우에 한해서 새로운 형태의 생산물에 가치를 이전한다. 생산수단이 노동과정에서 상실할 수 있는 가치의 최대한도는 분명히 그 생산수단이 노동과정에 들어갈 때 가지고 있던 원래의 가치크기에 의해 제한된다. 다른 말로 하면 그 생산수단의 생산에 필요한 노동시간에 의해 제한된다. 따라서 생산수단은, 그것을 사용하는 노동과정이 어떤 것이든 간에, 가지고 있는 것보다 더 많은 가치를 생산물에 절대로 추가할 수 없다. 어떤 노동재료나 기계도 그 생산수단이 아무리 유용하다 할지라도, 그것이 150£, 말하자면 500노동일의 값어치가 있다면, 그것을 사용하여 만들어지는 총생산물에 결코 150£ 이상을 첨가할 수 없다. 생산수단의 가치는 그것이 생산수단으로 들어가는 노동과정에서 결정되는 것이 아니라, 그것을 생산물로 만들어 내보내는 노동과정에 의해 결정된다. 노동과정에서 생산수단은 오로지 사용가치로만, 유용성을 가진 물건으로만 사용된다. 이런 까닭에 그것이 노동과정에 들어가기 전에 가치를 가지고 있지 않다면, 생산물에 아무런 가치도 넘겨줄 수 없다.[224]

224) 이로부터 잉여가치(이자, 이윤, 지대)를 토지와 도구 그리고 가죽 등의 생산수단이 그 사용가치를 통해 노동과정에서 수행하는 '생산적인 역할'로부터 끌어내리고 한 명청한 세의 어리석음이 이해된다. 변호에 필요한 묘안을 확실하게 기록해 두는 것을 꺼리지 않는 빌헬름 로서(Wilhelm Roscher)는 외친다. "세가 《정치경제학 개론》 1권 4장에서 모든 비용을 공제한 후에 기름 짜는 기계에 의해 생산된 가치 역시 어떤 새로운 가치이며, 그것 자체를 만들기 위한 노동과는 본질적으로 다른 것이라고 말한 것은 매우 정확하다."(앞의 책, 82쪽의 주) 매우 정확하다! 기름 짜는 기계에 의해 생산된 '기름'은 그 기계의 제조에 들어간 노동과는 전혀 다른 것이다. 그리고 로서는 '기름'이 가치를 가지고 있기 때문에 '가치'를 '기름'과 같은 하찮은 물건으로 이해하고 있다. 그러나 석유는 상대적으로는 '매우 많은 양'은 아닐지라도 '천연적으로' 존재하는데, 그의 아래의 말이 이 점을 잘 겨냥하고 있다. "그

생산적 노동이 생산수단을 어떤 새로운 생산물을 형성하는 요소로 변화시킴으로써 생산수단의 가치에는 일종의 윤회가 일어난다. 생산수단의 가치는 소모된 육체에서 새로 형성된 육체로 옮겨간다. 그러나 이 윤회는 이른바 현실적 노동의 배후에서 이루어진다. 노동자는 원래의 가치를 보존하지 않고서는 새로운 가치를 첨가할 수 없다. 즉 새로운 가치를 만들 수 없다. 노동자는 노동을 언제나 정해진 유용한 형태로 첨가해야 하기 때문이며, 그리고 생산물을 어떤 새로운 생산물의 생산수단으로 만들어서 그것의 가치를 새로운 생산물로 이전시키지 않고는 노동자는 노동을 유용한 형태로 첨가할 수 없기 때문이다. 따라서 가치를 첨가함으로써 가치를 보존하는 것은 활동하는 노동력, 즉 살아있는 노동의 천부적 재능이다. 그리고 노동자는 이 타고난 재능을 거저 얻을 수 있지만, 이것은 현존하는 자본가치를 보존한다는 큰 이득을 자본가에게 가져다준다.[225] 경기가 좋을 때에는 자본가는 지나치게 돈벌이에 몰두하여 노동이 가져다주는 무상의 선물을 보지 못한다. 어쩔 수 없이 노동과정이 멈춰버리는 공황은 자본가에게

(자연!)는 교환가치를 거의 만들어내지 못한다."(앞의 책, 79쪽) 로셔가 말하는 자연과 교환가치의 관계는 어리석은 처녀와 '너무 작았던' 그의 자식과의 관계와 같다. 이 '학자'는 바로 위에 언급한 곳에서 또 아래와 같이 말하고 있다. "리카도 학파는 자본까지도 '비축된 노동'으로서 노동의 개념에 포함시키곤 한다. 이는 적절하지 않다(!). 왜냐하면(!) 사실(!) 자본소유자는(!) 분명히(!) 자본의 단순한(!) 생산(!)과 보존(!) 이상의(!) 것을 했기 때문이다. 자신의 향락을 절제했다는 바로(?!?) 그 이유 때문에 자본소유자는 예를 들어(!!!) 이자를 요구하는 것이다."(앞의 책, 82쪽) 이 얼마나 '교활'한가? 단순한 '요구'에서 바로 '가치'를 전개하는 이러한 정치경제학의 '해부학적-생리학적 방법'이란.

225) "농업에서는 모든 수단 가운데 인간의 노동이야말로 … 농장주가 자신의 자본을 보전하는 데 가장 의존하는 것이다. 다른 두 가지-현재 보유하고 있는 가축 및 … 짐수레, 쟁기와 삽 등는 일정한 양의 인간의 노동 없이는 아무것도 아니다."(에드먼드 버크, 《식량난에 관한 의견 및 상세한 논의, 1795년 11월에 피트 각하에게 처음으로 제출》, 런던, 1800, 10쪽)

이 무상의 선물을 절실하게 느끼게 한다.[226]

생산수단에서 소모되는 것은 확실히 그 사용가치이며, 이 사용가치의 소비를 통해 노동은 생산물을 만든다. 생산수단의 가치는 실제로는 소비되지 않으며,[227] 따라서 재생산될 수도 없다. 그 가치는 보존된다. 그 이유는 노동과정에서 그 가치 자체에 조작이 가해지기 때문이 아니라, 가치에 원래 존재하고 있는 사용가치가 사라지긴 하지만 오직 다른 사용가치로 사라지기 때문이다. 따라서 생산수단의 가치는 다시 생산물의 가치에 나타나기는 하지만, 정확하게 말하면, 생산수단의 가치가 재생산되는 것은 아니다. 생산되는 것은 원래의 교환가치가 다시 나타나는 새로운 사용가치이다.[228]

---

226) 1862년 11월 26일자 《타임즈》에 실린 기사는, 자신의 방적공장에 800명의 노동자를 고용하여 매주 평균 150꾸러미의 동인도 산 면화 또는 약 130꾸러미의 아메리카 산 면화를 소비하는 한 공장주는 그의 공장이 조업 중단으로 인해 발생하는 일 년치 비용에 대해 독자들에게 개탄하고 있다. 그는 이 비용을 6,000£으로 추정하고 있다. 이 비용에는 지대, 세금, 보험료 및 1년 계약의 노동자, 지배인, 경리, 기술자 등 우리와 아무런 상관이 없는 수많은 항목들이 들어있다. 다음으로 그는 공장을 때때로 따뜻하게 하거나 증기기관을 가끔 가동시키려고 하기 위한 석탄, 그 밖에도 기계장치를 '유동상태'로 유지하려고 고용한 임시노동자를 위한 임금을 150£으로 계산하고 있다. 마지막으로 그는 기계장치의 손상비용으로 1,200£을 계산에 집어넣고 있다. "날씨와 자연적인 원인으로 인한 훼손은 증기기관이 가동되지 않는다고 해서 그 작용을 중지하는 것이 아니기 때문이다." 그는 1,200£이라는 금액은 기계장치가 이미 많이 마모된 상태이기 때문에 이처럼 낮게 평가된 것이라고 분명히 밝히고 있다.

227) "어떤 상품의 소비가 생산과정의 일부분이 되는 곳에서 생산적 소비가 일어난다. … 이런 경우에서는 가치의 소비가 발생하지 않는다."(뉴먼, 앞의 책, 296쪽)

228) 20판은 찍어 냈을 것으로 짐작되는 북아메리카의 어떤 개설서에는 아래와 같이 쓰여 있다. "어떤 형태로 자본이 다시 나타나는지는 중요하지 않다." 그 가치가 생산물에 다시 나타나는 모든 가능한 생산요소를 길고 번잡스럽게 늘어놓은 다음, 결론적으로 아래와 같이 적고 있다. "인간의 생존과 안락에 필요한 다양한 종류의 의식주 역시 변한다. 그것들은 때때로 남김없이 소비되며, 인간의 육체와 정신에 부여하는 새로운 힘에 다시 나타나며, 그렇게 함으로써 다시 생산과정에서 사용되는 새로운 자본을 만든다."(웨일랜드, 앞의 책, 31-31쪽) 여타의 모든 이상한 점을 무시하면, 갱신된 힘에 다시 나타난 것은 예를 들어 빵

노동과정의 주체적 요소, 즉 활동하고 있는 노동력의 경우에는 사정이 다르다. 노동이 그 목적에 맞는 방식을 통해 생산수단의 가치를 생산물로 이전하여 보존하는 동안에, 노동의 각 순간은 추가적인 가치, 새로운 가치를 만든다. 노동자가 자신의 노동력의 가치에 해당하는 등가물을 생산한 시점, 예를 들어 6시간의 노동을 통해 3실링의 가치를 첨가한 시점에서 생산과정이 중단된다고 가정해보자. 이 3실링의 가치는 생산물의 가치를 구성하는 부분 가운데 생산수단에서 이전된 생산물의 가치를 넘어서는 초과분을 이룬다. 이 가치는 생산과정 내에서 발생한 유일한 독창적인 가치 Originalwert이며, 생산과정 자체에 의해 생산된 생산물의 유일한 가치부분이다. 물론 이 가치부분은 자본가가 노동력을 구매할 때 투입한 화폐, 노동자 자신이 생활수단에 소비한 화폐를 보상하는 데 지나지 않는다. 지출된 3실링과의 관계에서 본다면, 3실링이라는 새로운 가치는 단지 재생산된 것으로 나타날 뿐이다. 그러나 이 3실링은 생산수단의 가치처럼 외관상으로만 재생산된 것이 아니라 실제로 재생산된 것이다. 이 경우에 어떤 가치의 다른 가치에 의한 대체는 새로운 가치의 창조를 통해 이루어진다.

그러나 우리는 노동과정이 노동력의 가치에 해당하는 등가물만을 재생산하여 노동대상에 첨가하는 시점을 넘어서 계속 진행된다는 것을 이미

의 가격이 아니라 피를 만드는 빵의 내용물이다. 이와 반대로 힘의 가치로 다시 나타나는 것은 생활수단이 아니라 그 가치이다. 가격이 절반밖에 되지 않는 동일한 생활수단도 똑같은 양의 근육, 뼈 등, 간단히 말해 동일한 힘을 만들지만, 그것과 동일한 가치를 가진 힘을 만들지는 않는다. 이처럼 '가치'를 '힘'으로 바꾸어 놓는 것, 그리고 이 모든 위선적인 모호함은 투하된 가치의 단순한 재현에서 잉여가치를 무리해서라도 끌어내려는 헛수고를 은폐하고 있다.

알고 있다. 노동과정이 노동력의 가치의 등가물을 재생산하는 데 충분한 여섯 시간 대신에, 예를 들자면 열두 시간 계속된다. 따라서 노동력의 활동에 의해 노동력 자체의 가치가 재생산될 뿐만 아니라, 어떤 초과가치도 생산된다. 이 잉여가치는 생산물의 가치에서 소비된 생산물의 형성자, 곧 생산수단과 노동력의 가치를 넘어서는 초과분이다.

노동과정의 다양한 요소가 생산물 가치의 형성에서 행하고 있는 상이한 역할을 서술함으로써, 사실상 자본 자체의 증식과정에서 자본을 구성하는 상이한 부분들이 하는 기능의 특징을 보았다. 생산물의 총가치 가운데 이 생산물을 구성하는 가치총액을 넘는 초과분이 최초에 투하된 자본가치를 넘는 사용된 자본의 초과분이다. 한편으론 생산수단과 다른 한편으론 노동력은 최초의 자본가치가 화폐형태를 벗어버리고 노동과정의 요소로 변할 때 취하는 상이한 존재형태일 뿐이다.

따라서 자본 가운데 생산수단, 즉 원료, 보조재 그리고 노동수단으로 바뀌는 부분은 노동과정에서 그 가치크기를 변화시키지 않는다. 그러므로 나는 이 자본 부분을 불변자본 부분, 간단하게 불변자본이라고 부른다.

이와 반대로 자본 가운데 노동력으로 바뀐 부분은 생산과정에서 그 가치가 변한다. 이 자본 부분은 자신의 등가물과 더불어 그것을 넘는 초과분인 잉여가치를 재생산하는 데 이 잉여가치 자체는 변하며, 더 커지거나 더 작아질 수 있다. 자본의 이 부분은 변하지 않는 크기에서 끊임없이 변하는 크기로 바뀐다. 따라서 나는 이 부분을 가변자본 부분, 간단하게 가변자본이라 부른다. 노동과정의 관점에서는 물적objektiv 요소와 주체적 요소로, 즉 생산수단과 노동력으로 구별되는 자본의 동일한 부분이 가치증식 과정에서 보면 불변자본과 가변자본으로 구별된다.

불변자본의 개념은 그것을 구성하는 부분의 급격한 가치변동을 결코 배제하지 않는다. 1파운드 면화가 오늘은 6펜스에서 면화수확이 부족하여 내일은 1실링으로 상승했다고 하자. 계속 가공되어지는 이전의 면화는 6펜스의 가치로 구매된 것이지만, 이제는 1실링의 가치부분을 생산물에 추가한다. 그리고 이미 자아져, 어쩌면 벌써 시장에서 실로 유통되고 있는 면화 역시 그 원래 가치의 두 배를 생산물에 추가한다. 그러나 이러한 가치변화가 방적과정 자체에서의 면화의 가치증식과는 전혀 관계가 없다는 것은 분명하다. 이전의 면화가 아직 노동과정으로 전혀 투입되지 않았다면, 이제는 6펜스 대신에 1실링으로 되팔 수 있다. 반대로 이전의 면화가 이미 노동과정으로 투입되었다면, 이 면화가 통과한 노동과정의 수가 적으면 적을수록 이러한 결과는 더욱 확실해진다. 따라서 급격한 가치변동이 일어날 때에는, 더 적게 손질된 형태의 원료, 즉 직물보다는 실에, 실보다는 면화에 투기하는 것이 투기의 법칙이다. 여기에서 가치변화는 면화를 생산하는 과정에서 발생하는 것이지, 면화가 생산수단으로, 즉 불변자본으로 기능하는 과정에서 발생하는 것이 아니다. 어떤 상품의 가치는 당연히 그 상품에 들어있는 노동의 양에 의해 정해지지만, 이 양 자체는 사회적으로 정해진다. 그 상품의 생산에 사회적으로 필요한 노동시간이 변한다면 -동일한 양의 면화가 예를 들어 풍작일 때보다 흉작일 때에 더 많은 양의 노동을 나타낸다면- 기존의 상품까지 소급해 영향을 미친다. 이 기존의 상품은 언제나 동일한 상품 종류 각각의 견본으로만 간주되며,[229] 그 가치는 언제나 사회적으로 필요한 노동, 따라서 언제나 현재의 사회적 조건에서 필요한 노동에 의해 측정되기 때문이다.

---

229) "동일한 종류의 생산물 전체는 실제로는 하나의 덩어리를 이루고 있을 뿐이며, 그 가격은 개별적인 상황에 관계없이 일반적으로 결정된다."(르 트론, 앞의 책, 893쪽)

원료의 가치와 마찬가지로 이미 생산과정에서 사용되고 있는 노동수단, 즉 기계장치 등의 가치도 변할 수 있으며, 따라서 노동수단이 생산물에 넘겨주는 가치부분 역시 변할 수 있다. 예를 들어 새로운 발명으로 인해 동일한 종류의 기계장치가 더 적은 노동지출로 재생산된다면, 이전의 기계장치는 많든 적든 간에 그 가치가 감소하며 따라서 그에 비례하여 더 적은 가치를 생산물에 이전하게 될 것이다. 그러나 이 경우에도 가치변화는 그 기계가 생산수단으로 기능하는 생산과정 외부에서 기인한 것이다. 이 과정에서 기계는 이 과정과 상관없이 독자적으로 가지고 있는 것보다 더 많은 가치를 생산물에 절대로 넘겨주지 않는다.

　　생산수단의 가치변동은 비록 그것이 이미 생산과정에 투입된 후에 소급되어 생긴 것이라도, 생산수단이라는 불변자본으로서의 성격을 변화시키지 않는 것과 마찬가지로, 불변자본과 가변자본 사이의 비율의 변동 역시 기능상의 차이에는 영향을 주지 않는다. 예를 들어 노동과정의 기술적인 조건이 개선되어 이전에 10명의 노동자가 적은 가치를 가진 10개의 도구를 사용해 비교적 적은 양의 원료를 가공하던 곳에서 이제는 한 명의 노동자가 한 대의 비싼 기계를 가지고 100배의 원료를 가공한다고 해보자. 이 경우 불변자본, 즉 사용된 생산수단의 가치크기는 크게 증가하고, 노동력에 투하되는 자본의 가변부분은 크게 감소한다. 그러나 이러한 변동은 불변자본과 가변자본 간의 양적 관계만을 변화시킬 뿐이다. 즉 총자본이 불변자본가 가변자본으로 나누어지는 비율만을 변화시킬 뿐이며, 불변자본과 가변자본의 차이를 건드리지는 않는다.

7장 | 잉여가치율

1절
노동력의 착취도

투하된 자본 C가 생산과정에서 생산한 잉여가치, 또는 투하된 자본가치 C의 가치증식은 우선 생산물의 가치가 그 생산요소의 가치총액을 넘는 '잉여'로 나타난다.

자본 C는 두 부분으로 나누어진다. 생산수단에 지출되는 화폐액 c와 노동력에 지출되는 또 다른 화폐액 v가 그것이다. 여기에서 c는 불변자본으로 변한 가치의 양을, v는 가변자본으로 변한 가치의 양을 표시한다. 따라서 최초에는 C=(c+v)이다. 예를 들어 투하자본 500£=410£+90£이다. 생산과정의 끝에는 상품이 나오는데, 그 가치는 (c+v)+m으로 m은 잉여가치이며, 410£+90£+90£이다. 최초의 자본 C는 C'로, 500£에서 590£으로 변했다. 이 둘의 차액이 m이며, 90£의 잉여가치이다. 생산요소들의 가치는 투하된 자본의 가치와 같기 때문에, 생산물의 가치가 그 생산요소의 가치를 넘는 잉여와 투하된 자본이 증식한 가치가 같다든가 또는 생산된 잉여가치와 같다든가 하는 말은 사실상 똑같은 말의 반복이다.

그래도 이 동어반복은 그 내용을 더 상세히 따져볼 필요가 있다. 생산물의 가치와 비교되는 대상은 그것을 만드는 데 완전히 소모된 생산요소들의 가치이다. 그러나 우리가 이미 보았듯이, 사용된 불변자본 가운데 노동수단을 구성하는 부분은 그 가치의 일부만을 생산물로 넘겨주며, 다른 부분은 원래의 존재형태를 계속 유지한다. 이 마지막 부분은 가치형성에서 아무런 역할도 하지 않기 때문에, 여기에서는 무시할 수 있다. 그것을 계산에 넣는다고 해도 아무런 변화가 없다. 예를 들어 c=410£이 312£의 원료, 44£의 보조재 그리고 이 과정에서 마모되는 54£의 기계장치로 구성되는데, 실제로 사용되는 기계장치의 가치가 1,054£이라고 가정해보자. 우리는 기계장치가 기능함으로써 마모되어 생산물로 넘겨주는 54£의 가치만을 생산물의 가치를 생산하기 위해 투하된 것으로 계산한다. 우리가 증기기관 등으로 계속 원래의 형태로 존재하고 있는 1,000£을 계산에 포함한다면, 1,000£는 투하된 가치와 생산물의 가치 양측 모두에 포함되어야 한다.[230] 그렇게 되면 투하된 가치는 1,500£이 되고 생산물의 가치는 1,590£이 된다. 그 차액인 잉여가치는 여전히 90£이 될 것이다. 따라서 우리가 가치생산을 위해 투하된 불변자본에 대해 말할 때에는 문맥상 그 반대로 해석되지 않는 한, 그 가치는 언제나 생산 중에 소모된 생산수단의 가치만을 의미한다.

이렇게 가정하고 C=(c+v)라는 공식으로 돌아가면, 이 공식은

---

230) "우리가 사용된 고정자본의 가치를 투하된 자본의 일부분으로 계산한다면, 연말에는 이 자본의 남은 가치를 연간수입의 일부분으로 계산해야 한다."(맬서스, 《정치경제학 원리》, 2판, 런던, 1836, 269쪽)

C'=(c+v)+m으로 변하며, 또 바로 그렇게 하여 C는 C'로 변한다. 불변자본의 가치가 생산물에 다시 나타날 뿐이라는 것은 확실하다. 즉 생산과정에서 실제로 새로 생산된 가치생산물은 이 과정에서 얻어진 생산물의 가치와는 다르며, 따라서 얼핏 보이는 것처럼 (c+v)+m 또는 410£(c)+90£(v)+90£(m)이 아니라, v+m 또는 90£(v)+90£(m)이며, 590£이 아니라 180£이다. 불변자본 c=0이라면, 다시 말해 자본가가 생산된 생산수단, 즉 원료와 보조재 그리고 노동수단을 사용할 수 없고 오로지 자연에 존재하는 소재와 노동력만을 사용해야만 하는 산업부분이 존재한다면, 어떤 불변가치 부분도 생산물로 이전되지 않는다. 생산물의 가치의 이 요소, 우리의 경우에는 410£은 사라지지만, 90£의 잉여가치를 포함하고 있는 180£의 가치생산물은 마치 c가 가장 큰 가치액을 나타내고 있었던 경우와 마찬가지로 똑같은 크기를 유지한다. C=(0+v)=v, 증식된 자본인 C'=v+m, 따라서 여전히 C'-C=m이다. 반대로 m=0이라면, 다른 말로 가변자본에 투하되어 있는 노동력이 오직 등가물만을 생산한다면, C=(c+v), C'(생산물의 가치)=(c+v)+0이며, 따라서 C=C'가 된다. 투하된 자본의 가치는 늘어나지 않을 것이다.

사실 우리는 잉여가치는 오로지 자본인 v를 노동력으로 바꾸어 놓는 과정에서 일어나는 가치변화의 결과일 뿐이며, 따라서 v+m=v+△v(v+v의 증가분)이라는 것을 이미 알고 있다. 그러나 총자본 가운데 가변구성 부분이 증가함에 따라 투하되는 총자본 역시 증가한다는 사실로 인해 실제로 일어나는 가치변화와 그 가치가 변하는 비율은 불분명해진다. 총투하자본은 500£이었지만 이제는 590£이 된다. 따라서 이 과정을 순수하게 분석하기 위해서는 생산물의 가치에서 단지 불변자본의 가치로 다시 나타나는 데 지나지 않는 부분을 완전히 무시할 필요가 있다. 즉 불변자본 c=0으로 가정할 필요가 있다. 그렇게 함으로써 변수와 상수를 다룰 때, 상수는 오직 덧셈과 뺄셈에 의해서만 변수와 연결되는 산술의 법칙을 적용할 필요가 있다.

또 다른 하나의 어려움이 가변자본의 원래 형태에서 생겨난다. 앞의 예에서 C'=410£의 불변자본+90£의 가변자본+90£의 잉여가치이다. 그러나 90£은 주어진 크기, 곧 변하지 않는 크기이며 따라서 이를 변하는 크기로 취급하는 것은 앞뒤가 맞지 않는 것처럼 보인다. 그러나 90£(v) 또는 90£의 가변자본은 여기에서는 사실상 이 가치가 통과하는 과정의 상징일 뿐이다. 노동력을 구매하는 데 투하된 자본양은 일정한 양의 물질화된 노동이며, 따라서 구매된 노동력의 가치처럼 변하지 않는 가치크기이다. 그러나 생산과정 자체에서는 투하된 90£ 대신에 활동하는 노동력이, 죽은 노동 대신에 살아 있는 노동이, 정지된 크기 대신에 유동적 크기가, 변하지 않는 크기 대신에 변하는 크기가 등장한다. 이 생산과정의 결과는 v의 재생산에 v의 증가분을 더한 것이다. 자본주의적 생산에서 보면 이 전체 과정은 노동력으로 바뀐, 원래는 불변적이었던 가치의 자기운동이다. 과정도 그 결과도 이 불변하는 가치 덕분이다. 따라서 90£의 가변자본이라든지 스스로를 증식하는 가치라든지 하는 상투어는 모순된 것처럼 보이지만, 이 문구는 단지 자본주의적 생산에 내재하는 모순을 드러내고 있을 뿐이다.

불변자본을 0과 동일시하는 것은 얼핏 보면 낯설다. 그러나 그것은 일상에서 끊임없이 일어난다. 어떤 사람이 잉글랜드 면공업의 이윤을 계산하려고 한다면, 그는 우선 미국, 인도 그리고 이집트 등에 지불된 면화가격을 공제해야 한다. 즉 그는 생산물의 가치에 다시 나타나기만 하는 자본의 가치를 0으로 본다.

물론 잉여가치의 직접적 원천이며 그 가치변화가 잉여가치를 나타내는 자본 부분에 대한 잉여가치의 비율뿐만 아니라, 투하된 총자본에 대한 잉여가치의 비율 역시 경제학적으로 매우 커다란 의미를 가지고 있다. 우리는 이 비율을 3권에서 상세하게 다룰 것이다. 자본의 일부분을 노동력으로 바꾸어 사용하기 위해서는 자본의 다른 부분이 생산수단으로 변해야 한다. 가변자본이 기능하기 위해서는 불변자본이 노동과정의 일정한 기술적 성격에 따라 일정한 비율로 투입되어야 한다. 그러나 어떤 화학과정에 증류기와 다른 용기가 필요하다고 해서 그 결과를 분석할 때 반드시 증류기를 고려해야 하는 것은 아니다. 가치창조와 가치변화를 그 자체로서 순수하게 살펴본다면, 불변자본의 물질형태인 생산수단은 유동적이며 가치를 창조하는 노동력이 처리해야 하는 소재만을 제공할 뿐이다. 따라서 이 소재의 성질이 면화이든 철이든 아무런 상관이 없다. 이 소재의 가치 역시 아무 상관없다. 이 소재는 단지 생산과정에서 소모되는 노동의 양을 흡수하는 데 충분한 양만큼 존재해야 할 뿐이다. 이 양이 주어져 있다면, 그 가치가 올라가든 내려가든, 토지나 바다처럼 아무런 가치가 없는 것이든 간에, 이것들은 가치창조와 가치변화의 과정에 아무런 영향도 미치지 않는다.[231]

그러하니 우선 불변자본은 0이라고 가정하자. 그러면 투하된 자본은 (c+v)에서 v로, 그리고 생산물의 가치는 (c+v)+m에서 가치생산물 v+m으로 축약된다. 노동과정이 지속되는 전체 기간 동안에 움직이는 노동을 나

---

231) 2판의 주석. 루크레티우스(Lucretius)가 말했듯이 '무(無)에서는 아무것도 창조되지 않는다'는 것은 당연하다. '가치창조'는 노동력을 노동으로 바꾸는 것이다. 노동력은 무엇보다도 인간 유기체로 변화된 자연소재이다.

타내는 180£의 가치생산물이 주어져 있다면, 잉여가치=90£을 얻기 위해 가변자본의 가치=90£을 공제해야 한다. 여기에서 90£=m이라는 수는 생산된 잉여가치의 절대적인 크기를 나타낸다. 그러나 잉여가치의 상대적 크기, 즉 가변자본이 증식된 비율은 분명히 가변자본에 대한 잉여가치의 비율에 의해 정해지며 m/v로 표현된다. 따라서 앞의 예에서는 90/90=100%이다. 이렇게 비율로 나타낸 가변자본의 증식 또는 잉여가치의 상대적 크기를 나는 '잉여가치율'이라고 부른다.[232]

우리가 이미 보았듯이, 노동자는 노동과정의 일부분 동안 오직 자신의 노동력의 가치, 즉 그에게 필요한 생활수단의 가치만을 생산한다. 그는 사회적 분업에 기초한 상태에서 생산하기 때문에, 자신의 생활수단을 직접 생산하지 않고 예들 들어 실과 같은 특수한 상품의 형태로, 자신의 생활수단의 가치와 똑같은 가치 또는 그가 생활수단을 구매하는 데 필요한 화폐와 똑같은 가치를 생산한다. 그의 노동일 중 자신의 생활수단을 가치 생산에 사용하는 부분은 그의 하루 생활수단의 평균적인 가치에 따라, 즉 생산에 필요한 하루 평균 노동시간에 따라 커지거나 작아진다. 노동자의 하루 생활수단의 가치가 평균적으로 6시간이라는 물질화된 노동시간을 나타낸다면, 그는 이 가치를 생산하기 위해 하루 평균 6시간 동안 노동해야 한다. 노동자가 자본가가 아닌 자기 자신을 위해 독립적으로 노동한다 하더라도 다른 사정이 동일하다면 자신의 노동력의 가치를 생산하기 위해, 또 그렇게 함으로써 자신을 부양하거나 끊임없는 재생산에 필요한 생활수단을 얻기 위해, 그는 여전히 평균적으로 매일 그만큼의 노동을 하지 않으면 안 된

---

232) 이것이 잉글랜드 사람이 '이윤율', '이자율' 등으로 사용하는 하는 것과 동일한 표현방식이다. 3권에서 잉여가치의 법칙을 알게 되면 이윤율을 쉽게 이해할 수 있을 것이다. 반대 방식으로는 잉여가치의 법칙도 이윤율도 이해하지 못한다.

다. 노동자가 노동력의 하루 가치인 3실링을 생산하는 부분에서 그는 자본가에게 선불로 받은[233] 가치의 등가물만을 생산한다. 즉 새로 창출된 가치는 단지 투하된 가변자본의 가치만을 보전하기 때문에, 이러한 가치의 생산은 단순재생산으로 나타난다. 따라서 나는 노동 중 이러한 재생산이 이루어지는 부분을 '필요노동시간'이라 부르고, 이 시간에 지출된 노동을 '필요노동'이라고 부른다.[234] 노동자에게 필요하다는 것은 그의 노동이 사회적 형태와는 무관하게 이 시간이 필요하기 때문이며, 자본과 그 세계에 필요하다는 것은 노동자의 지속적인 생존이 자본의 토대이기 때문이다.

노동과정의 두 번째 기간은 노동자가 필요노동시간의 경계를 넘어 열심히 일하는 기간이다. 이 기간은 노동자에게 노동을, 즉 노동력의 소모를 요구하지만, 그를 위해서는 아무런 가치도 만들지 않는다. 이 기간은 자본가에게 무에서 창조라는 매혹적인 미소를 보내는 잉여가치를 만든다. 노동일 가운데 이 부분을 나는 '잉여노동시간'이라고 부르며, 이 노동시간에 소모된 노동을 '잉여노동'이라 부른다. 가치 일반을 올바르게 인식하기 위해서는 가치를 노동시간이 단순히 응고된 것이나 물질화된 노동으로만 파악하는 것이 결정적인 것처럼, 잉여가치를 인식하기 위해서도 그것을 잉여노동이 단순히 응고된 것이나 물질화된 잉여노동으로만 파악하는 것이 중

---

233) 3판의 주석. 저자(맑스)는 여기에서 통상적인 경제용어를 사용하고 있다. 이 책은 137쪽에 지적된 것처럼, 실제로는 자본가가 노동자에게 '선불'하는 것이 아니라, 노동자가 자본가에게 '선불'한다는 것을 상기하라. -프리드리히 엥엘스.

234) 이 책에서 우리는 지금까지 '필요노동시간'이라는 말을 일반적으로 어떤 상품의 생산에 사회적으로 필요한 노동시간이라는 의미로 사용했다. 그러나 지금부터는 특수한 상품인 노동력의 생산에 필요한 노동시간이라는 의미로도 사용할 것이다. 똑같은 용어를 서로 다른 의미로 사용하는 것은 적절하지 않지만, 어떤 학문에서도 이러한 상황을 완전히 피할 수는 없다. 예를 들어 고등수학과 초등수학을 비교해 보라.

요하다. 잉여노동을 오직 직접적 생산자인 노동자에게서 짜내는 이 형태에서 임금노동 사회는 다른 경제적 사회구성체와 구별된다. 이 형태는 예컨대 노예제 사회를 임금노동의 사회와 구별해준다. [235]

가변자본의 가치는 그것으로 구매된 노동력의 가치와 같고, 이 노동력의 가치는 노동일 가운데 필요부분을 정하고, 다른 한편으로 잉여가치는 노동일 가운데 잉여부분을 정하기 때문에, 가변자본에 대한 잉여가치의 비율은 필요노동에 대한 잉여노동의 비율과 같다는 결론이 나온다. 즉 잉여가치율 m/v=잉여노동/필요노동이라는 결론이 나온다. 이 두 비율은 동일한 관계를 서로 다른 형태로, 즉 한편으로는 물질화된 노동의 형태(잉여가치/가변자본)로 다른 한편으로 유동적인 노동의 형태(잉여노동/필요노동)로 표현하고 있다.

이런 까닭에 잉여가치율은 자본에 의한 노동의 착취도 또는 자본가에 의한 노동자의 착취도의 정확한 표현이다. [236]

우리의 가정에 따르면 생산물의 가치는 〔410£(c)+90£(v)〕+90£(m)

---

235) 참으로 고트쉐트(Gottsched)다운 독창성을 가지고 빌헬름 투키디데스(로서가 스스로를 그리스의 역사가와 빗댄 것을 맑스가 비아냥거리려고 사용 편집자 주석 요약) 로서가 발견한 것은 잉여가치와 잉여생산물의 형성, 그리고 이와 연결된 축적은 오늘날에는 자본가의 '절약' 덕분이며 자본가는 이에 대해 '예를 들면 이자를 요구하고' 있지만, 이에 반하여 "가장 낮은 문화단계에서는 약자는 강자에게 절약하도록 강요당한다."(로서, 앞의 책, 82쪽 및 78쪽) 강요당하는 것이 노동의 절약인가? 아니면 존재하지 않는 잉여생산물의 절약인가? 현존하는 잉여가치의 취득을 정당화하기 위한 자본가의 그럴듯한 변명을 근거로 로서와 그 일파가 잉여가치의 발생의 원천을 왜곡하는 이유는 그들의 무식함 때문일 뿐만 아니라, 어떤 위험하고 규정에 어긋나는 결과를 가져올지도 모르는 가치와 잉여가치에 대한 양심적인 분석이 정당화될 수도 있다는 두려움 때문이다.

236) 2판의 주석. 잉여가치율은 노동력의 착취도를 정확하게 표현하고 있기는 하지만 결코 착취의 절대적인 크기를 표현하지는 않는다. 예를 들어 만약 필요노동이 5시간이고 잉여노동 또한 5시간이라면, 착취도는 100%이다. 여기에서 착취의 크기는 다섯 시간으로 측정된다. 반대로 필요노동이 6시간이고 잉여노동시간이 6시간이라면, 착취도는 변함없이 100%를 유지하지만, 착취의 크기는 5시간에서 6시간으로 20% 증가한다.

이었고 투하된 자본은 500£이었다. 잉여가치가 90£이고 투하된 자본이 500£이기 때문에, 보통의 계산방식에 따르면 잉여가치율(이윤율과 혼동된)=18%가 되는데, 이 낮은 비율은 커레이Carey나 다른 조화론자들을 감동시킬 수 있다. 그러나 실제로는 잉여가치율은 m/C나 m/c+v가 아니라 m/v이다. 따라서 90/500이 아니라 90/90=100%로, 겉으로 보이는 착취도보다 5배 이상 크다. 이 경우에 노동일의 절대적인 크기뿐만 아니라 노동과정의 기간(일, 주 등)도 알 수 없고, 90£의 가변자본이 동시에 일을 시키는 노동자의 수도 알 수 없지만, 잉여가치율 m/v는 잉여노동/필요노동으로 전환됨으로써 노동일을 구성하는 두 부분 사이의 비율을 정확히 보여준다. 그것은 100%이다. 즉 노동자는 노동일의 절반은 자신을 위해 다른 절반은 자본가를 위해 일한다.

잉여가치율을 계산하는 방법을 요약하면 다음과 같다. 생산물의 가치 전체에서 그것에 다시 나타나기만 하는 불변자본가치를 0으로 가정한다. 나머지 가치액은 상품의 형성 과정에서 실제로 생산된 유일한 가치생산물이다. 잉여가치가 주어져 있다면, 가변자본을 찾기 위해 이 가치생산물에서 잉여가치를 제해 보자. 가변자본이 주어져 있고 잉여가치를 찾아야 한다면 그 반대로 하면 된다. 잉여가치와 가변자본이 모두 주어져 있다면 가변자본에 대한 잉여가치의 비율, 즉 m/v를 계산하는 마지막 작업만 하면 된다.

방법은 이처럼 간단하지만, 몇 개의 예를 들어 방법의 기초지만 독자들에게는 낯선 이 관찰 방식을 독자들에게 익숙해지도록 하는 것이 적절하다.

먼저 10,000개의 뮬 방추로 아메리카산 면화로 32번의 실을 자아서 매주 방추 하나당 1파운드의 실을 생산하는 방적공장을 예로 들어보자.

폐기되는 면화는 6%이다. 따라서 매주 10,600파운드의 면화가 가공되어 10,000파운드의 실과 600파운드의 폐기물이 나온다. 1871년 4월 이 면화는 1파운드당 7¾펜스이고, 따라서 10,600파운드의 면화는 대략 342£이다. 10,000개의 방추는 조방기(면화에서 실을 잣는 데 쓰는 기계. 여러 가지 기계로 충분히 불순물을 제거하고, 평행 상태로 늘어 놓은 면섬유의 올을 다시 길게 늘여 이것에 적당한 꼬임을 가한다. - 옮긴이)와 증기기관을 포함하여 방추 하나당 1£이며, 따라서 10,000£이다. 방추는 1년간 10%=1,000£ 또는 매주 20£ 마모된다. 공장건물의 임대료는 연간 300£, 1주당 6£이다. 석탄은(1시간 1마력 당 4파운드 소비되어 건물 난방을 포함하여 100마력으로 매주 60시간 사용) 주당 11톤이 필요한데 톤당 8실링 6펜스로 주당 4.5£이 된다. 가스는 주당 1£, 기름은 주당 4.5£이다. 따라서 모든 보조재는 주당 10£이다. 따라서 불변하는 가치부분은 주당 378£이다. 임금은 주당 52£이다. 실 가격은 파운드당 12¼펜스, 즉 10,000파운드의 실은 510£이다. 따라서 잉여가치는 510-430=80£이다. 우리는 불변하는 가치부분 378£을 0으로 가정했다. 이 부분은 1주일간 가치를 만드는 데는 참가하지 않기 때문이다. 따라서 남는 것은 매주의 가치생산물 132=52(v)+80(m)£이다. 따라서 잉여가치율은=80/52=153¹¹⁄₁₃%이다. 10시간의 평균노동일의 경우 필요노동은 3³¹⁄₃₃시간이며 잉여노동은 6²⁄₃₃시간이다.[237]

제이콥은 1815년에 밀 가격은 쿼터당 80실링이고, 에이커당 평균 수

237) 2판의 주석. 초판에 들었던 1869년의 한 방직공장의 예는 몇 가지 사실상의 오류가 포함되어 있었다. 본문에 주어진 완벽하게 정확한 자료는 맨체스터의 한 공장주가 나에게 제공한 것이다. 더 언급되어야 하는 것은, 잉글랜드에서 과거에는 엔진의 마력이 실린더의 평균치에 의해 계산되었지만, 이제는 표시기가 나타내는 실제 힘에 의해 계산된다는 것이다.

확은 22부셸이어서 에이커당 11£의 수입을 가져온다는 가정 하에, 각 항목이 미리 조정되어 있어 매우 불완전하지만 우리의 목적에는 충분한 아래와 같은 계산을 제공하고 있다.

에이커 당 가치생산

씨앗(밀)	1파운드 9실링	십일조, 지방세와 국세	1파운드 1실링
비료	2파운드 10실링	지대	1파운드 8실링
임금	3파운드 10실링	차지농장주의 이윤과 이자	1파운드 2실링
합계	7파운드 9실링	합계	3파운드 11실링

생산물의 가격이 그 가치와 같다는 전제조건이 그대로 유지된다면, 여기에서 잉여가치는 이윤, 이자, 십일조 등의 상이한 항목으로 분배된다. 이들 항목은 우리에게는 아무런 상관이 없다. 이 항목을 모두 더하면 3파운드 11실링의 잉여가치를 얻는다. 씨앗과 비료에 해당하는 가격인 3파운드 19실링은 불변하는 자본부분이기 때문에 0으로 본다. 이제 남는 것은 3파운드 10실링이라는 투하된 자본인데, 이 자본 대신에 (3파운드 10실링)+(3파운드 11실링)의 새로운 가치가 생산되었다. 따라서 m/v=3파운드 11실링/3파운드 10실링으로 100%가 넘는다. 노동자는 그의 노동일의 절반 이상을 잉여가치의 생산에 사용하며, 다른 사람들은 서로 다른 핑계를 대면서 이 잉여가치를 그들 사이에서 분배한다.[238]

---

238) 여기에 제시된 계산은 예증에 불과하며, '가격=가치'라고 가정하고 있다. 3권에서 보게 되겠지만, 이러한 가격과 가치의 등치는 평균가격에서도 이렇게 단순하게 성립되지 않는다.

2절
생산물을 구성하는 부분들의 비율에 따른 생산물 가치의 표시

이제 자본가가 어떻게 화폐로 자본을 만들었는가를 보여주었던 예로 돌아가자. 그의 방적공의 필요노동은 6시간이었고 잉여노동 역시 6시간이었으며, 따라서 노동력의 착취도는 100%였다.

12시간 노동일의 생산물은 30실링의 가치를 갖고 있는 20파운드의 실이다. 이 실의 가치의 $8/10$(24실링)은 단지 소모된 생산수단(20실링의 20파운드 면화와 4실링의 방추 등)이 다시 나타난 것에 불과하며, 불변자본으로 구성되어 있다. 나머지 $2/10$은 방적과정 동안에 생성된 6실링의 새로운 가치인데, 이 가운데 절반은 투하된 노동력의 하루가치, 즉 가변자본을 보전하며, 또 다른 절반은 3실링의 잉여가치를 형성한다. 따라서 20파운드의 총가치는 아래와 같이 구성된다.

30실링의 실의 가치 = 24실링(c) + 3실링(v) + 3실링(m)

이 총가치가 20파운드의 총생산물에 표시되기 때문에, 가치를 구성하는 상이한 요소들 역시 그 비율에 따라 생산물에 표시될 수 있어야 한다.

30실링의 실의 가치가 20파운드의 실에 존재한다면, 이 가치의 $8/10$, 즉 불변부분인 24실링은 생산물의 $8/10$인 16파운드의 실에 존재할 것이다. 이 가운데 $13\frac{1}{3}$파운드는 실로 자아진 20실링의 면화, 즉 원료의 가치를 표시하고 있으며, 2⅔파운드는 4실링의 소모된 보조재와 노동수단 즉 방추 등의 가치를 표시하고 있다.

따라서 13⅓파운드의 실은 20파운드의 실이라는 총생산물로 자아진 모든 면화, 즉 총생산물의 원료만을 표시하며, 그 이상은 아무것도 표시하지 않는다. 13⅓파운드의 실에는 단지 13⅓실링의 가치를 가지고 있는 13⅓파운드의 면화만이 포함되어 있고, 6⅔실링의 실에 첨가된 가치는 나머지 6⅔파운드의 실로 자아진 면화의 등가물과 같다. 이는 마치 6⅔파운드의 실에는 면화가 전혀 들어있지 않고 총생산물에 들어있는 모든 면화를 13⅓파운드의 실에 집어넣은 것과 같다. 이에 반하여 13⅓의 실에는 소모된 보조재와 노동수단의 가치나 실 잣는 과정에서 만들어진 새로운 가치가 전혀 포함되어 있지 않다.

마찬가지로 불변자본의 나머지(=4실링)가 포함된 다른 2⅔파운드의 실은 20파운드의 실이라는 총생산물에 소모된 보조재와 노동수단의 가치 외에는 아무것도 표시하지 않는다.

그래서 생산물의 ⁸⁄₁₀에 해당하는 16파운드의 실은 물질로는, 즉 사용가치로서는 나머지 생산물부분과 마찬가지로 실이라는 '실 잣는 노동의 창조물'로 간주되지만, 앞에서 설명한 관계에서는 실 잣는 노동, 즉 실 잣는 과정 자체에서 흡수한 노동을 전혀 포함하지 않는다. 이는 마치 16파운드의 실이 방적되지 않고 실로 변한 것처럼 보이며, 그것의 실의 형태는 그저 환상인 것처럼 보인다. 실제로, 자본가가 실을 24실링에 팔고 그것을 가지고 그의 생산수단을 다시 구매한다면, 이 16파운드의 실은 단지 모습을 바꾼 면화, 방추, 석탄 등에 지나지 않는다는 것이 분명해진다.

이와 반대로 나머지 $\frac{2}{10}$의 생산물, 즉 4파운드의 실은 이제는 12시간 실 잣는 과정에서 생산된 6실링의 새로운 가치만 표시하고 있을 뿐이다. 소비된 원료와 노동수단의 가치 가운데 이 4파운드의 실에 포함된 부분은 이미 끄집어내어져 앞의 16파운드의 실에 합쳐졌다. 이 20파운드 실로 그 형체가 바뀐 실 잣는 노동은 모두 생산물의 $\frac{2}{10}$에 모여 있다. 이는 마치 방적공이 4파운드의 실을 허공에서 짜낸 것처럼, 즉 인간노동의 도움 없이 천연적으로 존재하는 면화와 방추를 가지고 생산물에 아무런 가치도 첨가하지 않고도 실을 짜낸 것처럼 보인다.

따라서 하루의 실 잣는 과정의 모든 가치생산물이 존재하고 있는 4파운드의 실 가운데 절반은 3실링의 소모된 노동력, 즉 가변자본을 보전하기 위한 가치를 표시하며, 다른 2파운드의 실은 3실링의 잉여가치를 표시한다.

방적공의 12노동시간은 6실링에 나타나 있기 때문에, 30실링의 실의 가치에는 60노동시간이 물질화되어 있다. 이 60노동시간은 20파운드의 실에 존재하는데, 이 가운데 $\frac{8}{10}$인 16파운드는 실 잣는 과정 이전의 48노동시간이 물질로, 즉 실의 생산수단에 물질화되어 있는 노동이 물질로 변한 것이며, $\frac{2}{10}$인 4파운드의 실은 실 잣는 과정 자체에서 소비된 12노동시간이 물질로 변한 것이다.

앞에서 우리는 실의 가치가 실을 생산하는 동안에 생산된 새로운 가치는, 실의 생산수단에 이미 존재하고 있던 가치의 합과 같다는 것을 보았다. 이제 기능적으로나 개념적으로 서로 다른 생산물의 가치를 구성하는 부분들이 생산물 자체에 그 비율에 따른 크기로 표현될 수 있다는 것이 밝혀졌다.

생산과정의 결과인 생산물은 오직 생산수단에만 포함되어 있는 노동, 즉 불변자본만을 나타내는 생산물의 양과 생산과정에서 첨가된 필요노동만을, 즉 가변자본만을 나타내는 생산물의 양, 그리고 바로 이 과정 자체에서 첨가된 잉여노동, 또는 잉여노동만을 표시하는 나머지 생산물의 양으로 분할된다. 나중에 복잡하고 아직 해결되지 않은 문제들에 적용시킬 때 밝혀지는 바와 같이 이러한 분할은 간단하면서도 중요하다.

우리는 총생산물을 12시간 노동일의 완성된 결과로만 살펴보았다. 그러나 우리는 총생산물이 생성되어 가는 전체과정을 따라감으로써 그것을 살펴볼 수도 있다. 그렇게 해도 생산물을 구성하는 부분생산물을 기능상 차이가 나는 부분으로 표시될 수 있다.

방적공은 12시간에 20파운드의 실을, 즉 1시간에 1⅔파운드의 실을 생산한다. 따라서 8시간에는 13⅓파운드의 실을 생산한다. 즉 1노동일 동안에 자아지는 면화의 총가치에 해당하는 부분생산물을 생산한다. 이와 같은 방식에서 뒤이은 1시간 36분의 부분생산물은 2⅔파운드의 실이며 따라서 12노동시간 동안에 소모된 노동수단의 가치를 표시한다. 마찬가지로 이에 뒤이은 1시간 12분 동안에 방적공은 (2파운드의 실)=3실링, 그가 필요노동 6시간 동안 만드는 모든 가치생산물과 똑같은 생산물가치를 생산한다. 끝으로 그는 마지막 남은 1시간 12분에 역시 2파운드의 실을 생산하는데, 이것은 그의 ½노동일의 잉여노동에 의해 생산된 잉여가치와 똑같다. 잉글랜드의 공장주는 이러한 계산방식을 일상적으로 사용한다. 예를 들면 그는 1노동일의 최초의 8시간 또는 ⅔노동일에서 그의 면화의 가치를 회수하고, 등등의 말을 할 것이다. 물론 이 계산방식은 옳다. 실제로 이 방식은 첫 번째 방식(총생산물을 12시간 노동일의 완성된 결과로 살펴보는 방식 - 옮긴이)을 생산물의 부분들이 완성되어 나란히 놓여 있는 공간으로부터 그것들이 순차적으로 완성되어 가는 시간으로 옮겨놓은 것에 불과하다. 그러나 이 방식은 또한 매우 이치에 어긋나는 생각을 가져올 수도 있다. 특히 실제로는 가치증식 과정에 관심을 가지고 있으면서도 이론적으로는 그것을 곡해함으로써 이익을 보는 사람들의 경우가 그러하다. 예를 들면 우리의 방적공이 그의 노동일의 처음 8시간으로 면화의 가치를, 이에 뒤이은 1시간 36분으로 소모된 노동수단의 가치를, 이에 뒤이은 1시간 12분으로 임금의 가치를 생산하거나 보전하며, 오직 저 유명한 '마지막 1시간'만을 공장주를 위한 잉여가치의 생산에 바친다는 엉뚱한 생각을 할 수도 있다. 그렇다면 방적공에게는 두 번의 기적을 행할 의무가 주어진다. 즉 그는 면화, 방추, 증기기관, 석탄, 기름 등을 그가 실을 잣는 바로 그 순간에 생산해야 하는 기적과, 그리고 일정하게 주어진 강도를 갖는 1노동일을 동일한 강도의 5노동일로 만드는 기적을 행해야 한다. 우리의 경우에는 원료와 노동도구의 생산에 ⅘, 즉 4번의 12시간 노동일이 필요하며, 그것들을 실로 변화시키는 데 또 다른 12시간 노동일이 필요하기 때문이다. 탐욕이 이러한 기적을 믿게 만들고, 이 기적을 증명하려는 외골수 아첨꾼도 결코 없지 않다는 것을 역사적으로 유명한 하나의 사례가 보여주고 있다.

3절
시니어의 '마지막 한 시간'

1836년의 어느 아름다운 아침, 경제학적 학식과 아름다운 문체로 유명한, 이를테면 잉글랜드의 경제학자들 가운데 클라우렌H. Clauren, 1771-1854(문체가 아름답기로 유명한 독일의 작가 - 옮긴이)이라고 할 수 있는 시니어 Nassau W. Senior는 옥스퍼드에서 정치경제학을 가르치는 대신 맨체스터에서 그것을 배우기 위해 옥스퍼드에서 맨체스터로 불려갔다. 공장주들은 최근에 공포된 공장법과 그것을 넘어 10시간의 노동시간을 요구하는 선동에 대항하기에 적당한 투사로서 그를 선정했다. 익숙한 실무적인 통찰력으로 공장주들은 이 교수 양반이 '아직 상당히 더 단련될 필요가 있다는 것'을 알고 있었고, 따라서 그들은 시니어 교수가 맨체스터로 오도록 편지를 보냈던 것이다. 이 교수는 맨체스터에서 공장주들로부터 얻은 교훈을 문장으로 다듬어 《공장법에 관한 편지, 공장법이 면직 매뉴팩처에 미치는 영향》(런던, 1837)이라는 소책자를 내놓았다. 이 소책자에서는 특히 다음과 같은 유익한 말씀을 읽을 수 있다.

"현행법 하에서는 18세 미만의 사람을 고용하고 있는 그 어떤 공장도 하루에 11½시간 이상, 처음 5일간은 12시간, 토요일은 9시간 이상을 작업할 수 없다. 그런데 다음의 분석(!)은 이러한 공장에서 모든 순이익이 마지막 한 시간에서 나온다는 것을 보여준다. 어떤 공장주가 100,000£ 가운데 80,000£은 공장 건물과 기계에 그리고 20,000£은 원료와 임금에 투자한다고 하자. 자본이 1년 동안 1번 회전하고 총수입이 15%라고 가정하면, 공장의 연간 매출은 115,000£의 가치를 갖는 상품이어야 한다. ··· 23번의 ½노동시간, 즉 11½노동시간은 매일 115,000£ 가운데 5/115, 즉 1/23을 생산한다. 115,000£의 전체를 이루는 23/23가운데 20/23, 즉 115,000가운데 100,000은 단지 자본만을 보전한다. 1/23또는 15,000의 총수입(!) 가운데 5,000£은 공장과 기계의 마모를 보전한다. 나머지 2/23인 매일의 마지막 1시간이 10%의 순이익을 생산한다. 따라서 가격이 변하지 않는다는 가정 하에 공장이 11½시간에 더하여 13시간을 작업할 수 있다면, 약 2,600£을 유동자본으로 추가함으로써 순이익은 두 배 이상이 될 수 있다. 다른 한편, 노동시간이 매일 한 시간 단축된다면, 순이익은 사라질 것이고, 1½시간 단축된다면 총수익까지도 사라질 것이다."[239]

---

239) 시니어, 앞의 책, 12-13쪽. 우리의 목적과 상관없는 호기심을 불러일으키는 주장들, 예컨대 공장주가 어떤 자본의 구성 부분, 즉 마모된 기계장치 등의 보전을 -총이익이든 순이익이든 그것이 더럽든 깨끗하든- 이익으로 계산하는 것은 언급하지 않을 것이다. 그리고 제시된 수가 옳은지 그른지에 대해서도 언급하지 않을 것이다. 그것이 소위 '분석' 이상의 가치를 가지고 있지 않다는 것을 레너드 호너(Leonard Horner)가《시니어에게 보내는 편지》(런던, 1837)에서 증명하고 있다. 호너는 1833년 공장조사위원회 위원의 한 사람이었고 1859년까지 공장감독관, 실제로는 공장 감찰관이었는데, 잉글랜드의 노동자계급을 위해 불멸의 공적을 쌓았다. 그는 격분한 공장주들뿐만 아니라, 공장에서 '일손'의 노동시간을 세는 것보다 하원에서 공장주들의 '표'를 세는 것을 훨씬 더 중요했던 장관들을 상대로도 평생을 투쟁했다.
이 주석에 대한 보충: 시니어의 서술은 그 내용상의 오류를 전부 무시하더라도 두서가 없다. 그가 원래 말하려고 한 것은 아래와 같은 것이었다. 공장주는 노동자들을 매일 11½ 또는 23/2시간 고용한다. 1노동일이 그러하기 때문에, 연간노동은 11½또는 23/2을 일 년 동안의 노동일의 수로 곱한 것이다. 이 가정 하에서는 23/2 노동시간은 115,000£의 연간생산물을 생산하며, ½노동시간은 1/23×115,000£을, 20/2노동시간은 20/23×115,000£=100,000£을 생산한다. 즉 투하된 자본만을 보전할 뿐이다. 이제 3/23×115,000£=1,500£, 즉 총수입을 생산하는 3/2노동시간만이 남는다. 이 3/2노동시간 가운데 ½노동시간은 1/23×115,000£=5,000£, 즉 공장과 기계장치의 마모를 보전하는 액수만을 생산할 뿐이다. 마지막 2개의 ½노동시간, 즉 마지막 1노동시간은 2/23×115,000£=10,000£, 즉 순이익을 생산한다. 본문에서 시니어는 생산물의 마지막 2/23를 노동일 자체의 부분으로 변화시켰다.

그리고 이 교수 양반은 이것을 '분석'이라고 부른다! 그가 노동자들이 하루의 가장 좋은 시간을 건물, 기계, 면화, 석탄 등의 가치생산에, 따라서 이것들의 가치의 재생산과 보전에 낭비한다는 공장주들의 한탄을 믿었다면, 그 어떤 분석도 필요 없었을 것이다. 그는 그저 아래와 같이 대답하면 되었다.

'신사 여러분! 여러분이 11½시간 대신에 10시간의 작업을 시킨다면, 그리고 다른 사정이 그대로 유지된다면, 면화와 기계 등의 하루 소모는 1½시간만큼 줄어들 것입니다. 따라서 여러분은 여러분이 잃어버리는 것과 똑같은 만큼 얻게 될 것입니다. 여러분의 노동자들은 앞으로는 투하된 자본의 재생산과 보전을 위해 1½시간을 더 적게 낭비할 것입니다.'

시니어가 공장주들의 말을 그대로 믿지 않고 전문가다운 분석이 필요하다고 생각했다면, 그는 무엇보다도 노동일의 크기에 대한 순이익의 비율에만 해당하는 문제에서는, 기계장치와 공장건물, 원료와 노동을 난잡하게 뒤섞어 놓지 말고, 제발 한 쪽에는 공장건물, 기계장치, 원료들을 포함하고 있는 불변자본을, 다른 한 쪽에는 임금으로 투하된 자본을 놓으라고 당부했어야 한다. 이렇게 했는데도 어쩌다가 공장주의 계산에 의해 노동자가 ⅔노동시간, 즉 1시간에 임금을 재생산하거나 보전한다는 결과가 나왔다면, 분석가는 계속해서 아래와 같이 말했어야 한다.

여러분의 진술에 따르면 노동자는 끝에서 두 번째의 1시간에 자신의 임금을 그리고 마지막 1시간에 여러분의 잉여가치, 즉 순이익을 생산한다. 그가 동일한 시간에 동일한 가치를 생산하기 때문에, 끝에서 두 번째 시간의 생산물은 마지막 1시간의 생산물과 동일한 가치를 가진다. 더 나아가 노동자는 노동을 소비함으로써만 가치를 생산하며, 그의 노동양은 그의 노동시간에 의해 측정된다. 여러분의 진술에 따르면 이 노동시간은 하루 11½시간이다. 그는 이 가운데 일부를 그의 임금의 생산이나 보전을 위해 사용하며, 나머지 부분을 여러분의 순이익을 생산하기 위해 사용한다. 그는 노동일 동안 더이상 아무 일도 하지 않는다. 그러나 여러분의 진술에 따르면 노동자의 임금과 그가 생산하는 잉여가치는 동일한 크기의 가치이기 때문에, 그는 분명히 자신의 임금을 5¾시간에 그리고 여러분의 순이익은 다른 5¾시간에 생산한다. 더 나아가 마지막 2시간의 생산물인 실의 가치는 그의 임금과 여러분의 순이익을 더한 가치총액과 같기 때문에, 이 실의 가치는 11½노동시간에 의해 측정되어야 한다. 따라서 끝에서 두 번째 1시간의 생산물은 5¾노동시간으로 측정되며 마지막 1시간의 생산물은 남은 5¾노동시간으로 측정되어야 한다. 우리는 이제야말로 까다로운 지점에 도달했다. 따라서 주의하라! 끝에서 두 번째 1노동시간은 맨 처음 1노동시간처럼 보통의 1노동시간이다. 그 이상도 그 이하도 아니다. 따라서 방적공은 어떻게 1시간에 5¾노동시간을 표시하는 실의 가치를 생산할 수 있을까? 그는 그러한 기적을 실제로 행하지 않는다. 그가 1시간에 사용가치로 생산하는 것은 일정한 양의 실이다. 이 실의 가치는 5¾노동시간에 의해 측정되며, 이 가운데 4¾노동시간은 방적공의 도움 없이 시간당 소모되는 생산수단에, 즉 면화, 기계장치 등에 포함되어 있으며, ⁴⁄₄, 즉 1노동시간은 방적공 자신에 의해 추가된 것이다. 이와 같이 방적공의 임금은 5¾노동시간에 생산되고 1실잣기 시간의 총생산물 역시 5¾노동시간을 포함하고 있기 때문에, 방적공의 5¾노동시간의 가치생산물이 1실잣기 시간의 생산물 가치와 동일하다는 것은 결코 마술이 아니다. 그러나 여러분의 방적공이 면화, 기계장치 등을 재생산하거나 '보전'하는 데 그의 노동일의 단 한 순간이라도 허비한다고 생각한다면 여러분은 전혀 잘못 생각하고 있는 것이다.

방적공의 노동이 면화와 방추로 실을 만들기 때문에, 즉 그가 실을 잣기 때문에, 면화와 방추의 가치는 저절로 실로 넘어가는 것이다. 이것은 그의 노동의 질 덕분이지 그의 노동의 양 때문이 아니다. 물론 1시간에 ½시간보다 더 많은 면화의 가치 등을 넘겨 줄 것이지만, 실제로는 그가 단지 1시간에 ½시간보다 더 많은 면화를 실로 잣기 때문이다. 따라서 노동자가 끝에서 두 번째 1시간에 그의 임금의 가치를 그리고 마지막 1시간에 순이익을 생산한다는 여러분의 표현은, 그의 노동일 가운데 2시간의 실 생산물에는, 이 2시간이 전체 노동일 가운데 언제 수행되든 간에, 11½노동시간, 즉 그의 하루 노동일과 똑같은 만큼의 노동시간이 물질화되어 있다는 것 이외에는 더이상 아무런 의미도 없다. 그리고 노동자가 처음의 5¾시간에 그의 임금을 생산하고 마지막 5¾시간에 여러분들의 순이익을 생산한다는 표현은 여러분이 처음의 5¾시간에 대해서는 지불하고 마지막 5¾시간에 대해서는 지불하지 않는다는 것을 의미할 뿐이다. 내가 노동력에 대한 지불이 아니라 노동에 대한 지불이라고 말한 것은 내가 여러분이 일상적으로 사용하는 말로 이야기하기 위해서이다. 이제 여러분이 미지불 노동시간에 대한 지불 노동시간의 관계를 비교해 보면, ½일 대 ½일, 즉 100%라는 것을 발견하게 될 것이다. 이것은 물론 착한 백분율이다. 또한 여러분이 당신들의 '일손'을 11½시간 대신에 13시간 일을 시킨다면, 여러분의 대부분은 그렇게 할 것처럼 보이는데, 이 여분의 1½시간은 순전히 잉여노동만을 증가시키는데, 즉 마지막 5¾시간은 7¼시간으로 늘어날 것이고, 따라서 잉여가치율은 100%에서 126²/₃₂%로 증가한다는 사실은 의심의 여지가 없다. 이에 반하여 만약 여러분이 이 추가된 1½시간으로 인해 잉여가치율이 100%에서 200% 증가하거나 200% 이상, 즉 '2배 이상' 증가할 것이라고 기대한다면 여러분은 진짜로 제정신이 아닌 낙천주의자들이다. 다른 한편 -인간의 마음은 변덕스러운 것이며, 특히 돈을 좋아하는 경우에 그러하다 - 노동일이 11½에서 10½로 단축될 경우 여러분의 순이익이 완전히 사라져버리지 않을까 두려워한다면, 당신들은 실로 엄청난 염세주의자들이다. 결코 그렇지 않다. 모든 다른 사정이 동일하다고 가정한다면, 잉여노동은 5¾시간에서 4¾시간으로 단축될 것인데, 그것은 여전히 82$\frac{14}{23}$%라는 매우 괄목할 만한 잉여가치율이다. 그러나 천년왕국설을 믿는 자가 세계의 종말에 대해서 늘어놓는 터무니없는 말 이상으로 여러분이 늘어놓은 저 숙명적인 '마지막 한 시간'은 '진짜 말도 안 되는 소리'이다. 이 '마지막 한 시간'이 사라진다고 해도 당신들의 '순이익'은 사라지지 않을 것이며 여러분들이 혹사시키고 있는 소년소녀들의 '영혼의 순결'도 사라지지 않을 것이다.[240]

---

240) 시니어가 '마지막 한 시간의 노동시간'에 공장주의 순이익, 잉글랜드 면공업의 존립과 잉글랜드의 세계시장에서의 위상이 달려있다는 것을 증명하자, 앤드류 유어(Andrew Ure) 박사는 이러한 증명에 새삼스럽게 곁들여서, 공장에서 일하는 아동과 18세 미만의 미성년자를 공장 안의 따뜻하고 순결한 도덕적 분위기에 온전한 12시간을 가두어 두지 않고 '한 시간'을 먼저 냉혹하고 타락한 바깥 세상으로 쫓아버린다면 나태와 악덕으로 말미암아 그들의 영혼이 구제 받을 길을 빼앗기게 될 것이라고 주장했다. 1848년 이후로 공장 감독관은 《반기 보고서》에서 '마지막'의 '숙명적인 한 시간'을 가지고 공장주에게 계속 야유를 보낸다. 예를 들어 호웰(Howell)은 1855년 5월 31일자 그의 공장보고서에서 다음과 같이 언급하고 있다. "다음과 같은 예리한 계산(그는 시니어를 인용하고 있다)이 옳다면, 잉글랜드의 면직공장은 1850년 이후 손해를 보면서 영업을 해 왔던 것이다."(《공장감독관 보고서, 1855년 4월 30일에 종결되는 반 년 간에 대해》, 19-20쪽) 1848년 10시간 법안이 의회를 통과했을 때, 농촌지방의 행정구역인 도셋과 섬머셋 사이에 산재해 있는 아마방적 공장주들은 몇몇 정규직 노동자에게 이 법안에 반대하는 청원을 하도록 강요했는데, 그 내용은 무엇보다도 다음과 같다. "부모인 우리 청원자들은 늘어난 여가시간이 우리 아이들의 타락만을 가져올 뿐이라고 확신한다. 나태는 온갖 악덕의 뿌리이기 때문이다." 이에 대해 1848년 10월 31일자 공장보고서에는 다음과 같이 쓰여 있다. "이렇게 덕 있고 애정 깊은 부모의 자식이 일하고 있는 아마방적 공장의 공기는 원료에서 나오는 무수한 미세먼지와 섬유가루로 가득 차 있어서 방적실 내에서 10분만 보내도 매우 불쾌하다. 어느 누구도 피할 도리가 없이 눈, 귀, 콧구멍 그리고 입이 아마에서 나오는 먼지로 순식간에 가득 차서 당신들도 심한 고통을 느끼지 않고는 그곳에 머물 수 없기 때문이다. 노동 자체는 미친 듯이 빠르게 돌아가는 기계장치로 인해, 쉴 틈 없이 정신을 집중시켜 능숙하게 움직일 것을 부단히 요구한다. 그리고 식사시간을 뺀 10시간 전부 이러한 공기 속에서 이러한 작업에 묶여있는 자

언젠가 여러분의 '마지막 시간'이 진짜로 다가올 때, 옥스퍼드의 교수를 기억하시오. 더 나은 세상에서 친애하는 여러분과 다시 만나고 싶습니다. 안녕!²⁴¹ 시니어에 의해 1836년 발견된 '마지막 한 시간'이라는 경보는 1848년 4월 15일 고위 경제관료 가운데 하나인 제임스 윌슨²⁴²에 의해 10시

식들에게 부모들이 '나태'라는 표현을 쓰게 한 것은 조금 가혹해 보인다. … 이 아이들은 이웃마을의 일꾼보다 더 오래 일한다. … 이러한 '나태와 악덕'이라는 헛소리는 새빨간 거짓말이며 전혀 창피해 할 줄 모르는 위선으로 낙인찍혀야 한다. 공장주의 모든 '순이익'이 '마지막 1시간' 노동에서 나오기 때문에 노동일의 1시간 단축이 순이익을 없애버린다는, 고상한 권위자의 동의하에 공공연하고 매우 진지하게 선포된 이 확신에 대해 대중들의 일부는 분개했다. 이들이 '마지막 한 시간'의 미덕에 대한 최초의 발견이 그 이후로 훨씬 개선되어 '도덕'과 '이윤'을 똑같이 포함하게 되어, 아동의 노동시간이 전적으로 10시간으로 단축된다면, 이 마지막, 숙명적인 한 시간에 달려있는 아이들의 도덕과 동시에 이들을 사용하는 공장주들의 순이익도 한꺼번에 사라질 것이라는 것을 보게 될 때 그들의 눈을 믿지 못할 것이다."(《1848년 10월 31일자 공장감독관 보고서》, 101쪽) 같은 보고서는 이어서 이 공장주 양반들의 '도덕'과 '미덕'의 본보기들, 즉 소수의 완전히 타락한 노동자들에게 이 청원서에 서명하도록 시킨 다음 한 공업 부분 전체, 전 행적구역의 청원서로서 의회에 그럴싸하게 꾸며대기 위해 사용했던 간계, 술책, 유혹, 협박, 위조 등에 대한 본보기를 보여주고 있다. 나중에 자신의 명예를 위해 열정적으로 공장법을 찬성했던 시니어 자신, 그의 처음과 나중의 반대자들도 이 '최초의 발견'의 궤변을 해결할 수 없었다는 사실은 소위 '경제과학'의 현재 수준을 여전히 가장 잘 특징짓고 있다. 그들은 실제적인 경험에 호소했다. 왜 그리고 무엇 때문인지는 여전히 비밀로 남아있었다.

241) 그러나 이 교수 양반도 맨체스터 여행에서 얻은 것이 좀 있다! 《공장법에 관한 편지》에는 모든 순이익, 즉 '이윤'과 '이자' 그리고 '그 이상의 무엇'까지도 노동자의 미지불된 노동시간에 달려 있다는 사실을! 1년 전 옥스퍼드의 학생들과 교양 있는 속물들의 공통된 이익을 위해 집필한 《정치경제학 개론》에서 시니어는 여전히 리카도의 노동시간에 의한 가치규정에 반대해 이윤은 자본가의 노동에서, 이자는 그의 금욕의 가르침, 즉 '절제'(Abstinenz)에서 유래했다는 것을 '발견'한 것이다. 이 속임수 자체는 케케묵은 것이지만, '절제'라는 단어는 새로운 것이다. 로셔는 이 단어를 'Enthaltung'(절제)이라는 독일어로 올바르게 번역했다. 로셔만큼 라틴어에 능통하지 못한 독일 사람인 비르테(Wirte), 슐첸(Schulzen) 그리고 미헬스(Michels)는 이 절제라는 단어를 수도사가 행하는 'Entsagung'(금욕)으로 번역했다.

242) 제임스 윌슨은 (James Wilson, 1805-1860)은 스코틀랜드 출신의 사업가이며 자유무역을 주장한 경제학자이자 정치가였다. 1843년 자유무역을 선전하기 위해 《이코노미스

간 노동법을 반대할 목적으로 런던《이코노미스트》지상에서 다시 한번 울려퍼졌다.

_____

트》를 창간했으며, 16년 동안 편집장을 역임했다. 1969년 스탠다드(Standard) 은행과 스탠다드 차티드(Standard Chartered) 합병된 차티드(Chartered) 은행의 창립자이기도 하다.
- 옮긴이

4절
잉여생산물

생산물 가운데 잉여가치를 표시하는 부분(우리가 앞선 2절에서 든 예에서는 20파운드 실의 1/10인 2파운드의 실)을 우리는 잉여생산물이라고 부른다. 잉여가치율이 자본총액이 아니라 자본을 구성하는 가변적인 부분에 대한 비율을 통해 정해지는 것과 마찬가지로, 잉여생산물의 크기도 총생산물의 나머지 부분에 대한 비율이 아니라 필요노동시간을 표시하는 생산물 부분에 대한 비율에 의해 정해진다. 자본주의적 생산의 결정적인 목적이 잉여가치의 생산인 것과 마찬가지로, 부의 크기 정도는 생산물의 절대적 크기가 아니라 잉여생산물의 상대적 크기에 의해 측정된다.[243]

필요노동과 잉여노동의 합, 즉 노동자가 자신의 노동력을 보전하는

---

243) 해마다 2,000£에 달하는 이윤을 가져오는 20,000£의 자본을 가지고 있는 어떤 개인에게는, 그의 자본이 100명의 노동자들을 고용하든 1,000명의 노동자를 고용하든, 생산된 상품들이 10,000£에 팔리든 20,000£에 팔리든, 그의 이윤이 그 어떤 경우에도 2,000£ 이하로 떨어지지만 않는다면 전혀 아무런 상관이 없다. 한 나라의 실질이익도 이와 같지 않을까? 그 나라의 실질 순소득인 이윤과 지대에 변화가 없다고 가정한다면, 그 나라의 인구가 1,000만 명으로 구성되어 있느냐 1,200만 명으로 구성되어 있느냐는 전혀 중요하지 않다."(리카도, 앞의 책, 416쪽) 리카도보다 훨씬 이전에, 잉여생산물에 대한 광신도이며 게다가 수다스럽고 무비판적인 저술가이자 공적에 반비례하는 명성을 얻은 아서 영(Arthur Young)은 특히 다음과 같이 말했다. "어떤 한 지방의 토지가 고대 로마식의 독립된 소농들에 의해 경작된다면, 그것이 아무리 잘 경작되어진다 하더라도 근대 왕국에게 무슨 소용이 있겠는가? 그 자체로는 아무런 목적을 가지고 있지 않은, 인간을 번식한다는 유일한 목적 이외에는 다른 목적을 가지고 있지 않다."(아서 영, 《정치 산술 등》, 런던, 1774, 47쪽) 이 주석에 대한 보충: 이상하게도 '순자산'이 노동계급에게 유리한 것으로 보이는 강한 경향이 있는데, 하지만 그것은 분명히 '순'이기 때문이 아니다."(홉킨스, 《지대 등에 관하여》, 런던, 1828, 126쪽)

가치와 잉여가치를 생산하는 시간의 합은 그의 노동시간의 절대적 크기, 즉 노동일을 이룬다.

8장 | 노동일

1절
노동일의 한계

우리는 노동력이 그 가치대로 구매되고 판매된다는 가정에서 출발했다. 다른 모든 상품과 마찬가지로 노동력의 가치는 그것의 생산에 필요한 노동시간에 의해 정해진다. 따라서 노동자의 평균적인 하루 생활수단의 생산에 6시간이 필요하다면, 노동자는 자신의 노동력을 매일 생산하기 위해 또는 노동력의 판매에서 받는 가치를 재생산하기 위해 평균적으로 하루 6시간은 노동해야만 한다. 이 경우에 그의 노동일 가운데 필요부분은 6시간이다. 다른 사정이 변하지 않는다면, 이 부분은 하나의 주어진 크기이다. 그러나 이것만으로 노동일의 자체의 크기가 아직 주어진 것은 아니다.

선분 a_____b는 필요노동시간의 지속 또는 길이, 즉 6시간을 표시한다고 가정하자. 노동이 ab를 넘어서 1시간, 3시간 또는 6시간 연장됨에 따라 우리는 다음과 같은 세 개의 서로 다른 선분을 얻는다.

노동일 Ⅰ a_____b_c,

노동일 Ⅱ a_____b___c,

노동일 Ⅲ a_____b_____c

이 세 개의 선분은 각각 7시간, 9시간 그리고 12시간의 서로 다른 노동일을 표시한다. 연장선 bc는 잉여노동의 길이를 표시한다. 노동일 =ab+bc, 즉 ac이므로, 노동일은 변하는 크기인 bc에 따라 변한다. ab는 주어져 있기 때문에 ab에 대한 bc의 비율은 언제나 측정될 수 있다. bc는 노동일Ⅰ에서는 ab의 ⅙ 노동일Ⅱ에서는 ⅜ 그리고 노동일Ⅲ에서는 % 이다. 더 나아가 잉여노동시간/필요노동시간이라는 비율은 잉여가치율을 결정하기 때문에 잉여가치율은 앞의 비율에 의해 정해진다. 잉여가치율은 앞의 서로 다른 노동일에서 각각 16⅔%, 50% 그리고 100%이다. 이와 반대로 잉여가치율만으로는 노동일의 크기는 알 수 없다. 예를 들어 잉여가치율이 동일하게 100%라도 노동일은 8시간, 10시간, 12시간 등일 수 있다. 100%의 잉여가치율은 노동일의 두 가지 성분인 필요노동과 잉여노동이 동일한 크기라는 것을 나타내기는 하지만 이 두 부분 각각의 크기가 얼마인지는 나타내지 않는다.

따라서 노동일은 고정된 크기가 아닌, 변하는 크기다. 노동일의 두 부분 가운데 한 부분은 노동자 자신의 끊임없는 재생산에 필요한 노동시간에 의해 결정되지만, 노동일의 전체 크기는 잉여노동의 길이나 지속시간에 따라 변한다. 따라서 노동일을 정할 수 있지만, 원래 노동일은 정해져 있지 않다.[244]

---

244) "하루 노동일의 크기는 정해져 있지 않다. 그것은 길 수도 있고 짧을 수도 있다."(《무역과 상업에 관한 에세이, 조세에 관한 고찰 등을 포함하여》, 런던, 1770, 73쪽)

노동일의 크기는 고정되지 않고 유동적이지만, 오로지 일정한 한도 내에서만 변동할 수 있을 뿐이다. 그러나 노동일의 최저한도는 정할 수 없다. 물론 연장선 bc를 나타내는 잉여노동을 0으로 가정하면 하나의 최저한도, 즉 노동자가 자기보존을 위해 반드시 노동해야만 하는 하루 가운데 일정한 부분을 얻는다. 그러나 자본주의적 생산방식의 토대에서는 필요노동은 언제나 노동자의 노동일의 일부만을 구성할 수 있기 때문에, 노동일은 결코 이 최저치까지는 단축될 수 없다. 이와 반대로 노동일은 최대한도가 있다. 노동일은 일정한 한계 이상으로 연장될 수 없다. 이 최대한도는 두 가지에 의해 정해진다. 첫째, 노동력의 육체적 한계이다. 한 인간이 자연적으로 주어진 하루 24시간 동안에 소비할 생명력에는 한계가 있다. 말이 매일 8시간밖에 일할 수 없는 것과 마찬가지이다. 인간은 하루의 일정한 시간 동안 휴식을 취하고 잠을 자야하며, 또 다른 시간 동안에 먹고 씻고 입는 등의 다른 육체적 욕망을 충족시켜야 한다. 이 노동일의 연장은 순전히 육체적인 한계 이외에도 도덕적인 한계에 또한 부딪힌다. 노동자는 정신적이고 사회적인 욕망을 충족힐 시간이 필요하며, 이들 욕망의 크기와 수는 일반적인 문화수준에 의해 결정된다. 따라서 노동일의 변동은 육체적 및 사회적 한계 내에서 움직인다. 그러나 이들 두 가지 한계는 매우 탄력적이어서 변동의 여지가 매우 크다. 따라서 우리는 8시간, 10시간, 12시간, 14시간, 16시간, 18시간, 즉 매우 다양한 길이의 노동일을 볼 수 있다.

자본가는 노동력을 그것의 하루가치로 구매했다. 1노동일 동안 노동력의 사용가치는 자본가에게 속한다. 따라서 자본가는 하루 동안 자신을 위해 노동자에게 일을 시킬 수 있는 권리를 얻었다. 그런데 1노동일이란 무엇인가?[245] 어느 경우에든 자연적으로 주어진 24시간 하루보다는 짧다. 얼마나 짧은가? 자본가는 노동일의 궁극적 한계, 즉 노동일의 필연적인 한계에 대해 자신만의 견해를 가지고 있다. 자본가로서 그는 단지 인격화된 자본일 뿐이다. 그의 영혼은 자본의 영혼이다. 자본은 태생적으로 일정한 충동을 가지고 있는데, 그것은 자신을 증식하고, 잉여가치를 창조하며, 자신의 불변부분인 생산수단을 가지고 가능한 최대양의 잉여노동을 흡수하려는 충동이다.[246] 자본은 흡혈귀처럼 살아 있는 노동을 빨아들임으로써만 활기를 띠며, 살아 있는 노동을 더 빨아들일수록 더 생생해지는 '죽은 노동'이다. 노동자가 노동하는 시간은 자본가가 구매한 노동력을 소비하는 시간이다.[247] 자본가가 처분할 수 있는 시간을 노동자가 자신을 위해 소비한다면, 그는 자본가의 시간을 훔치는 것이다.[248]

이에 대해 자본가는 상품교환의 법칙을 증거로 들이댄다. 다른 구매

---

245) 이 질문은 로버트 필이 버밍엄의 상공회의소에 던진 유명한 질문인 '1파운드는 무엇인가?'보다 훨씬 더 중요하다. 필의 질문은 그가 버밍엄의 '소실링론자'(little shilling men, 국가의 채무를 금화의 함량을 적게 하여 청산하자고 주장한 19세기 초반의 잉글랜드 화폐이론의 주창자 -편집자 주석에서 발췌)만큼이나 화폐의 성질에 대해 알지 못했기 때문에 제기되었을 뿐이다.

246) "지출된 자본을 가지고 가능한 최대한의 노동을 얻어 내는 것이 자본가의 과제이다."(꾸르셀-스뉘,《공업기업의 이론과 실제》, 2판, 1857, 62쪽)

247) "매일 한 시간 노동시간의 손실은 상업국가에게는 엄청나게 큰 손해를 나타낸다." "이 왕국에서는 노동하는 빈민들의 사치품 소비가 지나치게 많다. 특히 매뉴팩처에 종사하는 하층민의 경우가 그러하다. 사치품을 소비하기 때문에 그들은 자신들의 시간까지 소비하게 되는데, 이는 가장 치명적인 소비이다."(《무역과 상업에 관한 에세이, 조세에 관한 고찰 등을 포함하여》, 런던, 1770, 47쪽 및 153쪽)

248) "자유로운 일용직 노동자가 잠시라도 휴식을 취한다면, 걱정스러운 눈초리로 그를 감시하고 있는 인색한 농업경영자는 그가 자신의 것을 훔쳤다고 주장한다."(랭게,《민법이론》, 런던, 1767, 2권, 466쪽)

자 모두와 마찬가지로 그는 자기 상품의 사용가치에서 될 수 있는 한 최대의 효용을 얻어내려고 한다. 그런데 거세게 돌아가는 생산과정의 폭풍우 속에서 침묵하고 있던 노동자가 갑자기 지르는 소리가 들려온다.

"내가 너에게 판매한 상품은 그것의 사용이 가치를 창조하며 그 자체에 들어간 비용보다 더 많은 가치를 창조한다는 점에서 다른 잡다한 상품들과 구별된다. 이것이 바로 네가 이 상품을 구매했던 이유였다. 너에게 자본의 가치증식으로 나타나는 것은 나에게는 나머지 노동력의 소모이다. 너와 나는 시장에서는 상품교환의 법칙이라는 단 하나의 법칙만을 알고 있다. 그리고 상품의 소비는 그것을 매각한 판매자에게 속하지 않고 그것을 사들인 구매자에게 속한다. 따라서 하루 동안 나의 노동력을 사용할 권한은 네게 있다. 그러나 나는 나의 하루 노동력을 판 돈으로 나의 노동력을 매일 재생산해야 하기에 반복해서 팔 수 있어야 한다. 나이를 먹어 자연적으로 쇠약해지는 것을 예외로 하면, 나는 내일도 오늘과 마찬가지로 정상적인 상태의 힘과 건강과 원기를 가지고 일을 할 수 있어야 한다. 너는 계속해서 나에게 '근검'과 '절제'의 복음을 설교한다. 그래 좋다! 나는 합리적이며 근검절약하는 주인처럼 나의 유일한 재산인 노동력을 절약하며, 그것을 쓸데없이 낭비하지 않겠다. 나는 매일 나의 노동력을 그것이 정상적으로 지속되고 건강하게 발전될 수 있을 정도로만 움직여 운동으로, 즉 노동으로 바꾸겠다. 노동일의 과도한 연장을 통해 너는 내가 3일에 걸쳐서야 회복할 수 있는 것보다 더 많은 양의 노동력을 하루에 동원할 수 있다. 따라서 나의 노동력Arbeitssubstanz은 네가 노동에서 얻는 것만큼 사라진다. 나의 노동력의 사용하는 것과 그것을 강탈하는 것은 전혀 다른 일이다. 한 평범한 노동자가 합리적인 수준의 노동을 하면서 생존할 수 있는 평균기간이 30년이라면, 네가 매일 지불하는 내 노동력의 가치는 그것의 총가치의 $\frac{1}{360 \times 30}$ 또는 $\frac{1}{10,950}$이다. 네가 나의 노동력을 10년에 소비한다면, 너는 매일 그 총가치의 $\frac{1}{3,650}$ 대신에 $\frac{1}{10,950}$을, 즉 그 하루가치의 $\frac{1}{3}$만을 나에게 지불할 뿐이며, 따라서 매일 내 상품가치의 $\frac{2}{3}$를 나에게서 훔쳐가는 것이다. 너는 나의 3일치의 노동력을 사용하면서 하루치만 지불한다. 이것은 우리의 계약과 상품교환의 법칙에 어긋난다. 따라서 나는(우리의 계약에 따른) 정상적인 길이의 노동일을 요구한다. 그리고 이 요구는 너의 동정심에 호소하는 것이 아니다. 금전관계에는 인정이라고는 없기 때문이다. 너는 모범시민이고 동물학대방지 단체의 회원일 수도 있으며, 게다가 존경할 만한 사람으로 소문이 났을 수도 있다. 그러나 나와의 관계에서 너를 대리하는 물건(돈)에는 가슴 속에서 뛰고 있는 심장이 없다. 그 물건에서 고동치고 있는 듯이 보이는 것은 내 심장의 고동이다. 나는 정상적인 노동일을 요구한다. 나는 다른 상품판매자 모두와 마찬가지로 내 상품의 가치를 요구하기 때문이다."[249]

노동일을 마음대로 늘일 수 있는 모든 한도를 예외로 하면, 상품교환 그 자체의 성질에서는 노동일의 한계가 생겨날 수 없으며, 따라서 잉여노동의 한계가 생겨날 수 없다. 자본가가 가능한 한 노동일을 연장하여 1노동일을 2노동일로 만들려고 할 때, 그는 구매자로서 자신의 권리를 주장한다. 다른 한편, 이 판매된 상품인 노동력의 독특한 성질은 구매가가 그것을

---

249) 1860-1861년 9시간으로의 노동일 단축을 위해 벌였던 런던의 건설노동자들의 대규모 파업 와중에, 그들의 위원회는 우리 노동자의 변론과 어느 정도 일치하는 성명서를 발표했다. 이 성명서는 가장 탐욕스러운 '건축업자'인 피토라는 자가 '성인으로 소문난 것'을 풍자적으로 빈정대고 있다. (이 피토는 1867년 이후 몰락했다. 성자 스트로스베르크와 함께!)

소비하는 데 일정한 한계를 가지게 하며, 노동자는 노동일을 일정한 표준적인 길이로 제한하려고 할 때 판매자로서의 자신의 권리를 주장한다. 이럴 때 상품교환의 법칙에 의해 노동자와 자본가 모두에게 동등하게 보장된 권리 대 권리가 맞서는 이율배반이 발생한다. 동등한 권리와 권리가 맞설 때에는 힘이 결정을 내린다. 따라서 자본주의적 생산의 역사에서 노동일을 하나의 규격으로 통일하는 과정은 노동일의 한계를 둘러싼 투쟁, 다시 말해 총자본가인 자본가계급과 총노동자인 노동자계급 간의 투쟁으로 나타난다.

2절
잉여노동을 향한 갈망. 공장주와 보야르(봉건대지주)

자본은 잉여노동을 발명하지 않았다. 사회의 일부가 생산수단에 대한 소유를 독점하고 있는 곳 어디에서나 노동자는, 자유롭든 자유롭지 못하든 간에 생산수단의 소유자를 위한 생활수단을 생산하기 위해 자기를 보존하기 위한 필요노동시간을 초과하는 노동시간을 첨가해야 한다.[250] 이 소유자가 아테네의 귀족이든, 에트루리아의 신권 정치가이든, 로마의 시민이든, 노르만의 남작이든, 아메리카의 노예 소유자이든, 왈라키아의 봉건대지주이든, 근대적 지주이든 자본가이든 상관없다.[251] 그러나 어떤 경제적 사회구성체에서 생산물의 교환가치가 아닌 그 사용가치가 지배적이라면 잉여노동은 일정한 욕망의 범위에 의해 제한되지만, 그렇다고 잉여노동을 향한 끝없는 욕망이 생산 그 자체의 성격에 기인하는 게 아니라는 사실은 분명하다. 따라서 고대에는 교환가치를 그것과 독립된 화폐형태로 획득하려는 경우에만, 즉 금과 은의 생산에서만 놀랄 만한 정도의 과도노동이 나타났다. 이 때에는 죽도록 일을 시키는 강제노동이 과도노동의 공인된 형태였다. 디오도로스 시쿨러스Diodorus Siculus를 읽기만 해도 이를 알 수 있

---

250) "노동하는 사람들은 … 자신뿐만 아니라 부자라고 불리는 연금생활자까지도 먹여살린다."(에드먼드 버크, 앞의 책, 2-3쪽)

251) 니부르(Niebuhr)는 자신의 《로마사》에서 다음과 같이 있는 그대로 말하고 있다. "그 폐허에서조차 감탄을 자아내게 하는 에트루리아의 건축물은 조그만(!) 나라에서도 영주와 노예가 존재했다는 사실을 숨길 수 없게 한다." 시스몽디는 훨씬 더 진지하게 '브뤼셀의 레이스 공장'은 임금을 주는 주인과 그것을 받는 하인의 존재를 전제로 한다고 말했다.

다.[252] 그러나 이러한 일들은 고대세계에서는 그저 예외적인 경우에 불과했다. 그러나 생산이 아직 노예노동이나 부역 등의 낮은 형태로 이루어지고 있는 민족들이 그들 생산물의 해외 판매를 주요 관심사로 만드는 자본주의적 생산방식에 의해 지배되는 세계시장으로 끌려 들어오면, 과도노동이라는 문명화된 잔학이 노예제, 농노제 등의 야만적인 잔학에 맞닥뜨릴 수밖에 없다. 따라서 아메리카 연맹의 남부 주(州)에서의 흑인노동은 생산이 주로 직접적인 국내수요를 지향하고 있는 동안에는 온건한 가부장적 성격을 유지하고 있었다. 그러나 면화수출이 이들 남부 주의 사활문제가 되어감에 따라, 곳에 따라서는 7년 만에 흑인의 생명을 소진시켜 버릴 정도로 과도한 흑인의 노동이 수지타산을 맞추는 중요한 방식이 되었다. 이제 흑인에게서 일정한 양의 유용한 생산물을 얻어내는 것은 더이상 문제가 아니었다. 이제 문제는 잉여가치 자체의 생산이었다. 도나우 강 유역의 제후국에서의 부역도 이와 유사했다.

도나우 제후국에서의 잉여가치를 향한 갈망을 잉글랜드 공장에서의 그것과 비교해보는 것은 각별한 관심을 불러일으킨다. 부역에서의 잉여노동은 구체적으로 알아볼 수 있는 독립된 형태를 취하고 있기 때문이다.

1노동일이 필요노동 6시간과 잉여노동 6시간을 합한 것이라고 가정해보자. 그렇다면 자유로운 노동자는 자본가에게 매주 6×6, 즉 36시간의

---

252) "그 비참한 운명을 한탄하지 않고서는 몸을 깨끗하게 할 수도 벌거벗은 몸을 가릴 수도 없는 이 불행한 사람들(이집트, 에티오피아 그리고 아라비아의 금광에서 일하는 사람들)을 쳐다볼 수 없다. 그곳에서는 병자든, 장애인이든, 노인이든, 나약한 여자이든 간에 인정사정 없었기 때문이다. 이들 모두는 죽음이 그들의 고통과 굶주림을 끝낼 때까지 매질로 강요된 노동을 계속해야 했다."(시쿨러스, 《역사총서》, 3권, 13장, 260쪽)

잉여노동을 제공한다. 이것은 그가 일주일에 3일은 자신을 위해 나머지 3일은 자본가를 위해 공짜로 일하는 것과 마찬가지이다. 그러나 이를 알아볼 수는 없다. 잉여노동과 필요노동은 서로 뒤섞여 불분명하다. 따라서 나는 동일한 관계를 다음과 같이 표현할 수 있다. 즉 노동자는 일분에 30초는 자신을 위해 나머지 30초는 자본가를 위해 일한다는 식으로 표현할 수 있다. 부역은 이와 다르다. 예를 들어 왈라키아의 농민이 자기보존을 위해 하는 필요노동은 그가 보야르를 위해 하는 잉여노동과는 공간적으로 분리되어 있다. 그는 필요노동을 자신의 경작지에서 하고 잉여노동은 영주의 농장에서 한다. 따라서 노동시간의 두 부분, 즉 필요노동과 잉여노동은 독립되어 나란히 존재한다. 부역 형태에서 잉여노동은 필요노동과 명확히 분리되어 있다. 이 서로 다르게 보이는 겉모습이 잉여노동과 필요노동의 양적인 비율에 아무런 변화도 가져오지 않는다는 것은 분명하다. 주당 3일의 잉여노동은 그것이 부역이라 불리든 임금노동이라 불리든, 여전히 노동자 자신을 위해서는 아무런 등가물을 만들지 못하는 3일의 노동일일 뿐이다. 그러나 잉여노동을 향한 갈망은 자본가의 경우에는 노동일을 과도하게 연장하려는 충동으로 나타나며, 보야르의 경우에는 더 단순하게 직접적인 부역일Frontage 몰이로 나타난다.[253]

도나우 제후국에서 부역은 현물지대와 농노신분이기에 해야 하는 추가적인 일들과 결합되어 있었지만, 지배계급에게 결정적인 공납은 부역이었다. 이곳에서는 부역이 농노신분에서 생긴 경우는 드물고 오히려 대부분

---

253) 이하의 서술은 크림전쟁 이후의 변혁 이전에 형성된 루마니아의 여러 지방의 상황에 관한 것이다.

은 그 반대로 부역에서 농노신분이 생겨났다.[254] 루마니아의 여러 지방에서도 그러했다. 이곳에서는 원래의 생산방식은 공동소유에 기초하고 있었지만, 슬라브식 공동소유, 더군다나 인도식 공동소유는 아니었다. 토지의 일부분은 자유로운 사유지로서 공동체의 성원에 의해 개별적으로 경작되었으며, 다른 부분인 공유지는 그들에 의해 공동으로 경작되었다. 이러한 공동노동의 생산물 가운데 일부는 흉작이나 또 다른 생각지 못한 재난을 대비한 준비금으로 또 다른 일부는 전쟁 비용과 종교 비용 그리고 기타의 공동체 지출을 충당하기 위한 국고로 사용되었다. 시간이 지남에 따라 군대와 교회의 고위직들이 공유재산과 함께 공유재산으로 바쳐진 공납을 강탈했다. 공유지에서의 자유농민들의 노동은 공유지를 도둑질 한 자들을 위한 부역으로 변했다. 이와 동시에 농노신분이 발전했다. 그러나 이 농노신분은 세계의 해방자인 러시아가 농노를 폐지한다는 구실 하에 농노를 법제화할 때까지는 실제로만 발전했을 뿐 법률적으로 발전한 것은 아니었다. 1831년 러시아 장군 키셀로프Kisselew가 공포한 부역법전은 당연히 보야르자신들의 명령에 의한 것이었다. 이리하여 러시아는 일거에 도나우 강 유역의 제후국 귀족들의 마음을 사로잡았으며 전 유럽의 자유주의를 추종하는 백치들로부터 박수갈채를 받게 되었다.

---

254) 3판의 주석. 이러한 사실은 독일, 특히 엘베 강 동쪽의 프로이센에도 해당된다. 15세기에 독일 농민은 거의 어디서나 생산물을 바치고 노동에 동원되는 일정한 의무를 지고 있었지만, 그 외에는 적어도 사실상 자유인이었다. 브란덴부르크, 포메른, 슐레지엔 그리고 동프로이센의 이주민들은 법적으로조차 자유인으로 인정되었다. 농민전쟁에서 귀족이 승리하자 이러한 상황은 끝났다. 패배한 남부 독일의 농민들만 다시 농노가 된 것이 아니었다. 이미 16세기 중반 이후로 동프로이센, 브란덴부르크, 포메른 그리고 슐레지엔의 농민들이 농노로 전락했으며, 바로 뒤이어 슐레스비히 홀슈타인의 자유농민들 역시 농노로 전락했다. (마우러, 《부역농장》, 4권, 마이첸, 《프로이센 국가의 토지》, 한센, 《슐레스비히-홀슈타인의 농노제도》, -엥겔스)

'레글망 오르가니크'Règlement organique라고 불리는 이 부역법전에 따르면, 왈라키아의 농민은 누구나 상세하게 열거된 일정한 양의 현물공납 이외에 다음과 같은 의무를 소위 지주에게 지고 있었다.

1. 일반 노동 12일
2. 하루의 밭일
3. 하루의 목재 운반

모두 합하면 1년에 14일이다. 그러나 이 노동일은 정치경제학에 깊은 이해를 바탕으로 한 보통의 의미가 아니라, 하루 평균생산물의 생산에 필요한 노동일이라는 의미로 해석되었다. 그런데 이 하루 평균생산물은 그 어떤 힘센 거인도 24시간 이내에는 도저히 해낼 수 없을 정도로 빈틈없이 짜여 있었다. 따라서 '레글망 오르가니크' 자체도 진짜 러시아식 풍자를 담은 무뚝뚝한 언어로, 12노동일은 36일의 육체노동으로, 하루의 밭일은 3일의 밭일로, 하루의 목재운반 역시 그 3배로 해석해야 한다고 밝히고 있다. 이를 모두 합하면 42부역일이다. 그러나 여기에 이른바 '요바기'Jobagie가 추가된다. 요바기는 영주의 특별한 욕망을 충족시키기 위한 생산으로 영주에게 바쳐지는 봉사였다. 각 마을은 인구수에 비례하여 해마다 요바기를 위한 일정한 수의 주민을 분담해야 한다. 이 추가적인 부역은 어림잡아 왈라키아 농민 1명당 14일로 정해져 있다. 따라서 법으로 정해진 부역은 매년 56일에 달한다. 그런데 왈라키아의 연간 농경일 수는 나쁜 기후 때문에 210일에 지나지 않으며, 그 가운데 40일의 일요일과 휴일 그리고 악천후로 인해 평균 30일이 빠져나가, 140일이 남는다. 필요노동에 대한 부역의 비율은 ⁵⁶⁄₈₄, 즉 66⅔%는 잉글랜드의 농업노동자나 공장노동자의 노동을 규제하는 잉여가치율보다 훨씬 더 적은 잉여가치율을 나타내고 있다. 그러나 이것은 단지 법으로 정해진 부역일 뿐이다. 잉글랜드의 공장법보다 한층 더 '자유주의' 성향의 '레글망 오르가니크'는 자체에 정해진 규정을 쉽게 완화할 수 있는 방법을 잘 알고 있었다. '레글망'은 12일을 56일로 만든 다음, 각 56부역일의 명목상의 하루 작업량이 그 다음날까지 이어질 수밖에 없도록 정해 놓았다. 예를 들어 이틀이 필요한 면적의 풀 뽑기를 하루 동안에 해야 하는 것으로 정해져 있었다. 특히 옥수수 밭의 풀 뽑기가 그러했다. 몇 개의 농업노동의 경우에는 법으로 정해진 하루 노동량이 그 노동일이 5월에 시작하여 10월에 마치는 것을 해석할 수 있다. 몰다우 지방의 경우에는 규정이 더 가혹했다. 승리에 도취된 한 보야르는 크게 외친다.

'레글망 오르가니크'에 정해진 12부역일이 일 년에 365일에 달한다![255]

도나우 제후국의 '레글망 오르가니크'는 잉여가치를 향한 갈망을 긍정적으로 표현하면서 각 조항이 그 갈망을 합법화시키는 것이었다면, 잉글랜드의 공장법은 그 갈망을 부정하는 표현이었다. 공장법은 국가에 의해, 그것도 자본가와 대지주가 지배하는 국가에 의해 노동일을 강제적으로 제한함으로써 노동력의 과도한 착취를 향한 자본가의 충동을 억제하고 있다. 하루가 다르게 위협적으로 팽창하고 있는 노동자운동을 제외한다면, 공장노동의 제한은 구아노(남미 해안가의 새 똥이 쌓여 굳어진 덩어리로 비료로 사용 - 옮긴이)를 잉글랜드의 경작지에 쏟아 부은 것처럼 어쩔 수 없는 일이었

---

255) 보다 자세한 사항은 흐노(E. Regnault)의 《도나우 제후국의 정치, 사회사》, 파리, 1855, 304쪽 이하에서 볼 수 있다.

다. 동일한 맹목적인 탐욕이 어떤 경우에는 토지를 황폐화시켰으며, 또 다른 경우에는 국민의 생명력을 뿌리째 휘어잡았다. 독일과 프랑스에서 병사들의 체격이 줄어든 것과 마찬가지로 잉글랜드에서의 주기적인 전염병이 이러한 사실을 명확하게 말해주고 있다.[256]

현재(1867년) 시행되고 있는 1850년의 공장법은 평일에는 하루 평균 10시간의 노동을 허용하고 있다. 즉 월요일부터 금요일까지의 5일 동안의 노동시간은 아침 6시부터 저녁 6시까지 12시간에서 법에 따라 아침식사 시간 30분과 점심시간 1시간을 빼면 10시간 30분이다. 그리고 토요일의 노동시간은 아침 6시부터 오후 2시까지 8시간인데, 이 가운데 아침식사 시간으로 30분을 뺀다. 따라서 일주일 간의 총노동시간은 주중 5일간은 10시간 30분, 주말 하루는 7시간 30분으로 합하면 60시간이 된다.[257] 이 법률의 특별 감시인으로 내무부장관 직속의 공장감독관이 임명되었으며, 이들의 보고서는 6개월마다 의회에서 공포된다. 따라서 이 보고서는 잉여노동을 향

---

256) "일반적으로 어떤 유기체가 그 종의 평균치를 넘는 것은 일정한 한계 내에서는 그 유기체가 번성하고 있다는 것을 말한다. 인간의 경우에는 그 사정이 자연적이든 사회적이든 간에 성장이 방해를 받으면 그 체격이 작아진다. 징병제를 실시하고 있는 유럽의 모든 국가에서 징병제의 도입 이후 성인 남자의 평균 체격이 줄어들었으며, 일반적으로 군복무를 위한 합격률이 낮아졌다. 1789년 혁명 이전 프랑스 보병의 최저신장은 165cm이었는데, 1818(3월 10일의 법안)년에는 157cm 그리고 1832년 3월 21일 법안에 따라 156cm가 되었다. 그런데도 프랑스에서는 평균적으로 절반 이상이 신장 미달과 신체 허약으로 군복무 불합격 판정을 받았다. 1780년 작센에서는 징병자의 최저 신장이 178cm이었는데 이제는 155cm이다. 프로이센에서는 157cm이다. 1862년 5월 9일자 《바이에른 짜이퉁》에 실린 마이어 박사의 보고에 따르면, 9년 평균 프로이센에서 1,000명의 징집자 가운데 716명이 군복무에 불합격 판정을 받았는데, 이 가운데 317명은 신장 미달 그리고 399명은 신체 허약 때문인 것으로 밝혀졌다. … 베를린은 할당된 보충병을 차출할 수 없었는데, 156명이 부족했다고 한다."(폰 리비히, 《농업과 생리학으로의 화학의 응용》, 1862, 제7판, 1권, 117-118쪽)
257) 1850년 공장법의 역사는 이 장에서 차차 이어진다.

한 자본가들의 갈망에 대한 공식적인 통계를 계속 제공한다.

잠시 공장감독관들의 이야기를 들어보자.[258]

"정직하지 못한 공장주는 노동을 6시 15분 전에, 때로는 더 일찍, 때로는 더 늦게, 시작하고 오후 6시 15분에, 때로는 더 일찍 때로는 더 늦게 마친다. 그는 명목상 아침식사 시간으로 정해진 30분의 앞뒤 5분씩을 빼앗고, 점심시간으로 정해진 60분의 앞뒤 10분씩을 빼앗는다. 토요일에는 오후 2시 이후에 15분을, 때로는 더 많게 때로는 더 적게, 더 일을 시킨다. 따라서 그의 이득은 다음과 같다.

오전 6시 이전	15분
오후 6시 이후	15분
아침식사 시간	10분
점심식사 시간	20분
합계	60분
5일 동안의 합계	300분

---

258) 나는 잉글랜드에서 대공업의 시작부터 1845년까지의 시기에 대해서는 몇 군데에서만 다룬다. 이 시기에 관해서 독자들은 엥엘스의 《잉글랜드 노동자계급의 상태》(라이프치히, 1845)를 참조하기 바란다. 엥엘스가 얼마나 깊이 있게 자본주의 생산방식의 본질을 파악하고 있었는가는 1845년 이후 발간된 공장보고서, 광산보고서 등이 보여주고 있으며, 그가 잉글랜드 노동자계급의 상황을 얼마나 놀랄 만큼 상세하게 묘사하고 있는가는 그의 저서를 18-20년 늦게 출판된 아동고용위원회(1863-1867)의 공식보고서들과 대충 비교해 보아도 알 수 있다. 이 보고서들은 1862년까지 공장법이 아직 시행되지 않았거나, 부분적으로 지금까지도 아직 시행되지 않은 산업부문을 다루고 있다. 따라서 이 부문에서는 엥엘스에 의해 묘사된 상황이 외부에서의 별다른 변화 없이 그대로 유지되고 있다. 나는 내가 든 예를 주로 1848년 이후의 자유무역 시대로부터 인용하고 있다. 이 시기는 허풍만 떨 뿐 학문적으로는 제멋대로인 자유무역을 팔아먹는 장사꾼 녀석들이 독일 사람에게 굉장하다고 떠벌리는 바로 그 낙원의 시기이기도 하다. 덧붙이자면 나의 예에서 잉글랜드가 전면에 등장하는 이유는 잉글랜드가 자본주의적 생산을 전형적으로 대표하는 나라이며 다루어지는 주제에 대한 공식적인 일련의 통계를 가지고 있는 유일한 나라이기 때문이다.

토요일에는,

오전 6시 이전	15분
아침식사 시간	10분
오후 2시 이후	15분
합계	40분

주간 총 합계는 340분, 즉 일주일에 5시간 40분이 되는데, 이를 휴일과 임시휴업의 2주일을 제한 50주의 노동일로 곱하면 27노동일이 된다."[259]

"노동일이 정해진 시간 이상으로 매일 5분씩 연장된다면, 1년에는 2½의 생산일이 된다."[260] "이 시간 저 시간에서 조금씩 낚아채어 매일 1시간씩 추가한다면, 1년의 12개월은 13개월이 된다."[261]

생산이 중단되고 '짧은 시간'만, 즉 일주일에 며칠 동안만 작업이 진행되는 공황 때조차 노동일을 연장하려는 충동은 당연하게도 그대로 유지된다. 사업이 줄어들수록 성사된 사업에서 얻는 수입은 더 커져야만 한다. 노동시간이 축소될수록 잉여노동시간은 더 길어져야 한다. 따라서 공장감독관들은 1857년부터 1858년까지의 공황기에 대해 다음과 같이 보고하고 있다.

"경기가 이렇게 나쁜 시기에 과도한 노동이 이루어지는 것이 모순이

---

259) 《공장규제법, 하원의 명령으로 1859년 8월 9일 인쇄》에 포함되어 있는 《공장감독관 호너의 공장법 개정안》, 4-5쪽.
260) 《공장감독관 보고서》, 1856년 10월 31일, 35쪽.
261) 《공장감독관 보고서》, 1858년 4월 30일, 9쪽.

라 생각할지 모르지만, 이 어려운 상황이 무자비한 사람들에게 법을 위반하도록 자극한다. 이렇게 그들은 초과이윤을 확보한다." 레너드 호너는 "내 담당구역의 공장 122개는 완전히 폐업했고, 143개는 작업을 중단했으며, 그 외의 다른 공장들은 작업시간을 줄이는 바로 그 때에도 법으로 정해진 시간을 넘는 과도한 노동이 계속되고 있다."[262]고 말했다. 호웰은 "대부분의 공장에서는 불경기로 인해 절반가량의 시간에만 작업이 이루어지고 있음에도, 나는 노동자에게 법으로 보장된 식사시간과 휴식시간을 침범하여 매일 30분이나 ¾시간을 노동자로부터 빼앗아가고 있다는 불평을 예나 지금이나 여전히 듣고 있다."[263]

똑같은 현상이 1861년부터 1865년까지의 끔찍한 면화공황 때에도 더 적은 규모이기는 하지만 되풀이되었다.[264]

"우리가 식사시간이나 그 밖의 법으로 금지된 시간에 노동자들이 일하고 있는 현장을 적발하면, 그들이 결코 공장을 떠나려 하지 않는다거나, 그들의 노동을(기계청소 등등) 멈추게 하기 위해서는, 특히 토요일 오후에는, 노동을 강제로 하지 못하게 해야 한다는 변명을 때때로 듣는다. 그러나 기계장치가 멈춘 후에도 '일손'들이 공장에 남아있다면, 그것은 오로지 법으로 정해진 노동시간인 아침 6시부터 저녁 6시 사이에는 그런 일을 할 틈

---

262) 같은 보고서, 10쪽.

263) 같은 보고서, 25쪽.

264) 《1861년 4월 30일까지 6개월간의 공장감독관 보고서》, 부록 2를 보라. 《공장감독관 보고서》, 1862년 10월 31일, 7쪽, 52-53쪽. 법을 위반하는 사례는 1863년 후반부터 다시 증가한다. 《공장감독관 보고서》, 1863년 10월 31일, 7쪽을 참조하라.

이 주어지지 않았기 때문에 그런 일이 생긴 것이다."[265]

　　"법으로 정해진 시간을 넘는 과도한 노동으로 얻어지는 초과이윤은 많은 공장주들에게는 물리칠 수 없는 커다란 유혹인 것처럼 보인다. 그들은 적발되지 않을 가능성을 기대하고 있으며, 적발되는 경우라도 벌금과 재판비용이 얼마 안 되기 때문에 결과적으로는 그들에게 늘 이익을 보장한다는 것을 이미 헤아리고 있다."[266] "하루 동안 좀도둑질한 것을 모아 추가 시간이 얻어지는 곳에서는, 감독관들이 이러한 위법행위를 증명하는 것이

---

265) 《공장감독관 보고서》, 1860년 10월 31일, 23쪽. 공장주들의 법정 진술에 따르면 그들의 공장노동자들이 노동이 중단되는 것에 얼마나 광적으로 저항했는지를 다음의 말도 안되는 사실이 보여준다. 즉 1836년 6월 초 베틀리 부근의 여덟 곳의 대공장 소유자가 공장법을 위반했다는 고발장이 듀스베리(요크서)의 치안판사에게 제출되었다. 이 공장주 가운데 일부는 12-15세의 소년 5명을 금요일 아침 6시부터 토요일 오후 4시까지 식사시간과 한밤중의 1시간의 수면시간 이외에는 휴식시간을 전혀 주지 않고 혹사시켰다는 이유로 고발당했다. 이 아이들은 '넝마구덩이'라고 불리는 누추한 방에서 쉴 틈 없이 30시간을 일해야 했는데, 모직으로 된 누더기가 찢어지는 이곳의 공기에는 먼지와 털 부스러기 등이 가득차 있어 성인도 폐를 보호하기 위해 손수건으로 계속 입을 가려야만 했다! 피고인들께서는 선서를 하는 대신에 -퀘이커 교도로서 그들은 선서를 하기에는 너무 양심적이고 신앙심이 깊은 사람들이었다. - 자신들은 커다란 자비를 베풀어 불쌍한 아이들에게 네 시간의 수면을 허락했으나, 이 고집불통 아이들이 절대로 침대로 가려고 하지 않았다고 단언하였다! 퀘이커 교도님들께서는 20£의 벌금형을 받았다. 드라이던(Dryden)은 이러한 퀘이커 교도들을 예감하고 있었다.

　　　"거짓 믿음으로 가득 찬 여우,
　　　악마처럼 거짓말하지만, 선서는
　　　두려워하네,
　　　참회자인 척 하지만 탐욕스러운 눈초리로 주위를
　　　살피며,
　　　기도가 끝나자마자
　　　곧바로 죄를 짓는다네!"

266) 《공장감독관 보고서》, 1856년 10월 31일, 34쪽.

매우 어렵다."[267]

이러한 노동자의 식사시간과 휴식시간에 대한 자본의 '좀도둑질'을 공장감독관들은 '몇 분 날치기'[268], '몇 분 가로채기'[269]라고 부르며, 또는 노동자들이 그것을 재치있게 부르는 것처럼 '식사시간 야금야금 갉아먹기'[270]라고도 부른다.

이러한 분위기 속에서 잉여노동에 의한 잉여가치의 형성은 전혀 비밀이 아니다.

매우 존경할 만한 공장주가 나에게 말했다.

"당신이 매일 단 10분의 초과노동을 시키도록 나에게 허락한다면, 당신은 매년 나에게 1,000£을 내 주머니에 넣어주는 셈이다."[271] "순간순간이 이윤의 요소이다."[272]

이런 점에서 본다면 온종일 노동하는 노동자를 '전일노동자'라고 부르고 여섯 시간만 노동하는 것이 허락된 13살 미만의 아동을 '반일노동자'

---

267) 같은 보고서, 35쪽.
268) 같은 보고서, 48쪽.
269) 같은 보고서.
270) 같은 보고서.
271) 같은 보고서, 48쪽.
272) "Moments are the elements of profits."(《공장감독관 보고서》, 1860년 4월 30일, 56쪽)

라고 부르는 것만큼 그 특성을 잘 표현하는 것도 없다.[273] 이 경우에 노동자는 단지 인격화된 노동시간일 뿐이다. 모든 개인적 차이는 '전일노동자'와 '반일노동자'의 차이로 사라져버린다.

---

273) 이 표현은 공장 안에서나 공장보고서에서도 공공연하게 사용되고 있다.

3절
착취에 대한 법적 제한이 없는 잉글랜드의 산업부문

우리는 지금까지 노동일을 연장하려는 충동, 즉 늑대의 탈을 쓴 공장주들의 잉여노동에 대한 갈망을 하나의 분야에서 고찰했다. 잉글랜드의 한 부르주아 경제학자가 말했듯이, 이 분야에서는 아메리카 인디언에 대한 스페인 사람들의 잔혹한 행위에 버금가는 극도의 불법행위로 인해[274] 드디어 자본은 법적 규제의 사슬에 묶이게 되었다. 이제 노동력의 착취가 최근까지도 구속받지 않았던 자유로운 몇몇 생산 부문으로 우리의 시선을 돌려보자.

"자치주의 치안판사 브로튼은 1860년 1월 14일 노팅엄의 공회당에서 열린 한 집회의 의장으로서, 도시 주민 가운데 레이스 제조에 종사하는 사람들에게는 다른 문명세계에는 알려지지 않은 정도의 고통과 궁핍이 지배하고 있다고 밝혔다. … 9-10세의 아이들이 새벽 2시, 3시, 4시에 더러운 침대에서 끌려나와 그저 입에 풀칠이라도 하기 위해 밤 10시, 11시, 12시까지 일을 해야만 했다. 그러는 동안에 그들의 팔다리는 말라비틀어지고 몸은 왜소해지며, 그들의 표정은 무감각해지고 인간성은 완전히 돌같이 무감각하게 경직되어서 쳐다보기만 해도 소름끼칠 정도이다. 말레트를 비롯한 다른 공장주들이 토론이 있을 때마다 항의하기 위해 나선 것은 놀랄 일이 아

---

274) "공장주들의 탐욕, 이윤 추구를 위한 그들의 잔혹한 행위는 스페인 사람들이 아메리카를 정복할 때, 금을 향한 질주에서 행한 잔학성에 버금간다."(존 웨이드, 《중간계급과 노동계급의 역사》, 3판, 런던, 1835, 114쪽) 이 책의 이론적 부분은 일종의 정치경제학 요강으로 당시로서는 약간의 독창적인 것, 예를 들어 상업공황에 관한 것을 포함하고 있다. 역사적 부분은 이든의 《빈민의 상태》, 런던, 1797의 파렴치한 표절로 마음에 들지 않는다.

니다. … 이 제도는, 몬테규 밸피Montagu Valpy 목사가 서술한 바와 같이, 사회적이나 육체적으로, 도덕적이나 지적인 점에 있어서도 완전한 노예제도이다. … 남성의 노동시간을 18시간으로 제한하라고 청원하기 위해 대중 집회를 열고 있는 도시를 어떻게 생각해야 할까! … 우리는 버지니아와 캐롤라이나의 농장소유자를 비난한다. 그러나 채찍의 공포와 인신매매가 있다고 하더라도 그곳의 흑인시장이 자본가의 이익을 위해 베일과 칼라를 제조하면서 서서히 이루어지고 있는 인간학살보다 더 잔혹하겠는가?"[275]

스태퍼드셔의 도자기 제조업은 최근 22년간 세 차례에 걸친 의회의 조사 대상이었다. 그 결과는 '아동고용위원회'에 보낸 스크리븐의 1841년 보고서와 1860년의 추밀원 의무관의 명령으로 공표된 그린하우 박사의 보고서(《공중위생 3차 보고서》, 1권, 102-103쪽), 그리고 마지막으로 1863년 6월 13일의 《아동고용위원회의 1차 보고서》에 실린 론지의 1860년 보고서에 적혀 있다. 1860년과 1863년의 보고서에서 착취당한 아이들의 몇몇 증언을 직접 인용하는 것으로 나는 임무를 충분히 다했다고 생각한다. 이 아이들의 상태로부터 성인들, 특히 미혼이나 기혼 여성들, 그리고 도자기 제조업에 비해 훨씬 쾌적하고 위생적인 일로 나타나는 면방직업 같은 산업부문에서의 상태를 미루어 짐작할 수 있다.[276] 9살의 윌리엄 우드는 "노동을 시작한 때가 7살 10개월이었다." 그는 첫날부터 "틀을 운반(완성된 형체를 갖춘 제품을 건조실로 운반하고 빈 틀을 가지고 다시 돌아오는 일)했다." 그는 평일에는 매일 아침 6시에 와서 저녁 9시경 일을 마친다. "나는 평일에는 매일

---

275) 런던, 《데일리 텔레그래프》, 1860년 1월 17일자.
276) 엥엘스, 《잉글랜드 노동자계급의 상태》, 249-251쪽을 참조하라.

저녁 9시까지 일을 합니다. 예를 들어 최근 7-8주 동안 그랬습니다." 이처럼 7살의 아이가 15시간 일을 하는 것이다! 12살 먹은 소년인 머레이는 다음과 같이 진술했다.

"나는 틀을 운반하고 돌림판을 돌립니다. 아침 6시에 일하러 오는데 가끔 4시에도 옵니다. 나는 어젯밤을 꼬박 새우고 오늘 아침 6시까지 일했습니다. 그 이후로는 잠을 자지 않았습니다. 나뿐만 아니라 8-9명의 사내아이들이 밤새도록 일했습니다. 어떤 애 하나를 빼고는 모두 오늘 아침에 다시 왔습니다. 나는 일주일에 3실링 6펜스(1탈러 5그로셴)를 받습니다. 내가 밤새도록 일을 해도 그 이상의 봉급은 받지 못합니다. 나는 지난 주에도 이틀 밤을 꼬박 새워 일했습니다."

열 살 먹은 사내아이 퍼니하우는 다음과 같이 진술했다.

"나는 한 시간의 점심식사 시간을 언제나 다 가질 수 없습니다. 30분밖에 안 될 때도 종종 있습니다. 목, 금, 토요일은 언제나 그렇습니다."[277]

그린하우 박사는 스토크-어폰-트렌트와 월스탠턴의 도자기를 제조하는 지역의 수명이 특히 짧다고 밝히고 있다. 20세 이상의 남자 주민들 가운데 스토크 지방에서는 불과 36.6%, 월스탠턴 지방에서는 30.4%만이 도자기 제조공장에 고용되어 있음에도 불구하고, 이들 가운데 폐병으로 죽은 사람이 스토크 지방에서는 절반 이상이 그리고 월스탠턴 지방에서는 약 ⅔

---

277) 《아동고용위원회 1863년 1차 보고서》, 부록, 16쪽, 19쪽 그리고 18쪽.

가 도공이었다. 핸리의 개업의사인 부스로이드 박사는 다음과 같이 증언하고 있다.

"도공은 세대가 지날수록 키가 더 작아지고 허약해진다."

또 다른 의사 맥빈도 똑같이 진술하고 있다.

"내가 25년 전 도공들을 상대로 개업한 이래, 이 계층의 눈에 띄는 퇴화가 지속적인 체격과 체중의 감소로 나타나고 있다."

이 진술들은 1860년의 그린하우 박사의 보고서에서 인용한 것들이다.[278]

다음은 1863년 위원들의 보고서에서 인용한 것인데, 노스스태포드서 병원의 수석의사인 알레지 박사는 다음과 같이 말하고 있다.

"하나의 계층으로서의 도공들은 남녀를 불문하고 … 주민들 가운데 육체적으로 퇴화하고 도덕적으로 타락한 모습을 보여준다. 그들은 대체로 왜소하고 체격이 나쁘며 가슴이 기형인 경우도 많다. 그들은 나이보다 더 늙어 보이며 일찍 죽는다. 그들은 무기력하고 생기가 없다. 그들의 체질이 허약하다는 것은 위장병, 간질환과 신장장애 그리고 관절염과 같은 고질병을 앓고 있다는 사실을 보면 알 수 있다. 그러나 그들은 특히 폐렴, 폐결핵,

---

278)《공중위생 3차 보고서》, 103쪽과 105쪽.

기관지염, 천식 등의 폐질환에 잘 걸린다. 천식의 유형 중 하나는 그들만 걸리는 것으로 도공 천식이나 도공 폐병이라는 이름으로 알려져 있다. 편도선이나 뼈 또는 다른 신체 부분을 손상시키는 결핵으로 인한 경부 임파선염은 도공의 ⅔ 이상이 걸리는 병이다. 이 지방 주민의 퇴화가 더 심해지지 않는 것은 오직 주변 농촌지방에서의 인원 보충과 더 건강한 혈통과의 결혼 덕분이다."

얼마 전까지 같은 병원의 외과의였던 찰스 파슨스는 론지 위원에게 보낸 편지에서 특히 다음과 같이 쓰고 있다.

"통계가 아니라 오로지 나의 개인적인 관찰에 근거를 둔 것이지만, 나는 부모나 고용주의 탐욕을 채우기 위해 건강을 희생당한 이 불쌍한 아이들을 처다볼 때마다 되풀이하여 분개했다는 사실을 거리낌없이 말할 수 있다."

그는 도공이 걸리는 질병의 원인을 열거했고 '장시간 노동'이라는 정점에 이르러 마친다. 위원회 보고서는 다음과 같은 것을 기대하고 있다.

"세상 사람들의 눈에는 매우 탁월한 위치에 있는 이 도자기 매뉴팩처가 노동과 숙련을 통해 이렇게 위대한 성과를 이룬 노동자 인구의 육체적 퇴화와 여러 가지 신체적 고통 그리고 조기사망을 가져왔다는 오명을 더이상 뒤집어쓰지 않기를 바란다."[279]

---

279) 《아동고용위원회,》, 1863, 24쪽, 22쪽, 별첨 11쪽.

잉글랜드 도자기 제조업에 대해 말한 내용은 스코틀랜드의 도자기 제조업에도 적용된다.[280]

성냥 매뉴팩처는 1833년 인을 나뭇개비에 직접 붙이는 방법이 발명되면서 시작되었다. 1845년 이후 이 매뉴팩처는 급속히 발전되어 런던의 인구과밀 지역에서 특히 맨체스터, 버밍엄, 리버풀, 브리스톨, 노위치, 뉴캐슬, 글래스고우 등으로 퍼져나갔는데, 이와 동시에 비엔나의 한 의사가 이미 1845년에 성냥 제조공의 특유한 질병으로 발견한 폐구불능증도 함께 퍼져나갔다. 노동자의 절반은 13세 미만의 아이나 18세 미만의 청소년들이었다. 이 매뉴팩처는 비위생적이고 혐오스러운 작업 환경으로 악평이 자자했기 때문에 이곳에 '누더기를 걸치고, 굶주림에 지친, 돌보지 않아 타락하고 교육받지 못한' 자식을 팔아넘기는 사람들은 노동자계급 중에서도 가장 열악한 계층이나 거의 굶어 죽기 직전의 과부들뿐이었다.[281] 1863년 화이트 위원이 심문한 증인들 가운데 270명은 18세 미만이었고, 40명은 10세 미만이었으며, 10명은 불과 8세 그리고 5명은 이제 겨우 6세였다. 12시간에서 14-15시간으로 연장된 노동일, 야간노동, 인독燐毒으로 오염된 작업실에서의 불규칙한 식사시간 등, 단테가 이러한 성냥 매뉴팩처를 보았다면, 자신이 상상한 가장 비참한 지옥보다 더 비참하다는 사실을 발견했을 것이다.

벽지공장에서 나쁜 품질의 벽지는 기계로, 고급벽지는 손으로 인쇄된다. 가장 장사가 잘 되는 달은 10월 초에서 4월 말까지이다. 이 기간 동

---

280) 같은 보고서, 별첨 47쪽.
281) 같은 보고서, 별첨 54쪽.

안 작업은 거의 중단 없이 오전 6시부터 저녁 10시 또는 심야까지 계속되는 경우가 흔하다.

—. 리치의 증언: 지난 겨울(1862)에는 19명의 소녀 가운데 6명이 과로로 인한 질병으로 공장에 나오지 못했다. 그들이 잠들지 않게 하기 위해 나는 그들에게 고함을 질러야만 한다.

—. 더피의 증언: 아이들은 자주 피로 때문에 눈을 뜰 수조차 없었다. 사실 우리도 자주 그러했다.

—. 라이트본의 증언: 나는 13세이며 … 우리는 지난 겨울 저녁 9시까지 일했으며, 재작년 겨울에는 10시까지 일했다. 나는 지난 겨울 동안 상처 난 발이 아파서 거의 매일 밤마다 울곤 했다.

—. 아프스텐의 증언: 나는 내 아이가 7살 때 그 아이를 등에 업고 눈길 위를 왕복하곤 했다. 그는 16시간이나 일하곤 했다! … 나는 그가 기계에서 일하는 동안 그에게 음식을 먹여주기 위해 자주 무릎을 꿇었다. 그는 기계를 떠나거나 멈출 수 없었기 때문이다.

—. 한 맨체스터 공장의 관리사원인 스미스의 증언: 우리('우리'를 위해서 일하는 일손들을 의미한다.)는 밥 먹는 시간도 없이 일했기 때문에 10시간 30분의 하루노동은 오후 4시 30분에 마쳤으며, 이후의 모든 노동시간은 초과 노동시간이었다.[282] (스미스 이 신사양반 자신도 10시간 30분 동안 식사를 하지 않을까?).

---

282) 이것은 우리가 말하는 의미에서의 잉여노동 시간으로 파악해서는 안 된다. 이 양반들은 10시간 30분 노동을 표준노동일로, 즉 표준적인 잉여노동도 포함하고 있는 노동일로 간주한다. 이 표준노동시간이 끝난 후에는 조금 더 지불되는 '초과노동'이 시작된다. 나중에 보게 되겠지만, 소위 표준일 동안의 노동력 사용은 가치 이하로 지불되기 때문에 '초과노동'은 더 많은 '잉여노동'을 짜내기 위한 자본가들의 책략에 불과할 뿐이다. 게다가 이러한 사실은 '표준일' 동안에 사용된 노동력이 실제로 그 가치대로 지불되는 경우에도 마찬가지이다.

우리는(스미스 자신) 6시 이전에 마치는 일이 거의 없기 때문에('우리'의 노동력이라는 기계의 사용을 끝마친다는 의미), 우리는(이번에도 같은 사람인 스미스) 사실상 1년 내내 초과노동을 한다. … 아이와 성인들(152명의 어린이와 청소년 그리고 140명의 성인)은 똑같이 최근 18개월 동안에 평균적으로 적어도 1주일에 7일 5시간, 즉 78시간 30분을 일했다. 올해(1863) 5월 2일까지의 6주간에는 평균이 더 늘어나서 일주일에 8일, 즉 84시간을 일했다.

그러나 우리라는 복수형에 매우 집착하고 있는 이 스미스는 미소를 지으면서 '기계노동이 편하다'고 부언한다. 그리고 목판날염을 하는 공장주들은 '수작업이 기계작업보다 더 위생적'이라고 말한다. 대체로 공장주인 양반들은 '적어도 식사시간만이라도 기계를 멈추자'는 제안에 짜증을 내면서 반대한다.

런던의 보로우에 있는 한 벽지공장 지배인인 오틀리는 다음과 같이 말하고 있다.

"아침 6시부터 저녁 9시까지의 노동시간을 허용하는 법률이라면 우리(!)에게 매우 잘 들어맞을 수 있지만, 공장법에 의해 정해진 아침 6시부터 저녁 6시까지의 노동시간은 우리(!)에게 적합하지 않다. … 우리의 기계는 점심식사 동안은 멈춘다.(얼마나 관대한가?) 이러한 기계의 멈춤은 종이와 물감에는 이렇다 할 손실을 입히지 않는다." 그는 동정하듯이 부언한다. "그러나 나는 이와 연관된 시간의 손실이 바람직하지 못하다는 것을 잘 알고 있다."

위원회보고서가 주장하는 내용은 단순하다. 시간, 즉 남의 노동을 점유하는 시간이 줄어들어 '이윤이 감소할 것'이라는 몇몇 '유력회사'의 걱정은 13세 미만의 아이나 18세 미만의 청소년에게 12-16시간 동안 점심을 '빼앗기' 위한 '충분한 이유'가 아니며, 또한 증기기관에 석탄과 물을 공급하고, 양모에 비누칠을 하고, 바퀴에 기름칠을 하는 것처럼 생산과정 그 자체 동안 노동수단의 보조재에 불과한 그들에게 점심을 주어야 할 '충분한 이유'도 되지 않는다.[283]

잉글랜드의 어떤 산업 부문도 제빵업(최근에 시작된 기계로 빵을 만드는 획기적인 방식을 제외하면)만큼 낡은, 제정로마시대의 시인들의 작품에서나 미루어 짐작할 수 있을 만큼 낡은 기원전 생산방식을 오늘날까지 그대로 유지하고 있지 않다. 그러나 앞에서 언급한 것처럼 자본은 자신이 장악한 노동과정의 기술적 성격에는 일단은 무관심하다. 자본은 처음에는 노동과정의 기술적 성격을 있는 그대로 이용한다.

지나치게 불량한 빵의 제조는, 특히 런던의 경우에는 '식료품의 불량한 품질'에 관한 하원위원회(1855-56)와 하셀 박사의 저서《적발된 불량품》에 의해 최초로 폭로되었다.[284] 이 폭로의 결과가 1860년 8월 6일의《불량식료품의 방지를 위한》법률이었는데 별다른 효력이 없었다. 이 법률은 당연하게도 불량품의 매매를 통해 '정직하게 돈을 벌려는' 자유로운 장사꾼에게도 최대한의 배려를 했기 때문이다.[285] 위원회 자체도 자유로운 상업이

---

283)《아동고용위원회, 1863》, 부록, 123, 124, 125, 140쪽과 별첨 64쪽.
284) 곱게 빻거나 소금을 섞은 명반이 '빵 재료'라는 이름이 붙은 정상적인 거래 품목이었다.
285) 검댕은 매우 강력한 형태의 석탄인데, 자본주의적 굴뚝청소업자가 잉글랜드의 소작

본질적으로는 불량품의 거래 또는 잉글랜드 사람들이 익살스럽게 부르는 것처럼 '세련된 가짜 상품'의 거래를 의미한다는 다소 소박한 확신을 표명했다. 사실 이러한 종류의 '궤변'은 검은 것을 희다고 우기고 흰 것을 검다고 우기는 방법을 프로타고라스Protagoras보다 더 잘 알고 있었으며, 실제로 존재하는 모든 것이 그저 가상에 지나지 않는다는 것을 증명하는 방법을 엘레아학파 이상으로 더 잘 알고 있었다.[286]

어쨌든 위원회는 대중이 그들의 '일용할 양식'을 만드는 제빵업에 주의를 돌리도록 했다. 동시에 공공집회나 의회에 보내는 청원서에서도 과도노동 등에 대한 제빵공의 아우성이 울려퍼졌다. 이 아우성이 절박했기 때문에, 앞에서 여러 번 언급한 1863년 위원회의 위원이기도 했던 트리멘히어H. S. Tremenheere가 왕립조사위원으로 임명되었다. 그의 보고서[287]는 증인들의 진술을 통해 대중의 가슴이 아니라 위장을 울렁거리게 만들었다. 성서에 정통한 잉글랜드 사람들은 신의 은총으로 선택된 자본가나 지주 또는

농에게 파는 비료를 만든다. 그런데 1862년에 한 소송에서 잉글랜드의 '배심원'은 구매자 몰래 90%의 먼지와 모래를 섞은 검댕이 '상업적인' 의미에서 '진짜' 검댕인지 '법적인' 의미에서 '불량' 검댕인지를 판결해야 했다. '장사꾼의 친구들'은 '진짜' 상업용 검댕이라고 판결했다. 원고인 소작농들은 패소했을 뿐만 아니라 소송비용까지 물어야 했다.

286) 프랑스의 화학자 슈발리에(Chevallier)는 상품의 '위조'에 관한 논문에서 직접 검사한 600여 종의 품목 가운데 많은 것에서 각각 10, 20, 30가지의 서로 다른 위조 방법을 열거하고 있다. 그는 자신이 위조 방법을 전부 다 아는 것도 아니고 그가 아는 것을 다 언급한 것도 아니라고 덧붙이고 있다. 그는 설탕에는 6가지 위조 방법을, 올리브유에는 9가지, 버터에는 10가지, 소금에는 12가지, 우유에는 19가지, 빵에는 20가지, 브랜디에는 23가지, 밀가루에는 24가지, 초콜릿에는 28가지, 포도주에는 30가지 그리고 커피에는 32가지 등의 위조 방법을 제시했다. 성찬식에 쓰이는 빵과 포도주도 이 운명을 벗어나지 못한다. 루아르드 까르(Rouard de Card), 《성체의 위조에 관하여》, 파리, 1856을 참조하라.

287) 《제빵공들이 토로하는 불평에 관한 보고서》, 런던, 1862 및 《2차 보고서 등》, 런던, 1863.

아무런 의무도 없는 성직자가 아닌 인간은 이마에 땀을 흘려 빵을 먹어야 할 운명이라는 것을 알고 있었다. 그러나 그 인간이 명반이나 모래, 기타 광물성 성분은 그렇다 치더라도 고름, 거미줄, 바퀴벌레의 시체 그리고 썩은 독일제 효소와 혼합된 일정한 양의 인간의 땀을 매일 먹어야만 한다는 사실은 모르고 있었다. 그리하여 그 때까지 '자유'로웠던 제빵업은 '자유로운 상업'이라는 그 신성함이 전혀 고려되지 않고 가차없이 국가의 감독 하에 놓이게 되었으며(1863년 의회의 회기 말에) 그리고 의회를 통과한 동일한 법률에 의해 18세 미만의 제빵공에 대한 저녁 9시부터 오전 5시까지의 노동이 금지되었다. 이 법률의 마지막 조항은 이 오래되어 편안한 느낌을 주는 돈벌이의 과도노동에 대해 모든 것을 말해주고 있다.

"런던의 제빵공의 일은 보통 밤 11시에 시작된다. 이 시간에 그는 반죽을 하는데, 구워낼 빵의 크기나 품질에 따라 30분에서 45분이 걸리는 매우 힘든 과정이다. 그런 다음 그는 반죽통의 뚜껑으로 쓰이는 반죽용 널빤지에 드러누워 밀가루 포대 하나를 머리에 베고 다른 밀가루 포대를 몸에 덮고 두세 시간 잠을 잔다. 그런 다음 반죽을 부풀리고, 그 무게를 달고, 빵의 모양으로 만들고, 이것을 오븐으로 밀어 넣고 꺼내는 빠르고 쉴 틈 없는 노동이 시작된다. 제빵실의 온도는 화씨 75-90도(섭씨 24-32도 - 옮긴이)에 달하며, 규모가 작은 방의 온도는 이보다 낮지 않고 오히려 더 높다. 식빵이나 둥글고 기다란 빵 등을 만드는 일이 끝나면, 배달이 시작된다. 일용직 노동자의 대부분은 앞에서 말한 어려운 야간노동이 끝난 후인 낮 동안에는 빵을 바구니에 담거나 손수레에 싣고 집집마다 배달하며, 이따금 제빵실에서 작업을 한다. 이 노동은 계절이나 영업 규모에 따라서 오후 1시에서 6시 사이에 끝나지만, 일부는 오후 늦게까지 제빵실에서 일한다."[288] "런던 시즌(초여름의 런던 사교시기 - 옮긴이) 동안에는 빵을 '정가'로 판매하는 웨스트엔드 지역의 빵집에서 일하는 직공들이 늘 밤 11시에 일을 시작하여, 한두 번의 매우 짧은 중간 휴식시간을 가지기는 하지만, 다음 날 아침 8시까지 일한다. 그런 다음 그들은 4시, 5시, 6시, 심지어는 7시까지도 동료들과 함께 빵을 이곳저곳으로 배달하며 이따금 제빵실에서 비스킷을 굽는다. 이런 일을 모두 끝낸 다음 그들은 6시간 수면을 취하며, 겨우 4-5시간 자는 경우도 흔하다. 금요일에는 일이 늘 더 일찍 예컨대 저녁 10시에 시작되어, 휴식 없이 빵을 만들거나 배달하는 작업이 다음 날인 토요일 밤 8시까지 계속되는데, 대개는 일요일 새벽 4-5까지 계속된다. 빵을 '정가'로 판매하는 일류 빵집에서조차 다음 날을 위해 일요일에도 4-5시간 준비 작업이 이루어져야 한다. … 앞에서 언급한 것처럼 런던 전체 제빵업자의 ¾ 이상을 차지하는 '싸구려 제빵업자'(빵을 정가보다 더 싸게 파는 제빵업자)의 제빵공의 노동은 더 길긴 하지만 이들의 노동은 거의 제빵실에서만 이루어진다. 그들의 주인은 조그만 소매점에 공급하는 것을 제외하면 자신의 점포에서만 빵을 판매하기 때문이다. 주말이 가까워 오면, 즉 목요일에는 이곳에서는 일이 밤 10시에 시작되어 약간의 휴식을 취할 뿐 토요일 밤 늦게까지 계속된다."[289]

부르주아적 입장에서조차 '싸구려 제빵업자'의 경우는 "직공들의 미지불노동이 그들 경쟁력의 토대를 이루고 있다."[290]고 파악하고 있다. 그리고 '정가판매 제빵업자'는 '싸구려' 경쟁자들을 남의 노동을 도둑질하고 불

---

288) 같은 책, 1차 보고서, 별첨 6-7쪽.
289) 같은 책, 별첨 71쪽.
290) 조지 리드(George Read), 《제빵업의 역사》, 런던, 1848, 16쪽.

량 빵을 만드는 자들이라고 조사위원회에 고발하고 있다.

"그들은 오직 대중을 속이고, 그들의 직공에게 12시간의 임금을 주고 18시간의 노동을 짜냄으로써 번창하고 있다."[291]

잉글랜드에서 빵을 불량으로 제조하고 정가 이하로 판매하는 부류의 제빵업자는 18세기 초 이래로, 이 업종의 길드로서의 성격이 쇠퇴하고 제분업자나 밀가루 도매상인 자본가가 명목상의 제빵업자 배후에 나타나자마자 형성되고 발전해왔다.[292] 그와 동시에 자본주의적 생산을 위한 토대, 노동일의 과도한 연장과 야간노동을 위한 토대 또한 갖추어졌는데, 야간노동 자체는 런던에서는 1824년에야 비로소 확실한 기틀을 잡았다.[293]

앞에서 애기한 바에 따르면 위원회 보고서가 제빵공들을 수명이 짧은 노동자계층으로 분류한 이유를 이해하게 된다. 이들은 대부분의 노동자계급에서 보통 발생하는 열 명 가운데 한 명이 죽는 아동사망을 다행히 면했지만, 42세 이상 살아남은 경우는 극히 드물다. 그런데도 제빵업계는 늘 지원자로 넘쳐나고 있다. 런던으로 이 '노동력'을 공급하는 본거지는 스코틀랜드와 잉글랜드 서부의 농업지역 그리고 독일이다.

---

291) 《1차 보고서》, 증거자료, '정가판매 제빵업자'인 치즈만의 증언, 108쪽.
292) 리드, 앞의 책, 17세기 말과 18세기 초에 가능한 모든 직업에 침투한 도매상은 공식적으로 '사회적 골칫거리'로 비난받았다. 예를 들어 서머셋 주(州) 백작 영지의 4분기 치안판사 법정의 대배심이 하원에 보낸 '고발장'에는 특히 다음과 같이 쓰여 있다. "블랙웰 홀의 이들 도매상은 공적인 해악이며 직물업에 피해를 끼치고 있으므로 해독을 끼치는 자로서 그들이 일하지 못하도록 해야 한다."(《우리 잉글랜드의 양모의 사례》, 런던, 1685, 6-7쪽.
293) 《1차 보고서》, 별첨 8쪽.

1858-1860년에 아일랜드의 제빵공들은 야간노동과 일요노동에 반대하는 선동을 하기 위해 대규모 집회를 직접 돈을 들여 조직했다. 1860년 더블린에서 열린 5월 집회에서 참가자들은 아일랜드 특유의 열정으로 제빵공의 편을 들어주었다. 실제로 이 운동은 스포드, 킬케니, 클론멜, 워터포드 등에서 주간노동만을 실시하게 하는 데 성공했다.

"임금을 받고 일하는 제빵공들의 고통이 극도에 달한 것으로 잘 알려진 리머릭에서 이 운동은 제빵업자, 특히 제빵업과 제분업을 겸하는 자들의 반대로 실패했다. 이 일로 인해 엔니스와 티퍼레리에서 이 운동이 퇴보했다. 민중의 불만이 극에 달했다고 알려진 코크에서는 장인이 직인을 해고할 수 있는 힘을 행사하여 이 운동을 좌절시켰다. 더블린에서는 장인들이 가장 단호하게 저항했으며, 선전활동의 선두에 서 있던 기능공들을 박해함으로써 나머지 기능공들에게 야간노동과 일요노동을 받아들이지 않을 수 없게 만들었다."[294]

아일랜드에서 완전무장하고 있던 잉글랜드 정부의 위원회조차도 더블린, 리머릭, 코크 등지의 무자비한 제빵업자들에게는 애원하듯이 항의했다.

"본위원회는, 노동시간은 자연법칙에 의해 제한되어 있으며 이 법칙을 어기면 처벌을 받을 수밖에 없다고 생각한다. 장인들은 해고하겠다고

---

294) 《1861년의 아일랜드 제빵업에 관한 위원회 보고서》

위협함으로써 노동자들의 종교적 신념을 손상시키고, 국법을 어기고 여론 (이 모든 것은 일요노동과 관련된 것이다)을 무시할 수밖에 없게 만들었으며, 자본과 노동을 이간질시키고, 종교와 도덕 그리고 공공질서를 위협하는 본보기를 보여주고 있다. … 위원회가 생각하기로는, 노동시간을 12시간 이상으로 연장하게 되면 노동자의 가정생활과 사생활을 무리하게 침해하게 되며, 한 남자의 가정생활과 아들이나 형제, 남편이나 아버지라는 가족으로서 마땅히 해야 할 일을 못하게 만들어 파멸적인 도덕적 결과를 야기하게 될 것이다. 12시간 이상의 노동은 노동자의 건강을 해치는 경향이 있고, 일찍 늙고 일찍 죽게 하여, 가장의 보살핌과 도움이 가장 필요한 바로 그 순간에 그를 빼앗아가 노동자 가족을 불행하게 만든다."[295]

이상은 아일랜드의 상황이었다. 해협의 건너편에 있는 스코틀랜드에서는 쟁기질하는 농업노동자가 자신은 사나운 날씨에도 하루 13-14시간 일하고 있으며, 일요일에도 4시간을 추가로 일해야 한다(안식일을 엄수하고 있는 스코틀랜드에서!)고 고발했다.[296] 같은 시간에 런던의 대배심원(정식으로 기소할 것인가를 결정하는 배심 - 옮긴이) 앞에는 여객승무원, 기관사와 신

---

295) 같은 보고서.

296) 1866년 1월 5일 글래스고우 부근에 위치한 라스웨이드에서 열린 농업노동자의 대중집회.(1866년 1월 13일자 《노동자의 옹호자》를 보라) 1865년 말 이후 농업노동자의 노동조합이 처음으로 스코틀랜드에서 결성된 것은 역사적 사건이다. 잉글랜드에서 가장 억압적인 농업지역의 하나인 버킹엄셔에서는 1867년 3월 임금노동자들이 9-10실링의 주급을 12실링으로 인상해 줄 것을 요구하는 거대한 동맹파업을 일으켰다.(3판에 추가: 앞에서 애기한 바와 같이, 잉글랜드의 농업 프롤레타리아트 운동은 1830년 이후 그들의 격렬한 시위가 진압되고 난 후, 특히 새로운 빈민구제법이 도입된 이후 완전히 중단되었지만, 60년대에 다시 시작되어 1872년에는 드디어 획기적인 수준에 이르렀다. 이에 대해 나는 2권에서 다시 다룰 것인데, 바로 1867년 이후 발간된 잉글랜드 농업노동자들의 상태에 관한 잉글랜드 의회의 보고서가 그것이다.)

호수 등 세 명의 철도노동자가 나란히 서 있었다. 대형 철도사고가 수백 명의 승객을 저세상으로 보냈다. 철도노동자들의 부주의가 사고의 원인이었다. 그들은 배심원 앞에서 이구동성으로 다음과 같이 밝히고 있다. 10-12년 전만 해도 그들의 노동은 하루에 8시간밖에 안 되었다. 지난 5-6년 동안 노동시간은 14시간, 18시간 심지어는 20시간까지 늘어났으며, 특히 행락철과 같이 여행을 즐기는 사람들이 엄청나게 몰려들 때에는 그들의 노동시간은 빈번히 40-50시간 동안 중단 없이 계속되었다. 그들은 평범한 사람이지 신화에나 나오는 힘센 거인이 아니다. 일정한 시점에 도달하면 그들의 노동력은 제 기능을 발휘하지 못한다. 무기력이 그들을 엄습한다. 그들의 두뇌는 생각하는 것을 멈추고 그들의 눈은 보는 것을 멈춘다. 참으로 '존경할 만한 잉글랜드 배심원'들은 그들을 '살인' 혐의로 배심재판에 회부한다는 판결로 대답했다. 그리고 온화하게 덧붙여, 철도산업의 대자본가들께서는 앞으로는 필요한 수의 '노동력'을 구입하는 데 돈을 아끼지 말길 바라며, 지불된 노동력을 착취하는 데 있어서도, '더 절제하거나', '욕심을 덜 부리거나', 더 아끼기' 바란다는 헛된 소망을 표명했다.[297]

---

297) 1866년 1월 21자 《레이놀즈 신문》. 이 주간지는 매주 '끔찍하고 치명적인 사고', '참혹한 비극' 등과 같은 '선정적인 표제' 하에 새로운 철도사고에 대한 많은 기사를 게재했다. 노스 스태퍼드 선(線)의 한 노동자는 이에 관하여 다음과 같이 대답했다. "기관사나 화부(火夫)의 집중력이 한순간이라도 해이해지면 누구나 다 그 결과를 알고 있다. 그리고 매우 사나운 날씨에 휴식과 휴가도 없이 노동시간이 과도하게 연장된다면 그렇게밖에 될 수 없지 않겠는가? 매일 발생하는 하나의 실례로 다음과 같은 경우를 들어 보자. 지난 월요일 화부는 매우 이른 아침에 일을 시작했다. 그는 14시간 50분 후에 일을 마쳤다. 차 한 잔 마실 시간도 없이 그는 다시 작업에 불려나갔다. 결국 그는 29시간 15분을 쉬지 않고 일해야만 했다. 나머지 요일의 그의 노동시간은 다음과 같다. 수요일 15시간, 금요일 14시간 30분, 토요일 14시간 10분 모두 합쳐서 1주일에 88시간 30분이다. 그런데 그가 단지 6일치의 임금만을 지불받았을 때 얼마나 놀랐겠는지 생각해보라. 신참이었던 이 남자는 하루 일이 얼마인지를 물었다. 대답은 13시간, 즉 1주일에 78시간이었다. 그렇다면 추가로 일한 10시간 30분에 대한 지불은 어찌되는가? 오랜 다툼 후에 그는 10실링(은화 10그로셴보다도 적다)

겨드랑에 낀 잉글랜드 의회보고서가 없어도 한눈에 과도한 노동을 하고 있다는 것을 알아차릴 수 있는 노동자 무리 가운데, 또한 맞아 죽은 사람들의 영혼이 오디세이에게 몰려드는 것보다 더 기를 쓰고 우리에게 몰려드는 온갖 직업을 가진 다양한 연령의 남녀로 이루어진 각양각색의 노동자 무리 가운데서, 그 현격한 차이에도 불구하고 자본 앞에서는 모든 인간이 평등하다는 것을 증명하고 있는 두 명의 인물을 골라내보자. 그들은 부인복을 제봉하는 여성노동자와 대장장이이다.

1863년 6월 마지막 주에 런던의 모든 일간지는 '순전히 과도노동으로 인한 죽음'이라는 '선정적인' 표제가 붙은 기사를 게재했다. 기사는 엘리스라는 얌전한 이름을 가진 부인이 경영하는 매우 이름이 난 궁중 무도회용 파티복 제조업체에 고용된 20살 먹은 여성노동자 메리 앤 위클리의 사망에 관한 것이었다. 이 사건은 이미 오래 전 빈번하게 언급된 이야기가 이제서야 새롭게 밝혀진 것이었다.[298] 이곳에서 일하는 소녀들은 하루 평균 16시간 30분, 성수기 동안에는 빈번히 30시간을 쉬지 않고 일했는데, 제 기능을 발휘하지 못하는 그들의 '노동력'은 간혹 셰리주나 포트 산 붉은 포도주 또는 커피를 제공함으로써 원활하게 유지되었다. 그리고 그날은 바로 성수기였다. 이제 막 시집온 영국 황태자비에게 충성을 맹세하는 무도회에서 귀부인들이 입을 화려한 옷을 눈 깜짝할 사이에 마술을 부리듯 만들어야 했다. 메리 앤 위클리는 60명의 다른 소녀들과 함께 필요한 공기량의 ⅓도 제

<hr>

의 수당을 지급받았다."(같은 신문, 1866년 2월 4일자)

298) 엥엘스, 앞의 책, 253-254쪽.

공되지 않는 방에 30명씩 들어가 26시간 30분을 쉬지 않고 일했으며, 밤에는 침실 하나를 몇 개의 널빤지로 울타리를 쳐 분리한 숨이 막힐 것 같은 좁고 어두운 방에서 침대 하나에 두 명씩 잠을 잤다.[299] 그런데 이곳은 상황이 좋은 런던의 부인복 제조업체 가운데 하나였다. 그는 금요일에 병에 걸려 일요일에 죽었다. 엘리스 부인이 놀란 점은 그가 마지막 파티복을 완성시키기 전에 죽었다는 사실이었다. 뒤늦게 죽음에 임박하여 불려온 의사 키즈 씨는 '검시배심원' 앞에서 몇 마디로 간략하게 진술했다.

"메리 앤 위클리는 지나치게 꽉 채워진 작업실에서의 장시간 노동과 지나치게 좁고 환기가 안 되는 침실 때문에 죽었다."

---

299) 공중보건소에서 근무하는 의사 레서비(Letheby) 박사는 당시에 다음과 같이 진술했다. "성인에게 필요한 공기의 최소량은 침실에서는 300입방피트이고 거실에서는 500입방피트는 되어야 한다." 런던의 한 종합병원의 수석의사인 리처드슨 박사는 다음과 같이 쓰고 있다. "부인 파티복을 재봉하는 여성노동자, 의복을 재봉하는 여성노동자와 일반적인 재봉 여성노동자 등 모든 종류의 재봉 여성노동자들은 과도 노동, 공기 부족 그리고 영양 결핍과 소화불량이라는 삼중고에 시달리고 있다. 대체로 이러한 노동은 어떤 조건에서도 남성보다는 여성에게 더 적합하다. 그러나 이 사업의 재앙은, 특히 런던에서는 자본에서 나오는 권력수단을 이용하여 노동을 남용함으로써 비용을 절감하는(그가 말하는 노동은 노동력을 의미한다) 약 26명의 자본가에게 독점되어 있다는 데 있다. 이 분야에서 일하는 여성노동자 전체가 이들 자본가의 권력을 느끼고 있다. 의복을 재봉하는 한 여성노동자가 소수의 고객을 확보할 수 있었다면, 경쟁이 그로 하여금 고객을 유지하기 위해 집에서 죽도록 일하지 않을 수 없게 하고, 그는 어쩔 수 없이 조수들에게도 과도한 노동을 시킬 수밖에 없다. 그의 사업이 실패하거나 그가 자립하여 가게를 창업할 수 없다면, 일은 더 고되지만 돈은 확실하게 지불하는 다른 가게에 몸을 팔게 된다. 일단 그렇게 되면, 그는 진짜 노예가 되어 사회의 변화에 따라 이리저리로 내팽개쳐진다. 어떤 때는 자기 집의 조그만 방에서 굶주리거나 그에 비슷한 상태에 놓여 있다가, 다른 때에는 다시 신선한 공기의 결핍으로 말미암아 설령 좋은 음식을 먹어도 거의 소화시킬 수 없는 견디기 힘든 공기 속에서 24시간 가운데 15시간, 16시간 심지어는 18시간씩이나 일한다. 이들 희생자에게 공기로 인한 질병이라고밖에 할 수 없는 폐병이 서식하고 있다."(리처드슨 박사, 《노동과 과도노동》, 1863년 7월 18자 《사회과학 평론》에 수록)

이 의사에게 어떻게 사는 것이 좋은가를 훈계하기 위해 '검시배심원'
은 다음과 같이 밝히고 있다.

"사망자는 뇌졸중으로 사망에 이르렀지만, 그의 죽음이 지나치게 꽉
채워진 작업장에서의 과도노동 등에 의해 촉진되었다고 의심할 만한 이유
가 있기도 하다."

자유무역주의자인 코브던과 브라이트의 기관지인 《모닝스타》는 "우
리의 백인노예들은 무덤에 들어 갈 때까지 계속 일만 했으며, 몸이 상하여
'조용히 죽어간다!'고 외쳤다."[300]

"죽도록 일하는 것은 부인복을 재봉하는 여성노동자의 작업장뿐만
아니라, 사업이 잘되는 모든 곳에서 흔한 일이었다. … 대장장이를 예로 들

---

300) 1863년 6월 23일자 《모닝스타》. 《타임지》는 브라이트 등에 반대해 아메리카의 노예
소유주를 옹호하기 위해 이 사건을 이용했다. 《타임지》는 다음과 같이 말하고 있다. "우리
의 대다수는 다음과 같은 의견이다. 즉 우리가 우리의 젊은 여자들을 채찍 소리 대신에 굶
주림의 고통을 이용하여 죽도록 일을 시키는 한, 우리는 노예 소유주로 태어나 최소한 그
들의 노예를 잘 먹이고 적당히 일을 시키고 있는 가족들을 향하여 포화와 칼로 위협할 권
리를 거의 가지고 있지 않다."(1863년 7월 2일자) 같은 방식으로 토리당의 기관지인 《스탠
더드》는 뉴먼 홀 목사를 다음과 같이 비난하고 있다. "그는 노예소유주들을 파문시키고 있
으나, 런던 등의 마부와 합승마차를 끄는 마부 등에게 쥐꼬리만한 임금을 주면서 하루 16
시간 일을 시키는 점잖은 사람들과 기도하고 있다." 끝으로 내가 이미 1850년에 '천재는 사
라지고 숭배만이 남아있다'고 쓴 적이 있는 토마스 칼라일(그의 책 《현대판 팸플릿》에 대
한 맑스의 서평을 말함 -편집자)은 수수께끼 같은 말을 늘어놓고 있다. 그는 짧은 우화를
통해 현대사에서 둘도 없는 대사건인 아메리카 내전을 다음과 같이 간략하게 요약하고 있
다. 즉 북부의 베드로가 남쪽의 바울의 머리를 힘을 다하여 내리치려 하는데, 그 이유는 북
부의 베드로는 자신의 노동자를 '매일매일' 빌리지만 남부의 바울은 자신의 노동자를 '평생
동안' 빌리기 때문이다. (《맥밀런 지》에 실린 《간결한 아메리카 서사시(Ilias Americana in
nuce)》, 1863년 8월호) 이리하여 도시 임금노동자에 -농촌임금노동자에 대한 것은 결코 아
니다!- 대한 토리당의 거짓 동정심은 드디어 폭로되고 말았다. 그 핵심은 노예제도였다!

어보자. 우리가 시인을 믿어도 된다면, 대장장이보다 더 활기차고 유쾌한 사람은 없다. 그는 일찍 일어나서 태양보다 먼저 불꽃을 두들긴다. 그는 어떤 다른 사람보다도 잘 먹고 잘 마시고 잘 잔다. 순전히 육체적으로만 보면, 적당한 일을 한다면 그는 인간으로는 더할 나위 없는 상태이다. 그러나 그를 따라 도시로 가서 그에게 부과된 노동의 무게를 살펴보자. 우리나라 사망률 표에서 대장장이가 몇 위를 차지하고 있는가? 매릴본(런던에서 가장 큰 구역 가운데 하나)에서는 대장장이는 매년 100명 당 31명꼴로 사망하는데, 이는 잉글랜드 성인남자의 평균사망률보다 11명이 많다. 이 직업은 거의 본능에 가까운 인간의 재주로서 그 자체로는 비난받을 일이 없지만, 단지 지나치게 과도한 노동으로 인해 인간의 파괴자가 된다. 매일 얼마 정도는 망치로 두들기고, 얼마 정도 걸으며, 얼마 정도 숨을 쉬며, 얼마 정도 노동을 할 수 있다면, 대장장이는 평균적으로 50년 가량은 살 수 있다. 그러나 그가 매일 어느 정도 더 망치질을 하고, 어느 정도 더 많이 걸으며, 어느 정도 더 자주 숨을 쉬도록 강요당한다면, 이 모든 것이 그의 생명의 지출을 매일 ¼만큼 증가시킨다. 그가 실제로 그렇게 한다면 그는 일정한 기간 동안 ¼만큼 더 많은 일을 하게 되며, 그 결과로 그는 50세가 아니라 37세에 죽게 된다."[301]

---

301) 리처드슨 박사, 앞의 책.

4절
주간노동과 야간노동 - 교대제

가치증식 과정의 관점에서 보면 불변자본, 즉 생산수단은 노동을 흡수하기 위해서만, 노동이 흘린 땀방울에 비례하는 양의 잉여가치를 흡수하기 위해서만 존재한다. 노동을 흡수하지 않고 그냥 존재하고만 있는 생산수단은 자본가에게 영양가 없는(바람직하지 못한) 손실만을 입힐 뿐이다. 사용되지 않는 동안의 생산수단은 쓸데없이 투하된 자본을 나타내기 때문이다. 그리고 이 손실은 중단된 작업을 다시 시작하기 위해 추가지출이 필요하게 되면 영양가 있는(바람직한) 손실이 된다. 노동일을 자연일의 한계를 넘어 밤까지 연장하는 것은 미봉책에 지나지 않으며, 노동이라는 신선한 피에 대한 흡혈귀적 갈증을 대충 풀어주는 것에 불과하다. 따라서 노동을 하루 24시간 내내 점유하려는 것은 자본주의적 생산에 내재하는 충동이다. 그러나 동일한 노동력을 밤낮으로 계속 흡수하는 것은 육체적으로 불가능하기 때문에, 이 육체적 장애를 극복하기 위해서는 낮에 먹어치우는 노동력과 밤에 먹어치우는 노동력의 교대가 필요하다. 이 교대에는 여러 가지 방식이 있을 수 있다. 예를 들어, 노동자 직원의 일부가 어떤 주는 낮일에 다른 주는 밤일에 배치될 수 있다. 이와 같은 교대제, 돌려가며 일 시키기는 잉글랜드 면공업 등의 왕성한 성장기에 널리 행하여졌으며, 현재도 특히 행정구역 모스크바의 방적공장에서 성행하고 있다. 이 24시간 노동과정은 아직까지 그레이트브리튼의 많은 '자유로운' 산업부문에서, 특히 잉글랜드와 웨일스 그리고 스코틀랜드의 용광로, 대장간, 압연공장 그리고 그 밖의 금속 매뉴팩처에서 하나의 제도로서 여전히 존재하고 있다. 이곳

에서는 노동과정은 6작업일의 24시간뿐만 아니라 대부분의 산업부문에서
는 일요일에도 24시간 이루어진다. 노동자는 남성과 여성, 성인남녀와 아
동으로 구성되어 있다. 아동과 청소년의 나이는 8세(몇몇 경우에는 6살)에서
18세 사이의 모든 연령층에 걸쳐있다.[302] 몇몇 산업 부문에서는 소녀와 성
인여성도 남자직원과 함께 야간노동을 하고 있다.[303]

야간노동이 가져오는 일반적인 해로운 영향을 무시한다면,[304] 24시간

---

302) 《아동고용위원회, 3차 보고서》, 런던, 1864, 별첨 4-6쪽.

303) "스태퍼드셔와 남부 웨일스에서는 젊은 여자와 부인들이 낮뿐만 아니라 밤에도 탄광
이나 코크스 저장소에서 일하고 있다. 의회에 제출된 보고서에서는 이 실제로 행해지는 일
이 중대하고 확실한 해악을 가져온다는 것이 자주 언급되고 있다. 그들은 남자들과 함께
일하며 그들과 거의 구별되지 않는 옷을 입고 있으며, 얼룩과 매연으로 더럽혀져 인격적
으로 타락할 수 있게 방치되어 있다. 여성에 맞지 않는 직업으로 인해 그들은 어쩔 수 없이
자존심을 상실하기 때문이다."(같은 보고서, 194쪽, 별첨 16. 《4차 보고서》, 1865, 61쪽, 별
첨 13쪽과 참조하라.)

304) 아이들에게 야간노동을 시키는 한 철강제조업자는 다음과 같이 말했다. "밤에 일하는
소년들이 낮에는 잘 수도 없고 제대로 쉴 수도 없어서, 다음 날 하루 종일 이리저리 배회하
는 것은 당연해 보인다."(《아동고용위원회 4차 보고서》, 63쪽, 별첨 13쪽) 한 의사는 신체
의 유지와 발육에 햇빛의 중요성에 관하여 특히 다음과 같이 말했다. "빛은 신체조직에 직
접 작용하여 조직을 강화하고 탄력 있게 한다. 동물의 근육이 기준량의 빛을 받지 못하게
되면, 연약해지고 탄력을 없어지고, 신경계는 자극에 반응하지 못해 활력을 잃게 되며, 성
장기에 있는 모든 것은 발육이 부진해진다. … 어린이의 경우에는 일광욕을 충분히 하고
하루의 일정한 시간 동안 태양의 직사광선을 쬐는 것이 건강에 매우 중요하다. 빛은 음식
물이 좋은 피로 조형되는 것을 도와주고 섬유조직이 만들어진 다음에 그것을 단련시킨다.
또한 빛은 시각기관에 자극제로 작용함으로써 각종 뇌기능을 더 활발하게 활동하게 한다."
이상의 구절은 워스터 '종합병원'의 원장인 스트레인지의 저서 《건강》에서 인용한 것인데,
그는 조사위원회의 성원인 화이트에게 보낸 편지에서 다음과 같이 쓰고 있다. "나는 이전
에 랭커셔에서 야간노동이 공장에서 일하는 어린이들에게 미치는 영향을 관찰할 기회가
있었다. 나는 몇몇 고용주의 흔해 빠진 주장과는 반대로 야간노동이 어린이들의 건강에 곧
바로 해를 끼칠 것이라고 단호히 주장하는 바입니다."(《아동고용위원회 4차 보고서》, 284
호, 55쪽) 이것들이 심각한 논쟁의 대상이 된다는 것 자체가 자본주의적 생산이 자본가들
과 그 하수인들의 '뇌기능'에 어떤 영향을 미치는가를 가장 잘 보여주고 있다.

에 걸쳐 계속되는 생산과정은 명목노동일의 한계를 넘어설 수 있는 절호의 기회를 제공한다. 예를 들어 앞에서 언급한 매우 힘든 산업부문에서의 공인된 노동일은, 그것이 낮에 이루어지든 밤에 이루어지든, 대부분 12시간이다. 그러나 이러한 한계를 넘어서는 초과노동은 수많은 경우에서, 잉글랜드의 공식보고서의 말을 사용하자면, '진짜로 소름이 끼칠' 정도이다.[305] 보고서는 다음과 같이 말하고 있다.

"증언에 의해 밝혀진 바와 같이, 9-12세 사내아이들에 의해 수행된 노동량을 생각해 보면, 인간적인 사람이라면 누구나 이 아이들의 부모나 고용주의 권력남용을 더이상 허용해서는 안 된다는 결론에 도달할 수밖에 없다."[306]

"일반적으로 사내아이들을 주야 교대로 일을 시키는 방법은 일이 몰릴 때뿐만 아니라 평상시에도 노동일을 터무니없이 연장시키는 결과를 가져온다. 이러한 연장은 많은 경우에서 가혹할 뿐만 아니라 정말 믿을 수가 없을 정도이다. 이런 저런 이유로 교대할 사내아이들이 일터로 오지 않는 경우가 반드시 발생한다. 이런 경우에는 이미 일을 마친 사내아이 가운데 몇 명이 빈자리를 채워야 한다. 이 제도는 널리 알려져 있어서 한 압연공장의 지배인은 결근한 사내아이의 자리를 어떻게 메우느냐는 나의 질문에, 당신도 나처럼 잘 알고 있다는 것을 자신이 알고 있다고 대답하며 망설이지 않고 사실을 인정했다."[307]

---

305) 같은 보고서, 57쪽, 별첨 12쪽.
306) 《4차 보고서, 1865》, 58쪽, 별첨 12쪽.
307) 같은 보고서.

"명목노동일이 아침 6시부터 저녁 5시 30분까지인 한 압연공장에서 한 소년은 적어도 매주 나흘은 다음 날 저녁 8시 30분까지 일했다. … 그리고 6개월간 계속되었다." "다른 소년은 9세 때 종종 12시간의 교대제 작업을 3번 연달아 했으며, 10세 때는 이틀 밤낮을 일했다." "이제 10세인 3번째 소년은 3일 동안은 아침 6시부터 밤 12시까지, 나머지 날에는 저녁 9시까지 일했다." "이제 13살인 4번째 소년은 오후 6시부터 다음 날 정오 12시까지 2주일 내내 일했으며, 때로는 3번의 교대작업, 예를 들어 월요일 아침부터 화요일 밤까지 일했다." "이제 12세인 5번째 소년은 스테이블리의 한 제철공장에서 14일 동안 아침 6시부터 밤 12시까지 일했는데. 이제 더이상 계속할 수 없다." 9살 먹은 소년 조지 올린즈워스는 다음과 같이 말했다. "저는 지난 금요일에 이곳에 왔습니다. 우리는 다음 날 새벽 3시에 일을 시작해야 했습니다. 그래서 저는 밤새도록 이곳에 머물렀습니다. 저는 이곳에서 5마일 떨어진 곳에 삽니다. 가죽으로 된 앞치마를 밑에 깔고 조그만 재킷을 덮고 마루에서 잤습니다. 그 다음 이틀은 아침 6시에 이곳에 왔습니다. 이곳은 정말이지 엄청나게 덥습니다! 이곳으로 오기 전에 저는 거의 1년 동안 용광로에서 일했는데, 시골에 있는 매우 큰 공장이었습니다. 그곳에서도 저는 새벽 3시에 일을 시작했었는데, 집이 가까워서 적어도 집에 가서 잠을 잘 수 있었습니다. 다음 날에도 저는 아침 6시에 일을 시작해서 저녁 6시나 7시에 마쳤습니다." 등등.[308]

---

308) 같은 보고서, 별첨 13쪽. 이런 '노동력'의 교육수준은 조사위원 가운데 한 사람과의 다음과 같은 대화에서 그대로 드러날 수밖에 없다!
- 제레미어 헤인스, 12세: "4곱하기 4는 8이지만, 4가 4번이면 16입니다. 왕이란 모든 돈과 금을 가진 사람입니다. 우리도 왕을 가지고 있는데, 사람들은 그가 여왕이라고들 합니다. 그의 이름은 알렉산드라 공주입니다. 그는 여왕의 아들과 결혼했다고 합니다. 공주는 남자

이제 자본 자체가 이 24시간 제도를 어떻게 받아들이고 있는지 들어 보자. 노동일의 '믿을 수 없는 정도로의 무자비한' 연장을 위한 이 제도의

입니다."
- 윌리엄 터너, 12세: "저는 잉글랜드에 살지 않습니다. 그런 나라가 있다고 생각은 하는데, 전에는 알지 못했습니다."
- 존 모리스, 14세: "조물주가 세상을 만들었다는데, 한 마리만 빼고 모든 동물 떼가 물에 빠져 죽었는데, 그 하나가 작은 새라는 이야기를 들었습니다."
- 윌리엄 스미스, 15세: "조물주가 남자를 만들었고, 남자가 여자를 만들었습니다."
- 에드워드 테일러, 15세: "런던에 대해 아무 것도 아는 게 없습니다."
- 헨리 매튜만, 16세: "이따금 교회에 갑니다. 설교에 나오는 이름 하나가 예수 그리스도였는데, 저는 다른 이름은 부를 줄 모릅니다. 그리고 예수 그리스도에 대해 말 할 것이 아무 것도 없습니다. 그는 살해되지 않았으며 다른 사람들처럼 죽었습니다. 그는 다른 사람들과 무언가 다른 점이 있었는데, 그는 어느 정도 믿음이 있었고, 다른 사람들은 그렇지 않기 때문입니다."(앞의 글, 74쪽, 별첨 15쪽) "악마는 좋은 사람인데 저는 그가 어디 사는지 모릅니다. 그리스도는 나쁜 놈이었습니다." "이 소녀는 신(God)을 개(Dog)이라고 썼으며, 여왕의 이름을 몰랐습니다."(《아동고용위원회 5차 보고서》, 1866, 55쪽, 278호)
위에서 언급한 금속제조업에서 실시되고 있는 것과 같은 제도가 유리공장과 제지공장에서도 널리 퍼져 있다. 기계로 종이를 만드는 제지공장에서는 넝마를 선별하는 과정을 제외하고는 야간노동이 일반적이었다. 몇몇 경우에는 교대제를 통해 야간노동이 일주일 내내 계속되는데, 보통 일요일 밤부터 다음 주 토요일 밤까지 계속된다. 주간 조에 배치된 노동자들은 일주일에 5일은 12시간, 하루는 18시간 일하며, 야간 조에 배치된 노동자들은 일주일에 5일 밤은 12시간 그리고 하루는 5시간 일한다. 다른 경우에서는 각조는 하루 24간씩 교대로 일한다. 어떤 조는 24시간을 채우기 위해 월요일에 6시간과 토요일에 18시간 일한다. 다른 경우에는 중간 정도의 제도가 도입되었는데, 종이를 만드는 기계에서 일하는 모든 종업원은 매일 15-16씩 일한다. 조사위원 로드는 이 제도가 12시간 교대제와 24시간 교대제의 나쁜 점만을 합쳐 놓은 것처럼 보인다고 말한다. 13살 미만의 아이들, 18세 미만의 청소년이나 여성들은 이러한 야근제도 하에서 일하고 있다. 12시간 교대제 하에서 이들은 이따금 교대되어야 할 노동자가 결근하면 2번의 교대시간인 24시간을 일해야만 했다. 여러 증언은 소년소녀들이 매우 자주 초과노동을 하며, 노동이 24시간 심지어는 36시간까지 중단 없이 연장되는 경우도 흔하다는 사실을 증명하고 있다. 유리에 광택을 내는 '연속적이고 단조로운' 공정에서는 '식사를 위한 2번 많아야 3번의 30분의 휴식을 제외하고는 그 어떤 규칙적인 휴식이나 중단 없이' 1달 내내 매일 14시간씩 일하는 12살의 소녀들을 볼 수 있다. 정규 야간노동이 폐지된 몇몇 공장에서는 엄청난 초과노동이 자행되고 있으며, '이것은 매우 더럽고 무덥고 아주 단조로운 공정'에서 이루어지고 있다.(《아동고용위원회 4차 보고서》, 1865, 별첨 38쪽과 39쪽)

남용에 대해 자본은 당연히 침묵하고 있다. 자본은 오로지 이 제도의 '표준적인' 방식에 대해서만 말하고 있다.

600-700명을 고용하고 있으며, 그 가운데 18세 미만은 10%에 불과하며, 이들 가운데 20명의 사내아이들만이 야간에 배치된 제강공장 네일러 엔드 빅커즈 사社의 주인들은 다음과 같이 말하고 있다.

"사내아이들은 절대로 더위로 고생하지 않는다. 온도는 화씨 86도에서 90도 사이로 추정된다. … 대장간과 압연공장에서는 직공들이 주야 교대로 일하고 있으며, 그 밖의 다른 공장에서는 아침 6부터 저녁 6시까지의 주간작업만 하고 있다. 대장간에서는 12시부터 12시까지 일을 하는데, 몇몇 직공들은 주야간 교대 없이 계속 밤에만 일한다. … 우리는 주간노동과 야간노동이 어떤 건강상의(공장주인 네일러와 빅커즈의 건강?) 차이를 만든다는 것을 발견하지 못했으며, 아마도 그들이 여가시간을 바꾸는 것보다 같은 시간에 휴식을 취할 때 잠을 더 잘 잘 수 있다고 생각한다. … 약 20명의 18세 미만의 사내아이들이 야간조와 함께 일한다. … 이들에게 야간노동을 시키지 않는다면 우리는 일을 잘 해 나갈 수 없다. 우리는 생산비의 증가를 반대한다. 숙련공과 각 부서의 우두머리는 구하기 어렵지만, 소년들은 원하는 만큼 구할 수 있다. … 물론 우리가 사용하는 소년의 비율이 낮다는 사실을 감안한다면, 야간노동을 제한하는 여러 조치는 우리에게는 별로 중요하지도 않고 또한 관심도 없다."[309]

---

309) 《4차 보고서》, 1865, 제79호, 별첨 16쪽.

3,000명의 성인남자와 소년을 고용하고 있는 제강공장 존 브라운 사社는 작업 가운데 일부 힘든 노동에서는 '주야 교대제'를 실시하고 있다. 이 회사의 직원 엘리스는 힘든 제강작업에는 1명 내지 2명을 소년을 성인남자 2명에 할당한다고 밝히고 있다. 이 회사에는 18세 미만의 소년 500명이 고용되어 있는데, 그 가운데 약 ⅓, 170명은 13세 미만이다. 엘리스는 제출된 법률 개정안에 관하여 다음과 같은 의견을 피력하고 있다.

　　"18세 미만의 종업원에게 하루 24시간 중 12시간 이상 일을 시키지 못하게 하는 것은 비난 받을 만한 일이 아니라고 생각한다. 그러나 야간노동에 12살 이상의 소년을 사용할 수 없다고 선을 그을 수 있다고 생각하지 않는다. 우리는 우리가 이미 고용한 소년들을 야간에 사용하는 것을 금지하는 법률보다는 13세 미만 심지어 15세 미만의 소년을 사용하는 것을 아예 금지하는 법률을 수용할 수도 있다고 생각한다. 주간조에서 일하는 소년은 야간조에서도 일해야 하는데, 성인남자들이 끊임없이 야간노동만을 수행할 수 없기 때문이다. 그렇게 한다면 그들의 건강이 상할지도 모른다. 그러나 우리는 1주일마다 교대로 하는 야간노동은 해가 되지 않는다고 생각한다."

　　(이와 반대로 네일러 앤드 빅커즈 사는 사업상의 이익에 부합되도록, 계속적인 야간노동보다는 주기적으로 번갈아 이루어지는 야간노동이야말로 해를 가져올 수도 있다고 생각했다.)

　　"우리는 교대로 야간노동을 하는 사람들이 주간에만 일하는 사람들과 건강상 차이가 없다는 사실을 알 수 있다. … 우리가 18세 미만의 소년의 야간노동 금지를 반대하는 이유는 비용의 증가 때문인데, 이것이 유일한 이유이다."(이 얼마나 노골적이고도 솔직한가!). "우리는 이같은 비용의 증가가 사업을 성공적으로 수행하기 위해 당연히 부담해야 할 비용보다 더 크다고 생각한다."(얼마나 말주변이 좋은가!) "이곳에서는 노동이 귀한데 그런 규제가 가해지면 노동이 부족하게 될 수도 있다."

(엘리스 브라운 사는 노동력의 가치를 완전히 지불해야만 하는 피할 수 없는 곤경에 빠질 수 있다.)[310]

캄맬 사의 '키클롭스 제강공장'도 앞에서 말한 존 브라운 사와 마찬가지로 대규모로 경영되고 있다. 이 회사의 관리이사는 정부위원회 위원인 화이트에게 그의 증언을 문서로 제출했지만, 수정하라고 그에게 되돌아 온 이 초고를 숨겨버리는 것이 낫겠다고 생각했다. 그러나 화이트는 기억력이 좋은 사람이다. 그는 회사의 입장에서는 아동과 청소년의 야간노동의 금지는 '불가능한 일이며, 공장의 문을 닫는 것과 다름없다'는 것과 그럼에도 그들의 회사에는 18세 미만의 소년은 6%를 조금 넘을 뿐이며 13세 이하는 겨우 1%(!)밖에 되지 않는다는 것을 정확하게 기억하고 있었다.[311]

애터클리프에 있는 철강회사 샌더슨, 브로스 사의 샌더슨은 동일한 사안에 대해 다음과 같이 밝히고 있다.

"18세 미만 소년의 야간노동을 금지하는 것은 커다란 곤란을 야기할

---

310) 같은 보고서, 80호, 별첨 16-17쪽.
311) 같은 보고서, 82호, 별첨 17쪽.

수도 있다. 가장 큰 어려움은 소년노동을 성인남성노동으로 바꿀 때 발생하는 비용의 증가이다. 그 액수가 얼마인지는 말할 수 없지만, 아마도 공장주가 강철가격을 올릴 수 있을 정도로 많지는 않을 것이기 때문에 손실은 공장주의 부담이 될 것이다. 성인남자들은(얼마나 성질이 더러운 패거리인가!) 당연히 그 비용을 부담하는 것을 거부할 것이기 때문이다."

샌더슨은 그가 아이들에게 얼마를 지불할지를 몰랐지만,

"아마 주급 4-5실링 정도 될 것이다. … 소년노동은 일반적으로(물론 '개별적인 경우에는' 언제나 그렇지 않다) 그들의 힘으로도 충분한 종류의 작업들이며, 따라서 성인남자의 더 센 힘에서 나오는 이익이 손실을 메울 수 있는 정도는 아니다. 다만 금속이 매우 무거운 몇몇 경우에서는 그럴 수 있다. 또한 성인남성은 소년을 자기들 밑에 두는 것을 더 좋아한다. 성인남성이 더 말을 안 듣기 때문이다. 게다가 소년들은 일을 배우기 위해서는 어려서부터 시작해야 한다. 소년들의 노동을 주간노동으로만 제한하는 것은 이러한 목적을 충족시키지 못할 수 있다."

왜 안 되는가? 왜 소년들은 낮에는 기술을 배울 수 없는가? 당신이 그렇게 말하는 근거는 무엇인가?

"그렇게 하면 매주 교대로 주간노동과 야간노동을 하는 성인남성들은 야간노동을 하는 동안에는 자기 조의 소년들과 분리될 수밖에 없기 때문에, 그들이 소년들로부터 얻어낼 수 있는 벌이의 절반을 잃어버리기 때문이다. 즉 성인남성들이 소년들에게 제공하는 작업지침은 이 소년들의 임금의 일부로 계산되며 따라서 성인남성들은 소년노동을 더 저렴하게 얻을 수 있도록 해준다. 모든 성인남성은 벌이의 절반은 잃어버릴 것이다."

다른 말로 하면, 샌더슨 사는 성인남성들의 임금의 일부를 소년들의 야간노동으로 지불하는 대신에 자신의 주머니에서 지불해야 한다. 이 경우에 샌더슨 사의 이윤은 약간 줄어든다. 그리고 이것이 왜 소년들이 그들의 기술을 낮에는 배울 수 없는가에 대한 샌더슨의 그럴듯한 이유이다.[312] 게다가 이제 정규 야간노동을 소년들에게서 떼어내 성인남성들에게 부담하게 한다면, 그들은 그것을 견뎌낼 수 없다. 결론적으로 말하면, 너무 많은 어려움들이 아마도 야간노동을 완전히 폐지시킬 수도 있을 것이다. 샌더슨은 "강철생산 그 자체만을 본다면 아무런 차이도 없을 것이지만, 그러나!"라고 말한다. 그러나 샌더슨은 강철생산 외에도 더 많은 일을 해야만 한다. 강철생산은 이윤을 만들기 위한 구실일 뿐이다. 용광로나 압연공장, 건물, 기계장치, 철, 석탄 등은 철강으로 변하는 일 외에도 할 일이 많다. 이것들은 잉여노동을 흡수하기 위해 존재한다. 그리고 당연히 12시간보다는 24시간에 더 많은 잉여노동을 흡수한다. 이것은 사실상 샌더슨 사에게 일정 직공들의 하루 24시간 노동에 대한 청구권을 신과 법의 이름으로 부여하는 것인데, 노동을 흡수하는 이 기능이 중단되자마자, 자본으로서의 성격은 사라지며 따라서 샌더슨 사에게는 순수한 손실로 되어버린다.

"그러나 그렇게 되면 매우 비싼 기계가 하루의 절반은 가동되지 않기

---

312) "오늘날처럼 반성도 많고 이유도 많은 시대에는 모든 일에 대해, 그것이 아무리 나쁘고 잘못된 것일지라도 그럴듯한 이유를 붙일 줄 모르는 사람은 별 볼일 없는 사람이다. 이 세상에서 타락한 모든 것은 그만한 이유가 있어서 타락한 것이다."(헤겔, 앞의 책, 249쪽)

때문에, 그만큼 손실이 발생하게 될 것이다. 그리고 현재의 제도 하에서 만들어낼 수 있는 생산량을 공급하기 위해서 우리는 수용시설과 기계설비를 두 배로 늘려야 하는데, 그러면 비용도 두 배 증가할 것이다."

그러나 왜 샌더슨 사는 공장, 기계장치, 원료를 낮에만 가동하고 밤에는 '놀리고' 있는 다른 자본가들과는 다르게 특권을 요구하고 있는가?

샌더슨은 샌더슨 사의 이름으로 대답한다.

"가동하고 있지 않은 기계장치로부터 발생하는 손실은 낮에만 작업하는 모든 제조업체에서 일어난다는 것은 사실이다. 그러나 우리의 경우에는 용광로의 가동이 별도의 손실을 입히고 있다. 그것을 계속 가동하면 연료가 낭비되고(현재처럼 노동자들의 생명자원이 낭비되는 대신에), 가동을 중단하면 다시 불을 붙여 필요한 온도에 이르기까지의 시간적 손실이 발생한다. (8세밖에 안 되는 아이들의 수면시간의 손실은 샌더슨 일가의 노동시간의 이득이 된다.) 그리고 용광로 자체도 온도의 변화로 말미암아 상하게 될 것이다."(반면에 같은 용광로는 주야간 노동의 교대로 인해서는 전혀 상하지 않는다.)[313]

---

313) 《아동고용위원회 4차 보고서》, 1865, 85쪽, 별첨 17쪽. 아이들의 '규칙적인 식사시간'으로 인해 용광로에서 방사되는 일정한 양의 열이 '순수한 손실'이며 '낭비'이기 때문에 규칙적인 식사시간은 불가능하다는 유리공장 주인들의 따뜻한 배려에 대해 조사위원회 화이트 위원은, 화폐를 지출하는 데 있어서 자본가의 '절제', '금욕', '절약' 그리고 티무르 타멜란(Timur-Tamerlan)의 인간생명의 '낭비'에 감명을 받은 유어(Ure)나 시니어(Senior) 그리고 이들의 변변치 못한 독일 아류인 로셔 등과는 전혀 다르게 대답하고 있다. "규칙적인 식사시간을 보장함으로써 지금보다 더 많은 일정한 양의 열이 낭비될 수 있다. 그러나 이러한 낭비는 유리공장에 고용된 성장기에 있는 아동들이 음식을 편안하게 먹고 소화시킬 수 있는 틈을 가지지 못함으로써 우리나라에 생겨나고 있는 생명의 낭비에 비하면 화폐가치로 따져보아도 아무것도 아니다."(같은 보고서, 별첨 45쪽) 그리고 지금은 '진보의 해'인 1865

5절
표준노동일을 위한 투쟁
14세기 중엽부터 17세기 말까지 노동일의 연장을 위한 강제법

"노동일이란 무엇인가?" 하루의 가치가 지불된 노동력을 자본이 소비하도록 허용된 시간은 얼마나 될까? 노동일은 노동력 자체의 재생산에 필요한 노동시간을 넘어 얼마나 더 연장될 수 있을까? 우리가 이미 본 것처럼, 이런 질문들에 대해 자본은 다음과 같이 대답한다. 노동일은 하루 24시간 가운데 노동력이 반복적으로 일을 하기 위해 절대로 포기할 수 없는 약간의 휴식시간을 제하고 남는 시간이다. 우선 분명한 것은 노동자는 그의 전 생애에 걸쳐서 노동력 이외에는 아무것도 아니며, 그가 자유롭게 처분할 수 있는 시간은 모두 자연적으로나 법적으로나 노동시간이며, 따라

넌이 아닌가! 들거나 운반하는 데 소모되는 힘을 무시하더라도, 이 아이들이 병이나 납유리를 만드는 유리공장에서 쉬지 않고 작업을 하는 동안인 6시간에 15-20마일을 걷는다! 그리고 노동이 14-15시간 계속되는 경우도 흔하다! 수많은 유리공장에서 모스크바의 방적공장처럼 6시간 교대제가 성행하고 있다. "주중의 노동시간 동안에 6시간이 가장 긴 휴식시간인데, 이 가운데 출퇴근 시간, 씻고, 입고, 먹는 데 드는 시간을 제하면, 실제로는 매우 짧은 휴식시간만이 남는다. 매우 뜨거운 공기 속에서 어려운 작업을 하는 아이들에게 잠을 자는 것이 절대적으로 필요한데, 잠자는 시간을 희생하지 않고는 놀거나 신선한 공기를 마실 시간이 전혀 없다. … 이 짧은 수면조차도 밤에는 스스로 일어나야 하고 낮에는 밖에서 들려오는 소음으로 인해 잠이 깨기 때문에 중단되기 일수이다." 화이트는 36시간을 쉬지 않고 일한 한 소년의 경우와 12살의 소년이 밤 2시까지 일하고 난 후 낮일을 다시 시작하기 위해 공장에서 5시까지(3시간!) 잠을 잔 경우를 예로 들고 있다! 일반보고서 편집자인 트레멘히어와 투프넬은 다음과 같이 말하고 있다. "소년소녀 그리고 성인여성들이 주간이나 야간의 노동시간 중에 수행하는 노동의 양은 실로 엄청나다."(같은 보고서, 별첨 43-44쪽) 이들이 일하고 있는 사이에 '너무나 금욕적'인 유리자본가는 어느 늦은 밤에 포도주에 취해 비틀거리면서 클럽에서 나와 "영국인은 노예가 되는 일은 결코 없을 것이다."라고 미친놈처럼 중얼거리면서 집으로 간다.

서 자본의 가치증식에 속한다는 사실이다. 인간다운 교육, 정신적인 발달, 사회적 기능의 수행, 사교, 육체적 그리고 정신적 생명력의 자유로운 활동을 위한 시간 그리고 심지어 일요일의 자유시간조차도 -안식일을 엄수하는 나라에서도[314]- 자본가에 속한다. 참으로 기가 막힐 노릇이다! 그러나 잉여노동을 향한 끝없는 맹목적인 충동과 늑대의 탈을 쓴 갈망으로 자본은 노동일의 도덕적인 한계뿐만 아니라 자연적인 한계까지도 뛰어넘는다. 자본은 신체의 성장과 발육 그리고 건강의 유지에 필요한 시간을 빼앗는다. 자본은 신선한 공기를 마시고 햇볕을 쬐는 데 필요한 시간을 빼앗는다. 자본은 식사시간을 잘라내어 가능한 한 생산과정에 통합시킨다. 그리하여 자본은 증기보일러에 석탄을 공급하거나 기계장치에 윤활유나 기름을 주듯이 노동자를 단순한 생산수단으로 취급하여 그들에게 먹을거리를 제공한다. 자본은 생명력을 모으고 회복하여 활력을 주는 건강에 좋은 수면시간을 완전히 지친 유기체의 소생에 절대적으로 필요한 최소한으로 축소한다. 이런 경우에는 노동력을 정상적인 유지가 노동일의 한계를 결정하는 것이 아니라, 그 반대로 아무리 병적이고 폭력적이고 고통스러울지라도, 하루 가능

---

314) 예를 들어 잉글랜드에서는 아직 농촌에서 노동자가 집 앞의 작은 텃밭에서 일하는 것조차 안식일을 모독했다는 이유로 징역형에 처해진다. 그런데 바로 그 노동자가 일요일에 금속공장, 제지공장 또는 유리공장에 나오지 않으면, 그것이 종교적 이유 때문이라고 할지라도 계약 위반으로 처벌을 받는다. 정교도들이 지배하고 있는 의회는 안식일 모독이 자본의 '가치증식 과정' 때문에 일어났을 경우에는 모른척한다. 생선과 가금류를 파는 런던의 상점에서 일하는 일용직 노동자들의 일요노동 폐지를 요구하는 진정서(1863년 8월)에는 그들의 노동시간이 '월요일부터 토요일까지는 하루 평균 15시간'이며 '일요일에는 8-10시간'이라고 쓰여 있다. 또한 우리는 그 진정서에서 엑서터 홀(Exeter Hall, 런던에 있는 건물로 종교단체와 자선단체의 회합장소 -편집자)에 몰려드는 고귀한 위선자들의 까다로운 식도락이 '일요노동'을 하도록 충동질하고 있다는 사실을 추측할 수 있다. 이 '매우 경건한 사람들'은 '자신들의 육체적 건강'에는 그렇게 열중하면서 제3자의 과도노동, 궁핍 그리고 굶주림에 대해서는 신에 순종하듯이 참아냄으로써 그들의 그리스도에 대한 믿음이 진실임을 증명하고 있다. 배가 부르다는 것은 그대들(노동자들)에게는 매우 유해하다.

한 최대한의 노동력의 소모가 노동자의 휴식시간의 한계를 결정한다. 자본은 노동력의 수명을 문제 삼지 않는다. 자본이 관심을 가지는 것은 오로지 하루 노동일에 동원할 수 있는 노동력의 최대치이다. 자본은, 마치 탐욕스러운 농장주가 토양의 비옥도를 떨어트림으로써 수확을 늘리는 것처럼, 노동력의 수명을 단축시킴으로써 이 목적을 달성한다.

따라서 본질적으로 잉여가치의 생산, 즉 잉여노동의 흡수인 자본주의적 생산은 노동일의 연장을 통해 노동력의 정신과 신체의 정상적인 발달과 활동조건들을 빼앗아감으로써, 인간 노동력의 발육 부전만을 초래하는 데 그치지 않는다. 더 나아가 자본주의적 생산은 노동력 자체를 너무 일찍 소진시키고 사망에 이르게 한다.[315] 자본주의적 생산은 노동자의 생애를 단축시킴으로써 주어진 기간 동안 그의 생산시간을 연장한다.

그러나 노동력의 가치는 노동자의 재생산과 노동자계급의 번식에 필요한 상품의 가치를 포함하고 있다. 따라서 자본이 자기증식을 향한 끝없는 충동을 위해 어쩔 수 없이 해야 하는 자연의 이치에 어긋나는 노동일의 연장이 개별 노동자의 생존기간과 더불어 노동력의 존속기간을 단축시킨다면, 소모된 노동력의 재빠른 교체가 필요하게 되어, 노동력의 재생산에 더 많은 비용이 들게 된다. 이는 기계의 마모가 빠르면 빠를수록, 매일 재생산되어야 할 기계의 가치부분도 더 커지는 것과 똑같다. 이런 이유로 자본은 자신의 이득을 위해 표준노동일을 인정해야 하는 것처럼 보인다.

---

315) "우리는 지나친 노동시간이 … 인간의 노동력을 때 이르게 소진시킬 위험을 가지고 있다는 사실을 증명한 여러 경험 있는 공장주들의 진술을 이전의 보고서에 실었다."(같은 보고서, 64호, 별첨 13쪽)

노예 소유자는 말을 사는 것처럼 노동자를 구매한다. 그가 노예를 잃는다면 그는 자본을 잃는 것이다. 그리고 이 잃어버린 자본은 노예시장에서 새로운 비용을 들여 사들여야 한다. 그러나 "조지아의 논이나 미시시피의 늪지대가 인체를 치명적으로 파괴할 수도 있다. 그렇다고 해도 버지니아나 켄터키에 노예로 가득 찬 사육장은 이러한 인명의 낭비를 보충할 수 있다. 노예주인은 자신의 이익과 일치하는 경우에만 노예를 인간적으로 다룬다. 이러한 경제적 이유가 노예를 인간적으로 다루게 하는 일종의 보장책이 될 수 있었지만, 노예무역이 도입된 후에는 바로 그 경제적 이유가 노예를 무자비하게 혹사시키는 원인으로 변했다. 일단 노예주인의 사육장이 외국의 흑인 사육장으로부터 수입된 노예로 가득 채워질 수 있게 되자마자, 노예가 얼마 동안 사는가는 그가 살아 있는 동안의 생산성보다 덜 중요하게 되었기 때문이다. 따라서 노예를 수입하는 나라에서 노예를 다루는 원칙은, 가능한 한 짧은 시간에 가능한 한 많은 양의 노동을 인간가축으로부터 짜내는 것이 가장 경제적이라는 데 있었다. 연간 이윤이 농장의 총자본과 맞먹을 정도인 열대작물 재배에서는 흑인의 생명이 무자비하게 희생되고 있다. 아프리카 인종을 삼켜버린 것은 바로 수백 년 전부터 엄청난 부의 요람이 된 서인도의 농업이었다. 오늘날 수백만£의 수입을 내면서 농장주가 왕족과 다름없이 살고 있는 쿠바에서 노예계급의 대부분이 형편없는 음식과 쉴 새 없이 죽도록 혹사당하는 것은 물론 과로와 수면 그리고 휴식의 부족으로 고통 받으며 해마다 서서히 죽어가는 것을 볼 수 있다!"[316]

---

316) 케언스, 앞의 책, 110-111쪽.

이름은 다르지만, 너를 두고 하는 말이다! 노예무역 대신 노동시장으로, 켄터키와 버지니아 대신 아일랜드 그리고 잉글랜드, 스코틀랜드, 웨일스의 농업지역으로, 아프리카 대신에 독일로 바꾸어 읽어보라! 우리는 과도노동이 어떻게 런던의 제빵공들을 갈아치우는가를 들었다. 그럼에도 런던의 노동시장은 언제나 제빵업에 목숨 건 독일인과 다른 지원자로 넘쳐나고 있다. 우리가 이미 본 것처럼, 도자기 제조업은 노동자의 수명이 가장 짧은 산업부문 가운데 하나이다. 그래서 도자기공이 부족한가? 새로운 도자기 제조법의 발명자이자 그 자신이 평범한 노동자 출신인 조사이어 웨지우드는 1785년 하원에서 도자기제조업에는 총 15,000명에서 20,000명이 고용되어 있다고 밝혔다.[317] 그런데 1861년 그레이트브리튼에서 이 산업에 고용된 인구는 도시에서만도 101,302명에 달했다.

"면직공업은 90년을 헤아린다. … 잉글랜드에서 이 공업은 3세대 만에 9세대의 면직노동자를 삼켜버렸다."[318]

물론 몇 차례의 열광적인 호황기에는 노동시장에 우려할 만한 공급 부족이 나타나기도 했다. 1834년이 그러했다. 그 당시에 공장주는 '구빈법 위원' 앞에서 농업지역의 '과잉인구'를 북부지역으로 보낼 것을 제안했고, '그들이 과잉인구를 흡수하고 소비할 것'이라고 설명했다. 이것이 그들의 약속이었다.[319]

---

317) 존 워드, 《스토크-어폰-트렌트 시(市) 등의 역사》, 런던, 1843, 43쪽.

318) 1863년 4월 27일에 하원에서 행한 페런드의 연설.

319) "That the manufacturers would absorb it and use it up. Those were the very words used by the cotton manufacturers."(앞의 연설)

"구빈법위원의 승인에 따라 맨체스터에 이 일을 담당할 정부요원이 임명되었다. 농업노동자 명부가 작성되어 담당자들에게 넘겨졌다. 공장주들이 사무실로 달려가서 그들에게 알맞은 사람을 선택하면 그 가족은 잉글랜드의 남부에서 보내졌다. 이 인간화물은 상품꾸러미처럼 꼬리표가 붙어 운하나 짐마차로 운반되었다. 일부는 어슬렁거리며 뒤따라갔는데, 이들 가운데 많은 사람들이 길을 잃고 굶주림에 지친 상태로 공장 지역을 헤매고 다녔다. 이것은 진짜 돈벌이가 되었다. 하원은 이 사실을 거의 믿지 않을 것이다. 이 정기적인 거래, 인신매매라는 악덕 돈벌이가 계속되었으며, 이 사람들은 흑인이 아메리카 남부주의 면화농장주에게 팔리는 것과 똑같이 맨체스터 정부요원들과 맨체스터 공장주들 사이에서 정기적으로 매매되었다. … 1860년은 면직공업이 절정에 달한 해였다. … 다시 일손이 부족했다. 공장주들은 다시 인육중개상에게 도움을 청했다. … 그리고 이들은 도싯의 모래언덕과 데번의 구릉 그리고 월트서의 평원을 샅샅이 뒤졌지만 과잉인구는 이미 다 먹어 치운 뒤였다."

《베리 가디언》Bury Guradian지紙는 잉글랜드와 프랑스 사이의 통상조약이 체결된 후에는 10,000명의 추가 일손이 흡수될 수 있었지만, 곧바로 30,000에서 40,000명이 더 필요할 수도 있다고 한탄했다. 인육매매업자와 그 하수인들이 1860년 농업지역을 거의 남김없이 샅샅이 뒤진 후에,

"한 공장주 대표는 구빈원에서 가난한 아이들과 고아를 공급하는 일을 다시 허락해 달라는 청원서를 가지고 구빈원장인 빌리어즈에게 도움을

청했다.[320]

　자본가는 일반적인 경험을 통해 과잉인구, 즉 자본의 당면한 가치증
식에 비해 상대적으로 과잉된 인구가 지속적으로 존재한다는 것을 알고 있

320) 같은 연설. 빌리어즈는 그렇게 해주고 싶어도 '법률상' 공장주들의 요구를 거절해야
할 처지였다. 그러나 그들은 지방 빈민원이 베푼 호의 덕분에 목적을 달성할 수 있었다. 공
장감독관 레드그레이브(Redgrave)는 고아와 가난한 어린이를 '법률상' 도제로 간주하는 이
제도가, 물론 이전에 '스코틀랜드의 농업지역'으로부터 랭커셔나 체서로 데려온 소녀와 젊
은 여성들에 대해 남용된 경우가 있기는 하지만, 이번에는 '과거의 폐해'(이 '폐해'에 관하
여는 엥엘스의 앞의 책과 참조하라)가 수반되지 않았다. 이 제도를 통해 공장주는 구빈원
과 일정한 기간 동안 계약을 체결한다. 그는 아이들에게 의식주를 제공하고 얼마 안 되는
수당을 현금으로 지급한다. 레드그레이브의 발언은 이상하게 들리는데, 잉글랜드 면공업
이 호황을 누리던 해 가운데 1860년은, 아일랜드에서의 인구감소, 유례를 찾을 수 없는 잉
글랜드와 스코틀랜드로부터 오스트레일리아와 아메리카로의 이민 그리고 때 맞추어 달성
된 생식력의 파괴와 인육거래자들에 의해 마음대로 처분 가능한 인구의 탕진으로 인한 잉
글랜드 몇몇 농업지역에서의 인구감소에 맞부딪쳐 노동에 대한 특수한 수요가 유례가 없
는 해였을 뿐만 아니라 임금이 높았던 해였다는 것을 고려하면 특히 그러하다. 이 모든 사
실에도 레드그레이브는 다음과 같이 말하고 있다. "이러한 종류의 노동(구빈원 아동의 노
동)은 다른 노동을 발견할 수 없는 경우에만 찾게 된다. 가격이 높기 때문이다. 13세 소년
의 통상임금은 주당 4실링인데, 50-100명의 이런 소년들에게 숙소를 제공하고 입히고 먹
이고, 건강을 살피고 적절하게 감시하는 비용, 거기에다가 얼마 안 되는 수당의 현금 지급
까지 합치면 소년 한 명당 주급 4실링으로는 부족하다."《공장감독관 보고서》1860년 4월
30일, 27쪽) 레드그레이브는 공장주가 50-100명의 소년들을 재우고 먹이고 감시하는 일
을 4실링으로 할 수 없다면, 어떻게 노동자 자신은 자식들이 벌어 오는 4실링을 가지고 그
들을 위해 이 모든 것을 할 수 있겠는가에 대해 말하는 것을 잊어버렸다. 보고서의 본문에
서 잘못된 결론을 끌어내는 것을 막기 위해 나는 여기에서 하나를 더 언급해야만 한다. 노
동시간 등을 규정하고 있는 1850년의 공장법이 적용된 이래로 잉글랜드의 면직공업은 모
범산업으로 간주되어야만 한다는 사실이다. 잉글랜드의 면직공업에 종사하는 노동자들은
운명을 같이 하는 대륙의 동료들보다 모든 점에서 더 낫다. "프로이센의 공장노동자는 잉
글랜드의 경쟁자보다 주당 적어도 10시간은 더 일한다. 그리고 그가 자신의 베틀을 가
지고 집에서 일을 하면, 이러한 추가 노동시간의 한계 자체도 사라지게 된다."《공장감독
관 보고서》, 1855년 10월 31일, 103쪽) 레드그레이브는 1851년의 산업박람회 후에 공장상
황을 연구하기 위해 유럽 대륙 가운데에서도 특별히 프랑스와 프로이센을 여행했다. 그는
프로이센 공장노동자에 대해 다음과 같이 말하고 있다. "그는 익숙해져 있어 만족할 정도
의 소박한 식사와 약간의 안락을 얻을 만한 임금을 받는다. … 그는 잉글랜드의 경쟁자보
다 더 못살고 더 힘들게 일한다."《공장감독관 보고서》, 1853년 10월 31일, 85쪽)

다. 그리고 이 과잉인구는 발육이 부진하고, 단명하며, 급속히 교체되는, 말하자면 채 익기도 전에 따먹히는 수 세대의 인파로 구성된다.[321] 물론 사려 깊은 관찰자는 경험을 통해 다음과 같은 사실을 알게 된다. 즉 역사적으로 말하면 겨우 어제 시작된 자본주의적 생산이 얼마나 급속하게 또 얼마나 깊숙이 인민의 삶의 근원을 장악했는지, 어떻게 공업인구의 퇴화가 단지 농촌으로부터 자연발생적인 생명요소들의 끊임없는 흡수에 의해 늦추어지고 있는지, 그리고 자유롭게 살며 그들 가운데 가장 강한 개체만을 생존시키는 자연도태의 법칙이 강력하게 지배하고 있음에도 농업노동자들조차 이미 죽어나가기 시작했다는 것을 알게 된다.[322] 자신을 에워싸고 있는 노동자세대의 고통을 부인하기에 '확실한 이유'를 가지고 있는 자본은, 인류가 장차 퇴화하여 결국은 인구가 계속 감소할 것이라는 전망에 대해서는, 지구가 태양으로 추락할 가능성이 있다는 전망에서와 마찬가지로 실제로 행동하는 데는 전혀 영향을 받지 않는다. 주식투기의 경우에, 언젠가 폭풍우가 칠 수밖에 없을 것이라고 다들 알고 있지만, 누구나 자신은 돈벼락을 맞아서 그것을 안전하게 옮긴 다음에야 이웃의 머리에 벼락이 떨어지기를 바란다. 내일 일은 내일 걱정하라!Après moi le déluge 이것이 모든 자본가와

---

321) "과도한 노동을 하는 사람들은 놀라울 정도로 빨리 죽는다. 그러나 사라진 자의 자리는 곧바로 다시 채워진다. 등장인물의 빈번한 교체는 무대에 아무런 변화도 가져오지 않는다."(웨이크필드, 《잉글랜드와 아메리카》, 런던, 1833, 1권, 55쪽)

322) 1864년 런던에서 발간된 《공중위생, 1863년 추밀원 의무관 보고서》를 보라. 이 보고서는 특히 농업노동자에 대해 다루고 있다. "서덜랜드 주(州)는 꽤 괜찮은 지방으로 알려져 있지만, 최근의 조사에 따르면 한때 힘센 남자와 용감한 병사로 유명했던 이 주의 여러 지방에서도 주민들이 여위고 쇠약한 인종으로 퇴화했다는 사실을 발견했다. 바다를 마주보는 언덕바지에 위치하고 있어 건강에 가장 좋은 거주지임에도, 이곳 아이들의 얼굴은 런던 뒷골목의 더러운 환경에서나 볼 수 있을 만큼 야위고 창백하다."(손튼, 앞의 책, 74-75쪽) 실제로 그들은 글래스고우의 뒷골목이나 막다른 길에서 매춘부나 도둑들과 함께 살아가고 있는 30,000명의 '용감한 스코틀랜드 하일랜드 사람'와 별 차이가 없다.

자본가 국가의 표어이다. 자본은 사회가 강요하지 않는 이상 노동자의 건강과 수명을 전혀 고려하지 않는다.[323] 육체와 정신의 발육 부진, 조기 사망 그리고 과도노동의 고통에 대한 한탄에 대해 자본은, 그러한 고통이 우리의 즐거움(이윤)을 증가시키는데 왜 우리가 괴로워해야 하는가라고 대답한다. 그러나 대체로 이런 상황은 개별자본의 악의나 선의에 달려 있지 않다. 자유경쟁은 자본주의적 생산에 내재하는 법칙들을 개별자본가들에게 외부에서 강제하는 법칙으로 작용하게 한다.[324]

표준노동일의 제정은 자본가와 노동자 간의 수 세기에 걸친 투쟁의 결과이다. 그러나 이 투쟁의 역사는 서로 대립하는 두 가지 흐름을 보여주

---

323) "주민의 건강이 국가자산의 매우 중요한 요소임에도, 유감이지만 자본가는 이 보물을 지키고 그 가치를 존중하려는 의사가 전혀 없다는 것을 인정하지 않을 수 없다. … 노동자들의 건강을 배려하도록 공장주들에게 강제된 것이다."(《타임스》, 1861년 11월 5일자) "웨스트 라이딩 사람들은 인류를 대상으로 직물을 제조하게 되었다. … 노동자들의 건강은 희생되었다. 몇 세대 안 가서 이 종족은 퇴화될 수도 있었지만, 이에 대한 반작용이 일어났다. 아동의 노동시간이 제한된 것이다."(《호적부 장관의 22번째 연차보고서》, 1861)

324) 따라서 우리는 예를 들어 1863년 초에 웨지우드 부자의 회사를 비롯한 스태포드셔에 큰 규모의 도자기공장을 소유하고 있는 26개의 회사가 어떤 감사의 글에서 '국가의 강제적인 간섭'을 청원했다는 사실을 발견한다. '다른 자본가들과의 경쟁'이 아동 노동시간 등을 '자발적으로' 제한할 수 없게 만든다는 것이다. "따라서 우리가 앞에서 언급된 폐해를 아무리 한탄한다 하더라도, 이 폐해를 공장주들 간의 어떤 타협을 통해 방지하는 것은 불가능해 보인다. … 이 모든 점을 고려하여 우리는 어떤 강제법이 필요하다는 확신에 도달했다."(《아동고용위원회 1차 보고서》, 1863, 322쪽)
이 주석에 대한 보충: 최근에 일어난 일은 더 확실한 실례를 보여준다. 엄청난 호황기에 면화가격의 등귀가 블랙번의 면직공장 주인들로 하여금 공동협약을 통해 일정한 기간 동안 공장에서의 작업시간을 단축하게 했다. 이 기간은 1871년 11월 말경에 끝났다. 이 기간 동안에 방직업과 방적업을 동시에 경영하는 부유한 공장주들은 앞의 협정으로 인해 발생한 생산의 감소를 자신들의 사업의 확장하는 데 이용하여, 소규모 공장주들의 희생 하에 막대한 이윤을 올리려고 했다. 이러한 곤란한 상황에 처하자 소규모 공장주들은 공장노동자들에게 9시간 노동을 위한 투쟁을 본격적으로 전개하라고 호소했으며, 이 목적을 위해 기부금을 내놓겠다고 약속했다!

고 있다. 예를 들어 현재 잉글랜드의 공장입법을 14세기부터 18세기 중엽까지의 잉글랜드의 노동법령들과 비교해보자.[325] 근대 공장법은 노동일을 강제로 단축한 반면에, 이전의 법령은 노동일을 강제로 연장하려고 했다. 물론 아직 경제적 관계에서만 나오는 힘으로는 충분한 양의 잉여노동을 흡수할 수 없어서 국가권력의 도움으로 그 권리를 보장받던 맹아기의 자본의 요구는, 이제 성년이 된 자본이 투덜거리면서 마지못해 하는 양보에 비하면 정말로 겸손해 보인다. 자본주의적 생산방식이 발전된 결과로 '자유로운' 노동자가 사회적인 이유로 어쩔 수 없이 자신의 일상적인 생활수단의 가격을 받고, 그가 활동할 수 있는 전 생애의 노동능력 자체를 파는 것을 자발적으로 동의하기까지는, 즉 죽 한 그릇에 맏아들의 권리를 팔기까지는(창세기 25장 29-33절. 맏아들인 에서가 사냥에서 돌아와 배가 고픈 나머지 야곱이 끓여 놓은 죽을 먹기 위해 자신의 맏아들의 권리를 넘기는 부분 - 옮긴이) 몇 세기가 걸렸다. 따라서 14세기 중엽부터 17세기 말까지 자본이 국가 권력을 이용하여 성인노동자들에게 강요하려고 했던 노동일의 연장이, 19세기 후반에 아이들의 피가 자본으로 되는 것을 막기 해서 이곳저곳에서 국가에 의해 가해진 노동일의 제한과 대략 일치하는 것은 당연한 일이다. 예를 들어 북아메리카 공화국nordamerikanische Republik에서 최근까지 가장 자유로운 주인 매사추세츠에서 12세 미만 아동의 노동에 대해 공포된 법적 한도는 잉글랜드에서는 17세기 중엽까지도 혈기왕성한 수공업자나 건장한 일꾼 그리고 몸집이 큰 대장장이의 표준노동일이었다.[326]

---

325) 프랑스와 홀란드 등에서도 발견되는 이런 노동자법령(Arbeiterstatute)은 잉글랜드에서는 생산관계의 발전에 의해 이미 오래 전에 효력을 상실한 후인 1813년에서야 비로소 공식적으로 폐지되었다.

326) "12세 미만의 아동은 어떤 제조업체에서도 하루 10시간 이상 일할 수 없다."(《매사추세츠 일반법》, 60장, 3조) 이 법령은 1836년에서 1858년까지 공포되었다) "면, 양모, 비단,

최초의 '노동자법령'(에드워드 3세 23년, 1349년)은 그 직접적인 구실(원인이 아니다. 이런 종류의 입법은 그 어떤 구실도 하지 않고 몇 세기 동안 존속하기 때문이다)을 인구의 급격한 감소를 가져온 지독한 전염병인 흑사병에 찾고 있다. 이런 까닭에 토리당의 한 저술가는 "노동자를 적정한 가격으로(즉 노동자의 사용자에게 적정한 양의 잉여노동을 남겨주는 가격) 일을 하도록 하는 어려움이 사실상 견디기 힘들게 되었다."[327]고 말할 정도였다. 따라서 적정한 임금은 노동일의 한계와 마찬가지로 법률에 의해 강제로 지정되었다. 지금 우리의 유일한 관심사인 노동일의 한계는 1496년(헨리 7세 치하)의 법령에서 되풀이되고 있다. 전혀 실시되지는 않았지만, 3월부터 9월까지 수공업자와 농업노동자의 하루 노동은 아침 5시부터 저녁 7시나 8시까지 계속되는데, 식사시간은 아침에 1시간, 점심에 1시간 30분 그리고 오후 4시의 간식시간 30분이었는데, 이는 현행 공장법의 꼭 2배였다.[328] 겨울에도

　　종이, 유리, 아마공장이나 또는 철과 놋쇠 제조업체에서는 하루 10시간 동안 수행된 노동이 법으로 규정된 하루 노동으로 간주되어야 한다. 그리고 앞으로는 모든 공장에 고용된 미성년자에게 하루 10시간 이상이나 일주일에 60시간 이상 일하도록 억류하거나 강요할 수 없다. 또한 이 주의 어떤 공장에서도 앞으로는 10살 미만의 미성년자를 노동자로 채용해서는 안 된다."(《뉴저지 주, 노동시간 제한 등에 관한 법령》, 1조와 2조, 1851년 3월 18일의 법령) "12세 또는 15세 미만의 미성년자를 어떤 제조업체에서도 하루 11시간 이상, 아침 5시 이전에 그리고 저녁 7시 30분 이후에 일을 시켜서는 안 된다."(《로드 아일랜드 주등의 개정법령》, 39장 23조, 1857년 7월 1일)

327) 바일즈(J. B. Byles), 《자유무역의 궤변》, 제7판, 런던, 1850, 205쪽. 이 토리당원은 다음과 같은 사실도 인정하고 있다. "노동자에게 불리하고 사용자에게 유리하게 임금을 규정한 의회의 법령들이 464년이라는 오랜 기간 동안 존속했다. 인구는 증가했다. 이제 이 법령들은 불필요한 짐이 되었다."(앞의 글, 206쪽)

328) 존 웨이드는 이 법령에 대해 다음과 같이 정당하게 말하고 있다. "1496년의 법령에서는 음식물에 들어가는 비용이 수공업자의 경우에는 소득의 ⅓, 농업노동자의 경우에는 소득의 ½에 해당되는 것으로 미루어 짐작할 수 있다. 이것은 노동자의 자립도가 현재에 비해 매우 높았다는 사실을 보여준다. 오늘날 널리 퍼져있는 농업이나 매뉴팩처에 종사하

휴식시간은 같았으며 노동자들은 아침 5시부터 어두워질 때까지 일을 해야 했다. 1562년 엘리자베스의 법령은 '일당이나 주급으로 고용된' 모든 노동자에 대한 하루 노동의 길이는 그대로 두고 중간 휴식시간을 여름에는 2시간 30분 겨울에는 2시간으로 단축하려고 했다. 그리고 점심식사는 30분 만에 해치워야 하며 '30분의 낮잠'은 5월 중순부터 8월 중순까지만 허용되었다. 일하러 나타나지 않는 경우에는 1시간당 1다임(약 8페니히)을 임금에서 공제하도록 했다. 그러나 실제로는 법령에 규정된 것보다 상황은 노동자에게 훨씬 더 유리했다. 정치경제학의 아버지이며 통계학의 창시자라고도 할 수 있는 윌리엄 페티는 17세기 말경(1672)에 출간된 한 저서에서 다음과 같이 말하고 있다.

"노동자Labouring men(엄밀히 말하면 당시의 농업노동자)는 매일 10시간 일하며 주당 20번의 식사시간, 즉 평일에는 3번 일요일에는 2번의 식사시간을 가진다. 이로부터 노동자들이 금요일 저녁을 먹지 않고, 11시부터 1시까지의 점심식사 시간을 1시간 30분으로 줄인다면, 즉 그들이 1/20을 더 일하고 1/20 덜 소비한다면, 이것만으로도 앞에서 언급한 세금의 10%는 조달될 수 있다는 사실을 분명하게 알 수 있다."[329]

1833년의 12시간 법안을 암흑시대로의 퇴보라고 비난한 앤드류 유어 박사는 정당하지 않은가? 물론 위의 여러 법령에 포함되어 있으며 페티

는 노동자의 음식물 비용이 임금에서 차지하는 비중은 이보다 훨씬 높다. (웨이드, 앞의 책, 24-25쪽과 577쪽) 플리트우드 주교의 《물가연표》(1판, 런던, 1707, 2판, 런던, 1745)를 얼핏 보기만 해도 이러한 차이가 어쩌면 지금과 당시의 식료품과 의류 간의 가격 차이에서 비롯되었다는 주장을 논박할 수 있다.

329) 페티, 《아일랜드의 정치적 해부, 1672》, 1691년 판, 10쪽.

에 의해 언급된 이 규정들은 도제에게도 적용된다. 그러나 17세기 말까지 아동노동이 어떤 상태였는가 하는 것은 다음의 불평을 통해 미루어 짐작할 수 있다.

"여기 잉글랜드에서 소년들은 도제가 되기 전까지 아무 일도 하지 않는다. 그리고 도제가 된 후 완전한 수공업자로 만들어지기 위해 보통의 경우에는 7년이라는 오랜 시간이 필요하다."

이와 반대로 독일은 칭찬받는다. 독일에서는 아이들은 요람에서부터 적어도 '조금이나마 일을 배우면서 길러지기' 때문이다.[330]

---

330) 《기계공업 장려의 필요성에 관한 담론》, 런던, 1690, 13쪽. 잉글랜드의 역사를 휘그당원과 부르주아의 이익에 걸맞도록 날조한 매콜리(Thomas Macaulay, 1800-1859, 잉글랜드의 역사학자이자 정치가. 휘그당 하원의원, 맑스와 동양의 개념에 관한 논쟁을 펼침 - 옮긴이)는 다음과 같이 열변을 토하고 있다. "아이에게 어릴 때부터 지나치게 일을 시키는 관행이 17세기 당시의 공업 상황에서는 거의 믿을 수 없을 정도로 널리 퍼져 있었다. 모직공업의 중심지인 노르위치에서는 여섯 살의 아이를 노동능력을 가진 것으로 간주했다. 그 당시의 여러 저술가들은, 그 중에는 꽤 마음씨가 착하다고 인정되는 사람들도 있었는데, 이 도시에서만도 소년소녀들이 만들어내는 부가 이들의 생계비를 넘어 연간 12,000£에 달한다는 사실을 '의기양양하게' 말하고 있다. 우리가 지난 역사를 더 정확하게 살펴보면 볼수록, 우리 시대를 새로운 사회적 해악으로 가득찬 것으로 간주하는 사람들의 견해를 반박할 수 있는 이유를 더 많이 발견하게 된다. 새로운 것은 이 해악을 발견하는 지성과 치료하는 인간애이다."(《잉글랜드의 역사》, 1권, 417쪽) 매콜리는 계속해서, 17세기에 상인의 옹호자인 '매우 마음씨가 착한 사람들이' 홀란드의 한 구빈원에서 네 살배기에게 일을 시킨다는 사실을 '의기양양하게' 이야기했다는 것과 '실천에 옮겨진 선행'의 이러한 실례가 아담 스미스 시대에 이르기까지 매콜리 같은 부류의 인도주의자의 많은 저서에서 본보기로 다루어졌다는 사실도 전해 줄 수 있었다. 수공업과는 달리 매뉴팩처가 출현함에 따라 아동착취의 흔적은 모습을 드러내는데, 이 착취는 이전부터 어느 정도까지는 농민에도 존재했다. 농민에게 가해지는 부담이 심해질수록 아동에 대한 착취도 더 발전했다. 자본이 아동을 착취하는 경향이 있다는 사실은 아주 명백하지만, 그러한 사실 자체는 머리 두 개 달린 아이가 나타나는 것처럼 아직 매우 드문 현상이다. 따라서 이런 사실은 불길한 예감을 품고 있는 '상인의 옹호자'에 의해 '의기양양하게' 동시대 사람들이나 후세를 위해 기억할 만하고 경탄할 만한 것으로 기록되었고, 그것을 모방하도록 권장되었다. 이 스코틀랜드 출신의 아첨꾼이

대공업의 시기로 가는 18세기 대부분에 걸쳐 잉글랜드에서 자본은 농업노동자를 제외하고는 노동력의 1주일 가치를 지불하여 노동자의 1주일 전체를 자기 것으로 만들지 못했다. 농업노동자만은 예외였다. 노동자가 4일치의 임금을 가지고 1주일 내내 살아갈 수 있다는 사정은 그에게는 나머지 2일을 자본가를 위해 일해야 한다는 충분한 이유가 되지 못했다. 잉글랜드의 경제학자 가운데 일부는 자본의 편에 서서 노동자의 완고한 생각을 맹렬하게 비난했으며, 다른 일부는 노동자를 옹호했다. 예를 들어 그의 《상업사전》이 오늘날의 맥컬록과 맥그리거의 저술에 버금가는 명성을 당시에 얻고 있던 포슬렛와이트Postlethwayt와 앞에서 인용한 "상공업에 관한 에세이"의 저자 사이의 논쟁을 들어보자.[331]

포스렛와이트는 특히 다음과 같이 말하고 있다.

"노동자industrious poor가 5일간의 노동으로 살아가는 데 충분한 임금

_____

자 달변가인 매콜리는 '오늘날 우리가 듣는 것은 퇴보뿐이며, 보는 것은 진보뿐'이라고 말한다. 도대체 어떻게 생긴 눈이고, 더욱이 어떻게 생긴 귀인가?

331) 이들 가운데 노동자들을 가장 격렬하게 비난한 자는 본문에서 언급한 1770년 런던에서 출간된 《무역과 상업에 관한 에세이, 조세에 관한 고찰을 포함하여》의 익명의 저자인데, 그는 이미 역시 런던에서 1765년 출간된 저서인 《조세에 관한 고찰》에서도 그러했다. 이루 말할 수 없이 수다스러운 통계학자인 폴로니우스 아서 영(Polonius Arthur Young)도 이런 사람들에 속한다. 노동자의 옹호자들 가운데 가장 앞장 선 사람들은 1734년 런던에서 출간된 《화폐 만능론》의 저자 제이콥 반더린트와 1767년 런던에서 출간된 《현재 식량 가격의 폭등의 원인에 관한 연구》의 저자인 신학박사 나새니엘 포스터(Nathaniel Foster) 목사와 프라이스 박사 그리고 특히 자신의 《상업대사전》에 부록 하나와 《그레이트브리튼의 상업적 이익 해명과 개선》(2판, 런던, 1759)를 집필한 포슬렛와이트 등이 있다. 이러한 사실들 자체는 동시대의 수많은 다른 저술가들, 특히 조시아 터키 등에서 확인된다.

을 받을 수 있다면 6일 전체를 일하지 않으려고 한다는 말은 흔히 듣는 허튼소리이다. 이에 대해 주의를 환기시키지 않고는 나의 간략한 서술을 마칠 수 없다. 이러한 이유로 그들은 수공업자나 매뉴팩처 노동자로 하여금 6일간 쉬지 않고 일할 수밖에 없도록 하기 위해 조세나 그 밖의 다른 수단을 통해 생필품의 가격 자체를 비싸게 만들 필요가 있다는 결론에 도달했다. 내가 이 왕국의 노동자대중의 영원한 노예 상태를 위해 투쟁하고 있는 저 위대한 정치가들과 다른 의견을 가질 수 있도록 허용해 줄 것을 부탁한다. 그들은 '일만하고 놀지 않으면' 바보가 된다는 격언을 잊고 있다. 지금까지 영국의 상품에 전반적인 신용과 명성을 안겨준 잉글랜드 수공업자와 매뉴팩처 노동자의 독창성과 솜씨는 잉글랜드 사람들의 자랑이 아니었던가? 이것은 어떤 상황에 기인하는가? 아마도 우리의 노동대중이 그들 특유의 방식으로 기분 좋게 휴식을 취할 수 있었기 때문일 것이다. 그들이 1주일에 6일 동안 똑같은 일을 반복하면서 1년 내내 일을 하도록 강요당한다면, 그들의 독창성은 무뎌지고, 생기 넘치고 민첩한 대신에 우둔하고 게을러지지 않겠는가? 그리고 우리 노동자들이 이러한 영원한 노예 상태로 인해 그 명성을 유지하는 대신에 잃어버리지 않겠는가? … 이렇게 심하게 혹사당하는 동물에게서 우리는 어떤 종류의 솜씨를 기대할 수 있겠는가? … 그들 가운데 많은 노동자는 프랑스 동료가 5-6일이 걸리는 만큼의 일을 4일 만에 해낸다. 그러나 잉글랜드사람들이 영원히 힘들게 일하는 노동자가 되어야 한다면, 그들은 프랑스 사람들보다 더 퇴화할 우려가 있다. 우리 국민이 전쟁터에서 용맹하기로 유명하다면, 이는 한편으로는 그들의 배를 채우고 있는 잉글랜드의 우수한 쇠고기 구이와 푸딩 덕분이며, 다른 한편으로는 그에 못지 않게 헌법에 의거한 자유정신 덕분이 아니겠는가? 그렇다면 어째서 우리 수공업자와 매뉴팩처 노동자의 우수한 독창성, 에너지 그리고 솜씨는 그들 각자의 특유한 방식으로 휴식을 취하는 자유 덕분이 아니란 말인가? 나는 그들이 이러한 특권을 다시는 잃어버리지 않기를 바라며, 또한 그들 일솜씨와 더불어 의기의 원천인 넉넉한 삶을 잃지 않기를 바란다!"[332]

이에 대해 《상공업에 관한 에세이》의 저자는 다음과 같이 대답한다.

"한 주의 일곱 번째 날을 쉬는 것을 신의 섭리로 여긴다면, 나머지 6일은 노동에(곧 알게 되겠지만, 그가 말하는 것은 '자본에'이다) 속한다는 의미를 포함하고 있다. 따라서 이러한 신의 명령을 강요하는 것을 잔인하다고 꾸짖을 수 없다. … 인간은 보통 태생적으로 안락과 나태에 빠지는 경향이 있다는 것을, 생활수단의 가격이 상승하는 경우 말고는 일주일에 평균 4일 이상 일하지 않는 매뉴팩처 하층민에게서 진짜 그렇다는 사실을 경험했다. … 1부셸의 밀이 노동자의 모든 생활수단을 나타내고 그 가격이 5실링이며, 한 노동자가 매일 노동을 통해 5실링을 번다고 가정해보자. 그렇다면 그는 1주일에 5일만 일하면 된다. 1부셸이 4실링이라면 그는 4일만 일하면 된다. … 그러나 이 왕국에서는 생활수단의 가격에 비해 임금이 훨씬 높기 때문에, 4일 일하는 매뉴팩처 노동자는 그가 일주일의 나머지 3일 동안 놀고 지낼 수 있는 여분의 돈을 가지고 있다. … 1주 6일간의 적당한 노동은 결코 노예 상태가 아니라는 분명한 사실이 내가 말한 것으로 충분하길 바란다. 우리의 농업노동자는 1주 6일 노동을 하고 있으며, 아무리 생각해보

---

332) 포슬렛와이트, 앞의 책,《첫 번째 서론》, 14쪽.

아도 그들은 노동자 가운데 가장 행복한 사람들이다.[333] 그러나 홀란드 사람은 매뉴팩처에서도 1주 6일 노동을 시행하고 있으며 매우 행복한 국민처럼 보인다. 프랑스 사람은 많은 휴일이 일하는 날 중간에 끼어 있지 않으면서 1주에 6일간 일한다.[334] … 그러나 우리나라의 하층민은 잉글랜드 사람으로서의 타고난 권리가 주어져 있어 유럽의 어떤 다른 나라(노동자 대중)보다도 더 자유롭고 독립적이어야 한다는 고정관념을 가지고 있다. 그리고 이러한 생각이 우리나라 병사들의 용감성에 영향을 미치는 한, 어느 정도는 유익할 수도 있다. 그러나 매뉴팩처 노동자가 이러한 생각을 적게 가질수록, 그들 자신이나 국가를 위해서는 더 좋다. 노동자는 결코 그들의 상사로부터 독립되어 있다고 생각해서는 안 된다. … 총인구의 약 ⅞이 재산을 거의 소유하지 못했거나 전혀 소유하고 있지 않은 우리나와 같은 상업국가에서 하층민에게 용기를 북돋우어 주는 것은 위험천만한 일이다.[335] … 우리나라의 노동자가 현재 4일 동안 버는 것과 똑같은 금액으로 6일 동안 노동하는 것에 만족하기의 치료가 완전히 끝나지는 않았다."[336]

이 목적을 위해, 또 '게으름과 방탕 그리고 낭만적인 자유에 대한 환상을 근절'하기 위해, 그리고 '구빈세를 줄이고 근로정신을 조장하고 매뉴팩처에서 노동가격의 인하를 위해', 자본의 충실한 대변자인 에카르트Eckart(중

---

333) 《상공업에 관한 에세이》. 저자는 96쪽에서 이미 1770년에 잉글랜드 농업노동자의 '행복'이 어디에 있는지에 대해 이야기하고 있다. "그들의 노동력은 언제나 최고의 긴장상태에 있다. 그들은 현재 사는 것보다 더이상 나쁘게 살 수도 없으며 더 힘들게 일할 수도 없다."

334) 프로테스탄티즘은 거의 모든 전통적인 휴일을 일하는 날로 만들어 놓음으로써 이미 자본의 발생사에서 중요한 역할을 했다.

335) 《상공업에 관한 에세이》, 41, 15, 96-97, 55-57쪽.

336) 앞의 책, 69쪽. 반더린트는 이미 1734년에 노동대중의 나태함에 대한 자본가의 불평이 단순히 동일한 임금으로 4노동일 대신에 6노동일을 요구했다는 데 있다는 것을 밝혀냈다.

세 독일의 영웅·서사시의 한 인물로 믿음직한 사나이를 의미 - 옮긴이)는 공공복지에 의존하고 있는 노동자, 한마디로 하면 극빈자를 '이상적 구빈원'에 가두어두자는 확실한 방책을 제안했다. '이 집은 공포의 집이 되어야 한다.'[337] 이 '공포의 집', 즉 '이상적 구빈원'에서는 "온전한 12시간 노동이 남도록, 적당한 식사시간까지 포함한 하루 14시간 노동이 수행되어야 한다."[338]

'이상적 구빈원'인 1770년의 공포의 집에서의 하루 노동시간은 12시간이었다! 63년 후인 1833년 잉글랜드 의회가 4개의 공업부문에서 13세부터 18세까지의 아동의 노동일을 에누리 없는 12시간으로 단축시켰을 때, 잉글랜드 공업의 최후의 심판일이 닥친 것 같았다! 1852년, 루이 보나파르트가 법정노동일을 흔들어 부르주아의 지지를 얻고자 했을 때, 프랑스의 노동자대중은 이구동성으로 '1노동일 노동시간을 12시간으로 단축하는 법률이 공화국의 입법 중에서 우리에게 남은 유일한 재산이다.'라고 외쳤다.[339] 취리히에서는 10세 이상의 아동노동이 12시간으로 제한되었으며, 아르가우(스위스)에서는 1862년 13-16세까지의 아동노동이 12시간 30분에서

---

337) 앞의 책, 242-243쪽. "이러한 이상적 구빈원은 '공포의 집'으로 만들어져야지, 그들이 배불리 먹고 따뜻하고 단정하게 차려입고 일은 조금만 하는 피난처가 되어서는 안 된다."
338) 앞의 책, 260쪽. 저자는 "프랑스 사람들은 우리의 열광적인 자유사상을 비웃는다."(앞의 책, 78쪽)라고 말했다.
339) "하루 12시간 이상의 노동에 그들이 특별히 저항한 이유는, 이러한 노동일을 확정한 법안이 공화국의 입법 가운데 그들에게 남은 유일한 재산이었기 때문이다."(《공장감독관 보고서》, 1855년 10월 31일, 80쪽) 1850년 9월 5일의 프랑스의 12시간 법률은 1848년 3월 2일의 임시정부의 포고를 부르주아의 입장으로 수정하여 공포한 것인데, 모든 작업장에 차별 없이 적용되었다. 이 법률이 공포되기 전 프랑스에서는 노동일은 제한되지 않았다. 노동일은 공장에서는 14-15시간 또는 그 이상 계속되기도 했다. 블랑키(M. Blanqui)의 《1848년의 프랑스 노동자 계급에 관하여》를 보라. 혁명가가 아닌 경제학자 블랑키는 정부로부터 노동자의 상태에 관한 조사를 위임받았다.

12시간으로 단축되었다. 그리고 오스트리아에서도 역시 1860년 14-16세까지의 아동노동이 12시간으로 단축되었다.[340] '1770년 이후의 진보가 얼마나 대단한 것인가를 보라!'고 매콜리는 '기쁨에 넘쳐' 환호성을 지를 것이다!

자본의 영혼이 1770년에는 아직 꿈만 꾸고 있던 극빈자를 위한 '공포의 집'은 몇 년 후에 매뉴팩처 노동자 자신들을 위한 거대한 '노동수용소'로 우뚝 솟았다. 이것이 바로 공장이다. 그리고 이번에는 이상이 현실 앞에 빛을 바랬다.

---

340) 벨기에는 노동일의 규제에 관해서도 모범적인 부르주아 국가임을 보여준다. 브뤼셀 주재 잉글랜드 대사 하워드 드 월든은 1862년 5월 12일 외무성에 다음과 같이 보고했다. "로저 장관이 나에게 설명한 바에 따르면, 아동노동을 어떤 식으로든 제한하는 일반법이나 지방법규가 전혀 없으며, 정부는 지난 3년 동안 의회가 열릴 때마다 아동노동에 관한 법률안을 의회에 제출하려고 했지만, 언제나 완전한 노동의 자유의 원칙에 모순되는 어떤 입법에 대해서도, 그것을 지키려는 두려움 때문에 입법을 반대하는 극복할 수 없는 장애에 부딪쳤다!"

6절
표준노동일을 위한 투쟁
법률에 의해 강제된 노동시간 제한
1833-1864년 잉글랜드의 공장입법

자본이 노동일을 그 표준적인 최대치까지 연장하고 그런 다음 이 최대치를 넘어 12시간이라는 자연이 준 낮 시간의 한계로까지 연장하는 데는 [341] 수 세기가 걸렸지만, 18세기의 마지막 ⅓ 무렵에 대공업이 출현한 후부터는 노동일 연장은 눈사태 같이 폭력적이고 극단적인 속도로 진행되었다. 관습과 자연, 연령과 성별 그리고 낮과 밤이 가져오는 한계는 모두 파괴되었다. 이전의 법령들에서는 농부가 보는 밤낮처럼 단순했던 낮과 밤의 개념조차 매우 불분명해져서, 한 잉글랜드의 판사는 1860년에도 낮과 밤이 무엇인가에 대한 '판결의 유효성'을 설명하기 위해 탈무드 연구자와 같은 통찰력을 발휘하지 않으면 안 되었다. [342] 자본은 방자한 향연을 벌였다.

---

341) "어떤 계급의 사람들이 날마다 12시간 혹사 당해야만 하는 것은 분명 매우 가슴 아픈 일이다. 식사시간과 일터로의 출퇴근 시간을 더하면 이 12시간은 사실상 하루 24시간 가운데 14시간에 달한다. … 노동계급의 시간을 13세라는 어린 나이에, '자유로운' 산업 부문에서는 심지어 훨씬 더 어린 나이부터 끊임없이 그리고 남김없이 흡수하는 것은 건강은 둘째치고 도덕적으로 보더라도 대단히 해롭고 무서운 해악이라는 사실을 어느 누구도 부인하지 않기를 바란다. … 공중도덕을 위해 유능한 주민을 양성하기 위해 그리고 국민의 대다수에게 합당한 인생의 즐거움을 주기 위해 모든 산업부문에서 노동일의 일부분을 휴양과 여가를 위해 남겨 놓아야 한다고 강력하게 요구하지 않을 수 없다."(레너드 호너,《공장감독관 보고서》, 1841년 12월 31일)

342) '1860년 안트림 주의 벨파스트 고등법원 힐러리 개정기(Hilary Sessions, 매년 1월 14일, 푸아티에의 성 힐러리 축제일 이후의 첫 번째 일요일부터 아홉 번째 일요일까지의 기간 - 옮긴이)의 오트웨이의 판결'을 참조하라.

생산의 소음에 기만당하던 노동자계급이 어느 정도 제정신을 차리게 되자, 그들의 저항이 대공업의 발생지인 잉글랜드에서 맨 먼저 시작되었다. 그러나 30년 동안 노동자계급이 쟁취한 양보는 유명무실한 것들에 지나지 않았다. 의회는 1802년부터 1833년까지 5개의 노동관계법을 공포했지만, 이것들의 강제적 실시와 이의 관리에 필요한 인력 등을 위한 예산을 단 한푼도 의결하지 않을 정도로 교활했다.[343] 이 법률은 모두 사문서에 불과했다.

"사실 1833년의 법률 이전에는 아동과 청소년들은 낮이나 밤 12시간을 통째로 또는 밤낮 24시간 동안 시키는 대로 죽도록 일했다."[344]

1833년의 공장법 -면직공장, 모직공장, 아마공장, 견직공장을 포괄하는- 이후에야 비로소 근대공업에서의 표준노동일이 시작되었다. 1833부터 1864년까지 잉글랜드에서 제정된 공장법의 역사만큼 자본의 정신을 더 잘 특징짓는 것은 없다!

---

343) 부르주아 왕인 루이 필리프 정권에서 매우 특징적인 것은 그의 치하에서 1841년 3월 22일에 공포된 유일한 공장법이 결코 실시된 적이 없다는 사실이다. 그리고 이 법률은 아동노동에만 관련된 것이었다. 이 법률은 8-12세 사이의 아동에게는 8시간, 12-16세 사이의 아동에게는 12시간의 노동일을 정해 놓았지만, 8세의 아동에게조차 야간노동을 허용하는 것과 같은 수많은 예외 조항을 가지고 있었다. 쥐 한 마리까지도 경찰에 의해 단속되는 이 나라에서 이 법률의 시행에 대한 감시와 강제는 '장사꾼 친구'의 선의에 맡겨져 있었다. 1853년이 되어서야 비로소 단 하나의 지방인 노흐(Nord)에 유급 정부감독관이 있었다. 이에 못지않게 프랑스 사회 전반의 발전에서 특징적인 것은 모든 것을 법망으로 얽어매는 법률공장 프랑스에서 루이 필리프의 공장법이 1848년 혁명까지 유일한 공장법이었다는 사실이다!

344)《공장감독관 보고서》, 1860년 4월 30일, 50쪽.

1833년의 법률은 다음과 같이 밝히고 있다. 평상시의 공장노동일은 아침 5시 30분에 시작하여 저녁 8시 30분에 마쳐야 한다. 이 15시간 내에서는 청소년(13세부터 18세까지의 사람)의 하루 노동일을 어느 시간에 사용하든 합법적이다. 다만 특별하게 규정된 일정한 경우를 제외하고는 동일한 청소년을 하루 12시간 이상 일을 시켜서는 안 된다는 조건을 충족시켜야 한다. 이 법률의 6절은 "이렇게 노동시간이 제한되어 있는 개개인에게 하루에 적어도 1시간 30분의 식사시간이 주어져야 한다."라고 규정하고 있다. 9세 미만의 아동의 사용은 뒤에서 언급될 경우를 제외하고는 금지되었으며, 9-13세까지의 아동의 사용은 하루 8시간으로 제한되었다. 또한 저녁 9시부터 아침 5시 30분까지의 야간노동은 9-18세까지의 모든 사람에게 금지되었다.

입법자들은 성인 노동력을 착취할 자본의 자유나, 그들이 둘러대는 '노동의 자유'를 침해할 생각이 전혀 없었기 때문에, 이러한 공장법이 가져올 소름끼치는 결과를 예방하기 위해 하나의 독특한 제도를 고안해냈다. 1833년 6월 25일의 중앙위원회 1차 보고서에는 다음과 같이 쓰여 있다.

"현재 시행되고 있는 공장제도의 커다란 폐해는, 그것이 아동노동을 성인노동일의 최대한까지 연장할 수밖에 없도록 만들어 놓았다는 데 있다. 예방되어야 할 폐해보다 더 큰 폐해를 가져올 성인노동의 노동을 제한하지 않으면서 이러한 폐해를 개선할 유일한 수단은 아동을 2개조로 나누어 사용하는 계획인 것처럼 보인다."

따라서 이 '계획'은 릴레이제도System of Relays(영어나 프랑스어로 릴레이는 서로 다른 역에서 우편마차를 끄는 말을 교대한다는 의미)라는 이름 아래, 예를 들어 아침 5시 30분부터 오후 1시 30분까지 9-13세까지의 아동들로 구성된 한 조가 일하고, 오후 1시 30분부터 저녁 8시 30분까지는 다른 조의 아동들이 일하는 등의 방식으로 실시되었다.

지난 22년 동안 제정된 아동노동에 관한 모든 법률을 공장주들이 아주 뻔뻔스럽게 무시한 보답으로 이번에도 쓰디쓴 대가를 지불해야 했다. 의회가 1834년 3월 1일 이후에는 11세 미만의 아동이, 1835년 3월 1일 이후에는 12세 미만의 아동이, 1836년 3월 1일 이후에는 13세 미만의 아동이 한 공장에서 8시간 이상 노동해서는 안 된다고 규정한 것이다! '자본'에 이처럼 관대한 '자유주의'는 파르 박사와 칼라일, 보르디, 벨 그리고 거스리 등, 런던의 손꼽히는 내과 및 외과 의사들이 하원에서의 증언에서 '늦추거나 질질 끌면 위험하다!'라고 밝힌 것에 비하면 더 관대한 것이었다. 파르 박사는 더욱 노골적으로 이 문제를 표현하고자 했다.

"모든 형태의 때이른 죽음을 예방하기 위한 법률의 제정이 필요하다. 그리고 분명히 이것(공장의 작업방식)은 때이른 죽음을 야기하는 가장 잔인한 방법의 하나로 간주되어야 한다."[345]

공장주들에 대한 동정심으로 이 '개혁된' 의회는 13세 미만의 아동을

---

345) "Legislation is equally necessary for the prevention of death, in any form in which it can be prematurely inflicted, and certainly this must be viewed as a most cruel mode of inflicting it."

몇 년 동안 더 주당 72시간의 공장노동이라는 지옥 속에 가두게 했지만, 자유를 조금씩 불어 넣었던 노예해방령에서는 처음부터 농장주들이 모든 흑인노예를 주당 45시간 이상 혹사시키는 것을 금지했다!

그러나 자본은 전혀 뉘우치지 않고 이번에는 수년에 걸쳐 동안 계속되는 떠들썩한 선동을 시작했다. 이 선동은 주로 아동이라는 미명하에 노동이 8시간으로 제한되고 또 일정한 의무교육을 받아야 하는 아동의 연령층을 문제 삼은 것이었다. 자본주의 인류학에 따르면 아동기는 10세, 많아야 11세로 끝난다. 공장법이 완전히 시행되기로 한 기한인 운명의 1836년이 다가올수록, 폭도로 변한 공장주들은 더욱 난폭하게 미쳐날뛰었다. 그들은 정부를 위협하여 정부가 1853년 아동연령을 13세에서 12세로 낮추는 제안을 하도록 만드는 데 실제로 성공했다. 그러는 사이에 공장주가 아닌 외부의 압력도 위협적으로 높아졌다. 하원은 겁을 집어 먹고 정부의 제안을 거절했다. 하원은 13세 아동이 하루 8시간 이상 자본의 저거노트 Juggernaut(인도의 신 크리슈나를 상징하는 거대한 수레. 신도들은 축제 때 행진하는 이 수레에 크리슈나가 타고 있다고 믿었으며 간혹 신도들이 그 앞에 몸을 던져 인신공양을 했다고 한다. 이런 까닭에 '저거노트'에는 전차가 달리며 모든 것을 깔아 뭉개 파괴하며 지나간다는 폭력적인 이미지가 붙었다 - 옮긴이) 바퀴 밑으로 내던지기를 거부했으며, 1833년의 법률은 전면적으로 실시되었다. 이 법률은 1844년 6월까지 개정되지 않은 채 유지되었다.

이 법률이 처음에는 부분적으로 나중에는 전반적으로 공장노동을 규제하던 10년 동안에 공장감독관의 공식보고서는 이 법률을 시행하는 것이 불가능하다는 불평으로 가득 차 있었다. 즉 1833년 법률은 아침 5시 30분부터 저녁 8시 30분까지의 15시간 내에서는 모든 '청소년'과 '아동'이 어떤 임의의 시간에 12시간이나 8시간 노동을 시작하고 잠시 중단하고 마쳐야 하는지의 여부와 또 개개인에게 서로 다른 식사시간을 지정하는 것을 자본의 주인에게 일임했기 때문에, 이들은 곧 새로운 '릴레이제도'를 고안해 내었다. 이에 따르면 노동자라는 말은 일정하게 정해진 역이 아닌, 늘 새롭게 바뀐 역으로 교대된다. 나중에 다시 돌아와야 하기 때문에 이 제도의 그럴싸한 점에 대해 여기서는 더이상 다루지 않을 것이다. 위에서 논한 정도만 얼핏 보아도 이 제도가 공장법 전체의 정신뿐만 아니라 그것의 법조문 자체까지도 무효로 만들었다는 것은 명백하다. 각 아동과 청소년에 대해 기록한 이처럼 복잡한 장부를 가지고 어떻게 공장감독관들이 법으로 정해진 노동시간과 식사시간을 지키라고 요구할 수 있겠는가? 대부분의 공장에서 과거의 잔인한 행위가 아무런 처벌도 받지 않고 곧바로 다시 성행했다. 내무부 장관과의 만남(1844년)에서 공장감독관들은 새로이 고안된 릴레이제도 하에서는 그 어떤 통제도 불가능하다는 것을 증명했다.[346] 그러나 그러는 사이에 상황은 매우 달라졌다. 특히 1838년 이후 공장노동자들은 인민헌장Charter을 그들의 정치적 선거구호로 삼은 것처럼, 10시간 법안을 경제적 선거구호로 삼았다. 1833년의 법률에 따라 공장을 경영하던 일부 공장주도, 지독한 뻔뻔스러움과 비교적 유리한 지역 사정 덕분에 법률을 위반한 '옳지 못한 형제'들의 비도덕적인 '경쟁'에 관한 진정서를 가지고 의회를 압박했다. 게다가 개별공장주가 낡은 방식으로 탐욕을 채우기 위해 마음대로 하려고 하여도, 공장주계급의 대변인들과 정치적 지도자들은 공장주들이 노동자계급에 대한 말과 태도를 바꿀 것을 요구했다. 그들은 곡물법 폐

---

346) 《공장감독관 보고서》, 1849년 10월 31일, 6쪽.

지를 위한 투쟁을 시작했으며 그 투쟁의 승리를 위해 노동자의 도움이 필요했기 때문이다! 이러한 이유로 그들은 자유무역이라는 천년왕국에서는 빵의 크기가 2배로 될 뿐만 아니라 10시간 노동법안도 채택될 것이라고 약속했다.[347] 따라서 그들은 1833년의 법률만이라도 시행하려는 조치에 더이상 반대할 수 없었다. 토리당은 자신들의 신성한 이익인 지대가 위협을 당하자 결국 그들 적의 '파렴치한 술책'[348]을 박애주의의 이름으로 격렬하게 비난했다.

이리하여 1844년 6월 7일의 공장법이 개정되었다. 이 공장법은 1844년 9월 10일에 발효되었다. 이 법률은 노동자의 새로운 범주인 18세 이상의 여성[349]을 보호대상에 편입시켰다. 그들은 모든 점에서 청소년과 동등하게 취급되었다. 즉 그들의 노동시간은 12시간으로 제한되었으며, 야간노동은 금지되었다 등등. 처음으로 입법이 성인노동까지도 공식적으로 직접 통제하게 된 것이다. 1844년과 1845년의 공장보고서는 다음과 같이 빈정대듯이 말하고 있다.

"성인여성들이 그들의 권리를 침해당한 것에 대해 불평한 경우를 우리는 한 건도 알지 못한다."[350]

---

347) 《공장감독관 보고서》, 1848년 10월 31일, 98쪽.
348) 덧붙이자면 레너드 호너는 '파렴치한 술책'이라는 표현을 공식적으로 사용하고 있다. (《공장감독관 보고서》, 1859년 10월 31일, 7쪽)
349) 원문의 Frauenzimmer는 단정치 못한 여자를 뜻하는 속어인데 번역본에서는 여성으로 표기하였다. - 옮긴이
350) 《공장감독관 보고서》, 1844년 9월 30일, 15쪽.

13세 미만의 아동노동은 하루 6시간 30분으로, 일정한 조건에서는 하루 7시간으로 단축되었다.[351]

기만적인 '릴레이제도'의 남용을 방지하기 위해 이 법률은 특히 다음과 같은 중요한 세부규정을 정해두었다.

"아동과 청소년의 노동일은 어떤 한 명의 아동이나 청소년이 아침에 공장에서 일을 시작하는 바로 그 시간부터 계산되어야 한다."

따라서 A가 아침 8시에 그리고 B가 10시에 일을 시작하는 경우에도 B의 일은 A와 같은 시간에 마쳐야만 한다. 노동일의 시작은 공인된 시계, 예컨대 가장 가까운 곳에 위치한 철도시계가 가리키는 시간을 따라야 하기에 공장의 시계를 이것에 맞추어야 했다. 또한 공장주는 노동일의 시작, 종료, 휴식을 알려주는 인쇄된 커다란 안내판을 공장에 걸어두어야 했다. 오전 12시 이전에 일을 시작한 아동을 오후 1시 이후에는 다시 고용해서는 안 되었다. 따라서 오후반은 오전반과는 다른 아동들로 구성해야 했다. 식사를 위한 1시간 30분은 보호대상 노동자 모두에게 하루 중 같은 시간에 그리고 적어도 1시간은 오후 3시 이전에 주어져야 했다. 아동과 청소년은 오후 1시 이전에는 최소한 30분의 식사시간을 주지 않고서는 5시간보다 길게 사용될 수 없었다. 아동, 청소년 그리고 여성은 식사시간 동안에 그 어떤 노동과정이 진행되고 있는 작업실에 머물러 있어서는 안 된다. 등등.

---

351) 이 법률은 아동이 매일 일하지 않고 하루 걸러 일하는 경우에 10시간 일을 시키는 것을 허용하고 있다. 대체로 이 조항은 효력이 없었다.

우리가 이미 본 것처럼 노동의 시간과 종료 그리고 중단을 시계 종소리에 따라 군대처럼 일률적으로 규제하는 상세한 규정들은 결코 의회의 머리에서 짜낸 성과가 아니었다. 그것들은 최근의(자본주의적 - 옮긴이) 생산방식의 자연법칙으로서 주어진 상황으로부터 점차적으로 발전된 것이다. 그것들이 법의 형식으로 만들어져, 공인되어 국가에 의해 공포된 것은 오랜 기간에 걸친 계급투쟁의 결과였다. 이렇게 주어진 상황의 그 다음 결과 가운데 하나는 성인남성 공장노동자들의 노동일도 동일한 제한을 받게 되었다는 사실이다. 그들의 노동은 대부분의 생산과정에서 아동, 청소년, 여성과의 협력이 반드시 필요했기 때문이다. 따라서 대체로 1844-1847년 사이에 12시간 노동일은 모든 공장입법의 적용을 받는 모든 산업부문에서 전반적이고 일률적으로 시행되었다.

그러나 공장주들은 이런 '진보'를 그것을 보상하는 '후퇴' 없이는 허용하지 않았다. 그들의 독려로 의회는 신과 법률이 정한 바에 따라 '공장아동의 추가적인 공급'을 자본에게 보장하기 위해 사용할 수 있는 아동의 최저연령을 9세에서 8세로 낮추었다.[352]

1846-1847년은 잉글랜드의 경제사에서 획기적인 전환기이다. 곡물법이 폐지되고, 면화와 다른 원료에 대한 수입관세가 철폐되었으며, 자유무역이 입법의 길잡이로 선언되었다! 한마디로 천년왕국이 시작되었던 것이다. 다른 한편 같은 해에 차티스트운동과 10시간 노동일을 주장하는 선

---

352) "그들의 노동시간의 단축은 고용되는 아동의 수를 많이 증가시킬 것이기 때문에, 8세와 9세 아동의 추가공급이 증가된 수요를 충족시킬 수 있다고 생각했다."(《공장감독관 보고서》, 1844년 9월 30일, 13쪽)

동이 그 절정에 달했다. 이들 운동은 복수심에 불타고 있던 토리당에서 그들의 동맹군을 발견했다. 브라이트와 코브던이 선구자인 거짓말쟁이 자유무역주의자들의 발광적인 저항에도 불구하고 그렇게 오랫동안 애써 온 10시간 법안이 의회를 통과했다.

1847년 6월 8일의 새로운 공장법은 그 해 7월 1일부터 '청소년'(13-18세까지)과 모든 여성노동자의 노동일을 임시로 11시간으로의 단축하며, 1848년 5월 1일부터 최종적으로 10시간으로 제한할 것을 확정했다. 그 외에는 이 새로운 공장법은 1833년과 1844년의 법률에 수정만 가하고 개정한 것에 불과하였다.

자본은 1848년 5월 1일에 이 새로운 공장법이 전면적으로 시행되는 것을 방해하기 위해 전초전을 벌였다. 정확히 말하면, 경험을 통해 제 딴에는 약아진 노동자들이 그들이 얻은 성과를 스스로 다시 파괴하도록 협조하지 않을 수 없도록 만들자는 것이었다. 그리고 적절한 시기가 선택되었다.

"1846-1847년의 혹독한 공황의 결과로 많은 공장들은 조업시간을 단축하거나, 또 다른 공장들이 완전히 문을 닫을 수밖에 없었기 때문에, 공장노동자에게 엄청난 곤궁이 만연했다는 사실을 상기해야만 한다. 그런 까닭에 상당수의 노동자들이 지독하게 궁핍한 상태에 처하게 되었고 빚을 진노동자도 많았다. 이로부터 노동자들이 과거의 손실을 만회하거나 어쩌면 빚도 갚고, 또는 전당포에 잡힌 가구를 되찾거나 팔아치운 일상품을 보충하거나, 또는 자신과 가족을 위한 새로운 옷가지를 마련하기 위해 더 길어진 노동시간을 택할 수 있다는 것을 비교적 정확하게 예상할 수 있었다."[353]

공장주들은 임금을 전반적으로 10% 인하함으로써 이러한 상황이 가져온 당연한 효과를 높이려고 했다. 이는 소위 새로운 자유무역 시대의 개막을 축하하는 행사였다. 그 후 노동일이 11시간으로 단축되자 임금이 추가로 8⅓% 인하되었으며, 최종적으로 10시간으로 단축되자마자 다시 그 두 배만큼 인하되었다. 따라서 어떻게든 상황이 허락되는 곳에서는 임금이 최소한 25% 인하되었다.[354] 이렇게 이미 유리해진 기회를 이용하여 1847년의 법률을 철회하기 위한 노동자들에 대한 선전선동이 시작되었다. 그러나 노동자들은 속임수, 유혹 그리고 협박 등 모든 수단을 물리쳤으며, 모든 것은 수포로 돌아갔다. '1847년 법률에 의해 그들이 억압당하고' 있다고 불평해야만 했던 6개의 청원서와 관련해서는, 청원자 자신들이 구두심문에서 그들의 서명은 강요당한 것이라고 진술했다. "그들은 억압당하고 있지만, 공장법이 아닌 누군가에 의해서이다."[355] 그러나 공장주들은 노동자들을 자신들의 뜻대로 진술하게 만드는 데 실패하자 그들 스스로가 신문이나 의회에서 노동자의 이름을 팔면서 더 크게 소리쳤다. 공장주들은 공장 감독관들이 세상을 개선한다는 망상으로 불행한 노동자들을 무자비하게 희생시키는 일종의 (프랑스혁명 당시의 -옮긴이) 국민의회 위원들이라고 비난했다.

353) 《공장감독관 보고서》, 1848년 10월 31일자 16쪽.

354) "나는 1주일에 10실링은 받던 사람들이 노동자 전체에 적용된 10%의 임금 인하로 1실링을 깎이고, 시간 단축으로 추가로 1실링 6펜스를 깎여서 2실링 6펜스를 덜 받는데도 대다수는 10시간 법안을 확고하게 지지하는 것을 보았다."(같은 보고서)

355) "나는 서명했을 당시에 바로 내가 뭔가 나쁜 짓을 하고 있다고 말했다. 그렇다면 도대체 왜 서명했는가? 거절하면 해고당할 것이기 때문이다. 청원자는 실제로 '억압당하고 있다'고 느끼고 있었지만, 결코 공장법 때문은 아니었다."(같은 보고서, 102쪽)

그러나 이 술책 또한 실패했다. 공장 감독관 레너드 호너는 랭커셔의 공장에서 수많은 증인을 직접 심문하거나 부감독관에게 심문하도록 했다. 심문받은 노동자들 가운데 약 70%가 10시간에, 그보다 훨씬 낮은 비율이 11시간에, 그리고 거의 의미가 없는 소수만이 종전의 12시간에 찬성한다고 진술했다.[356]

또 다른 '타협적인' 술책은 성인 남성노동자들을 12-15시간 일을 시킨 다음, 이 사실을 프롤레타리아의 열망을 가장 잘 표현하는 것으로 말하게 하는 것이었다. 그러나 '무자비한' 공장 감독관 레너드 호너가 다시 그 현장에 있었다. '시간 외 노동을 한 노동자' 대부분은 다음과 같이 진술했다.

"그들은 더 적은 임금을 받고 10시간 일하는 것을 훨씬 더 좋아하지만, 그들에게는 선택권이 없었다. 그들 가운데 상당수가 실업 상태였으며, 또 상당수의 방적공은 어쩔 수 없이 그저 수선공으로 일하고 있었다. 그들이 더 연장된 노동시간을 거부한다면 그들의 자리는 곧바로 다른 사람들이 차지할 것이다. 따라서 그들의 문제는 '더 긴 시간을 노동할 것인가' 아니면 '해고당할 것인가'이다."[357]

---

356) 레너드 호너의 관할구역에는 이러한 방식으로 181개 공장의 성인 남성노동자 10,270명이 심문을 받았다. 그들의 증언은 1848년 10월에 끝나는 반기 공장보고서의 부록에 실려 있다. 이 증인심문은 다른 점에서도 귀중한 자료를 제공한다. (같은 보고서, 17쪽)

357) 같은 보고서. 이 보고서의 '부록'에 실린 레너드 호너에 의해 수집된 증언 69-72호, 92-93호 그리고 부감독관 A에 의해 수집된 증언 51-52호, 58-59호, 62호 그리고 70호를 보라. 한 공장주는 스스로 진실을 숨김없이 밝히기도 했다. 같은 보고서의 부록 14호와 265호를 보라.

자본의 전초전은 실패했으며, 10시간 노동법은 1848년 5월 1일에 발효되었다. 그러는 사이에 지도자가 투옥되고 조직이 해체된 차티스트당의 실패는 이미 잉글랜드 노동자계급의 자신감을 뒤흔들었다. 그 후 곧바로 이어진 파리의 6월 봉기와 이에 대한 유혈진압은, 유럽 대륙뿐만 아니라 잉글랜드에서도 지배계급의 모든 분파들, 즉 지주와 자본가, 주식투기꾼과 소매상, 보호무역주의자와 자유무역주의자, 정부와 야당, 성직자와 무신론자, 젊은 매춘부와 늙은 수녀 등을 재산, 종교, 가족 그리고 사회를 구하자는 공동의 구호 아래 뭉치게 했다! 노동자계급은 도처에서 법률의 보호 밖으로 밀려났으며, 교회에서 쫓겨나고, '용의자법'의 단속을 받았다. 따라서 공장주들은 망설일 필요가 없었다. 그들은 10시간 공장법뿐만 아니라 1833년 이후 노동력의 '자유로운' 착취를 상당한 정도로 억제하려는 모든 입법에 대해 공공연한 반란을 일으켰다. 그것은 흑인 노예제도의 폐지에 반대하는 반란의 축소판이었으며, 2년이 넘는 기간에 걸쳐 철면피 같은 무자비함과 테러리스트와 같은 실행력으로 수행되었다. 이 반란에서 반동적인 자본가가 건 것은 자신의 노동자들의 생명뿐이었다.

이후에 일어난 일들을 이해하기 위해서는, 1833년, 1844년 그리고 1847년의 공장법이 어떤 하나가 다른 것을 수정하지 않는 한, 세 가지 법률 모두가 효력을 가지고 있었다는 사실, 이들 법률 가운데 어느 하나도 18세 이상의 성인남성의 노동일을 제한하지 않았다는 사실, 그리고 1833년 이후에는 아침 5시 30분부터 저녁 8시 30분까지의 15시간이 법적인 '낮'으로 유지되었으며, 그 15시간 내에서 청소년과 성인여성의 노동이 처음에는 12시간 나중에는 10시간 동안 법으로 정해진 조건에서만 수행될 수 있었다는 사실을 반드시 기억해야 한다.

도처에서 공장주들은 고용한 청소년과 여성노동자들 가운데 일부 혹은 절반까지를 해고하기 시작했으며, 그 대신 거의 사라져갔던 성인 남성 노동자의 야간노동을 원상 복구시켰다. 그들은 10시간 노동법이 그들에게 다른 대안을 허용하지 않는다고 외쳤다![358]

공장주들의 두 번째 조처는 식사를 위한 법정 휴식시간에 관한 것이었다. 공장감독관들의 말을 들어보자.

"노동시간이 10시간으로 제한된 이후 공장주들은, 비록 아직까지는 그들이 마음먹은 바를 끝까지 밀고 나가지는 않았지만, 예를 들어 아침 9시부터 저녁 7시까지 일하는 경우 아침 9시 이전에 1시간의 식사시간 그리고 저녁 7시 이후에 30분의 식사시간, 총 1시간 30분의 식사시간을 제공함으로써 법적인 규정을 충분히 지키는 셈이라고 주장했다. 몇몇 경우에서 공장주들은 현재 점심식사를 위해 30분이나 1시간을 허용하고 있기는 하지만, 그렇다고 이 1시간 30분을 10시간 노동일이 진행되는 중간부분에 주어야 할 의무는 전혀 없다고 공장주들은 주장하고 있다."[359]

말하자면 공장주 양반들은, 식사시간에 관한 1844년 법률의 지나치게 상세한 규정은 노동자들에게 공장에 들어오기 전이나 공장에서 나간 후에, 즉 집에서 먹고 마시는 것을 허락한 것에 지나지 않는다고 주장하는 것

---

358) 《공장감독관 보고서》, 1848년 10월 31일, 133-134쪽.
359) 《공장감독관 보고서》, 1848년 4월 30일, 47쪽.

이다! 그리고 왜 노동자들은 아침 9시 이전에 점심식사를 해서는 안 되는가? 그러나 형사법원의 재판관들은 다음과 같이 판결했다. 즉 규정된 식사시간은,

"반드시 실제 노동일의 중간에 휴식으로 주어져야 하며, 아침 9시부터 저녁 7시까지 중단 없이 10시간 동안 계속 일을 시키는 것은 위법이다."[360]

이렇게 느긋하게 의도를 표명한 후에 자본은 1844년 법조문에 어긋나지 않는, 즉 합법적인 조치를 통해 반항하기 시작했다.

1844년에 제정된 법률은 오전 12시 이전에 일을 한 8-13세까지의 아동이 다시 오후 1시 이후에 일을 하는 것을 분명하게 금지하고 있다. 그러나 이 법률은 노동시간이 오전 12시나 그보다 더 늦게 시작되는 아동의 6시간 30분 노동에 대해서는 아무런 규제도 하지 않았다! 8세 아동들은, 그들이 오전 12시에 일을 시작한다면 12시부터 1시까지 1시간, 오후 2시부터 4시까지 2시간 그리고 5시부터 저녁 8시 30분까지 3시간 30분, 즉 모두 합해서 법으로 정해진 6시간 30분 동안 사용될 수 있었다! 아니 더 좋은 방법이 있었다. 아이들의 사용시간을 성인 남성노동자들의 노동시간에 맞추기 위해 공장주들은 아동들에게 오후 2시까지 아무런 일도 주지 않음으로써, 그들을 저녁 8시 30분까지 공장에 계속 붙잡아 둘 수 있었다!

"그리고 최근 기계장치를 10시간보다 더 길게 돌리려는 공장주들의

---

360) 《공장감독관 보고서》, 1848년 10월 31일, 130쪽.

열망으로 인해 청소년과 성인 여성들이 모두 공장에서 퇴근한 후 8-13세까지의 남녀 아동들이 성인 남성들하고만 저녁 9시까지 일을 하는 관행이 잉글랜드에서 슬그머니 행해지고 있다는 사실을 분명하게 시인해야 한다."[361]

노동자와 공장감독관은 위생적이고 도덕적인 이유를 들어 이에 항의했다. 그러나 자본은 다음과 같이 대답했다.

"제 행위에 대한 벌은 제가 받겠습니다! 저는 법에 호소합니다. 이 증서대로 벌금을 내고 압류를 당하는 것도 접니다!"(베니스의 상인, 4막 1장의 대화 가운데 샤일록의 법정 진술 -편집자)

실제로 1850년 7월 26일 하원에 제출된 통계자료에 따르면, 이 모든 항의에도 불구하고, 1850년 7월 15일 현재 257개 공장에서 3,742명의 아동들이 이 '관행'에 따르고 있었다.[362] 아직 충분하지 않다! 자본의 교활한 눈은, 1844년의 법률이 원기를 회복하기 위한 최소한 30분간의 휴식시간 없이는 오전에는 5시간 노동을 허용하고 있지 않지만, 오후 노동에 대해서는 이런 종류의 규정이 없다는 점을 발견했다. 따라서 자본은 8세의 어린 노동자를 오후 2시부터 저녁 8시 30분까지 계속 혹사할 뿐만 아니라, 굶기기까지 하는 즐거움을 요구했으며 떼를 써서 그 목적을 달성했다!

"예, 가슴입니다. 증서에 그렇게 쓰여 있습니다."[363]

---

361) 같은 보고서, 142쪽.

362) 《공장감독관 보고서》, 1850년 10월 31일, 5-6쪽.

363) 자본의 본성은 아직 미숙한 형태에서나 발전된 형태에서나 변함이 없다. 아메리카 내

자본은 1844년의 법률이 아동노동을 규제하는 한에서는 그 법조문에 대해 샤일록처럼 집착했지만, 그 법률이 '청소년과 여성'의 노동을 규제하자 이에 대한 공공연한 반란을 사주할 수밖에 없었다. 우리는 '기만적인 릴레이제도'의 폐지가 1844년 법률의 주요 목적이며 내용이라는 사실을 기억하고 있다. 공장주들은 1844년 법률의 조항을 알기 쉽게 해석함으로써 반란을 개시했다. 즉 하루 15시간의 공장 노동일 가운데 공장주가 임의로 잘라낸 짧은 시간 동안 청소년과 여성들을 임의로 사용하여 수입을 올리는 것을 금지한 1844년 법률의 조항들은,

"노동시간이 12시간으로 제한되어 있는 동안에는 별로 해를 끼치지 않았다. 그러나 10시간 공장법 하에서는 그것들은 견디기 힘든 곤란을 가져온다."[364]

그리하여 공장주들은 감독관들에게 이에 해당하는 법조문들을 무시하고 구제도를 자신들의 힘으로 다시 도입하겠다고 아무 일도 아닌 듯이

전이 발발하기 직전 노예소유주의 압력으로 뉴멕시코 지역까지 적용된 법전에는 자본가가 노동력을 구매한 이상 노동자는 '그(자본가)의 화폐'라고 쓰여 있다. 이와 똑같은 견해가 로마귀족들에게도 일반적이었다. 그들이 평민채무자에게 빌려준 화폐는 채무자의 생활수단을 통해 채무자의 피와 살이 되었다. 따라서 이 '피와 살'은 '귀족들의 화폐'였다. 이런 까닭에 10개의 동판에 새겨진 샤일록식 법률이 있는 것이다! 귀족 채권자들이 때때로 테베레 강 건너편에서 요리된 채무자의 살코기로 향연을 베풀었다는 랑게(Linguet)의 가설은 예수의 만찬에서 그리스도교 인들이 인육을 먹었다는 다우머(Daumer)의 가설과 마찬가지로 분명하지 않다.

364) 《1848년 10월 31일자 공장감독관 보고서》, 133쪽.

통보했다.[365] 그것은 나쁜 조언을 받고 있는 노동자들의 이익을 위해, 즉 '그들에게 더 높은 임금을 지불하기 위해' 시행되어야 한다는 것이었다.

"이것은 10시간 공장법 하에서 그레이트브리튼이 공업에서의 패권을 유지하기 위한 단 하나의 가능한 방안이다."[366] "릴레이제도 하에서 부정행위를 적발하기가 다소 어려울 수 있지만, 그것이 어떻단 말인가? 공장감독관과 부감독관들의 수고를 조금 덜어주기 위해 이 나라의 거대한 공업 이익이 부차적인 것으로 취급되어야 한단 말인가?"[367]

물론 이 모든 허튼 생각은 아무런 소용이 없었다. 공장감독관들은 법적으로 대응했다. 그러나 곧바로 공장주들의 청원서들이 내무부 장관 조지 그레이G. Grey, 1799-1882(휘그당 소속의 하원의원. 3번에 걸쳐 내무부장관을 역임 - 옮긴이)에게 모래먼지처럼 퍼붓자, 그는 감독관들에게 회람된 1848년 8월 5일자 공문에서 다음과 같이 지시했다.

"청소년과 여성에게 10시간 이상 일을 시키기 위해 릴레이제도를 매우 자주 그리고 명백하게 남용하지 않은 경우에는, 일반적으로 법조문을 위반했다는 이유만으로는 법적으로 대응하지 말 것."

이 지시에 따라 공장감독관인 스튜어트는 15시간의 공장일 내에서의

---

365) 특히 박애주의자 애쉬워스가 레너드 호너에게 보낸 퀘이커교도적인 불쾌한 편지에서 그렇게 말했다.(《공장감독관 보고서》, 1849년 4월 30일, 4쪽)
366) 《공장감독관 보고서》, 1848년 10월 31일, 138쪽.
367) 같은 보고서, 140쪽.

이른바 교대제를 스코틀랜드 전역에 허용했으며, 얼마 안 가 스코틀랜드에서 이 제도는 옛날처럼 성행했다. 이와는 달리 잉글랜드의 공장감독관들은 장관이 이 법을 정지시킬 수 있는 명령권을 가지고 있지 않다고 선언하고는 노예제 옹호 반란자들에 대항하는 법적 조치들을 계속 해나갔다.

그러나 재판관, 즉 주州치안판사[368]들이 무죄를 선고한다면, 무엇을 위해서 법정에 소환한단 말인가? 법정에서는 공장주들이 자기 자신들을 재판했다. 예를 하나 들어보자. 커쇼 리즈사社의 방적업자 에스크리지라는 녀석은 자기 공장에서 확정된 릴레이제도 계획표를 담당 지역 공장감독관에게 제출했다. 거절한다는 회답을 받자 그는 일단은 소극적인 태도를 취했다. 몇 달 후에, 에스크리지의 충복이 아니면 분명히 그의 친척일 수도 있는 다른 방적업자인 로빈슨이라는 이름을 가진 녀석이 에스크리지가 꾸며낸 것과 똑같은 릴레이 계획을 도입했다는 이유로 스톡포트 시市 치안판사 앞에 서 있었다. 그의 앞에는 네 명의 재판관들이 앉아있었는데, 그 가운데 세 명은 방적업자이었으며, 수석자리에는 바로 그 에스크리지가 앉아 있었다. 그는 로빈슨에게 무죄를 선고했으며, 로빈슨에게 정당한 것은 에스크리지에게도 정당하다고 선언했다. 자신이 내린 최종판결에 근거하여 에스크리지는 이 제도를 곧바로 자신의 공장에도 도입했다.[369] 물론 이 법정의 구성자체가 이미 명백한 법률 위반이었다.[370]

---

368) 코베트가 '위대한 무보수 봉사자'라고 부르는 이 '주(州)치안판사'들은 각 주의 유지들로 구성된 일종의 명예 치안판사이다. 이들은 사실상 세습되는 지배계급의 사법부를 구성한다.

369) 《공장감독관 보고서》, 1849년 4월 30일, 21-22쪽. 비슷한 사례에 대해서는 같은 보고서 4-5쪽을 참조하라.

370) 존 흡하우스의 공장법으로 알려진 윌리엄 4세 원년과 그 이듬해의 법률 제29조 제10

감독관 호웰은 다음과 같이 외치고 있다.

"법정에서의 이런 웃기는 장난은 사라져야 한다. 이 모든 경우에 있어서 … 법률을 이들 판결에 맞추든지 아니면 판결을 법률에 맞추어 잘못된 판결을 더 적게 하는 법정에서 판결하게 하든지 해야 한다. 유급판사를 간절히 원한다!"[371]

형사법원 재판관들은 공장주들이 1848년 법률을 터무니없이 해석했다고 밝혔지만, 사회를 구제하려는 자들은 현혹되지 않았다.

레너드 호너는 다음과 같이 보고하고 있다.

"내가 7개의 서로 다른 재판 구역에서 10건의 사건에 대해 법원에 심판을 청구하여 법률을 지키도록 하려고 했으나, 단 한 건에 대해서만 치안판사의 지지를 받았다. … 나는 법을 위반했다는 이유로 더이상 심판을 청구하는 것이 소용없다고 생각했다. 이 법률 가운데 하나로 통일된 노동시간을 만들기 위해 제정된 부분은 … 랭커셔에서는 더이상 존재하지 않는다. 또한 나와 나의 부하직원들은 이른바 릴레이제도가 성행하고 있는 공장에서 청소년과 여성들이 10시간 이상 일하는지 여부를 확인할 수 있는 아무런 수단도 가지고 있지 않다. … 1849년 4월 말에 이미 나의 관할 구역

절에 의하면 방적공장이나 방직공장의 소유자 또는 소유자의 부친, 아들 그리고 형제는 공장법에 관련된 사건에 대해서는 치안판사의 직무를 수행하지 못하도록 금지되어 있었다.

371) 《공장감독관 보고서》, 1849년 4월 30일, 22쪽.

에서는 114개의 공장이 이 방식에 따라 작업을 했으며, 그 수가 최근에 급격하게 증가하고 있다. 대체로 이들 공장에서는 현재 아침 6시부터 저녁 7시 30분까지 13시간 30분 동안 작업하며, 몇 개의 공장에서는 아침 5시 30분부터 저녁 8시 30분까지 15시간 동안 작업하고 있다."[372]

이미 1848년 12월에 레너드 호너는 이러한 릴레이제도 하에서는 그 어떤 감독제도도 극도의 과도노동을 절대로 방지할 수 없다고 이구동성으로 밝힌 65명의 공장주와 29명의 공장관리인의 명부를 가지고 있었다.[373] 같은 아동과 청소년들이 15시간 동안 때로는 방적실에서 방직실로, 때로는 이 공장에서 저 공장으로 옮겨가며 일을 했다.[374]

"일손들을 카드처럼 이리저리 뒤섞어 놓고, 개개인의 노동시간과 휴식시간을 매일 다르게 하여 같은 작업반에 속하는 일손 모두가 같은 장소에서 같은 시간에 함께 작업하는 일이 없도록 하기 위해 교대라는 말을 악용하는!"[375] 이런 제도를 어떻게 통제할 수 있겠는가!

그러나 현실의 과도노동을 완전히 무시하면, 소위 릴레이제도는 푸리에Fourier가 익살스럽게 묘사한 '짧은 시간의 작업모임courtes séances(하루 노동일에 여러 개의 작업을 번갈아 하는 노동 형태 - 옮긴이)'도 도저히 따라갈 수 없는 자본의 환상의 산물이었다. 릴레이제도는 다만 노동의 인깃거리에서 자

---

372) 《공장감독관 보고서》, 1849년 4월 30일, 5쪽.
373) 《공장감독관 보고서》, 1849년 10월 31일, 6쪽.
374) 《공장감독관 보고서》, 1849년 4월 30일, 21쪽.
375) 《공장감독관 보고서》, 1848년 10월 31일, 95쪽.

본의 인깃거리가 되었을 뿐이다. 어느 훌륭한 신문이 '적절한 정도의 배려와 방법이 달성할 수 있는 것'의 전형이라고 칭찬한 앞의 공장주들의 작업 계획표가 어떤가 보자. 노동자들은 흔히 12-15개의 부류로 나뉘고, 이들 각 부류도 다시 그 구성원을 계속 바꾼다. 15시간 공장일 동안에 자본은 노동자를 반복적으로 이 공장으로 끌어들이고 저 공장에서 밀쳐내기 위해, 이번에는 30분 다음 번에는 1시간씩 공장에 투입한 후 다시 밀어내면서 10시간 노동시간을 모두 채울 때까지 놓아주지 않고 분산된 시간 조각에 맞추어 이리저리 몰고 다닌다. 무대에서처럼 같은 등장인물들이 다른 막의 다른 장면에 번갈아 가면서 등장해야만 했다. 그러나 연극이 계속되는 동안 무대를 떠날 수 없는 배우와 마찬가지로 노동자들은 이제 15시간 동안 공장을 떠날 수 없는데, 그것도 이 공장 저 공장으로 오가는 시간을 뺀 시간이다. 따라서 휴식시간은 어쩔 수 없이 어정쩡하게 빈둥거리는 시간이 되었으며, 젊은 남성노동자를 술집으로, 젊은 여성노동자를 사창가로 내몰았다. 노동자의 수를 늘리지 않고 기계장치를 12시간에서 15시간 가동하기 위해 자본가가 날마다 새로운 묘책을 꾸며낼 때마다, 노동자는 이런저런 자투리 시간에 그들의 식사를 삼켜야만 했다. 10시간 노동일을 선동하던 당시에 공장주들은 '쌍놈의 노동자'들이 10시간의 노동으로 12시간의 임금을 받으려고 청원하는 것이라고 큰소리쳤다. 이제 그들이 '쌍놈의 공장주'가 되어, 12-15시간 동안 노동력을 마음대로 사용하고 10시간의 임금을 지불하고 있다![376] 이것이 공장주들의 본심이었으며, 10시간 공장법의 공장주 판版이었다! 이들은 곡물법 반대운동이 전개된 10년 동안, 곡물수

376)《공장감독관 보고서》, 1849년 4월 30일, 6쪽과 1848년 10월 31일자에 실린 공장감독관 호웰과 손더스의 '교대제(Shifting System)'에 대한 상세한 분석을 보라. 또한 1849년 봄에 애슈턴과 인근 성직자들이 '교대제'에 반대해 여왕에게 제출한 청원서를 보라.

입이 자유로워진다면 잉글랜드 공업의 자금력으로 자본가들을 부유하게 만드는 데 10시간의 노동으로 충분하다고 노동자들 앞에서 마지막 한푼까지 계산해 보인 인류애에 흠뻑 젖은 열렬한 자유무역주의자들이었다.[377]

2년에 걸친 자본의 반란은 잉글랜드의 최고재판소 4개 가운데 하나인 재무財務법원(주로 세무사건을 취급하던 재판소로 1873년에 폐원 - 옮긴이)의 판결에 따라 마침내 승리했는데, 이 법원은 1850년 2월 8일에 제소된 사건에서 공장주들이 1844년 법률의 정신에 반하는 행위를 했지만, 이 법률 자체가 그것의 정신을 무의미하게 만드는 몇 개의 문구를 포함하고 있다고 판결했다. "이 판결로 인해 10시간 공장법은 폐기되었다."[378] 지금까지 청소년과 여성노동자들에 대한 릴레이제도의 도입을 망설이고 있던 다수의 공장주들이 이제 쌍수를 들고 달려들었다.[379]

그러나 겉보기에는 최종적인 것처럼 보였던 자본의 승리에 곧바로 반격이 가해졌다. 지금까지 노동자들은 완강하게 매일 반복해서 저항했지만, 그것은 수동적인 것이었다. 이제 그들은 랭커셔와 요크셔에서 열린 위협적인 집회에서 이른바 10시간 법률은 속임수에 불과하며, 의회의 기만이며, 실제로는 전혀 존재하지 않았다고 큰소리로 항의했다! 공장 감독관들은 계급간의 적대감이 믿을 수 없을 정도로 고조되고 있다고 정부에 긴

---

377) 예들 들어 그레그(R. H. Greg, 1837), 《공장문제와 10시간 법안》을 참조하라.

378) 엥엘스, 《잉글랜드의 10시간 법안》(내가 편집한 《신라인 신문. 정치경제평론》, 1850년 4월호, 13쪽) 이 '최고'재판소는 아메리카 내전 동안에 해적선의 무장을 금지하는 법률을 정반대로 해석하게 하는 문구상의 애매함을 발견하기도 했다.

379) 《공장감독관 보고서》, 1850년 4월 30일.

급하게 경고했다. 일부 공장주조차도 다음과 같은 불평을 늘어놓았다.

"서로 상반된 치안판사들의 판결로 말미암아 완전히 비정상적이고 무정부적인 상황이 팽배해 있다. 요크셔에서 시행되는 법률과 랭커셔에서 시행되는 법률이 다르며, 랭커셔의 한 교구에서 시행되는 법률과 바로 옆의 다른 교구에서 시행되는 법률이 다르다. 대도시의 공장주는 법망을 피할 수 있지만, 농촌지방의 공장주는 릴레이제도에 필요한 인원을 찾을 수 없으며, 노동자들을 한 공장에서 다른 공장으로 이동시키는 데 필요한 인원은 더 찾기 힘들다." 등등.

그리고 노동력에 대한 평등한 착취는 자본의 제1의 인권이다.

이러한 상황에서 공장주와 노동자 사이에 타협이 이루어졌는데, 이는 1850년 8월 5일에 의회에서 비준된 개정된 공장법을 통해서였다. 이 개정안에 따르면, '청소년과 여성노동자'의 노동일은 주중 5일간은 10시간에서 10시간 30분으로 연장되었으며, 토요일에는 7시간 30분으로 제한되었다. 일은 아침 6시부터 저녁 6시 사이에 진행되어야 하며,[380] 식사를 위한 휴식시간이 1시간 30분 주어지는데, 노동자 전원에게 동시에 그리고 1844년에 정해진 규정에 따라 주어져야 한다. 등등. 이리하여 릴레이제도는 영원히 사라지게 되었다.[381] 아동노동에 대해서는 1844년의 법률이 그대로 효

---

380) 겨울에는 아침 7시에서 저녁 7시까지로 변경할 수 있다.
381) "(1850년의)현행법은 노동시간이 제한되어 있는 노동자들이 노동의 시작과 종료를 같은 시간으로 통일한다는 이득을 얻는 대신에, 10시간 공장법의 혜택을 포기한다는 타협이었다."(《공장감독관 보고서》, 1852년 4월 30일, 14쪽)

력을 유지했다.

한 부류의 공장주들은 이전과 마찬가지로 이번에도 프롤레타리아 아동에 대한 특별한 지배권Seigneurialrecht(프랑스 봉건영주가 농노에 대해 가지고 있던 권리 - 옮긴이)을 확보했다. 그들은 견직공장의 주인들이었다. 1833년 그들은 '모든 연령층의 아동을 매일 10시간씩 혹사시킬 자유가 박탈된다면, 공장 문을 닫을 수밖에 없다'고 위협했다. 13세 이상의 아동을 충분한 수만큼 사는 것이 불가능하다는 것이었다. 그들은 바라던 특권을 쟁취했다. 그들이 내세운 구실은 나중의 조사에서 새빨간 거짓말로 드러났지만,[382] 이러한 사실이 일하기 위해 혼자서는 의자에 앉지도 못하는 어린 아이들의 피로 10년 동안 매일 10시간씩 명주실을 잣도록 하는 것을 막지 못했다.[383] 1844년의 법률은 견직공장주들로부터 11세 미만의 아동을 6시간 30분 이상 소비할 수 있는 '자유'를 '박탈'했지만, 그 대신 11-13세 사이의 아동을 매일 10시간씩 소비할 수 있는 특권을 보장했으며, 다른 공장 아동들에 대해서는 법으로 정해진 의무교육을 면제해 주었다. 이번에 그들이 내세운 구실은 다음과 같다.

"고급 직물을 짜는 데는 부드러운 손끝이 필요한데, 이는 어려서부터 공장에 들어와서 일을 해야만 확보될 수 있다."[384]

남부 러시아에서 뿔 달린 짐승이 가죽과 지방 때문에 도살되는 것처

---

382) 《공장감독관 보고서》, 1844년 9월 30일, 13쪽.

383) 같은 보고서.

384) 《공장감독관 보고서》, 1846년 10월 31일, 20쪽.

럼 아동들은 섬세한 손끝 때문에 철저하게 살육되었다. 1844년 허용된 특권은 1850년이 되어서야 명주실을 꼬는 작업과 감는 작업으로만 제한되었다. 그러나 '자유'를 박탈당한 자본의 손실을 보상해주기 위해 11-13세의 아동 노동시간은 10시간에서 10시간 30분으로 늘어났다. "견직공장에서의 노동은 다른 공장에서의 노동보다 쉬우며 건강에도 그다지 해롭지 않다"[385]는 것이 그 구실이었다. 그러나 그 뒤에 공식적으로 실시된 의학적인 조사에서는 다음과 같은 사실이 증명되었다.

"견직공장 지역의 평균사망률은 예외적으로 높으며, 주민 가운데 여성의 사망률은 랭커셔의 면공업 지역에서보다도 더 높다."[386]

---

385) 《공장감독관 보고서》, 1861년 10월 31일, 26쪽.

386) 같은 보고서, 27쪽. 일반적으로 공장법의 적용을 받는 노동자인구는 신체적으로 상당히 좋아졌다. 의사들의 증언은 모두 이 점에서는 일치한다. 그리고 서로 다른 시기에 대한 내 개인적인 관찰도 이러한 점을 확신하게 한다. 그러나 매우 높은 유아기의 아동사망률은 무시하더라도, 그린하우 박사의 공식적인 보고서는 공장지역의 건강상태가 '정상적인 건강상태의 농업지역'과 비교하면 더 나쁘다는 것을 보여주고 있다. 이에 대한 증거는 많지만 특히 1861년 그의 보고서에 수록된 다음의 표를 참조하기 바란다.

제조업에 종사하는 성인남성의 비율	남자 10만 명 당 폐병 사망률	지방 이름	여성 10만 명 당 폐병 사망률	제조업에 종사하는 성인여성의 사망률	여성의 고용분야
14.9	598	위건	644	18.0	면화
42.6	708	블랙번	734	34.9	면화
37.3	547	핼리팩스	564	20.4	양모
41.9	611	브래드포드	603	30.0	양모
31.0	691	팩클리스필드	804	26.0	비단
14.9	588	리크	705	17.2	비단
36.6	721	스토크어폰트렌트	665	19.3	토기
30.4	726	울스탠턴	727	13.9	토기
-	305	건강한 8개 농촌지방	340	-	

6개월마다 반복되는 공장감독관들의 항의에도 불구하고 이러한 악행은 지금까지도 계속되고 있다.[387]

1850년의 법률은 아침 5시 30분부터 저녁 8시 30분까지 15시간으로 정해진 '청소년과 여성'의 노동시간을 아침 5시 30분부터 저녁 5시 30분까지 12시간으로 바꾸었을 뿐이다. 이러한 변화는 아동에게는 해당되지 않았다. 아동 노동시간은 총 6½시간을 넘지 못하게 제한되어 있었지만, 작업이 시작하는 아침 6시 이전의 30분과 작업이 끝나는 오후 6시 이후의 2½시간 동안은 아동을 계속 사용할 수 있었다. 이 법률이 논의되고 있는 동안에 이같이 원칙을 벗어나는 아동노동의 파렴치한 악용에 대한 통계가 공장감독관들에 의해 의회에 제출되었다. 그러나 헛수고였다. 호황기에 아동들의 도움을 받아 성인노동자들의 노동일을 다시 15시간으로 늘리려는 의도가 숨겨져 있었던 것이다. 그러나 다가올 3년 동안의 경험은 이러한 시도가 성인남성노동자들의 저항으로 실패할 수밖에 없다는 것을 보여준다.[388] 따라서 1850년의 법률은 마침내 1853년에 이르러 '아침에는 청소년과 여성의 노동이 시작되기 전에, 저녁에는 이들의 노동이 끝난 후에 아동을 사용하는 것을 금지'한다는 조항을 추가함으로써 보완되었다. 이때부터 거의 예외 없이 1850년의 공장법은 이 법에 적용을 받는 산업부문에서 모든 노동자의 노동일을 규제하게 되었다.[389] 최초의 공장법이 제정된 후

---

387) 잉글랜드의 '자유무역주의자'들이 얼마나 망설이면서 견직 매뉴팩처를 위한 보호관세를 포기했는지는 잘 알려져 있다. 이제는 프랑스 수입에 대한 보호 대신에 잉글랜드 공장 아동들에 대한 무방비 상태가 그들에게 이익을 주고 있다.

388) 《공장감독관 보고서》, 1853년 4월 30일, 30쪽.

389) 잉글랜드 면공업의 절정기였던 1859년에서 1860년 사이에 몇몇 공장주는 초과노동에 더 높은 임금을 준다는 미끼를 던져 성인남성 방적공 등이 노동일의 연장에 찬성하도

반세기가 흐른 뒤였다.[390]

　　입법은 1845년의 '날염공장법'을 통해 처음으로 그 본래의 영역을 벗어났다. 자본이 이 새로운 '무절제'를 인정하면서 가졌던 불만은 이 법률의 문구마다 그대로 드러나 있다! 이 법률은 8-13세까지의 아동과 여성의 노동을 아침 6시부터 저녁 10시까지 16시간으로 제한하고 있지만 밥 먹을 휴식시간이 법으로 정해져 있지는 않았다. 이 법률은 13세 이상의 남성노동자에게 주야간 계속 마음대로 일을 시키는 것을 허용하고 있다. 이 법률은 의회의 실패작이었다.[391]

　　그런데도 공장법의 원칙은 근대적 생산방식의 가장 독특한 창조물인 대공업 부문에서 승리함으로써 이미 승리를 거두었다. 공장노동자들의 육체적 정신적 갱생과 나란히 진행된 1853-1860년 사이의 대공업 부문의 경

록 설득하고자 했다. 수동식 뮬(잉글랜드 사람 크럼프턴이 제니 방적기와 수력 방적기의 장점을 합쳐서 발명한 방적 기계 - 옮긴이)을 돌리는 방적공과 자동 방적기를 감시하는 노동자는 자신들의 사용자에게 진정서를 제출함으로써 이 시도에 종지부를 찍었다. 이 진정서는 특히 다음과 같은 내용을 담고 있다. "솔직히 말하자면, 우리의 일생은 우리에게 짐이다. 그리고 우리가 다른 노동자들보다 일주일에 거의 이틀(20시간)이나 더 길게 공장에 묶여 있는 한, 우리는 이 나라의 노예와 같다고 느끼며, 또 우리 자신과 우리 후손에게 육체적으로나 도의적으로 해를 끼치는 제도를 남길 수 있다는 자책감을 갖게 된다. … 따라서 우리는 새해 첫 날부터는 아침 6시에서 저녁 6시까지에서 1법으로 정해진 1시간 30분의 휴식시간을 뺀 주당 60시간에서 단 1분도 더 일하지 않겠다는 사실을 정중하게 알리는 바이다."(《공장감독관 보고서》, 1860년 4월 30일, 30쪽)

390) 이 법률의 문구가 이 법률을 위반하는 데 이용되는 수단이 되고 있다는 사실에 대해서는 의회보고서인 《공장규제법》(1859년 8월 9일)과 이에 수록된 레너드 호너의 《감독관이 현재 널리 만연되어 있는 불법 작업을 방지하게 할 수 있는 공장법 개정안》을 참조하라.

391) '날염공장법'은 교육에 관한 규정뿐만 아니라 보호에 관한 규정에서도 실패작으로 인정되고 있다. (《공장감독관 보고서》, 862년 10월 31일, 52쪽)

이로운 발전은 아무리 우둔한 자라도 알 수 있었다. 반세기 동안의 내전을 통해 법으로 정해진 노동일의 제한과 규제를 서서히 받아들일 수밖에 없었던 공장주조차도 여전히 '자유로운' 착취가 남아 있는 영역과의 두드러진 차이점을 자랑스럽게 지적하고 있다.[392] '정치경제학'의 위선자들은 이제는 법으로 규제되는 노동일의 불가피함을 통찰하는 것이 그들의 '과학'을 특징 짓는 새로운 업적이라고 선언했다.[393] 대공장주들이 이러한 사실을 불가피한 것으로 수용하고 이와 타협한 후, 자본의 저항력은 점차로 약화되어 간 동시에 노동자계급의 공격력은 직접적인 이해관계가 없는 사회계층 가운데 그들 동맹자의 수가 늘어남에 따라 강화되었다는 점은 쉽게 알 수 있다. 이런 이유로 1860년 이후 비교적 급속한 진보가 이루어졌다.

염색업과 표백업[394]은 1860년에, 레이스 제조업과 양말 제조업은

392) 예를 들어 1863년 3월 24일자 《타임지》에 보낸 편지에서 포터가 이러한 입장이었다. 《타임지》는 포토에게 10시간 법에 반대한 공장주의 반란을 상기시켰다.

393) 특히 투크(Tookes)와 공동으로 《가격의 역사》를 집필했으며 편집자인 뉴마치(W. Newmarch)가 그러하다. 비겁하게 여론에 굽히는 것이 과학의 진보인가?

394) 1860년에 공포된 표백업과 염색업에 관한 법률은 노동일을 1861년 8월 1일부터 임시로 12시간으로 단축하고, 1862년 8월 1일부터는 최종적으로 10시간으로, 즉 평일에는 10시간 30분, 토요일에는 7시간 30분으로 단축하도록 규정했다. 그런데 불길한 해인 1862년이 되자, 종전과 같은 광대극이 되풀이되었다. 공장주들은 청소년과 여성의 12시간 노동을 일 년만 더 허용해 줄 것을 의회에 청원했다. … "현재와 같은 사업상황(면화 기근의 시대)에서는 노동자들에게 하루 12시간 일하게 하고 가급적 많은 임금을 받을 수 있도록 허용해 준다면 그들에게 커다란 이익이 될 것이다. … 이런 취지의 법안은 이미 하원에 제출되어 있었다. 스코틀랜드 표백노동자들의 선동으로 이 법안은 폐기되었다."(《공장감독관 보고서》, 1862년 10월 31일, 14-15쪽) 노동자의 이름으로 변명하다가 노동자에게 한방 얻어맞은 자본은 이번에는 법률가의 도움을 받아, 다른 모든 노동보호법과 마찬가지로 1860년의 법률도 그 의미를 혼란스럽게 만드는 애매한 문구로 작성되어 있어서, '천에 광을 내는 노동자(Calenders)'와 '마무리 공'을 이 법률의 적용 대상에서 제외할 수 있는 구실을 주고 있다는 사실을 발견했다. 언제나 자본의 충실한 일꾼인 잉글랜드의 사법당국은 '민사재판소'를 통해 이 속임수를 재가했다. "그것은 노동자들 사이에서 큰 불만을 불러일으켰다. 입

1861년에 1850년에 제정된 공장법의 적용을 받게 되었다. '아동고용위원회'의 1차 보고서 때문에 일체의 토기 매뉴팩처(도자기 제조업뿐만 아니라), 성냥, 뇌관, 탄창, 벽지공장, 무명천 털 제거업을 비롯한 '마무리 작업'이라는 말로 뭉뚱그려지는 수많은 공정이 운명을 같이했다. 1863년에는 '야외 표백업'[395]과 제빵업이 특별법의 적용을 받았는데, 이 법은 전자에서는 특히

법의 명백한 취지가 문구의 정의가 불완전하다는 구실로 손상되었다는 사실이 유감스럽기 그지없다."(같은 보고서, 18쪽)

395) '야외 표백업자'들은 야간에는 여성에게 일을 시키지 않겠다고 거짓말을 함으로써 1860년의 법률이 '표백업'에 적용되는 것을 면했다. 공장 감독관들은 이 거짓말을 폭로했으며, 의회 역시 노동자들의 청원을 통해 '야외 표백업'이 향기롭고 서늘한 목초지에서 이루어지고 있다는 생각을 버리게 되었다. 이 업종에서는 화씨 90-100도의 건조실이 사용되고 있는데, 그곳에서는 주로 소녀들이 일하고 있다. 이 업종에서 사용하는 '냉각'(Cooling)이라는 말은 가끔 건조실에서 야외로 빠져나오는 것을 나타내는 용어일 뿐이다. "건조실에는 15명의 소녀들이 일하고 있는데, 그곳의 온도는 보통 아마포의 경우에는 80-90도에 이르며, 고급 아마포(캠브릭)의 경우에는 100도 이상이다. 한 가운데 밀폐식 난로가 놓여있는 약 10평방 미터의 조그만 방에는 12명의 소녀가 고급 아마포 등을 다림질하여 쌓아 놓는 일을 한다. 그들은 엄청난 열을 내뿜으며 다림질한 고급 아마포를 신속하게 건조하는 난로에 둘러싸여 있다. 이 소녀노동자들의 작업시간은 제한이 없다. 바쁠 때에는 며칠이고 계속해서 밤 9시 또는 12시까지 일한다."(《공장감독관 보고서》, 1862년 10월 31일, 56쪽) 한 의사는 다음과 같이 밝히고 있다. "냉각을 위한 특별한 시간이 주어지지는 않지만, 온도가 견딜 수 없을 정도로 올라가거나 소녀들의 손이 땀으로 더러워졌을 때에는 몇 분 동안 나가는 것이 허용된다. … 이 여성노동자들의 질병을 치료해 본 나의 경험으로 미루어보아, 나는 그들의 건강 상태가 여성방적공보다도 훨씬 나쁘다고 확실하게 말할 수 있다.(그러나 자본이 의회에 제출한 청원서에는 이 여성노동자들을 루벤스(Peter Paul Rubens, 1577-1640, 독일 태생의 벨기에 화가이다. 그는 역동성, 강한 색감, 그리고 여성의 관능미를 추구하는 환상적인 바로크 스타일의 대표적인 화가였다. - 옮긴이)의 화풍처럼 건강미 넘치는 모습으로 그려냈다!). 가장 눈에 잘 띄는 그들의 질병은 폐결핵, 기관지염, 자궁질병, 끔찍한 히스테리 그리고 류머티즘이다. 내 생각으로는, 이 모든 질병은 직·간접적으로 작업실 안의 공기가 지나치게 뜨거운 데다가, 겨울철에 집으로 돌아갈 때 차고 습한 공기로부터 그들의 몸을 보호해 줄 만한 옷이 부족해서 생긴 병이다."(같은 보고서, 56-57쪽) 공장감독관들은 이 호탕한 '야외 표백업자'들이 끝까지 버틴 까닭에 뒤늦게 이들에게 적용된 1863년의 법률에 대해 다음과 같이 말하고 있다. "이 법률은 해 줄 수 있을 것처럼 보였던 보호를 노동자에게 보장해주지 못했을 뿐만 아니라, … 아동이나 여성을 저녁 8시 이후에 일하는 현장에서 적발했을 경우에만 비로소 보호가 이루어지도록 작성되어 있었다. 적발된 경우에도 정해진 입증 방법이 매우 복잡하여 거의 처벌이 뒤따르지 않았다."(같은 보고

아동과 청소년 그리고 여성의 야간노동(저녁 8시부터 아침 6시까지)을 금지했으며, 후자에서는 18살 미만의 도제를 저녁 9시부터 아침 5시까지 사용하는 것을 금지했다. 그 후에도 앞에서 언급한 위원회가 농업, 광산업과 운송업을 제외한 잉글랜드의 모든 중요한 산업부문에서 '자유'를 박탈할 우려가 있는 제안을 했는데, 이에 대해서는 나중에 논하겠다.[396]

서, 52쪽) "이 법률은 인도적인 목적과 교육적인 목적을 지향하는 법률로서는 완전히 실패했다. 이 법률은 연령에 대한 제한도 없고 남녀의 구별도 없으며, 표백공장 인근에 사는 가족의 사회적 관습에는 주위를 기울이지 않고 여성과 아동을 식사시간은 형편에 따라 있기도 하고 없기도 한, 하루 14시간이나 더 길게 일을 시키는 것을 허용하거나 강제하는데, 이는 결코 인도적이라고 할 수 없기 때문이다."(《공장감독관 보고서》, 1863년 4월 30일, 40쪽)
396) 2판의 주석. 내가 본문에서 이러한 상황을 쓴 1866년 이후에 다시 반동이 시작되었다.

7절
표준노동일을 위한 투쟁
잉글랜드의 공장입법이 다른 나라에 끼친 영향

노동이 자본에 종속됨으로써 발생하는 생산방식 자체의 모든 변형을 무시한다면, 잉여가치의 생산이나 잉여노동의 추출은 자본주의적 생산에 특유한 내용과 목적을 이룬다는 것을 독자는 기억할 것이다. 그리고 지금까지 전개된 관점에서 본다면, 오직 자립적인 노동자, 따라서 법적으로 성년이 된 노동자만이 상품판매자로서 자본가와 계약을 체결한다는 사실도 독자는 기억할 것이다. 따라서 우리가 요약한 역사에서 중요한 역할을 한 것은 한편으로는 근대공업이며, 다른 한편으로는 육체적이나 법적으로 아직 성년이 아닌 사람의 노동이었기 때문에, 우리에게 전자는 단지 노동을 흡수하는 특별한 영역으로만, 그리고 후자는 노동을 흡수하는 특별히 주목할 만한 사례로만 간주되었다. 그러나 앞으로 전개될 내용을 미리 알아보지 않고서도 우리는 역사적 사실의 단순한 맥락으로부터 다음과 같은 결론을 끌어낼 수 있다.

첫째, 물, 증기 그리고 기계장치에 의해 맨 처음 혁명적으로 변한 산업에서, 즉 근대적 생산방식의 최초의 창조물인 면화, 양모, 아마포 그리고 비단의 방직업과 방적업에서 노동일을 무제한적이고 무자비하게 연장하려는 자본의 충동이 최초로 충족되었다. 변화된 물적 생산방식과 이에 상응하여 변화된 생산자들 간의 사회적 관계[397]는 처음에는 지나친 방종을 낳았지만, 그 후에는 거꾸로 휴식시간을 포함한 노동일을 법적으로 제한하고 규제하고 획일화하려는 사회적 통제를 가져왔다. 따라서 이러한 통제는 19세기 전반기 동안에는 특별법의 제정으로만 나타났다.[398] 그러나 이러한 통제가 최초로 이 새로운 생산방식을 도입한 영역을 정복해버리자마자, 그 사이에 다른 많은 생산부문도 진정한 의미의 공장체제Fabrikregime로 진입했을 뿐만 아니라, 도자기 제조나 유리 제조 등과 같은 다소 시대에 뒤떨어진 경영방식을 가진 매뉴팩처, 그리고 제빵업과 같은 구식 수공업, 그리고 마지막으로 못 제조 등[399]과 같이 각 가정에 분산되어 이루어지던 이른바 가내노동조차도 공장과 마찬가지로 이미 오래 전부터 자본주의적 착취에 빠져있다는 사실이 밝혀졌다. 따라서 입법은 선택의 기로에 서 있었다. 즉 그 예외적인 성격을 점차 벗어던지거나, 또는 잉글랜드와 같이 입법이 보편적 원리를 구체적인 개별사항에 적용하는 로마법을 따르는 곳에서는 노동이 수행되는 어떤 가옥이든 공장으로 임의로 선포하지 않을 수 없었다.[400]

---

397) "이들 계급(자본가와 노동자) 각자의 행동은 그들 각자가 처해있는 상황의 결과였다."(《공장감독관 보고서》, 1848년 10월 31일, 113쪽)

398) "증기력과 수력의 도움으로 섬유제품을 생산하는 작업에 제한이 가해졌다. 어떤 작업이 공장감독의 보호를 받기 위해서는 증기력과 수력을 사용해야 하며 그리고 정해진 특별한 종류의 섬유를 가공한다는 두 가지 조건을 만족시켜야 했다."(《공장감독관 보고서》, 1864년 10월 31일, 8쪽)

399) 소위 가내공업의 상태에 관해서는 "아동노동조사위원회"의 최근 보고서들이 충분한 자료를 제공하고 있다.

400) "지난 회기(1864)의 법률들은 … 매우 상이한 관습이 지배하고 있는 상이한 종류의 작업을 포괄하고 있다. 그리고 기계를 작동하는데 기계의 힘을 이용하는 것은 더이상 이전처럼 법률적 의미의 공장으로 인정되는데 필요한 조건 가운데 하나가 아니다."(《공장감독관 보고서》, 1864년 10월 31일, 8쪽)

둘째, 몇몇 생산방식에서의 노동일에 대한 규제의 역사와 다른 생산방식에서 아직도 이 규제를 둘러싸고 진행되고 있는 투쟁은, 자본주의적 생산이 일정한 단계까지 성숙되면 분열된 개별노동자, 즉 노동력의 '자유로운' 판매자로서의 노동자 한 명은 아무런 저항도 못하고 굴복한다는 사실을 명확하게 증명하고 있다. 따라서 표준노동일의 제정은 다소 은폐된 채 장기간에 걸쳐 진행된 자본가계급과 노동자계급 사이의 내전의 산물이다. 이 싸움이 근대산업의 영역에서 시작되었기 때문에, 이 싸움은 근대산업의 본국인 잉글랜드에서 맨 처음 승부를 겨루었다.[401] 잉글랜드의 공장노동자들은 잉글랜드 노동자계급뿐만 아니라 근대노동자계급 전체의 영광스러운 투사일 뿐만 아니라, 그들의 이론가들은 자본의 이론에 대항한 최초의 도전자였다.[402] 이런 까닭에 공장철학자 유어는 '노동의 완전한 자유'를 위해 용감하게 싸우는 자본에 대항하여 잉글랜드의 노동자계급이 '공장법이라는 노예제도'를 목표로 설정한 것이 지울 수 없는 치욕이라고 비난

---

401) 유럽 대륙에서 자유주의의 천국인 벨기에는 이런 운동의 흔적도 보여주지 않는다. 벨기에의 탄광이나 철광에서조차 모든 연령대의 남녀 노동자들이 시간의 길이와 기간에 상관없이 완전히 '자유롭게' 소비되고 있다. 이곳에서 일하는 사람들은 1,000명당 성인남성이 773명, 성인여성이 88명, 16세 미만의 소년이 135명 그리고 16세 미만의 소녀가 44명이다. 용광로 등에서는 1,000명당 668명의 성인남성, 149명의 성인여성, 16세 미만의 소년 98명과 역시 16세 미만의 소녀 85명이 일하고 있다. 더욱이 성인노동력과 미성년노동력에 대한 엄청난 착취에 비해 낮은 임금인 하루 평균 성인남성에게는 2실링 8펜스, 성인여성에게는 1실링 8펜스 그리고 소년에게는 1실링 1½펜스가 지불된다. 그러나 그 대가로 1863년 벨기에의 석탄과 철 등의 수출은 1850년에 비해 거의 2배 증가했다.

402) 1810년 직후 로버트 오언(Robert Owen)이 노동일의 제한에 대한 필요성을 이론적으로 대변했을 뿐만 아니라, 자신의 공장인 뉴-래너크(New-Lanark)에 10시간 노동일을 실제로 도입했을 때, 노동일에 대한 그의 이론과 실천은 그의 '생산적 노동과 아동교육과의 결합'이나 그가 창설한 '노동자 협동조합'과 똑같이 코뮌주의 유토피아라는 비웃음거리가 되었었다. 오늘날 그의 첫 번째 유토피아는 공장법이 되었으며, 두 번째 유토피아는 모든 '공장법'에 공식적인 문구로 기록되어 있으며, 세 번째 유토피아는 이미 반동적인 사기극을 은폐하는 수단으로 이용되고 있다.

했던 것이다.[403]

프랑스는 천천히 잉글랜드를 뒤따라오고 있다. 잉글랜드의 원형보다
훨씬 결함이 많은 12시간 법[404]이 만들어지기 위해서는 2월 혁명이 필요했
다. 그럼에도 프랑스의 혁명적 방법은 프랑스 특유의 장점을 가지고 관철
되었다. 즉 프랑스의 혁명적 방법은 일거에 모든 작업장과 공장의 작업일
이 동일하게 되도록 제한했다. 반면에 잉글랜드의 입법은 때에 따라 이런
저런 사정으로 야기된 압력에 마지못해 굴복했으며, 새로운 법률상의 분쟁
을 낳을 수 있는 상황에 이르게 했다.[405] 또한 잉글랜드에서 아동, 미성년자
그리고 여성의 이름으로만 쟁취되었으며 최근에 와서야 비로소 일반적 권
리로서 요구되는 것을 프랑스 법률은 일반적 원칙으로 선언했다.[406]

---

403) 유어, 《매뉴팩처 철학》(프랑스어 번역판), 파리, 1836, 2권, 39-40쪽, 67쪽과 77쪽 등등.

404) '1855년 파리 국제통계회의'의 보고서에는 특히 다음과 같이 쓰여 있다. "공장과 작업
장에서 1일 노동시간을 12시간으로 제한하고 있는 프랑스의 법률은 단지 아동노동만을 오
전 5시부터 저녁 9시까지로 정해 놓음으로써 1일 노동을 일정하게 고정된 기간 내로 제한
하지 않았다. 따라서 일부 공장주는 어쩌면 일요일을 제외하고는 하루종일 중단 없이 일을
시킬 수 있다는, 불행을 초래하는 침묵이 그들에게 부여한 권리를 이용했다. 이렇게 하기
위해 그들은 노동자를 2개 조로 나누어 사용하고 있는데 어느 조도 12시간 이상은 작업장
에서 보내지 않지만, 공장의 작업은 밤낮으로 계속된다. 법은 준수되고 있지만, 인도적인
측면도 만족시키는가?' '야간노동이 인체에 미치는 파괴적인 영향' 이외에 '음침한 조명의
작업장에서 남녀가 밤에 함께 작업하는 데서 오는 파멸적인 영향'도 강조되고 있다.

405) "예를 들어 내 관할구역에서는 같은 건물에서 동일한 공장주가 '표백 및 염색공장법'
하에서는 표백업자와 염색업자이며, '날염공장법' 하에서는 날염업자가 되며, '공장법' 하에
서는 마무리업자가 된다."(《공장감독관보고서》, 1861년 10월 31일, 20쪽에 실린 베이커 보
고서) 이들 법률의 상이한 규정과 그로 인한 분규를 열거한 후에 베이커는 다음과 같이 말
하고 있다. "공장주가 법망을 피해가려고 마음만 먹는다면, 우리는 이 3가지 법률의 실시
를 보장하는 것이 얼마나 어려울 수밖에 없는가를 알 수 있다."(같은 보고서, 21쪽) 그런데
이러한 상이한 규정 때문에 법률가에게 보장되는 것은 소송이다.

406) 마침내 공장감독관들은 감히 다음과 같이 말한다. "이 같은(노동시간의 법적 제한에
대한 자본의) 이견들은 노동의 권리라는 대원칙 앞에 굴복해야 한다. … 노동자들이 아직

북아메리카 연방에서 노예제도가 공화국의 일부를 불구로 만들고 있는 동안에는, 모든 독립된 노동자운동은 마비상태에 있었다. 흑인의 노동이 낙인찍힌 곳에서는 백인의 노동도 해방될 수 없다. 그러나 노예제가 그 생명을 다하자마자 곧바로 새로운 생명의 싹이 돋아났다. 내전의 첫 번째 성과는 엄청나게 빠른(한 걸음에 7마일을 날아가는 장화 같은) 기관차를 타고 대서양부터 태평양까지, 뉴잉글랜드부터 캘리포니아까지 단숨에 달려간 8시간 선동이었다. 1866년 8월 볼티모어에서 열린 전국노동자회의는 다음과 같이 선언했다.

"이 땅의 노동을 자본주의적 노예제도에서 해방시키기 위해 현재 가장 먼저 필요한 중대한 요구는 아메리카 연방의 모든 주에서 8시간을 표준 노동일로 정하는 법률의 제정이다. 우리는 이 영광스러운 성과가 달성되기까지 전력을 다할 것을 결의한다."[407]

이와 동시에(1866년 9월 초) 제네바에서 열린 '국제노동자회의'는 런던 총평의회Generalrat의 제안에 따라 다음과 같이 결의했다.

지치지 않았는데도, 그들의 노동에 대한 고용주들의 권리가 중단하고, 노동자의 시간이 노동자 자신의 시간이 되는 그런 시점이 있다.(《공장감독관보고서》, 1862년 10월 31일, 54쪽)
407) "우리 던커크(Dubkirk)의 노동자들은 현재의 제도 하에서 요구되는 노동시간은 너무 길어서 노동자에게 건강의 회복과 신체적 발육을 위한 시간을 전혀 남겨주지 않으며, 오히려 노동자를 노예제도와 다를 바 없는 예속 상태로 끌어내리고 있다고 선언한다. 따라서 우리는 1노동일이 6시간으로 충분하며, 또 법적으로도 충분하다고 인정되어야 한다는 것, 우리를 도와줄 강력한 수단을 동원할 것을 언론에 요청하며, 이 도움을 거부하는 자는 모두 노동개혁과 노동자권리에 대한 적으로 삼을 것을 결의한다."(《뉴욕 주 던커크에서의 노동자결의, 1866》)

"우리는 노동일의 제한이 해방을 위한 모든 노력이 실패하지 않게 하기 위한 선결조건이라고 선언한다. … 우리는 8노동시간을 합법적인 노동일의 한도로 정할 것을 제안한다."(이 결의문은 맑스에 의해 작성되었다. - 옮긴이).

이와 같이 대서양의 양쪽에서 생산관계 그 자체로부터 본능적으로 성장한 노동자운동은 잉글랜드의 공장감독관 손더스의 진술을 확실하게 증명해 준다.

"사전에 노동일이 제한되지 않거나 그 규정된 한도가 엄격하게 지켜지도록 하지 않는다면, 사회개혁을 위한 전진은 성공에 대한 그 어떤 전망도 없이 수행될 수밖에 없다."[408]

우리는 노동자가 생산과정에 들어갈 때와 나올 때 다르다는 것을 인정해야만 한다. 시장에서 노동자는 '노동력'이라는 상품의 소유자로서 다른 상품소유자와 마주선다. 그가 자본가에게 노동력을 판매하는 계약은 그가 자유롭게 자기 자신을 처분했다는 사실을 소위 서면으로 증명하고 있다. 거래가 체결된 후 그는 자신이 '자유로운 판매자'가 아니었다는 것, 노동력을 팔기 위해 그에게 자유롭게 주어진 시간은 노동력을 팔도록 강요된 시간이라는 것,[409] 그리고 사실상 그의 흡혈귀는 '착취할 수 있는 한 조각

---

408) 《공장감독관 보고서》, 1848년 10월 31일, 112쪽.
409) "게다가 이러한 음모(예를 들어 1848-1850의 자본의 술책)는 매우 자주 제기되는 주장, 즉 노동자들은 아무런 보호도 필요하지 않으며, 그들은 자신의 유일한 재산인 노동과

의 근육, 한 가닥의 힘줄, 한 방울의 피라도 남아 있는 한'[410] 그를 결코 놓아
주지 않는다는 것을 알게 된다. 자신들을 괴롭히는 뱀으로부터 '보호'하기
위해 노동자들은 동료들을 규합해야 한다. 그리고 하나의 계급으로 자유
의지에 따라 자본과 계약을 체결함으로써 자신과 자신의 계급을 죽음과 노
예 상태로 팔아넘기는 것을 방지하는 강력한 사회적 장애물인 국가법을 강
요하지 않으면 안 된다.[411] '양도할 수 없는 인권'이라는 화려한 목록 대신에
'노동자가 판매하는 시간은 언제 끝나며 언제 노동자 자신에게 속한 시간
이 시작되는가를 최종적으로 명확하게 밝히는'[412] 법적으로 제한된 노동일
이, 즉 소박한 대헌장이 나타난다. 이 얼마나 큰 변화인가!

이마의 땀방울을 자유롭게 처분할 수 있는 소유자로 간주되어야 한다는 주장이 얼마나 잘
못되었는가에 대해 반박할 수 없는 증거를 제공한다"(《공장감독관 보고서》, 1850년 4월 30
일, 45쪽). "자유로운 노동, 이렇게 부를 수 있다면 자유로운 나라에서조차도 법의 강력한
힘이 필요하다."(《공장감독관 보고서》, 1864년 10월 31일, 34쪽). "식사시간이 주어지든
안 주어지든 간에 하루 14시간 일하는 것을 허용하는 것, 또는 같은 의미지만 강제하는 것,
등."(《공장감독관 보고서》, 1863년 4월 30일, 40쪽)

410) 엥겔스, 《잉글랜드의 10시간 법》, 앞의 책, 5쪽.

411) 10시간 법은 그것에 적용받는 공업 부문에서, "완전한 육체적 퇴화로부터 노동자를
구해냈으며, 그들의 신체적 상태를 보호했다."(《공장감독관 보고서》, 1859년 10월 31일,
47쪽) "자본은(공장에서) 고용된 노동자들의 건강과 도덕을 해치지 않고서는 제한된 시간
이상으로 결코 기계장치를 작동시킬 수 없다. 그리고 노동자들은 자신들을 보호할 수 있는
처지가 아니다."(같은 보고서, 8쪽)

412) "보다 더 큰 이익은 노동자 자신에게 속한 시간과 고용주에게 속한 시간 사이의 구별
이 마침내 명확해졌다는 것이다. 이제 노동자는 그가 판매한 시간이 언제 끝나는지, 자신
의 시간이 언제 시작하는지 알게 되었다. 그리고 노동자가 이곳을 사전에 정확하게 알고
있기 때문에, 자기 자신의 시간을 자신의 목적에 맞게 미리 처분할 수 있었다."(같은 보고
서, 52쪽) "그것(공장법)이 노동자들을 그들이 가진 시간의 주인으로 만들어 줌으로써, 그
들을 정치권력을 장악하려는 방향으로 이끌 수도 있는 도덕적 에너지를 그들에게 부여했
다."(같은 보고서, 47쪽) 공장감독관들은, 절제된 풍자와 매우 조심스러운 표현으로, 현재
의 10시간 법이 그저 자본의 화신일 뿐인 자본가에게서 태생적인 난폭함을 어느 정도 해방
시켜 주어 약간의 '교양'을 위한 시간을 주었다고 암시한다. 이전에는 "고용주는 돈벌이를
위한 시간 이외에는 어떤 시간도 가지고 있지 않았으며, 노동자는 일하는 시간 이외에는
다른 어떤 시간도 가지고 있지 않았다."(같은 보고서, 48쪽)

9장 | 잉여가치율과 잉여가치량

    지금까지와 마찬가지로 이 장에서도 노동력의 가치, 즉 노동일 가운데 노동력의 재생산 또는 유지에 필요한 부분은 변하지 않는 주어진 크기로 가정한다.

    이런 가정 하에서 잉여가치율이 주어진다면, 한 노동자가 일정한 기간 동안 자본가에게 제공하는 잉여가치의 양도 주어지게 된다. 예를 들어 필요노동이 하루 6시간이고, 3실링=1탈러의 화폐량으로 표시된다면, 1탈러는 어떤 노동력의 하루가치이거나 이 노동력을 매입하는 데 투하된 자본의 가치이다. 더 나아가 잉여가치율=100%라면, 1탈러의 가변자본은 1탈러의 잉여가치량을 생산한다. 또는 노동자가 하루 6시간의 잉여노동량을 제공하는 것이다.

    그러나 가변자본은 자본가가 동시에 사용하는 노동력의 총가치를 화폐로 표현한 것이다. 따라서 가변자본의 가치는 노동력 하나의 평균가치에 사용된 노동력의 수를 곱한 것과 같다. 그러므로 노동력의 가치가 주어져 있다면, 가변자본의 크기는 동시에 고용된 노동자의 수에 정비례한다. 노동력의 하루가치=1탈러라면, 자본은 매일 100노동력을 착취하기 위해 100탈러를, n노동력을 착취하기 위해 n탈러를 투하해야 한다.

이와 마찬가지로 1탈러의 가변자본, 즉 노동력 하나의 하루가치가 하루에 1탈러의 잉여가치를 생산한다면, 100탈러의 가변자본은 하루에 100탈러의 잉여가치를 생산하며, n탈러의 가변자본은 하루에 1탈러×n의 잉여가치를 생산한다. 따라서 생산된 잉여가치의 양은 노동자 한 명의 1노동일이 제공하는 잉여가치에 사용된 노동자들의 수를 곱한 것과 같다. 그러나 더 나아가 한 명의 노동자가 생산한 잉여가치의 양은, 노동력의 가치가 주어져 있다면, 잉여가치율에 따라 정해지기 때문에, 다음과 같은 첫 번째 법칙이 나온다. 즉 생산된 잉여가치의 양은 투하된 가변자본의 크기에 잉여가치율을 곱한 것과 같다. 또는 생산된 잉여가치의 양은 동일한 자본가에 의해 동시에 착취되는 노동력의 수와 개별 노동력의 착취도 사이의 비율에 의해 정해진다.[413]

따라서 잉여가치량을 M, 노동자 한 명이 제공하는 잉여가치의 하루 평균을 m, 노동력 하나를 매입하는 데 매일 투하되는 가변자본을 v, 가변자본의 총액을 V, 평균노동력의 가치를 k, 그 착취도를 a'/a(잉여노동/필요노동) 그리고 사용된 노동자의 수를 n이라고 하면, 우리는 아래의 공식을 얻는다.

$$M = \frac{\dfrac{m}{v} \times V}{k \times \dfrac{a'}{a} \times n}$$

---

413) (별표로 표시)저자가 인가한 프랑스어 판에는 이 문장의 두 번째 부분이 다음과 같이 번역되어 있다. "또는 노동력 하나의 가치에 그 착취도를 곱하고, 그것에 동시에 착취당하는 노동력의 수를 곱한 것과 같다."

그리고 평균노동력 하나의 가치가 변하지 않을 뿐만 아니라, 한 명의 자본가에 의해 사용되는 노동자들이 평균노동자로 환산된다는 가정도 그대로 유지된다. 생산되는 잉여가치가 착취되는 노동자의 수와 비례하여 증가하지 않는 예외적인 경우도 있지만, 그런 경우에는 노동력의 가치 역시 그대로 유지되지 않는다.

그러므로 일정한 양의 잉여가치의 생산에서 어떤 요인이 감소한다면 다른 요인이 증가함으로써 상쇄될 수 있다. 가변자본이 감소하고, 그 감소한 비율만큼 잉여가치율이 증가한다면 생산된 잉여가치의 양은 변하지 않는다. 앞에서 가정한 바에 따르면, 자본가가 하루에 100명의 노동자를 착취하기 위해서는 100탈러를 투하해야 하며, 잉여가치율이 50%라면 이 100탈러의 가변자본은 50탈러의 잉여가치, 즉 100×3노동시간의 잉여가치를 낳는다. 잉여가치율이 2배 늘어나거나 노동시간이 6시간에서 9시간이 아니라 12시간으로 연장된다면, 절반으로 줄어든 50탈러의 가변자본은 여전히 50탈러의 잉여가치, 즉 50×6노동시간의 잉여가치를 낳는다. 따라서 가변자본의 감소는 그 감소한 비율만큼의 노동력의 착취도를 증가시킴으로써 상쇄될 수 있으며, 고용된 노동자들의 수의 감소는 그 감소한 비율만큼의 노동일의 연장을 통해 상쇄될 수 있다. 따라서 일정한 한도에서는 자본에 의해 착취 가능한 노동의 공급은 노동자의 공급에 의존하지 않게 된다.[414] 반대로 잉여가치율이 감소하더라도 그 감소한 비율만큼 가변자본의 크기나 고용된 노동자들의 수가 증가한다면, 생산된 잉여가치의 양은 변하

---

414) 이 초보적인 법칙은 통속경제학자 양반들에게는 알려져 있지 않은 듯하다. 이들 거꾸로 된 아르키메데스들은 노동의 시장가격이 수요와 공급을 통해 결정된다는 법칙에서, 세상을 근본적으로 바꾸려는 것이 아니라 정지시키기 위한 논점을 발견했다고 믿고 있다.

지 않는다.

그러나 노동자의 수나 가변자본의 크기를 잉여가치율의 증가나 노동일의 연장을 통해 상쇄하기에는 넘을 수 없는 한계가 있다. 노동력의 가치가 얼마이든 간에, 즉 노동자의 생계에 필요한 노동시간이 2시간이든 10시간이든 간에, 한 노동자가 하루 종일 생산할 수 있는 총가치는 언제나 24노동시간이 물질화된 가치보다 적으며, 물질화된 24시간의 노동시간을 화폐로 표현한 것이 12실링 또는 4탈러라면 이보다 적다. 노동력 자체를 재생산하거나 노동력을 매입하는 데 투하된 자본의 가치를 보전하기 위해 하루 6시간이 필요하다는 앞의 가정 하에서는, 100%의 잉여가치율, 즉 12노동시간으로 500명의 노동자를 사용하는 500탈러의 가변자본은 하루에 500탈러 또는 6×500노동시간의 잉여가치를 생산한다. 200%의 잉여가치율, 즉 18시간의 노동일로 하루에 100명의 노동자를 사용하는 100탈러의 자본은 200탈러나 12×100노동시간의 잉여가치만을 생산한다. 그러나 투하된 가변자본의 등가물에 잉여가치를 더한 이 자본의 총 가치생산물은 하루에 결코 400탈러나 24×100노동시간이라는 금액에 도달할 수 없다. 평균노동일은 항상 24시간보다 짧을 수밖에 없고, 이는 감소된 가변자본을 높아진 잉여가치율로 상쇄하거나 착취되는 노동자 수의 감소를 노동력의 착취도를 높임으로써 상쇄하려는 시도의 절대적 한계이다. 이 명백한 두 번째 법칙은 이후에 전개되는 자본의 경향에서 발생하는 수많은 현상을 설명하는 데 중요하다. 즉 가능한 한 더 많은 잉여가치를 생산하려는 자본의 또 다른 경향과 모순되는, 즉 자본에 의해 고용되는 노동자의 수, 곧 노동력으로 변하는 가변자본의 구성부분을 언제나 될 수 있는 한 축소하려는 자본의 경향으로부터 발생하는 수많은 현상을 설명하는 데 매우 중요하다. 반대로,

사용되는 노동력의 양이나 가변자본의 크기가 증가하더라도 그것이 감소된 잉여가치율에 미치지 못한다면 생산된 잉여가치의 양은 감소한다.

세 번째 법칙은 생산되는 잉여가치의 양이 잉여가치율과 투하된 가변자본의 크기라는 두 가지 요인에 의해 결정된다는 사실로부터 나온다. 노동력의 착취도인 잉여가치율과 노동력의 가치인 필요노동시간의 길이가 주어져 있다면, 가변자본이 크면 클수록 생산되는 가치와 잉여가치의 양은 당연히 커진다. 노동일의 한계가 주어져 있고, 노동일 가운데 필요노동 부분의 한계 역시 주어져 있다면, 한 개별자본가가 생산하는 가치와 잉여가치의 양은 단지 그가 일을 시키는 노동의 양에 의존한다. 그러나 주어진 가정 하에서 이 노동의 양은 자본가가 착취하는 노동력의 양이나 노동자의 수에 달려 있다. 그리고 이 노동자의 수는 자본가에 의해 투하된 가변자본의 크기에 의해 결정된다. 따라서 잉여가치율과 노동력의 가치가 주어져 있는 경우에는 생산된 잉여가치의 양은 투하된 가변자본의 크기에 정비례한다. 그러나 우리는 자본가가 그의 자본을 두 부분으로 나눈다는 사실을 알고 있다. 그는 한 부분을 생산수단에 깔아둔다. 이것은 그의 자본 가운데 변하지 않는 부분이다. 그는 나머지 자본을 살아 있는 노동력과 교환한다. 이 부분이 그의 가변자본을 이룬다. 동일한 생산방식에 기반하고 있어도 생산부문이 다르면 자본은 불변성분과 가변성분으로 서로 다르게 분할된다. 동일한 생산부문 내에서도 이 비율은 생산과정의 기술적 토대와 사회적 결합이 달라지면 변한다. 그러나 주어진 어떤 자본이 어떻게 불변성분과 가변성분으로 분할되든 간에, 즉 후자의 전자에 대한 비율이 1:2든 1:10이든 1:x이든 간에, 바로 앞에서 세워진 법칙은 전혀 영향을 받지 않는다. 앞의 분석에 따라서, 불변자본의 가치는 생산물의 가치에 다시 나타나기는 하지만, 새롭게 형성된 가치생산물에는 들어가지 않기 때문이다. 1,000명의 방적공을 사용하기 위해서는 100명의 방적공을 사용할 때보다 당연히 더 많은 원료와 방추 등이 필요하다. 그러나 이 추가되는 생산수단의 가치가 증가하든 감소하든 그대로 유지되든, 크든 작든 간에, 이들 생산수단을 움직이는 노동력의 가치증식과정에는 여전히 아무런 영향도 끼치지 않는다. 따라서 위에서 확립된 법칙은 다음과 같은 형태를 띠게 된다. 즉, 상이한 자본에 의해 생산된 가치와 잉여가치의 양은, 노동력의 가치가 주어져 있고 노동력의 착취도의 크기가 같은 경우에는 이들 자본을 구성하는 가변부분의 크기, 다른 말로 하면 자본 가운데 살아 있는 노동력으로 변하는 부분의 크기에 정비례한다.

이 법칙은 겉으로 보이는 모든 경험과는 분명히 모순된다. 누구나 다 알고 있듯이, 사용된 총자본의 백분율로 계산하면, 총자본 가운데 상대적으로 많은 불변자본과 적은 가변자본을 방적업자가 사용한다고 해서 상대적으로 많은 가변자본과 적은 불변자본을 운용하고 있는 제빵업자보다 더 적은 이윤이나 잉여가치를 얻지는 않는다. 이 피상적인 모순을 해결하기 위해 아직도 수많은 중항中項이 필요한데, 그것은 마치 초보대수학에서 0/0이 하나의 실수實數를 나타낼 수 있다는 것을 이해하기 위해 수많은 중항이 필요한 것과 마찬가지이다. 고전파 경제학은 이 법칙을 명확하게 설명하지는 못했지만, 본능적으로 이 법칙에 집착했다. 이 법칙이 가치법칙 일반의 필연적인 귀결이었기 때문이다. 고전파 경제학은 이를 억지로 추상화함으로써 이 법칙을 현상의 모순들로부터 구하려고 했다. 리카도학파가 어떻게 발부리를 돌에 차여 비틀거렸는가는 뒤에서[415] 보게 될 것이다. '진짜 아무것도 배우지 못한' 통속경제학은 다른 곳에서와 마찬가지로 이곳에서도 현상의 법칙보다는 현상의 겉모습에 집착하고 있다. 통속경제학은 스피노자와는 반대로 '무지는 충분한 근거'라고 믿고 있다.

한 사회의 총자본이 날마다 작동시키는 노동은 단 하나의 노동일로 간주될 수 있다. 예를 들어 노동자의 수가 100만 명이고 한 노동자의 평균 노동일이 10시간이라면, 사회적 노동시간은 1,000만 시간으로 이루어진다. 그 한계가 육체적으로 결정되든 또는 사회적으로 결정되든 간에, 노동일의 길이가 주어져 있다면, 잉여가치의 양은 오직 노동자 수, 즉 노동자인구의 증가를 통해서만 증가할 수 있다. 이 경우에서는 '인구의 증가가 사회적 총자본이 얼마만큼의 잉여가치를 생산할 수 있는가'에 대한 정확한 한계를 보여준다. 반대로, 인구의 크기가 주어져 있는 경우에는 '얼마만큼 노동일을 연장할 수 있는가?'하는 한계에 봉착한다.[416] 이 법칙은 지금까지 다루어진 잉여가치 형태에만 적용된다는 사실을 다음 장에서 보게 될 것이다.

잉여가치의 생산에 관한 지금까지의 고찰로부터 다음과 같은 결론을 끌어낼 수 있다. 즉, 아무런 액수의 화폐나 가치가 자본으로 될 수 있는 것이 아니며, 자본이 되기 위한 전제조건은 개별화폐 소유자나 상품소유자가 수중에 일정한 최소액의 화폐나 교환가치를 가지고 있어야 한다는 것이다.

---

415) 이에 대해서는 '4권'에서 상세하게 다룰 것이다.

416) "한 사회의 노동, 즉 경제적으로 사용되는 시간은 일정한 크기를 나타낸다. 우리는 100만 명에 의한 매일 10시간 노동 또는 1,000만 노동시간이라고 말한다. … 자본의 증가에는 한계가 있다. 이 한계는 어떤 기간이 주어지든 간에 현실적으로 경제적으로 사용되는 시간의 범위 내에 있다.《각 국가의 정치경제학에 관한 에세이》, 런던, 1821, 47쪽과 49쪽)

가변자본의 최소액은 1년 내내 날마다 잉여가치를 얻기 위해 사용되는 노동력 하나의 구입가격이다. 이 노동자가 자신의 생산수단을 소유하고 있고 노동자로 사는 것에 만족한다면, 그의 생활수단의 재생산에 필요한 노동시간, 예컨대 하루 8시간은 그에게 충분할 것이다. 따라서 그는 8노동시간 만큼의 생산수단만이 필요하다. 이에 반하여, 이 노동자에게 8시간 이외에 예컨대 4시간의 잉여노동을 시키는 자본가는 추가로 필요한 생산수단을 조달하기 위한 더 많은 금액이 필요하다. 그러나 우리의 가정 하에서는, 자본가가 매일 점유하는 잉여가치를 가지고 노동자처럼 살기 위해서는, 말하자면 자신의 필수적인 욕망을 충족시키기 위해서는 반드시 2명의 노동자를 사용해야만 한다. 이 경우 자본가의 생산목적은 그저 생계의 유지이지 부의 증가가 아니다. 그러나 자본주의적 생산은 부의 증가를 전제로 한다. 그가 평범한 노동자보다 딱 두 배 만큼만 더 잘 살아가면서 생산된 잉여가치의 절반을 자본으로 다시 변화시키기 위해서는, 그는 노동자의 수와 더불어 투하자본의 최소액을 8배 증가시켜야만 한다. 물론 그 자신도 자신의 노동자와 마찬가지로 생산과정에 직접 개입할 수 있지만, 그런 경우 그는 단지 자본가와 노동자 사이에 끼어 있는 '보잘것없는 주인'에 불과하다. 자본주의적 생산이 일정한 수준에 도달하려면, 자본가는 그가 자본가로서, 즉 인격화된 자본으로 기능하는 전 기간 동안 타인의 노동을 취득함으로써 통제하고 그리고 노동생산물의 판매를 위해 사용할 수 있다는 조건을 만족시켜야 한다.[417] 중세의 길드제도는 장인 한 명이 고용할 수 있는 최대 노

---

417) "차지농장주는 직접 농사를 지어서는 안 된다. 그가 그렇게 한다면, 내 생각에는 그는 손해를 볼 것이다. 그가 해야 할 일은 작업 전체에 대한 감독이다. 그는 탈곡자를 감시해야 한다. 그렇지 않으면 탈곡되지 않은 곡식만큼 임금을 낭비하게 된다. 마찬가지로 그는 풀 베는 사람이나 수확자도 감시해야 한다. 그는 계속 자신의 울타리 주변을 살펴야한다. 그는 어떤 일도 대충 되지 않도록 주의를 기울여야 한다. 그가 한 군데만 매달린다면, 다른

동자의 수를 매우 작은 수로 제한함으로써 수공업의 장인이 자본가가 되는 것을 강제로 막고자 하였다. 화폐소유자나 상품소유자는 생산에 투하되는 최소액이 중세의 최대치를 훨씬 넘어설 때에야 비로소 진짜로 자본가가 된다. 여기에서는 자연과학에서처럼 단순한 양적변화가 일정한 수준에서 질적인 차이로 돌변한다는 헤겔이 자신의《논리학》에서 발견한 법칙이 옳다는 사실이 확인된다.[418]

자본가로서의 정체를 드러내기 위해 각 개별화폐 소유자나 상품소유자가 소유하고 있어야 하는 최소의 가치액은 자본주의적 생산의 발전 단계가 달라짐에 따라 달라진다. 그리고 주어진 발전 단계에서는, 최소가치액은 생산부문이 다르면 각 생산부문 특유의 기술적 조건에 따라 달라진다. 일정한 생산부문은 이미 자본주의적 생산의 시초에 이미 그 당시 한 개인의 수중에 존재하지 않는 최소치의 자본이 필요했다. 이러한 사실 때문에,

---

부분이 둔한시될 것이다."(존 아버스넛,《식량의 현재 가격과 농장규모 사이의 관계에 관한 연구》, 한 농장주의 저서, 런던, 1773, 12쪽) 이 저서는 매우 흥미롭다. 우리는 이 저서에서 '자본주의적 농장주' 또는 '상업적 농장주'라고 불리는 사람들의 발생사를 연구할 수 있고, 이들이 주로 생계와 관계되는 '소농'과 비교해 스스로를 찬미하는 이야기를 들을 수 있다. "자본가계급은 육체노동에서 처음에는 부분적으로 해방되었으며, 결국에는 완전히 해방되었다."(리처드 존스 목사,《국민정치경제학 교본》, 허트퍼드, 1852, 3장, 39쪽)

418) 로랑(Laurent)과 제라드(Gerhardt)에 의해 처음 과학적으로 발전되어 근대화학에 사용되는 분자설은 바로 이 법칙에 근거하고 있다. 〔3판에 추가: 화학자가 아닌 사람에게는 상당히 이해하기 어려운 이 주석을 설명하기 위해 아래의 사실을 말해 두고자 한다. 저자인 맑스는 여기에서 1843년 제라드에 처음으로 이름을 붙인 탄화수소 화합물의 '동족계열'에 대해 말하고 있는데, 이 각 계열은 독특한 대수학적 화합식을 가지고 있다. 예를 들어 파라핀 계열은 $CnH2n+2$, 표준 알코올 계열은 $CnH2n+2O$, 표준 지방산 계열은 $CnH2nO2$ 등이다. 이들 예에서 분자식에 $CH2$를 단순히 양적으로만 추가하면 그때마다 질적으로 차이가 나는 물체가 형성된다. 맑스가 과대평가한 로랑과 제라드의 이 중요한 사실의 규명에 대한 기여에 관해서는《화학의 발전》(코프, 1873, 뮌헨, 709쪽과 716쪽)과《유기화학의 발흥과 발전》(쇼를레머, 1879, 런던, 54쪽)를 참조하라. -엥엘스〕

어떤 경우에는 콜베르Colbert 시대의 프랑스나 현재에 이르기까지 여러 독일 국가에서와 같이 자본이 부족한 개인들에게 국가가 보조금을 지불하게 했으며, 또 다른 경우에는 일정한 공업부문과 상업부분의 사업에 대한 법률상의 독점권을 갖는 회사[419] -근대주식회사의 선구자-가 설립되는 원인이 되었다.

우리는 생산과정이 진행되는 도중에 겪게 되는 자본가와 임금노동자 사이의 관계 변화의 상세한 내용, 즉 자본 자체의 내용과 성격에 대해 더이상 논하지 않겠다. 다만 여기에서는 몇 가지 요점만을 강조하고자 한다.

생산과정 내에서 자본은 노동에 대한, 즉 활동하고 있는 노동력, 즉 노동자 자체에 대한 지휘권을 갖는 데까지 발전했다. 인격화된 자본인 자본가는 노동자가 자신의 일을 제대로 그리고 적당한 강도를 가지고 수행하도록 감시한다.

더 나아가 자본은 노동자계급이 그들 자신의 좁은 생활 범위에 맞게 정해진 욕망보다 더 많은 노동을 수행하도록 강요하는 하나의 강제관계로까지 발전했다. 그리고 타인을 성실하게 일하도록 만드는 생산자, 잉여노동의 흡혈기로서 그리고 노동력의 착취자로서의 자본은 그 정력이나 무절제함 그리고 효과에 있어서 직접적인 강제노동에 기반하고 있는 이전의 모든 생산제도를 능가한다.

---

419) 이런 종류의 회사를 마르틴 루터는 '독점회사'라고 불렀다.

자본은 일단 역사적으로 주어진 기술적 조건을 가지고 노동을 자신에게 종속시킨다. 따라서 자본은 직접 생산방식을 변화시키지 않는다. 따라서 지금까지 살펴본 형태에서는 노동일의 연장만을 통한 잉여가치의 생산은 생산방식 그 자체의 변화와는 전혀 관계가 없는 것으로 그 모습을 드러내었다. 노동일을 연장하여 잉여가치를 생산하는 것은 구식인 제빵업에서도 신식인 방적업에 못지않게 효과적이었다.

　　생산과정을 노동과정의 관점에서 살펴본다면, 노동자는 생산수단을 자본이 아니라 자신의 목적에 맞는 생산적 활동을 위한 수단과 재료로만 취급한다. 예를 들어 피혁공장에서 노동자는 가죽을 그의 노동대상으로만 취급한다. 그가 무두질하는 가죽은 자본가를 위한 것이 아니다. 그런데 생산과정을 가치증식 과정의 관점에서 살펴보면 사정은 달라진다. 생산수단은 곧바로 타인의 노동을 흡수하는 수단으로 변한다. 이제는 노동자가 생산수단을 사용하는 것이 아니라, 노동자를 사용하는 것이 생산수단이다. 노동자가 생산수단을 자신의 생산활동의 재료로 소모하는 것이 아니라, 생산수단이 그 자신의 수명을 소진하는 과정에서 노동자를 효소로 소비하며, 이러한 과정은 오로지 스스로 가치를 증식하는 가치로서의 자본의 운동일 뿐이다. 야간에 가동되지 않아서 살아 있는 노동을 흡수하지 않는 용광로나 작업장은 자본가에게는 '순손실'이다. 이러한 이유로 용광로와 작업장은 노동력의 '야간노동에 대한 청구권'을 확보하고자 한다. 화폐가 생산과정의 물적 요소로, 즉 생산수단으로 변하는 것만으로도 그것은 타인의 노동과 잉여노동에 대한 권리를 강제적으로 요구할 수 있는 자격을 얻게 된다. 마지막으로 또 하나의 실례가 이러한 자본주의적 생산에만 특유하게 존재하면서 그 특징을 잘 보여주고 있는 죽은 노동과 산 노동 사이의 뒤바뀜, 즉 가치와 가치를 창조하는 능력 사이의 뒤바뀜이 자본가의 의식에 어떻게 반영되어 있는지를 보여주고 있다. 1848-1850년의 잉글랜드 공장주들의 반란 시기에 '스코틀랜드의 서부에서 가장 오래되고 가장 명성 있던 회사 가운데 하나였으며, 1752년 이래 대대로 가족에 의해 경영되고 있는 페이즐리의 칼라일 아마 및 면방직 공장의 사장'이자 매우 유식한 신사는 1849년 4월 25일자 《글래스고우 데일리 메일》Glasgow Daily Mail에 '릴레이제도'라는 제목의 편지[420]를 보냈는데, 거기에는 이상할 정도로 소박한 문구가 있다.

"이제 12시간의 노동시간이 10시간으로 단축함으로써 발생하는 해악을 살펴보자. … 그것은 공장주의 기대치와 재산에 대한 매우 심각한 손실이 '된다.' 12시간 일하던 그(공장주의 일손)의 노동시간이 10시간으로 제한된다면, 공장에 있는 기계와 방추는 12개에서 10개로 줄어들 것이고, 공장을 팔려고 해도 그것들은 10개로밖에 평가되지 않을 것이기 때문에, 전국의 모든 공장의 가치도 ⅙씩 사라지게 될 것이다."[421]

이 스코틀랜드 서부의 상속자본가의 머릿속에서는 방추 등과 같은 생산수단의 가치와 자기 자신을 증식하는, 즉 매일 일정한 양의 무상노동

---

420) 《공장감독관 보고서》, 1849년 4월 30일, 59쪽.

421) 같은 보고서, 60쪽. 자신이 스코틀랜드 사람이고 잉글랜드의 공장감독관들과는 반대로 전적으로 자본주의적 사고방식에 사로잡힌 공장감독관 스튜어트는, 자신의 보고서에 수록된 이 편지가 '릴레이제도를 사용하고 있는 어떤 공장주가 그렇게 쓴 것인데, 특히 릴레이제도에 대한 편견과 의혹을 제거할 것을 미리 헤아려 생각하고 쓴 매우 유익한 보도'라고 분명하게 지적하고 있다.

을 삼켜야 하는 생산수단의 자본속성이 불분명하게 자리잡고 있다. 이런 까닭에 이 칼라일 사장은 그가 공장을 팔아치울 경우 방추의 가치뿐만 아니라 방추에 의해 증식되는 가치까지도 그에게 지불된다는, 즉 방추에 포함되어 있는 같은 종류의 방추의 생산에 필요한 노동뿐만 아니라, 방추가 매일 페이즐리의 말 잘 듣는 서부 스코틀랜드 사람들로부터 짜내는 잉여노동까지도 그에게 지불된다는 잘못된 생각을 실제로 믿고 있다. 바로 이러한 이유로 그는 노동일을 2시간 단축함으로써 방적기 12대의 판매가격도 10대의 가격으로 줄어든다고! 주장한다.

4편

상대적
잉여가치의
생산

10장 | 상대적 잉여가치의 개념

우리는 지금까지 자본이 지불한 노동력 가치의 등가물을 생산할 뿐인 노동일 부분을 고정된 크기로 간주해왔다. 그리고 이 노동일 부분은 실제로도 사회의 일정한 경제적 발전 단계에서 주어진 생산조건에서는 고정된 크기이다. 노동자는 이러한 자신의 필요노동시간을 넘어서 2시간, 3시간, 4시간, 6시간 등을 더 일할 수 있었다. 잉여가치율과 노동일의 크기는 이 연장된 노동시간의 크기에 달려 있었다. 필요노동시간이 고정되어 있었던 반면에 총노동일은 유동적이었다. 이제 노동일의 길이와 이것이 필요노동시간과 잉여노동시간으로 분할되는 크기가 주어져 있다고 가정해보자. 예를 들어 선분 ac, 즉 a___b__c는 12시간 노동일을 표시하며, 구간 ab는 10시간의 필요노동시간을 그리고 bc는 2시간의 잉여노동시간을 표시한다. 그렇다면 ac를 더이상 연장하지 않고, 즉 ac의 연장과 상관없이 어떻게 잉여노동이 연장되어 잉여가치의 생산이 증대될 수 있을까?

노동일 ac의 한계가 정해져 있지만, 선분 bc는 자신의 끝점인 동시에 노동일 ac의 끝점인 c를 넘어서 이동하지 않는다 하더라도, 출발점인 b를 반대 방향인 a쪽으로 이동시킴으로써 연장될 수 있는 것처럼 보인다. 선분

a___b'_b_c에서 b'_b가 bc의 절반인 1노동시간과 같다고 가정해보자. 이제 12시간 노동일 ac에서 b가 b'로 이동한다면, bc는 b'c로 연장되며, 따라서 노동일은 여전히 12시간이지만 잉여노동은 꼭 절반이 증가하여 2시간에서 3시간으로 될 것이다. 그러나 bc 2시간에서 b'c 3시간으로의 잉여노동의 연장은 필요노동시간을 ab에서 ab'로, 즉 10시간에서 9시간으로 단축시키지 않고서는 아무래도 불가능하다. 잉여노동이 연장되면 필요노동은 단축된다. 또는 노동자가 지금까지 실제로 자기 자신을 위해 사용하던 노동시간의 일부분이 자본가를 위한 노동시간으로 변한다. 변한 것은 노동일의 길이가 아니라, 그것이 다른 크기의 필요노동과 잉여노동으로 분할된 것이다.

노동일의 길이와 노동력의 가치가 주어진다면 잉여노동의 크기가 저절로 주어진다는 사실 또한 분명하다. 노동력의 가치, 즉 노동력의 생산에 필요한 노동시간은 노동력의 가치를 재생산하는 데 필요한 노동시간에 의해 결정된다. 1노동시간이 ½실링, 즉 6펜스의 금의 양으로 표시되고 노동력의 하루가치가 5실링이라면, 노동자는 자본이 지불한 노동력의 하루가치를 보전하기 위해, 다른 말로 하면 그가 하루에 필요한 생활수단의 가치와 똑같은 크기의 물건을 생산하기 위해 하루에 10시간씩 일해야 한다. 따라서 생활수단의 가치가 주어진다면 노동자의 노동력의 가치도 주어지고, 노동력의 가치[422]가 주어진다면 그의 필요노동시간의 길이도 주어진다. 그

---

422) "하루 평균임금의 가치는 노동자가 '생활하고 노동하고 번식하기 위해 필요한 것'에 의해 결정된다."(윌리엄 페티,《아일랜드의 정치적 해부》, 1672, 64쪽) "노동의 가격은 언제나 생필품의 가격에 의해 결정된다. 노동자의 임금이 대부분 노동자의 숙명인 대가족을 노동자로서의 천한 신분에 맞게 부양하는 데 충분하지 못한 경우에는 언제나 … 그는 적절한 임금을 받지 못하는 것이다."(판더린트,《화폐 만능론》, 15쪽) "자신의 팔과 부지런함 외에

런데 잉여노동의 크기는 노동일 전체에서 필요노동시간을 빼면 얻어진다. 12시간에서 10시간을 빼면 2시간이 남는데, 주어진 조건 하에서 어떻게 잉여노동이 2시간 이상으로 연장되어질 수 있는가는 예측할 수 없다. 물론 자본가가 노동자에게 5실링 대신에 4실링 6펜스나 그보다 더 적게 지불할 수도 있다. 4실링 6펜스의 가치를 재생산하는 데는 9시간으로 충분하며, 따라서 12시간 노동일 가운데 2시간 대신에 3시간이 잉여노동의 몫으로 떨어지고, 잉여가치는 1실링에서 1실링 6펜스로 증가한다. (1£은 20실링이고 1실링은 12펜스이다 - 옮긴이) 그러나 이 결과는 오직 노동자의 임금을 그의 노동력의 가치 이하로 떨어뜨림으로써만 얻어질 수 있다. 노동자가 9시간에 생산하는 4실링 6펜스로 그는 이전보다 10% 더 적은 생활수단을 얻게 되며, 따라서 그의 노동력은 축소 재생산될 수밖에 없다. 이 경우에 잉여노동은 그 정상적인 한계를 넘어서야만 연장될 수 있으며, 잉여노동 영역은 필요노동시간의 영역을 무리하게 떼어가져야만 확장될 수 있다. 이 방법이 임금의 실제 운동에서 차지하는 역할은 중요하긴 하지만, 모든 상품이 그렇듯 노동력이라는 상품 역시 그 가치대로 구매되고 판매된다는 전제조건으로 인해 여기에서 이 방법은 제외된다. 이러한 전제조건이 유지되는 한, 노동력의 생산 또는 노동력 가치의 재생산에 필요한 노동시간의 감소는 노동자의 임금이 그의 노동력의 가치 이하로 하락하기 때문이 아니라, 오직 노동력의 가치 자체가 하락함으로써만 가능하다. 노동일의 길이가 주어진 경우에는 필요노동시간의 단축이 잉여노동의 연장을 가져오는

는 아무것도 가지고 있지 않은 단순노동자는 자신의 노동을 다른 사람에게 판매하는 데 성공하지 못하면 아무것도 가질 수 없다. … 어떤 종류의 노동에서나 노동자의 임금은 생계를 유지하는 데 절대로 필요한 것에 위해 제한될 수밖에 없으며, 실제로도 그러하다."(튀르고, 《부의 형성과 분배에 관한 고찰》, 데르 엮음, 《작품집》, 1권, 10쪽) "생계수단의 가격은 사실상 노동의 생산비와 같다."(맬서스, 《지대에 관한 탐구》, 런던, 1815, 48쪽의 주석)

것이지, 거꾸로 잉여노동의 연장이 필요노동시간의 단축을 가져오는 것이 아니다. 우리의 예에서 필요노동시간이 10시간에서 9시간으로 $\frac{1}{10}$ 단축되어 잉여노동이 2시간에서 3시간으로 연장되기 위해서는 노동력의 가치가 실제로 $\frac{1}{10}$ 하락해야 한다.

그러나 이렇게 노동력의 가치가 $\frac{1}{10}$ 하락한다는 것은 이전에 10시간에 생산되던 것과 같은 양의 생활수단이 이제 9시간에 생산되어야 한다는 사실을 전제로 한다. 그렇지만 이는 노동생산력의 향상 없이는 불가능하다. 예를 들어 한 제화공이 주어진 수단을 가지고 12시간의 노동일에 한 켤레의 장화를 만들 수 있다고 하자. 동일한 12시간에 두 켤레의 장화를 만들어야 한다면, 그의 노동생산력은 두 배가 되어야 한다. 그리고 그의 노동생산력은 그의 노동수단이나 그의 노동방법, 또는 이 두 가지가 동시에 변하지 않고서는 두 배가 될 수 없다. 따라서 그의 노동의 생산조건, 말하자면 그의 생산방식, 따라서 노동과정 자체에서 혁명이 일어나야만 한다. 이 경우에서 노동생산력의 향상은 일반적으로 어떤 상품의 생산에 사회적으로 필요한 노동시간을 단축하는 노동과정의 변화이다. 즉, 더 적은 양의 노동이 더 많은 양의 사용가치를 생산할 수 있는 능력을 획득하는 것을 의미한다.[423] 따라서 지금까지 살펴본 형식으로 잉여가치를 생산하는 경우에는 생산방식이 주어졌다고 가정했지만, 필요노동이 잉여노동으로 변하여 잉여가치를 생산하는 경우에는, 자본이 역사적으로 전래된 형태나 또는 현재

---

423) "산업이 개선된다는 말은 어떤 생산물이 더 적은 수의 사람이나 (같은 말이지만) 더 짧은 시간에 의해 만들어질 수 있는 새로운 방법이 발견되었다는 것을 의미할 뿐이다."(갈리아니, 《화폐에 관하여》, 158-159쪽) "생산비의 절약은 생산에 사용되는 노동의 양을 절약하는 것일 뿐이다."(시스몽디, 《경제학 연구》, 1권, 22쪽)

존재하고 있는 형태의 노동과정을 장악하여 단지 그것이 지속되는 시간을 연장하는 방식만으로는 결코 충분하지 않다. 따라서 노동생산력을 향상시키기 위해, 즉 노동생산력의 향상을 통해 노동력의 가치를 하락시켜 노동일 가운데 노동력의 가치를 재생산하는 데 필요한 부분을 단축하기 위해서는 생산과정의 기술적이고 사회적인 조건, 즉 생산방식 그 자체가 변혁되어야 한다.

노동일의 연장을 통해 생산된 잉여가치를 나는 '절대적 잉여가치'라고 부른다. 이에 반하여 필요노동시간이 단축됨에 따라 노동일을 구성하는 두 부분 사이의 양적비율의 변화에서 생겨나는 잉여가치를 '상대적 잉여가치'라고 부른다.

노동력의 가치를 하락시키기 위해서는 그 생산물이 노동력의 가치를 결정하는 산업부문, 즉 일상적인 생활수단의 범위에 속하거나 그것을 대체할 수 있는 산업부문에서의 생산력이 향상되어야 한다. 그러나 한 상품의 가치는 그 상품에 마지막 형태를 부여하는 노동의 양뿐만 아니라, 그 상품을 생산하는 수단에 포함되어 있는 노동의 양에 의해서도 결정된다. 예를 들어 장화의 가치는 제화공의 노동뿐만 아니라, 가죽과 수지 그리고 실 등의 가치에 의해서도 결정된다. 따라서 생필품의 생산을 위한 불변자본의 물적 요소, 즉 노동수단과 노동재료를 공급하는 산업에서 생산력이 향상되어 그만큼 상품가격이 하락한다면, 이 또한 노동력의 가치를 하락시킨다. 그러나 생필품을 공급하지 않고 그것의 생산에 필요한 생산수단도 공급하지 않는 생산 부문에서의 향상된 생산력은 노동력의 가치를 그대로 유지시킨다.

값이 싸진 상품은 당연히 노동력의 재생산에 개입하는 비율에 따라서만 노동력의 가치를 하락시킨다. 예를 들어 셔츠는 생필품이긴 하지만 수많은 생필품 가운데 하나일 뿐이다. 셔츠의 가격 하락은 오로지 그것에 대한 노동자의 지출을 감소시킬 뿐이다. 그러나 생필품의 총액은 여러 개별 산업의 생산물인 상이한 상품으로 구성되며, 이들 각 상품 하나하나의 가치는 항상 그 비율에 따라 노동력 가치의 일부분을 형성한다. 노동력의 가치는 노동력의 재생산에 필요한 노동시간의 단축과 더불어 감소하는데, 이 단축된 총시간은 생필품을 구성하는 모든 개별 생산부문에서 단축된 노동시간의 합과 같다. 우리는 이 일반적 결과를 여기에서는 마치 그것이 모든 개별적인 경우의 직접적인 결과이며 직접적인 목적인 것처럼 다룰 것이다. 어떤 개별 자본가가 노동생산력을 향상하여 예를 들어 셔츠의 가격이 하락한다고 하더라도, 그가 향상된 만큼의 노동력의 가치를 하락시켜 필요노동시간을 단축하려는 목적을 반드시 염두에 둔 것은 아니다. 그러나 결과적으로 그는 향상된 노동생산력 만큼 결과에 이바지한 것이며, 전반적인 잉여가치율의 증가에 기여한 셈이다.[424] 자본의 일반적이고 필연적인 경향은 그것의 겉모습과 구별되어야 한다.

자본주의적 생산에 내재하는 법칙이 자본의 외적 운동에 어떻게 나타나는지, 즉 경쟁의 법칙으로 강제적으로 관철되어 어떻게 활동을 추진하

---

424) "공장주가 기계장치를 개량해서 생산물을 2배 더 생산한다고 가정해도, … 그는 (결과적으로) 그것으로 인해 노동자에게 더 저렴하게 옷을 입히는 경우에 한하여, … 그렇게 함으로써 그는 총수입 가운데 노동자에게 더 적은 몫을 주는 만큼만 더 이익을 얻는다."(램지,《부의 분배에 관한 고찰》, 168-169쪽)

는 동기로서 개별자본가에게 자각되는지는 지금은 살펴볼 수는 없다. 그러나 아래의 사실만큼은 처음부터 분명하다. 즉 겉으로 보이는 천체의 운동은 구체적으로 알 수 없지만, 그것의 진정한 운동을 알고 있는 사람에게게만 이해되는 것과 같이, 경쟁에 대한 과학적 분석도 자본에 내재하는 본질을 이해했을 때에야 비로소 가능하다. 그러나 지금까지 얻어진 결과만을 토대로 상대적 잉여가치의 생산을 이해하기 위해서는 다음과 같은 사항을 지적해 두어야 한다.

1노동시간이 6펜스나 ½실링의 금액을 표시한다면, 12시간의 노동일에는 6실링의 가치가 생산된다. 그리고 주어진 노동생산력에서는 이 12시간의 노동일은 12개의 상품을 생산하며, 상품 1개에 소비된 생산수단과 원료 등의 가치가 6펜스라고 가정해보자. 이 경우에 한 장의 상품의 가치는 1실링이다. 즉 이 가운데 6펜스는 생산수단의 가치이며, 나머지 6펜스는 이 생산수단을 가공할 때 새로 첨가된 가치이다. 그런데 이제 어떤 자본가가 노동생산력을 2배로 향상시켜 12시간 노동일에 12개의 상품 대신에 24개를 생산하는 데 성공했다고 가정해보자. 생산수단의 가치가 변하지 않는 경우에는 상품 한 장의 가치는 이제 9펜스로 하락한다. 이 9펜스 가운데 6펜스는 생산수단에 해당하는 가치이며 3펜스는 노동에 의해 새로 첨가된 가치이다. 생산성이 2배가 되었지만 12시간의 노동일은 여전히 6실링의 새로운 가치만을 만들어 낼 뿐이며, 이제 이 6실링은 2배 더 많은 생산물에 균등하게 분할될 뿐이다. 따라서 한 장의 상품에는 총가치의 ½12 대신에 ½24만이, 즉 6펜스가 아닌 3펜스만이 할당된다. 같은 말이지만, 한 장의 생산물로 계산하면, 생산수단이 생산물로 변할 때 이제는 이전의 온전한 1노동시간 대신 그 반인 30분의 노동시간이 이 생산수단에 부가된다. 이 상품의 개별가치는 그것의 사회적 가치보다 낮다. 즉 이 상품은 사회적 평균 조건에서 생산된 대다수의 같은 품목의 상품들에 비해 더 적은 노동시간을 필요로 한다. 상품 1개는 평균적으로 1실링이 들어가며 2시간의 사회적 노동시간을 나타낸다. 그리고 변화된 생산방식에서는 상품 1개는 9펜스에 불과하며 1½노동시간만을 포함한다. 그러나 어떤 상품의 실제 가치는 그 상품의 개별 가치가 아니라 그 상품의 사회적 가치이다. 즉 어떤 상품의 실제 가치는 각각의 경우에 생산자에게 실제로 요구되는 노동시간에 의해서가 아니라, 그 상품의 생산에 사회적으로 필요한 노동시간에 의해 측정된다. 따라서 새로운 생산방식을 사용하는 자본가가 그의 상품을 1실링이라는 사회적 가치대로 판매한다면, 그는 자신의 상품의 개별 가치보다 3펜스 더 비싸게 판매하는 것이며, 따라서 3펜스의 특별 잉여가치를 실현한다. 그러나 12시간의 노동일은 이제 그에게는 이전의 12개의 상품 대신 24개의 상품으로 나타난다. 따라서 1노동일의 생산물을 판매하기 위해 그는 2배의 판매, 즉 2배 더 큰 시장이 필요하게 된다. 다른 조건이 동일하다면, 그의 상품은 가격을 인하해야만 더 큰 시장을 확보할 수 있다. 그는 상품을 개별가치보다는 높게 그러나 사회적 가치보다는 낮게, 예컨대 1개당 10펜스에 판매할 것이다. 개당 10펜스에 판매해도 그는 여전히 상품 1개당 1펜스의 특별 잉여가치를 얻게 된다. 그에게는 이러한 잉여가치의 증가가 그의 상품이 생필품에 속하든 속하지 않든지 간에, 노동력의 일반적인 가치를 결정하는 데 개입하든 개입하지 않든지 간에 상관없이 일어난다. 따라서 마지막 상황을 무시하면, 모든 개별자본가들에게는 노동생산력을 향상하여 상품가격을 낮추려는 동기가 존재한다.

그러나 이 경우에도 증가된 잉여가치의 생산은 필요노동시간의 단축과 그에 따른 잉여노동의 증가에서 발생한다.[425] 필요노동시간을 10시간 또는 노동력의 하루 가치를 5실링, 잉여노동시간을 2시간, 즉 하루에 생산되는 잉여가치를 1실링이라고 하자. 그런데 우리의 자본가는 이제 1개당 10펜스에, 모두 합치면 20실링에 판매하는 24개의 상품을 생산한다. 생산수단의 가치가 12실링(앞의 예에서 24개×6펜스)이기 때문에 14$\frac{2}{5}$(12실링÷10펜스)개의 상품은 단지 투하된 불변자본은 보전할 뿐이다. 12시간의 노동일은 나머지 9$\frac{3}{5}$개의 상품으로 표시된다. 노동력의 가격이 5실링이기 때문에, 필요노동시간은 6개의 생산물로 표시되고 잉여노동은 3$\frac{3}{5}$개의 생산물로 표시된다. 사회적 평균조건에서 5:1이었던 필요노동과 잉여노동의 비율이 이제 5:3으로 되었을 뿐이다. 그리고 아래와 같은 방식으로도 같은 결과를 얻는다. 12시간 노동일의 생산물의 가치는 20실링인데, 이 가운데 12실링은 생산물의 가치에 재현될 뿐인 생산수단의 가치에 속한다. 그러므로 노동일을 나타내는 가치를 화폐로 표현한 8실링이 남게 된다. 이 8실링은 같은 품목의 사회적 평균노동을 화폐로 표현한 것보다 더 높다. 왜냐하면 사회적 평균노동 12시간은 6실링에 불과하기 때문이다. 남다르게 높은 생산력을 가진 노동은 강화된 노동으로 작용한다. 말하자면 동일한 시간에 같은 종류의 사회적 평균노동보다 더 높은 가치를 만들어낸다. 그러나 우리의 자본가는 여전히 노동자의 하루가치로 5실링만을 지불할 뿐이다. 따라서 노동자는 이제 5실링이라는 가치를 재생산하기 위해 이전의 10시간 대신에 7$\frac{1}{2}$(12시간=8실링이면 7$\frac{1}{2}$시간은 5실링) 시간만 일하면 된다. 그의 잉

425) "어떤 사람의 이윤은 다른 사람의 노동생산물에 대한 지배권을 가지고 있느냐가 아니라 노동 자체를 지배하느냐에 달려 있다. 그가 노동자들의 임금을 그대로 유지하면서 자신의 상품을 더 높은 가격으로 판매할 수 있다면, 분명히 이윤을 얻을 수 있다. … 그가 생산한 것 가운데 더 적은 부분으로도 그의 노동자들을 노동하게 하는 데 충분하며, 더 많은 부분이 그에게 남게 된다."(카제노브, 《정치경제학 요강》, 런던, 1832, 49-50쪽)

여노동은 2½시간만큼 증가하며, 그가 생산하는 잉여가치는 1실링에서 3실링으로 증가한다. 결국 개선된 생산방식을 사용하는 자본가는 같은 업종의 나머지 자본가들보다 노동일 가운데 더 큰 부분을 잉여노동시간으로 가지게 된다. 이 자본가는 자본이 상대적인 잉여가치를 생산할 때 일반적으로 하는 일을 혼자서만 한다. 그러나 새로운 생산방식이 일반화되어 더 저렴하게 생산되는 상품의 개별가치와 사회적 가치와의 차이가 사라지자마자 앞에서 논한 특별 잉여가치도 사라지게 된다. 노동시간이 가치를 결정한다는 바로 그 법칙은 새로운 방식을 사용하는 자본가에게 자신의 상품을 사회적 가치 이하로 판매해야 한다는 사실을 뼈저리게 느끼게 하며, 또한 이 법칙은 경쟁이라는 강제법칙으로 그의 경쟁자들로 하여금 새로운 생산방식을 도입하지 않을 수 없게 만든다.[426] 따라서 생필품으로 분류되어 노동력의 가치를 구성하는 상품들을 생산하는 부문에서 노동생산력이 향상되어 그 상품들의 가격을 떨어뜨릴 경우에만, 이 전체 과정은 일반적 잉여가치율에 영향을 미친다.

상품의 가치는 노동생산력에 반비례한다. 노동력의 가치 역시 노동생산력에 반비례하는데, 그것이 상품의 가치에 의해 정해지기 때문이다. 이와 반대로 상대적 잉여가치는 노동생산력에 정비례한다. 그것은 생산력이 증가한 만큼 증가하며 하락한 만큼 하락한다. 화폐가치가 변하지 않는

---

426) "내 이웃이 더 적은 노동으로 더 많이 생산하여 싸게 팔 수 있다면, 나는 그만큼 싸게 팔 수 있도록 노력해야 한다. 그리하여 더 적은 일손의 노동을 가지고 더 싸게 노동하는 모든 기술이나 방식 그리고 기계는 다른 사람들의 경우에도 동일한 기술이나 방식 그리고 기계를 사용하게 하거나, 이와 유사한 것을 발명하는 일종의 필연성과 경쟁을 야기한다. 그 결과 모든 사람들은 똑같은 상황에 처하게 되며, 어느 누구도 자신의 이웃보다 값을 싸게 부를 수 없게 된다."《동인도 무역이 잉글랜드에 주는 이익》, 런던, 1720, 67쪽)

다면, 12시간의 사회적 평균노동일은 언제나 6실링의 동일한 가치생산물을 생산하는데, 이 가치총액이 노동력가치의 등가물과 잉여가치의 등가물로 어떻게 분할되는지는 문제가 되지 않는다. 그러나 생산력의 향상으로 인해 하루 생활수단의 가치가 하락하여, 노동력의 하루가치가 5실링에서 3실링으로 하락한다면, 잉여가치는 1실링에서 3실링으로 증가한다. 노동력의 가치를 재생산하기 위해 10시간의 노동시간이 필요했지만 이제는 6시간으로도 충분하다. 4노동시간은 마음대로 쓸 수 있게 되어 잉여가치 영역으로 합쳐질 수 있다. 따라서 상품의 가격을 싸게 함으로써 노동자 자체의 가격을 싸게 하기 위해 노동생산력을 향상시키려는 것은 자본에 내재하는 충동이자 끊임없는 경향이다.[427]

상품을 생산하는 자본가에게 상품의 절대적 가치는 그것이 얼마이든 별의미가 없다. 그는 오로지 그 상품에 포함되어 있어 판매되어 현금화될 수 있는 잉여가치에만 관심을 가지고 있다. 잉여가치의 현금화는 당연히 투하된 가치의 보상을 포함한다. 그런데 상대적 잉여가치는 노동생산력이 발전하는 만큼 증가하고, 상품의 가치는 노동생산력이 발전하는 만큼 감소하기 때문에, 즉 동일한 하나의 과정이 상품을 싸게 만들고 동시에 상품에 포함되어 있는 잉여가치를 증가시키기 때문에, 이로써 교환가치의 생

---

427) "한 노동자의 지출이 어떤 비율로 감소되든 간에, 산업에 가해진 규제들이 동시에 폐지된다면 그의 임금도 같은 비율로 감소한다."(《곡식 수출장려금의 폐지에 관한 고찰》, 런던, 1753, 7쪽) "산업의 이익을 위해서는 곡식과 모든 식료품을 가능한 한 싸게 할 필요가 있다. 그것들을 비싸게 하는 것은 노동 역시 비싸게 만들게 된다. … 산업이 아무런 규제도 받지 않는 모든 나라에서는 식료품의 가격이 노동의 가격에 영향을 미칠 수밖에 없다. 노동력의 가격은 생필품의 가격이 더 싸게 될 때마다 하락한다."(앞의 책, 3쪽) "임금은 생산력이 증가하는 비율과 동일한 비율로 하락한다. 기계는 생필품을 싸게 만들지만, 노동자역시 싸게 만든다."(《경쟁과 협업의 상대적 장점에 대한 수상 에세이》, 런던, 1834, 27쪽)

산에만 관심을 가지고 있는 자본가가 끊임없이 상품의 사용가치를 하락시키려고 하는가라는 모순에 대한 수수께끼가 풀리게 된다. 정치경제학 창시자 가운데 한 사람인 케네가 이 모순으로 자신의 적들을 괴롭혔으며, 그들은 케네에게 이에 대해 아무런 답도 하지 못했다. 케네는 다음과 같이 말하고 있다.

"생산에 불이익을 주지 않으면서 공업생산물의 제조에 들어가는 비용이나 노동을 더 많이 절약하면 할수록 제품의 가격이 인하되기 때문에, 이 절약이 더 큰 이익이 된다는 것을 당신들은 인정하고 있다. 그럼에도 당신들은 노동자들의 노동에서 생겨나는 부의 생산이 그들 제품의 교환가치의 증가에 있다고 믿고 있다."[428]

따라서 자본주의적 생산에서 노동생산력의 발전을 통한 노동의 절약[429]은 결코 노동일의 단축을 목적으로 하지 않는다. 그것은 일정한 양의 상품을 생산하는 데 필요한 노동시간의 단축을 목적으로 할 뿐이다. 자신의 노동생산력이 향상될 경우 노동자가 1시간 동안 이전보다 10배 더 많은

---

428) "Ils conviennent que plus on peut sans préjudice, épargner de frais ou de travaux dispendieux dans la fabrication des ouvrages des artisans, plus cette épargne est profitable par la diminution des prix de ces ouvrages. Cependant ils croient que a production de richesse qui résulte des travaux des artisans consiste dans l'augmentation de la valeur vénale de leurs ouvrages."(케네,《상업 및 수공업자의 노동에 대한 대화》, 188-189쪽)

429) "그들이 지불해야만 하는 노동자의 노동을 매우 절약하는 이 투기꾼들"(비도 (J. N. Bidaut),《공업기술 분야에서 확립된 독점과 상업》, 파리, 1828, 13쪽) "기업가는 시간과 노동을 절약하는 데 언제나 모든 것을 다 바칠 것이다."(스튜어트,《정치경제학 강의》, 해밀턴 엮음,《저작집》, 8권, 에든버러, 1855, 318쪽) "그(자본가)들은 그들이 고용하는 노동자들의 생산력을 가능한 한 크게 만드는 데에만 관심이 있다. 그들은 오로지 이 생산력을 높이는 데에만 주의를 기울인다."(존스,《국민경제학 교본》, 3강)

상품을 생산한다는 것, 즉 상품 1개를 생산하는데 10배 더 적은 노동시간이 필요하다는 것은, 그를 여전히 12시간 일을 시켜, 이 12시간 동안 이전의 120개 대신에 1,200개의 상품을 생산하도록 하는 것을 절대로 방해하지 않는다. 그렇다. 그의 노동시간은 오히려 이제 14시간에 1,400개의 상품을 생산하도록 연장될 수도 있다. 따라서 매컬록이나 유어 그리고 시니어 등과 같은 부류의 경제학자들의 경우에는, 그들 저서의 한 페이지에는 생산력의 발전이 노동시간을 단축하기 때문에 노동자들은 자본에게 생산력의 발전에 대해 감사하지 않으면 안 된다고 쓰여 있으며, 바로 다음 페이지에는 노동자는 앞으로는 10시간이 아니라 15시간을 일함으로써 이에 대한 고마움을 표시해야 한다고 쓰여 있다. 자본주의적 생산의 테두리에서 노동생산력의 발전은 노동일 가운데 노동자가 자기 자신을 위해 일해야 하는 부분을 단축하는 것을 목적으로 하고, 바로 이러한 단축을 통해 노동자가 자본가를 위해 공짜로 일 할 수 있는 노동일의 다른 부분을 연장시키고자 한다. 상품의 가격을 싸게 하지 않고도 이 결과가 어느 정도까지 달성될 수 있는가는 상대적 잉여가치를 생산하는 특별한 방식이 보여줄 것이다. 이제 이 방식을 살펴보자.

11장 | 협업

우리가 이미 본 것처럼, 자본주의적 생산은 동일한 개별 자본이 많은 수의 노동자를 동시에 고용하고, 노동과정이 그 규모를 확장하여 대량의 생산물을 공급할 때에야 비로소 실제로 시작된다. 다수의 노동자가 동일한 시간에 동일한 장소(동일한 작업장이라고 해도 좋다)에서 같은 종류의 상품을 생산하기 위해 동일한 자본가의 지휘 아래 일한다는 것은 역사적으로나 개념적으로나 자본주의적 생산의 출발점이 된다. 예를 들어 막 시작된 단계의 매뉴팩처는, 생산방식만을 가지고 따져본다면, 동일한 자본에 의해 동시에 고용된 노동자의 수가 더 많다는 것 말고는 길드제도에서의 수공업과 별다른 차이가 없었다. 매뉴팩처는 길드장인의 작업장이 확대된 것에 불과하다.

따라서 차이는 처음에는 순전히 양적인 것이었다. 우리는 어떤 주어진 자본이 생산하는 잉여가치의 양은 노동자 한 명이 생산하는 잉여가치에 동시에 고용된 노동자의 수를 곱한 것과 같다는 것을 이미 보았다. 노동자의 수는 잉여가치율 또는 노동력의 착취도에는 아무런 변화도 주지 않으며, 상품가치생산 전체와 관련해서도 노동과정에 어떤 질적 변화도 가져오지 않는 것처럼 보인다. 이는 가치의 본성 때문에 그러하다. 12시간의 노동일이 6실링의 상품에 나타난다면, 노동일 1,200은 (6실링×1,200)에 나타난다. 후자의 경우에는 12×1,200의 노동시간이, 전자의 경우에는 12노동시간이 생산물에 결합되어 있다. 가치생산에서 많은 수의 노동자는 언제나 개별노동자의 합으로만 계산된다. 따라서 가치생산에서는 1,200명의 노동자가 따로 떨어져 생산하든, 같은 자본의 지휘 아래 뭉쳐서 생산하든 아무런 차이도 없다.

그러나 일정한 한계 내에서 변화가 일어난다. 가치에 물질화된 노동은 사회적으로 평균적인 질의 노동이다. 즉 평균 노동력이 노동이라는 실체로 나타난 것이다. 그러나 하나의 평균치는 언제나 종류는 같지만 그 크기는 서로 다른 개체들의 평균일 뿐이다. 모든 산업부문에서 개별노동자는 모두, 그가 누구이든 간에 모두 다 평균 노동자와는 다소간의 차이가 있다. 수학에서 '오차'라고 부르는 이 개별적 차이는 많은 수의 노동자가 한 군데로 모이자마자 상쇄되어 사라진다. 유명한 궤변가이자 아첨꾼인 에드먼드 버크Edmund Burke, 1729-1797(아일랜드 출신의 정치가, 보수주의의 정신적 지주 - 옮긴이)는 차지농장주로서의 자신의 실제 경험에 근거해 다음과 같은 사실에도 개입하고자 했다. 즉 5명의 일꾼이 모인 '매우 작은 무리'에서도 이미 노동에서의 모든 개별적인 차이는 사라진다는 것, 즉 같은 시간에 수행하는 노동의 양은 한 군데 모아 놓은 한창 나이의 잉글랜드 남자 일꾼 5명과 무작위로 모은 5명의 잉글랜드 일꾼이 똑같다는 것이다.[430] 아무튼 동시에 고

---

430) "사람들 간의 가치가 힘과 숙련도 그리고 성실함의 차이에 따라 엄청난 차이가 난다는 것은 의심할 여지가 없다. 그러나 주도면밀한 관찰을 근거로, 임의의 5명의 남자를 전체로 보면 이들이 내가 앞에서 말한 한창 때의 다른 남자들과 똑같은 양의 노동을 제공한

용된 노동자들의 총노동일을 노동자의 수로 나눈 그 자체가 바로 사회적
평균노동일의 1노동일이라는 것은 분명하다. 개별노동자의 노동일이 12
시간이라고 하면 동시에 고용된 12명의 총노동일은 144시간이 된다. 그리
고 12명 각자의 노동이 사회적 평균노동과 다소간 차이가 있어서, 노동자
개개인이 동일한 작업을 수행하는 데 더 많거나 더 적은 시간이 필요할지
는 모르지만, 각 개별노동자의 노동일은 질적으로는 총 144시간이라는 전
체 노동일의 ¹⁄₁₂이라는 사회적 평균치를 가지고 있다. 그러나 이들 12명을
고용한 자본가에게 노동일은 12명 모두의 노동일로서만 존재한다. 즉 자
본가에게 각 개별노동자의 노동일은 전체노동일을 노동자의 수로 나눈 부
분으로 존재하는데, 이러한 사실은 12명의 노동자들이 서로 협력하여 노동
하든, 이들 각자가 독립적으로 하는 일이 단지 한 자본가만을 위해서이든
아무런 상관이 없다. 그러나 6명의 소규모 장인이 각각 2명의 노동자를 고
용한다면, 이들 각각이 동일한 양의 가치를 생산하여 일반적 잉여가치율을
실현할 것인지는 우연에 맡겨진다. 이 경우에는 개별적 편차가 발생할 수
있다. 어떤 노동자가 어떤 상품의 생산에 사회적으로 필요한 시간보다 훨
씬 많은 시간을 들인다면, 그가 개인적으로 필요한 노동시간은 사회적으로
필요한 노동시간이나 평균노동시간과 현저한 차이를 보일 것이며, 그의 노
동은 평균노동으로 인정될 수 없으며, 또한 그의 노동력도 평균적인 노동
력으로 인정될 수 없다. 그의 노동력은 전혀 팔리지 않거나 노동력의 평균
가치 이하로만 팔릴 것이다. 따라서 노동능력의 일정한 최저치가 전제되어

다는 것을 전적으로 확신한다. 이를테면 이들 가운데 1명은 우수한 노동자로서의 자격을
모두 가지고 있으며, 다른 1명은 부족한 노동자이며, 나머지 3명은 이 둘의 중간 정도이며,
노동자로서의 자격이 전자 또는 후자에 근접한다. 따라서 5명 밖에 안 되는 작은 집단에서
도 이미 5명이 수행할 수 있는 모든 것을 발견할 수 있을 것이다."(버크, 앞의 책, 15-16쪽)
평균적 개인에 관해서는 케틀레(Cf. Quételet)를 참조하라.

있으며, 자본주의적 생산이 이 최저치를 측정하는 방법을 찾아낸다는 사실을 나중에 보게 될 것이다. 이 최저치가 평균치와 차이를 보임에도, 노동력은 평균가치대로 지불되어야만 한다. 이런 까닭에 6명의 장인 가운데 어떤 장인은 일반적 잉여가치율보다 더 많은 잉여가치를 뽑아내고, 어떤 장인은 더 적게 뽑아낸다. 이 차이는 사회적 차원에서는 상쇄되지만 개별 장인에게는 그렇지 않다. 따라서 일반적으로 가치증식의 법칙은 개별 생산자들의 경우에는 그가 수많은 노동자를 동시에 사용하여 이들을 처음부터 사회적 평균노동으로 일을 시킬 때, 즉 그가 자본가로서 생산할 때에야 비로소 완전하게 실현된다.[431]

노동방식이 그대로 유지되는 경우에도, 수많은 노동자를 동시에 사용하는 것은 노동과정의 물적 조건에 급격한 변화를 불러일으킨다. 많은 사람들이 일하는 건물, 원료 등을 보관하는 창고, 많은 사람들이 동시에 그리고 번갈아 사용하는 용기나 도구 그리고 장치 등, 간단히 말하면 생산수단의 일부분이 이제 노동과정에서 공동으로 소비된다. 한편으로 상품의 가치, 즉 생산수단의 교환가치는 그것의 사용가치를 더 고도로 이용한다고 해서 결코 증가하지 않는다. 다른 한편 생산수단은 공동으로 사용되면 그 규모가 증가한다. 20개의 직기를 가지고 20명의 직공이 일하는 방은 자영업자인 한 명의 직공이 2명의 도제를 데리고 일하는 방보다 더 넓어야 한다. 그러나 20명이 일하는 작업장 하나를 생산하는 데는 2명이 일하는 작

---

431) 교수인 로셔는 그의 부인이 바느질을 위해 이틀 동안 고용한 1명의 가사도우미가 하루 동안 고용된 2명보다 더 많은 노동을 제공한다는 사실을 발견했다고 주장하려고 한다. 이 양반은 이런 자본주의적 생산과정을 애들 방이나, 주인공인 자본가가 없는 곳에서 관찰해서는 안 될 것이다.

업장 10개를 생산하는 것보다 더 적은 노동이 든다. 따라서 대규모로 집적되어 공동으로 사용되는 생산수단의 가치는 결코 그 규모나 유용성에 비례하여 증가하지 않는다. 공동으로 사용되는 생산수단은 개별생산물에 더 적은 양의 가치를 내어 준다. 이는 한편으로 생산수단이 내어주는 총가치가 더 많은 양의 생산물에 할당되기 때문이며, 다른 한편으로는 이 공동으로 사용되는 생산수단은 개별적으로 사용되는 생산수단에 비해 절대적으로는 더 커다란 가치를 가지고 있지만 그 작용 범위를 고려하면 상대적으로는 더 적은 가치를 가지고 생산과정에 투입되기 때문이다. 이러한 이유로 불변자본 가운데 일정한 부분의 가치가 하락하며, 이 하락된 크기에 비례하여 상품의 총가치도 하락한다. 그 효과는 마치 상품의 생산수단이 더 싸게 생산되어지는 것과 같다. 이러한 사용되는 생산수단의 절약은 단지 그것을 많은 사람들이 노동과정에서 공동으로 소비하는 데서 생겨난다. 그리고 이 공동으로 사용되는 생산수단은 분산된 독립노동자나 소규모 장인이 가지고 있는 분산되어 있고 상대적으로 더 비싼 생산수단과 구별되는 사회적 노동조건으로서의 성격을 획득하는데, 이는 수많은 사람들이 협력하여 일하지 않고 공간적으로만 함께 있는 경우에서조차도 그러하다. 노동수단의 일부는 노동과정 자체가 사회적 성격을 획득하기 이전에 이미 이러한 사회적 성격을 획득한다.

생산수단의 절약은 일반적으로 두 가지 측면에서 살펴보아야 한다. 첫째로 생산수단이 상품의 가격을 싸게 하여 노동력의 가치를 낮추는 경우, 둘째로 생산수단이 투하된 총자본에 대한, 즉 그것을 구성하는 불변부분과 가변부분의 가치총액에 대한 잉여가치의 비율을 변화시키는 경우이다. 두 번째 측면은 이 책 3권의 1편에서 비로소 논할 것이며, 여기에서 미리 다루어져야 할 많은 내용도 그 연관성 때문에 그곳으로 보낼 것이다. 분석의 진행상 이렇게 연구 대상을 분할할 필요가 있는데, 이 분할은 자본주의적 생산의 정신과도 부합된다. 자본주의적 생산에서 노동조건은 노동자와 서로 분리되어 있기 때문에, 이것의 절약 역시 노동자와 전혀 상관없으며, 따라서 노동자 자신의 생산력을 높이는 방법과 분리된 별개의 작업으로 나타나기 때문이다.

수많은 사람들이 동일한 생산 과정이나, 또는 서로 다르지만 연관된 생산과정에서 계획에 따라 나란히 함께 일하는 노동형태를 협업[432]이라고 한다.

기병 1개 중대의 공격력이나 보병 1개 연대의 방어력이 한 명의 기병이나 한 명의 보병이 제각기 발휘하는 공격력이나 방어력의 단순한 합과는 본질적으로 다르다. 이와 마찬가지로 개별 노동자들이 가지고 있는 힘을 기계적으로 합한 것은 수많은 노동자들이 동시에 분할되지 않은 작업에서 함께 일할 때, 예를 들어 무거운 짐을 들어 올리거나 크랭크를 돌리거나 장애물을 제거하거나 할 때 발휘하는 집단적gesellschaftlich 잠재력과는 본질적으로 다르다.[433] 결합된 노동이 만드는 성과는 분산된 노동에 의해서는 전혀 달성될 수 없거나 훨씬 오랜 시간이 걸리거나 또는 매우 작은 규모로만 달

---

432) "힘의 결합"(데스튜트 드 트라시, 앞의 책, 80쪽)

433) "더이상 분할될 수 없지만 수많은 일손의 협력에 의해서만 수행될 수 있는 매우 단순한 종류의 작업이 많다. 예를 들어 거대한 통나무를 수레에 들어 올리는 일이 그러하다. … 간단히 말하면, 분할되지 않은 같은 작업에서 많은 사람들의 일손이 동시에 서로 도와주지 않고는 수행될 수 없는 모든 일들이 그러하다."(웨이크필드, 《식민지로 만드는 방식에 관한 견해》, 런던, 1849, 168쪽)

성될 수 있다. 여기에서 문제는 협업에 의해 개인의 생산력이 향상된다는 점만이 아니라 그 자체가 집단적 힘이어야 하는 생산력이 만들어진다는 점이다.[434]

　　다수의 힘이 하나로 합쳐짐으로써 생겨나는 새로운 잠재력을 무시하더라도, 대부분의 생산적 노동에서는 단순한 집단적 접촉만으로도 개별 노동자들의 작업능력을 향상시키는 경쟁심과 활기animal spirits(데카르트 철학에서 육체적 행동을 일으키기 위해 정신과 육체를 연결하는 기관 - 옮긴이)라는 독특한 자극이 주어져, 12명의 사람들이 함께 일하는 144시간의 노동일에, 분산되어 12시간씩 일하는 12명의 노동자보다 그리고 12일 동안 계속 일하는 1명의 노동자보다 훨씬 더 많은 생산물을 생산한다.[435] 이것은 아리스토텔레스가 생각한 것처럼 인간이 타고난 정치적 동물[436]은 아닐지라도, 하여튼 사회적 동물이라는 데 그 원인이 있다.

---

434) "한 사람이 1톤의 짐을 들어 올리는 것은 불가능하며, 10명이면 전력을 다해야 하지만, 100명이면 각자의 손가락 하나만으로도 들어올릴 수 있다."(벨러스, 《공업전문대학의 건립을 위한 제안》, 런던, 1696, 21쪽)

435) "또한 이 경우(같은 수의 노동자가 각각 30에이커를 가진 10명의 차지농장주가 아닌 300에이커를 가진 1명의 차지농장주에 의해 고용된 경우)에도 일군의 수가 상대적으로 늘어남으로써 생겨나는 이익이 있는데, 이는 실제로 해 보지 않은 사람들은 쉽게 이해할 수 없다. 1대 4와 3대 12가 같다는 것은 당연한 말이지만 실제로는 그렇지 않다. 수확기뿐만 아니라 서두름이 요구되는 다른 수많은 작업에서는 많은 노동력을 한 군데로 모음으로써 일이 더 빠르게 잘 수행되기 때문이다. 예를 들어 수확할 때, 2명의 마부, 2명의 하역 노동자, 2명의 운반 노동자, 2명의 갈퀴질 노동자와 그 밖에 짚을 쌓거나 곡식창고에서 일하는 나머지 노동자들의 노동을 모두 합치면, 상이한 집단으로 서로 다른 농장에 분할되어 일하는 같은 수의 노동자들보다 2배 더 많은 일을 한다."(아버스넛, 《식량의 현재가격과 농장규모 사이의 관계에 대한 연구》, 한 농장주의 저서, 런던, 1773, 7-8쪽)

436) 아리스토텔레스는 원래 인간은 태생적으로 시민이라고 정의했다. 인간은 원래 도구를 만드는 동물이라는 프랭클린의 정의가 양키 시대를 특징짓는 것과 마찬가지로 아리스토텔레스의 정의는 그리스로마 시대를 특징짓고 있다.

다수의 사람들이 동시에 서로 협력하면서 같거나 동일한 종류의 작업을 수행한다 하더라도, 각자의 노동은 전체 노동의 일부분으로서 같은 노동과정의 상이한 단계를 나타낼 수 있으며, 노동 대상은 협업 덕분에 이 단계들을 더 빠르게 통과한다. 예를 들어 미장이들이 받침대의 밑바닥에서 맨 위까지 벽돌을 운반하기 위해 죽 늘어선다면, 그들 각자는 똑같은 일은 하지만, 각자의 작업은 연속되는 전체 작업의 한 부분을, 즉 모든 벽돌이 노동과정에서 통과해야만 하는 별개의 단계들을 이룬다. 이렇게 함으로써 예컨대 전체 노동자의 손 24개는 비계를 오르내리면서 벽돌을 운반하는 개별노동자의 손 두 개보다 더 빠르게 벽돌을 운반한다.[437] 노동 대상은 같은 공간을 더 빠른 시간에 통과한다. 다른 한편, 건물을 지을 경우에 서로 다른 방면에서 동시에 공사에 착수하면 협력하는 노동자들이 같거나 동일한 종류의 작업을 하더라도 노동의 결합이 발생한다. 노동 대상을 공간적으로 다방면에서 착수하는 144시간의 결합된 노동일은, 결합된 노동자들, 즉 전체 노동자가 앞뒤에서 눈과 손을 가지고 어느 정도까지는 모든 방향에서 작업을 수행하기 때문에, 작업을 한 쪽에서만 착수해야 하는 간격이 넓든 좁든 간에 따로 떨어져 일하는 노동자들의 12시간 노동보다 더 빨리 건물을 완성한다. 다양한 건물의 공간이 동일한 시간에 완성된다.

---

437) "그 밖에도 노동자들이 동일한 작업을 하고 있는 곳에서도 이런 부분 분업이 이루어질 수 있다는 것을 깨달아야 한다. 예를 들어 벽돌을 손에서 손을 거쳐 더 높은 비계로 옮기는 미장이들은 모두 다 같은 일을 하지만, 그들 사이에는 일종의 분업이 존재한다. 이 분업은 그들 각자가 벽돌을 일정한 간격씩 더 옮기는 일인데, 모두 함께 옮기면 그들 각자가 벽돌을 개별적으로 더 높은 비계로 옮기는 경우보다 정해진 장소까지 훨씬 빠르게 옮겨놓을 수 있다."(스카르벡, 《사회적 부의 이론》, 2판, 파리, 1839, 1권, 97-98쪽)

우리는 수많은 노동자들이 서로 보완하면서 같거나 동일한 종류의 일을 하는 것을 강조했다. 이 가장 단순한 방식의 공동 노동은 협업이 가장 발전된 형태에서도 중요한 역할을 하기 때문이다. 노동과정이 복잡하다면, 공동 작업을 하는 노동자들의 수가 많다는 것만으로도 다양한 작업을 서로 다른 사람들에게 분할하여 동시에 수행하게 함으로써, 생산물을 완성하는 데 필요한 노동시간을 단축할 수 있다.[438]

많은 생산부문에서는 결정적인 순간, 즉 노동과정 그 자체의 성질에서 기인하는 특정한 기간이 있는데, 이 기간 동안 노동의 일정한 성과가 달성되어야만 한다. 예를 들어 한 떼의 양의 털을 깎는다든지, 몇 모르겐 Morgen(소 두필이 하루에 갈 수 있는 밭은 넓이, 약 2에이커 - 옮긴이)의 밭에서 곡식을 베어 추수한다든지 하는 경우에는 생산물의 양과 질은 어떤 시기에 시작하여 어떤 시기에 마치느냐에 달려있다. 이 경우 노동과정이 수행될 수 있는 기간은 청어잡이를 하는 경우와 같이 미리 정해져 있다. 한 사람은 하루 24시간 가운데 예컨대 12시간의 노동일만을 할애할 수 있지만, 100명의 협업은 12시간의 하루를 1,200시간으로 연장한다. 짧은 노동시간은 결정적인 순간에 생산 영역에 투입되는 노동양의 크기에 의해 상쇄된다. 이 경우 제때에 원하는 결과를 얻을 수 있는가는 다수의 결합된 노동일을 동시에 사용하느냐 못하느냐에 달려있으며, 얼마나 효율적이냐는 노동자 수에 달려 있다. 그러나 이 노동자의 수는 따로 떨어져 같은 기간에 같은 작

---

438) "복잡한 노동을 하려는 경우에는 다양한 일이 동시에 수행되어야 한다. 한 사람은 이 일을 하고 다른 사람은 다른 일을 함으로써, 모두가 한 사람은 만들 수 없는 결과를 만드는 데 기여한다. 한 사람은 노를 젓고 다른 사람은 키를 잡고 또 다른 사람은 그물을 던지든지 작살로 물고기를 잡는다. 그리하여 고기잡이는 협업 없이는 불가능한 성과를 거둔다."(데 스튜트 드 트라시, 앞의 책, 78쪽)

업 공간을 채워야 하는 노동자의 수보다 항상 더 적다.[439] 협업이 이루어지지 않기 때문에, 미국의 서부에서는 대량의 곡식이 못쓰게 되며, 잉글랜드의 지배가 오래된 공동체를 파괴한 동인도의 여러 지방에서는 대량의 면화가 매년 못 쓰게 된다.[440]

협업은 노동이 수행되는 공간의 범위를 늘려준다. 일정한 노동과정 예컨대 토지의 간척, 제방쌓기, 관개, 운하공사, 도로공사 그리고 철도공사 등에서는 노동대상의 공간적 연관성 자체가 반드시 협업을 요구한다. 또한 협업은 생산 규모를 확대시키면서도 생산의 공간적 영역을 상대적으로 축소시킬 수 있게 해 준다. 생산 규모의 확대와 동시에 이루어지는 노동공간의 범위의 축소는 쓸데없는 비용을 많이 절약하게 한다. 그리고 이 노동공간의 축소는 노동자를 한 군데로 모으고 상이한 노동과정을 통합하고 생산수단을 집중하는 데서 생겨난다.[441]

---

439) "그것(농업노동)을 결정적인 시기에 수행하는 것은 더 큰 성과를 얻는다."(아버스넛, 《식량의 현재가격과 농장규모 사이의 관계에 대한 연구》, 7쪽) "농업에서는 시간이라는 요인보다 더 중요한 요인은 없다."(리비히, 《농업의 이론과 실제》, 1856, 23쪽)

440) "중국과 잉글랜드를 제외하면 어쩌면 세계의 어떤 나라보다 더 많은 노동을 수출하고 있는 이 나라(인도)에서 생각하기 어려운 익숙한 해악은 면화를 따는 데 필요한 충분한 일손을 구하는 게 불가능하다는 사실이다. 그 결과 대량의 면화가 수확되지 않은 채로 버려지는데, 일부는 땅에 떨어져 당연히 변색되며 또 다른 면화는 썩은 채로 쌓인다. 따라서 인도에 면화농장을 소유한 농장주는 적당한 계절에 일손이 부족하다는 이유로 잉글랜드에서 애타게 기다리고 있는 면화 수확의 상당한 부분의 손실을 감수할 수밖에 없다."《벵골-후르카루》, 격월 해외정보 요약, 1861년 2월 22일자.

441) "토지 경작이 발달함에 따라 이전에 500에이커에 분산되어 사용되던 모든 자본과 노동이 이제는, 어쩌면 더 많은 노동과 자본이 100에이커의 집약적인 경작에 집중되어 있다." 비록 "사용되는 자본과 노동의 합에 비해 공간이 더 좁아졌지만, 이 공간은 이전에 단 한 사람의 독립된 생산자에 의해 소유되고 경작되던 것보다 더 확대된 생산 범위를 나타내고 있다."(존스, 《부의 분배에 관한 에세이》, 〈지대에 관하여〉, 런던, 1831, 191쪽)

결합된 노동일은 그것과 같은 크기의 분산된 노동일의 합에 비해 더 많은 양의 사용가치를 생산하여, 일정한 크기의 유용성을 생산하는 데 필요한 노동시간을 줄인다. 결합된 노동일이 어떤 방식으로 생산력을 향상시키든 간에, 즉 그 원인이 노동의 기계적 능력을 높이거나, 노동의 공간적인 작용 범위를 확대하거나, 생산 규모에 비해 공간적 생산 영역을 축소하거나, 결정적인 시기에 더 많은 노동을 짧은 시간에 가동시키거나, 개별 노동자의 경쟁심을 자극하여 활력을 불러일으키거나, 수많은 사람들이 동시에 하는 같은 종류의 작업에 연속성과 다양성을 부여하거나, 다양한 작업을 동시에 수행하거나, 생산수단을 공동으로 사용함으로써 생산수단을 절약하거나, 개별 노동에 사회적 평균노동의 성격을 부여하는 데에 있든 간에, 이 결합된 노동의 특수한 생산력은 노동의 사회적 생산력이거나 사회적 노동의 생산력이다. 결합된 노동일의 생산력은 협업 자체에서 기인한다. 다른 노동자들과의 계획에 따른 협력을 통해 노동자는 개인적인 한계를 벗어나 인간이라는 종족으로서의 능력Gattungsvermögen을 발전시킨다.[442]

노동자들이 한 군데로 모이지 않고는 절대로 직접 협동할 수 없다. 따라서 노동자들이 일정한 공간에 모이는 것이 협업의 조건이라면, 동일한 자본, 즉 동일한 자본가가 임금노동자들을 동시에 사용하지 않고서는, 즉 그들의 노동력을 동시에 구매하지 않고서는 그들은 협업할 수 없다. 이런 까닭에 이들 노동력이 생산 과정에서 결합되기 전에, 자본가의 주머니

---

442) "각 개별 인간의 힘은 보잘것 없지만, 이 작은 힘을 하나로 결합한 전체의 힘은 이 전체로 합쳐진 모든 힘의 합보다 크다. 따라서 힘의 단순한 결합만으로도 시간을 단축하고 그것의 작용 범위를 확대할 수 있다."(칼리, 베리, 앞의 책, 15권, 196쪽의 카를리의 주석)

에 이들 노동력의 총가치, 즉 1일 또는 1주일 동안 노동자에게 지급할 임금 총액이 모여 있어야 한다. 노동자 300명에게 단 하루 분의 임금을 한꺼번에 지불하려면, 소수의 노동자에게 일 년 내내 매주 지불하는 것보다 더 많은 자본지출이 요구된다. 따라서 협업하는 노동자의 수 또는 협업의 규모는 우선 개별자본가가 노동력을 구매하는 데 지출할 수 있는 자본의 크기에, 즉 자본가 한 명이 수많은 노동자들의 생활수단을 구매하기 위해 수중에 가지고 있어야 하는 자본의 규모에 달려 있다.

이 사정은 가변자본과 마찬가지로 불변자본에도 해당된다. 노동자 300명을 고용하고 있는 자본가는 10명의 노동자를 고용하고 있는 자본가 30명 각각이 지출하는 것보다 30배 더 많이 원료에 지출한다. 공동으로 이용되는 노동수단의 가치규모와 재료양은 고용된 노동자의 수와 같은 비율로 증가하지는 않지만, 적잖이 증가한다. 따라서 개별자본가의 수중으로 대량의 생산수단이 집적되는 것이 임금노동자 협업의 물적 조건이며, 협업의 규모, 말하자면 생산의 수준은 이 집적의 규모에 달려 있다.

앞에서 개별자본의 최소액은 동시에 사용되는 노동자의 수, 즉 생산되는 잉여가치의 양이 고용주를 육체 노동에서 해방시키고 소규모 장인을 자본가로 만들어서 형식적으로나마 자본 관계를 만들어내기에 충분해야 하는 것으로 나타났었다. 이제 서로 독립적인 수많은 분산된 개별 노동과정을 하나의 결합된 사회적 노동과정으로 변화시키기 위한 물적 조건으로 나타난다.

마찬가지로 노동에 대한 자본의 지휘도, 앞에서는 노동자가 자신이 아니라 자본가를 위해서, 즉 자본가 밑에서 일한다는 사실의 형식적인 결과로만 나타났었다. 수많은 임금노동자의 협업이 발전함에 따라 자본의 지휘도 노동과정 자체를 실행하기 위한 필요조건으로, 없어서는 안 될 하나의 생산조건으로 발전해간다. 생산 현장에서 자본가의 명령은 이제 전쟁터에서의 장군의 명령처럼 절대적으로 필요한 것이 되었다.

대규모로 수행되는 모든 직접적인 사회적 노동 또는 공동노동은 개별 활동을 조화롭게 하고, 생산체를 이루고 있는 독립된 기관들의 운동과 구별되는 생산체 전체의 운동에서 발생하는 일반적 기능을 수행하기 위해 어느 정도의 지휘를 필요로 한다. 바이올린 독주자는 혼자서 연주하지만 교향악단은 지휘자가 필요하다. 자본에 종속된 노동이 협업이 되자마자, 지휘하고 감독하고 조절하는 기능은 자본가의 기능이 된다. 자본의 특수한 기능으로서의 지휘 기능은 특수한 성격을 획득한다.

자본주의적 생산 과정을 추진하는 동기와 그것의 결정적인 목적은 우선 가능한 한 최대로 자본을 자기증식Selbstverwertung des Kapitals[443]시키는 것이다. 즉 가능한 한 최대로 잉여가치를 생산하는 것이며, 결국 자본가가 가능한 한 최대로 노동력을 착취하는 것이다. 동시에 고용된 노동자의 수가 증가함에 따라 이들의 저항도 증가하며, 이 저항을 제압하기 위한 자본의 억압도 당연히 증가한다. 자본가의 지휘는 사회적 노동과정의 본질에서 기인하는 자본가에 속하는 특별한 기능일 뿐만 아니라, 동시에 사회적 노동과정에 대한 착취 기능이기 때문에, 착취자와 그가 착취하는 원료(노동자 - 옮

---

443) "이윤은 … 사업의 유일한 목적이다."(반더린트, 앞의 책, 11쪽)

긴이) 사이의 피할 수 없는 적대관계에서 발생한다. 마찬가지로 임금노동자와 마주 서는 타인의 재산인 생산수단의 규모가 증가함에 따라 그것이 목적에 맞게 사용되는지 통제할 필요성도 커진다.[444] 게다가 임금노동자의 협업은 전적으로 그들을 동시에 고용하는 자본이 가져온 결과이다. 이들 임금노동자의 기능을 결합하여 하나의 생산체로 통합하는 것은 노동자들이 하는 일이 아니라, 그들을 모아 결속시키는 자본이 하는 일이다. 그러므로 노동자들에게는 그들이 수행하는 작업들의 연관성은 관념적으로는 자본가의 계획으로, 실천적으로는 그들의 행동을 자신의 목적에 종속시키려는 타인의 의지력인 자본가의 권위로 나타난다.

그러므로 자본가의 지휘는 그가 지휘하는 생산과정 자체가 어떤 생산물의 생산을 위한 사회적 노동과정인 동시에 자본의 가치증식 과정이라는 이중성 때문에 내용상으로 따지면 이중적이지만, 형식상으로는 독재적이다. 협업이 더 큰 규모로 발전함에 따라 이 독재도 그것에 걸맞은 형태로 발전한다. 자본가가 그의 자본이 진정한 자본주의적 생산을 시작하기 위한 최소치에 도달하자마자 처음으로 육체노동에서 해방된 것처럼, 그는 이제 개별 노동자나 노동자 집단을 직접적이고 지속적으로 감독하는 기능을

---

444) 잉글랜드의 대중지인 《스펙테이터》(Spectator)는 1866년 5월 26일자에서 다음과 같이 보도하고 있다. '맨체스터 철사제조회사'에 자본가와 노동자 간의 일종의 공동출자 제도가 도입된 후의 "첫 번째 결과는 재료의 낭비가 갑자기 줄어든 것인데, 그 이유는 노동자들이 왜 그들의 재산을 자본가의 재산보다 더 낭비해야 하는지를 찾지 못했기 때문이다. 그리고 재료의 낭비는 아마도 악성채무와 더불어 공장에서의 가장 커다란 손실의 원천이다." 같은 신문은 로치데일 협동조합 실험의 근본적인 결함으로 다음과 같은 사실을 밝히고 있다. "이 실험은 노동자들의 협동조합이 매점과 공장 그리고 거의 모든 형태의 산업을 성공적으로 운용할 수 있다는 것을 보여주었다. 특히 노동자 자신들의 상태를 개선했지만, 그러나! 자본가들을 위해서는 어떤 가시적인 자리도 비워두지 않았다." 이 얼마나 끔찍한 일인가!

별다른 종류의 임금노동자에게 넘겨준다. 군대에 장교와 하사관이 필요한 것처럼, 동일한 자본의 지휘 하에 함께 일하는 노동자 집단에게도 노동이 진행되는 동안 자본의 이름으로 지휘하는 산업상의 장교(지배인)와 하사관(감시자)이 필요하다. 노동을 감독하는 일은 그들만의 기능으로 고착된다. 독립자영농이나 자영 수공업자의 생산방식을 노예노동에 토대를 두고 있는 대규모 농장의 그것과 비교할 때, 정치경제학자는 이러한 감독노동을 생산에 필요 없는 비용으로 계산한다.[445] 그는 자본주의적 생산방식을 살펴볼 때는 이와 반대로 공동으로 이루어지는 노동과정의 성질에서 기인하는 지휘 기능과 이 노동과정의 자본주의적 성격, 따라서 그 적대성 때문에 어쩔 수 없이 필요한 지휘 기능을 똑같은 것으로 본다.[446] 자본가는 그가 산업의 지도자이기 때문에 자본가인 게 아니라, 그가 자본가이기 때문에 산업의 지휘관이 된 것이다. 봉건시대에 전쟁과 재판에서 최고지휘권이 토지소유에 속하는 권한이었던 것처럼, 산업에서의 최고지휘권은 자본에 속하는 권한이 되었다.[447]

노동자가 노동력의 판매자로서 자본가와 가격을 흥정하는 동안에

---

445) 케언스 교수는 '노동에 대한 감독'을 북아메리카 여러 남부 주(州)에서의 노예생산의 주요 특징 가운데 하나로 설명한 후 다음과 같이 쓰고 있다. "(북부의) 농업용 토지소유자는 그의 땅에서 나는 모든 생산물을 자신이 갖기 때문에, 과도한 노동에 대한 별다른 자극이 필요하지 않다. 여기에서 감독은 전혀 필요하지 않다."(케언스, 앞의 책, 48-49쪽)

446) 상이한 생산방식을 특징짓는 사회적 차이점을 파악하는 데 특히 탁월했던 제임스 스튜어트 경은 다음과 같이 말한다. "노예노동의 단순성에 가까워지지 않았다면, 어떻게 거대한 매뉴팩처 기업이 가내수공업을 몰락시킬 수 있었겠는가?"(《정치경제학 원리 연구》, 런던, 1767, 1권, 167-168쪽)

447) 이런 까닭에 오거스트 콩트와 그의 학파는 자본가를 위해 한 것과 똑같은 방식으로 봉건영주의 피할 수 없는 영원한 운명을 증명할 수 있었을 것이다.

는 그는 자기 노동력의 소유자이다. 그리고 그는 그가 소유하고 있는 개별화된 개인의 노동력만을 판매할 수 있다. 이러한 사정은 자본가가 1노동력 대신에 100노동력을 구입하거나 단 한 명의 노동자 대신에 서로 무관한 100명의 노동자들과 계약을 체결한다고 해도 전혀 변하지 않는다. 자본가는 이 노동자 100명을 함께 일을 시키지 않고도 사용할 수 있다. 따라서 자본가는 100의 독립적인 노동력을 지불하는 것이지, 100의 결합된 노동력의 가치를 지불하지 않는다. 독립된 인간으로서의 노동자들은 동일한 자본과 관계를 맺지만 서로 간에는 아무런 관계도 맺지 않는 개별화된 사람들이다. 그들의 협업은 비로소 노동과정에서 시작되지만, 이 과정에서 그들은 이미 더이상 자기 자신에게 속하지 않는다. 노동과정에 들어감으로써 그들은 자본에 합쳐지게 된다. 협업자로서, 활동하는 유기체의 한 부분으로서 노동자 자신은 자본의 특별한 존재 형태에 지나지 않는다. 따라서 노동자들이 집단화된 노동자로서 발휘하는 생산력은 자본의 생산력이다. 이 노동 생산력은 노동자가 일정한 조건 하에 놓이게 되면 무보수가 되는데, 자본은 노동자를 이러한 조건 하에 가져다 놓는다. 이 노동의 집단적 생산력은 자본가에게는 아무런 비용이 들지 않을 뿐 아니라 노동자의 노동 자체가 자본에 속하기 전에는 노동자에 의해 발휘될 수 없기 때문에, 자본이 태생적으로 소유하고 있는 생산력이자 자본에 내재하는 생산력으로 나타난다.

고대 아시아인, 이집트인 그리고 에트루리아인 등의 대규모 공사에서 이루어진 거대한 구조물을 통해 우리는 단순한 협업의 효과를 볼 수 있다.

"과거에 이들 아시아 국가들은 민간 비용과 군사비를 지출한 후에도 남는 생활수단을 보유하고 있어서 화려한 건축물이나 유용한 시설에 지출할 수 있었다. 농업 인구를 제외한 거의 모든 인구에 대한 국가의 명령권과 잉여에 대한 군주와 승려 계층의 독점적인 처분권은 나라를 가득 채운 저 거대한 기념물들을 세울 수 있는 수단을 그들에게 제공했다. … 어떻게 운반했는지 그저 놀라움만을 자아내는 저 거대한 조각상과 엄청난 덩어리를 옮기는 데 거의 인간의 노동만이 헤프게 사용되었다. 많은 수의 노동자와 그들의 힘을 집중시키는 것으로 충분했다. 예를 들어 비록 개개의 퇴적물은 매우 작고 약해 하찮지만, 그것들이 쌓이면 대양의 깊은 곳에서 거대한 산호초가 되어 섬으로 솟아오르고 육지를 형성한다. 아시아 왕국에서 농사를 짓지 않는 노동자들은 자신의 육체적 힘 말고는 공사에 가지고 올 것을 거의 갖고 있지 않았지만, 그들의 수가 그들의 힘이었으며, 이 큰 무리를 지휘하는 권력이 저 거대한 조각상들과 구조물에 생명력을 불어넣었다. 이런 사업을 가능하게 만든 것은 노동자들의 생계를 이어줄 수입이 한 사람 또는 몇 사람의 수중에 집중되어 있었다는 사실이었다."[448]

아시아 그리고 이집트 왕들과 에트루리아 신관 등의 이러한 권력은 근대 사회에서는, 개별 자본가로 등장하든 주식회사에서와 같이 결합된 자본가로 등장하든 간에, 자본가에게 넘어갔다.

인류 문명의 시초에 수렵민들[449]이나 인도의 농업공동체에서 널리 퍼져있었을 법한 노동과정에서의 협업은, 생산조건의 공동소유와 개인이 씨

---

448) 존스, 《국민경제학 교본》, 77-78쪽. 런던과 다른 유럽의 주요 도시들에 있는 고대 아시리아와 이집트 등의 수집품을 보면 이런 협업으로 이루어진 노동과정을 알 수 있다.
449) 랑케(Linguet)는 그의 《민법이론》에서 수렵을 협업의 최초의 형태로 인간사냥(전쟁)을 수렵의 최초 형태 가운데 하나라고 설명했는데, 아마도 틀린 말은 아니다.

족 또는 공동체와 인연을 끊지 못한 데 그 토대를 두고 있다. 이는 마치 꿀벌 무리 중 한 마리만 벌집에서 빠져나오는 일이 없는 것과도 같다. 이 두 가지 조건이 이전의 협업을 자본주의적 협업과 구별짓는다. 고대와 중세 그리고 근대 식민지에서 간간히 사용되던 대규모 협업은 직접적인 지배와 예속관계, 그리고 노예제도에 토대를 두고 있다. 이에 반하여 자본주의적 협업 형태는 처음부터 자신의 노동력을 자본에 판매하는 자유로운 임금노동자를 전제로 한다. 그러나 역사적으로 자본주의적 형태의 협업은 농민경제와 길드 형태를 가지고 있었든 그렇지 않든 간에 자영수공업에 대립하여 발전한다.[450] 이 두 가지 협업 형태에 대해 자본주의적 협업은 협업의 특수한 역사적 형태로 나타나지 않고, 협업 그 자체가 자본주의적 생산과정에 특유한 역사적 형태로, 즉 자본주의적 생산과정을 독특하게 구별 짓는 역사적 형태로 나타난다.

협업에 의해 생겨난 노동의 집단적 생산력이 자본의 생산력으로 나타는 것과 마찬가지로, 협업 그 자체도 분산된 독립 노동자나 소규모 장인의 생산과정과 대립하는 자본주의적 생산과정의 독특한 형태로 나타난다. 이것이 바로 현실의 노동과정이 자본에 종속됨으로써 경험하는 최초의 변화이다. 이 변화는 자연스럽게 일어난다. 이 변화의 전제조건, 즉 수많은 임금노동자가 동일한 생산과정에 동시에 고용되는 것은 자본주의적 생산의 출발점이 된다. 이 출발점은 자본 자체의 출현과 일치한다. 따라서 한편

---

450) 소규모 농업경제와 자영수공업은 모두 그 일부는 봉건적 생산방식의 토대를 이루고, 일부는 봉건적 생산방식이 해체된 후에도 자본주의적 기업과 나란히 나타난다. 또한 이것들은 동시에 최초의 동양식 공동소유제가 해체된 후이지만 아직 노예제가 생산을 지배하기 전인 전성기의 그리스로마 시대 공동체의 경제적 토대를 이루기도 한다.

으로 자본주의적 생산방식이 노동과정을 사회적 과정으로 변화시키기 위한 역사적 필연성으로 나타난다면, 다른 한편으로 노동과정의 이러한 사회적 형태는 그 생산력을 향상함으로써 노동과정을 더 많은 이익을 얻도록 사용하기 위해 자본에 의해 사용되는 하나의 방법으로 나타난다.

지금까지 살펴본 단순한 형태의 협업은 대규모 생산과 동시에 나타나지만, 자본주의적 생산방식의 어떤 특정한 발전 시기를 특징짓는 고정된 형태는 아니다. 이 협업이 대충 그 모습을 드러내는 때는, 기껏해야 아직 수공업 수준에 불과했던 매뉴팩처[451]초기와 매뉴팩처 시대와 일치하며 본질적으로는 단지 동시에 사용되는 노동자의 수와 집적된 생산수단의 규모에 의해 농민경제와 구별되는 모든 종류의 대규모 농업에서였다. 단순한 협업은 분업이나 기계장치가 아직 중요한 역할을 하지 않으면서 자본이 대규모로 운용되는 그러한 생산 부문에서 언제나 지배적인 형태이다.

협업의 단순한 형태가 특수한 형태로서 더 발전된 협업형태들과 나란히 나타난다 하더라도, 협업은 언제나 자본주의적 생산방식의 기본 형태로 유지된다.

---

451) "같은 작업을 함께 하는 수많은 사람들의 숙련과 근면성 그리고 경쟁이 일을 진척시키는 방법이 아닌가? 그렇지 않다면 잉글랜드의 양모 매뉴팩처가 이런 정도까지 완벽하게 성장할 수 있었겠는가?"(버클리,《질문자》, 런던, 1750, 56쪽, 521절)

12장 | 분업과 매뉴팩처

1절
매뉴팩처의 두 가지 기원

분업에 기초한 협업은 그 전형적인 형태를 매뉴팩처에서 완성한다. 이 협업은 대략 16세기 중엽에 시작되어 18세기 후반까지 계속된 진정한 매뉴팩처 시대에 자본주의적 생산과정을 특징짓는 형태로서 지배적인 위치를 차지했다.

매뉴팩처는 두 가지 방식으로 발생한다.

첫 번째 방식은 하나의 생산물이 완성될 때까지 그들의 손을 거쳐야 하는, 독립적인 다양한 수공업 노동자들이 동일한 자본가의 지휘를 받는 작업장으로 결집되는 경우이다. 예를 들어 매뉴팩처 이전에 한 대의 마차는 목수, 안장공, 재봉공, 금속공, 주조공, 선반공, 레이스공, 유리공, 페인트공, 도색공, 도금공 등 수많은 독립수공업자들의 작업을 모두 모은 생산물이었다. 마차 매뉴팩처는 이 상이한 수공업자 모두를 하나의 작업장에 결집시키는데, 이곳에서 그들은 서로 도와가며 함께 작업을 한다. 마차가 완성되기 전에는 도금작업을 할 수가 없지만 여러 대의 마차가 동시에 만들어진다면, 어떤 마차가 생산과정의 앞 단계를 통과하는 동안, 다른 마차를 계속 도금할 수 있다. 여기까지는 인간과 물건을 그 재료로 발견하는 단순한 협업에 아직 머물러 있다. 그러나 곧 중대한 변화가 일어난다. 오로지 마차를 만드는 일만 하게 된 재봉공, 금속공 그리고 주조공은 점차로 이전에 자신의 수공업 전체를 경영하던 습관을 잃어감에 따라 그 능력 또한 잃어버리게 된다. 다른 한편 한 가지만 하는 그의 작업이 이제는 좁아진 활동영역에 가장 어울리는 형태를 취한다. 처음에 마차 매뉴팩처는 독립 수공업들의 결합체로 나타났다. 그러나 점차적으로 마차 생산은 다양한 특수작업으로 분할되었으며, 이들 각각의 작업은 한 명의 노동자가 독점하는 기능으로 고정되어, 마차 생산 전체는 이 분할된 노동자들의 결합에 의해 수행되었다. 이와 마찬가지로 직물 매뉴팩처나 일련의 다른 매뉴팩처들도 동일한 자본의 지휘 아래 다양한 수공업을 결합함으로써 발생했다.[452]

---

452) 매뉴팩처가 형성되는 방식의 좀 더 최근의 사례를 보여주기 위해 다음의 인용문을 보도록 하자. 리옹과 님(Nimes)의 견 방적업이나 방직업은 "매우 가부장적이었다. 이 업종은 많은 여성과 아동을 고용하고 있었지만 그들을 혹사시키거나 타락시키는 일이 없었다. 노동자들은 드롬과 바르 또는 이제르나 보클리쥐의 아름다운 계곡에 살면서 누에를 치고 누에고치에서 실을 뽑았다. 이것은 결코 본격적인 공장 경영은 아니었다. 그럼에도 분업의 원칙이 고도로 응용될 수 있도록 하기 위해, … 여기에서 분업의 원칙은 하나의 특수한 성격을 띠고 있다. 그곳에는 실을 감는 사람, 실을 꼬는 사람, 염색하는 사람, 풀 먹이는 사람, 게다가 직공도 있다. 하지만 그들은 하나의 작업장에 모여 있지 않고 같은 주인에게 종속되어 있지 않았으며, 모두 독립되어 일하고 있다."(블랑키, 《산업경제학 강의》, 블레즈 엮음, 파리, 1838-1839, 79쪽) 블랑키가 이 글을 쓴 이후로 이 다양한 독립된 노동자의 일부가 공장으로 통합되었다.〔4판에 추가: 그런데 맑스가 위의 글은 쓴 후, 이들 공장에는 동력으로 작동하는 직기가 도입되어 손으로 작동시키던 직기를 급속하게 몰아냈다. 크레팰트(독일 베스트팔렌 주에 위치한 도시 - 옮긴이)의 견직업도 이와 똑같은 경험을 하고 있다고 할

그러나 매뉴팩처는 첫 번째와는 반대되는 방식으로 발생하기도 한다. 같은 일이나 동일한 종류의 일을 하는, 예를 들어 종이나 활자 또는 바늘 등을 만드는 수많은 수공업자들이 같은 자본에 의해 동시에 같은 작업장에 고용되는 경우가 그것이다. 이것은 가장 단순한 형태의 협업이다. 이들 수공업자 각자는(어쩌면 1-2명의 도제와 함께) 하나의 완제품을 만들며, 그 상품의 생산에 필요한 상이한 작업을 순서에 따라 수행한다. 그는 해오던 낡은 수공업방식으로 계속 일한다. 그러나 머지않아 외부 사정으로 인해 동일한 공간에 모여 동시에 작업하는 노동자들이 다르게 사용된다. 예를 들어 많은 양의 완제품이 정해진 기간에 공급되어야 한다고 가정해보자. 이런 경우에 노동은 분할된다. 같은 수공업자의 상이한 작업을 시간적인 순서에 따라 수행하도록 하는 대신에, 이 작업들은 서로 분리시켜 격리시킨 다음 공간적으로 나란히 배치한 후, 각 작업을 서로 다른 수공업자에게 할당함으로써 모든 작업들이 함께 일하는 수공업자들에 의해 동시에 수행되도록 한다. 이와 같은 우연한 할당이 반복되어 그 특유한 장점이 나타나고, 점차 체계적인 분업으로 고착된다. 상품은 이제 여러 가지 일을 하는 한 독립수공업자의 개인 생산물에서 하나의 동일한 부분 작업만을 수행하는 결합된 수공업자들의 공동 생산물로 변한다. 독일의 길드 제도에서 종이 만드는 장인의 순차적인 작업으로 서로 맞물려 진행되는 동일한 작업이, 홀란드의 종이 매뉴팩처에서는 다수의 협업하는 노동자들에 의해 나란히 진행되는 부분 작업으로 독립된다. 또한 독일 뉘른베르크에서 길드 방식으로 바늘을 만드는 장인은 잉글랜드 바늘 매뉴팩처의 토대가 되었다.

수 있다. -엥엘스]

그러나 뉘른베르크의 바늘 만드는 장인 한 명이 거의 20개에 달하는 일련의 작업을 순차적으로 수행한 반면, 잉글랜드 바늘 매뉴팩처에서는 얼마 전부터 20명의 바늘공이 20개의 작업 가운데 하나만을 나란히 수행한다. 경험이 축적됨에 따라 이 20개의 작업들은 더 세분화되고 분리되어 각 개별 노동자가 독점하는 기능으로 독립되었다.

매뉴팩처의 발생 방식, 즉 수공업에서 매뉴팩처가 형성되는 방식은 두 가지이다. 하나는 매뉴팩처가 다양한 종류의 독립수공업들의 결합에서 출발하여, 그것들이 하나의 동일한 상품의 생산과정에서 상호보완적인 부분작업을 이루게 되어 서로 의존하게 되고 한 가지 작업만 수행하게 되는 바로 그 지점에서 발생한다. 다른 하나는 매뉴팩처가 하는 일이 같은 수공업자들의 협업에서 출발하여, 이 개별수공업을 다양한 별개의 작업들로 분해하고 따로 떼어내 독립시킴으로써 이 각각의 부분작업이 노동자 한 명의 독점적 기능이 되는 바로 그 지점에서 발생한다. 따라서 한편으로 매뉴팩처는 분업을 생산 과정으로 도입하거나 계속 발전시키며, 다른 한편으로 이전에 서로 분리되어 있던 수공업을 결합시킨다. 매뉴팩처의 출발점이 무엇이든 간에 그 최종형태는 같다. 즉 그 기관이 인간들인 하나의 생산 메커니즘이다.

매뉴팩처에서의 분업을 올바르게 이해하기 위해 아래의 사항들을 확실하게 파악하는 것이 중요하다. 우선 매뉴팩처에서 생산 과정을 별개의 작업을 수행하는 단계들로 분해하는 것은 하나의 수공업 활동을 다양한 부분 작업들로 분할하는 것과 전적으로 일치한다. 복잡하든 간단하든 간에 작업은 여전히 손으로 수행되며 따라서 각 개별 노동자가 자신의 도구를 다룰 때의 힘, 숙련도, 민첩성과 정확성에 의존한다. 매뉴팩처의 토대는 여전히 수공업이다. 기술적 토대가 제한적이기 때문에 생산 과정의 진정한 과학적 분할은 불가능하다. 각 생산물이 거쳐야 하는 부분 과정이 손으로 하는 부분 작업으로 수행되어야 하기 때문이다. 이처럼 수공업적 숙련도가 여전히 생산 과정의 토대로 남아있다는 바로 그 이유 때문에, 각 노동자는 오로지 하나의 부분 기능만을 습득하게 되고 그의 노동력은 평생 동안 이러한 부분 기능을 담당하는 기관이 된다. 마지막으로 매뉴팩처에서의 분업은 특별한 종류의 협업이다. 이 협업의 이점 가운데 대부분은 협업의 일반적 본질에서 생기지 그것의 특별한 형태에서 생기지는 않는다.

2절
부분노동자와 그의 도구

이제 개별 항목을 좀 더 자세하게 살펴보면, 무엇보다도 평생 동안 단하나의 동일한 단순 작업을 수행하는 노동자가 그의 신체 중 일부를 한 가지 작업에 적절한 자동기관으로 변화시키기 때문에 작업 전체를 번갈아 수행하는 수공업자보다 작업에 더 적은 시간을 소비한다는 사실은 명백하다. 그러나 살아있는 매뉴팩처 장치로서의 결합노동자 전체는 오로지 한 가지 일만하는 부분 노동자들로 구성되어 있다. 따라서 독립수공업에 비해 더 적은 시간에 더 많은 생산을 할 수 있다. 즉 노동생산력이 높아진다.[453] 부분 노동이 어떤 한 사람의 독점적인 기능으로 독립하고 나면 노동 방식은 더 완벽해진다. 노동자는 제한된 같은 행위를 끊임없이 반복하고 이 행위에 주의를 집중하여 힘을 가장 적게 들이고도 소기의 목적을 달성할 수 있도록 학습한다. 그리고 언제나 상이한 세대의 노동자는 함께 살아가고 동일한 매뉴팩처에서 함께 일하기 때문에 이렇게 얻어진 기술적인 요령은 견고해지고 쌓여 다음 세대로 전수된다.[454]

매뉴팩처는 실제로 이미 사회에 존재하고 있던 직업들의 자연발생적 분화를 작업장의 내에서 재생산하고 체계적으로 최고조까지 끌어올림으

---

453) "많은 공정으로 이루어진 하나의 작업이 분할되어 상이한 부분노동자들에게 할당되면 될수록, 그 작업은 필연적으로 더 적은 시간과 노동을 들이고도 더 잘 그리고 더 빠르게 수행되어야 한다."(《동인도 무역의 이익》, 런던, 1720, 71쪽)

454) "손으로 쉽게 할 수 있는 노동은 전수된 기술이다."(호지스킨,《민중정치경제학》, 48쪽)

로써 세분화된 노동자들의 숙련을 만들어낸다. 반면에 매뉴팩처가 이 부분 노동을 한 사람의 평생 직업으로 바꾸는 것은, 이전 사회에서 직업을 세습시켜 카스트로 고착하거나 또는 일정한 역사적 조건이 개인에게 카스트 제도에 반하는 변화의 가능성을 만들어주는 경우, 그 직업을 길드 제도로 속박시켰던 것과 일치한다. 카스트와 길드는 식물과 동물을 종과 아종으로 분류하는 규칙을 정하는 것과 같은 자연법칙에서 발생하는데, 다만 일정한 발전 수준에 이르면 카스트의 세습이나 길드의 배타성은 사회법칙으로 확립될 뿐이다.[455]

"다카의 모슬린(속이 비치는 고운 면직물 - 옮긴이)은 그 섬세함에서, 그리고 코로만델의 무명베와 다른 직물은 그 색채의 화려함과 내구성에서 그 어떤 것도 능가하지 못한다. 그럼에도 그것들은 자본, 기계, 분업이나 유럽의 제조업에서 많은 이득을 주는 수단 가운데 그 어느 하나도 없이 생산된다. 직공은 고객의 주문에 따라 천을 짜는 분산된 개인이다. 그는 매우 단순한 구조를 가진 베틀, 때로는 나뭇가지나 막대기를 엮어 만든 조잡한 베틀을 가지고 천을 짠다. 베틀에는 날실을 감아두는 장치조차 없어서 그 길이대로 펼쳐놓아야 하는데, 볼품없이 넓기 때문에 생산자의 오두막 안에는

---

455) "기술 역시 … 이집트에서는 상당한 정도로 발달해 있었다. 이집트에서는 수공업자가 다른 시민계급의 직업에 침범하는 것이 전혀 허용되지 않았으며, 오로지 법에 따라 그들 일족에 속하는 세습된 직업에만 종사하는 것이 허용되었다. … 다른 나라에서는 제조업 종사자들이 너무 많은 직업에 주의를 분산시키는 것을 본다. … 그들은 때로는 농사를 짓고 때로는 장사를 하며, 때로는 2-3개의 기술에 몸을 던지기도 한다. 자유국가에서는 수공업자 대부분이 대중 집회에 나간다. … 반대로 이집트에서는 수공업자가 국가의 일에 개입하거나 몇 가지 일에 동시에 종사한다면 중벌을 받는다. 따라서 그 어떤 것도 그들이 자신의 직업에 열중하는 것을 방해할 수 없다. … 게다가, 그들은 조상으로부터 많은 비법을 전수받았지만, 더 새로운 비결을 찾아내려고 열심히 노력하고 있다."(디오도로스 시쿨루스,《역사총서》, 1권, 74쪽)

일할 곳을 찾을 수가 없다. 따라서 생산자는 날씨가 변할 때마다 작업이 중단되는 집 밖에서 작업해야만 한다."[456]

거미와 같은 인도인의 완벽한 기량은 대대로 축적되어 아버지로부터 아들에게 전수된 특별한 재주였을 뿐이다. 그럼에도 인도의 직공은 대부분의 매뉴팩처 노동자들에 비해 훨씬 복잡한 노동을 수행한다.

어떤 완제품을 생산하는 데 있어서 상이한 부분 과정을 차례차례 해나가야 하는 수공업자는 때로는 장소를 이동해야 하고 때로는 도구를 바꾸어야 한다. 작업 간의 이동은 그의 노동의 흐름을 방해하고 그의 노동일에 일정한 틈을 만든다. 이 틈은 그가 종일 하나의 같은 작업을 계속 수행할수록 좁아지며, 그가 작업을 적게 바꿀수록 사라져간다. 이 경우에 향상된 생산력은 일정한 시간에 소모된 노동력의 증가로 인해, 즉 노동 강도를 강화하거나 비생산적인 노동력의 소모를 줄임으로써 이루어진다. 즉 작업이 중단되었다가 다시 수행될 때마다 추가로 필요한 힘의 소모는 일단 도달한 표준속도가 더 오래 지속될수록 보상된다. 그러나 다른 한편 단조로운 작업이 계속되기 때문에 활동 자체의 변화를 통해 회복되고 자극 받는 생명력의 긴장감이나 활력은 파괴된다.

노동생산력은 노동자의 완벽한 기량뿐만 아니라 도구의 완성도에도 달려있다. 절단기, 드릴, 분쇄기 그리고 망치 등과 같은 도구들은 서로 다른 노동과정에서 사용되며, 동일한 노동과정에서도 같은 도구들이 서로 다

---

456) 《영국령 인도에 관한 역사적 기술적 기록》, 머리, 윌슨 등 지음, 에든버러, 1832, 2권, 449-450쪽. 인도의 베틀은 직립식이다. 즉 날실이 수직으로 당겨져 고정된다.

른 작업에서 사용된다. 그러나 하나의 노동과정에서 서로 다른 작업들이 서로 분리되어 각각의 부분 작업이 그것을 수행하는 노동자의 손에 가장 적당하면서도 배타적인 형태를 취하자마자, 이전에 서로 다른 목적에 사용되던 도구들에게도 어쩔 수 없는 변화가 일어난다. 이 형태 변화가 일어나는 방향은, 이전의 도구 형태가 가져온 특별한 어려움 때문에 겪은 경험에 의해 정해진다. 동일한 종류의 도구들이 각각의 특별한 용도에 맞게 고정된 형태를 취하게 되는 '세분화'와, 이 개별화된 도구들이 부분작업에 전문화된 노동자의 손에서만 그 기능을 충분하게 발휘하게 되는 '전문화'가 매뉴팩처를 특징짓는다. 버밍엄에서만도 약 500종에 달하는 망치가 생산되는데, 그 하나하나는 각기 특별한 노동과정에서 사용될 뿐만 아니라, 몇 가지 종류의 망치는 때로는 동일한 노동과정의 서로 다른 작업에서만 사용된다. 매뉴팩처 시대는 노동 도구를 각 부분 노동자에게 독점된 특별한 기능에 맞춤으로써 그것을 단순화하고 개량화하고 다양화한다.[457] 이런 까닭에 매뉴팩처 시대는 단순한 도구들의 결합으로 이루어진 복잡한 기계장치의 물적 조건 가운데 하나를 창출한다.

세분화된 노동자와 그의 도구는 매뉴팩처의 가장 단순한 요소들이다. 이제 매뉴팩처의 전체 모습으로 관심을 돌려보자.

---

457) 다윈은 자신의 획기적인 저서《종의 기원》에서 동식물의 선천적인 기관에 관해 다음과 같이 말하고 있다. "하나의 같은 기관이 여러 가지 일을 해야 하는 동안에는, 그것의 변화가 가능하다는 근거는 어쩌면 다음과 같은 점에 있을 것이다. 즉 자연도태는 각 기관의 형태상의 작은 차이를 보존하거나 억압하는 데 있어서, 같은 기관이 하나의 특별한 목적에만 사용되도록 정해진 경우에 비해 덜 세밀하다는 점이다. 예를 들어 여러 가지 물건을 자르는 데 사용되도록 정해진 칼은 대체로 하나의 형태를 가질 수 있지만, 오로지 한 가지 용도로만 정해진 도구는 다른 용도로 사용되기 위해서는 다른 형태를 가져야 한다."

3절
매뉴팩처의 두 가지 기본형태 -
이질적 매뉴팩처와 유기적 매뉴팩처

매뉴팩처의 짜임새는 두 가지 기본형태를 가지고 있는데, 이들은 때로는 서로 뒤섞여 있기도 하지만 본질적으로 다른 종류이다. 그리고 이 두 가지 기본 형태는 나중에 매뉴팩처가 기계장치에 의해 작동되는 대공업으로 변할 때 전혀 다른 역할을 수행한다. 매뉴팩처의 두 형태는 생산되는 제품 자체의 성질에서 기인한다. 매뉴팩처 제품은 독립된 부분 생산물들을 단순히 기계적으로 조립하여 만들어지거나, 서로 연결되어 있는 일련의 과정과 조작에 의해 그 완성된 형태를 얻는다.

예를 들어 한 대의 기관차는 5,000개 이상의 서로 다른 부품으로 구성된다. 그러나 기관차는 대공업의 창조물이기 때문에 진정한 매뉴팩처의 첫 번째 종류의 실례로 인정할 수 없다. 그러나 윌리엄 페티가 매뉴팩처 방식의 분업을 일목요연하게 설명하기 위해 실례로 든 시계는 예가 될 수 있다. 시계는 뉘른베르크의 한 시계 수공업자 개인의 세공품Werk에서 셀 수 없을 정도로 많은 부분 노동자들의 공동생산물로 바뀌었다. 즉, 시계 틀을 만드는 노동자, 태엽 제조공, 숫자판 제조공, 용수철 제조공, 돌구멍을 뚫는 노동자와 루빈으로 만든 레버 제조공, 시계바늘 제조공, 케이스 제조공, 나사 제조공, 도금공 그리고 이러한 작업에 필요한 하부작업을 수행하는 노동자들, 즉 톱니바퀴 제조공(이것은 다시 놋쇠 톱니바퀴와 강철 톱니바퀴로 분리된다), 톱니바퀴를 돌리는 축 제조공, 시계바늘장치 제조공, 톱니바퀴 장치 완성공(톱니바퀴를 축에 고정하거나 깎인면을 매끄럽게 하는 노동자), 마무리공(상이한 톱니바퀴와 축을 제자리에 조립하는 노동자), 초침 작동장치 완성공(톱니를 새기고 적당한 크기로 구멍을 뚫으며, 여기에 조정바퀴와 제동바퀴를 고정하는 노동자), 제동장치 제조공, 이 제동장치가 실린더 제동장치인 경우 실린더 제조공, 수직바퀴 제조공, 평형바퀴 제조공, 완급장치(시간을 조절하는 장치) 제조공, 탈진기(원래의 제동장치) 제조공, 그런 다음 초침 작동장치를 갈음질 하는 노동자(태엽통과 조정바퀴를 완성한다), 강철 연마공, 톱니바퀴 연마공, 나사 연마공, 숫자를 그려 넣는 노동자, 톱날 제조공(구리에 에나멜을 칠하는 노동자), 고리 제조공(시계 케이스의 태엽을 감는 꼭지만 만드는 노동자), 경첩 마무리공(케이스의 중간에 놋쇠 못을 박는 노동자), 뚜껑 열림 장치공(뚜껑을 열리게 하는 용수철을 케이스에 박아 고정시키는 노동자), 조각공, 세공사, 시계 케이스 연마공 그리고 마지막으로 시계 전체를 조립하여 시계를 작동하게 하여 공급하는 마무리공이 이들이다. 시계부품 가운데 여러 손을 거치는 것은 몇 가지밖에 안 되며, 따로 떨어져 제작된 이들 모든 부품은 이것들을 최종적으로 하나의 기계적 완제품으로 조립하는 한 사람의 손에 모아진다. 완성된 생산물과 그것을 구성하는 다양한 요소들 사이에 보이는 이러한 외적관계는 다른 유사한 제품의 생산에서와 마찬가지로, 시계를 생산하는 경우에도 부분 노동자들이 같은 작업장에 함께 모여 있다는 사실을 알려주지 않는다. 부분 노동들은 바트 주州와 뇌샤텔 주에서처럼 서로 독립된 수공업으로 운영될 수도 있지만, 제네바 같은 곳에서는 한 자본의 지휘 하에 부분 노동자들이 직접 협업하고 있는 대규모 시계 매뉴팩처가 존재한다. 이곳에서도 숫자판, 태엽 그리고 케이스는 매뉴팩처 자체에서는 거의 제작되지 않는다. 이 결합된 매뉴팩처 방식의 경영은 오직 예외적인 조건에서만 유리하다. 집에서 일하고자 하는 노동자들 간의 경쟁이 치열하며, 생산이 수많은 이질적인 과정으로 분산됨으로써 노동수단을 함께 사용하는 것을 불가능하게 만들며, 생산이 분산되어 이루어지는 경우에 자본가는 공장건물 등에 대한 비용을 절약할 수 있기 때문이다.[458] 그러나 집에서 일하지만 한 자본가(공장주, 기업가)를 위해 일하는 이들 세분화된 노동자들의 지위는 자신의 고객을 위해 일하는 자영수공업자의 지위와는 전혀 다르다.[459]

매뉴팩처의 완성된 형태인 두 번째 종류의 매뉴팩처는 서로 연관된 단계를 통과하는, 즉 일련의 과정을 순서대로 통과하는 제품을 생산한다. 바늘 매뉴팩처에서 철사는 특정한 작업을 하는 72명, 심지어 92명의 부분 노동자들의 손을 거친다.

원래 분산되어 있던 수공업을 결합시킨 매뉴팩처는 제품의 생산단계 사이의 공간적 분리를 감소시킨다. 한 단계에서 다른 단계로 이동하는 시

---

458) 1854년에 제네바에서는 8만 개의 시계가 생산되었는데, 이는 뉘샤텔 주의 시계 생산의 5분의 1에도 미치지 못했다. 유일한 시계 매뉴팩처로 간주할 수 있는 쇼드퐁(Chaux-de-Fonds)에서만도 해마다 제네바의 두 배가 되는 시계를 공급하고 있다. 1850부터 1861년까지 제네바는 720,000개의 시계를 공급했다. (1863년《매뉴팩처, 상업 등에 관한 영국 대공사관 서기관 보고서》, 6호에 실린《시계업에 대한 제네바로부터의 보고서》를 참조하라.) 조립되어 만들어지는 제품의 생산이 서로 분리되어 그 과정이 서로 아무런 연관을 맺지 못한다는 사실 그 자체가 이러한 매뉴팩처가 대공업 기계제로 변하는 것을 매우 어렵게 만든다. 그리고 시계의 경우에는 이런 어려움에 시계 부품들이 작고 섬세하다는 점과 시계가 사치품의 성격을 가지고 있다는 점 등 두 가지 어려움이 추가된다. 따라서 시계의 종류는 매우 다양하여, 예를 들어 런던의 최고급 시계 제작소에서도 1년 내내 비슷한 시계가 12개 이상 만들어지는 경우는 거의 없다. 성공적으로 기계 장치를 사용하고 있는 바세론 앤드 콘스탄틴(Vacheron & Constantin) 시계 공장은 기껏해야 크기와 모양이 다른 3-4개 종류의 시계만을 공급하고 있다.
459) 시계 생산이라는 이질적 매뉴팩처의 전형적인 예에서, 우리는 앞에서 언급한 수공업적 직업의 분할에 기인하는 노동도구의 세분화와 전문화에 대해 매우 상세한 연구를 할 수 있다.

간이 단축되며, 이동을 매개하는 노동도 줄어든다.[460] 그 결과 수공업에 비해 생산력이 향상되는데, 이 향상은 매뉴팩처의 일반적인 협업적 성격에서 생겨난다. 반면에 매뉴팩처 특유한 원칙인 분업은 상이한 생산단계들의 고립을 가져오는데, 이 고립되는 수만큼 수공업 방식으로 수행되는 부분노동들이 독립한다. 이렇게 고립된 기능들을 서로 연결하고 유지하기 위해서는 제품이 한 손에서 다른 손으로, 한 과정에서 다른 과정으로 끊임없이 운반되어야 한다. 대공업의 관점에서 보면 이것은 비용을 증가시키는 매뉴팩처의 특징 가운데 하나로, 매뉴팩처 원칙에 내재하는 결점이다.[461]

일정한 양의 원료, 예를 들어 종이 매뉴팩처에서의 넝마나 바늘 매뉴팩처에서의 철사 같은 일정한 양의 원료를 살펴보면, 이것은 그 완성된 형태로 가는 생산단계의 시간적인 순서대로 상이한 부분 노동자들의 손을 거친다. 반대로 작업장 전체를 하나의 구조로 살펴보면, 원료는 모든 생산단계에서 한꺼번에 동시에 존재한다. 세분화된 노동자가 결합된 전체 노동자는 수많은 도구로 무장한 일손들 가운데 한 손으로 철사를 잡아끌고, 동시에 다른 손은 도구를 가지고 철사를 곧게 펴고 또 다른 손은 도구를 가지고 철사를 자르고 뾰족하게 만든다. 시간적으로 차례차례 수행되던 상이한 단계적 과정이 공간적으로 나란히 진행되는 하나의 과정으로 바뀐다. 따라서 같은 시간에 더 많은 완성품이 생산된다.[462] 이러한 동시성은 총과정을 이

---

460) "사람들이 이처럼 서로 바싹 다가붙어서 일하는 곳에서는 운반도 당연이 줄어들 수밖에 없다."(《동인도 무역이 잉글랜드에 주는 이익》, 106쪽)

461) "매뉴팩처에서의 상이한 생산단계들이 서로 격리되는 것은 수작업을 사용한 결과인데, 이는 생산비를 엄청나게 증가시킨다. 이 경우에 손실은 주로 한 노동과정에서 다른 노동과정으로의 운반에서만 발생한다."(《각국의 산업》, 런던, 1855, 2부, 200쪽)

462) "그것(분업)은 또한 작업을 동시에 수행할 수 있는 다양한 부분 작업으로 분할함으로써 시간을 절약하게 한다. … 개별적으로 분리되어 수행해야만 하는 상이한 모든 노동과정을 동시에 수행함으로써, 예를 들어 단 하나의 바늘을 자르거나 뾰족하게 만들 뿐인 같은

루는 협업의 일반적 형태에서 생겨나기는 하지만, 매뉴팩처는 수공업 방식에서 협업의 조건을 찾아낼 뿐만 아니라, 부분적으로는 수공업 방식의 작업을 분할함으로써 일찍이 없었던 협업의 조건들을 만들어내기도 한다. 다른 한편 매뉴팩처는 같은 노동자를 동일한 세부작업에 묶어둠으로써만 노동과정을 이러한 집단적인 조직체계로 만들어낸다.

각 부분 노동자의 부분 생산물은 모두 같은 제품을 만들어가는 특별한 단계에 지나지 않기 때문에, 한 노동자가 다른 노동자에게 또는 한 노동자 집단이 다른 노동자 집단에게 원료를 공급하게 된다. 한 노동자의 작업 성과는 다른 노동자의 작업을 위한 출발점이 된다. 따라서 이 경우에는 한 노동자가 다른 노동자에게 직접 일거리를 제공한다. 각 부분 과정에 주어진 효율을 달성하기 위해 필요한 노동시간은 경험에 의해 확정된다. 그리고 매뉴팩처의 전체 구조는 일정한 시간에 일정한 성과를 달성한다는 조건을 근거로 한다. 오로지 이런 조건에서만 상이하고, 서로 보완적인 노동과정이 중단 없이 동시에 그리고 공간적으로 나란히 진행될 수 있다. 이러한 노동자들 간의 직접적인 의존성으로 인해 각 개별 노동자에게 자신의 기능에 필요한 시간만을 사용하도록 해야 한다는 사실은 분명하다. 따라서 독립수공업 또는 심지어 단순한 협업과는 완전히 다른 연속성, 획일성, 규칙성과 질서[463], 그리고 특히 노동의 강도까지 생겨난다. 어떤 상품에는 오로지 그 상품의 생산에 사회적으로 필요한 노동시간만이 사용되어야 하고,

___

시간에 많은 양의 바늘을 완성하는 것이 가능해진다."(스튜어트, 앞의 책, 319쪽)

463) "모든 매뉴팩처에서 전문 노동자가 다양할수록, … 각 노동은 더 질서정연하고 규칙적으로 되며, 또 같은 노동이 필연적으로 더 짧은 시간에 수행되어야 하며, 그리고 노동은 줄어들어야 한다.(《동인도 무역이 잉글랜드에 주는 이익》, 68쪽)

이는 상품 생산 일반에서는 경쟁이라는 외적 강제로 나타난다. 피상적으로 표현한다면, 개별 생산자는 자신의 상품을 시장가격으로 판매해야 한다는 것이다. 이와 반대로 매뉴팩처에서는 일정한 노동 시간에 일정한 양의 생산물을 공급하는 것이 생산 과정 그 자체의 기술적 법칙으로 된다.[464]

그러나 서로 다른 작업은 서로 다른 길이의 시간이 필요하기 때문에 같은 시간에 서로 다른 양의 부분 생산물을 공급하게 된다. 그러므로 같은 노동자가 날이면 날마다 늘 같은 작업만을 수행해야 한다면, 전체 작업을 구성하는 상이한 작업에서 비율적으로 서로 다른 수의 노동자가 사용되어야 한다. 예를 들어 어느 활자 매뉴팩처에서 한 명의 주조공이 시간당 2,000개의 활자를 주조하고, 절단공이 주조판에서 4,000개의 활자를 떼어내고, 연마공이 8,000개를 연마한다면, 이 매뉴팩처에서는 주조공, 절단공 그리고 연마공이 4:2:1의 비율로 사용되어야 한다. 이 경우 동일한 종류의 작업을 하는 수많은 사람들이 동시에 고용된다는 협업의 원칙이 그 가장 단순한 형태로 재현되지만, 이제는 하나의 유기적인 관계를 표현하게 된다. 따라서 매뉴팩처 방식의 분업은 질적으로 상이한 집단으로 이루어진 총노동자의 기관을 단순화하고 다양화할 뿐만 아니라, 이 기관의 양적인 크기, 즉 각 특수 기능을 수행하는 노동자의 상대적인 수나 노동자 집단의 상대적 크기에 대한 수학적으로 고정된 비율을 만들어낸다. 매뉴팩처 방식의 분업은 사회적 노동과정의 질적 짜임새와 더불어 양적 규칙과 비율도 함께 발전시킨다.

---

464) 그러나 매뉴팩처 방식의 경영이 많은 분야에서 달성한 이러한 성과는 불완전할 뿐이다. 생산 과정에서 일반적으로 요구되는 화학적, 물리적 조건을 확실하게 통제할 수 없기 때문이다.

일정한 생산 단계에서 상이한 부분 노동자 집단들 간의 가장 적당한 수적 비율이 경험적으로 확정되어 있다면, 이 생산규모는 각 개별 노동자 집단을 동일한 배수로 추가함으로써만 확대될 수 있다.[465] 한 가지 덧붙이자면 어떤 작업은 그 규모가 크건 작건 한 명의 같은 노동자가 그것을 잘 수행할 수 있다. 예를 들면 감독 노동이나 부분 생산물을 한 생산 단계에서 다른 단계로 운반하는 노동 등이 그러하다. 따라서 이러한 기능을 독립시키거나 특정한 노동자에게 맡기는 것은 고용된 노동자의 수가 증가할 때에만 비로소 유리해진다. 그런데 이 증가는 지체 없이 모든 집단에 정해진 비율에 따라 균형적으로 적용되어야 한다.

동일한 부분 기능을 수행하는 일정한 수의 노동자로 이루어진 각 집단은 동질의 요소들로 구성되며 전체 메커니즘의 개별 기관이 된다. 그러나 상이한 매뉴팩처에서 이들 집단 자체는 전체에 맞게 짜여진 하나의 작업 집단이며, 전체 메커니즘은 이 기본 생산조직을 중복하거나 배가함으로써 이루어진다. 이에 대한 하나의 예로 유리병 매뉴팩처를 들어보자. 이 매뉴팩처는 현저한 차이를 보이는 세 개의 단계로 나누어진다. 첫 번째 단계는 모래, 석회 등을 섞어서 준비된 유리의 혼합물을 액체 상태의 유리로 녹이는 준비 단계이다.[466] 이 첫 번째 단계에서 상이한 부분 노동자가 일하

---

465) "각 매뉴팩처 생산물의 특수한 성질에 따라 제조 과정을 부분 작업으로 가장 유리하게 나누는 방식과 이 부분 작업에 필요한 노동자의 수를 경험적으로 알게 되었다면, 이 노동자 수의 정확한 배수를 사용하지 않는 모든 공장은 더 많은 제조 비용을 들이게 될 것이다. … 이것은 공업시설이 대규모로 확대되는 원인 가운데 하나이다. (배비지, 《기계장치의 경제성에 관하여》, 런던, 1832, 21장, 172-173쪽)

466) 잉글랜드에서 용광로는 유리가 가공되는 유리화로와는 분리되어 있다. 예를 들어 벨

고 있는데, 이는 건조로에서 유리병을 끄집어내고, 분류하여 포장하는 등의 작업을 하는 최종 단계에서도 마찬가지이다. 이 두 단계의 중간에는 진정한 의미의 유리제조, 즉 액체상태의 유리를 가공하는 공정이 있다. 한 유리화로의 입구에는 잉글랜드에서는 '구덩이'라고 불리는 노동자 집단이 일하고 있는데, 이들은 1명의 병 제조공 또는 완성공, 1명의 공기를 불어넣는 노동자, 1명의 수집공, 유리병을 닦아서 쌓는 1명의 노동자 그리고 1명의 운반공으로 구성되어 있다. 이들 5명의 노동자는 5개의 개별 기관을 가진 하나의 작업 단위를 형성하는데, 그들은 하나의 단위로만, 즉 5명이 직접 협업해야만 작업을 수행할 수 있다. 이들 5명 가운데 1명이라도 없다면 이 작업 집단은 마비되어 버린다. 그런데 잉글랜드에서는 같은 유리화로에 여러 개, 예를 들어 4-6개의 입구들이 있고, 각 입구마다 액체상태의 유리를 담은 흙으로 만든 도가니가 딸려 있어서, 각 입구마다 똑같이 5명으로 이루어진 노동자 집단이 일하고 있다. 여기에서 각 집단은 분업을 토대로 하여 짜인 반면에, 같은 종류의 상이한 집단은 단순협업으로 연결되어 있다. 이 협업에서는 유리화로와 같은 생산수단을 공동 사용함으로써 훨씬 경제적인 작업이 가능하다. 4-6개의 노동자 집단을 거느린 이러한 유리화로가 하나의 유리 작업장을 이루며, 하나의 유리 매뉴팩처는 이러한 작업장 몇 개와 준비단계와 최종단계를 위한 설비와 노동자를 포괄하고 있다.

마지막으로 매뉴팩처의 일부가 다양한 수공업의 결합에서 생겨난 것처럼, 그것은 다양한 매뉴팩처의 결합으로 발전할 수도 있다. 예를 들어 잉글랜드의 대규모 유리작업장은 그들이 사용할 흙으로 만든 도가니를 직접

기에에서는 두 공정에 동일한 화로가 사용된다.

제조한다. 주로 이 도가니의 품질에 생산물의 성패가 달려 있기 때문이다. 이 경우에는 생산수단의 매뉴팩처가 생산물의 매뉴팩처와 결합되어 있다. 이와 반대로 생산물의 매뉴팩처는 이 생산물을 다시 원료로 사용하는 매뉴팩처와, 또는 그 생산물을 나중에 합성하는 생산물의 매뉴팩처와 결합될 수 있다. 예를 들어 납유리 매뉴팩처는 유리 연마업이나 황동 주조업과 결합되는 것을 알 수 있다. 황동 주조업은 다양한 유리제품에 금속장식을 박아 넣는 일을 한다. 이 결합된 다양한 매뉴팩처는 하나의 전체 매뉴팩처에서 공간적으로 분리된 부문을 형성하고 있으며, 그와 동시에 각기 자신에게 주어진 일을 수행하는 서로 독립된 생산과정을 형성하고 있다. 이 결합된 매뉴팩처가 상당한 이점을 제공하기는 하지만, 그 자체의 토대에서는 실질적인 기술적 통합을 이루어낼 수 없다. 기술적 통합은 매뉴팩처가 기계제 생산으로 변할 때 비로소 생겨난다.

일찍이 상품 생산에 필요한 노동시간의 단축이라는 원칙을 표명한[467] 매뉴팩처 시대는 산발적인 기계의 사용을 발전시켰는데, 특히 거대한 힘을 사용하여 대규모로 수행되어야 할 초기 과정의 단순한 작업에서 기계가 사용되었다. 예를 들어 종이 매뉴팩처에서는 일찍이 넝마를 종이분쇄기로 분쇄했으며, 야금업에서는 이른바 쇄광기로 광석을 분쇄했다.[468] 모든 기계장치의 기본 형태는 로마제국의 물레방아에서 유래되었다.[469] 수공업 시대

---

468) 16세기 말 경에도 프랑스에서는 아직 광석을 분쇄하고 세척하는 데 절구와 체를 사용했다.

467) 이것은 특히 윌리엄 페티, 존 벨러스, 앤드류 야랜턴,의 저서에서, 《동인도 무역이 잉글랜드에 주는 이익》에서, 그리고 반더린트의 저서에서 미루어 짐작할 수 있다.

468) 16세기 말 경에도 프랑스에서는 아직 광석을 분쇄하고 세척하는 데 절구와 체를 사용했다.

469) 기계 장치의 발전사는 방아의 역사를 통해 추적할 수 있다. 공장은 지금도 영어로는 'mill'(방앗간)이다. 19세기 첫 수십 년 동안 쓰인 독일의 기술서적에서는 자연력으로 작동

는 나침반, 화약, 인쇄술 및 자동시계와 같은 위대한 발명품을 남겼다. 그러나 대체로 기계 장치는 분업에 비하면 아담 스미스가 그것에 부여한 부차적인 역할만을 했다.[470] 17세기의 기계 장치의 산발적인 사용은 매우 중요한데, 그것이 그 당시의 위대한 수학자들에게 근대적 역학의 창조를 위한 실천적인 근거를 제공하고 자극을 주었기 때문이다.

매뉴팩처 시대 특유의 기계장치는 여전히 수많은 부분 노동자로 결합된 전체 노동자 그 자체였다. 한 상품의 생산자는 노동과정 전체에 걸쳐 서로 얽혀 있는 다양한 작업을 번갈아가면서 수행해야 하기에 그에게 많은 것이 요구된다. 그는 한 작업에서 더 많은 힘을, 다른 작업에서 더 높은 숙련을 그리고 세 번째 작업에서는 더 많은 정신적 집중력을 발휘해야 한다. 그런데 한 사람이 이런 자질을 같은 수준으로 갖추고 있지는 않다. 서로 다른 작업이 분리되어 독립되고 격리된 후에 노동자들은 개인적으로 뛰어난 자질에 따라 구분되고 분류되고 편성된다. 그들의 타고난 자질을 토대로 그 위에 분업이 접목된다면, 일단 도입된 매뉴팩처는 당연히 일면적인 특수기능에만 적합한 노동력을 발달시킨다. 이제 모든 노동자는 생산에 필요한 자질을 같은 수준으로 갖추게 된다. 그리고 전체 노동자는 노동자나 노

하는 모든 기계장치뿐만 아니라 기계의 성질을 가진 장치를 사용하는 모든 매뉴팩처에 대해서까지 'Mühle'(방앗간)이라는 표현을 발견한다.

470) 이 책의 4권에서 더 자세히 살펴보겠지만, 아담 스미스는 분업에 대해 단 하나의 명제도 직접 세우지 못했다. 그러나 그를 매뉴팩처 시대를 총괄하는 정치경제학자로 특징짓는 이유는 그가 분업을 강조했기 때문이다. 그가 기계에 부여한 종속적인 역할은 대공업 초기에는 로더데일(Lauderdale)의, 더 발전된 시대에는 유어(Ure)의 반박을 불러일으켰다. 또한 아담 스미스는 매뉴팩처 부분노동자가 적극적으로 관여했던 도구의 세분화를 기계의 발명과 혼동하고 있다. 기계의 발명에서는 매뉴팩처 노동자가 아니라, 학자, 수공업자 심지어는 농민(제임스 브린들리(J. Brindley, 1716-1772), 농민 출신의 영국 산업혁명 초기의 발명가 - 옮긴이) 등이 중요한 역할을 했다.

동자집단으로 개체화된 모든 작업 기관을 오로지 그 각각의 특수한 기능에만 사용함으로써, 그 자질을 가장 경제적으로 소모한다.[471] 설사 부분 노동자에게 부족한 일면이 있다손 치더라도 전체 노동자의 일원으로서는 완벽해진다.[472] 하나의 기능만 하는 습관이 부분 노동자를 확실한 기능을 수행하는 기관으로 바꾸어버리는 반면에, 전체 메커니즘과 연결되어 있기에 그는 하나의 기계 부품처럼 규칙적으로 일할 수밖에 없다.[473]

　　전체 노동자의 다양한 기능은 더 단순하거나 더 복잡하고, 수준이 더 낮거나 더 높거나 하기 때문에, 그것을 구성하는 각 노동자의 노동력은 매우 다른 수준의 교육을 필요로 하며 따라서 매우 상이한 가치를 갖는다. 그러므로 매뉴팩처는 임금 등급에 맞추어 노동력을 서열화해 나간다. 한편한 노동자가 어떤 일면적인 기능을 몸에 익혀 평생 동안 그 기능에 얽매이는 것과 똑같이, 앞의 서열에 따라 분류된 다양한 작업은 선천적이나 후천적으로 습득된 숙련도에 맞게 조절된다.[474] 걷고 서는 것처럼 누구나 할 수

---

471) "서로 다른 수준의 숙련과 힘이 요구되는 여러 개의 상이한 작업으로 공정을 분할함으로써, 매뉴팩처 주인은 각각의 작업에 적합한 양의 힘과 숙련의 양을 정확하게 조달할수 있다. 이와 반대로 모든 작업이 한 명의 노동자에 의해 수행되어야 한다면, 그는 어렵고도 섬세한 작업에 필요한 숙련과 힘든 작업에 필요한 힘을 갖추고 있어야 한다."(배비지, 앞의 책, 19장)

472) 예를 들어 어떤 근육의 불균형적인 발달이나 뼈의 굴절 등.

473) 어떻게 고용된 청소년들을 계속 근면하게 일할 수 있게 하는가라는 한 조사원의 질문에 대해 유리 매뉴팩처의 총지배인인 윌리엄 마셜은 다음과 같이 매우 솔직하게 대답했다. "그들은 일을 결코 대충할 수가 없다. 그들이 일단 일을 시작했다면, 그 일을 멈출 수 없다. 그들은 기계의 부품과 똑같다."(《아동노동 조사위원회, 4차 보고서》, 1865년 247쪽)

474) 유어 박사는 대공업에 대한 찬양에서 매뉴팩처 특유한 성격을, 자신처럼 이 문제에 논쟁적인 관심을 가지고 있지 않았던 이전의 경제학자들은 물론 동시대의 경제학자들, 예를 들어 수학자나 기계학자로는 유어보다 뛰어났던 배비지 등보다도 더 날카롭게 감지하고 있다. 유어는 다음과 같이 말하고 있다. "노동자들에게 개별 작업을 몸에 익숙하게 하는

있는 종류의 단순한 작업은 그 어떤 생산과정에서도 생기기 마련인데, 이런 일조차도 이제는 더 중요한 작업과의 유동적인 연결이 끊어지고 독점된 기능으로 굳어버린다.

이런 까닭에 매뉴팩처는 그것이 장악한 모든 수공업에서 소위 미숙련 노동자라는 부류를 만들어내는데, 수공업 방식의 생산에서는 이 부류가 전혀 존재하지 않았다. 매뉴팩처가 인간의 전반적인 노동 능력을 희생하여 한 가지 일에 전문화된 노동 능력을 완벽한 수준까지 발전시킨다면, 그것은 또한 일체의 발전이 필요 없는 작업을 전문직으로 만들기 시작한다. 서열에 따른 차등화와 더불어 숙련노동자와 미숙련노동자라는 단순한 구분이 나타난다. 미숙련노동자의 경우에는 교육비가 모두 사라지고, 숙련노동자의 경우에는 그 기능의 단순화로 인해 수공업자에 비해 교육비가 감소한다. 두 경우 모두에서 노동력의 가치는 하락한다.[475] 노동과정의 분할로 말미암아 수공업 방식의 생산에서는 전혀 존재하지 않거나 그 규모가 다른 새로운 포괄적인 기능이 생겨나는 예외적인 경우가 발생한다. 교육비의 소멸이나 감소로 인해 생기는 노동력의 상대적인 가치 저하는 곧 자본의 더 높은 가치 증식을 포함한다. 노동력의 재생산에 필요한 시간을 단축하는 모든 것이 잉여노동의 영역을 확대하기 때문이다.

것이 분업의 본질을 이룬다." 다른 한편으로 그는 이러한 분업을 '다양한 개인의 능력에 맞게 작업을 조절하는 것'으로 설명하면서, 마지막으로 매뉴팩처 시스템 전체를 '숙련도의 서열에 따른 등급제' 또는 '다양한 숙련수준에 따른 분업' 등으로 특징짓고 있다. (유어,《매뉴팩처 철학》, 19-23쪽의 여러 곳)

475) "모든 수공업자는 … 하나의 작업만을 수행함으로써 그 작업을 더 완벽하게 할 수 있게 되므로, … 더 값싼 노동자가 되었다."(유어, 앞의 책, 19쪽)

4절
매뉴팩처 내에서의 분업과 사회 내에서의 분업

우리는 처음에 매뉴팩처의 기원을, 그 다음에는 매뉴팩처의 단순한 구성요소들인 부분 노동자와 그의 도구를, 그리고 마지막으로 매뉴팩처의 전체 메커니즘을 살펴보았다. 이제 매뉴팩처 방식의 분업과 모든 상품 생산의 일반적 토대를 이루고 있는 사회적 분업 사이의 관계를 간단하게 언급하고자 한다.

노동 그 자체만을 주시한다면, 사회적 생산을 농업, 공업 등과 같은 큰 종류로 구분하는 것을 일반적 분업으로, 이렇게 구분된 생산 종류 각각을 다시 세분화하여 분리하는 것을 특수적 분업, 그리고 한 작업장 내에서의 분업을 개별적 분업이라고 부를 수 있다.[476]

사회 내에서의 분업과 이 분업에 맞추어 개인의 직업을 특별한 부문에 국한시키는 것은, 매뉴팩처 내의 분업과 마찬가지로, 서로 상반되는 출

---

476) "분업은 매우 다양한 직업을 구분하는 것에서 시작하여 한 종류의 상품을 생산하는데 많은 노동자가 분담하는 매뉴팩처까지 계속된다."(슈토르흐, 《정치경제학 강의》, 파리판, 1권, 173쪽) "우리는 일정한 단계의 문명에 도달한 국민에게서 세 가지 종류의 분업과 마주친다. 우리가 일반적 분업이라고 부르는 첫 번째는 생산자를 농업종사자, 공업종사자 그리고 상업종사자로 구분하는데, 이것은 한 나라의 노동의 3대 주요 부문과 일치한다. 특수한 분업이라고 부를 수 있는 두 번째는 각 노농 부문을 여러 종류로 분할한다. … 마지막으로, 원래 의미의 분업이라고 불러야 하는 세 번째 분업은 작업을 분할하는 것으로 개별 수공업이나 직업에서 발생하며 … 대다수의 매뉴팩처나 작업장에 자리 잡고 있다."(스카르벡, 앞의 책, 84-85쪽)

발점으로부터 발전해 나간다. 한 가족 내에서[477], 더 나아가 한 종족 내의 성과 연령의 차이에서, 즉 오로지 생리적인 토대 위에서 자연발생적인 분업이 나타난다. 이러한 분업은 공동체의 확대, 인구의 증가, 특히 종족 사이의 충돌과 한 종족에 의한 다른 종족의 정복과 더불어 그 인적 물적 자원을 확대했다. 다른 한편, 앞에서 서술한 것처럼, 상이한 가족, 종족 그리고 공동체가 접촉하는 지점에서 생산물의 교환이 발생한다. 문명의 시초에는 개인이 아니라 가족이나 종족 등이 서로 독립되어 대면했기 때문이다. 상이한 공동체들은 그들의 자연환경에서 서로 다른 생산수단과 생활수단을 발견한다. 따라서 이들의 생산방식과 생활방식 그리고 생산물은 서로 다르다. 한 공동체가 또다른 공동체와 접촉하는 과정에서 서로 생산물을 교환하게 되는데, 이 생산물이 점차적으로 상품으로 변하는 것은 바로 이러한 자연이 가져다준 차이이다. 교환이 생산영역 간의 차이를 만드는 것이 아니라, 이 생산영역들을 서로 관련 맺게 함으로써 정도의 차이는 있지만, 이것들을 사회적 총생산에서 상호의존적인 부문들로 바꾸어 버린다. 이 경우에 사회적 분업은 본래는 서로 다르지만 상호의존적인 생산 영역들 사이의 교환에 의해 발생한다. 생리적인 분업이 그 출발점을 이루고 있는 앞의 경우에서는, 하나의 전체에 직접적으로 연결되어 있는 개별기관들(생산영역들)이 주로 낯선 공동체와의 상품교환에서 받은 충격으로 인해 서로 분리되고 분할되어, 이 상이한 노동 사이의 연관성은 상품으로서의 생산물의 교환을 통해 매개되는 지점까지 독립된다. 어떤 경우에는 이전에 독립적이

---

477) 3판의 주석. 인류의 원시상태에 관한 이후의 매우 철저한 연구는 저자를 다음과 같은 결론으로 이끌었다. 즉, 원래 가족이 종족을 형성한 것이 아니라, 그 반대로 종족 자체가 원래 사회화 과정에서 혈연관계를 토대로 자연적으로 발생한 형태였기 때문에 종족 내의 결속이 해체되기 시작한 후에야 비로소 가족의 여러 가지 상이한 형태들이 발전했다. -프리드리히 엥엘스

던 생산영역이 의존적인 것으로 변하는가 하면, 다른 경우에는 이전에 의존적이던 것이 독립적인 것이 되기도 한다.

상품교환에 의해 매개되며 발전되는 모든 분업의 토대는 도시와 농촌의 분리이다.[478] 여기에서 더이상 다루지는 않겠지만, 사회의 경제사 전체는 도시와 농촌 간의 대립운동으로 요약된다.

매뉴팩처 내의 분업에서 동시에 사용되는 노동자의 일정한 수가 물적 전제 조건이 되는 것과 마찬가지로, 사회 내의 분업에서는 인구의 크기와 밀도가 그 물적 전제 조건이 되는데, 이 경우에는 인구수와 인구밀도가 동일한 작업장에서 노동자가 어느 정도 밀집되어 있는지를 대신 보여준다.[479] 그러나 인구밀도는 상대적이다. 교통수단이 발달한 비교적 희박한 인구를 가진 나라가 교통수단이 발달하지 않은 인구가 더 많은 나라보다 인구밀도가 더 높다. 이런 의미에서는 예컨대 아메리카 연맹의 북부 주들은 인도보다 인구밀도가 더 높다.[480]

---

478) 제임스 스튜어트는 이 점을 가장 잘 다루고 있다. 아담 스미스의 《국부론》보다 10년 먼저 출간된 그의 저서가 오늘날 거의 알려지지 않았는지는 특히 다음과 같은 사실에서 알 수 있다. 맬서스는 '인구'에 관한 자신의 저서 초판에서 순전히 선언적인 부분을 제외하고는 목사 월리스와 타운센드 외에는 거의 스튜어트만을 표절하고 있는데, 이러한 사실을 맬서스의 숭배자들조차 모르고 있다.

479) "사회적 교류뿐만 아니라 노동생산물을 증가시키는 힘이 결합하는 데 도움이 되는 일정한 인구밀도가 존재 한다."(제임스 밀, 앞의 책, 50쪽) "노동자의 수가 증가하면, 사회의 생산력은 그 증가에 분업의 효과를 곱한 것과 같은 비율로 증가한다."(호지스킨, 앞의 책, 120쪽)

480) 1861년 이후 면화 수요의 증가로 인해, 그렇지 않아도 인구가 조밀한 동인도의 몇몇 지방에서 쌀 생산을 희생하여 면화의 생산이 확대되었다. 따라서 교통수단의 부족으로 인한 물리적 연결의 결핍으로 한 지방의 쌀 부족이 다른 지방의 공급으로 보충될 수 없었기 때문에 국지적인 기근이 발생했다.

상품 생산과 유통은 자본주의적 생산 방식의 일반적 전제 조건이기 때문에, 매뉴팩처 방식의 분업은 이미 일정한 발전 수준에 도달한 사회 내에서의 분업을 필요로 한다. 이와 반대로 매뉴팩처 방식의 분업은 사회적 분업에 반작용해 그것을 발전시키고 몇 배 더 강화한다. 노동 도구가 세분화됨에 따라 이 도구를 생산하는 산업도 점점 더 분화된다.[481] 매뉴팩처 방식의 경영이 지금까지 본업이나 부업으로 다른 산업들과 연결되어 같은 생산자에 의해 수행되고 있던 어떤 산업을 장악하게 되면, 이 산업은 곧바로 분리되어 서로 독립된 산업이 된다. 매뉴팩처 방식의 경영이 어떤 상품의 특수한 생산단계를 장악하게 되면, 그 상품의 상이한 생산 단계는 서로 독립된 산업이 된다. 이미 암시한 바와 같이, 어떤 제품이 부분 생산물을 기계적으로 조립한 것에 불과하다면, 그 부분 노동 자체는 다시 독자적인 수공업으로 독립될 수 있다. 어떤 매뉴팩처 내에서 분업을 좀 더 완벽하게 수행하기 위해서, 동일한 생산 부문은 그 원료의 차이에 따라서 또는 같은 원료가 취할 수 있는 형태의 차이에 따라서 서로 다른 부분적으로는 전혀 새로운 매뉴팩처들로 분할된다. 이리하여 이미 18세기 전반에 프랑스에서만도 서로 다른 100가지 종류 이상의 견직물이 생산되었다. 예를 들어 아비뇽에서는 '도제는 언제나 오직 한 가지의 제조 방식에만 전념해야지, 여러 가지 종류의 직물제조 방식을 동시에 배워서는 안 된다'는 법률이 있었다. 특정한 생산 부문을 한 나라의 특정한 지역에 정착시키는 지역적 분업은 각 지역의 특성을 모두 이용하려는 매뉴팩처 방식의 경영에 의해 새로운

---

481) 이리하여 베틀 북의 제조는 홀란드에서는 이미 17세기 동안 별개의 산업 부문을 형성하였다.

자극을 받는다.[482] 매뉴팩처 시대가 존재하기 위한 일반적 조건인 세계시장의 확대와 식민제도는 사회 내의 분업을 위한 풍부한 자원을 제공한다. 그런데 여기는 분업이 어떻게 경제적 분야와 더불어 사회의 모든 다른 분야까지 장악하여, 도처에서 인간을 한 분야에서 활동하는 전문가로 양성하고 세분화할 토대를 만들었는가에 관하여 더 자세하게 논할 적절한 자리가 아니다. 이러한 인간의 세분화는 아담 스미스의 스승인 아담 퍼거슨A. Ferguson이 이미 "우리는 노예국가를 만들었다. 우리들 가운데 자유로운 인간은 하나도 없다."라고 외치게 했다.[483]

사회 내의 분업과 작업장 내의 분업은 비슷한 점도 많고 서로 관련되어 있기는 하지만, 본질적으로도 다르다. 하나의 내적 유대가 상이한 업종을 엮어 맞추고 있는 경우에 이 유사점이 가장 확실하게 드러난다. 예를 들면 목축업자는 모피를 생산하고, 제혁업자는 모피를 가죽으로 바꾸며, 제화공은 가죽을 장화로 바꾼다. 이 경우에 각자는 중간 생산물을 생산하며, 마지막으로 완성된 형태는 이들 각자의 전문적인 노동이 결합된 생산물이다. 그리고 목축업자, 제혁업자, 제화공에게 생산수단을 제공하는 여러 노동 분야가 추가된다. 그런데 우리는 아담 스미스처럼, 이러한 사회적 분업이 주관적으로만, 즉 관찰자에게만 매뉴팩처 방식의 분업과 구별된다고 착각할 수 있다. 이 관찰자는 매뉴팩처 방식의 분업에서는 다양한 부분 노동

---

482) "잉글랜드의 모직 매뉴팩처는 한 가지 품목만 생산하거나 주로 한 가지 품목을 생산하는 특정한 지방에 자리 잡고 있는 상이한 품목이나 부문으로 나뉘어져 있지 않은가? 즉 섬세한 천은 서머싯셔에서, 거친 천은 요크셔에서, 넓은 천은 엑스터에서, 견직물은 서드베리에서, 잔주름이 지게 짠 견직물은 노위치에서, 모가 50% 섞인 혼방은 켄달에서, 담요는 휘트니에서 생산되고 있지 않은가?"(버클리, 《질문자》, 1750, 제520절)
483) 퍼거슨, 《시민사회의 역사》, 에든버러, 1767, 4부, 2편, 285쪽.

을 공간적으로 한 눈에 모두 볼 수 있지만, 사회적 분업에서는 부분 노동이 넓은 면적에 걸쳐 분산되어 있으며 각 특수부문에서 일하는 노동자의 수가 많기 때문에 이들 사이의 연관성을 찾아내기 어렵기 때문이다.[484] 그렇다면 목축업자, 제혁업자 그리고 제화공의 독립된 노동을 연결하는 것은 무엇인가? 그것은 그들 각자의 생산물이 상품으로 존재한다는 사실이다. 반대로 매뉴팩처 방식의 분업을 특징짓는 것은 무엇인가? 완제품을 생산하는 사람이 부분 노동자 중 한 명이 아니라는 사실이다.[485] 부분 노동자의 공동 생산물이 되어야만 비로소 상품이 된다.[486] 사회 내의 분업은 서로 다른 노동

---

484) 스미스는 아래와 같이 말하고 있다. 진정한 매뉴팩처에서 분업이 더 잘 진행되는 것처럼 보이는 이유는, "각 작업 부문의 종사자들이 한 작업장에 모여 있는 경우가 흔하고, 관찰자가 그들을 한 눈에 볼 수 있기 때문이다. 이와는 반대로, 주민 대다수의 주요 욕망을 충족시켜야할 대규모 매뉴팩처(!)에서는 각 작업부문에 많은 노동자들이 일하고 있기 때문에 그들 모두를 한 작업장에 모을 수는 없다. … 분업은 그다지 뚜렷하게 드러나지 않는다."(스미스, 《국부론》, 1권, 1장) 같은 1장에 있는 유명한 구절은 '문명화되어 번영하고 있는 한 나라에서 가장 평범한 수공업자나 일용직 노동자의 소유물을 살펴보자'로 시작하여, 한 평범한 노동자의 욕망을 충족시키기 위해 얼마나 많은 직종이 공동으로 작업해야 하는지를 묘사하고 있는데, 이 구절은 맨더빌의 저서인 《꿀벌들의 우화, 사적 죄악과 공적 복리》(초판은 주석 없이 1705년에 그리고 주석이 있는 판은 1714년에 출간되었다)의 주석을 거의 글자 그대로 베껴 썼다.

485) "우리가 개별 노동에 대한 당연한 보수라고 말할 수 있는 것은 더이상 없다. 각 노동자는 전체 가운데 오직 한 부분만을 생산하며, 이 부분은 그 자체 하나만으로는 아무런 가치도 효용도 없기 때문에, 노동자가 손에 쥐고 그것에 대해 나의 생산물이며 나를 위해 가지겠다고 말할 수 있는 근거가 전혀 없다."(《자본의 요구에 대항하여 노동을 방어하다》, 런던, 1825, 25쪽) 이 뛰어난 저서의 저자는 앞에서 인용한 호지스킨이다.

486) 2판의 주석. 사회적 분업과 매뉴팩처 방식의 분업 사이의 차이는 양키에 의해 실제로 증명되었다. 내전 중에 워싱턴에서 새로 고안된 세금들 가운데 하나는 '모든 공업생산물'에 부과된 6%의 소비세였다. 공업생산물이 무엇인가? 라는 질문에 대해 입법자는 대답한다. 어떤 물건이든 '그것이 만들어질 때' 생산되는 것이며, 그것이 만들어지는 때는 판매를 위해 완성된 때이다. 하나의 예를 들어보자. 뉴욕과 필라델피아의 매뉴팩처는 이전에는 우산과 함께 모든 부속품을 '만들었다.' 그런데 우산은 매우 이질적인 부품을 조립한 것이기 때문에, 이 부품들도 점차로 서로 다른 장소에서 독립적으로 운영되는 공장의 제품이 되었다. 이 부분 생산물은 이제 독자적인 상품으로 우산 매뉴팩처에 들어오며, 우

부문의 생산물의 매매에 의해 매개되며, 매뉴팩처에서 부분 노동은 상이한 노동력을 결합 노동력으로 사용하는 동일한 자본가에게 상이한 노동력이 판매됨으로써 서로 연결된다. 매뉴팩처 방식의 분업은 한 자본가의 수중으로 생산수단이 집중되는 것을 전제로 하며, 사회적 분업은 서로 상관없는 수많은 상품 생산자 사이에 생산 수단이 분산되는 것을 전제로 한다. 매뉴팩처에서는 일정한 수의 노동자 집단을 일정한 기능에 배치함에 있어서 각 기능에 비례하는 수가 엄격하게 지켜져야 하는 대신에, 상품 생산자와 그들의 생산 수단을 다양한 사회적 노동 부문으로 배분하는 데 있어서는 우연과 자유로운 선택이 뒤섞여 작용한다. 각 생산자는 어떤 사용가치를 생산함으로써 하나의 특수한 사회적 욕망을 충족하려 하면서도 서로 다른 생산 영역이 끊임없이 균형을 유지하려고 애를 쓰긴 한다. 욕망의 크기는 양적으로 서로 다르지만 어떤 내적 연대가 이 다양한 크기의 욕망을 하나의 자연발생적인 체계로 연결하기 때문이며, 한편으로는 상품의 가치법칙이 사회가 처분할 수 있는 전체 시간 가운데 각각의 상품 종류를 생산하는 데 얼마만큼씩을 쓸 수 있는가를 결정하기 때문이다. 그러나 균형을 유지하려는 다양한 생산영역의 끊임없는 경향은 이 균형을 끊임없이 파괴하려는 것에 대한 반작용에 지나지 않는다. 작업장 내의 분업의 경우 사전적이고 계획에 따른 규칙이 작용하지만, 사회 내의 분업에서는 이 규칙이 시장가격의 변동에 의해서만 감지될 수 있고, 무질서한 생산자의 자유로운 선택을 압도하는 내적이고 묵묵히 진행되는 어쩔 수 없는 필연성으로서 사후적으

산 매뉴팩처는 이것들을 우산으로 조립할 뿐이다. 양키는 이러한 종류의 제품을 '집합상품'(versammelte Artikel)이라고 불렀는데, 그 이름에 어울리게 세금이 집합되는 장소가 되었다. 이리하여 우산은 먼저 자신의 모든 부품 가격에 대한 6%의 소비세를, 그 다음에 다시 우산의 총가격에 대한 6% 세금을 '집합'시켰다.

로만 작용한다. 매뉴팩처 방식의 분업은 자본가에게 속하는 전체 메커니즘의 구성원에 지나지 않는 사람들에 대한 자본가의 절대적인 권위를 전제로 한다. 반면에 사회적 분업은, 동물의 세계에서 만인에 대한 만인의 투쟁이 모든 종의 생존조건을 만들어내는 것과 마찬가지로, 경쟁과 같이 상품생산자들 간의 이해 대립이 그들에게 가하는 강제 외에는 그 어떤 권위도 인정하지 않는 독립된 상품생산자들을 서로 대립시킨다. 이런 까닭에 노동자를 평생 동안 하나의 세분화된 작업에 묶어 두며 부분 노동자를 자본에 무조건 복종시키는 매뉴팩처 방식의 분업을 생산력을 향상시키는 노동조직이라고 찬양하는 바로 그 부르주아적 의식은 사회적 생산과정에 대한 모든 의도적인 사회적 통제나 규제를 개별 자본가의 신성한 소유권, 자유 그리고 스스로 결정하는 '독창성'에 대한 침해라고 소리 높여 비난하고 있다. 공장제를 열광적으로 옹호하는 양반들이 사회적 노동의 모든 일반적인 조직에 대해, 그것이 사회 전체를 하나의 공장으로 바꾸어 버릴 것이라는 비난 외에는 달리 할 말이 없다는 것은 매우 특이하다.

생산이 자본주의적 방식으로 이루어지는 사회에서 사회적 분업의 무정부성과 매뉴팩처 방식 분업의 독재가 서로를 제약하고 있다. 이와 달리 산업의 분화가 자연발생적으로 발전하여 단단하게 굳어진 다음 마지막에 법적으로 고정된 이전의 사회 형태들은, 한편으로는 사회적 노동이 계획적이고 권위적으로 조직된 형태를 보이는 반면에, 다른 한편으로는 작업장 내에서의 분업을 완전히 배제하거나 매우 작은 규모로만 또는 단지 산발적이고 우연적으로만 발전시킨다.[487]

---

487) "사회 내의 분업을 지배하는 권위가 적으면 적을수록, 작업장 내의 분업은 더욱 더 발전하며, 어떤 개인의 권위에 더 종속된다는 일반적 원칙을 세울 수 있다. 이 원칙에 따르면

예를 들어 아직도 일부 존속하고 있는 인도의 아주 오래된 소규모 공동체는 토지의 공동소유와 직접 결합된 농업과 수공업 그리고 고정된 분업을 기초로 하고 있는데, 이 분업은 새로운 공동체를 구상할 때 적절한 계획과 설계도의 역할을 한다. 이들 공동체는 자급자족하는 생산단위로 이루어지는데, 그 생산면적은 100에이커에서 수천 에이커에 이르기까지 다양하다. 생산물의 대부분을 공동체에서 자체적으로 사용하기 위해 생산하지, 상품으로 생산하지는 않는다. 따라서 생산 그 자체는 상품교환에 의해 매개되는 인도 사회 전체의 분업과는 독립되어 있다. 생산물 가운데 남는 부분만이 상품이 되며, 그 가운데 일부는 아주 오랜 옛날부터 일정한 양의 생산물을 현물지대로 징수한 국가의 수중에서만 비로소 다시 상품이 된다. 인도에는 지방마다 서로 다른 형태의 공동체가 있다. 가장 단순한 형태는 토지를 공동으로 경작하여 그 생산물을 구성원들에게 분배하는 형태다. 그리고 각 가족은 실잣기와 길쌈 등을 가내 부업으로 한다. 이런 일을 하는 대중 외에도 우리는 재판관, 경찰관 그리고 징세관을 한 몸에 겸하고 있는 '촌장', 농업에 관한 회계와 이에 관계되는 모든 것을 기입하고 기록하는 서기, 범죄자를 추적하고 외부 여행자를 보호하여 이 마을에서 저 마을로 안내하는 사법관리인der dritte Beamter, 다른 공동체와의 경계를 감시하는 경계관리인, 공동체의 저수지에서 경작을 위해 물을 분배하는 농수관리인, 종교적인 행사와 관련된 여러 기능을 수행하는 브라만, 공동체의 아이들에게 모래 위에서 쓰고 읽는 것을 가르치는 교사, 점성가로서 파종과 수확시기 그리고 농사일에 좋은 날과 나쁜 날을 알려주는 역술 브라만, 농기구를

___

작업장에서의 권위와 사회에서의 권위는 분업과 관련해서는 서로 반비례한다."(맑스, 《철학의 빈곤》, 130-131쪽)

만들고 수선하는 대장장이와 목수, 마을에서 사용하는 모든 그릇을 만드는 도공, 이발사, 옷을 세탁하는 세탁담당자, 은 세공사 등을 발견한다. 또한 어떤 공동체에서는 은 세공사를 겸하고 또 다른 공동체에서는 교사를 겸하고 있는 시인도 드물게 발견한다. 이들 10여명은 공동체의 비용으로 부양된다. 인구가 증가하면, 기존의 공동체를 모방한 새로운 공동체가 미경작지에 정착한다. 공동체의 메커니즘은 계획적인 분업을 보여주고 있지만, 매뉴팩처 방식의 분업은 불가능하다. 대장장이, 목수 등을 위한 시장은 변하지 않으며, 마을 크기의 차이에 따라 대장장이나 도공 등은 한 명 아니면 많아야 두세 명이기 때문이다.[488] 공동체의 분업을 규제하는 법칙은 여기에서는 자연법칙처럼 확고부동한 권위를 가지고 작용하는 반면에, 대장장이 등과 같은 각 개별 수공업자들은 전통적인 방식에 따르기는 하지만 독립적으로 그리고 그의 작업장에서 그 어떤 다른 권위도 인정하지 않으면서 자신의 전문 분야에 속하는 모든 작업을 수행한다. 언제나 같은 형태로 재생산되고, 우연히 파괴되더라도 같은 장소에서 같은 이름으로 다시 세워지는[489] 이 자급자족하는 공동체의 단순한 생산조직은, 아시아 국가들의 끊임없는 흥망과 부단한 왕조의 교체와는 현저한 대조를 이루고 있는 아시아 사회의 불변성의 비밀을 푸는 열쇠를 제공한다. 이 사회의 경제적 기본요소

---

488) 육군 중령 마크 윌크스, 《인도 남부의 역사적 개관》, 런던, 1810-1817, 1권, 118-130쪽. 인도 공동체의 다양한 형태에 대해 잘 정리한 글은 조지 캠벨의 《근대인도》(런던, 1852)에서 볼 수 있다.

489) "이러한 단순한 형태에서 … 이 나라의 주민들은 아주 오랜 옛날부터 살아왔다. 마을 경계는 좀처럼 변하지 않았다. 그리고 마을은 전쟁, 기근 그리고 전염병에 의해 반복적으로 고통 받고 황폐해지기도 했지만, 같은 이름, 같은 경계, 같은 이해 관계 그리고 같은 가족도 수세대에 걸쳐 존속되었다. 주민들은 왕국의 붕괴나 분할 때문에 불안해하지 않았다. 마을이 분할되지 않은 채로 유지되는 한, 마을이 어떤 권력에 넘겨지든, 어떤 지배자의 것이 되든지 마을 주민들에게는 마찬가지였다. 마을 내부의 경제는 변하지 않은 채로 유지되었다."(전 자바 부총독 스탬포트 래플스, 《자바의 역사》, 런던, 1817, 1권, 285쪽)

들의 구조는 정치적 상층에서 일어나는 폭풍우에 의해서 아무런 영향도 받지 않고 유지되었다.

이미 서술한 바와 같이 길드의 규칙은 장인 한 명이 고용할 수 있는 도제의 수를 엄격하게 제한함으로써 장인이 자본가로 되는 것을 조직적으로 방해했다. 또한 길드의 장인은 그 자신이 장인이었던 수공업에서만 도제를 고용할 수 있었다. 길드는 자신과 대립하고 있던 유일한 자유로운 자본형태인 상인자본의 침해를 열정적으로 방어했다. 상인은 모든 상품을 구매할 수 있었지만 노동만은 상품으로 살 수 없었다. 상인은 수공업 생산물의 판매자로서만 용인되었을 뿐이다. 외부 사정이 더 진전된 분업을 만들어내면, 기존의 길드가 세분화되거나 새로운 길드가 기존의 길드 옆에 자리잡곤 했지만, 서로 다른 수공업이 하나의 작업장으로 통합되는 일은 없었다. 따라서 길드조직은 매뉴팩처 시대의 물적 존재조건인 각종 수공업의 직종별 특화, 분리 그리고 육성에 기여하기는 했지만, 매뉴팩처 방식의 분업(작업장 내의 분업 - 옮긴이)은 배제하고 있었다. 대체로 노동자와 그의 생산수단은 달팽이와 달팽이집처럼 서로 결합된 채로 유지되었다. 따라서 매뉴팩처의 첫째가는 토대인 노동자에 대립하는 자본으로서의 생산수단의 독립은 결여되어 있었다.

어떤 사회 전체에서 분업은, 그것이 상품교환을 통해 매개되든 매개되지 않든지 간에 다양한 경제적 사회구성체 어디에서나 볼 수 있지만, 매뉴팩처 방식의 분업은 자본주의적 생산방식의 매우 특이한 창조물이다.

5절
매뉴팩처의 자본주의적 성격

같은 자본가의 지휘를 받는 노동자 수의 증가는 협업 일반에서뿐만 아니라 매뉴팩처에서도 그 자연발생적인 출발점이 된다. 이와 반대로 매뉴팩처 방식의 분업은 거기에 사용되는 노동자의 수를 기술상의 필요에 따라 증가시킨다. 개별 자본가가 사용해야 하는 노동자의 최소치는 이제는 현존하는 분업에 따라 정해진다. 반면에 계속 진전되는 분업이 이익을 가져오려면, 다양한 일을 실행할 수 있는 노동자의 수가 증가되어야 한다. 그러나 자본을 구성하는 가변부분과 더불어 불변부분도 증가해야 한다. 즉 건물이나 화로 등과 같은 공동으로 사용하는 생산조건의 규모뿐만 아니라 특히 원료가 노동자의 수보다 훨씬 빠르게 증가해야 한다. 주어진 시간에 주어진 노동량에 의해 소모되는 원료의 양은 분업으로 인해 노동 생산력이 증가하는 것과 같은 비율로 증가한다. 따라서 개별 자본가의 수중에 있어야 할 자본의 최소규모의 지속적인 증가 또는 자본으로 변하는 사회적 생활수단과 생산수단의 지속적인 증가는 매뉴팩처의 기술적 성격에서 발생하는 하나의 법칙이다.[490]

---

490) "수공업의 세분화에 필요한 자본(수공업의 세분화에 필요한 생활수단과 생산수단이라고 말했어야 한다)이 사회에 존재하는 것만으로는 충분하지 않다. 그 이외에 대규모 작업을 할 수 있는 만큼의 충분한 양의 자본이 기업가의 수중에 축적되어 있을 필요가 있다. … 분할되는 노동의 수가 증가하면 할수록, 같은 수의 노동자를 지속적으로 고용하기 위해서는 도구, 원료 등 더 많은 자본이 계속 필요하다."(슈토르흐, 《정치경제학 강의》, 파리판, 1권, 250-251쪽) "정치 영역에서 공권력의 집중과 사적 이익이 불가분의 관계인 것처럼 생산도구의 집중과 분업도 불가분의 관계이다."(밀스, 앞의 책, 134쪽)

기능하고 있는 노동집단Arbeitskörper은 단순 협업에서처럼 매뉴팩처에서
도 자본의 존재형태이다. 수많은 개별적인 부분 노동자로 구성되는 사회적
생산 메커니즘은 자본가에게 속한다. 따라서 각종 노동의 결합에서 생겨나
는 생산력은 자본의 생산력으로 나타난다. 본래의 매뉴팩처는 이전에 독립
적이었던 노동자를 자본의 지휘와 규율에 복종시킬 뿐만 아니라 노동자들
사이에서도 위계적인 구조를 만들어낸다. 단순협업이 개별 노동자의 작업
방식을 대체로 그대로 유지하는 반면, 매뉴팩처는 그것을 철저하게 변혁하
며 개별 노동력을 송두리째 장악한다. 마치 라플라타(스페인어로 '은의 강'을
의미하는 아르헨티나와 우루과이의 국경을 이루는 강 - 옮긴이) 유역의 나라들
(현재의 아르헨티나, 우루과이 그리고 파라과이 - 옮긴이)에서 가죽과 지방을 얻
기 위해 동물을 통째로 도살하는 것처럼, 매뉴팩처는 노동자의 생산 능력
과 재능의 세계를 억압하여 세분화된 기능만을 집중적으로 육성함으로써
노동자를 기형으로 만들어버린다. 개별화된 부분 노동이 상이한 개인에게
분배될 뿐만 아니라, 개인 자체가 분할되어 하나의 부분노동의 자동장치로
변한다.[491] 그리하여 인간을 그 자신의 신체 한 조각으로 묘사한 메네니우
스 아그리파Menenius Agrippa(로마공화정의 집정관)의 터무니없는 우화(귀족은 위
장에 평민은 손발에 비유 -편집자 주석 요약)가 현실이 된다.[492] 처음에 노동자
가 상품의 생산을 위한 물적 수단이 없기 때문에 자본에게 그의 노동력을
판매했다면, 이제 그의 노동력은 자본에게 판매되지 않는 한 아무런 쓸모
가 없게 되었다. 그의 노동력은 판매 후에야 비로소 존재하게 되는 자본가

---

491) 듀걸드 스튜어트는 매뉴팩처 노동자를 '부분노동에 사용되는 … 살아 있는 자동장치'
라고 불렀다. (듀걸드 스튜어트, 앞의 책, 318쪽)
492) 산호의 경우, 각 개체는 실제로 산호 덩어리 전체의 위장이다. 그러나 로마의 귀족처
럼 영양분을 가져가지 않고 덩어리 전체에 영양분을 공급한다.

의 작업장 내에서 맺는 관계 속에서만 기능한다. 자신의 천부적인 소질에 따라 어떤 독자적인 것을 만드는 능력을 상실한 매뉴팩처 노동자는 자본가의 작업장에 딸린 부속물로서만 생산적인 활동을 펼친다.[493] 여호와에게 선택된 민족의 이마 위에 여호와의 소유물이라고 쓰여 있는 것과 마찬가지로, 분업은 매뉴팩처 노동자에게 자본의 소유물이라는 낙인을 찍는다.

미개인이 모든 전쟁 기술을 개인의 책략으로 수행하는 것과 마찬가지로, 작은 규모이기는 하지만 자영농이나 수공업자가 발휘하던 지식과 통찰력 그리고 의지는 이제 작업장 전체를 위해서만 필요할 뿐이다. 생산하는 데 있어서의 정신적 능력은 많은 방면에서 소멸되기 때문에 한쪽 방면으로만 확대된다. 부분 노동자들이 잃어버리는 것은 그들과 대립하고 있는 자본에 집결된다.[494] 부분 노동자들이 물적 생산과정의 정신적 능력을 타인의 소유물로 그리고 그들을 지배하는 권력으로 대립하게 만든 것은 매뉴팩처 방식의 분업이다. 이 분리 과정은 개별 노동자에 대해 자본가가 그들이 뭉쳐있는 노동집단의 통일성과 의지를 대변하게 되는 단순협업에서 시작된다. 이 과정은 '노동자'를 '부분 노동자'로 불구화시키는 매뉴팩처에서 더욱 발전한다. 이 과정은 과학을 독자적인 생산능력으로서 노동에서 분리시켜 자본에 봉사하지 않을 수 없게 만드는 대공업에서 완성된다.[495]

---

493) "하나의 수공업에 통달한 노동자는 어디에서든 일할 수 있으며 생계 수단을 찾을 수 있다. 다른 노동자(매뉴팩처 노동자)는 하나의 부속물에 지나지 않으며 자신의 작업 동료로부터 분리되면 아무런 능력과 독립성을 갖지 못한다. 이러한 이유로 그는 그에게 부과되는 것이 정당하다고 생각되는 법칙을 따르지 않을 수 없다."(슈토르흐, 앞의 책, 페테스부르크판, 1815, 1권, 204쪽)

494) "어떤 사람이 다른 사람이 잃어버린 것을 얻었을 것이다."(퍼거슨, 앞의 책, 281쪽)

495) "지식인과 생산적 노동자는 더 분리되고, 지식은 노동자의 수중에서 그를 위해 그의 생산력을 증가시키는 대신에, 거의 모든 곳에서 노동자와 대립하고 있다. 지식은 노동으로

매뉴팩처에서 개별 노동자의 생산력이 빈약해지면 집단화된 노동자의 생산력 따라서 자본의 사회적 생산력은 풍부해진다.

"무지는 미신의 어머니이며 근면의 어머니이기도 하다. 깊은 생각과 상상력은 쉽게 오류에 빠진다. 그러나 손발을 움직이는 습관은 이 둘 가운데 어떤 것에도 의존하지 않는다. 따라서 매뉴팩처는 인간이 정신을 거의 쓰지 않고, 작업장이 인간이라는 부품으로 만들어진 하나의 기계로 간주될 수 있는 곳에서 가장 번성한다."[496]

실제로 18세기 중엽의 몇몇 매뉴팩처에서는 직원들 사이에 비밀로 되어 있던 일정한 단순 작업에 백치나 다름없는 노동자들을 즐겨 사용했다.[497] 아담 스미스는 다음과 같이 말하고 있다.

"대다수 인간의 정신은 어쩔 수 없이 그들의 일상적인 작업을 통해 발전한다. 몇 개의 단순한 작업을 수행하는 데 평생을 보내는 사람은 … 자신의 두뇌를 사용할 기회가 없다. … 보통의 경우에 그는 한 인간으로서 더 할 나위 없이 멍청해지고 무식해진다."

스미스는 부분 노동자의 우둔함을 묘사한 뒤 다음과 같이 계속 말한다.

부터 분리되어 노동과 대립하는 하나의 도구가 된다."(톰슨, 《부의 분배원리에 관한 연구》, 런던, 1824, 274쪽)
496) 퍼거슨, 앞의 책, 280쪽.
497) 터케트, 《노동자인구의 과거와 현재 상태에 관한 역사》, 런던, 1846, 1권, 148쪽.

"부분 노동자의 정체된 삶의 단조로움은 당연히 그의 정신적인 용기마저 꺾어버린다. … 그것은 심지어 그의 육체적 에너지마저 파괴시켜, 그에게 익숙한 세부 작업 이외에는 그의 힘을 활력적이고 지속적으로 사용하지 못하게 만든다. 자신의 특별한 직종에서의 그의 숙련은 이렇게 그의 지적, 사회적 그리고 도전적 자질을 희생하여 얻은 것처럼 보인다. 그런데 모든 산업화된 문명사회에서는 이것이야말로 노동하는 빈민, 즉 국민 대다수가 어쩔 수 없이 빠지게 되는 상태이다."[498]

분업으로 인한 인민대중의 완전한 퇴화를 막기 위해 스미스는, 신중하게도 매우 작은 범위로 한정하고 있지만, 국가에 의한 국민교육을 추천한다. 스미스의 저서를 프랑스어로 번역하고 주석을 달았지만, 프랑스 제1제정 시대에 자신의 가면을 벗어던지고 당당하게 상원이 된 가르니에G. Garnier는 국민교육을 철저하게 반대했다. 국민교육은 분업의 첫째가는 법칙에 반하며, 그것을 실시한다는 것은 '우리의 사회제도 전체를 없애버리겠다고 세상에 알리는 것'이다. 그는 다음과 같이 말하고 있다.

"다른 모든 분업과 마찬가지로 육체노동과 두뇌노동 사이의 분업[499]

---

498) 아담 스미스,《국부론》, 5편, 1장, 2절. 분업의 해로운 결과를 피력했던 퍼거슨의 제자로서 아담 스미스는 이점에 관해서는 매우 명확했다. 의도적으로 분업을 찬양하고 있는 저서인《국부론》의 앞부분에서 스미스는 분업을 일시적으로만 사회적 불평등의 기원이라고 넌지시 지적하고 있다. 국가의 수입에 관한 5편에서야 비로서 그는 (분업에 비판적인 옮긴이) 퍼거슨을 되풀이하고 있다. 나는《철학의 빈곤》에서 분업에 대한 비판과 관련해 퍼거슨, 스미스, 르몽티와 세(Say)의 역사적 관계에 대해 유의할 필요가 있다고 했으며, 거기에서 처음으로 매뉴팩처 방식의 분업을 자본주의적 생산방식의 특수한 형태로 서술했다.(맑스, 앞의 책, 122쪽 이하)

499) 퍼거슨은 이미 그가 저술한《시민사회의 역사》281쪽에서 '생각하는 것 자체가 이 분업의 시대에서는 특수한 직업이 될 수도 있다'고 말하고 있다.

도 사회(그는 사회를 자본, 토지소유 그리고 그들의 국가에 사용하는데 이는 올바른 표현이다.)가 부유해짐에 따라 더욱 명백하고 결정적인 것이 된다. 다른 모든 분업과 마찬가지로 이 분업도 과거의 발전의 결과이며 미래의 진보의 원인이다. … 그런데도 정부가 이 분업을 방해하고 그 자연스러운 진행을 막아설 자격이 있는가? 정부가 분리되려고 하는 이 두 종류의 노동을 한데 뒤섞는 일에 국가세입의 일부를 지출할 수 있는가?"[500]

사회 전체의 분업에서도 어느 정도의 육체적이고 정신적인 불구화는 필연적으로 존재할 수밖에 없다. 매뉴팩처 시대는 노동 부문의 이러한 사회적 분할을 훨씬 심화시키고, 더 나아가 매뉴팩처 특유의 분업은 처음으로 한 개인의 삶을 송두리째 장악했기 때문에, 처음으로 산업병리학에 소재를 제공하고 그것이 출범하는 계기가 되었다.[501]

"한 사람을 세분하는 것은 그가 죽을죄를 지었다면 사형에 처하는 것이고 그렇지 않다면 그를 몰래 죽이는 것이다. 노동을 세분하는 것은 국민을 몰래 죽이는 것이다."[502]

---

500) 가르니에, 그의 《국부론》프랑스어 번역본, 5권, 4-5쪽.

501) 파두아의 임상의학 교수인 라마치니는 1713년 《수공업자의 질병에 대해》를 출간했는데, 이 책은 1777년 프랑스어로 번역되었으며, 1841년 《의학백과서전, 7부, 고전저술가 편》에 다시 수록되었다. 대공업시대는 당연히 노동자의 질병 목록을 크게 증가시켰다. 이에 관해서는 퐁트레 박사의 《대도시, 특히 리옹에서의 노동자의 육체적 정신적 위생》(파리, 1858)과 로하취가 편집한 《계층, 연령 그리고 성별에 따른 질병》(전6권, 울름, 1860)을 보라. 1854년에는 기술협회가 산업병리학에 관한 조사위원회를 임명했다. 이 위원회가 수집한 문서들은 '트위크넘 경제박물관'의 목록에서 찾을 수 있다. 정부의 《공중보건에 관한 보고서》도 매우 중요하다. 또한 의학박사 에두아르트 라이히의 《인류의 퇴화에 관하여》, 에어랑엔, 1868을 보라.

502) "To subdivide a man is to execute him, If he deserves the sentence, to assassinate

분업에 기초한 협업인 매뉴팩처는 처음에는 자연스럽게 형성되었다. 이것이 어느 정도 자리 잡고 그 존재를 확대하자마자 자본주의적 생산방식의 의도적이고 계획적이고 체계적인 형태가 되었다. 매뉴팩처의 역사는 어떻게 매뉴팩처가 그 특유한 분업을 처음에는 경험에 따라, 즉 당사자들의 배후에서 적절한 형태를 획득하는가를 보여준다. 그러나 그 다음에는 길드 수공업과 마찬가지로 일단 찾아낸 형태를 전통으로 고수하려고 하며 몇몇의 경우에서는 몇 세기 동안이나 고수하기도 한다. 이 형태가 변한다면, 사소한 것을 제외하면, 그것은 언제나 작업도구가 혁명적으로 변한 결과일 뿐이다. 최근의 매뉴팩처는 -여기서 기계장치에 기초한 대공업에 대해 말하는 것이 아니다 - 예를 들어 의류 매뉴팩처처럼 그것이 생겨난 대도시에 이미 완성된 형태로 흩어져 있는 부분 노동자disjecta membra poetae(흩어진 시인의 사지)를 한 군데로 모으기만 하면 되는 경우도 있고, 수공업적 생산의 다양한 작업(예를 들어 제본작업)을 특정한 노동자에게 습득시킴으로써 분업의 원리를 쉽게 적용하는 경우도 있다. 이 경우에서는 각 기능에 필요한 노동자 사이의 수적 비율을 찾아내는 데 일주일도 채 걸리지 않는다.[503]

---

him, if he does not … the subdivision of labour is the assassination of a people." (어커트, 《친숙한 단어들》, 런던, 1855, 119쪽) 헤겔은 분업에 관하여 매우 이단적인 견해를 가지고 있었다. 그는 《법철학》에서 "교양 있는 사람이란 무엇보다도 남이 할 수 있는 모든 것을 할 수 있는 사람으로 이해될 수 있다."라고 말했다.

503) 개별 자본가가 분업에서 발명가로서의 천부적인 재능을 발휘한다는 호의적인 믿음은 독일 교수 양반들에게나 찾아볼 수 있다. 예를 들어 로서 같은 양반은 분업이 자본가의 전지전능한 두뇌로부터 완성되어 튀어나온다고 하면서, 그 보답으로 '다양한 임금'을 그에게 바치고 있다. 그러나 분업이 적용되는 범위는 천부적 재능의 크기가 아니라 주머니의 크기에 달려 있다.

매뉴팩처 방식의 분업은 수공업 방식의 작업을 분해하고 작업도구를 세분화Spezifierung하며, 부분 노동자를 만들어내어 이들을 하나의 전체 메커니 즘에서 분류하고 조화롭게 배치함으로써 사회적 생산과정의 질적 짜임새 와 양적 균형을 창출해낸다. 즉 일정한 사회적 노동조직을 창출해 노동의 새로운 사회적 생산력을 발전시킨다. 사회적 노동과정의 특수한 자본주의 적 형태로서의 매뉴팩처 방식의 분업은 -그것은 주어진 토대에서는 자본주 의적 형태로밖에 발전할 수 없다- 노동자의 희생 하에 상대적 잉여가치를 생산하거나 자본의 -사회의 부, '국가의 부' 등으로 불리는 것- 자기증식을 증대하기 위한 하나의 특수한 방식에 지나지 않는다. 매뉴팩처 방식의 분업 이 노동의 사회적 생산력을 발전시키는 것은 노동자가 아니라 자본가를 위 해서이며, 개별 노동자를 불구로 만듦으로써 가능하다. 매뉴팩처 방식의 분 업은 노동에 대한 자본의 지배를 위한 새로운 조건을 만들어낸다. 따라서 그것은 역사적 진보로 그리고 사회의 경제적 형성 과정에서 필연적인 발전 요소로 나타나지만, 그 반면에 세련되고 교활한 착취 수단으로도 나타난다.

매뉴팩처 시대에서야 비로소 독자적인 학문으로 나타난 정치경제학 은 노동의 사회적 분업 일반을 매뉴팩처 방식 분업의 관점에서만 살펴보며 [504], 분업을 같은 양의 노동으로 더 많은 상품을 생산하여 상품의 가격을 싸 게 하며 자본의 축적을 촉진하기 위한 수단으로 간주한다. 이렇게 양과 교 환가치를 강조하는 것과는 정반대로 그리스로마 시대의 저술가들은 질과 사용가치에만 집착한다.[505] 즉 사회적 생산 부문의 분리로 인해, 상품은 더

---

504) 더 이전의 저술가인 페티나 《동인도 무역이 잉글랜드에 주는 이익》을 쓴 익명의 저자 는 아담 스미스보다 매뉴팩처 방식의 분업의 자본주의적 성격에 더 집착하고 있다.

505) 근대 저술가 가운데 베카리아와 제임스 해리스 등 18세기의 몇몇 저술가들은 예외인

좋게 만들어지고, 인간의 다양한 성향과 재능은 그에 걸맞은 활동 영역을 선택하게 되며,[506] 그리고 이러한 활동 영역을 제한하지 않고는 그 어떤 부분에서도 의미 있는 성과를 거둘 수 없다.[507] 즉 분업으로 인해 생산물과 생산자는 더 나아진다. 이따금 생산물의 양이 증가했다고 언급되면, 사용가치가 더 풍부해진다는 것과 관련될 뿐이다. 교환가치나 상품가격의 하락에 대해서는 한 마디의 언급도 없다. 사용가치에 대한 이러한 입장은 분업을 사회적 신분을 분리하는 기초로 다루고 있는 플라톤[508]뿐만 아니라, 작업장

데, 이들은 분업에 관해 거의 고대인의 말을 기계적으로 되풀이하고 있을 뿐이다. 베카리아는 다음과 같이 말한다. "손과 머리를 언제나 동일한 일과 생산물에 사용하면, 각 개인이 필요한 것을 스스로 생산하는 것보다 더 쉽고 더 풍부하게 그리고 더 좋게 생산한다는 사실을 누구나 경험을 통해 알고 있다. … 이러한 방식으로 사람들은 공공의 이익과 자신의 이익을 위해 다양한 계급과 계층으로 나뉜다."(케사르 베카리아, 《공공경제학 원리》, 쿠스토디 엮음, 근세편, 11권, 28쪽) 후에 맘스베리 백작이 된 제임스 해리스는 그가 페테스부르크 공사 시절에 쓴 《일기》로 유명한데, 1772년 런던에서 《세 개의 논문 등》에 재수록 된 《행복과 관련된 대화》의 주석에서 다음과 같이 말하고 있다. "사회가 자연적이라는 것(즉 직업의 분할에 의해)을 증명하기 위한 모든 증거는 플라톤의 《공화국》 2부에서 인용한 것이다."

506) 《오디세이》, 14장, 228절에서는 "사람마다 즐기는 일이 다르기 때문이다."라고 쓰여 있으며, 아르킬로코스는(Archilochus, 기원전 7세기경의 그리스 시인 - 옮긴이) 섹스투스 엘피리쿠스(Sextus Empiricus, 그리스의 철학자 겸 의사 - 옮긴이)의 저서에서 "각자는 다른 일에서 활력을 얻는다."라고 쓰고 있다.

507) '많은 일을 할 수 있는 사람이 잘 할 수 있는 일은 하나도 없다.' 아테네인은 상품 생산자로서는 스파르타인보다 뛰어나다고 느끼고 있었다. 스파르타인은 전쟁에서는 사람을 잘 다룰 수 있었지만, 화폐는 잘 사용하지 못했기 때문이다. 예를 들어 투키디데스는 펠로폰네소스 전쟁에 참여하는 아테네인을 독려하는 연설에서 페리클레스로 하여금 다음과 같이 말하게 시켰다. "자급자족하는 사람은 화폐보다는 자신의 육체를 가지고 전쟁을 치를 각오가 되어 있다."(투키디데스, 앞의 책, 1부, 141절) 이렇게 말하긴 하지만 아테네인들도 물질의 생산에 있어서는 분업의 반대인 자급자족이라는 그들의 이상에 머물러 있었다. '분업에는 부가 있지만 자급자족에서는 독립도 있기 때문이다.' 아테네에서 폭군 30명이 몰락할 당시만 해도(기원전 404년 - 옮긴이) 토지를 소유하지 않은 사람이 5,000명도 되지 않았다는 사실을 깊이 생각해 보아야 한다.

508) 플라톤은 공동체 내의 분업을 각 개인의 욕망의 다양성과 소질의 일면성으로 설명했다. 그의 주된 관점은 노동자가 일에 맞추어야 하지, 노동자가 여러 가지 기술을 동시에 가지고 있어서 그 기술 가운데 하나를 부업으로 하는 어쩔 수 없는 경우에서처럼, 일을 노동

내의 분업에 대해 그 특유의 부르주아적 본능을 가지고 접근하고 있는 크세노폰Xenophon[509]에게도 지배적이다. 플라톤의 《공화국》은, 그 내용에 분업이 국가의 형성 원리로 전개되는 한, 오로지 이집트의 신분제도를 아테네식으로 이상화한 것에 지나지 않는다. 플라톤과 동시대에 살았던 다른 사람들,

___

자에게 맞추어서는 안 된다는 것이다. "일은 그 일을 하는 사람의 자유로운 시간을 기다리지 않으며, 노동자가 그 일에 전력을 다하여 달라붙어야 하기 때문이다. -이것은 필수적이다 그리하여 한 사람이 자신의 타고난 재주에 맞게 적절한 시기에 다른 일에서 해방되어 하나의 물건만 만든다면, 더 많은 물건을 더 좋고 더 쉽게 만들 수 있다는 결론이 나온다."(《공화국》, 2부, 2판, 베이터, 오델리 엮음) 투키디데스의 앞의 책 142장에서도 이와 유사한 부분이 있다. "항해술은 어떤 다른 기술과 똑같이 하나의 기술이며, 그 어떤 경우에서도 부업이 될 수 없다. 오히려 그 어떤 일도 부업으로 항해술과 함께 수행될 수 없다." 플라톤은 다음과 같이 말한다. 일이 노동자를 기다려야 한다면, 생산해야 하는 결정적인 시간을 자주 놓치게 되어 제품은 못 쓰게 되어, "노동에 적절한 시간을 잃게 된다." 플라톤의 이런 생각을 일정한 식사 시간을 모든 노동자에게 제공할 것을 규정한 공장법 조항에 반대하는 잉글랜드 표백공장 주인들의 항의에서 다시 발견한다. 그들의 사업은 노동자들에게 맞출 수 없다. "보풀 그슬리기, 세탁, 표백, 윤내기, 다림질 그리고 염색 가운데 그 어떤 작업 하나도 일정한 순간 중단된다면 손상될 위험이 있다. … 노동자 모두를 위해 같은 식사시간을 강제하는 것은 때때로 노동과정을 끝내지 못하게 함으로써 소중한 재화를 위험에 빠트릴 수 있다." 플라톤주의는 또 어디에서 주인 행세를 할 것인가!

509) 크세노폰은 페르시아 왕의 식탁에서 음식물을 먹는 것은 명예로울 뿐만 아니라, 그 어떤 음식물보다 훨씬 더 맛이 좋을 것이라고 말한다. "그리고 이것은 결코 놀라운 일이 아니다. 여타의 기술이 대도시에서만 특별히 완벽한 것과 마찬가지로, 왕의 음식물도 아주 특별하게 준비될 것이기 때문이다. 그리고 작은 도시에서는 같은 사람이 침대, 문, 쟁기, 탁자를 만들고, 그 밖에 집을 짓는 경우도 자주 있기 때문에, 그는 그것으로 자신의 생계를 위한 충분한 고객을 찾는다면 그것으로 만족한다. 한 사람이 갖가지 일을 하면서 그것 모두를 잘 할 수 있는 것은 진짜 불가능하다. 그러나 각자가 수많은 고객을 발견하는 대도시에서는 단 하나의 수공업이 그 일에 종사하는 사람 모두를 먹여 살리는 데 충분했다. 더구나 하나의 수공업 전체를 모두 하지 않아도 되는 경우도 흔하다. 어떤 사람은 남자신발만을, 어떤 사람은 여자신발만을 만들고, 드물지만 어떤 사람은 신발을 꿰매는 일로 또 다른 사람은 재단하는 일로 먹고 살며, 어떤 사람은 옷을 재단하기만 하고 다른 사람은 잘려진 천 조각을 옷을 형태로 짜 맞추기만 한다. 이제 가장 단순한 일을 하는 사람이 그 일을 가장 잘 한다는 것은 당연하다. (크세노폰, 《키루스의 교육》, 8권, 2장) 크세노폰은 분업의 규모가 시장의 크기에 의존한다는 사실을 이미 알고 있었지만, 오로지 얻어질 수 있는 사용가치의 품질에만 집착했다.

예컨대 이소크라테스[510]는 이집트를 산업국가의 본보기로 간주했는데, 이는 로마제국 시대의 그리스인들에게도 같은 의미를 가지고 있었다.[511]

진정한 매뉴팩처 시대에, 말하자면 매뉴팩처가 자본주의적 생산방식의 지배적인 형태로 존재하는 동안에 매뉴팩처 특유의 경향을 완성하려는 시도는 갖가지 장애에 부딪쳤다. 우리가 이미 본 것처럼, 매뉴팩처는 노동자들을 위계적으로 분류함과 동시에 숙련 노동자와 미숙련 노동자 사이의 단순한 구분을 만들어내기는 하지만, 숙련 노동자의 압도적 우위로 말미암아 미숙련 노동자의 수는 여전히 매우 제한되어 있다. 매뉴팩처가 살아 있는 작업도구(노동자 - 옮긴이)의 성숙도와 힘 그리고 발달 수준에 맞추어 일정한 부분 작업에 여성 또는 아동을 생산적으로 착취하는 것을 촉진한다고 하더라도, 이 경향은 대체로 관습과 남성노동자의 저항에 부딪쳐 좌절된다. 수공업 방식의 작업을 분할함으로써 노동자의 훈련비가 줄어들어 노동자의 가치가 하락하지만, 비교적 더 어려운 세부 작업에는 여전히 더 오랜 습득기간이 필요하며, 이 기간이 매우 긴 세부 작업에서도 노동자들은 그 자리를 차지하기 위해 끝까지 견뎌내었다. 예를 들어 우리는 잉글랜드에서 7년의 수습기간을 정한 도제법이 매뉴팩처 시대의 끝까지 그 효력을 완전

510) "부시리스(헤라클레스에게 살해된 고대 이집트의 왕 - 옮긴이)는 모든 사람들을 특수한 신분으로 나누고, … 같은 사람이 늘 같은 직업에 종사하도록 명령했다. 그는 직업을 바꾸는 사람은 어떤 직업에서도 능통할 수 없으나, 언제나 같은 직업에만 머무르는 사람은 어떤 것이든 가장 완벽하게 해낼 수 있다는 사실을 알고 있었다. 또한 이집트인들은 기술과 직업에 있어서는 장인이 미숙련공을 능가하는 것 이상으로 경쟁자들을 능가하고 있었으며, 왕정이나 그 밖의 국가 제도를 유지시키는 장치에 관해서도 매우 뛰어나, 이에 대해 말하고자 했던 유명한 철학자들도 그 어떤 것보다도 이집트의 국가제도를 찬양했다는 사실을 우리는 실제로 알게 될 것이다."(이소크라테스, 《부시리스》, 8장)
511) 디오도로스 시켈루스를 참조하라.

히 유지했으며 대공업에 의해 비로소 폐기되었다는 것을 알고 있다. 수작업에서의 숙련이 여전히 매뉴팩처의 토대이며, 매뉴팩처에 의해 작동되는 전체 메커니즘이 노동자에게서 독립된 그 어떤 견고한 틀을 전혀 가지고 있지 않았기 때문에, 자본은 끊임없이 노동자의 불복종과 싸웠다.

우리가 아는 사람인 유어는 다음과 같이 외쳤다.

"인간 본성의 결함이 매우 크기 때문에 노동자가 숙련되면 될수록 더 제멋대로 되고 다루기도 더 어려워진다. 따라서 노동자의 발광적인 변덕은 전체 메커니즘에 심각한 손해를 입힌다."[512]

이런 까닭에 매뉴팩처 시대 전체에 걸쳐 노동자에게 규율이 부족하다는 불평이 그치지 않았다.[513] 그리고 이 시대를 살았던 저술가들의 증언은 없지만, 도서관의 책은 16세기부터 대공업 시기에 이르기까지 자본이 이용 가능한 매뉴팩처 노동자의 모든 노동시간을 제 것으로 만드는 데 실패했으며, 또한 매뉴팩처는 수명이 짧았으며 노동자의 이주에 따라 그 소재지를 이 지방에서 저 지방으로 옮겨갔다는 등의 간단한 사실을 말해주고 있다. 반복해서 인용된 《상공업에 관한 에세이》의 저자는 1770년 "어떻게 해서든 질서가 확립되어야 한다"라고 외쳤다. 그로부터 66년이 지난 후 앤드류 유어 박사의 입에서 '질서'는 '분업이라는 고루한 도그마'에 기초한 매뉴팩처에서는 없었지만, "아트라이트(역직기의 발명가 - 옮긴이)가 질서를 만

---

512) 유어, 앞의 책, 20쪽.
513) 본문의 이 말은 프랑스보다는 잉글랜드에, 홀란드보다는 프랑스에 더 잘 들어맞는다.

들었다"라는 말이 흘러나오게 했다.

매뉴팩처는 사회적 생산 전체를 완전히 장악할 수도 없었으며 그것을 심도 있게 변혁할 수도 없었다. 매뉴팩처는 도시의 수공업과 농촌의 가내노동의 폭넓은 토대 위에 인위적인 경제적 성과로 우뚝 솟아 있었다. 매뉴팩처의 협소한 기술적 토대는 일정한 발전 수준에 도달하자 그것에 의해 만들어진 생산의 요구와 모순에 빠지게 된다.

매뉴팩처의 가장 완성된 창조물 가운데 하나는 노동도구 자체의 생산을 위한 작업장, 특히 당시에 이미 사용되고 있던 복잡한 기계장치의 생산을 위한 작업장이었다.

유어는 다음과 같이 말한다.

"이러한 작업장은 다양한 등급의 분업을 보여주었다. 드릴, 끌 그리고 선반은 숙련도의 수준에 따라 위계적인 대오로 짜인 자신들만의 노동자를 가지고 있었다."(유어, 앞의 책, 21쪽 -편집자)

매뉴팩처 방식 분업의 산물인 이 작업장이 생산한 것은 바로 기계였다. 기계는 사회적 생산을 규제하는 원칙이었던 수공업 방식의 작업을 지양한다. 그리하여 한편으로는 노동자를 하나의 부분 기능에 평생 동안 결박시키는 기술적 토대가 제거되고, 다른 한편으로는 동일한 원리가 여전히 자본의 지배에 부과하고 있던 제약들도 사라진다.

《자본》, 모두의 더 나은 삶을 위한 방법

맑스의 《자본》이 출판된 이후 160년이라는 시간이 흘렀다. 그 시간 동안 《자본》이 전 세계에 미친 영향은 일일이 나열할 수 없을 정도로 방대하다. 《자본》은 제목 그대로 인간 사회에서 생산의 발전으로 인해 '자본'이라는 개념이 생기고 이에 따른 자본의 축적 과정, 화폐의 탄생 과정, 생산수단과 노동과정의 발전이 인류의 전 역사에 걸쳐 어떻게 이루어졌는지 분석하여 정리한 책이다.

《자본》의 가장 큰 성과는, 사회적 생산관계인 자본관계를 통해 자본주의가 노동을 가치로 환산하는 현상을 분석했다는 데 있다. 이는 경제학의 패러다임을 바꾸어놓은 매우 획기적인 분석이었다. 맑스는 노동의 가치 환산에 대한 근거를 여느 다른 경제학자와 마찬가지로 숫자를 기반으로 한 객관적인 데이터에서 찾았다. 그 데이터의 근간에는 인간다운 삶을 영위하지 못하는 노동자층에 대한 연민과 이러한 현실에 주목하는 맑스의 인간적인 시선이 있다. 맑스는 《자본》을 통해, 생산물을 만들고 유통하는 과정에서 노동에 대한 가치를 제대로 고려하지 않으면 개인과 사회를 어떤 식으로 병들게 하는지 적나라하게 보여주었다. 《자본》은 그동안 서민들의 현실을 몰랐거나 모른 척했던 지식인들과 자본가들에게 자본주의의 현실을 부정하지 말고 똑바로 응시하라고 일침을 놓은 책이었다.

몇몇 지식인들은 그동안 이러한 현실을 미처 보지 못했던 점을 인식하고 노동자의 입장에서, 또는 노동자에 대해 연구하기 시작했다. 맑스의 시각에서 이루어진 여러 분야의 학문 연구는 각 분야에 새로운 바람을 불러일으켰고 또 각 분야의 발전에 이바지했다. 수 세기 동안 자본가와 '귀족'에게만 향했던 시선을 '노동자'라는 생각지 못했던 새로운 방향으로 돌리자 정치, 경제학뿐만이 아닌 대다수의 학문 분야에서 그 전에는 보이지 않았던 새로운 학문적 방향이 보이게 되었다.

귀족과 부르주아의 전유물로 취급되던 미학 분야에서는 맑스의 변증법과 유물론을 기반으로 예술의 취향을 형성하는 문화적 측면에서 경제와 사회 배경, 계급과의 관계라는 새로운 원인을 찾았으며, 예술을 특정 개인의 취향이 아닌 사회 계급 전체의 취향으로 판단하는 이론이 탄생하였다. 아도르노, 벤야민, 바르트, 루카치 등 미학, 철학 분야의 저명한 학자들이 맑스의 영향을 받아 그 계보를 이었다. 역사학에서는 당연하다고 여겼던 기존의 지배계층 중심의 서사에서 벗어나 억압 받았던 사람들의 역사, 노동자의 역사, 아래로부터의 역사에 주목하기 시작하였고, 사회학에서는 자본과 노동자라는 새로운 관계를 중심으로 생산 방법과 경제적 요소가 사회 계급에 미치는 영향, 더 나아가 노동자 계급을 넘어 젠더나 인종 등 기존에는 보이지 않던 또 다른 계급과 불평등을 형성하는 원인에 대해 탐구하기 시작하였다.

《자본》에서 인용된 아동고용위원회 보고서를 보면 당시 영국의 노동환경이 얼마나 열악했는지를 알 수 있다.

"30-40명의 기계노동자가 함께 작업하는 천장이 낮은 작업장으로 들어
갈 때의 느낌은 참기 힘든 정도이다. … 작업장은 지독하게 더웠는데, 어
느 정도는 다리미를 달구기 위해 사용하는 가스난로에서 나오는 열기 때
문이었다. … 이러한 작업장에서는 이른바 적절한 노동시간, 즉 주로 아
침 8시부터 저녁 6시까지의 노동이 이루어지는 경우에도 날마다 3-4명
은 항상 졸도한다." -《아동고용위원회 2차보고서》, 1864, 부록

"스커칭 공장에서의 재해는 가장 끔찍하다. 많은 경우에 몸통에서 사지
하나가 잘려 나간다. 부상의 결과는 사망 또는 비참한 가난과 곤궁이 기
다리는 미래이다. 이 나라에서 이러한 공장이 증가하면 당연이 이 소름
끼치는 결과도 늘어날 것이다. 나는 국가가 스커칭 공장을 적절히 감독
한다면 신체와 생명의 엄청난 희생을 사전에 막을 수 있다고 확신한다."
-《아동고용위원회 4차보고서》, 부록 15쪽, 72번 이하.

19세기 영국의 노동자들은 돈을 주고도 질 좋은 음식을 살 수 없었
고, 난방조차 제대로 되지 않는 좁고 더러운 집에서 살며 출퇴근이 몇 시간
이나 걸리는 공장으로 목숨을 담보하며 일을 다녔다. 이러한 환경에서 그
들의 노동이 보장하는 미래는 벗어날 수 없는 가난의 굴레, 장애, 질병, 최
악의 경우엔 사망이었다.

자본에 인용된 자료는 19세기 영국의 노동환경을 기반으로 한 데이
터이다. 그러나 이 데이터에 얽힌 이야기는 21세기인 지금 우리의 시각에

서도 전혀 낯선 내용이 아니다. 불과 몇 십 년 전 노동권과 인권에 대한 개념이 없던 한국에서 임금노동자, 특히 제조업 계열 노동자들이 겪어야 했던 열악한 환경과 대우를 살펴보면 겹쳐지는 장면들이 꽤 있다. 1970년 11월 13일 "근로기준법을 준수하라!"라는 말을 외치며 분신했던 평화시장 노동자 전태일을 우리는 기억한다. 그가 조사한 당시 평화시장 노동자들의 현실은《자본》에 나오는 사례들과 매우 유사하다.

"… 평화시장 일대의 이러한 도급제도는 업주에게는 유리하게, 노동자들에게는 불리하게 작용한다. 작업량에 따라 수입이 크게 달라지기 때문에, 생활고에 쫓기는 임시공들은 … 하나라도 더 제품량을 늘려서 수입을 올리는 데만 신경을 쓰게 되고, 어떤 경우에는 … 일감이 많아져서 노동시간이 길어지는 것을 오히려 환영하는 경향까지 있다. 또 비철의 경우 일감이 적을 때라도 노동자들은 … 작업장에서 시간을 보내며 하다못해 주인의 잔심부름이나 청소 따위의 일까지 하게 되는데, 거기에 대해서는 일체 보수가 지급되지 아니한다. … 노동자들은 실제 작업량에 비하여 정당한 대가를 받지 못하게 되는 경우가 대부분이다."[514]

"… 무엇보다도 그 질식할듯한 탁한 공기와 그 지저분하고 어두침침한 분위기에 놀라게 된다. 그럴 수밖에 없다. 가뜩이나 비좁은 작업장 안에 평당 4명 정도의 노동자가 밀집하여 일하고 있는데다, 그나마도 각종 작업 설비와 비품과 도구들이 꽉 들어 차 있어서 의자에 앉은 노동자들은 앉은자리에서 몸 한번 돌려볼 수도 없는 답답한 생활을 해야 한다. … 그

---

514) 조영래,《전태일 평전》, 아름다운 전태일, 2008.

들이 각종 피부병을 앓게 되는 것은 어쩌면 당연한 일인지도 모른다.”[515]

“실제로 전태일이 1970년도에 조사한 바에 의하면, 재단사 100% 전원이 신경성 소화불량, 만성 위장병, 신경통, 기타 병의 환자. 미싱사 90%가 신경통 환자임, 위장병, 신경성 소화불량, 폐병 2기까지. 평화시장 종업원 중 경력 5년 이상 된 사람은 전부 환자이며 특히 신경성 위장병, 신경통, 류머티즘이 대부분임.”[516]

이와 같이 평화시장 직공들은 정해진 노동시간 이상을 일하면서도 정당한 급여를 받지도 못했고 열악한 근무조건으로 인해 온갖 병에 시달려야 했다. 그러나 가장 근본적인 문제는 생활과 생명을 위협하는 대우를 부당하다 생각할 수 없었고, 설사 부당하다는 생각을 한다 해도 대항할 방법과 근거를 찾을 수 없었다는 점에 있었다. 《자본》은 이 문제의 원인을 개인의 문제에서 찾지 않는다. 비정상적인 자본 축적 구조와 불평등한 자본의 재분배, 노동자의 삶을 예속하는 자본이라는 거대한 구조의 폭력성에서 그 원인을 찾는다. 노동자들의 권리를 위한 목소리가 닿아야 할 대상은, 조금 더 돈을 많이 받는 같은 노동자나 지주라기보다는 자본과 자본을 바탕으로 한 사회 그 자체였다.

지금 우리는 얼마나 더 나은 삶을 살고 있을까? 경험이 없다는 이유로, 학력이 부족하다는 이유로 기본적인 생활을 겨우 이어나갈 수 있는 최

---

515) 조영래, 《전태일 평전》, 아름다운 전태일, 2008.
516) 〈24세 청년 죽음 부른 비정규직 차별 방치하면 안 된다〉, 사설, 《연합뉴스》, 2018. 12. 12

소한의 월급만 받고 불확실한 미래만 바라보고 하루하루를 버티는 이 땅의 임금노동자 처지는 여전하다. 고급 노동자가 되기 위한 준비를 할 환경이 갖춰지지 않은 사람들은 고용주들이 최고임금이라 착각하는 최저임금을 받으며 불안정한 고용환경을 이어나가다가 노후를 맞이하고, 열악한 근무환경으로 인해 목숨을 잃는다. 이 글을 쓰고 있는 시점에서 불과 한 달 전, 비정규직 노동자 김용균 씨가 석탄 이송 컨베이어 벨트에 끼어 숨지는 일이 일어났다.

> "… 김 씨는 발전소 현장설비 하청업체에 계약직으로 입사한 지 석 달이 채 되지 않았다. 김 씨는 2인 1조 근무가 원칙인데도 홀로 어둠 속에서 야간 근무를 했다고 한다. 2016년 5월 서울지하철 2호선 구의역 스크린도어 사고로 정비용역업체 비정규직 김 모(당시 19세) 군이 숨진 사고와 판박이다. 당시 입사 7개월밖에 안 된 김 군은 2인 1조 근무 매뉴얼과 달리 혼자 스크린도어를 수리하다 변을 당했다. 작년 11월에는 제주시의 음료 공장에서 현장실습을 하던 특성화고 졸업반 이민호 군이 나홀로 근무를 하다 제품 적재기에 끼여 숨졌다. …"

인건비를 아끼기 위해 안전을 위한 기본적인 규칙을 무시하여 노동자가 목숨을 잃는 일은 먼 옛날 지구 반대편의 일이 아닌 지금 그것도 우리 가까이에서 일어나는 일이다. 그러나 사회는 이에 대한 책임을 개인에게 묻는다. 위험한 노동 환경에서 개인이 각자 알아서 조금 더 조심했어야 한다고, 혹은 저렇게 생명까지 위협하는 환경에서 일하고 싶지 않으면 더 열심히 노력해서 좋은 직업을 가지라고.

이런 현실 속에서 '좀 더 나은 미래'를 위해 선택할 수 있는 방법은 덜 자고 덜 쓰고 더 많이 노력하고 더 많이 공부하여 좀 더 많은 임금을 받는 '고급 노예'가 되는 길밖에 보이지 않는다. 우리 사회는 좋은 대학, 취업이 잘 되는 학과를 졸업해 높은 연봉을 받는 대기업이나 전문직에서 일하는 더 배운 노예가 되는 길을 적극적으로 장려한다. 빚을 내서까지 비싼 등록금을 내며 세칭 좋은 대학을 졸업한다 해도 삶은 만만치 않다. 노동력 재생산을 하기에도 힘들 정도로 적은 임금을 받고, 복지도 열악한 회사에 이력서를 넣지만 심각한 취업난으로 그조차도 들어가기 힘들다. 학력을 많이 쌓아서 '고학력 노예'가 되어도 대다수는 불안정한 고용환경을 벗어날 수 없다.

"'일용잡급직'인 시간강사는 사용자에게 최소한의 요구도 하기 힘들다. 근로계약서는 구경도 못하고, 다음 학기 수업 배정을 받지 못하면 그게 해고다. 서너 대학을 돌며 닥치는 대로 강의해도 손에 쥐는 돈은 한 해 1000만원 안팎. 4인 가족 최저 생계비에도 못 미친다. 한국 대학교육의 절반을 담당하는 시간강사의 현실이다."[517]

남들보다 조금이라도 더 나은 개인이 되기 위해 많은 돈과 시간을 소비하며 노력해야 하고, 더 나은 개인이 되지 못한 사람들은 더 노력하지 못한 자신을 비난하는 손가락질을 감내해야 한다. 그러나 맑스는 《자본》을 통해 이 모든 문제가 개인의 역량이나 실력의 부족에 있는 게 아니라고 말한다. 불평등의 구조, 노동자가 자신의 열악한 위치를 벗어나지 못하게 하

---

517) 천관율, 〈'고학력 노예' 위한 이유 있는 농성〉, 《시사IN》, 2008. 02. 26, 24호.

는 사회와 자본의 폭력이, 개인의 삶을 압박하는 원인이라고 데이터와 사례를 통해 보여주고 있다. 아무리 개인의 노력과 우월함을 자랑해도 결국 대부분의 우리는 대부분 임금을 받으며 평생을 살아야하는 노동자로서의 삶을 살게 된다. 어떤 일을 하고 얼마나 임금을 많이 받든 자본이 우리의 노동과 삶을 좌지우지한다는 사실은 어떤 노동이 되었든 마찬가지다.

우리는 우리가 살고 있는 사회의 막강한 권력이 되어버린 '자본'이 어떻게 생겨났고 또 어떤 방식으로 기능하는지, 자본의 속성이 무엇인지에 대해 한번쯤 자세히 들여다볼 필요가 있다. 그러기에 《자본》은 단순한 경제학 서적이나 정치학 서적으로서의 가치만으로 평가되어서는 안 된다. 《자본》은 노동권과 인권에 대한 기본 개념을 배울 수 있는 교양서이기도 하며, 그늘에 있었던 서민들의 역사를 재조명하는 역사서이기도 하다. 또한 인간으로서의 삶, 그리고 사회구성원으로서의 삶을 다시 돌아보게 하는 철학서이기도 하다. 이렇게 다양한 분야에서 이론으로서의 가치를 지닌 《자본》이지만, 과문한 탓인지 지금까지 독일어 판 원문을 직역하여 출판했다는 책은 보지 못했다. 이번에 《자본》이 황선길 선생님의 노고로 독일어 원문에 가까운 번역으로, 그것도 변화하는 언어 환경에서 지금 살아있는 우리글로 출판하게 된 것을, 여기에 내가 독일어 원문을 대조하며 글을 다듬는 일에 참여하게 된 것을 귀한 경험으로 여기며 고맙게 생각한다.

《자본》은 자본의 본질과 노동자로서의 우리의 현실을 자각하게 하는 것으로 자신의 역할을 끝낸다. 《자본》을 읽은 후 앞으로 개인과 사회가 나아가야 할 방향에 대해 고민하고 결정하는 건 독자의 몫이다. 자신의 사회적 위치와 노동환경에 만족하기 때문에 지금 이대로의 삶을 이어갈 수도 있다. 《자본》에 나온 사례를 보고 스스로의 노동 환경을 생각해 봤을 때 좋은 질의 노동과 좋은 복지를 받으면서 안정된 삶을 살고 있다면 《자본》에서 위안을 얻을 것이다. 자신의 사회적 환경이 불평등에 기인했고 이를 바꿀 방법을 고민해보고 싶다면, 나를 비롯한 모두의 좀더 나은 삶을 위한 방법을 찾아보고 싶다면 《자본》을 읽고 같은 생각을 가지지게 된 사람들과 연대해 무언가를 도모해 볼 일이다. 《자본》은 진입장벽이 높은 정치경제학 책으로 알려져 있지만 알고 보면 생각보다 우리의 삶과 가까운 책이다. 자신과 사회에 대해 고민해보는 시간을 가질 수 있다는 점에서 우리는 지금 이 순간, 《자본》을 제대로 읽어야 한다.

2019년 1월
프랑크푸르트에서
오 승 민

자본 I -상

발행일	2019년 2월 25일(초판 1쇄 발행)
	2021년 4월 12일(초판 2쇄 발행)
지은이	칼 맑스
옮긴이	황선길
펴낸이	김수영 외
원문대조·검토	오승민
윤문·편집	한광주
표지 디자인	송기훈
내지 디자인	박현주
펴낸곳	라움
등록	2018년 11년 1일 제2018-000092호
주소	서울시 용산구 청파로85길 27, 308호(서계동)
전화	02 706 5275
이메일	raum5275@gmail.com
ISBN	979-11-966229-1-6(04300)
	979-11-966229-0-9(전2권)

이 도서의 국립중앙도서관 출판예정도서목록(CIP)은
서지정보유통지원시스템 홈페이지 (http://seoji.nl.go.kr)와
국가자료공동목록시스템(http://www.nl.go.kr/kolisnet)에서 이용하실 수 있습니다.
CIP제어번호: CIP2019005951

라움은 독일어로 '공간' '가능성'을 의미합니다.
라움에서는, 함께 읽고 토론함으로써 우리 사회를 변화시켜 나갈 힘이 담긴 책을 만듭니다.